BIBLIOTECA AMERICANA

Proyectada por **Pedro Henríquez Ureña**
y publicada en memoria suya

Serie de

LITERATURA MODERNA
Vida y Ficción

**CUENTOS COMPLETOS Y OTRAS NARRACIONES
DE MANUEL GUTIÉRREZ NÁJERA**

MANUEL GUTIÉRREZ NÁJERA

CUENTOS COMPLETOS
y otras narraciones

Prólogo, edición y notas de
E. K. MAPES

Estudio preliminar de
FRANCISCO GONZÁLEZ GUERRERO

FONDO DE CULTURA ECONOMICA
México-Buenos Aires

Primera edición, 1958

Derechos reservados conforme a la ley
© Fondo de Cultura Económica, 1958
Av. de la Universidad, 975-México 12, D. F.

Impreso y hecho en México
Printed and made in Mexico

ESTUDIO PRELIMINAR

1. El Modernismo

RECORDAR a *Manuel Gutiérrez Nájera es, en mucho, contemplar los orígenes de la época literaria llamada "modernismo", la más fértil y venturosa de la América hispana. Ya nadie considera el fenómeno como signo de caída o enajenación cultural, sino como un movimiento de emancipación complementario del de independencia política, a la vez que de incorporación a las corrientes universales de la literatura. Manuel Gutiérrez Nájera es un precursor de este movimiento que tuvo por desenlace un cambio de valores.*

La bibliografía polémica del modernismo es abundante; pero el estudio de las causas de su aparición apenas comienza a tener la atención que merece. Manuel Díaz Rodríguez, en un ensayo contenido en Camino de perfección *(1908), decía:*

> Se trata de un movimiento espiritual muy hondo a que involuntariamente obedecieron y obedecen artistas y escritores de escuelas desemejantes. De orígenes diversos, los creadores del modernismo lo fueron con sólo dejarse llevar, ya en una de sus obras, ya en todas ellas, por ese movimiento espiritual profundo.[1]

Baldomero Sanín Cano, en el prólogo a la segunda edición de Ritos *(1914), de Guillermo Valencia, identificaba el modernismo con el alejandrinismo, "estado de espíritu local por su primera manifestación y universal por sus periódicas reapariciones"; y explicaba:*

> El alejandrinismo es el resultado de una viva agitación, producida en espíritus selectos por el choque de varias civilizaciones. Es una predisposición a hallar plausibles todas las teorías y a trazar las líneas sinuosas en que se enlazan todos los sistemas que se contradicen. Tal predisposición trae consigo una sensibilidad hiperestésica; una capacidad de percibir preferentemente las medias tintas, las ideas evanescentes, los conceptos que oscilan mue-

---

[1] Manuel Díaz Rodríguez: "Paréntesis modernista o ensayo sobre el modernismo", pp. 34-5, en *Camino de perfección, apuntaciones para una biografía espiritual de Don Perfecto, y varios ensayos*. Sociedad de Ediciones Literarias y Artísticas, Librería Paul Ollendorf. París, 1908.

*llemente entre la verdad y el error. La sensibilidad del alejandrino
está en pugna cotidiana con el* bárbaro...[2]

Otras opiniones, debidas a críticos solventes, vendrían oportunamente a esclarecer la cuestión de las causas del surgimiento modernista; pero basta con citar algunas ideas de Federico de Onís, expuestas en la introducción a su magnífica Antología de la poesía española e hispanoamericana *(1934) y ampliadas posteriormente en su ensayo* Sobre el concepto del modernismo *(1953). Es él quien ha afirmado, con tanta precisión como clarividencia, que*

> la primera fase de creación de la poesía modernista fue un proceso de transformación y avance autóctono y original en lo esencial, que nació espontáneamente de la propia insatisfacción y necesidad interna de renovación, y se desarrolló coetáneamente con el simbolismo francés y los demás movimientos independientes y semejantes que brotaron en diversos puntos del mundo y se fecundaron mutuamente.[3]

En el ensayo sobre el modernismo relaciona esta situación de los países americanos con la crisis finisecular europea, en estos términos:

> En la década de 1880-1890 surgen en Europa, como en América, individualidades aisladas que tienen como rasgo común la insatisfacción con el siglo XIX, cuando éste ha llegado a su triunfo, y ciertas tendencias, entre las que descuellan el individualismo y el cosmopolitismo. Estas tendencias universales coincidían con rasgos propios de los hispanoamericanos, que encontraron así terreno favorable para su desarrollo en forma más fuerte y original.[4]

Esta crisis se manifiesta en la literatura de América, principalmente, como un afán de renovación estilística con evidente desvío de la influencia española. El modernismo nace del romanticismo, se alimenta de lecturas francesas, recibe indistintamente el influjo de las escuelas post-románticas europeas, sin gradación

---

[2] B. Sanín Cano: "El poeta", pp. XV-XVI, prólogo a la segunda edición de *Ritos*, por Guillermo Valencia. Londres, 1914. Reproducido en *Obras poéticas completas*. M. Aguilar, Editor, Madrid, 1948.

[3] Federico de Onís: *Antología de la poesía española e hispanoamericana*, Introducción, p. XVI, Madrid, 1934.

[4] Federico de Onís: "Sobre el concepto del modernismo", p. 98, en *La Torre*, revista general de la Universidad de Puerto Rico, Año I, Núm. 2. Abril-junio, 1953.

cronológica ni disciplinas estéticas que lo vinculen a ninguna en particular. Como característica digna de mención se observa el rápido desarrollo que tuvo en todo el continente, como obedeciendo a idéntico ritmo y con análogas tendencias bajo la diversidad de rasgos individuales. Esa amplitud del movimiento obliga a considerarlo, en cada país, no como un fenómeno de significación doméstica, sino siempre en relación con las manifestaciones de los otros pueblos hispánicos.

Unánimemente se ha reconocido que las nuevas inquietudes cobraron excepcional importancia en México, Cuba y Colombia. Como figuras precursoras se han señalado las de Manuel Gutiérrez Nájera, José Martí, Julián del Casal y José Asunción Silva. Suele mencionarse también a Salvador Díaz Mirón y a Manuel González Prada. Los cuatro precursores murieron sin haber alcanzado la madurez de los años, por lo que no podemos imaginarnos todas sus posibilidades de creación y de influencia en la dirección del modernismo. Más tarde Rubén Darío recogió y transformó los atisbos de sus antecesores, y los incorporó a sus propios hallazgos técnicos logrados mediante el estudio de los simbolistas franceses y de los primitivos poetas castellanos. Esta segunda fase del movimiento renovador tuvo por centro la ciudad de Buenos Aires. Después,

> *al terminar el siglo* XIX —*dice Max Henríquez Ureña—, la más intensa actividad del movimiento modernista se concentró en México. Puede decirse que, a partir de ese momento, la ciudad de México fue la capital del modernismo, o, si se quiere, su meridiano, como hasta la víspera lo había sido Buenos Aires, antes de que la partida de Rubén Darío para Europa hubiera dado la señal de dispersión del grupo que se reunía en torno suyo y desapareciera también* El Mercurio de América.[5]

Es entonces cuando se inicia el influjo de las nuevas tendencias en España, llevadas por el poeta más grande del momento: Rubén Darío. El vehículo de difusión en el último período fue la Revista Moderna de México, *que pronto se convirtió en la publicación literaria de más alto prestigio en el continente. Concurrían las mejores plumas del modernismo y un dibujante genial, Julio Ruelas, le dio carácter inconfundible con sus ilustraciones obsesionantes, más llenas de originalidad e interés, muchas veces, que los propios trabajos literarios.*

---

[5] Max Henríquez Ureña: *Breve historia del modernismo*, p. 465. Fondo de Cultura Económica, México-Buenos Aires, 1954.

"*Con Enrique González Martínez, de México —escribe Rufino Blanco-Fombona—, se cierra el ciclo de los poetas modernistas. México lo abre y México lo cierra*".[6] *El modernismo de escuela, principalmente formal y decorativo, preciosista, tuvo por símbolo al cisne, el ave heráldica de Rubén Darío pronto desacreditada por los imitadores. González Martínez opuso otra tendencia simbolizándola en el buho de su célebre soneto:*[7]

> *Tuércele el cuello al cisne de engañoso plumaje
> que da su nota blanca al azul de la fuente;
> él pasea su gracia no más, pero no siente
> el alma de las cosas ni la voz del paisaje.*
>
> *Huye de toda forma y de todo lenguaje
> que no vayan acordes con el ritmo latente
> de la vida profunda, y adora intensamente
> la vida y que la vida comprenda tu homenaje.*
>
> *Mira al sapiente buho cómo tiende las alas
> desde el Olimpo, deja el regazo de Palas,
> y posa en aquel árbol su vuelo taciturno.*
>
> *Él no tiene la gracia del cisne, mas su inquieta
> pupila que se clava en la sombra, interpreta
> el misterioso libro del silencio nocturno.*

[6] Rufino Blanco-Fombona: *El modernismo y los poetas modernistas*, p. 351. Editorial Mundo Latino, Madrid, 1929.

[7] Enrique González Martínez: *La apacible locura*, Ediciones Cuadernos Americanos, México, 1951. En las pp. 15-6 se lee:

Entre los poemas de este cuarto libro [*Los senderos ocultos*] estaba el soneto *Tuércele el cuello al cisne* que Pedro Henríquez Ureña, a mi segundo arribo a México con el volumen debajo del brazo habría de considerar como intencionado manifiesto literario o como síntesis de una doctrina estética. En realidad el poema no era, como definido propósito, ni una ni otra cosa, sino la expresión reactiva contra ciertos tópicos modernistas arrancados al opulento bagaje lírico de Rubén Darío, el Darío de *Prosas profanas* y no el de *Cantos de vida y esperanza*. Dejando a un lado lo esencial en la poesía del gran nicaragüense, se prolongaba en sus imitadores lo que podríamos llamar exterioridad y procedimiento. Claro está que en los imitadores faltaban la gracia, el virtuosismo excepcional y la encantadora personalidad del modelo. No alcanzaban tampoco los secuaces de Darío su emoción lírica, perceptible en él desde *Prosas profanas,* aun en poemas donde la agilidad técnica y el dominio de la forma parecían la única intención creadora; mucho menos la que, en *Cantos de vida y esperanza,* lograra, ya íntegra, madura y sabia, la poesía de Rubén. Lo único que estaba a la mano de los imita-

El modernismo enriqueció a la literatura española con nuevos valores, cuya enumeración no es necesaria. Es suficiente con pronunciar los nombres de algunos poetas, como: Leopoldo Lugones, de Argentina; Ricardo Jaimes Freyre, de Bolivia; Guillermo Valencia, de Colombia; Amado Nervo, de México; José Santos Chocano, del Perú; Julio Herrera y Reissig, del Uruguay. El arte de la buena prosa tuvo sus representantes en José Enrique Rodó, Manuel Díaz Rodríguez, Enrique Gómez Carrillo y otros no menos brillantes.

En México, el modernismo rindió frutos como no se habían visto en los siglos que siguieron a la muerte de Sor Juana Inés de la Cruz. Dejó de existir como fuerza colectiva al consumarse el triunfo de la revolución política y social iniciada en 1910, si bien persisten algunas modalidades sólo como expresión individual reminiscente.

2. Manuel Gutiérrez Nájera, precursor del Modernismo

Después de este preámbulo necesario, volvamos a Manuel Gutiérrez Nájera y a los orígenes del modernismo. El país, apenas liberado de la dominación francesa y de las disensiones internas, se somete a una consigna de orden y de silencio obligatorio. En el campo reina pacíficamente la ignorancia, y en las aulas se adora una doctrina que, aunque llena de negaciones, se llama positivista. El ambiente literario recibe, en forma precaria, la influencia peninsular;

> todavía esperan muchos escritores la nao de China que ha de traerles telas bordadas por Grilo, chucherías de Manuel del Palacio, las últimas y enfermas perlas del collar de Campoamor y dores era lo temático —cisnes, pajes, princesas—; la métrica —ya tomada de Francia o de la vieja poesía española—; la adjetivación, que a fuerza de repetida por ellos perdía eficacia y novedad; en general, la palabra, estéril para quien la hurta, y no el espíritu, fecundo y renovador. Contra aquella moda inquietante, aunque efímera, iban los versos míos que tomaban el cisne como símbolo de la gracia intrascendente, y el buho como paradigma de la contemplación meditativa que ahonda en los abismos de la vida interior. Nada contra Darío, salvo las inevitables discrepancias personales; nada contra su poesía fascinadora y estimulante...

El texto íntegro fue reproducido en la edición especial de *Tuércele el cuello al cisne* hecha por la Universidad Nacional Autónoma de México en el octogésimo aniversario del natalicio de Enrique González Martínez (13 de abril de 1951).

los cortinajes de Damasco que ya con estambres desteñidos y con mano torpe teje el viejo Zorrilla.[8]

Pero a la vez se hace sentir un soplo purificador: "*El grupo más culto, acaso por un movimiento de reacción, va de rechazo a la literatura francesa y se enamora de ella, porque es, como Armida, incomparable en hermosura y maestra en el arte de hechizar.*"[9]

Al iniciarse el último cuarto de siglo hizo su aparición en los periódicos, todavía adolescente, Manuel Gutiérrez Nájera. Era autodidacto. Su primera educación fue religiosa, como recibida en el seno de una familia cristiana. En consonancia con las ideas hogareñas y con sus lecturas de los poetas románticos, sus primeros versos tuvieron esa doble fuente de inspiración; pero su conocimiento del idioma francés y sus constantes lecturas de revistas y libros llegados de Francia, lograron la rápida evolución de su gusto literario. Enamorado del esprit galicano, así como de la claridad, de la esbeltez y de la elegancia características de aquella literatura, pronto llegó a ser un conocedor de sus secretos. Al comenzar los ochentas ya había alcanzado los perfiles de una personalidad bien definida y original entre sus contemporáneos: su romanticismo asumía cierta suavidad en la voz; sus palabras, un matiz de refinamiento; las maneras aprendidas eran cada vez más suyas. Sus versos, ya sean románticos, ya realistas, ya de otras tendencias más artificiosas —todas las escuelas acudían a sus intentos de creación—, tenían casi siempre íntima levedad lo mismo que superficial tersura. En los octosílabos de Mimí supo mostrarse ágil y delicadamente sentimental; en los decasílabos de Lápida, fino observador que describe con emoción refrenada; y en los alejandrinos de ¿Para qué?, quiso ensayar, también, la postura decadente de fatiga y fatalismo:

¿A qué, si lo sabemos, luchar contra el destino?
Dejemos que nos marquen los vientos el camino,
que a su capricho empujen las olas el bajel;
si todo hemos de darlo a la implacable diosa,
desnudos cual nacimos bajemos a la fosa,
sin perlas en las manos ni olímpico laurel.

Al llegar a los veinticinco años era ya un poeta cabalmente formado y seguro en sus pasos por los diversos caminos que se-

---
[8] M. Gutiérrez Nájera: "La que canta el himno de los bosques", *El Partido Liberal*, México, 9 de junio de 1892.
[9] *Ibid.*

guía. De *1884* son **Nada es mío**, **La Duquesa Job** y **Tristissima nox**: *tres indiscutibles aciertos que revelan su señorío de los procedimientos, aunque el poeta finja ignorancia, o desenfado, o capricho de pintor imaginativo. En el primer poema "los versos entran sin pedir permiso", es decir, mediumnímicamente:*[10]

> Yo no escribo mis versos, no los creo;
> viven dentro de mí, vienen de fuera:
> a ése, travieso, lo formó el deseo;
> a aquél, lleno de luz, la Primavera.

En **Nada es mío** *se manifiesta una de las fases más características de Gutiérrez Nájera (la otra corresponde al elegista); es la del poeta amable, travieso, alado, pero con alas de libélula. A lo largo de su poesía suele aparecer con alardes de agilidad banvillesca, cuando no remeda sencillamente el arte menor de Hugo, cuando deja descansar a Pegaso. A veces se diría que cae, o mejor dicho, que sube a la más difícil frivolidad con una manera exótica y mexicanísima, a la vez, como en* **La Duquesa Job**:

> ¡No hay en el mundo mujer más linda!
> ¡Pie de andaluza, boca de guinda,
> esprit *rociado de* Veuve Clicqot;
> talle de avispa, cutis de ala,
> ojos traviesos de colegiala,
> como los ojos de Louise Théo!
>
> Desde las puertas de la Sorpresa
> hasta la esquina del Jockey Club,
> no hay española, yankee o francesa,
> ni más bonita ni más traviesa
> que la duquesa del duque Job.

Y *en el otro poema aludido,* **Tristissima nox**, *muy lejos de la frivolidad ahora, ¡qué lujo de objetividad sin salir de la fantasía!, ¡y cuánta irrealidad viviente en la visión onírica! Es, en*

---

[10] Alusión a la nota puesta por Amado Nervo al poema Mediumnimidad, en Serenidad, p. 18. Renacimiento, Madrid. La nota dice:
  Gran número de altos poetas han confesado el carácter mediumnímico de su inspiración. Alfredo de Musset dijo: On ne travaille pas, on ecoute, c'est comme un inconnu qui vous parle, qui pense, ce sont mes idées qui pensant pour moi. Y nuestro exquisito Gutiérrez Nájera expresó con delicado acierto: Yo no escribo mis versos, nos los creo, etc.

verdad, una justa adivinación de poeta, y un bello triunfo de la imaginación. Consiguió Gutiérrez Nájera lo que se propuso, *"presentar un estudio de claroscuro, oponer la luz a la sombra, el negro intenso al blanco deslumbrante".*[11] *Véase la llegada de la noche:*

> *La noche no desciende de los cielos,*
> *es marea profunda y tenebrosa*
> *que sube de los antros: mirad cómo*
> *aduéñase primero del abismo*
> *y se retuerce en sus verdosas aguas.*
> *Sube, en seguida, a los rientes valles,*
> *y, cuando ya domina la planicie,*
> *el sol, convulso, brilla todavía*
> *en la torre del alto campanario,*
> *y en la copa del cedro, en la alquería,*
> *y en la cresta del monte solitario.*
>
> *Es náufraga la luz: terrible y lenta*
> *surge la sombra; amedrentada sube*
> *la triste claridad a los tejados*
> *al árbol, a los picos elevados,*
> *a la montaña enhiesta y a la nube!*
> *Y cuando al fin, airosa, la tiniebla*
> *la arroja de sus límites postreros,*
> *en pedazos, la luz, el cielo puebla*
> *de soles, de planetas y luceros!*

Este largo poema de cerca de trescientos versos, tan variado de aspectos y de sensaciones, se cierra con la luminosa aparición del nuevo día, en requerido contraste para su lienzo a la manera de Rembrandt.

> *¡Oh luz!, ¡oh claridad!, ¡oh sol!, ¡oh día!*
> *La tierra, como casta desposada*
> *que espera, en el umbral de la alquería,*
> *de blancos azahares coronada,*
> *púdica y amorosa se estremece;*
> *los níveos brazos en el pecho junta,*
> *y con trémula voz, que desfallece,*
> *por su amado a los céfiros pregunta.*

---

[11] Carta del Duque Job a Brummel", p. 115, en *Los poetas mexicanos contemporáneos. Ensayos críticos de Brummel.* México, 1888.

Tristissima nox *fue uno de los poemas que despertaron la simpatía y la emulación de otros poetas contemporáneos. Primero, Salvador Díaz Mirón dedicó a Gutiérrez Nájera sus pinceladas descriptivas que llevan el título de* Umbra. *Con el mismo tema y con marcado paralelismo escribió Manuel José Othón dos de sus obras capitales:* Himno de los bosques *y* Noche rústica de Walpurgis. *Poetas menores imitaron el modo y el acento hasta volverlos ineficaces.*

El encumbramiento de la poesía de Gutiérrez Nájera siguió sin pausas hasta el año de su muerte (1895). El elegista de Ondas muertas, *de* Mariposas, *de* Castigadas, *de* Mis enlutadas, *fue muy familiar en todo el continente y suscitó muchas vocaciones: Urbina comenzó a componer sobre la misma pauta. El dulce maestro de la elegía se hundía a veces en el pesimismo:* To be, Monólogo del incrédulo, Las almas huérfanas, Después; *pero súbito volvía a encontrar su estado anímico sereno y equilibrado, o se ponía a cantar en voz baja* Para entonces *o* La serenata de Schubert, *que son un placer para convalecientes de romanticismo. Por otra parte, no olvidaba que una de las conquistas de su primera juventud había consistido en el libre manejo de los versos alados, graciosos, diáfanos y, sin excepción, pulcros y elegantes. Rubén Darío solía recordar versos como los de* Para el corpiño:

*Las campánulas hermosas
¿sabes tú qué significan?
Son campanas que repican
en las nupcias de las rosas.
—Las campánulas hermosas
son campanas que repican.*

*La amapola ya es casada;
cada mirto es un herido;
la gardenia inmaculada
es la blanca desposada
esperando al prometido.*

Son versos de *1887, que parecen un preludio a* La misa de las flores, *de 1892.*

*Vamos al templo. Hoy es fiesta.
Tulipán dirá el sermón;
en la misa, gran orquesta;
y en la tarde, procesión.*

> *Palomas y codornices,*
> *con hojitas de azahares*
> *remiendan sobrepellices*
> *y componen los altares.*
>
> *Un pobre topo, el más mandria*
> *y apocado, barre el coro.*
> *¡Hoy va a cantar la calandria,*
> *la calandria de voz de oro!*

Esta poesía blanca y de aparente desgaire, a veces se trueca en hedonista, sin dejar de tener intención traviesa:

> *Las novias pasadas son copas vacías;*
> *en ellas pusimos un poco de amor;*
> *el néctar tomamos... huyeron los días...*
> *¡Traed otras copas con nuevo licor!*

Este juego de ideas poéticas, que saltan con ritmos ágiles y se posan en las ramas floridas de la rima, gozó de estimación entre los contemporáneos de Gutiérrez Nájera; con todo, no influyeron en la evolución del modernismo tanto como la virtuosidad de algunos poemas de apariencia novísima en la intención colorista y en la musicalidad perfecta, con las que conseguía efectos de emoción estética, sin romper las normas que pudieran estorbarle. Esta limpieza formal llegó a ser una de las características de la poesía mexicana, lo mismo que la tendencia a un discreto modo de ensoñación filosófica. Un ejemplo de lo primero es De blanco (*1888*), sugerido por la Sinfonía en blanco mayor, de su amado maestro Gautier. Comienza:

> *¿Qué cosa más blanca que cándido lirio?*
> *¿Qué cosa más pura que místico cirio?*
> *¿Qué cosa más casta que tierno azahar?*
> *¿Qué cosa más virgen que leve neblina?*
> *¿Qué cosa más blanca que cándido lirio?*
>   *de gótico altar?*

Otro ejemplo es el canto A la Corregidora, postrera manifestación lírica que lleva la fecha de *1895*. Una estrofa dice así:

> *¿Oís un murmullo que, débil, remeda*
> *el frote friolento de cauda de seda*
> *en mármoles tersos o limpio marfil?*
> *¿Oís?... ¡Es la savia fecunda que asciende,*

*que hincha los tallos y rompe y enciende,
los rojos capullos del príncipe Abril!*

A este aspecto de la poesía de Gutiérrez Nájera aludió Rubén Darío en una página conmemorativa al decir: "*Amó la forma, adoró la rima, fue uno de nuestros escasos parnasianos castellanos*".[12]

Hay que ver, por último, otra modalidad de la poesía najeriana, presente en toda su obra, pero definitivamente lograda en sus últimos años con Pax animae y Non omnis moriar. El primer poema fue sugerido por la lectura de dos poetas mexicanos;[13] el segundo, más que por Horacio, por el sentimiento de perennidad de su espíritu en lo mejor de sus propias creaciones. Pax animae termina con estos serventesios:

*Corta las flores, mientras haya flores,
perdona las espinas a las rosas...
¡También se van y vuelan los dolores
como turbas de negras mariposas!*

*Ama y perdona. Con valor resiste
lo injusto, lo villano, lo cobarde...
¡Hermosamente pensativa y triste
está al caer la silenciosa tarde!*

*Cuando el dolor mi espíritu sombrea
busco en las cimas claridad y calma,
¡y una infinita compasión albea
en las heladas cumbres de mi alma!*

Gutiérrez Nájera amaba también a los clásicos, pero huyó siempre de la imitación académica para acercarse a ellos mediante la interpretación digna, a través de su temperamento sentimental impregnado de aticismo. Dejó una colección de Odas breves que se cierra con la mencionada Non omnis moriar, donde predijo la pervivencia de lo más íntimo de su ser:

*¡No moriré del todo, amiga mía!
De mi ondulante espíritu disperso,*

---

[12] Rubén Darío: "Galería de modernos: Gutiérrez Nájera". En *Buenos Aires*, año II, núm. 47, domingo 1º de marzo de 1896.
[13] Manuel Puga y Acal y Antonio Zaragoza, autores de sendas obras poéticas que, bajo el título común de *Pax animae*, aparecieron en *El Universal*, de México, el domingo 11 de mayo de 1890.

*algo en la urna diáfana del verso,
piadosa guardará la poesía.*

La poesía de Gutiérrez Nájera tuvo resonancias en la América nuestra y, singularmente, en los poetas mexicanos que cantaron después de su partida, se advierte su poderoso influjo: tan callado, tan sutil, tan penetrante. Y siempre tan ajeno al afán proselitista: no formó discípulos, pero fraternizó con los recién llegados; no impuso norma alguna, pero transformó el ambiente literario para el desarrollo de las ideas de renovación. Ventura García Calderón dice: "Gutiérrez Nájera inicia una melancolía de buen gusto, una queja mesurada y recóndita cuyo lejano acorde parece prolongarse a veces en el budismo de Nervo y en la resignación sideral de González Martínez".[14] Un modesto, pero estudioso escritor español, que no pretende situar en su solar los orígenes del modernismo, ha concretado sus noticias sobre los precursores en los siguientes términos:

> El poeta que mejor puede simbolizar el desasimiento de la lírica modernista de cuantas solicitaciones persistían aún de los anteriores movimientos literarios es Gutiérrez Nájera. En sus poemas se advierte a las claras cuanto de rebeldía, de contradicción, de consecución original, de manumisión antitradicional iba a dar existencia al modernismo. La lucha entre el fervor religioso romántico y la marejada racionalista, del recogimiento interior contra las seducciones de un mundo materialista, de la angustia natural del hombre sensible contra el gozo pagano de cada momento, de la obsesión por ideales inalcanzables contra la oferta —fácil y engolosinante— de las sensaciones, del cristianismo contra el paganismo. Y la unidad de la gaya ciencia infusa con el más ingenuo de los panteísmos...[15]

Ciertamente, con Manuel Gutiérrez Nájera se inició en México la mejor época literaria, en la que brillan poetas de personalidad encumbrada y señera. Y todos con los rasgos comunes a su generación, pero con fuerza propia y valor inconfundible.

Si grande fue la significación de Gutiérrez Nájera en la evolución de la poesía, más lo fue en la modernización de la prosa.

---

[14] Ventura García Calderón: Prólogo a las *Cuaresmas del Duque Job*, p. 8. Compañía de Ediciones Franco-Ibero Americana. París.
[15] F. C. Sáinz de Robles: *Movimientos literarios (Historia, interpretación, crítica)*, pp. 235-6. Aguilar, Madrid, 1957.

Como trabajador puntual del periodismo, en él se formó y en él, puede decirse, tuvo sus universidades. Justo Sierra dice que

> en su prosa, comentario perpetuo de su alma lírica y amorosa, puesto como un bordado de hadas sobre la trama de los acontecimientos mundanos que su deber de cronista le obligaba a narrar, fue en donde nuestro Manuel formó su estilo, creó su personalidad literaria y llegó a la plena conciencia de su fuerza y de su arte.[16]

Este ejercicio diario de la prosa, paralelamente con el de la poesía, comenzó cuando en forma espontánea enviaba sus colaboraciones a ciertos periódicos de la ciudad en los años de 1875 y 1876. Eran juicios literarios y notas polémicas como las recién exhumadas sobre El Arte y el materialismo[17] que le dan un primer lugar como teorizante de ideas estéticas en el modernismo.

Lo más celebrado de su producción en prosa es lo que, con el nombre de crónica, de inspiración francesa, adaptó a las condiciones de nuestro medio, y con tal acierto, que en buena parte constituyen pequeñas obras maestras por su elegancia y poder de seducción. No obstante su apariencia de frivolidad, esconden el secreto de un arte incomparable para fijar el vuelo de las impresiones. Casi siempre la crónica era multiforme, compleja y sin unidad ostensible.

Singularmente la crónica de la semana reunía una diversidad de aspectos, en consonancia con los sucesos sobresalientes de domingo a domingo; pero siempre adornados por la fantasía.[18]

---

[16] Justo Sierra: Prólogo a las *Obras de Manuel Gutiérrez Nájera. Poesía*, p. x, México, 1896.
[17] Boyd G. Carter: *Manuel Gutiérrez Nájera*. Estudio y escritos inéditos. Colección Studium, 12. México, 1956.
[18] Escribe *Puck,* es decir, Manuel Gutiérrez Nájera, en artículo titulado *Crónica* y que vio la luz en *El Universal* del domingo 3 de diciembre de 1893, lo que sigue:
> La crónica, señoras y señoritas, es, en los días que corren, un americanismo. La comparo a la Nao de China. Ésta era en remotos tiempos —en aquellos que sólo conoce ahora Luis González Obregón— esperada con ansia por las damas: traía las últimas novedades del Japón, los hoy semifabulosos tápalos de China, las porcelanas transparentes, cual mejillas de tísica, joven y blanca, las telas de Holanda y demás primores de la moda. Hoy no tenemos que esperar ni la llegada de un "paquete": Por Paso del Norte o por Laredo recibimos todo.
> La crónica —venerable Nao de China— ha muerto a manos del repórter...

En muchas ocasiones las crónicas se desarrollaban en forma discontinua: en partes era descriptiva, en partes humorística y en ocasiones incluía versos y trozos narrativos. En algunas crónicas, lo mismo que en otros artículos que formaban series como los intitulados Platos del día, Cosas que hacen falta, Pláticas doctrinales, *etc., prevalecía el juego satírico y zumbón, con tal arte que lo trivial del asunto se convertía en gratísimo divertimiento.*

A sus últimos años corresponden las dos series de artículos denominados Cuaresmas del Duque Job, *en donde el amable predicador de la tolerancia llegó a la maestría de su prosa por el fino humorismo y el inteligente* ragionare, *tan del gusto de Ventura García Calderón, quien afirma que "más que sus versos, exquisitos sin embargo, nos seducen estas burbujeantes fantasías en prosa, improvisaciones de un conversador genial".[19] Estas pláticas cuaresmales estaban dirigidas a un público femenino y en ellas pudo hacer derroche de sagrada elocuencia e irónica filosofía con su personalísima elegancia de estilo.*

El diligente introductor de los nuevos modos literarios con valor universal, nunca tuvo los medios para viajar fuera de su propio país. Los que risueñamente llamó Viajes extraordinarios de Sir Job, Duque, *apenas tuvieron un radio mayor que los viajes alrededor de su cuarto, como hubiera dicho De Maistre. Las circunstancias raramente le obligaron a salir de la ciudad de México, y no por muchos días; pero el buen escritor impresionista aprovechó sus andanzas para enviar a los periódicos bellas notas viajeras sobre Veracruz, Toluca, Jalapa, Puebla, Morelia, Pátzcuaro y Guadalajara. El observador y el humorista trabajaron de concierto al interpretar lo que veía el poeta, con efectos acaso no inferiores a los que hubiera conseguido en hipotéticos viajes por Europa.*

Otras notables manifestaciones de la madurez del escritor se hallan en las crónicas de teatro, en los comentarios sobre autores y libros y en los artículos sobre temas sociales de actualidad. En ellos están considerados los asuntos con real conocimiento de su esencia, sin aparatos de erudición ni nada que parezca artificioso. La comprensión de los temas es inteligente, la apreciación es serena, la expresión es adecuada. Si en estas páginas no hay campo para la imaginación desenfrenada, en cambio las ideas fluyen con transparencia de cristal, ceñidas a los cauces de una prosa eficaz para sus fines.

---

[19] En el prólogo a *Cuaresmas del Duque Job*, p. 6. Casa Editorial Franco-Ibero Americana, París, 1922.

La obra de Gutiérrez Nájera es muy extensa y ofrece diversidad de facetas, pero toda ella tiene por común denominador la gracia. "Aun en los poemas de mayor hondura, aun en los versos más dolorosos, este don de la gracia —dice González Martínez— aparece como distinción personal en la riqueza sobria del conjunto. En ella está igualmente el secreto de su prosa, hecha al parecer con desenfado, sin petulancias, sin miedo a neologismos, sin temores de pasar por afrancesada".[20] Burla burlando prodigaba su tesoro y jamás escondió como un vicio las influencias extrañas que él consideraba a la medida de su temperamento y de sus propósitos de renovación artística.

Si no rechazaba las influencias de afuera, tampoco se empeñaba en transferirlas a sus contemporáneos para ser acatadas so pena de entredicho. La conversación, el consejo, el estímulo y, sobre todo, el ejemplo, fueron los medios pacíficos de su enseñanza. Aconsejaba a los jóvenes la lectura asidua de libros de otras lenguas, pero siempre recomendaba, para establecer la soñada armonía, el estudio del idioma y de la literatura de tradición castellana. Decía a José Juan Tablada, después de leer unos versos del poeta novel:

> Lees mucho a los franceses, ¿verdad?... Haces bien; su ejemplo es muy saludable para nosotros; para animarnos a romper moldes. Pero no descuides a los clásicos griegos y latinos, ni a los españoles. Debemos individualizarnos, pero dentro de nuestra tradición literaria. No hay que imitar a los clásicos servilmente; eso sería ridículo y aun imposible; debemos interpretarlos dentro de nuestra vida propia, ¿Y el idioma?... El nuestro es magnífico, fue, mejor dicho, porque ha venido a menos, como uno de esos ancianos que fueron ricos y poderosos y hablan sólo de sus tiempos pasados. Pero ese anciano puede volver a ser rico y poderoso, aquí, en América.[21]

Estos conceptos coinciden con los que vertía en una carta dirigida al crítico Manuel Puga y Acal:

> La poesía francesa es muy coqueta y muy hermosa; cuesta trabajo levantarse de su muelle canapé; pero, aunque estoy enamorado de ella, debo confesar a usted que nos va a dañar algo

---

[20] En *Algunos aspectos de la lírica mexicana*, p. 17. Editorial Cultura, México, 1932.

[21] José Juan Tablada: *La feria de la vida* (Memorias), p. 175. Ediciones Botas, México, 1937.

su Champagne. *Bueno es cenar con ella, pero a la mañana siguiente hay que marcharse a oir el canto de las cigarras virgilianas y el murmurio de la fuente de Tibur. El excesivo amor a la frase, a los matices de la palabra, ha dado a Francia esa poesía de los "decadentes" que es como un burbujeo de pantanos. Bebamos una copa de Borgoña con Teodoro de Banville, pero conversemos luego mucho rato con los griegos y latinos, ¡los grandes sobrios! Y diré a usted que tampoco nos haría mal frecuentar el trato de los clásicos españoles. Yo tengo muchos pecados en mi conciencia y he pensado elegir por confesor a Fray Luis de Granada.*[22]

Cuando se reunieron por primera vez (1896) las poesías de Gutiérrez Nájera, Justo Sierra hizo la irrebatible defensa de la devoción al francesismo, notorio en la poesía mexicana del siglo pasado, con que intentó motejarla el más escuchado crítico de entonces, don Marcelino Menéndez y Pelayo.[23] El francesismo fue una necesidad del espíritu y el mejor medio de información intelectual y artística. El conocimiento de las literaturas exóticas sólo nos lo podía dar el francés. "¡Ah, siempre el francés: ese es el secreto de nuestra transformación!"[24] —exclamaba Luis G. Urbina al estudiar este punto de nuestra historia literaria. Esta intervención francesa fue tan fecunda como la influencia de la lengua toscana en la época de Garcilaso.

Manuel Gutiérrez Nájera, en un largo artículo de la Revista Azul, dice a propósito:

Con frecuencia se culpa a esta Revista *de afrancesamiento y se la tilda, sin razón alguna, de malquerer o menospreciar la literatura española. Hoy toda publicación artística, así como toda publicación vulgarizadora de conocimientos, tiene de hacer en Francia su principal acopio de provisiones, porque en Francia, hoy por hoy, el arte vive más intensa vida que en ningún otro pueblo, y porque es Francia la nación propagandista por excelencia. Pero esto no significa menosprecio a la literatura española, cuyos grandes, imperecederos monumentos, ha de estudiar ahincadamente todo aquel que aspire a ser literato o, cuando menos, a cultivar su gusto. Nuestra* Revista *no tiene carácter doctrinario ni se propone presentar modelos de belleza arcaica, espigando en las obras de los clásicos; es sustancialmente moderna, y por lo*

---

[22] "Carta del Duque Job a Brummel", op. cit., p. 128.
[23] Justo Sierra, prólogo a las Obras de Manuel Gutiérrez Nájera, Poesía, p. VI y ss., México, 1896.
[24] Luis G. Urbina: La vida literaria de México, p. 220. Madrid, 1917.

tanto, busca las expresiones de la vida moderna en donde más acentuadas y coloridas aparecen. La literatura contemporánea francesa es ahora la más "sugestiva", la más abundante, la más de "hoy", y los españoles mismos, a pesar de su apego a la tierruca, trasponen los Pirineos en busca de "moldes nuevos" para sus ideas e inspiraciones.[25]

Más adelante se refiere a la necesidad de comunicación con otros pueblos y otras literaturas, sin renegar de lo propio.

> Es falso que el sol no se pone jamás en los dominios de nuestra metrópoli: el sol sale y se pone en muchos países y es conveniente procurar ver todo lo que alumbra. Conserve cada raza sus caracteres sustanciales; pero no se aisle de las otras ni las rechace, so pena de agotarse y morir. El libre cambio es bueno en el comercio intelectual.[26]

La decadencia innegable de la poesía española de aquella época, la explica Gutiérrez Nájera por la "falta de cruzamiento". Pero a la vez reconoce el renacimiento de la novela, atribuyéndolo a que "la novela española ha viajado y ha aprendido bastante en sus viajes". Su tesis del cruzamiento en la literatura fue sostenida siempre con la convicción que da la experiencia. Escritor por temperamento, fue, además, un hombre de muchas y variadas lecturas: los estímulos del oficio.

Con frecuencia se ha dicho que Gutiérrez Nájera sólo obedecía a los impulsos de su instinto poético, libre de normas estéticas, de seguro porque se sentía como "el arpa eolia sujeta a los caprichos del viento".[27] Sin embargo, una lectura atenta de sus escritos nos entregaría el secreto de su ideario; un ideario sin formulación dogmática, sin relumbres de novedad insincera, expresado con sencillez y claridad, pero que pudo servirle de orientación a través de la tupida selva de su obra. En sus prólogos, en sus notas críticas, en sus crónicas y en la diversidad de sus artículos de cada día, saltan los aforismos y las razones de gusto literario junto a las reflexiones sobre la vida. Y todo esto se advierte desde sus colaboraciones espontáneas de la juventud hasta sus últimos trabajos en la **Revista Azul**.

El doctor Boyd G. Carter publicó en 1956 seis artículos de

---

[25] M. Gutiérrez Nájera: "El cruzamiento en literatura", en *Revista Azul*, tomo I, número 19. México, 9 de septiembre de 1894.
[26] *Ibid.*
[27] "Carta del Duque Job a Brummel", en *op. cit.*, p. 119.

Gutiérrez Nájera que se intitulan El arte y el materialismo, precedidos de interesantes noticias sobre la estética del precursor mexicano. Los artículos son del año 1876, lo que revela una temprana madurez intelectual. Carter hace la afirmación de que

> Manuel Gutiérrez Nájera tiene derecho al título de precursor teórico del modernismo en el dominio de lo estético por haber tenido y defendido los siguientes puntos de vista: 1º el arte no es imitación sino creación; 2º el artista debe ser libre de escoger su tema y desenvolverlo a su gusto; 3º el objeto del arte es la belleza; 4º la belleza, no siendo una idea sino la imagen de una idea, existe y se logra artísticamente en niveles simbólicos, distintos, superiores; 5º el arte representa el triunfo de lo ideal sobre lo material, es decir, el triunfo de Ariel sobre Calibán; 6º la propaganda no tiene nada que ver con el arte; 7º lo utilitario de índole material, es el enemigo implacable del arte; 8º lo bello es util por ser bello.[28]

Porfirio Martínez Peñaloza, al comentar los artículos de Gutiérrez Nájera, dice: "Como se puede ver, la formulación de esta estética fue anterior a casi toda la obra del poeta y la sostuvo durante toda su vida... En consecuencia su poesía debe considerarse como la plasmación de estos ideales estéticos".[29] Y agrega: "Creo que algo que no se ha hecho notar todavía, es la adscripción de la estética sustentada por Gutiérrez Nájera en la órbita del hegelianismo", y para redondear esta observación compara atinadamente algunos párrafos esenciales.

A pesar de tener convicciones estéticas y de haber permanecido fiel a ellas durante toda su vida, Manuel Gutiérrez Nájera no formó escuela, cosa fatalmente limitada y fugaz, ni tampoco aspiró a ser un representativo de su época, tal vez porque esto "equivale a convertirse en el portaestandarte de un regimiento de uniformados; en la unidad que marcha a la cabeza de un ejército de ceros",[30] como lo manifestó en cierta ocasión, allá por el 1888. Sin embargo, hizo algo más fecundo y memorable: creó el clima necesario para el advenimiento de fuertes generaciones literarias. En México no fue el único buscador de nuevas maneras de expresión, pero nadie como él convirtió su empeño

---

[28] Boyd G. Carter, op. cit., pp. 78 y 79.
[29] Porfirio Martínez Peñaloza: "Escritos inéditos de Gutiérrez Nájera". México en la Cultura, número 427, editado por Novedades el 27 de mayo de 1957.
[30] "Carta del Duque Job a Brummel", en op. cit., p. 120.

en propósito firme, en práctica habitual, en superación ejemplar y fascinante.

3. Revista Azul

Manuel Gutiérrez Nájera fundó en 1894, con la ayuda de su compañero de labores periodísticas Carlos Díaz Dufóo (Petit Bleu), el suplemento dominical del diario donde ambos trabajaban y le puso un nombre femenino, Revista Azul, *con un carácter exclusivamente literario: ¿no dijo Amiel que la literatura es el domingo de la inteligencia? El primer número apareció el 6 de mayo y en su primera página se explicaba la razón de aquel título:*

> Para la loca de la casa no teníamos casa y por eso fundamos esta Revista. ¡Azul...! ¿Y por qué azul? Porque en lo azul hay sol, porque en lo azul hay alas, porque en lo azul hay nubes y porque vuelan a lo azul las esperanzas en bandadas. El azul no es sólo un color: es un misterio, una virginidad intacta. Y bajo el azul impasible, como la belleza antigua, brinca el tallo de la flor, abriendo ávida los labios; brota el verso, como de cuerno de oro el toque de diana; y corre la prosa, a modo de ancho río, llevando cisnes y barcas de enamorados, que sólo para alejarse de la orilla se acordaron un breve instante de los remos...[31]

En cuanto al programa de la revista era como el de los pájaros: la libertad, la imprevisión, la inquietud y el gozo de seguir el curso de los vientos.

> Nuestro programa se reduce a no tener ninguno. No hoy como ayer... y siempre igual. Hoy como hoy; mañana de otro modo; y siempre de manera diferente. Si está la mañana alegre y despertamos de mañana, iremos de caza mi compañero y yo, en busca de esas aves que cantan lindamente y que suelen soltar nuestros amigos los poetas en el campo. Si llueve, leeremos, oyendo llover, los libros que huelen a papel húmedo; los que el correo nos trae de Europa y de casa se llevan los amigos. Y la Revista de ojos y traje azules charlará de aquéllos, y leerá en alta voz los trozos que la agraden. Nos proponemos no llegar jamás a esta casa, a esta casa que es vuestra, con las manos vacías: traeremos ya la novela, ya la poesía, ya la acuarela, ya el grabado, ya el vals para la señora, y el juguete para el niño...[32]

---

[31] El Duque Job: "Al pie de la escalera", en *Revista Azul*, tomo I, número 1, México, 6 de mayo de 1894.
[32] *Ibid.*

Al cumplir la publicación siete semanas de vida, Gutiérrez Nájera explicó de nuevo el porqué del nombre escogido para bautizarla:

> ...los presidiarios de birrete verde (uno era Carlos; otro, yo), enamorados, por supuesto de Jane Hading, se acordaron de ella y repitieron cierta frase que decía lindamente en Nos intimes: Un ciel tout bleu... tout bleu... tout bleu!
> De aquel ¡azul!... ¡azul!... ¡azul!... dicho en voz baja, nació, batiendo sus ligeras alas, la idea de la Revista.[33]

Es indudable que también influyó en la elección el título de la obra de Darío, Azul, publicada seis años antes. Quizás también tuvieron en cuenta los fundadores la expresión huguiana l'art c'est l'azur, puesta en circulación nuevamente por don Juan Valera, a propósito de este libro, en una de sus "cartas americanas". También es posible que tuvieran presente el título de la Revue Bleu parisiense. Pero hay que recordar que Gutiérrez Nájera, desde 1880, soñaba con un título así cuando publicó sus versos Del libro azul.

En la fiesta con que se celebró el bautismo de la revista, el Duque Job recordaba a los primeros colaboradores en esta forma peculiar de su estilo:

> ...era preciso que hermoseáramos la habitación de la pequeña, afortunada princesita. Y para ello acudimos a los amigos próceres: Manuel Flores nos dio soberbios lienzos de los grandes pintores venecianos; Juan de Dios Peza, una virgen de alabastro; Valenzuela, un bronce magnífico; Urueta, hermosos cuadros que recuerdan, por la entonación viva de las carnes, la pintura flamenca, y por la elegancia de los trajes, el "verismo" parisiense; Urbina, inimitables porcelanas llenas de golondrinas y de flores; Tablada, voluptuosos tapices japoneses; Gamboa, reliquias de viajes, guardadas en maletas de cuero de Rusia; Micrós, encantadoras estatuitas y miniaturas deliciosas; Rafael de Zayas, un paisaje lleno de luz, lleno de vida; Pepe Bustillos, tiestos de camelias; Balbino Dávalos, trofeos de armas damasquinas...
> Dirán muchos que Azul todavía no sirve para nada; pero a ello contesto lo que Franklyn decía del primer Mongolfier: "¿Para qué sirve eso? Para lo que sirve un niño acabado de nacer."[34]

[33] El Duque Job: "El bautismo de la Revista Azul". *Revista Azul*, tomo I, número 7, México, 17 de junio de 1894.
[34] Ibid.

Tenía nueve meses de vida el dominical cuando murió su fundador (3 de febrero de 1895). El año siguiente, con exactitud el 11 de octubre de 1896, aparecía por última vez la Revista Azul, que había continuado bajo la dirección de Carlos Díaz Dufóo. Su extinción se hizo inevitable por haber suprimido el gobierno El Partido Liberal, junto con otros periódicos ministeriales, para fundar un diario con características modernas.

Los cinco volúmenes que integran la revista constituyen un tesoro de artículos y poemas de sus colaboradores, tanto mexicanos como centro y sudamericanos, amén de trabajos de autores europeos, principalmente franceses, reproducidos en traducciones muchas veces especiales. Un repaso de los índices puede dar una idea de la calidad y diversidad de temas y de firmas. Cada número equivale a una exposición que comprende los más significativos productos del ingenio literario de América. El prestigio de la revista estuvo fundado, por otra parte, en la fama de su director, cuya amplitud de criterio y buen gusto eran insospechables.

Entre los colaboradores mexicanos de la Revista Azul se destacan los siguientes: Rafael de Alba, José María Bustillos, Bernardo Couto Castillo, Balbino Dávalos, Rafael Delgado, Juan B. Delgado, Salvador Díaz Mirón, María Enriqueta, Adalberto A. Esteva, Enrique Fernández Granados, Manuel Flores, Federico Gamboa, Francisco A. de Icaza, Luis González Obregón, Manuel Larrañaga Portugal, Alberto Leduc, Laura Méndez de Cuenca, Micrós (Angel de Campo), Amado Nervo, Francisco M. de Olaguíbel, Manuel José Othón, Joaquín Arcadio Pagaza, José Peón Contreras, Antonio de la Peña y Reyes, Juan de Dios Peza, Manuel Puga y Acal, Salvador Quevedo y Zubieta, Emilio Rabasa, José María Roa Bárcena, Santiago Sierra, Justo Sierra, José Juan Tablada, Luis G. Urbina, Jesús Urueta, Jesús E. Valenzuela, Antonio Zaragoza, Rafael de Zayas Enríquez.

Entre los colaboradores de Centro y Sudamérica aparecen Vicente Acosta, Arturo A. Ambrogi, Ismael Enrique Arciniegas, Rufino Blanco-Fambona, Nicanor Bolet Peraza, Rafael Bolívar, Juana Borrero, Bonifacio Byrne, Julián del Casal, Pedro-Emilio Coll, Rubén Darío, Leopoldo Díaz, Manuel Díaz Rodríguez, Pedro César Dominici, Justo A. Facio, Ricardo Fernández Guardia, Emilio Fernández Vaamonde, Fabio Fiallo, Pedro Pablo Figueroa, Julio Flórez, José Gil Fortoul, Enrique Hernández Miyares, Darío Herrera, Ricardo Jaimes Freyre, Abraham López-Penha, Numa Pompilio Llona, José Martí, Andrés A. Mata, Juan

Ramón Molina, Rafael Obligado, Clemente Palma, J. A. Pérez Bonalde, Gonzalo Picón Febres, Manuel R. Pichardo, M. Pimentel Coronel, Miguel Eduardo Prado, F. Rivas Frade, J. M. Romero García, José Asunción Silva, N. Tondreau, Froilán Turcios, Carlos Pío y Federico Urhbach, Iván Urbaneja Achelpohl, Vargas Vila, César Zumeta.

También figuran en las páginas de la revista algunas reproducciones de autores españoles, como Federico Balart, Ramón de Campoamor, Marcelino Menéndez Pelayo, Gaspar Núñez de Arce, Emilia Pardo Bazán, José María Pereda, Manuel Reina, Salvador Rueda, Juan Valera.

Son más numerosas las reproducciones escogidas de otras lenguas europeas, con variadas páginas de Amicis, Banville, Baudelaire, Tristán Bernard, Bourget, León Cladel, Coppée, Courteline, D'Annunzio, Daudet, Descaves, Dostoyevski, France, Gautier, Edmundo y Julio de Goncourt, Laforge, Lavedan, Lemaître, Loti, Maizeroy, Margueritte, Mendès, Max Nordau, Prevost, Rebell, Renan, Richepin, Rosny, Silvestre, Scholl, Theuriet, Tolstoy, Turguenef, Emilio Zola. En su original francés aparecieron versos de Augusto de Armas, Heredia y Leconte de Lisle.

La Revista Azul destaca en la historia de las letras mexicanas como una de las cumbres más visibles a la distancia de los años. Manuel Gutiérrez Nájera, el forzado del periodismo, encontró al fin de su breve vida una prisión a su gusto desde donde podía conversar de cosas bellas con sus innumerables amigos del continente.

Diez años después un viejo periodista, sin los méritos literarios de Manuel Gutiérrez Nájera, tuvo la osadía de iniciar una nueva época de la Revista Azul con tendencias contrarias a las del modernismo.[35] Pero los representantes de la juventud intelectual de entonces protestaron, por diversos modos violentos, contra esta profanación de la memoria del Duque Job, "justamente el primer revolucionario en arte entre nosotros".[36] El disfraz "azul" no valió a la flamante publicación para subsistir y desapareció a las seis semanas, víctima de su propia supercheria.

---

[35] *Revista Azul*, dominical literario, editor y director: Manuel Caballero. Programa: "¡Guerra al decadentismo!" (Aparecieron seis números: de 7 de abril a 6 de mayo de 1907.)

[36] *Protesta* de la juventud que circuló en hoja suelta el 7 de abril de 1907 y fue reproducida por varios periódicos y revistas, entre éstas la editada por Caballero.

4. La obra narrativa

Manuel Gutiérrez Nájera nunca quiso reunir sus poesías, aunque aseguraba que con ellas empezaría, llegado el caso, su trabajo de recolección. Un año después de su muerte apareció un volumen prologado por Justo Sierra. Con una selección de sus crónicas, cuentos y artículos diversos, se publicaron otros dos volúmenes con prólogo, el primero, de Luis G. Urbina, y de Amado Nervo el segundo. Muchos años más tarde, en 1912, Carlos Díaz Dufóo sacó a luz una nueva serie con el título de Hojas sueltas. *Permanecen intactas todavía algunas colecciones de artículos y se hallan a medio explorar otras tantas, en espera de ser agrupadas en una necesaria edición de obras completas. Tan ardua empresa se cumplirá muy pronto. El doctor E. K. Mapes, ya acreditado en estos estudios, ha llevado a cabo sistemáticamente y de una manera exhaustiva la recopilación de los cuentos y narraciones que hoy salen por primera vez juntos y documentados.*

La obra narrativa de Gutiérrez Nájera se produjo entre los años de 1876 y 1893. Con excepción de los cuentos contenidos en el pequeño volumen editado en 1883 con el título de Cuentos frágiles, *y de otros nueve incluidos en el tomo primero de su prosa con el nombre de* Cuentos color de humo, *los demás permanecían olvidados en los periódicos donde colaboró el infatigable escritor:* El Federalista, La Libertad, El Nacional, El Cronista Mexicano, El Universal, El Partido Liberal, *etc. Gracias a los esfuerzos de Mapes, pueden ser leídas ahora hasta ochenta y siete piezas debidamente clasificadas y ordenadas cronológicamente, con expresión de procedencia, variantes e indicación, además, de las distintas reproducciones hechas por el autor. Con este caudal informativo se puede hacer ya el estudio del cuentista siguiendo su evolución pormenorizadamente.*

Los trabajos fueron agrupados por Mapes en cuatro secciones: Cuentos, Otras narraciones, Fragmentos de novela *y* Adaptaciones e imitaciones. *La mayor actividad del cuentista queda registrada entre los años de 1877 y 1883, lo que vale decir que corresponde a su juventud, entre los dieciocho y los veinticuatro años. Lo considerado en los grupos de cuentos y narraciones no siempre vio la luz con individualidad definida, sino que a menudo se hallaba mezclado con trabajos de índole diversa. La mano del compilador, en casos así, ha separado las narraciones dándoles autonomía y un título adecuado.*

Si bien las piezas coleccionadas tienen todas, en distinta manera, carácter narrativo, es muy aparente en muchas su parentesco con la crónica por sus toques de lirismo o bien por su libertad en el desarrollo, amén de contener alusiones a circunstancias transitorias. Ya sabemos que en las divagaciones de la crónica najeriana no es rigurosa la unidad temática, ya que a veces entran elementos varios, con valor propio. Esto hace posible su separación sin disminuir el interés ni dislocar la forma de los demás componentes. Las crónicas de donde se extrajeron ciertas páginas narrativas formaban parte de las series denominadas La vida en México, Humoradas dominicales, Cartas a mi abuela, Crónicas color de rosa, Crónicas color de lluvia, Crónicas color de oro, Crónicas kaleidoscópicas, Crónicas de mil colores, etc. Estas crónicas no llevaban siempre la firma de Manuel Gutiérrez Nájera, porque con más frecuencia empleaba sus seudónimos: Fru-Fru, M. Can-Can, Fritz, Junius, Pomponet, Ignotus, o El Duque Job. Todo esto se verá en las notas a cada cuento.

Una selección de sus primeros cuentos —Cuentos frágiles— fue el único libro publicado por Gutiérrez Nájera como volumen inicial de una colección que tuvo el curioso nombre de Biblioteca honrada.[37] Por llevar la data de 1883, debe ser considerado como el precursor del cuento modernista, puesto que se adelantó a la aparición de Azul, de Rubén Darío, en varios años. Es útil conocer su contenido: La balada de Año Nuevo, La novela del tranvía, La venganza de Mylord, La mañana de San Juan, En el hipódromo, La pasión de Pasionaria, Los amores del cometa, Después de las carreras, La hija del aire, Tragedias de actualidad, Las misas de Navidad, Los suicidios, Historia de una corista, En la calle, Al amor de la lumbre. En esta cosecha empranera hay cuentos que conservan su frescura: La balada de Año Nuevo, Los amores del cometa, La mañana de San Juan, y, sobre todos ellos, La novela del tranvía, modelo de leve humorismo donde, bajo el velo de la fantasía, se trasluce mucho de la realidad mexicana.

Leídos los cuentos en sucesión cronológica, es fácil seguir ordenadamente los avances del narrador, que van desde la simple imitación del diálogo y del gracejo a la española, donde domina la risa sobre la sonrisa, hasta las ficciones en que prevalece el rapto sentimental; y desde la evasión lírica hasta la

---

[37] *Cuentos frágiles* por Manuel Gutiérrez Nájera. Fata viam invenient. Biblioteca Honrada. México, Imprenta del Comercio, de E. Dublán y Comp., 2ª de Plateros, número 3, 1883.

notación costumbrista suavizada con el agridulce de la ironía. Indudablemente Gutiérrez Nájera alcanzó el dominio de su manera de contar, que cabe en la definición de otro poeta: "El cuento es hendedura del sueño por donde vemos el mundo".[38]

El traductor del cuento Rip-Rip, *escogido para la colección* Les mille nouvelles nouvelles, *al presentar a Manuel Gutiérrez Nájera decía:*

> En sus cuentos en prosa, place singularmente por la vivacidad y la ligereza de su frase alerta y saltarina. Prefiere los asuntos familiares y ofrece bonitos cuadros de género donde la verdad se atavía con encanto exquisito. A veces mezcla gratamente a sus relatos imaginaciones fantásticas de las que él mismo se burla con la desenvoltura de un Musset. Enamorado de la variedad, que es una de las grandes leyes del arte como de la vida, junta en feliz armonía pinturas animadas y reflexiones deliciosamente irónicas, a la vez hombre y poeta: hombre, porque no es engañado por las apariencias y poeta porque siente profundamente la melancolía y las tristezas de la existencia. Sonríe, pero con una sonrisa bañada de lágrimas.[39]

Los temas del cuentista son, en verdad, familiares, los que ofrece la vida a cada momento. Pero como el cuentista es también poeta sentimental, brinda generosamente su ternura a los perseguidos por el infortunio. Los personajes que más ama son siempre mujeres o niños indefensos.

Elisa la ecuyère, Historia de una corista, Una venganza, La pasión de Pasionaria, Cuento triste, La novela del tranvía, Berta y Manón, La odisea de Mme. Théo, El sueño de Magda, Dame de coeur, Madame Venus, Un 14 de julio, y otros cuentos, tienen por asunto la vida de una mujer o alguna relación con ésta. La balada de Año Nuevo, La hija del aire, La mañana de San Juan, El vestido blanco, Historia de un peso falso, etc., son relatos en que protagonizan los niños.

> Son narraciones casi sin argumento —observa Ernesto Morales—. En otras manos serían tal vez cosa trivial o burda. Gutiérrez

---

[38] Miguel D. Martínez Rendón, citado por Francisco Rojas González en su conferencia sobre el *Origen y evolución del cuento mexicano,* leída en la Universidad Potosina. *Letras Potosinas,* año IX, número 95. San Luis Potosí, enero-febrero de 1951.

[39] *Les mille nouvelles nouvelles.* Tous les auteurs célèbres contemporains de tous les pays du monde... Número 8, p. 72. La Renaissance du Livre. París.

Nájera sabe extraer el alma de ellas y presentárnosla con la magnificencia elocuente que da la inspiración. Su prosa es la de un poeta. A cada momento, rutilante, aparece una metáfora, ofreciéndose como una flor, o la frase ingeniosa, el hallazgo feliz, el tropo original: todo lo que denuncia al escritor de primera agua...[40]

El juicio es válido para toda la obra del cuentista.

No ignoraba los recursos del cuento moderno. A lo largo de sus escritos hay testimonios de que conocía y estimaba a los mejores cuentistas, con Maupassant a la cabeza. No desdeñaba las cosas del oficio, así procedieran de la retórica: "El agua y la retórica son útiles. Lavarse es conveniente",[41] decía refutando las ideas de Campoamor. Y en otra parte afirmaba: "En la nouvelle cabe todo, desde el cuadrito de género, hasta el análisis psicológico. Cultívala en Francia, con mucho acierto, Guy de Maupassant, siendo a la par egregio novelista: nouvelliste et romancier".[42] Sin embargo, prefirió el cuento lírico, caprichoso, a veces soñador y a ratos irónico, sin duda por ser como una flor espontánea de su temperamento. Con el transcurso del tiempo, su manera ha venido a coincidir con la definición de O'Connor: "El cuento breve es un lírico grito frente al destino humano".[43] Aunque hay presunciones de que conoció los principios sobre la técnica del cuento establecidos por Edgar Poe,[44] lo evidente es

---

[40] Ernesto Morales: *Los niños y la poesía en América*, p. 17. Ediciones Ercilla, Santiago de Chile, 1936.

[41] Manuel Gutiérrez Nájera: *Obras, Prosa*, II, p. 212.

[42] *Ibid.*, p. 284.

[43] Frank O'Connor: "Y es un arte solitario y personal", en *Literatura contemporánea*, p. 86. Compilador Francis Brown; traducción de Héctor Vaccaro. Sur, Buenos Aires, 1954.

[44] Alexander Kosloff dice:

A Poe pertenece el gran mérito de haber formulado los principios generales del género cuentístico moderno, que se pueden adaptar a una gran variedad de cuentos de diversos tipos: (1) El tamaño del cuento no debe exceder el período de lectura dentro de una sola sesión; (2) El diseño concebido debe llevarse a cabo, para que el lector reciba la impresión de finalidad; (3) El cuento debe crear un efecto único; (4) No debe contener ni una palabra que no tienda a cumplir el diseño concebido. Como se echa de ver en estos principios, una inmensa variedad de temas puede servir de asunto para el cuento, los cuales se subordinan al efecto obtenido.

Sea que Gutiérrez Nájera estuviera enterado de la crítica literaria de Poe o que no, sus cuentos caben dentro de los preceptos de este género establecidos por el crítico y cuentista norteamericano.

"Técnica de los Cuentos de Manuel Gutiérrez Nájera", Introducción. *Revista Iberoamericana*, vol. XIX, núm. 38, México, septiembre de 1954.

que en su prosa narrativa aplicaba con más frecuencia sus procedimientos personales de libre vuelo en un ámbito de poesía.

Hay cuentos que pudieran clasificarse entre los poemas en prosa por el ritmo, el juego de las imágenes y el dejo emotivo. Por ejemplo, el que se intitula **Cuento triste**.

> ¿Por qué me pides versos? Hace ya tiempo que mi pobre imaginación, como una flor cortada demasiado temprano, quedó en los rizos negros de una espesa cabellera, tan tenebrosa como la noche y como mi alma. ¿Por qué me pides versos? Tú sabes bien que del laúd sin cuerdas no brotan armonías y que del nido abandonado ya no brotan gorjeos. Vino el invierno y desnudó los árboles; se helaron las aguas del río donde bañabas tu pie breve y aquella casa, oculta entre los fresnos, ha oído frases de amor que no pronunciaron nuestros labios y risas que no alegraban nuestras almas. Parece que un mar inmenso nos separa...

En **Dame de coeur**, *cuento con acción más aparente, la forma poemática se ofrece como preámbulo y como final del relato:*

> Allá, bajo los altos árboles del Panteón Francés, duerme la pobrecita de cabellos rubios, a quien yo quise durante una semana... ¡todo un siglo!... y se casó con otro.
>
> Muchas veces, cuando, cansado y aburrido del bullicio, escojo para mis paseos vespertinos las calles pintorescas del panteón, encuentro la delicada urna de mármol en que reposa la que nunca volverá. Ayer me sorprendió la noche en esos sitios. Comenzaba a llover y un aire helado movía las flores del camposanto. Buscando a toda prisa la salida, di con la tumba de la muertecita. Detúveme un instante, y al mirar las losas humedecidas por la lluvia, dije con profundísima tristeza:
>
> —¡Pobrecita! ¡Qué frío tendrá en el mármol de su lecho!
>
> Rosa-The era, en efecto, tan friolenta como una criolla de La Habana. ¡Cuántas veces me apresuré a echar sobre sus hombros blancos y desnudos, a la salida de algún baile, la capota de pieles! ¡Cuántas veces la vi en un rincón del canapé, escondiendo los brazos, estremecida, bajar los pliegues de un abrigo de lana! ¡Y ahora, allí está, bajo la lápida de mármol que la lluvia moja sin cesar! ¡Pobrecita!

Y después de contar la historia de Rosa-The, la enferma enamorada que se deja morir por salvar al jugador con su recuerdo, vuelve el cuentista a las frases iniciales: "Allá, bajo los altos árboles del Panteón Francés, duerme la pobrecita de cabellos rubios, a quien yo quise durante una semana... ¡todo un siglo!... y se casó con otro".

En Los amores del cometa se impone una fantasía delirante con desperdicio de metáforas y agudezas a propósito del viaje del Cometa, al que llama bandolero del espacio. Como entre las consecuencias de este fenómeno se considera la posibilidad del fin de nuestro mundo, el poeta hace una pausa en su lírico fantasear mientras invita a su amada al goce de la vida, porque "el olor de las rosas dura poco" y al cabo

> fin del mundo y salida de un baile, todo es uno: final de fiesta mezclado de silencio y de fatiga; hora en que se apagan las luces y cada cual vuelve a su casa; aquellos a dormir bajo las ropas acolchonadas de su lecho, y éstos a descansar entre los cuatro muros de la tumba.

En seguida Gutiérrez Nájera torna a describir los movimientos del Cometa:

> El Cometa no viene a exterminarnos. Sigue agitando su cabellera merovingia ante la calva respetable de la Luna, y continúa sus aventuras donjuanescas. Tiende a Marte una estocada y se desliza como una anguila por entre los anillos de Saturno. ¡Míralo! Sigue lagartijeando en el espacio, bombardeado por las miradas incendiarias de la Osa. Reposa en la silla de Casiopea y se ocupa en bruñir el coruscante escudo de Sobieski. El Pavo real despliega el abanico de su cola para enamorarle, y el ave indiana va a pararse en su hombro. La Cruz austral le abre los brazos y los Lebreles marchan obedientes a su lado. Allí está Orión que le saluda con los ojos, y el fatuo Arturo viéndose en el espejo de las aguas. Puede rizar la cabellera de Berenice, e ir, jinete en la Girafa, a atravesar el Triángulo boreal. El León se echa a sus pies y el Centauro le sigue a galope. Hércules le presenta su maza y Andrómeda le llama con ternura. La Vía Láctea tiende a sus pies una alfombra blanca, salpicada de relucientes lentejuelas, y el Pegaso se inclina para que lo monte...

En La mañana de San Juan se junta la forma poemática y el relato sentimental. Comienza con una descripción llena de lirismo, para continuar con una larga invocación a la alegre mañanita de San Juan, antes de presentar el contraste doloroso de una tragedia de niños. Breves palabras dirigidas a la celebrada mañana de fiesta, sirven para encuadrar el relato: "¡Oh mañanita de San Juan! ¡Tu blanco traje de novia tiene también manchas de sangre!"

En la versión personal de la vieja leyenda de Rip van Winkle, Gutiérrez Nájera recurre, antes de iniciar el relato, a una serie de reflexiones de sabor poético, sin duda enderezadas a crear una atmósfera de vaguedad de tiempo y espacio como en el mundo de los sueños:

Este cuento yo no lo vi; pero creo que lo soñé.

¡Qué cosas ven los ojos cuando están cerrados! Parece imposible que tengamos tanta gente y tantas cosas dentro... porque, cuando los párpados caen, la mirada, como una señora que cierra su balcón, entra a ver lo que hay en su casa. Pues bien, esta casa mía, esta casa de la señora mirada que yo tengo, o que me tiene, es un palacio, es una quinta, es una ciudad, es un mundo, es el universo... pero un universo en el que siempre están presentes el presente, el pasado y el futuro. A juzgar por lo que miro cuando duermo, pienso para mí, y hasta para ustedes, mis lectores: —¡Jesús! ¡Qué de cosas han de ver los ciegos! Esos que siempre están dormidos, ¿qué verán? El amor es ciego, según cuentan. Y el amor es el único que ve a Dios.

Terminada la narración con el regreso de Rip-Rip al bosque de su sueño —donde muere—, sin haber logrado ser reconocido por su mujer ni su hija ni sus amigos, el cuentista renueva sus consideraciones a tono con la desencantada interpretación de la leyenda. He aquí algunas de esas reflexiones amargas:

¿Cuánto tiempo durmió? ¿Cuánto tiempo se necesita para que los seres que amamos y que nos aman nos olviden? ¿Olvidar es delito? ¿Los que olvidan son malos?...

Hizo bien Jesús el Nazareno en no resucitar más que a un solo hombre, y eso a un hombre que no tenía mujer, que no tenía hijas y que acababa de morir. Es bueno echar mucha tierra sobre los cadáveres.

Historia de un peso falso es uno de los cuentos de Gutiérrez Nájera en que, excepcionalmente, la forma narrativa fluye con libertad y la acción tiene más resalte. Sin embargo, tampoco se hallan ausentes de esta prosa los modos expresivos del poeta ni las sutilezas del humorista. Como sucede en otras muchas narraciones, en mayor o menor grado, también aquí se ha recurrido a la personificación de un objeto inanimado, el peso falso, cuya imagen se presenta en estas líneas:

> ¡Parecía bueno! ¡Limpio, muy cepilladito, con su águila, a guisa de alfiler de corbata, y caminando siempre por el lado de la sombra, para dejar al sol la otra acera! No tenía mala cara el muy bellaco y el que sólo de vista lo hubiera conocido no habría vacilado en fiarle cuatro pesetas. ¡Pero... crean ustedes en las canas blancas y en la plata que brilla! Aquel peso era un peso teñido; su cabello era castaño, de cobre, y él por coquetería, porque le dijeran "es usted muy Luis XVI" se lo había empolvado.

Tras de algunas peripecias que favorecen a dos de los poseedores del peso falso y después de servir de señuelo caritativo que forja las ilusiones del muchacho vendedor de periódicos que lo recibe, se descubre el engaño de la moneda espuria y el Inglesito es acusado injustamente de ladrón. El cuentista cierra el cuadro con estas interrogaciones:

> ¡Señor! Tú que trocaste el agua en vino, tú que hiciste santo al ladrón Dimas; ¿por qué no te dignaste convertir en bueno el peso falso de ese niño? ¿Por qué en manos del jugador fue peso bueno y en manos del desvalido fue un delito? Tú no eres como la esperanza, como el amor, como la vida, peso falso. Tú eres bueno. Te llamas caridad. Tú que cegaste a Saulo en el camino de Damasco, ¿por qué no cegaste al español de aquella tienda?

Uno de los cuentos mejores de Manuel Gutiérrez Nájera y donde se mezclan concertadamente los elementos tomados a la realidad y los que brinda la imaginación, es el que se llama La novela del tranvía. Es un cuento de juventud escrito en 1882, pero en el que ya se ostentan maduras las cualidades del escritor, tal como seguirían manifestándose en la mayor parte de sus obras. En La novela del tranvía los trazos característicos de los personajes están ejecutados con pulso firme y apenas exagerados, a veces, por el humorismo; a la finura de la observación corresponden siempre las graciosas piruetas de la fantasía. Unas cuantas líneas tomadas de aquí y de allá pueden servir de ejemplo. El narrador viaja en un tranvía, y observa:

> El cobrador sacude su sombrero, y un benéfico rocío baña las caras de los circunstantes, como si hubiera atravesado por en medio del vagón un sacerdote repartiendo bendiciones a hisopazos...
> Un viejo de levita color de almendra meditaba apoyado en el puño de su paraguas. No se había rasurado... ¿Quién sería

mi vecino? De seguro era casado, y con hijas. ¿Serían bonitas? La existencia de esas desventuradas criaturas me parecía indisputable. Bastaba ver aquella levita calva, por la que habían pasado las cerdas de un cepillo, y aquel hermoso pantalón con su coqueto remiendo en la rodilla, para convencerse de que aquel hombre tenía hijas... Están enamoradas sin saber de quién y aguardan la venida del Mesías. ¡Si yo me casara con alguna de ellas! ¿Por qué no? Después de todo en esa clase suelen encontrarse las mujeres que dan la felicidad... ¿Con cuál me caso? ¿con la rubia? ¿con la morena? Será mejor con la rubia... digo, con la morena. En fin, ya veremos. ¡Pobrecillas! ¿Tendrán hambre?

En el asiento que antes ocupaba el cesante, descansa ahora una matrona de treinta años. No tiene malos ojos; sus labios son gruesos y encarnados; parece que los acaban de morder. Hay en todo su cuerpo bastantes redondeces y ningún ángulo agudo... ¿Adónde va? Con un tiempo como éste nadie sale de su casa si no es por una grave urgencia. ¿Estará enferma la mamá de esta señora? En mi opinión, esta hipótesis es falsa... ¿La seguiré? Siempre conviene poseer un secreto de mujer. Veremos, si es posible, al incógnito amante... Un sudor frío bañaba mi rostro. Afortunadamente habíamos llegado a la plazuela de Loreto, y mi vecina se apeó del vagón... Allí está el coche; ella entra en la iglesia. ¡Qué tranquilo debe estar su marido! Yo sigo en el vagón. ¡Parece que todos vamos tan contentos!

Si hubiera espacio, se podría demostrar con ejemplos la persistencia —a veces en oposición— de la emotividad romántica, la observación realista, la fantasía, el lirismo y la ironía en el resto de los cuentos y en general en toda la obra narrativa. Un estudio sobre la presencia de estas características del escritor, sería más provechoso que el examen de los casos de aplicación o desconocimiento de las reglas de más uso en nuestros días, muchas veces simplemente eludidas por él con el propósito de dar libertad al desarrollo de las formas poéticas. En efecto, éstas aparecen en la prosa de Gutiérrez Nájera con más atrevimientos que en la poesía. De seguro muy pocos poemas hay en que suelte la brida a las imágenes y los tropos como lo hace en sus trabajos de creación en prosa, ya sean cuentos, crónicas, impresiones críticas, etc. Como observa juiciosamente Goldberg, "hasta su sedicente periodismo es, en esencia, poesía: ve por imágenes y piensa en términos de sentimiento".[45] Todo esto se halla distante de la sobriedad y arte calculado de hoy, lo mismo que de la forma

---

[45] Isaac Goldberg: *La literatura hispanoamericana. Estudios críticos.* Versión castellana de R. Cansinos Assens. Madrid, Editorial América.

desaliñada de sus antecesores, porque corresponde a una época diferente, iniciada por él, y que es la del modernismo.

En la sección denominada Otras narraciones, Mapes ha logrado reunir hasta veinticinco piezas, muchas de ellas desconocidas y otras por primera vez separadas de las crónicas de donde formaron parte primitivamente. Son variadas tanto en la forma como en los temas. Pueden adoptar la apariencia del apunte rápido, de la crónica social, del relato humorístico, de la divagación poética, etc. Las narraciones se hallan en relación con el mundo circundante y los sucesos del momento, todo lo cual es observado con mirada curiosa y con espíritu risueño, para expresarlo en seguida como en plática que se desliza frívolamente, pero sin despreocupación de la belleza.

De entre la diversidad de las narraciones conviene destacar dos muestras que se distinguen por la originalidad, una de ellas, y la otra por el modo amable con que se refiere a un asunto ingrato en ciertas circunstancias políticas. Son La cucaracha y La moneda de níquel. La primera, desprendida de una serie de crónicas intituladas La vida en México, es notable por sus adivinadoras analogías con El príncipe Alacrán, una de las pequeñas obras maestras del autor de Cuentos malévolos.[46] La segunda, es decir, La moneda de níquel, es una fantasía en que se alude a la aparición de esa impopular moneda durante el gobierno de un general mexicano. He aquí breves pasajes característicos del estilo de Gutiérrez Nájera en esta índole de personificaciones:

¡Pobre moneda! Tenía una corona de laurel, como Dante Alighieri. Estaba intacta. En el anverso llevaba las armas del amor: un arco y un carcaj; y en el reverso una V muy graciosa, que, probablemente, estaba puesta allí para advertirnos que era virgen. La moneda se percató, sin duda, de mi encogimiento, y observando la turbación de mi conciencia, quiso alentarme con palabras generosas. Las monedas hablan, y tan recio que las oyen los sordos...
—Como sé, Duque Job, que no eres malo, quiero iniciarte en mis secretos y hacerte mis confidencias. ¿Piensas tú que no sufro? En el mundo de las monedas, como en el vuestro, hay sus categorías, sus distinciones y sus clases. La aristocracia, son las rubias, las de oro. Los pesos son los banqueros, los parvenus, como dirías

[46] Clemente Palma: *Cuentos malévolos.* París. Sociedad de Ediciones Literarias y Artísticas. Librería Paul Ollendorf.

en francés para no decirlo en galicismo. Las pesetas componen la clase media. Yo estoy algo más abajo todavía, pertenezco a la clase pobre decente; soy, como si dijéramos, la hija de un general que sirvió al imperio y dejó a su familia en la miseria...

Abundan las narraciones desarrolladas en tono ligero como ésta, lo mismo que aquellas en que la imaginación se vuelca en raudales de poesía. Léanse Dos y uno, El diputado, Historia de un peso bueno, *y por otra razón,* El viejo Invierno, La carta que no se dio *y* Días nublados, *narración que trata de astros, de aves y de enamorados, y que en su primera parte trae a la memoria el recuerdo de* Los amores del Cometa.

Gutiérrez Nájera no llegó a la realización de ninguna obra novelesca; pero hizo tres tentativas: Un drama en la sombra *(1879),* La mancha de Lady Macbeth *(1889)* y Monólogo de Magda *(1890).*

Un drama en la sombra *es apenas un borrador escolar, un ejercicio malogrado por falta de madurez en la vida y en el conocimiento del arte narrativo.* La mancha de Lady Macbeth *fue comenzada diez años después, cuando el escritor se hallaba en el pleno dominio de sus facultades literarias. El prosador diferenciaba ya los procedimientos del cuentista lírico —los propios del narrador modernista— de los más remansados y sujetos a cálculo que emplea generalmente el novelista. En los tres capítulos que se conocen pueden ser observados un lenguaje, un ritmo y un principio de estructuración muy aceptables en este género, por lo que sólo debe atribuirse la frustración de la obra a los apremios del periodismo y no a la carencia de facultades.*[47] *El primer capítulo se inicia con la presentación del medio moreliano en Viernes Santo —sin exceso de detalles—, se hace conocimiento de la señorita Paz y se reproduce una carta de Enriqueta, su amiga de la infancia, quien le anuncia su próxima boda. El segundo capítulo contiene una carta de Paz en la que se alude al cambio de situación económica de su padre y a la muerte súbita de su madre, en Francia. El tercer capítulo trata del regreso a la ciudad de México de Paz y su hermano menor, ya huérfanos, y de su instalación en la casa de Enriqueta. Revela*

---

[47] Lo que se conoce de La Mancha de Lady Macbeth se publicó en tres inserciones de la *Revista Nacional de Artes y Ciencias,* 1889-1890. Poco después desapareció la revista, por lo que puede ser ésta una de las causas de que el autor suspendiera indefinidamente su conclusión.

también las razones que tiene ésta para retener a su amiga, y se hace una descripción de las habitaciones de Paz. El capítulo termina con algunas reflexiones acerca de la situación de Paz:

...Vivía como con miedo, como encogida, como temiendo siempre que le cobrara alguien quién sabe qué. Le daban mucho cariño, pero... la frase misma lo dice: se lo daban...

Disfrutando del cariño que benévolamente nos otorgan, como se disfruta de un objeto prestado, con miedo de romperlo. Y se está continuamente con sobresalto, con zozobra, con susto, pensando si desagradará tal o cual acción nuestra. Antes se decía del amigo: ¡me quiere mucho! Después, cuando nos favorece, decimos: ¡me trata muy bien! ¡Qué diferencia!...

En la mujer es más penosa y dura esta condición. El hombre se va a la calle, olvida un poco, se cree libre mientras está fuera de la casa. Además, el hombre siempre cree que va a pagar, que va a obtener un buen empleo, que pronto va a salir de su aflictivo estado. En la mujer el roce con los otros, con sus protectores, con la servidumbre, con las amigas desdeñosas, es constante. Ella a cada momento tiene que servir, y poco a poco se convierte en criada. La quieren mucho, ¡pero es tan útil y es tan buena! — Si no te molesta, anda a ver si el niño está dormido. — Tú, que bordas tan primorosamente, hazme un cojincito para Adela. — ¡Anda, péiname! ¡Qué informal es esta peinadora, hoy no ha venido! — Voy al cajón, ¿tú no querrás venir, verdad? ¡Jesús, qué monja! Cuida entretanto a Carlos, y da tus vueltas por el cuarto de costura.

Todas éstas son gotas de tristeza que van cayendo en el corazón hasta que lo llenan. Y si ni la hermana, ni la cuñada, puestas por el destino en semejante condición, se libran de sufrir esas ligeras, mas continuas humillaciones, ¿cómo había la amiga pobre de librarse?

El Monólogo de Magda *pertenece a una novela cuyo nombre no conocemos. ¿Será el mismo del personaje de este capítulo? El* sueño de Magda, *publicado en 1883 ¿tendrá relación con este fragmento de novela o será sólo una coincidencia la del nombre? Por la lectura del Monólogo se podría creer que el autor se proponía escribir una novela de carácter psicológico. Las siguientes líneas que exponen el contenido particular del capítulo, pudieran también, acaso, hacer alusión al objeto principal de la novela:*

Escenario moral. *Magda es una mujer perdida, de París. Magda está enamorada. Su amante —no su sueño momentáneo— es un viejo rico que viaja con ella haciéndola pasar por hija suya. Y Magda se enamora de Raúl, que la cree inocente y la cree pura. La escena pasa en América.*

¿Se aprovechará Magda del engaño para ser esposa de Raúl? ¿Le dirá la verdad entregándose a él? He aquí el problema.

A pesar de los recursos triviales e inoportunos que hacen deslucido el final, prevalece en estas páginas la impresión de belleza que se desprende del conflicto de conciencia, dramatizado por las voces que se disputan el corazón de Magda.

Como a menudo sucede en la producción literaria de Gutiérrez Nájera, también en el Monólogo se hace resaltar el valor sentimental y moral que representa la madre junto a la vida que comienza, porque ella es "la suprema iniciadora de las grandes cosas". En otra parte muestra su fe en la virginidad oculta en el espíritu, "aun el más gastado", por medio de esta alegoría:

El corazón es a manera de una casa que tiene muchos locatarios; todos suben por la misma escalera y transitan por los mismos corredores. Algunos se conocen; otros se saludan; muchos no se han visto nunca. Éste, que vive enfermo y paralítico, pasa los meses y los años amarrado a un gran sitial de cuero. Aquél, que acaba de nacer, duerme en la cuna. Que estalle algún incendio, que peligren las vidas de aquellos pobres seres, perdidos en una gran colmena humana, y todos salen: arrastrándose el viejo; el niño en brazos; pero todos salen. Los sentimientos viven así en el corazón: algunos atrofiados, recién nacidos otros. Cuando llega el minuto supremo de la crisis, todos aparecen; algunos duermen como si estuvieran muertos; pesa sobre ellos una enorme lápida; pero, a guisa de epitafio, en ese mármol fúnebre hay una inscripción que dice: ¡Resucitará! ¡Resurrexit!

La obra narrativa de Manuel Gutiérrez Nájera se cierra con once trabajos de significación menor: imitaciones de sus años de juventud, o adaptaciones y traducciones del francés, realizadas sobre la marcha y por necesidad del momento. Algunas de estas narraciones, publicadas con seudónimos, han dado ocasión a ciertos fiscales de la literatura para hacerle el cargo de plagiario, sin tener en cuenta las circunstancias en que vieron la luz ni la bizarra confesión contenida en Restituciones y casos de conciencia.

"No quiero morir impenitente. Voy a arreglar mi conciencia y a gemir por mis culpas", confesaba en voz alta. Y después, siguiendo su examen íntimo, se decía:

Te levantas un día de mal humor, y en vez de ponerte a trabajar, cortas una novela de Zola, la das a traducir y la envías con tu seudónimo a un semanario de caricaturas... Quieres dormir después de un baile y haces que tu secretario te traduzca una o dos historietas de Mendès. Publícanse, autorizadas por alguno de tus seudónimos, y sin saberlo, te encuentras convertido en el autor de alguna historia escandalosa, que nunca habrías escrito ni firmado porque te sabes respetar bastante. Dos vueltas más de vals por la noche, una correría matinal por el Bosque, los ojos de una señora o la cita de un amigo, te han decidido a cometer los plagios que te echo en cara.[48]

Estos recursos de periodista en aprietos no eran desconocidos en su tiempo y el propio Gutiérrez Nájera refiere las hazañas de este género atribuidas al barón Gostkowski, quien solía publicar con su firma artículos de Pelletan, About, Girardin y, sobre todo, de Rochefort. Cuando se recibió en México la falsa noticia de que éste había muerto en un duelo, alguien que estaba en el secreto de la conducta del barón, escribió: "Enviamos nuestro sincero pésame al barón Gostkowski, porque ha perdido a uno de sus colaboradores más inteligentes".[49] Casos análogos son frecuentes en la picaresca del periodismo. Lo de Gutiérrez Nájera es otra cosa. Parece más bien divertimiento de espíritu juguetón que, si a veces quita, también a veces da por travesura. ¿No es cierto que Los moscos[50] y Oda a la Exposición Universal[51] —versos de su cosecha— fueron publicados como traducciones de Víctor Hugo?

Durante veinte años escribió sin descanso en los periódicos; pero esta obligada prodigalidad del escritor le llevó al agotamiento de su fortaleza corporal, ya que no del vigor —en plenitud— de su inteligencia. Dilapidó su talento como el personaje de Daudet que tenía el cerebro de oro: trozo a trozo lo repartió por amor, por necesidad, por imprevisión, hasta acabar su riqueza con la propia vida.

5. Semblanza del Duque Job

La vida de Manuel Gutiérrez Nájera no ostenta rasgos diferentes a los del hombre común entregado a su oficio para lucrar el

---

[48] Manuel Gutiérrez Nájera: *Obras, Prosa*, II, p. 395.
[49] *Ibid.*, p. 371.
[50] Véase *Revista Azul*, t. III, pp. 4 y 5.
[51] "Carta del Duque Job a Brummel", p. 117.

pan de cada día. No fue favorecido con cargos prominentes ni fue víctima de grandes pasiones, de esas que interesan a los lectores de vidas noveladas. Apenas adolescente cayó en el periodismo y allí le dejó abandonado la mano de Dios hasta la edad de treinta y cinco años.

Los datos biográficos esenciales, tal como fueron recogidos por la familia del poeta, son éstos:

> Manuel Gutiérrez Nájera, hijo de don Manuel Gutiérrez y de la señora Dolores Nájera, nació en México el 22 de diciembre de 1859 en la calle del Esclavo número 1 (hoy Avenida República de Chile). A los cuatro años de edad fue su familia a radicarse a Querétaro, viviendo allí en la calle de Gamilla, que hoy lleva el nombre de Manuel Gutiérrez Nájera, según decreto reciente del Estado. El año de 63 regresaron a esta capital. No estuvo nunca en la escuela, su mamá le enseñó las primeras letras y él solo aprendió a leer. Fue su profesor de latín el señor don Próspero María Alarcón y de matemáticas (que él detestó siempre) el señor José Joaquín Terrazas. A los trece años de edad y sin conocimiento de su familia, empezó a escribir artículos y poesías en el periódico La Iberia, del que era director don Anselmo de la Portilla; después en El Federalista, del que era director Alfredo Bablot, y después en todos los periódicos políticos y literarios de la época, usando en ellos distintos seudónimos, entre otros el de Monsieur Can Can, Junius, Recamier, Cura de Jalatlaco, Perico de los Palotes y sobre todo Duque Job. Fue fundador, en colaboración con Carlos Díaz Dufóo, de la Revista Azul. Empezó a escribir una novela, La mancha de Lady Macbeth, que quedó incompleta a su muerte. Nunca quiso coleccionar ni publicar sus obras y sólo a su muerte, por iniciativa de varios de sus amigos y con el objeto de ayudar a sus pequeños hijos, se publicaron los dos tomos de prosa y uno de poesía.
>
> La inmensa labor literaria acabó con su vida; murió el 3 de febrero de 1895 a las tres de la tarde en su casa, calle de los Sepulcros de Santo Domingo, número 10.[52] (Hoy Avenida República del Brasil, número 46).

Después de la enseñanza de las primeras letras que recibió en el hogar, estudió muchas cosas por su propio esfuerzo. Se le quiso dedicar al comercio, y al efecto ingresó en una tienda de ropa para hacer méritos, sin conseguirlo.

---

[52] En *Cuentos de Manuel Gutiérrez Nájera*. Colección Cultura, México, septiembre 15 de 1916.

> Mi único mérito consistía —escribirá más tarde— en ir a ocultarme en un tabuco húmedo del almacén, en donde guardaban las casullas y demás paramentos de Iglesia, con el honesto objeto de leer la Historia de Francia, escrita por Anquetil, y que estaba arrumbada en aquella especie de bodega, o bien algún libro que solía llevarme de casa, oculto entre la camisa y el chaleco.[53]

Leyó en sus primeros años muchos libros clásicos, particularmente místicos españoles. Después, prevalecieron sus lecturas francesas. A la vez apareció su vocación literaria y escribió artículos que, naturalmente, quiso ver en tipos de imprenta. Uno de ellos, enviado bajo el seudónimo de Rafael, hizo ruido; en él trataba, nada menos, que del autor del soneto A Cristo Crucificado, terciando en una polémica de gentes provectas. Fue muy celebrada esta intervención entre los doctos, sin sospechar que tal escrito no tenía del polemista novel más que ciertas frases sin importancia.[54] ¿Quiso demostrar que los profesionales de las letras, por aquellos días, no perdían su tiempo en informarse de lo que en otras partes se escribía? Es larga la lista de los periódicos que contaron con su colaboración: El Porvenir, El Cronista Mexicano, La Colonia Española, La Voz de España, El Noticioso, Correo Germánico, El Republicano, El Nacional, La Libertad, El Universal, El Partido Liberal, Revista Nacional de Artes y Ciencias, La Juventud Literaria, y otras muchas publicaciones de la época.

Su labor de periodista fue ardua y día tras día renovada. Era un gran trabajador y, sin embargo... Una vez, allá por el 1889, se defendía del cargo contrario, con su acostumbrado buen humor:

> Escribo de seis a ocho horas diarias; cuatro empleo en leer, porque no sé todavía cómo puede escribirse sin leer nada, aun cuando ello sea para ver qué idea o qué frase se roba uno; publico más de treinta artículos al mes; pago semanariamente mi contribución de álbumes; hago versos cuando nadie me ve y los leo cuando nadie me oye, porque presumo de bien educado... ¡y todavía me llaman perezoso!... Los que me hacen tal cargo pueden, sin duda, detener el sol como Josué, o no saben que el

---

[53] Manuel Gutiérrez Nájera: *Obras, Prosa*, II, p. 282.
[54] Véanse los artículos de Alfonso Junco publicados en *El Universal*, de enero a febrero de 1941, con los títulos de *Gutiérrez Nájera plagiario*, *G. N., pecados de juventud*, y *Travesura de Gutiérrez Nájera: el imberbe desliz*.

día tiene veinticuatro horas, y que los hombres comen, duermen y se cansan.[55]

Del romanticismo no heredó la bohemia, sino el dandismo. Su elegancia era igual en el atuendo de la persona que en el arte refinado del escritor. Sus contemporáneos conocieron hasta qué punto fue cierta su fealdad y hasta qué grado alcanzó su don de simpatía.[56] Señalaban entonces su escasa estatura, su rostro de líneas asimétricas, sus ojos pequeños en contraste con la nariz abultada, y otras cosas dignas de admiración para el caricaturista;[57] pero también confesaban que sus ojos verdes estaban llenos de bondad, que su corazón se mostraba siempre en la sonrisa, que su palabra premiosa tenía la gracia de convertir al malqueriente en amigo leal y devoto. Las mujeres solían llevarse a los labios algunas de sus estrofas inolvidables.[58]

En la obra de Manuel Gutiérrez Nájera aparecen reiteradamente la mujer y el niño. La mujer en todas sus transformacio-

[55] En "Un banquete al maestro Altamirano", artículo publicado en *El Partido Liberal* el 13 de agosto de 1889.

[56] Véanse al respecto las obras de José Juan Tablada y Luis G. Urbina citadas, y los artículos de este último que figuran en *Hombres y Libros*. México, El Libro Francés, S. A., 1923.

[57] La figura de Gutiérrez Nájera, joven, fue captada con cierta fidelidad por Jesús Urueta, en esta "Viñeta", publicada en *Revista Azul*, tomo I, número 7:

La calle de Plateros. Domingo. Medio día. Grupos, carruajes... En una esquina, el poeta: pantalón claro, levita negra con un clavel rojo en el ojal; narigudo, algo más que narigudo; un *porfirista* apagado en el rincón de la boca; bigote de eléctricas púas; ojos de Juno (véase Homero), soñolientos. *La Duquesa Job,* envuelta en sedas y listones —cantárida, *bibelot,* girón de arcoiris, torbellino de gracias y coqueterías— atraviesa la calle. Al pasar un charco de agua, lleva a su falda los enguantados dedos, dedos que con garbo y desgarro levantan el telón... ¡cuadrito de opereta! un pie, un choclo negro de delgada punta y una pantorrilla ágil, cubierta por una media color de frambuesa. En el instante de brincar, mira de soslayo al poeta, que de soslayo la mira: sonríen sus dientes parejos como las cuentas de un rosario de marfil, guiña los ojuelos maliciosos, y retoza una picardía entre los hilos de seda de sus pestañas. El poeta se retuerce nervioso las lucientes guías del bigote, y en sus ojos de Juno, chispea una mirada borracha de poesía.

[58] La opinión femenina puede estimarse por la anécdota mencionada por Francisco Monterde en *Cultura mexicana,* p. 246. México, 1946. Dice:

Una dama de París —de ese París al que Gutiérrez Nájera se sintió tan próximo, sin haber llegado a conocerlo— decía a uno de sus amigos, después de hablar con el poeta:

—Mais, on m'avait dit que M. Naquerá etait très laid, et ce n'est pas vrai, ce n'est pas vrai...

nes, y el niño en su realidad transitoria y en sus retornos subjetivos durante la vida del hombre. Porque

> la niñez —dice en una bella página— es una edad que pasa y se esconde dentro de nosotros mismos: a ocasiones, manotea, brinca en lo íntimo de nuestro ser; y luego vuelve, cuando la ingrata juventud o la traidora edad madura nos ha dejado para siempre... Es tan pequeñita y tan buena que se nos esconde en el alma, como se esconde el chiquitín travieso debajo de una silla.[59]

Resultaría prolija la enumeración de los pasajes donde exalta las figuras de la mujer y el niño; pero basta para confirmar esta predilección la lectura de sus cuentos y narraciones.

Manuel Gutiérrez Nájera formó su propio hogar en el año de 1888, uniéndose en matrimonio con Cecilia Maillefert, de ascendencia francesa. Dos hijas, Cecilia y Margarita, fueron el fruto de esta unión. Cuánto significaba la paternidad en el poeta, pueden decirlo estas líneas llenas de ternura:

> Mi hijita duerme sosegada en la pieza contigua. Hasta aquí me llega el suave rumor de su respiración. Ya la besé en los rubios rizos, sin que me sintiera. Ya puse mi cabeza bajo el ala del ángel. Ya dio ese beso matinal a mi alma el pan de cada día. ¡Ya estoy pagado! Trabajaré más, ¡oh Dios!, para que ella ría, para que ella juegue, para que siga creyendo que puedo darla todo y que cuando ella duerme todo cesa, y nada más las estrellas y los ángeles siguen despiertos, sólo para cuidarla. Allí está toda la vida mía; duerme tranquila... ¡Una infinita felicidad llena de lágrimas mis ojos![60]

En sus últimos años, Manuel Gutiérrez Nájera desempeñaba en el periodismo el puesto de jefe de redacción de El Partido Liberal y representaba en la Cámara al distrito de Tezcoco, la patria de otro poeta que floreció en el tiempo antiguo: el rey Netzahualcóyotl. La Prensa Asociada de México le acababa de elegir para presidente, cargo que por su muerte no llegó a ocupar. Ésta ocurrió el 3 de febrero de 1895. Durante su enfermedad, toda la prensa estuvo dando información para satisfacer la ansiedad del público. Las manifestaciones de duelo fueron

---

[59] "En el país azul" vio la luz en el número de *El Partido Liberal* correspondiente al 23 de julio de 1893.

[60] *Gloria*, a Justo Sierra. *Revista Azul*, tomo I, número 4. México, 27 de mayo de 1894.

tan excepcionales cuanto merecía el hombre bueno, el poeta exquisito y el trabajador ejemplar que se perdía. Era amado y comprendido por sus lectores "y si recordamos el éxito literario del Duque Job, desde la iniciación de su carrera —observa Salvador Novo—, habremos de concluir que su época estaba a la altura de la ilustración que le servían sus cronistas de prensa".[61]

Varias veces se ha intentado honrar la memoria de Manuel Gutiérrez Nájera erigiéndole un monumento en la plazuela de Guardiola, sitio que armoniza con las estrofas bulevarderas a la Duquesa Job. La idea fue prohijada por la Revista Moderna, *órgano del modernismo en México,*[62] *pero no llegó a realizarse. Hoy la ciudad le tiene dedicado un busto en la Calzada de los Poetas del Bosque de Chapultepec.*

FRANCISCO GONZÁLEZ GUERRERO

---

[61] En el prólogo a *Prosa selecta de Manuel Gutiérrez Nájera*. México, 1948 (W. M. Jackson, Inc., Editores).

[62] Crónica de Amado Nervo publicada con el título de "Un monumento a Gutiérrez Nájera", en *Algunos* y en el primer tomo de *Obras completas*.

PRÓLOGO

La presente *colección de las obras narrativas de Manuel Gutiérrez Nájera tiene dos fines esenciales: hacer asequibles al público muchos escritos de esta clase que hasta ahora no se conocen, y proporcionar una historia completa de cada composición.*

Es sabido que durante toda su vida activa Gutiérrez Nájera fue periodista, publicando casi diariamente en la prensa mexicana las composiciones que acababa de escribir. En los casos en que él mismo indica la fecha de composición, ésta coincide casi siempre —día más, día menos—, con la de primera publicación. Tenía la costumbre de volver a publicar cada escrito hasta cuatro o cinco veces en varios periódicos, bajo diferentes títulos y con distintos seudónimos. Muchas veces cambiaba la forma del escrito con cada publicación, o urdía una nueva composición combinando partes de dos anteriores. En muchos casos publicaba un cuento como un artículo de una larga serie como Humoradas dominicales *o* La vida en México, *sin otro título que el de la serie misma. Tales circunstancias dificultan la identificación y el estudio de muchos escritos.*

Una sola colección de los cuentos de Gutiérrez Nájera apareció en vida del autor: los Cuentos frágiles, *publicados por E. Dublán y Compañía en 1883 como volumen inicial de la Biblioteca Honrada. Contiene, en el orden indicado, los siguientes cuentos:*

La balada de año nuevo	Después de las carreras
La novela del tranvía	La hija del aire
La venganza de Mylord	Tragedias de actualidad
La mañana de San Juan	Las misas de Navidad
En el Hipódromo	Los suicidios
La pasión de Pasionaria	Historia de una corista
Los amores del cometa	En la calle
Al amor de la lumbre	

En esta colección no figuran ni la fecha de composición ni la de primera publicación, aunque Al amor de la lumbre, *por ejemplo, había aparecido en un periódico seis años antes.*

Después de la muerte de Manuel en 3 de febrero de 1895, se han publicado muchas colecciones de sus obras en prosa, la mayor parte de las cuales contienen cuentos. La primera y más voluminosa de ellas fueron las Obras de Manuel Gutiérrez Nájera: Prosa, *en dos tomos publicados en México por la Tipografía de la Oficina Impresora del Timbre. El primer tomo de esta edición, publicado en 1898, incluye prosa narrativa en tres de sus siete secciones. La primera, "Cuentos frágiles", contiene todos los cuentos aparecidos en el volumen de este nombre publicado en 1883 con excepción de tres:* Las misas de Navidad, En la calle *y* Al amor de la lumbre. *El texto de los cuentos incluidos es una reproducción exacta del de 1883, salvo la omisión de seis páginas de* Los amores del cometa. *En esta colección no se dan tampoco fechas de composición ni de primera publicación.*

En la segunda sección del tomo de 1898, titulada "Cuentos color de humo", van incluidas nueve composiciones, a saber:

Juan el organista
Dame de coeur
Rip-Rip
Cuento triste
El músico de la murga
Un 14 de julio—Histórico
El vestido blanco
Crónica de mil colores
Historia de un peso falso

No está claro por qué los editores de la colección agruparon estos escritos, ni por qué usaron tal título. El único periódico que usó el encabezamiento "Cuentos color de humo" fue la Revista Azul, *pero aplicándolo sólo a tres composiciones del grupo:* Juan el organista, Dame de coeur *y* Rip-Rip. *El texto de estos tres cuentos y de* El músico de la murga *parecen ser reproducción del de la* Revista Azul; *el de los demás es reimpresión del de los periódicos* La Libertad, El Partido Liberal *y* El Siglo Diecinueve.

"Crónicas y fantasías," título de la tercera sección de las Obras *de 1898, no indica que en ella se incluyen narraciones. Sin embargo, encontramos allí* Al amor de la lumbre, *uno de los* Cuentos frágiles, *de 1883, bajo el título de* Artículo de invierno, En la calle, *como parte del artículo* Crónica color de muertos, *y varios escritos más de carácter netamente narrativo. Estos ejemplos sirven para ilustrar una particularidad de los escritos de esta sección de las* Obras *de 1898 y de ciertas otras colecciones de los escritos de Nájera. En el curso de su carrera periodística escribió éste muchas series de artículos bajo títulos generales, tales como* Humoradas dominicales, La vida en México, México en invierno, Plato del día, *y* Crónicas *de varios tipos:* "deshilvanadas", "kalei-

doscópicas", "de la semana", "color de rosa", "color de humo", "color de lluvia", "color de muertos" y muchos más. A veces el número de colaboraciones en una sola serie llegaba a la veintena o hasta el centenar. En estas series los escritos individuales no llevan título distintivo.

Gran parte de la sección "Crónicas y fantasías" de las Obras de 1898 *está formada por selecciones de algunas de las series que acabamos de nombrar: las de* La vida en México *ocupan por sí solas 50 páginas. No se da título a ninguna de estas selecciones: sólo la fecha en que apareció en el periódico que publicó la serie, y esta fecha no es, generalmente, la de composición ni de primera publicación. El libro carece por completo de datos de esta clase.*

Las demás secciones del libro no nos interesan aquí, puesto que no contienen prosa narrativa.

Después de 1898 han aparecido dos colecciones de cuentos de una importancia especial. La primera, Cuentos color de humo, *contiene doce cuentos seleccionados de los* Cuentos frágiles *y de* Cuentos color de humo *de las* Obras de 1898: *fue impresa tres veces: Madrid, Editorial-América, 1917 y México, Editorial Stylo, 1942 y 1948. La segunda,* Prosa selecta, *México, Imprenta Nuevo Mundo, 1948, contiene en su sección 'Cuentos diversos" 21 de los cuentos más conocidos de nuestro autor.*

Fuera de estas dos, las colecciones de la prosa de Nájera publicadas después de su muerte contienen una miscelánea de tipos: crónicas, ensayos, fantasías, viajes, etc., entre los cuales va incluida una media docena de cuentos. En casi todas estas colecciones figuran los mismos cuentos favoritos: La mañana de San Juan, La novela del tranvía, Los amores del cometa, Historia de un peso falso *y* Juan el organista. *Los demás rara vez se imprimen.*

A causa de estas circunstancias, mencionaremos generalmente, en las notas en este volumen sobre la historia de cada escrito, sólo las colecciones de 1883 y de 1898.

La mayor parte de los materiales contenidos en el presente libro provienen de una fuente no utilizada hasta ahora: las colecciones de periódicos mexicanos en que se publicaron en un principio los escritos de Nájera. Conservamos tales materiales en copias en "micro-film", sacadas hace algunos años en las bibliotecas de México. Hemos tenido, pues, a mano copias exactas de todas las versiones de cuentos que presentamos en el texto o que mencionamos en las notas.

Nos ha parecido esencial dividir este volumen en cuatro partes: Cuentos completos, Otras narraciones, Fragmentos de novela y Adaptaciones e imitaciones. En la primera incluimos unos veintiséis escritos ya publicados en Cuentos frágiles, *1883*, las Obras de *1898* o alguna otra colección, y quince que aparecen aquí por primera vez en forma de libro. Creemos que todos pertenecen al tipo de literatura denominado "cuento" en el sentido estricto de la palabra.

En la segunda sección van reunidos escritos en que falta alguna de las características del "cuento" propiamente dicho, pero que muestran sin embargo un elemento claramente narrativo. La mayor parte de la prosa de Nájera consistía de "crónicas", que él trataba de variar todo lo posible para hacerlas interesantes y agradables al público. Uno de los recursos que más a menudo empleaba con este propósito era incluir en la "crónica" un incidente en forma narrativa para dar más viveza al relato. Esto ocurre con tanta frecuencia que se puede considerar como una de las maneras de escribir más características de Nájera, y da a este tipo de composición el derecho de aparecer en este volumen.

Como es sabido, Gutiérrez Nájera empezó varias veces a escribir una novela, que nunca terminó. Conocemos tres fragmentos de esta clase, que incluimos en la tercera sección del libro.

En la última sección presentamos un grupo de escritos que tienen una historia especial. Entre los escritos de Nájera han aparecido a veces cuentos u otras narraciones que se publican como originales suyos, pero que él mismo atribuye a otro autor. Tal vez el mejor ejemplo sea Las misas de Navidad, que Nájera mismo coloca entre sus Cuentos frágiles de *1883* sin comentario, aunque en el texto del cuento se lo atribuye a Alphonse Daudet. Nosotros hemos incluido unas nueve composiciones de este tipo, algunas ya recogidas, otras no.

Nos ha parecido conveniente no hacer otra agrupación que la que acabamos de indicar, y observar, dentro de cada grupo, el orden cronológico. Los únicos grupos de cuentos que existen, en otras colecciones de las obras de Nájera, son Cuentos frágiles y Cuentos color de humo, y como hemos notado ya, las Obras de *1898* violan dos veces esta agrupación, colocando en su sección "Crónicas y fantasías" dos cuentos sacados de los Cuentos frágiles de *1883*. También hemos observado que el grupo "Cuentos color de humo", en las Obras de *1898*, no tiene razón de existir. El orden cronológico, en cada grupo, tiene la ventaja de facilitar el estudio del desarrollo de Nájera como narrador.

Un problema que se ha presentado muchas veces, en la preparación de este volumen, ha sido el de encontrar títulos apropiados para algunos de los escritos incluidos. En varios casos, como ya hemos notado, la composición no tiene otro título que el de la serie en que aparecía en cierto periódico. En otros casos la narración forma parte de un largo artículo, cuyo título no tiene nada que ver con ella. Sucede a menudo que una narración aparece varias veces en la prensa, cada vez con un título diferente. En vista de todo esto hemos escogido el título que nos ha parecido más apropiado y que mejor distingue, a juicio nuestro, tal escrito de cualquier otro.

En las notas a cada escrito no sólo damos su historia desde su primera publicación en la prensa, sino también, en muchos casos, la explicación de las alusiones que ocurren en él.

Por la ayuda económica que hizo posible la adquisición del "micro-film" en que está basado este trabajo queremos dar las gracias al American Council of Learned Societies, a la American Philosophical Society y a la Universidad de Iowa; y a esta última por haber sufragado, además, los gastos de preparación del manuscrito. Debemos gracias muy especiales al profesor Boyd G. Carter, de la Universidad de Nebraska, quien leyó el manuscrito y nos dio consejos muy valiosos sobre la clasificación de los escritos incluidos, además de proporcionarnos varios escritos de Gutiérrez Nájera que nos faltaban. También agradecemos al Sr. Carrasco Puente, Director de la Hemeroteca Nacional de México, y a la Sra. Laura H. Mapes, la cooperación que nos brindaron durante nuestro trabajo en México.

E. K. Mapes

CUENTOS COMPLETOS

UN QUID PRO QUO[1]

—¿Conque ya de vuelta, Clara?
—Sí, amigo mío.
—Se habrá Ud. divertido mucho.
—Muchísimo.
—¿Qué tal la hacienda?
—Como siempre.
—Yo no he salido de México.
—Mucho calor ¿verdad?
—Y mucho hastío. ¿El esposo ha salido?
—Creo que sí.
—Supongo que no se habrá separado de Ud. un momento... ¡ama a Ud. tanto!
—Es verdad que no se parece a todos los maridos; pero con todo hemos vivido separados más de un mes.
—¿Cómo es eso?
—A mediados de agosto vino a tratar de un asunto de importancia.
—¿Sí? ¡Pero Ud. le habrá perdonado!
—Tengo confianza en él...
—¿Y aquella alhaja que tenía, aquel famoso ayuda de cámara, que en su concepto era el *non plus ultra* de los "Leporellos"[2] modernos?
—¿Martín?
—El mismo.

---

[1] Se publicó cinco veces, por lo menos, en periódicos de México: en *El Federalista* del 23 de septiembre de 1877, con el título de *Indiscreciones (Un quid pro quo)* y firmado "Manuel Gutiérrez Nájera"; en *El Republicano* del 14 de marzo de 1880, como parte de un artículo titulado *Bric-à-Brac (Indiscreción dominguera)*, pero sin título propio y firmado "Mr. Can-Can"; en *El Nacional* del 24 de marzo de 1881, con el título de *Indiscreciones* y firmado "*Frú-Frú*"; en *El Cronista de México* del 13 de agosto de 1881, con el título de *Crónica Escandalosa* y firmado "Pomponet", y en *La Libertad*, 13 de abril de 1884, con el título de *Indiscreciones* y firmado "El Duque Job".

Todas las versiones, excepto la de 1881, son punto menos que idénticas; ésta se diferencia de las demás en que omite el último párrafo y ofrece algunas particularidades de fraseología. Publicamos la última de las cinco: la de 1884.

Que sepamos, este cuento no ha sido recogido hasta ahora.

[2] Leporello, el cobarde ayuda de Cámara en la ópera *Don Giovanni*, de Mozart.

—¡Ay amigo! ¡qué chasco nos llevamos con él! Ha tenido que despedirle.

—¿A él, al fénix de los ayudas de cámara?

—Él y la cocinera se quedaron custodiando la casa durante nuestra ausencia, y aquí donde nos ve Ud., el día que llegamos tuvimos que esperar dos o tres horas en casa de un vecino, porque con el deseo de sorprenderlos no les avisamos y los dos se habían ido, no sé si en amor, pero sí en compañía, a no sé qué baile del infierno.

—¿Pero la casa?

—Estaba cerrada.

—¿Es decir que los cogieron Uds. *in fraganti?*

—No es lo peor, sino que Martín se había adornado con uno de los mejores "fracs" de mi esposo, y la cocinera con uno de los trajes que me hizo Hortensia el invierno pasado.

—Doble delito.

—Con circunstancias agravantes, porque para adquirir esas prendas habían tenido que forzar las cerraduras de dos armarios.

—¿Y Uds. los despedirían?

—Aquella misma noche no, por no quedarnos solos con la doncella que me acompañaba; pero al día siguiente... ¡oh! Carlos tuvo un disgusto grande.

—Lo creo.

—Unos criados en los que habíamos depositado toda nuestra confianza...

—Calle Ud., señora, el ramo de sirvientes...

—Sí, es un ramo que siempre está en otoño.

—Ellos, según la expresión de Espronceda, son como las ilusiones, hojas caídas.

—Con la diferencia de que nosotros somos su juguete.

—Señora —interrumpe en esto la doncella—, ahí está una anciana que desea hablar con el señor.

—Ya le habrá Ud. dicho que no está en casa.

—Sí, señora, pero me ha dicho que desea hablar con Ud.

—¿Le ha dado a Ud. tarjeta?

—No, señora.

—¿Ha dicho su nombre?

—Tampoco.

—En ese caso, ¿por qué nos interrumpe Ud.?

—Ha indicado con insistencia que desea hacer a Ud. una revelación.

—Bien está: que espere en la antesala... dígale Ud. que en este instante estoy muy ocupada.

La doncella se va.

—¿Quieren hacer a Ud. una revelación? Eso parece un capítulo de novela.

—¡Estoy ya tan acostumbrada a esas escenas en que todo se resuelve con un doblón o un billete de banco!

—No siempre tienen ese desenlace.

—Sí, generalmente.

—¿Conque su esposo de Ud. ha estado un mes ausente?

—Es Ud. malicioso, si los hay.

—¿Yo, señora?

—¿Luego dicen Uds. que las mujeres somos mal intencionadas?

—Dios me libre de profesar ese principio... pero la dejo porque estará Ud. impaciente. Sobre todo, Clara, mucha serenidad. Adiós.

Un minuto después, apoya Clara su índice sonrosado en el botón de marfil de una campanilla eléctrica y se presenta la doncella.

—Que pase esa señora.

Es el tipo de una de esas señoras que se emperejilan y componen por Corpus y Jueves Santo, y que pasean todas las tardes acompañadas de una o dos jóvenes de no mal palmito, vestidas con humildes trajes de percal.

—¿Qué se le ofrece a Ud., señora? —pregunta Clara.

—¿Conoce Ud. esta tarjeta? —dice la anciana con acento breve y seco.

—Es de mi marido.

—¿Conoce Ud. este pañuelo?

—Tiene las iniciales de mi esposo: pero, ¿qué significa...?

—¿Conoce Ud. esta petaca?

—Sí, por cierto, es un regalo que le hice a mi esposo el día de su cumpleaños; pero sírvase Ud. aclarar este enigma...

—Este enigma significa que su esposo de Ud. es un mal caballero.

—¿Cómo se entiende? ¡Señora!

—No me retracto; es un mal caballero.

—Poco a poco...

—Me explicaré, y cuando Ud. sepa todo lo que ha pasado será de mi opinión. En primer lugar, diré a Ud. que yo ignoraba que fuera casado; pero, al preguntar por él, me ha dicho la criada que estaba la señora, y quise ver a Ud. para poder decirle lo que he dicho.

—Pero, explíquese Ud.

—¡Ay, señora! No sé si tendré fuerzas bastantes. Es una picardía lo que ha hecho con nosotras.

—¿Mi esposo? Hable Ud., mujer de Dios, hable Ud.

—Pues como iba diciendo, a mediados de agosto salimos una noche mi hija y yo... mi Paulina, que es una bendita y bastante agraciada, mejorando lo presente.

—Prosiga Ud.

—A mediados de agosto... salimos, como digo, a tomar el fresco, y nos sentamos en una de las bancas de la plaza. Yo no llevaba dinero suelto; y luego, que los bancos son muy cómodos...

—Bien.

—Pasó que mi hija tuvo sed, y como yo no llevaba suelto, lo oyó un caballero que estaba sentado en un banco cerca de nosotras, y se empeñó en que Paulina tomase un vaso de nieve.

—Y ¿después de la nieve?

—Entró en conversación con nosotras, y le dijo que era muy guapa.

—Con lo cual se ruborizó la joven y el caballero pidió a Ud. permiso para acompañarlas...

—Justamente, y nos pareció una persona muy fina.

—Demasiado fina tal vez —exclamó Clara desgarrando el pañuelo de encaje que tenía en la mano—. Acabemos de una vez, señora.

—El caballero nos entregó al despedirse esta tarjeta; al día siguiente fue a visitarnos, y como tenía inclinación a la niña y le creíamos soltero, la niña despidió a un novio que tenía y que estudiaba para maestro de escuela...

—¿Y soñó casarse con mi esposo?

—Nada tendría de extraordinario, otras con menos... En fin, a los diez días de conocernos, regaló a mi hija un pañuelo con sus iniciales; a los quince...

—Basta, señora, basta.

—A los veinticinco se dejó olvidada la petaca, y a los treinta desapareció.

—¡Para irme a buscar! ¡Eso es horrible!

—¡Ud. no sabe hasta qué punto es horrible!

—¡Todo me lo figuro!

—Sí, pero...

—Señorita, el señor —dice la doncella entrando precipitadamente y volviendo a marcharse.
—¿Carlos? ¡Me alegro! ¡Voy a confundirle, a anonadarle! Entre Ud. en ese cuarto, señora.
—¿Yo?
—Sí, en seguida.
—Pero...
—Nada, nada; ya la llamaré a Ud. a su tiempo.
Carlos entra al gabinete tarareando un aire de *Traviata*.
—Esposa mía —dice acercándose a su cara mitad.
—Caballero, yo no soy esposa de Ud.
—¿De cuándo acá?
—¿Conoce Ud. esta tarjeta?
—Es mía.
—¿Y este pañuelo?
—Es mío.
—¿Y esta petaca?
—La que me regalaste el día de mi cumpleaños: por cierto que se me había perdido y celebro en el alma que vuelva a mi poder.
—¿Conque se le había perdido a Ud.?
—Sí, mujer: pero ¿quieres decirme qué significa todo esto?
—Significa que es Ud. un mal caballero.
—¿Yo? ¿Estás en tu juicio?
—Que frecuentas en la noche los paseos en ausencia de tu esposa.
—¿Yo?
—Ud., sí; y paga Ud. un vaso de nieve... ¿lo oye Ud.? un vaso de nieve... ¡a una joven honrada!
—¡Qué disparates!
—Y va Ud. a su casa, y le da su tarjeta y le regala Ud. su pañuelo, y a los quince días se deja Ud. olvidada en su casa la petaca...
—¿Hablas de veras?
—Es Ud. un seductor, un mal marido, un... ¡y yo que tenía depositada en Ud. mi confianza! ¡yo que incurría en el mal gusto de amarle! ¡Ay! ¡me va a dar algo! ¡Mañana mismo me acompañará Ud. a la casa de mis padres!
—Pero mujer, no te acalores... si yo...
—Ud. es un infame.
—¡Si lo que has dicho es falso!

—¿Se atreve Ud. a negar un crimen después de haber visto las pruebas?

—¡Pruebas! ¡Unas tarjetas y un pañuelo que han podido sustraerme y una petaca que he podido perder!

—¡Aún me queda otra prueba más fehaciente; ésa sí que no tiene réplica!

—¿Y dónde está esa prueba?

—En ese cuarto. Salga Ud., señora, salga Ud., y confunda al culpable.

La mamá de la niña se presenta sorprendida.

—Caballero, beso a Ud. la mano —dice saludando a Carlos.

—A los pies de Ud., señora.

—¿Cómo? ¿qué? ¿no confunde Ud. a mi marido?

—Señora, este caballero no es su esposo de Ud.

—¿Cómo?

—Digo...

—¿Será posible? ¿Conque tú...? ¿Conque Ud....?

—¿Te convences, mujer?

—¿No conocía Ud. a este caballero?

—No, señora, esta es la primera ocasión que tengo el gusto de verle.

—¿Lo estás viendo?

—Pues entonces...

La campanilla suena; el "portier" se corre, y Martín, el ayuda de cámara de Carlos, entra con semblante compungido.

—Señor, vengo por mi cuenta.

—¡Pícaro! —exclama la ofendida madre.

—¡Doña Robustiana!

—El...

—Pies ¿para qué os quiero?

—Que se me escapa...

—¡Vaya un chasco! y cómo corre la buena anciana tras el pajarraco aquel que se le escapa.

—¿Ves cómo eran fútiles tus celos?

Lector, caballero, señor mío: ¿oyó Ud. el pasado chascarrillo? ¿Duda Ud. de su verdad? No salgo yo garante de ella porque no es de mi cosecha. Así me lo refirió un amigo de excelente humor, mientras tomábamos sendas tazas de café. Yo de mí sé decir que desde entonces he pensado no salir de casa sin cerrar con siete llaves mis armarios. Precaución justa, ¿verdad?

Imite Ud. mi ejemplo.

MI INGLÉS[1]

Milord Pembroke,[2] mi amigo, es, a pesar de su flema inglesa y sus cuarenta navidades, un *gentleman* legítimo. Alto y robusto como un Milón de Crotona[3] fundido en bronce de Inglaterra, impasible y severo como la estatua del remordimiento, pudiera a las mil maravillas colocarse en un museo de antigüedades egipcias, a no ser por los mechones rubios que interrumpen la tersura de su brillante calva, digna de un dramaturgo francés del año treinta.[4] Milord Pembroke es rico: dos milloncejos, bien saneados, forman su fortuna, y a fe que con sus rentas sabe darse Milord vida de príncipe. Un día el flemático inglés sintió los primeros asomos del *spleen;* cansóse de la rígida Albión y de sus costumbres invariables; vio feo y monótono aquel cielo eternamente envuelto por las nieblas y aun más ennegrecido todavía por el hollín y el humo de las fábricas; ya no quiso cruzar en su caballo árabe, admiración del *Jockey Club,* las avenidas; dormía como un lirón en su palco de teatro, sin que le conmoviesen las florituras de la Patti; las inglesas acartonadas y frías, de omóplatos salientes y huesosas manos, no le arrancaban ya ni la más vulgar galantería; y hastiado, en suma, de Londres y de los ingleses, de su palacio y de sus caballos, lió sus maletas; como buen inglés no dijo ni una frase de despedida a sus amigos íntimos, y sin otro compañero que su ayuda de cámara, ya viejo, y un soberbio perro de Noruega, calzó las botas de camino, cubrió su tersa calva con una montera de viaje, y llevando al lado un tarro de riquísimo *cognac,* favorecido por la niebla de una mañana fría y lluviosa, embaulóse en su cómodo *mail coach,*[5] arropó sus gi-

---

[1] Se publicó cuatro veces en la prensa mexicana: en *El Federalista,* 30 de septiembre de 1877, titulado *Cosas del Mundo* y firmado "Manuel Gutiérrez Nájera"; en la *Voz de España,* 5 de octubre de 1879, *Mi inglés* y "M. Gutiérrez Nájera"; en *El Cronista de México,* 18 de diciembre de 1880, *Memorias de un vago* y "M. Can-Can"; y en *El Nacional Literario* de 1882, *Mi inglés* y "M. Gutiérrez Nájera". Las dos primeras versiones son casi idénticas: en la última, que es la que publicamos, se notan algunas alteraciones y omisiones. No tenemos noticia de que se haya recogido hasta ahora.

[2] Ortografía normal inglesa. Nájera escribe *Peimbroke.*

[3] Atleta legendario griego del siglo VI a. de C.

[4] Las primeras obras maestras del teatro francés del siglo XVII se escribieron cerca de 1630.

[5] Diligencia. Nájera escribe *meil-coch,* por error.

gantescos pies con las pieles más ricas y exquisitas, puso en sus manos los guantes de nutria indispensables, encendió su habano suculento, y dando al conductor la hora de marcha, silbó el látigo, sacudieron los caballos sus opulentas crines, y el coche partió a todo correr por la avenida.

Comienzan aquí las aventuras del *touriste* y extravagante inglés. Algunas me ha referido *sotto voce*,[6] mientras el té humeaba en tazas de trasparente porcelana. En París se enamoró de una discípula de la Taglioni.[7] En Alemania estuvo a punto de batirse por sostener la prioridad del vino sobre la cerveza. En Italia iba a ser víctima de una *vendetta*[8] corsa. Cayó en las redes de un marido celoso en Portugal. En la India se salvó por accidente de las garras de un tigre que le había atrapado en cierta cacería, y en China estuvo a punto de casarse con una viuda malabar, renuente a morir en la hoguera por su esposo.

Todos estos azares, sin embargo, no alteraron en nada la envidiable calma de Milord. Con frescura igual refiere su lucha en el desierto con un tigre, y sus paseos nocturnos en Hyde Park. Cualquiera diría que el excéntrico Pembroke es un hombre formado de granito. Decidle: tu mujer te engaña, tu amigo te vende, tu apoderado te arruina, tu casa se incendia, tu fortuna se pierde, y él dirá, torciendo un cigarrillo: —Bueno. Eso sí, al siguiente día la esposa estará emparedada, cuando menos; el amigo muerto, el administrador encarcelado, y Milord Pembroke tendido entre dos cirios con un revólver en la mano y un plomo en el pecho.

La primera vez que conocí al típico inglés, fue, si mal no recuerdo, en un corrillo en que se hablaba cierta noche de un asunto de crónica escandalosa. Una dama de alto coturno había traicionado vilmente a su marido, y éste, en un momento de ira, habíala herido, disparándole a quemarropa un tiro.

Defendían algunos al marido, y yo, por sostener lo contrario, afirmaba que el burlado esposo era un criminal infame merecedor por lo menos, del grillete: Milord era el único que no había expresado su juicio en este asunto.

—¿Qué opina Ud.? —le dijo alguno.

—¿Yo? Creo, como el señor, que el marido es un mandria.

—Eso es —dije al momento—. Ud. da así una prueba de su ilustración y de su criterio. ¡Herir a una mujer indefensa! ¿Puede

---

[6] (Italiano) En voz baja.
[7] Bailarina sueco-italiana (1804-1884).
[8] Enemistad entre familias o grupos.

darse mayor crimen? ¡Oh! Ud. sí que es humanitario y grande y noble.

—Es que yo hubiera descuartizado al amante, a vista de la esposa, y después hubiera sacado a ésta los ojos en presencia de sus hijos.

Fácil es comprender lo estupefacto que me dejaría la tal respuesta. Tomé mi sombrero, y sin decir oste ni moste, huí a todo correr de aquel Nerón en traje de banquero.

Hubimos de hallarnos otra vez en un convite Milord Pembroke y mi humildísima persona. Hablóme largamente de sus viajes, me refirió del pe al pa sus aventuras, y estrechando poco a poco nuestras relaciones, llegó a ofrecerme con inglesa cortesía su casa. Yo sabía que Milord poseía una soberbia casa de recreo, amueblada con lujo sibarita; algunos caballos árabes, capaces de matar de envidia al fakir más opulento de Hyderabad; una jauría de perros que Alfonso Karr[9] habría mirado con deleite, y una mujer, andaluza por más señas, cuya belleza soberana traía sin querer a la memoria las hadas de los cuentos orientales.

Tengo para mí que esta última presea fue la que más fuertemente me impulsó a aceptar el amistoso convite de Pembroke. Ello es que en cierta mañana de noviembre oí detenerse una carroza a las puertas de mi casa; después pasos desconocidos para mí, en las escaleras; y por último, el consabido repique de la campanilla. Abrí la puerta de mi gabinete, salí, y lo primero que me encontré fueron las clásicas patillas de Pembroke. Hícele entrar, se arrellanó cómodamente en un sillón, y sin otro preámbulo, me dijo:

—Vengo por Ud.

—Milord, Ud. me honra demasiado y yo se lo agradezco; pero sin previo aviso de esta invitación, había arreglado mis asuntos de otro modo.

—Nada importa.

—Es que ni vestido estoy todavía.

—Vístase Ud.; le aguardo.

—Pero...

—No admito excusas.

Sin quererlo, pasóme por el magín la idea de las ferocidades de aquel hombre, temí enojarle; doblé obediente la cabeza; en un quítame allá esas pajas me puse el consabido traje de visita, arrojé la última gota de cananga[10] en el pañuelo, y más ligero

[9] Autor francés (1808-1890).
[10] Planta olorosa de Thailand, que se utiliza en perfumería.

que el aire, subí con Milord a la carroza, tiraron los caballos, atravesamos como relámpago las calles, y llegamos por fin a la casa de recreo de aquel excéntrico.

No habían exagerado, por mi vida, los que describían con colores robados a la paleta veneciana aquella casa situada en uno de los barrios más pintorescos de la ciudad. Yo de mí sé decir que hubo de causarme positiva envidia la extraña posesión de aquel mi extraño amigo.

Figuraos un vestíbulo amplio y bien dispuesto, con pavimento de exquisitos mármoles, y en cuyo centro derramaba perlas cristalinas un grifo colocado en una fuentecilla de alabastro. Pasad por alto los frescos y pinturas que adornan las paredes, y sin deteneros a examinar aquellas cornisas caladas con primor y gusto, entrad por esa calle de palmas acuáticas cuyas copas figuran gigantescos abanicos, al jardín en cuyo centro se alza el pabellón de las habitaciones. Convenid conmigo en que este *parterre* lindísimo es el summum de la belleza y la elegancia. Nada hay, ni el más pequeño detalle, que no revele la opulencia y el gusto de Pembroke. En aquel jardín se han reunido, por un esfuerzo poderoso del dinero, los árboles y plantas de más extraños climas y más remotas tierras. El cedro del Líbano y el cactus de la India se entrelazan y juntan a los perfumados bosquecillos de naranjos. El floripondio de alabastro y el nenúfar de flexible tallo crecen al lado de la camelia aristocrática y del plebeyo nardo. Las plantas más exóticas, más raras, más extrañas, vense amontonadas por un poder incontrastable: la riqueza.

Pasamos por fin a las habitaciones: dejando atrás un corredor que se abría sobre el jardín, sombreado por una hilera de orgullosos olmos, entramos a un pequeño gabinete que servía de salón de espera, y cuyos tapices, de un violeta obscuro, hacían resaltar más el valioso mueblaje de madera china, enteramente blanca. Parecía aquel saloncillo hecho a propósito para pasar en él las noches de estío. Los asientos de sillas y sillones estaban forrados de finísimo bejuco, y un surtidor de cristal, colgado sobre una mesa de irreparable mármol, lanzaba en espiral ondulante cascadas cristalinas que venían a caer después sobre la taza. Colgaban de las paredes algunos grabados representando escenas y paisajes suizos, y una lámpara de bomba deslustrada, pendiente del artesonado, debía iluminar con voluptuosa luz aquel recinto, que yo miraba a la espléndida luz del mediodía. Dos ventanas con vista al jardín, cubiertas en parte por ligeras cortinas del mismo color de los tapices, veíanse entre un bosquecillo artificial de plantas exóticas y rarísimas flores, rodeadas por un hilo luminoso que a través de los opacos cristales se filtraba. Las alfombras, de un fondo aperlado con matices de rosa, completaban el elegante adorno de aquel saloncillo.

Atravesamos otras muchas salas igualmente artísticas; pasamos al gabinete octógono en donde Milord Pembroke acostumbraba abismarse en la lectura; el salón chino con sus abigarrados tapices, sus jeroglíficos extraños y simbólicas figuras; la alcoba otomana con sus voluptuosos divanes, su lecho de columnas salomónicas y sus colgaduras de Damasco; el comedor indio con su estufa de cristal guardando plantas preciosísimas; el salón de armas con sus corazas y sus yelmos, sus adargas y sus lanzas, con sus trofeos de épocas diversas, desde Carlomagno a nuestros días; y sus trofeos de armas de fuego, desde el arcabuz rudimentario hasta el Chassepot y el fusil de aguja[11] de estos tiempos; dejamos atrás todos estos prodigios, todas estas maravillas y entramos por último a la galería de pinturas venecianas.

Fanático admirador de Italia, y especialmente de Venecia, el viejo poseedor de aquella casa había formado una envidiable colección de pinturas venecianas, gloria y deleite de Pembroke, su heredero. Vasta y solemne era aquella galería, alumbrada por ojivas ventanas artísticamente dispuestas para el mayor lucimiento de los cuadros.

¡Qué paisajes, qué grupos, qué figuras! En primer término y como presidiendo aquella aglomeración de obras maestras, veíase a Ticiano, el rey del colorido, aquel que tuvo por musa a una bacante y que ahogó su poesía, su sentimiento en la opulenta cabellera que caía como una lluvia de oro sobre la nívea espalda de su amada; a Giorgione, con la firmeza de sus líneas, la naturalidad y soltura de sus ropajes y el atrevimiento de sus toques; al Tintoretto, aquel que amaba el perfil de Miguel Ángel y el colorido de Ticiano; a Bassano, el gráfico pintor del Arca de Noé; a Boschini con sus cuadros de guerras y matanzas; a Pietro Suzino, a Sebastián del Piombo y a Pablo el Veronés por último, el gran señor de la pintura, el artista por excelencia, el rey de los pintores venecianos. ¡Oh! allí la fantasía volaba como la mariposa, esa coqueta de la atmósfera, de los palacios moriscos de Giorgione a las Venus dormidas del Ticiano; veía a Violante[12] abrochándose el corsé frente a un espejo que los

---

[11] *Chassepot... fusil de aguja*, fusiles empleados respectivamente en los ejércitos francés y alemán, en la época de la guerra franco-prusiana.

[12] Heroína del poema *Orlando Furioso*, de Ariosto (1516).

amores sostenían, y a los caballeros de sobrevestes y ropillas elegantes, murmurando los versos del Ariosto en la mesa opulenta de la orgía; Schiavone robando a Dios sus ángeles y edenizando la Naturaleza, y a Andrea Mantegna resucitando con su pincel y su paleta el cadáver yerto del pasado.

—¿Qué tal mi galería? —dijo Pembroke, poniéndome la mano sobre el hombro e interrumpiendo así mi *rêverie* entusiasta.

—Digna de un museo de Europa.

—Falta por ver lo mejor. Voy a presentarle a Ud. a mi esposa.

Confieso que me dio un vuelco el corazón y que, bien a pesar mío, sentí rojo como unas granas mi semblante. ¡Iba a tener ante mis ojos a la diosa de aquel mágico recinto! Siguiendo a Milord, atravesé aún otras no menos ricas galerías, museo de las mejores creaciones del cincel y la paleta; yo nada veía, nada escuchaba; sentía que mis pies se hundían en algodones, que mi cabeza giraba acometida de un vértigo terrible. Detúvose por fin Pembroke; puso la mano en el botón de porcelana de la puerta; se abrió ésta y...

—Señorito, señorito, el almuerzo.

—¿Eh? ¿Quién me detiene? ¿Quién me llama?

—Soy yo, señor, Benito.

—¡Benito! ¡Mi alcoba! ¡Mi mesa de noche...! ¡Yo en la cama! ¡Todo lo comprendo! ¡Ha sido un sueño!

—¡Señor, las diez y media!

—¡Que no te parta un rayo!

—Pero señorito...

Puse un pie en el suelo, bajé la mano para tomar una pantufla y ¡zas! la arrojé como un proyectil sobre Benito.

—¡Ay!

—¡Canario! ¡Haberme arrancado de este sueño!

—El chocolate.

—¡Anda al diablo!

¡Cric! el plato se rompe, cae el pocillo y el espumoso líquido baña a mi importuno visitante.

¡Lástima! ¡Y no haber conocido a la hermosa mujer del soñado Pembroke! No, pues yo no me resigno; protesto contra este despertar malhadado, pongo un *continuará* en la almohada, y... hasta la noche.

AL AMOR DE LA LUMBRE[1]

Lo van Uds. a dudar; pero en Dios y en mi ánima protesto que hablo muy de veras, formalmente. Y después de todo, ¿por qué no han de creer Uds. que yo vivo alegre, muy alegre en el invierno? Veo cómo caen una por una las hojas, ya amarillas, de los árboles; escucho su monótono chasquido al cruzar en mis paseos vespertinos alguna avenida silenciosa; azota mi rostro el soplo de diciembre, como la hoja delgada y penetrante de un puñal de Toledo, y lejos de abrigarme en el fondo de un carruaje, lejos de renunciar a aquellas vespertinas correrías, digo para mis adentros: ¡Ave, invierno! ¡Bendito tú que llegas con el azul profundo de tu cielo y la calma y silencio de tus noches! ¡Bendito tú que traes las largas y sabrosas pláticas con que entretiene las veladas del hogar el buen anciano, mientras las castañas saltan en la lumbre y las heladas ráfagas azotan los árboles altísimos del parque!

¡Ave, invierno! Yo no tengo parque en que pueda susurrar el viento, ni paso las veladas junto al fuego amoroso del hogar; pero yo te saludo, y me deleito pensando en esas fiestas de familia, cuando recorro las calles y las plazas, diciendo, como el buen Campoamor, al ver por los resquicios de las puertas el hogar chispeante de un amigo:

> Los que duermen allí no tienen frío.

¡El frío! Denme Uds. algo más imaginario que este tan decantado

---

[1] Se imprimió cinco veces, por lo menos, en los periódicos de la capital, con varios títulos y varias firmas: en *El Federalista,* 18 de noviembre de 1877, con el título de *Cosas del mundo* y firmado "Nemo"; en *La Libertad,* 27 de octubre de 1878, *Artículo de invierno (Al amor de la lumbre)* y "M. Gutiérrez Nájera"; en *El Cronista de México* del 22 de octubre de 1881, *Memorias de un vago (Al amor de la lumbre)* y "M. Can-Can"; y en *El Partido Liberal,* 6 de noviembre de 1887, *Humoradas dominicales (Al amor de la lumbre)* y "El Duque Job", y en *El Correo de las Señoras* el 23 de noviembre de 1890, *Al amor de la lumbre* y "El Duque Job". Las versiones periodísticas de 1877 y 1878 tienen en común el incluir un párrafo preliminar de unos veinte renglones que falta en las demás.

Al incluir éste entre sus *Cuentos frágiles,* 1883, nuestro escritor siguió de cerca la versión periodística de 1881, haciendo sólo dos o tres alteraciones de poca importancia. Publicamos la versión que aparece, en forma idéntica, en *Cuentos frágiles,* 1883, y en *El Partido Liberal,* 1887. En las *Obras,* 1898 (*Artículo de invierno,* pág. 135), se reproduce la versión periodística de *La Libertad,* 1878. No ha sido recogida en ninguna otra parte.

personaje. Yo sólo creo en el frío cuando veo cruzar por calles y plazuelas a esos infelices que, sin más abrigo que su humilde saco de verano, cubierta la cabeza por un hongo vergonzante, tiritando, y a un paso ya de helarse, parecen ir diciendo como el filósofo Bias:

Omnia mecum porto.[2]

¡Pobrecillos! No tener un abrigo en el invierno equivale a no tener una creencia en la vejez!

Siempre he creído que el fuego es lo que menos calienta en la estación del hielo. Prueba al canto.

Conozco a un solterón, hombre ya de cincuenta navidades, rico como Rothschild,[3] egoísta como Diógenes y sibarita como Lord Palbroke. Es rico; tiene una casa soberbia; diez carruajes perfectamente confortables; una servidumbre espléndida y una mesa que haría honor a Luculo.[4] Nadie al verle recostado en los muelles almohadones de su cómoda berlina, tirada por *two miles*[5] americanos, cubierto por una hopalanda contra la que nada podría el hielo mismo de Siberia; nadie, digo, podría pensar que aquel hombre es desgraciado, perfectamente desgraciado; que aquel soberbio Creso padece de una enfermedad terrible: *¡el frío!*

Nada más cierto, sin embargo; nuestro hombre, nuestro banquero, nuestro millonario, tiene frío. Y es lo peor que ni la chimenea noruega, ni las pieles asiáticas que tiene en su palacio, son bastantes a combatir aquella nieve eterna. Se encierra en su casa; busca el suave calor de las estufas; abriga sus entumecidos miembros con las pieles traídas por él de San Petersburgo: impide con la espesa *portière* y el luengo cortinaje que algunas ráfagas de viento penetren *sans façon* por las junturas; se cree ya salvo, se hunde en los almohadones de un canapé de invierno; pero está solo, enteramente solo; los placeres le hastían, los amigos lo explotan; no hay un solo corazón que lata con el suyo; no hay una sola mano que enjugue sus lágrimas, si llora; si muere, nadie vendrá

---

[2] "Todo lo llevo conmigo". Bias, uno de los siete sabios de Grecia, se negó a huir de su ciudad nativa de Priene cuando la sitió el ejército de Ciro. Preguntado por qué no huía como sus conciudadanos, llevando consigo sus objetos de valor, contestó con la frase que aquí cita Nájera, indicando con ella que nadie podría privarle de su posesión más estimada: su pensamiento.

[3] Banquero alemán (1743-1812).

[4] Patricio romano célebre por su lujo.

[5] Así usadas, estas palabras inglesas carecen de sentido. Tal vez el autor quisiera indicar que los caballos eran capaces de competir en una "two-mile race" (una carrera de dos millas).

a consolarle en su agonía, nadie irá a rezar en su sepulcro: ¿la juventud? ¡ya ha pasado! ¿el amor? ¡imposible! ¿las riquezas? ¡qué valen! ¿el recuerdo? ¡es el remordimiento! ¿la muerte? ¡hela que llega...! Los leños de la chimenea crujen como si también llorasen; tiemblan los cristales; las salas están desiertas y sombrías... ¡qué soledad! ¡qué tristeza! ¡qué horrible frío!

Mi buen amigo:
Sé que me quieres y por eso te escribo robando para ello algún instante a la santa felicidad de mi existencia. ¡Soy tan dichoso! ¿Te acuerdas de mi Lupe? ¡Es tan buena, tan sencilla! ¡Yo la quiero tan a la buena de Dios, como tú dices! ¡Es tan bello el angelito que Dios nos ha dado! ¡Si lo vieras! Tiene la cabecita rubia y los ojos brillantes, húmedos, como su mamá. ¡Alma de mi alma! Cuando le veo dormido en su cuna, con las manos plegadas sobre el pecho; cuando caliento sus entumecidos piececitos con mis besos, me parece que no hay felicidad... ¡qué ha de haber! como la mía, y lloro, sí, no me avergüenzo de decirlo, lloro como un simple, abrazo a Lupe, mi otro ángel, y salto como un niño... ¡vamos! ¡si creo que voy a volverme loco de contento!

Ven con nosotros; te esperamos. Deja tus monótonos paseos, los cafés, los bailes, los teatros; ven a olvidar tu eterno *spleen*. Ya verás cómo me envidias... Sí, porque la envidia es a veces muy justa y hasta santa. Mira: te dispondremos la alcoba en una pieza tapizada de azul, como a ti te gusta; encontrarás algunos tiestos con flores en la ventana; un sillón cómodo y mullido junto al caliente lecho, y en la mesilla de noche algunos libros, como *Monsieur, Madame et Bebé*.

Ya verás si soy dichoso, cuando en estas largas noches de invierno vuelvo desde temprano a mi casita, y mientras Lupe, con su bata blanca y su rosa, blanca también, en el cabello, toca algún wals de esos que te hacen cosquillas en los pies, yo leo perezosamente algún buen libro, mirando con el rabo del ojo a mi mujer, que es un libro más digno ciertamente de ser leído, que todos los que tú aglomeras en tu biblioteca.

No somos ricos: bien lo sabes; pero cuando después de trabajar durante el día vuelvo a mi hogar, y Lupe, con nuestro ángel en los brazos, sale a recibirme, soy tan feliz, me juzgo tan dichoso que... vas a dudarlo —no me cambiaría por el más opulento millonario. ¿Qué riquezas hay que puedan compararse con la santa paz de mi alma? Si estás triste, si estás decepcionado, ven a pasar algunos días con nosotros: ¡somos tan felices, que quisiéramos salir por esas calles diciéndolo a voz en cuello, para que todos participasen de nuestra dicha!

CARLOS

Ya lo ve Ud., señora o señorita; mi amigo Carlos, sin estufas, ni abrigos, ni carrozas, disfruta de un calor de que no goza el más encopetado millonario. ¡El alma! He ahí la chimenea que debe conservarse bien provista para las largas noches del invierno.

> Car l'hiver ce n'est pas la bise et la froidure,
> Et les chemins déserts qu'hier nous avons vus;
> C'est le coeur sans rayons, c'est l'âme sans verdure,
> C'est ce que je serais quand vous n'y serez plus!

Tengo para mí que el recuerdo es un calefactor en el que debe pensarse muy de veras, cuando el furor industrial, siempre creciente, agote las minas de carbón de piedra. Yo de mí sé decir que encuentro en el arsenal de mi memoria, así las nieves y el hielo de los polos, como el fuego del África y del Asia. Por eso cuando hundo mi cabeza en la caliente almohada, me arropo con las colchas y espero las blandas caricias del sueño, mientras miro cómo se descompone y se trasforma el humo que asciende en espiral de mi cigarro, evoco, si experimento una convulsión de frío, alguna memoria y me caliento a su fantástica sombra. ¿Lo dudáis?

Tengo un amigo entrado ya en años, pero joven de espíritu; poeta, si los hay, aunque en su vida —¡y cuidado si es larga!— ha tenido la ocurrencia de ensartar un verso; padre de dos mocetones, bigotudos y robustos como dos sargentos; y para fin y postre, comerciante. Ello es, empero, que ni la nieve de los números, ni los afanes de la vida práctica, han sido bastantes a aniquilar el poético entusiasmo de mi amigo, que todavía, bajo la escarcha del cabello cano, siente hervir la generosa hoguera de la juventud. Pocas noches hace, departíamos los dos amigablemente, sentados ambos en torno de una mesita de *papier maché*, cargada por más señas con dos tazas chinas de trasparente porcelana, una soberbia cafetera llena de sabroso moka, y una caja abierta de codiciables tabacos, frescos todavía por las húmedas brisas de la mar. Hablábamos del frío, y mi amigo, con su voz cascada, narróme, si no me es infiel la memoria, lo siguiente:

—Tenía, allá en mis mocedades, una novia, bella como una figura del Ticiano, rubia como las espigas del trigo y tan sencilla que, a no habérselo dicho yo, no habría sabido, sino hasta Dios sabe cuándo, que era hermosa. ¡Pobre Clara! Ella me quería como quiere una mujer a los quince años. ¡Yo la amaba con todo el fuego de mis veinte mayos, y aún al recordarlo me parece que la amo todavía! Una tarde salimos, como de costumbre, por el campo; ella apoyada en mi brazo; yo confuso y trémulo como el niño que espera la sentencia de algún inocente pecadillo. Sin sentirlo, ella y yo nos alejamos de los que atrás venían, poco a poco internándonos en lo más intrincado del follaje. Yo sentía que su brazo temblaba junto al mío, veía cómo el pudor teñía con un tinte rosado su semblante... De pronto, Clara se desprende de mi brazo, y lanzando una sonora carcajada, corre como una cervatilla por el campo; yo la sigo, ya la alcanzo: tiende los brazos, estrecho su cintura; vuelve ella la cara, miro un pequeño racimo de uva entre sus labios, quiero quitárselo, ella se defiende, y sin quererlo, casi sin pensar en ello, se unen nuestros labios, y un beso el más santo, el más puro, el más sublime, suena de pronto entre aquella soledad y aquel silencio.

¿Dígame Ud. si no producen un calor cariñoso estos recuerdos?

¡Invierno, invierno! Dicen que eres retrato de la vejez! Hoy eres entonces el retrato de la humanidad: ¡todos somos viejos!

PIA DI TOLOMEI[1]

¡Pia...! ¡Pia di Tolomei...! ¡Es raro! Yo he visto a esta mujer en otra parte. Es alta, esbelta, se creería una imagen escapada de la vidriera de colores de una iglesia antigua; su pupila es negra como la noche; aquel arco purísimo de su boca parece hecho más bien para la oración que para el beso; sus cabellos se deslizan silenciosamente en negras y espesas bandas por su hombros, recortando aquella frente de marfil que guarda un pensamiento impenetrable; ¡qué blancura, la blancura hiperbórea de sus brazos! ¡Qué cuello aquel, apenas entrevisto y que trae insensiblemente a la memoria a las mujeres-cisnes de las leyendas alemanas! ¡Cómo se confunden y armonizan en aquel rostro esos tintes lácteos, opalinos, nacarados! ¡Cuán bien se dibuja en su blanquísima mejilla ese ligero pétalo color de rosa, semejante al reflejo del sol de mediodía en las nieves eternas de los polos! Esa mujer recuerda a la *Joconda* de Leonardo da Vinci; parece que sus carnes se idealizan, se vuelven diáfanas; no es la Venus escultórica y hermosa, es la Diana casta y bella que se enseñorea de su amor y sus pasiones; esa mujer es un soneto de Petrarca humanizado. ¡Oh, no cabe duda alguna! Yo he visto a Pia di Tolomei en otra parte.

La cosa, sin embargo, no puede ser más absurda ni más extravagante. La Providencia tuvo el mal tino de enviarme al mundo Dios sabe cuántas centurias después que a la poética dama legendaria; he leído a Flammarion,[2] pero a pesar de eso, no cabe en mí la hipótesis de haber sido flor, animal o cosa que lo valga en los remotos siglos de la Edad Media; para mayor abundamiento, no me he encontrado nunca en ningún círculo espiritista ni por ende he tenido ocasión de remontarme a los fabulosos países de los sueños. ¿Cómo, pues, he conocido a Pia? Tal es la pregunta que me hago y me repito a cada instante, sin acertar jamás con la respuesta. Comprendo a Gérard de Nerval[3] cuando leo aquellos deliciosos versos:

[1] Apareció en *La Libertad* del 16 de junio de 1878, con la firma de "Manuel Gutiérrez Nájera". Publicamos esta versión única, corrigiendo algunos errores.
No ha sido recogido.
[2] Camille Flammarion (1842-1925), astrónomo francés, autor de *La pluralité des mondes habités* (1862).
[3] Literato francés (1808-1855).

Puis un château de brique à coins de pierre,
Aux vitraux teints de rougeâtres couleurs,
Ceint de grands parcs, avec une rivière
Baignant ses pieds, qui coule entre des fleurs.
Puis une dame, à sa haute fenêtre,
Blonde aux yeux noirs, en ses habits anciens...
Que, dans une autre existence peut-être,
J'ai déjà vue — et dont je me souviens!

Pudiera a alguien ocurrírsele que yo he conocido a Pia di Tolomei en algún cuadro de los museos de Europa. Ingres pintó el admirable lienzo de *Francesca da Rimini;* una de las primeras obras de Delacroix fue *La barca del Dante;* ¿qué mucho, pues, que la leyenda poética de Pia haya inspirado a algún gran pintor o a algún célebre estatuario? Desgraciadamente hay sólo una objeción que oponer a esta hipótesis: yo no he viajado nunca. Ni siquiera, como el conde de Maistre,[4] he emprendido un viaje alrededor de mi cuarto. Eso sí, bien arrellanado en algún sillón de mi modesta biblioteca, teniendo enfrente una incitante taza de café, con un habano legítimo en los labios y algún libro de viajes en la mano, más de una vez he recorrido el mundo en alas de la invisible locomotora de la fantasía. He visitado con Gautier la Italia; no hay uno solo de los museos de Roma que me haya ocultado sus artísticas riquezas; he descendido hasta las Catacumbas y me he pavoneado después en los salones del Vaticano; he sentido la deliciosa fruición que experimenta el poeta, el artista, en esa ciudad de la poesía y del arte, en Florencia; me acuerdo de Pisa con su torre inclinada; de Nápoles con su Vesubio, sus mujeres y sus noches; conozco palmo a palmo esa ciudad encantada, esa reina del mar, esa Venus agonizante, esa Venecia a quien Sauvazon creía construida por los dioses, la Venecia del cuarto libro de *Childe Harold*[5] y de los admirables cuadros de Canaletto; y en estos viajes, en estas correrías, he tenido a mi lado a Dumas, el príncipe de los narradores, a Lamartine, a Stendhal; ¡qué filosofía encontraba en aquella severa crítica de Taine! ¡Cómo me deleitaban aquel arte, aquella filigrana, aquella palabra colorida y pletórica de Théo![6] Más de una vez recorrí con Arsène Houssaye los tétricos canales de

---

[4] Xavier de Maistre (1763-1852), autor de *Voyage autour de ma chambre* (1794).
[5] Poema de Lord Byron (1812-1818).
[6] Théophile Gautier, poeta y crítico francés (1811-1872).

Venecia; y más de una vez también atravesé con Byron las ondas del Adriático, el mar de los poetas. Gérard de Nerval me ha descorrido el velo que ocultaba los misterios del Oriente; con Méry me he internado en las profundas soledades de la India; he pasado una tarde en el lago de Como con Pedro Antonio Alarcón, y una noche en el Niágara con Chateaubriand: no hay viaje que yo no haya emprendido, ni hubo empresa exploradora, por arriesgada que fuese, que yo no acometiera; desde el viaje de Anacharsis a la Grecia hasta el viaje submarino de Julio Verne; con Flaubert he vivido entre las opulencias de Cartago; con Gautier entre los esplendores del Egipto; el universo todo ha pasado como visión kaleidoscópica a mi vista, y todo esto sin exponerme a pillar un constipado en Inglaterra ni a que la leche se me indigeste en Suiza; sin gastar un solo ochavo, sin que me exploten las *cocottes* de París o los *ciceroni* de Florencia; cómodo, hundido en los cojines muelles de mi asiento, en vez de ir embaulado en el vagón incómodo o en la tres veces prosaica diligencia; con la satisfacción del que acaba de saborear una comida buena, si no opípara, y sin las angustias, sobresaltos y temores de los viajes.

Pero a pesar de todo esto, yo no puedo haber conocido a Pia di Tolomei en estas excursiones. De ser así, su imagen habría quedado en mi memoria, con esa vaguedad, con esa indecisión de líneas, con esa falta de fijeza en los contornos, propias de aquellas creaciones de nuestros ensueños y de nuestra fantasía. Conocería a la esposa del conde de Siena como conozco a la Amazona de Fidias, al Pudor del museo del Vaticano, a la Eva de Canova. La misma vaguedad, la misma confusión, las mismas sombras. No, yo he visto a Pia di Tolomei de otra manera; su recuerdo tiene algo de real, de corpóreo, en mi memoria. Me parece mirarla con aquel traje azul que la velaba con sus luengas ondas; aquel blanco velo que prendido en su cabellera bajaba por sus hombros enroscándose antes en su cuello... ¡Oh, sí! no me cabe la menor duda: yo he visto a Pia di Tolomei en otra parte.

Abro la *Divina Comedia;* busco el canto quinto del Purgatorio; esto es; he aquí los versos en que el sombrío visitador de los infiernos nos describe la aparición de Pia:

> Ricorditi di me, che son la Pia:
> Siena mi fe!, disfecemi Maremma;
> Salsi colui, che'nnanellata pria,
> Disposando, m'avea con la sua gemma.

Poco satisfecho de los versos del Dante recurro a los antiguos cronicones; desentierro empolvados pergaminos; me encaramo en las últimas tablas de mi librería; una espesa nube me envuelve como a Moisés en el Sinaí; y a despecho de la polilla, tan de súbito desalojada, hojeo volúmenes tras de volúmenes, en busca de cuanto a la dama legendaria atañe.

Volpi, el discreto comentador del Dante, dice:

> Pia, gentil dama de Siena, perteneciente a la familia de los Tolomei, y mujer de Nello della Pietra, sorprendida por su esposo en crimen de adulterio, fue desterrada a Maremma, en donde recibió alevosa muerte.

Celso Cittadini, anotador de muy curiosos manuscritos, advierte que Mucio Piacenti había lamentado la muerte de Pia de Tolomei, en aquel soneto que comienza de esta suerte:

> Amor mi scalda in quella piaga fredda
> Di che'l core mio fassi cocente
> E dentro la sua ragna mi rimpreda
> Al riflesar de la *Pie* dolci spente, etc.

Confieso que la lectura de los comentarios de Volpi hubo de dejarme asaz desazonado y descontento. Yo no podía concebir que Pia fuera culpable. Manchar con tan feo delito a aquella figura tan poética y tan bella, era, en mi sentir, enorme crimen, merecedor de ejemplarísimo castigo.

Para fortuna mía, y no bien había tenido tiempo de fruncir el ceño, acerté a dar con una *Historia de la muy noble familia Tolomei de Siena,* escrita en italiano por Girolamo Gigli, grande rebuscador de añejas cosas, y —aquí entra lo importante— paladín esforzado de la inocencia y la virtud de Pia. Bien es cierto que a no haber encontrado aquellos pergaminos que tan de manifiesto ponen la virtud de nuestra dama, la simple lectura de los cuatro versos del Dante arriba citados, hubiérame bastado para destruir completamente la calumniosa aseveración de Volpi; porque si tan universalmente creída era entonces la tradición que aquel comentador refiere, ¿cómo el Dante deja inferir que desconocía la causa de la muerte de Pia, y cómo, también, ya que ésta fue tan criminal y delincuente, en vez de ponerla, como era de justicia, en el infierno, nos la muestra purificándose en el purgatorio? Más creíble es, indudablemente, la narración que acerca de esto mismo puede leerse en la *Storia di Siena,* de Tomasi. Cree el historiador que el conde Nello calumnió deliberadamente a Pía, con el objeto de contraer segundas nupcias con la hermosa condesa Margarita de Santa Fiora:

> Diede anchora quest'anno nuoua materia di graui ragionamenti l'insolenza di Nello da Pietra, il quale hauendo, senza altra cagione hauerne, vccisa Pia Tolomei sua Donna, s'era proposto di farsi moglie la Contessa Margarita, la seconda volta rimasta vedoua; ma caduto da quella speranza, e gittatosi alla disperazione, tentò di vituperarla.

No sé, sin embargo, cuál sea el crédito que deba darse a este cronista, cuando por los documentos auténticos, citados por Gigli, viene a resultar precisamente que Margarita fue mujer de Nello della Pietra y que de su matrimonio hubo un niño, que murió poco tiempo después, y en cuyo sepulcro, que se halla en la iglesia de San Francisco de Massa, puede aún leerse la inscripción siguiente: "Hic jacet Binduccius filius Dominae Margaritae Palatinae et Domini Nelli Pietra Pannostiensunn An. Domini MCCC. Indictione XIII, die Kalendis".

Ya he dicho que, por lo que a mí toca, creo a pie juntillas en la virtud de Pía: ignoro si Nello della Pietra la dio muerte con su propia mano, o bien si desterrada en la Maremma bajó al sepulcro víctima de la *malaria;* no sé hasta qué punto deba creerse la tradición que el poeta Marengo ha llevado a la escena; pero lo que para mí es incuestionable, lo que no puedo poner en tela de juicio, es que aquella mujer tan blanca, tan hermosa; aquella mujer que he visto no sé en dónde y que recuerdo no sé cómo, es pura como el rayo de luna que riela en las quietas ondas del lago. Ello es, empero, que tras tanto hojear vetustos pergaminos el secreto de aquel recuerdo tan profundamente grabado en mi memoria queda tan incomprensible e impenetrable como antes. ¿En dónde he conocido a Pía? No soy espiritista, no he visitado los museos de Europa: ¿cómo, pues, al admirar a la Pezzana, me ha asaltado de súbito un recuerdo, y he creído que aquella dama gótica, escapada de uno de esos nichos que aún se miran en las catedrales del siglo xvi, era ya mi amiga de antemano, que otra vez la había mirado así, casta, apacible, no sé en dónde ni recuerdo cuándo? ¿La he visto en algún libro, en alguna galería, en alguna iglesia? ¡Ah! ¡un rayo de luz! ¡eureka! ¡eureka! Bien lo recuerdo: el pueblecillo aquel... la parroquia con sus muros de ennegrecida piedra... aquel convento casi en ruinas en una de cuyas celdas vivía el cura... la tarde lluviosa... nuestra plática aquella... aquellos corredores sombríos en cuyo fondo apenas lograba distinguir la escasa luz de agonizante linternilla... un gran lienzo representando la "Asunción" de la Virgen, y a su lado ¡horror — un cuadro profano... ¿qué representa? ¿quién es esa mujer que tan dulcemente nos mira? El pobre cura afirma que es una imagen de María... pero no, volvamos por el revés el cuadro... no tiene firma... aquí encuentro un letrero... descifrémoslo... ¡eureka! ¡eureka! ¡todo está aclarado! He aquí el letrero:

Ista fuit illa Pia nobilis Domina
de Tholomeis de Senis.

LOS MATRIMONIOS AL USO[1]

(Cartas de Gustavo Z...)

De Sofía a su amiga íntima

Mi paloma sin mancha, mi corderillo verde, mi ratoncito blanco, ya ves que no te olvido. Mi polluelo recién-nacido, mi tortolita mística... quita mejor esa frase que he aprendido de mi hermano, y que tiene por cierto no sé qué olor a blasfemia y herejía. Ya tú sabes que mi señor hermano tiene sus pelos y sus lanas de filósofo. Mamá me dice diariamente que él es la causa de sus aflicciones; pero ¿qué vamos a hacer? No tiene más que ese solo vicio. Es muy amante; tiene el grado de oficial; no fuma; no bebe; ¿qué vamos a hacer? Yo rezaré por él todas las noches. Éstos son disgustillos de familia, a los que es necesario resignarse.

Ahora dame tu mejilla derecha para que te dé yo un beso, y tu mejilla izquierda para que recibas un suave y cariñoso golpecito.

[1] Publicado el 12 de octubre de 1879 en *El Republicano*, titulado *A humo de pajas* y firmado "Rabagás"; el 27 de noviembre de 1880 en *El Cronista de México*, *Memorias de un vago* y "M. Can-Can", y el 19 de octubre de 1882 en *El Nacional*, *Los matrimonios al uso* y "Frú-Frú". Publicamos la versión de 1882, por ser la última que enmendó el autor.
La versión de 1879 lleva el siguiente preliminar:

Pensaba yo noches pasadas, asistiendo a la primera representación de los *Grandes títulos,* comedia de Pérez Echeverría, en cierto amigo mío, en Gustavo Z. Gustavo. Es un parisiense perfectísimo, tiene singular donaire y gracia para desarrollar y poner de relieve las más escabrosas situaciones; escribe como un gran señor, esparciendo a diestra y siniestra las perlas de su ingenio; conversa admirablemente; vive en los boulevares; come en la Maison d'Or, y le visten los sastres más de moda; su memoria es un museo de cuadros peregrinos; su desenfado cautiva; su estilo, por lo suave y apacible, puede decirse que es de color gris perla; es el tipo acabado del gentil hombre; pertenece a esa raza aristocrática de la galantería, que para desdicha nuestra va desapareciendo ya de entre nosotros, y pronto podrá ponerse en una colección de etnología al lado del *elephas primigenius* y del *rhinoceron* primitivo de la edad histórica.

Pero Gustavo Z. ha venido a sacarme de un terrible aprieto. Yo no sabía cómo dar comienzo a esta revista; ser cronista de una ciudad sin crónica, me amedrentaba; ya me disponía a ensartar palabras tras pala-

He recibido las camisas de batista y me han gustado mucho. Un poco lujosas ¿verdad? Pero al cabo no se casa una todos los días del año. Anoche escogí las cachemiras. Tomé la de fondo rojo: ¿no te gusta? Las costureras no se dan un punto de descanso. Mi tía me envió ayer el libro de misa, ¡un gran libro por cierto! ¡Una positiva alhaja! Los adornos son de acero —parece que el acero continúa de moda— y en el centro mis armas de relieve con la corona, el mirlo y la maquinita. ¿Creerás que me pregunto todavía lo que significa la tal maquinita? De todos modos, yo te lo aseguro, soy feliz. Ya te figurarás que con tantos preparativos hay para perder la calma y la cabeza. Si no fuera porque mamá me ayuda un poco, yo, hija, estaría de correr, para volverme loca. Se está construyendo en el parque un salón de baile para el día de la boda. Papá quiere obsequiar a mamá con un soberbio tronco de caballos. Monseñor está invitado para decir la misa. En cuanto a la comida, creo que la quieren hacer fuera de la casa. Ya sabes, esas gentes están más habituadas a estas cosas.

Pero —me dirás— ¿y el héroe? ¿y el príncipe encantado? ¿tu marido?

Bueno; paciencia; voy a contarte todo. Él es un verdadero gentilhombre. Tiene un nombre nobilísimo. ¡Como que pertenece a la primera nobleza! A propósito, recuerda a tus costureras lo de la corona; ¿ya sabes, no? sobre la cifra. Pues sí, mi futuro esposo es el prototipo de la galantería. Huele a duque desde a legua, y sin embargo —¡mira tú qué cosas!— sólo es conde.

Antes de seguir adelante, permíteme que te dé otro beso.

Figúrate un hombre que ha rechazado todas las proposiciones del Gobierno. Ayer, nada menos, se lo contaba al señor Cura, y por cierto que su conducta no ha contribuido poco a aumentar la estimación en que le tenemos. Con razón, ¿verdad?

bras y enviarlas a la imprenta, en guisa de un examen crítico de la comedia nueva, cuando el providencial recuerdo de mi amigo vino a librarme del tremendo apuro.

En un abrir y cerrar de ojos recordé su linda casa —rue Saint Germain, núm. 99, primer piso—. Su bufete de *acajou*, el cajoncillo perfumado, y en él varios paquetes de cartas, amarradas con cintas de colores, y entre ellas las dos cartas peregrinas que, después de traducirlas como Dios me dio a entender, me traje de París para edificación de los lectores. Nada venía, por cierto, más a pelo. ¿Se trata de conocer a los grandes títulos? Pues ahí va una muestra, un *échantillon*, como lo dicen los franceses.

¿Te se figura cosa tan sencilla eso de levantar la cabeza y decir firmemente a todo un pueblo: no, yo no quiero caminar con vosotros, pertenezco a mi Dios y a mi rey? Él opina que debemos sujetar nuestro matrimonio a la venia del Santo Padre. Yo lo creo también. Pero lo más aristocrático que tiene es el pie —un pie de hombre y de mujer al propio tiempo— estrecho, afilado, con un empeine soberano y con talón redondo que se eleva sobre el tacón alto y barnizado. El ruido de sus botas no se asemeja a otro ninguno. Desde luego se adivina que aquel pie habría podido calzar la espuela de oro e ir a las Cruzadas. Yo me pienso que la delicadeza del pie es lo que caracteriza a la rama menor de la familia. Lo que distingue a la rama mayor es la forma exquisita de la nariz, muy semejante a la de los Borbones.

En cuanto a sus libreas, ya te supondrás que, atendiendo a sus quebrantos de fortuna, deben estar un tanto cuanto descuidadas. Anoche mismo nos decía con una sencillez encantadora que su gran castillo, que es, entre paréntesis, un monumento histórico, según el señor Cura, está reducido a cuatro desmantelados paredones.

—Pero —decía también— en la piedra que domina las ruinas de la puerta, está esculpido el escudo heráldico de mi familia, y esa piedra se ha conservado siempre intacta.

¡Y si hubieras oído de qué manera decía esto! golpeando con el bastón la punta de su bota. Mi padre estaba rojo, rojo, como si acabara de comer. Yo también te confieso que me encontraba conmovida. Figúrate un castillo en ruinas; los altos torreones desmoronándose de viejos, los puentes levadizos, los inmensos fosos... ¡Qué cosa tan poética! ¿verdad? Pues bien, el dueño, el poseedor de todas esas cosas, estaba allí, sentado a poca distancia de nosotros, acariciando con la punta del bastón su estrecha bota!

—Señor conde —dijo mi padre levantándose—, la piedra sola de que Ud. hablaba, vale más, mucho más que toda la dote de mi hija. Por lo que mira a mi persona, suplico a Ud. que crea...

¡Ya te figurarás cómo estaría mi padre al decir esto!

—Ella vale más para mí —contestó el conde—. La señorita hija de Ud. vale muchísimo.

Hizo bien en responder así. Yo en su lugar habría dicho lo mismo; pero ya comprenderás que aquel fue un nuevo rasgo de nobleza.

Al irme a acostar, papá me abrazó, y me dijo conmovido:

—Yo me encargo de reponer tu gran castillo.

¡Qué bueno es mi pobre papá! Sólo que algunas veces, como dice el conde —sin ánimo de herirnos, por supuesto—, hay en nuestro parque cierto olor a carbón de piedra...! Esto no es extraño, las oficinas están nada más a un cuarto de legua. Pero nosotros estamos ya habituados y no lo percibimos.

No puedo escribirte más, mi buena amiga. ¡Eh! que vaya a todo escape. Busca el piano de cola, cuida de la corona y de la cifra; y date una vuelta examinando las libreas. Nosotros seguiremos usando las de familia, pero pienso reformarlas, respetando la tradición, por de contado. Continuará el pantalón y el chaleco anaranjado, pero el levitón color de hoja marchita no me gusta.

No me llames en tus cartas señora condesa. ¡Has sido y seguirás siendo una gran niña! Tu reloj adelanta quince días.

Adiós, y mil besos.

Tu *Sofía*

P. D.—Creo que me quiere mucho.

El conde a su amigo íntimo

Calla, pues, y no digas necedades. Toma tu sombrero, ve a la casa de Stuckmann y dile que el último par de botas que me envió tenían un dedo de largo. ¡Sabes que comienza a cansarme el tal Stuckmann! Te agradecería también que te dieses una vuelta por casa de mi sastre y que apresurases a toda su gentuza. Estoy desnudo, materialmente desnudo, amigo mío, y esta situación, como comprenderás, es imposible.

Ahora hablemos a solas.

¿Podrás explicarme qué especie de pastoral es la que me contaste en tu carta última?

¡Simpatías morales...! ¡alianza de dos destinos...! ¡conformidad de gustos...! Mira, tú, vamos a cuentas, ¿me has tomado tal vez por algún necio? ¿Imaginas que veo a mi pobre papá-suegro ni más ni menos que al autor de mis días? ¿Piensas que no estimo a mi nueva familia en lo que vale? Te lo repito, no te puedo entender, no te comprendo. ¿Dices que voy a venderme? ¡Con mil diablos! ¿Quieres que se me suba la mostaza a las narices?

Hallo en mi camino una muchacha delicada, se me entra por el ojo derecho, me enamoro, cruza por mi magín la peregrina idea de darle unos cuantos enjuagues y hacerla condesa: ¿qué tiene esto de extraño? ¿Será la primera vez que se ha visto en nuestra historia? Sucede, sin embargo, —¡rara coincidencia!— que esta niña de sonrosadas mejillas y garbo aristocrático, es a pesar de todo, la hija de un honrado constructor de maquinaria, extremadamente rico por añadidura. ¿Crees tú que estos dos obstáculos, de los que uno puede considerarse imaginario, son capaces de paralizar mis intenciones? Los de mi familia, amigo mío, cuando encuentran un tropiezo en su camino saltan por encima. Pues bien, yo salto por encima del papá-suegro; por encima de las fábricas y de los talleres que esparcen un pesado olor en torno suyo; por encima de la mamá-suegra, que es una tendera excelentísima; salto, digo, por encima de todo esto, y voy a caer a los pies de mi magnífica pastora. Eso sí: mi prometida me trae un millón en su mano izquierda. ¿Será muy poco acaso para apagar el olor a carbón de piedra, el papá, la mamá, los resabios de la tienda y el agudo silbido de las máquinas?

Será un capricho extraño, lo concedo; pero basta mi nombre para que se le respete.

¡Cómo! ¡Con una plumada puedo hacer algo de una niña que no quiere quedar oculta en su apacible medianía, inundar de regocijo el corazón de un pobre hombre y de una pobre mujer, buenos como el pan; poner alegres todas las fisonomías de un ejército de honrados artesanos —mis ingleses que de tiempo atrás esperan con ansia este supremo instante— ¡y por un escrúpulo de nobleza he de renunciar a hazañas semejantes! ¡Ah, no! mi decisión ya es irrevocable. No me repliques más: ¡me caso! Con una sola plumada reconstruyo mi pobre castillejo, le añado media docena de torreones, cavo un foso, alzo un puente, en suma, reedifico con decoro la feudal mansión de mis mayores. Sembraré, plantaré, ¡vamos! haré bien a todos los que me rodeen, como ha de aconsejarme monseñor el día del matrimonio.

¡Ah! ésta es una empresa nobilísima! Así utilizo generosamente el dinero acaparado por un infeliz constructor de maquinaria; así doy a esta clase industrial una inyección de nuestras ideas, la ennoblezco, la vivifico con el soplo de mis tradiciones y de mi pasado.

Las cosas deben verse desde un punto de mira digno y elevado. Sólo con mi presencia en esta casa, he conseguido darle no sé qué vago aspecto de castillo; y mis palabras han hecho más bien a la inocente niña que todos los sermones posibles e imaginables. Ya lo veo: hoy se avergüenza de tener una fábrica y unos talleres. Sus millones la incomodan. Comienza a comprender que, por encima del trabajo individual y del buen sentido de las masas, existe la jerarquía inviolable del nombre, de la sangre y de la raza.

A pesar de su oro y a pesar de sus millones, mi prometida no podrá jamás calzar mis botas. Su pie es sobrado grueso, y por todo el oro del mundo no podría adquirir otro pie. ¡Cuestión de razas!

Además —y esto me lo hacía observar monseñor pocos días hace— haciendo a un lado el bien general que puede resultar de esta mi alianza para el progreso de nuestras ideas, ¿no sería ya hora de que se operase una especie de reacción o rehabilitación, de modo que los jóvenes, sin dar oído a sus preocupaciones, bajasen a las masas y metieran sus manos en la pasta, aunque después hubieran de lavárselas?

De los muebles, de las cruces, de los dorados de nuestros mayores, se hicieron los escudos que hoy ruedan en el mundo. Con esos escudos comenzó el padre de mi novia su fortuna. De suerte que, en término de cuentas, yo tengo derecho perfecto y positivo a poseer una porción no escasa de las máquinas que guarda mi futuro suegro en sus talleres. Esto es justicia seca.

—Pero ¿el trabajo? —Vas a decírmelo, ya te lo adivino: te conozco como a mi acreedor más implacable.

Pues bien, el trabajo, ¿no? ¿Conoces acaso un hombre que está más dispuesto a trabajar que yo?

Da prisa al carrocero. Deseo que la canastilla venga en el *cupé* con las persianas echadas. Ocúpate en buscarme una chichonera para el primer niño. Sobre todo, no te olvides de mis botas. Ya lo sabes: menos cuadradas de la punta y más largas, mucho más largas. Te envía un apretón de manos.

El Conde de * * *

P. D.—Sin presunción, puedo asegurarte que está loca por mí.

JUAN LANAS[1]

Bien dicen que Dios jamás olvida a los pájaros ni a los cronistas. Temí no hallar asunto para escribir mi artículo de hoy, y he aquí que al subir a un coche, me encuentro unas cuantas hojas manuscritas, atadas por un balduque azul celeste.

¿No conocen ustedes a Juan Lanas? ¿No? Pues van ahora a conocerlo.

No, esto es insoportable. Ame Ud. a una mujer con toda su alma, deje Ud. todos los paseos, todas las diversiones para dedicarse a estudiar, sólo a estudiar; enciérrese en las cuatro paredes de su cuarto sin salir más que por la noche, como los mochuelos, para encaminarse pian pianito a la casa de "ella"; ella, la que nos impulsa al trabajo, la que nos alienta, la que nos fortifica; hágase Ud. hurón para sus compañeros, selvático para sus amigos, insoportable para todos, y sin tomar nunca una copa, sin ir al café, sin perder el tiempo en las calles, en los paseos, en los teatros, más austero que un cenobita, más estudioso que Pico de la Mirándola, renuncie Ud. a la vida animada de los jóvenes y pase horas tras horas con los codos apoyados en la mesa, con un libro, casi siempre árido y seco, abierto constantemente ante los ojos, quemándose las pestañas, debilitándose el cerebro, sin

---

[1] Publicado tres veces en la prensa de la capital: en *El Republicano* del 4 de enero de 1880, bajo el título de *Bric-à-Brac* y firmado "Mr. Can-Can"; en *El Nacional*, Tomo V, 1882, *Juan Lanas - Primer monólogo* y "M. Gutiérrez Nájera"; y en *La Libertad* del 10 de febrero, 1884, *Crónicas kaleidoscópicas* y "El Duque Job".

La versión de 1880 lleva el siguiente preliminar:

Me parece una ironía la de mi editor. Pedir que escriba una crónica quien como yo, emparedado en su alcoba solitaria, ha pasado casi toda una semana enfermo, es un sarcasmo.

¿De qué voy a hablar, Dios Santo?

¡Ah! me encuentro en mi gaveta la primera parte de un monólogo de Juan Lanas. ¿No conocen Udes. a Juan Lanas? ¿No? Pues van ahora a conocerlo.

La versión de 1882 no tiene sección preliminar, sino que comienza con las palabras: "No, esto es insoportable".

Publicamos la versión de 1884.

En cuanto al título, el nombre "Juan Lanas" es de origen popular. Zerolo define al personaje: "Hombre apocado, que se presta con facilidad a todo cuanto se quiere hacer de él".

tener más esperanza ni más felicidad, ni más consuelo que decirse para sus adentros, cuando vaya Ud. a meterse entre las sábanas: vamos, Carlos, estoy contento de ti, eres un buen muchacho, has estudiado tantas páginas, no has gastado el tiempo inútilmente, ya gozaste dos horitas de felicidad pasadas en dulce plática con Luisa; vamos, estoy contento, sigue así; por ahora, duérmete, y mañana cuidado con que se os peguen las colchas, señor flojo; en cuanto suene el alba, a poner los huesos de punta, a trabajar otra vez, que para eso ha hecho Dios Nuestro Señor el día; y así, siguiendo como vamos, con paciencia y un ganchito pasarán los días y las semanas y los meses, y dentro de año y medio o dos años, echando por lo alto, habremos ya vadeado el río, y podrá Ud. ir al examen y contestar a todas las preguntas, y obtener el título de médico, y después, —aquí entra lo más dulce— presentarse en la casa de la novia, que estará más contenta que unas pascuas; y así, al oído, quedo, muy quedito, decirle con la voz entrecortada de alborozo: mira, Luisa, por ti he hecho esto y aquello y lo de más allá; por ti he pasado mi vida emparedado en mi tugurio de estudiante, inquiriendo muchas cosas que no me interesaban, porque a mí sólo me interesa lo que te toca a ti, mi vida; consumido y escuálido a fuerza de estudiar horas tras horas; por ti he hecho todo esto, y habría hecho más, mucho más si hubiera sido necesario; pero ahora ya soy feliz, he terminado mi carrera; mira, aquí está mi título; dicen que tengo un porvenir grande, muy grande; toda mi gloria, toda mi vida, todo mi porvenir son tuyos; te amo con toda el alma; Luisa, Luisa mía, ¿me quieres? La muchacha, por supuesto, se pondrá más coloradita que una rosa, entornará sus párpados, arrugará con sus dedos sonrosados una de las puntas de su delantal de casa, pero luego levantará los ojos, ¡aquellos ojos con los que he soñado tantas noches! y mirándome así, como entre alegre y asustada, murmurará un "sí" tan tembloroso, tan quedo, tan entrecortado, que más bien que oírlo he de adivinarlo; sí, de adivinarlo, porque en aquel momento sus pupilas aparecerán más brillantes, más húmedas que nunca, y nuestras manos como atadas de improviso, entrelazarán sus dedos muy estrechamente, y una sonrisa, una sonrisa apacible, dulcísima, inefable, entreabrirá por un momento aquella boca, aquella cereza que los pájaros abrieron picoteándola.

Eso es, haga Ud. todo esto; abrigue durante uno, dos, tres años, estos sueños, estas ilusiones de color de rosa, y el mejor día, cuando esté más próximo el ansiado término, se encuentra

Ud. con un pollito adamado, con un mozalbete estúpido cuya única sabiduría consiste en atusarse con pomada "hongroise" los nada artísticos bigotes, en robar a su padre los dineros que derrocha diariamente en las cantinas, en andarse con no muy virtuosos compañeros por lugares nada limpios que digamos, en emborracharse y despilfarrar cuanto posee; y ese pollito, ese mozalbete, ese muñeco, os birla en un abrir y cerrar de ojos a la novia, conquista su corazón o su vanidad por lo menos; si ella cuenta con algún capital, aunque sea escaso, es capaz de casarse "incontinenti"; y entretanto, Ud., el imbécil, el necio, el hotentote, después de una vida de sacrificios y de privaciones, se encuentra con que aquel zascandil menospreciable le ha escamoteado como por encanto su porvenir, su vida, su felicidad, su todo.

¿Pero cómo tolera Dios estas infamias? ¿En dónde está la justicia que domina y arregla al Universo? ¡Si es una atrocidad! ¡Si no hay palabras con que poder nombrar estos delitos! ¡Y yo que la amaba tanto... que la amaba, sí...! ¡no, mentira! que la amo, que la amo todavía! Ayer mismo, después de cerrar el libro y apagar el mechero de aceite para adormecerme, me bajé descalzo de la cama, me dirigí a la pobre mesa que me sirve, y abriendo uno de sus cajones toscos y groseros, saqué temblando de emoción aquella cinta azul que la otra noche tomé furtivamente del tocador de Luisa. ¡Pobre corazón mío! casi se me saltaba del pecho cuando apretaba convulso con mis manos aquella cinta azul que tantas veces había visto entrelazada en su cabello!

Así, velando aquella prenda de mi Luisa, volví a tenderme en mi jergón, con el alma entristecida por no sé qué extraños presentimientos de amargura, pero amándola, con toda mi alma, y... no me avergüenzo de decirlo, llorando, sí, llorando como un niño.

Esta mañana todavía, volví a casa de Luisa para cumplir uno de los encargos que anteayer me hizo; entré; me acuerdo que, como era muy temprano, ella estaba en su tocador, y al escuchar mis pasos corrió a cerrar la puerta, gritando: "No se puede entrar, no se puede entrar, espérame". Nunca olvidaré aquel diálogo que tuvimos después. Ella entreabrió la puerta nada más lo suficiente para asomar por ella la cabeza, y escondiendo su cuerpo detrás de uno de los bastidores, sólo me dejaba ver un par de dedos afilados, color de rosa, suaves, que Dios sabe con cuánto placer hubiera yo tocado con mis labios. Se estaba peinando: algunas gotitas de agua brillaban todavía en sus rizos, y una de sus trenzas larga, negra, sedosa, enroscándose en su cuello de alabastro iba a concluir en la boquita de mi Luisa, quien con sus blancos dientes la apretaba, mientras con la otra mano componía con horquillas su cabello. Un albornoz blanco echado con precipitación sobre la espalda, velaba los encantos de su seno, pero abriéndose voluptuoso, por un lado dejaba ver un hombro terso, sonrosado, cubierto por un ligero y delicado vello, que lo hacía semejante a un durazno. Una sonrisa, yo no sé si burlona o maliciosa, asomaba en los labios de mi Luisa, que dirigiéndome una lluvia de preguntas con esa voz vibrante y argentina, cuyo secreto sólo ella posee, parecía gozarse en mi aturdimiento y embarazo. Luego que hube acabado de narrarle cómo había cumplido sus encargos, temiendo ser molesto con una visita tan matinal, dije:

—Luisa, hasta la noche.

—No, Carlos, no vengas a casa esta noche; vamos al teatro.

—¡Ah!

—Dan *El Hebreo* y mamá tiene deseos de ir. ¿Por qué no vienes con nosotros?

¡Ir con ella! ¡yo! ¡estar en el mismo palco! ¡causar celos o envidia a cuantos la mirasen! ¡Darla el brazo para bajar las escaleras, poner sobre sus hombros el abrigo y llevar en la mano su abanico! ¡Qué felicidad, Dios mío; qué felicidad! Pero bueno, para hacer todo esto se necesita un traje conveniente. Un frac y un par de guantes son indispensables. ¿Cómo me atrevo a ir con esta chupa de estudiante, con mis pantalones grises y mi sombrero de hongo? No, eso es imposible. Se reirían de mí. Ella se pondría colorada y le daría vergüenza presentarme. ¡Como que ella iría muy elegante, por supuesto! Es cierto que sus padres me quieren como a un hijo. Su madre y la mía se trataban como hermanas. Yo aprendí a leer junto con ella. Nos hablamos de tú. Mayor confianza no puede ya existir entre nosotros. Pero siempre, un amigo mal vestido, en sociedad, es un ridículo. Deben respetarse las preocupaciones. No, decididamente, yo no voy con ella.

Todo esto lo pensé en un solo instante, y respondiendo a la pregunta dije:

—Gracias, Luisa. De buena gana acompañaría a Uds.; pero ya ves que...

—Nada, deje Ud. el estudio, caballero. No han de reñir los libros porque Ud. los abandone en una sola noche. ¿Al fin no da lo mismo pasar dos horas en el teatro que aquí o en otra parte?

—No es eso, Luisa, sino que precisamente tengo que ir esta noche a...

—Vamos a ver: ¿adónde?

—A la casa de uno de mis maestros, que está enfermo, y que ayer mismo me mandó llamar para comunicarme una orden de importancia.

—Pero, hombre de Dios, no me acabas de decir "hasta la noche"?

—Sí, pero porque confiaba en venir algo más tarde que lo de costumbre.

—Eso es, hoy vas a velar al buen señor que probablemente no tiene madre, ni mujer, ni hijos, ni sobrinos, ni primos, ni parientes, ni otro arrimo en el mundo más que el de tu interesantísima persona...

Aquí Luisa soltó una carcajada, mientras que yo, más colorado que un tomate, estrujaba con mis manos sudorosas los desgarrados bolsillos de mis pantalones.

—Vamos, vamos, alguna calaverada tendrá Ud. por ahí pendiente...

—Yo te aseguro, Luisa...

—¡Chit! ¡Calle Ud., don botarate!

—Y en prueba de ello...

—¡Que no tiene Ud. vela en este entierro! ¡Afuera!

Y diciendo y haciendo cerró de golpe la puerta de su tocador, dejándome a mí con una cara que, de habérmela visto en el espejo, me habría muerto de risa o de coraje.

—Luisa... Luisa... ¡adiós, Luisa!

Nada, se había encastillado en su tocador, con la decidida intención de no contestarme. Salgo más que amostazado de la pieza; tropiezo con un costurero que hay en la antesala; doy un soberano pisotón al falderillo que por poco no me arranca la mitad de la pierna de un mordisco; en mi aturdimiento me olvido de despedirme de la señora; bajo en dos saltos la escalera; voy a ponerme el sombrero... ¡Caracoles! en lugar de mi hongo acostumbrado me encuentro con un gorro militar, propiedad seguramente de alguno de los muchachos de la casa; vuelvo a subir, entro otra vez, tomo el sombrero, estoy a punto de derribar con el codo un candelero, me tropiezo en la escalera, bajo por último en dos saltos, atravieso el patio... ¡patatrás! siento de súbito sobre mi sombrero el chorro del agua cristalina; ¡cáspita! el mozo que riega las macetas me ha convertido en un pez! ¡Señor, Señor, qué día! ¡qué día!

Aquí concluye el primer monólogo de Juan Lanas. Si a algún lector le interesa, dígalo francamente, y yo me comprometo a publicar el segundo.

DESPUES DEL CINCO DE MAYO[1]

¡Oh fiestas nacionales! ¿Cuándo podremos celebraros de otro modo?

Pocos días antes de esas grandes fiestas, vense en las calles muchas caras nuevas. Todos los ricachos que, durante el año, se consagran exclusivamente a cuidar sus tierras, a recorrer las siembras y a vivir holgada y pacíficamente, sienten la comezón de venir, siquiera por dos días, a México. La niña se olvida del enamorado, que, con sus puños de lustrina y su chaqueta larga, trabaja en el estudio del alcalde. El día de su cumpleaños ha exigido al padre bonachón formal promesa de traerla.

Desde entonces la niña, que ha comprado un calendario de Galván, con su cubierta verde, se entretiene en contar todas las noches los días que faltan para el señalado. ¡Cuántos sueños ha oído y cuántos secretos ha descubierto ese rugoso calendario, que, puesto cariñosamente debajo de la almohada, pasa las noches en el caliente lecho de la niña!

Conforme avanza el tiempo, van siendo mayores las inquietudes de la ambiciosa polla. ¡Cuánto tarda el sol en recorrer su diario viaje! Los días parecen coches alquilones, tirados por caballos flacos, que marchan trabajosamente por calles descompuestas. A veces estruja con impaciencia el pobre calendario, que se desprende de sus manos y cae violentamente al suelo con las hojas abiertas y desencuadernadas. ¿Qué culpa tiene el pobre calendario de que los días caminen tan despacio? Llueve sin cesar y sólo puede salirse de la casa en la mañana.

La niña se recoge en su imaginación, y pasa todas las tardes sentada junto a la ventana, bordando a veces, otras, entregada a la lectura de alguna novela que azuza su fantasía, y las más, mirando caer los trasparentes hilos de agua, que doblan con su peso las hojas de los árboles y brillan como perlas en el musgo.

[1] Apareció cuatro veces en los periódicos: en *El Cronista de México* del 16 de octubre de 1880, con título de *Memorias de un vago* y firma de "Pomponet"; en *La Libertad* del 7 de mayo de 1882: *Crónicas color de rosa* y "El Duque Job"; en *El Partido Liberal* de 25 de abril de 1886: *Humoradas dominicales* y "El Duque Job", y en *El Partido Liberal* del 10 de mayo de 1891: *Después del 5 de mayo* y "El Duque Job". En todos los casos formaba parte de un artículo más largo, siendo casi idéntica la parte narrativa de todas las versiones. Publicamos la de 1891 por ser la última que apareció en vida del autor. No sabemos que se haya incluido en colección alguna.

Así pasa la tarde, hasta que el sol acaba de ocultar su último rayo y la criada entra a la habitación, llevando en la mano una palmatoria con su gruesa y larga vela de sebo amarillento. ¡Santas y buenas noches! La niña se levanta; alza del suelo el gancho de madera y el tejido comenzado, que inadvertidamente dejó caer de sus rodillas, y cubriéndose con el rebozo los hombros, sale a recibir a su padre, que vuelve a caballo de sus excursiones. Se sirve la cena. El viejo, a quien el olor de la tierra húmeda y el ejercicio a caballo han abierto el apetito, devora las tajadas de carne y bebe a grandes tragos un media botella de vino de la Rioja.

Concluida la cena, entra solemnemente el señor cura con su gran paliacate de colores colgado de una cinta muy estrecha, su sombrero redondo de alas anchas y su gran capa negra, trascendiendo de a leguas a tabaco. Media hora después llega el boticario, cubierto por un *plaid* de cuadros y hundida la nariz en un *cache-nez*, cuyos colores no se pueden adivinar fácilmente. Reunidos ya, la niña saca del aparador la baraja y el plato con habas y frijoles, que les sirven de fichas. Este plato es de porcelana blanca con dibujos de flores alrededor. Está rajado. El boticario baraja los naipes, córtalos el cura, y empieza entre los tres una partida de tresillo.

Mientras tanto, la niña, que tiene un libro abierto sobre la mesa, para fingir que lee, comienza a quitarse las horquillas que detienen la cascada impaciente de sus rizos. Éstos, libres ya de despóticos verdugos, caen en desorden voluptuoso sobre los redondos hombros. Desabotona el cuello de su vestido, y por el hueco abierto deja ver su garganta, blanca y torneada. Entonces pone un brazo sobre la mesa y en el brazo reclina con indolencia la cabeza. Cierra los ojos; el cura dice: 'Está dormida"; pero ella, que escucha todo, sonríe maliciosamente. ¡No duerme, pero está soñando! Piensa en su próximo viaje, en las peripecias y en los accidentes del camino.

Si la dormida soñadora no ha venido nunca a la capital, se le figura, mitad, como sus amigas le han referido que es, y mitad como describe el novelista que ha leído las grandes capitales de Europa. Es un maridaje de las narraciones exageradas y los cuentos fantásticos. Si la soñadora ha estado alguna otra vez en México, en la Semana Santa, por ejemplo, la cuestión varía de aspecto. Su imaginación abulta las diversiones de que va a gozar; pero al fin y al cabo no son estas diversiones fabulosas, sino perfectamente reales. Ve a su padre bajando con ella las escaleras del hotel, con su levita cruzada, sin abrochar, para que pueda verse la cadena larguísima de oro que enreda caprichosamente en el chaleco, formando un arabesco enmarañado. Oye el ruido de los coches que la aturde; se ase fuertemente al brazo de su padre, temiendo perderse entre la muchedumbre que recorre el laberinto confuso de las calles. Llega la tarde, y desde que suenan las tres sale el padre en busca de un coche para ir al paseo. En ese coche entran cinco o seis personas, y en tal guisa van a la calzada. El carruaje se detiene, y el papá comienza a llamar a todos los dulceros.

En éstas y en las otras pasa la tarde y viene la noche con su gran paseo, bajo los inmortales farolillos venecianos. La niña se pone el sombrerillo de paja amarilla con rosas encarnadas, que la víspera compró en la Primavera. El papá lleva el sombrero alto de las grandes fiestas.

Llega al Zócalo y aquel ir y venir sin tregua, la marea; la multitud y variedad de trajes la deslumbra. ¿Quién será aquel joven que la ha seguido tercamente todo el día?

Aquí llega de sus sueños y sus alegres imaginaciones, cuando una sonora carcajada la hace volver en sí. Es la partida del tresillo que concluye. La niña lanza un suspiro hondo, muy hondo, y dice para sus adentros: "¡Un día menos!"

¡Oh novios provincianos! No permitáis jamás que vuestras novias vengan a México. Nunca lo permitáis ¡oh novios provincianos!

CARTA DE UN SUICIDA[1]

Hoy que está en moda levantar la tapa de los ataúdes, abrir o romper las puertas de las casas ajenas, meter la mano en el bolsillo de un secreto, como el ratero en el bolsillo del reloj, ser confesor laico de todo el mundo y violar el sigilo de la confesión, tomar públicamente y como honra la profesión de espía y de delator, leer las cartas que no van dirigidas a uno y no sólo leerlas, sino publicarlas, ser, en suma, repórter indiscreto, nadie tomará a mal que yo publique, callando el nombre del signatario por un exceso candoroso de pudor, por arcaísmo, la carta de un suicida, que en nada se pareció a los desgraciados de quienes la prensa ha hablado últimamente.

Leía hace pocas noches, en la gacetilla arlequinesca de un periódico, la noticia de un suicidio recientemente acaecido. El párrafo en que se da cuenta del suceso desgraciado, mueve con descaro las campanillas del bufón; refiere aquel suicidio con la pluma coqueta y juguetona que se empleó poco antes en referir una cena escandalosa o una aventura galante de la corte; habla de la muerte con el mismo donaire que usaría para describir, en la crónica de un baile, el traje blanco de la señora X. Trátase de un joven que en el primer día de camino, se postra de fatiga y arroja con desdén el nudoso bordón que le ha servido; de una madre que llora sin consuelo, mirando vacío en el hogar el hueco, aún tibio, que ocupaba su hijo; y todo esto se refiere sencilla y alegremente, con la sonrisa en los labios, saboreando el del-

---

[1] Apareció tres veces en la prensa mexicana; en *El Nacional* del 19 de octubre de 1880, con el título de *Los suicidios* y firmado "M. Gutiérrez Nájera"; en *El Partido Liberal*, 2 de septiembre de 1888, *Humoradas dominicales* y "El Duque Job"; y en la *Revista Azul*, 22 de septiembre de 1895, *Carta de un suicida* y "El Duque Job".

En la versión de 1880 falta un párrafo preliminar de unos diez renglones que se encuentra en las otras dos. En cambio, aparecen en dicha versión unos ocho renglones sobre la peste de la época de Boccaccio, y dos renglones al final, que faltan en las demás.

Al incluir éste entre sus *Cuentos frágiles*, 1883, Nájera empleó la versión periodística de 1880, y los compiladores de las *Obras* de 1898 hacen lo mismo. En la versión periodística de 1888 el autor hizo las alteraciones que hemos notado, y en 1895 los editores de la *Revista Azul* reimprimieron el cuento bajo esta forma. En esta colección preferimos usar la versión de 1888 y 1895, por ser la última que enmendó el autor. También preferimos usar el título que aparece en la *Revista Azul*.

gado cigarrillo que se ha encendido para salir del teatro. Esta nerviosa carcajada, que no es la de Lucrecio al mofarse con ira de sus antiguos dioses; que no es la de Lord Byron al sentir rodeado su espíritu por los anillos recios de las víboras que devoraban el cuerpo de Laocoonte; que no es la de Gilbert[2] al acercarse, circuido de rosas, a la tumba; que no puede compararse a nada de esto, porque no la engendra ni el dolor, ni la duda, ni el escepticismo; me parecía la risotada de un imbécil ante la fosa llena de cadáveres. Y apartando de mi vista la hoja impresa, recordé con repugnancia el *Decamerón* de Boccaccio, apareciendo en los días de la peste de Florencia.

En el monólogo de *Hamlet,* que es un precioso dato sobre la idea del suicidio en el siglo XVI, se perciben claramente los terrores de la duda. Hoy al abrirse las puertas de la eternidad, no se pregunta nadie cuál podrá ser el sueño de la tumba. Se muere con la sonrisa en los labios, paladeando las gacetillas románticas y almibaradas en que se dará cuenta al público del acontecimiento. Nuestro moderno *Hamlet,* después de almorzar suculentamente, no formula el *to be or not to be;* toma el veneno, y si es franco, si es sincero, escribe a algún amigo una carta, como ésta que yo guardo en el más secreto cajón de mi bufete:

Caballero:
Voy a matarme porque no tengo una sola moneda en mi bolsillo, ni una sola ilusión en mi cabeza. El hombre no es más que un saco de carne que debe llenarse con dineros. Cuando el saco está vacío, no sirve para nada.

Hace mucho tiempo, cuando yo tenía quince años, cuando temblaba al escuchar el estampido de los rayos, creía en Dios. Mi madre vivía aún, y por las noches, antes de acostarme, hacía que de rodillas en mi lecho, le rezara a la Virgen. Perdone Ud. que las líneas anteriores casi vayan borradas: cuando pienso en mi madre, las lágrimas se saltan de mis ojos.

Todavía me parece estar mirando la ceremonia de mi primera comunión. Muchos días antes me había estado preparando para este solemne acto. Yo iba por las noches a la celda de un sacerdote anciano que me adoctrinaba. ¡Cuán pueriles temores solían asaltar mi pobre pensamiento en esas noches! Puedo asegurar que mi conciencia era entonces una página blanca, y sin embargo, la idea de comulgar en pecado me aterrorizaba. Al salir por el claustro silencioso, sólo alumbrado a trechos por una que

---

[2] Nicolás-Joseph-Laurent Gilbert (1751-1780), autor de un poema sobre la muerte titulado *Adioses a la vida.*

otra agonizante lamparilla, andando de puntillas para no oír el eco de mis pasos, se me figuraba que las formas gigantes de prelados y monjes, desprendidas de los enormes lienzos de la pared, iban a perseguirme, arrastrando pesadamente sus mantos y sotanas. Una noche —la noche en que me confesé— todos estos delirios de una imaginación enferma, desaparecieron; salí regocijado de la celda como llevando el cielo dentro de mi espíritu. Ahí estaban los prelados con sus mitras, y los monjes, ceñida la correa, calada la capucha, inmóviles y mudos en los cuadros colosales del gran claustro; pero en vez de perseguirme con adusto ceño, me sonreían al paso cariñosamente. ¡Qué blanda noche aquella! Al amanecer del día siguiente me llegué a imaginar que las campanas repicaban el alba dentro de mi pecho. Parece imposible, caballero, que una superstición y una mentira puedan hacer felices a los hombres.

Hoy me hallo a diez mil leguas de aquel día. Durante este paréntesis obscuro, me he dedicado con empeño y con ahinco a estudiar el gran Libro de la Ciencia. Como una dama después del baile, en el misterio de su tocador, iluminado por la discreta luz de sonrosada veladora, se despoja de sus adornos y sus joyas, así me he desvestido de las sencillas creencias de mi infancia. En cada libro, como las ovejas en cada zarza, he ido dejando, desgarrado, el vellón de la fe.[3] Y ¡es tan triste el invierno de la vida cuando no se tiene ni una sola creencia que nos cubra! Las ilusiones son la capa de la vejez.

Mientras yo creí en Dios fui dichoso. Soportaba la vida, porque la vida es el camino de la muerte. Después de estas penalidades —me decía— hay un cielo en que se descansa. La tumba es una palma en medio del desierto. Cada sufrimiento, cada congoja, cada angustia es un escalón de esa escala misteriosa vista por Jacob[4] y que nos lleva al cielo. Yendo camino del Tabor, bien se puede pasar por el Calvario. Pero imagínese Ud. la rabia de Colón, si después de haberse aventurado en el mar desconocido, le hubiera dicho la naturaleza: ¡América no existe! Imagínese Ud. la rabia mía, cuando después de aceptar el sufrimiento, por ser éste el camino de los cielos, supe con espanto que el cielo era mentira. ¡Ay, recordé entonces a Juan Pablo Richter![5]

El cementerio estaba cubierto por las sombras; bostezaban las tumbas y abrían paso a los espíritus errantes; nada más los niños

---

[3] Compárese Andrés Bello, *La oración por todos:*
"en los zarzales del camino deja
alguna cosa cada cual: la oveja
su blanca lana, el hombre su virtud".

[4] Véase *Génesis*, capítulo 28, versículos 12 a 15.

[5] Jean-Paul Richter (1763-1825), escritor alemán, conocido por su rebeldía contra las reglas de arte y las creencias religiosas tradicionales.

dormían en sus marmóreos sepulcros. Ahí el cuadrante de la eternidad, sin aguja, sin números, sin más que una mano negra que giraba y giraba eternamente. Un Cristo blanco, con la blancura pálida de la tristeza, alzábase en el tabernáculo.

—¿Hay Dios? —preguntaban los muertos. Y Cristo contestaba:

—¡No! Los cielos están vacíos; en las profundidades de la tierra sólo se oye la gota de lluvia, cayendo como eterna lágrima.

Despertaron los niños, y alzando sus manecitas exclamaron:

—Jesús, Jesús, ¿ya no tenemos padre?

Y Cristo, cerrando sus exangües brazos, exclamó severo:

—Hijos del siglo: vosotros y yo, todos somos huérfanos!

A esta terrible voz que descendió rodando por las masas de sombras apiñadas, cerráronse las tumbas con estrépito, los cirios se apagaron de repente, y la terrible noche tendió su ala de cuervo sobre el mundo.

—¡Hijos del siglo, todos somos huérfanos!

¡Cuántas veces, caballero, he repetido en mis horas de angustia estas palabras! ¡Todos somos huérfanos! Mi alma está entumida, y necesita, para seguir moviéndose, el calor de una creencia! Pero he despilfarrado mi caudal de fe, y en el fondo de mi corazón no queda un solo ochavo de esperanza. Soy un bolsillo vacío y una conciencia sin fe. Cuando el saco no sirve para nada, se rompe. Esto es lo que hago.

EL DESERTOR DEL CEMENTERIO[1]

Como al llegar la primavera vienen las golondrinas, al llegar el invierno vienen los aparecidos. Noviembre es el gran mes de las resurrecciones. La naturaleza parece como que muere, y el espíritu como que resucita; las hojas se desprenden de los árboles y las almas de los muertos se desprenden de los panteones; en los teatros y en las calles se representa *Don Juan Tenorio;* la muerte da una recepción en cada cementerio, como una dama aristocrática que abre su salón en día determinado; nos vestimos de negro y escuchamos el doble acompasado que cae del campanario; vemos con la imaginación, ese anteojo que alcanza a diez mil leguas y a diez mil años, a todos esos seres que han ido al país de donde nadie vuelve; es la época de las apariciones, de las memorias; la época en que todo resucita, menos los corazones que se han muerto y las bellezas que han pasado.

Pensaba yo el día último de octubre en estas cosas, cuando oí detenerse a la puerta de mi casa algún carruaje. Sonaron pasos en la escalera, abrí la puerta de mi gabinete y halléme desde luego frente a frente de un desconocido. Era un hombre de alta estatura, esbelto y vigoroso, como el Apolo de Belvedere, y altivo

---

[1] Este cuento apareció dos veces en la prensa mexicana: en *El Nacional* del 4 de noviembre de 1880, con título de *Cosas del mundo (Después del coleadero)* y firmado "M. Gutiérrez Nájera"; y en *La Libertad* del 9 de noviembre de 1884, con el de *Crónicas de mil colores* y la firma "El Duque Job".

Las dos primeras páginas del texto, hasta el párrafo que empieza "Ahora que la presentación está hecha...", son casi idénticas en las dos versiones. Después de dicho párrafo ocurre, en la versión de 1884, el siguiente:

Parisis, como Uds. comprenderán sin mucho esfuerzo, no buscaba una novia. Los difuntos no se casan. Quería tan sólo recorrer a vuelo de pájaro el cielo de la belleza mexicana. Yo serví de Virgilio a ese Dante de Sèvres y fui mostrándole las hermosuras de primera magnitud. ¿Cuál fue el juicio del célebre Tenorio parisiense acerca de las damas mexicanas? He aquí lo que sabrán de cierto mis lectores, si aguantan con paciencia al martes próximo.

La continuación de "el martes próximo" no apareció, sin embargo, ni en la fecha indicada ni más tarde. La versión de 1880, que es mucho más larga, continúa describiendo la visita del duque de Parisis a un baile en el Palacio, donde admira a muchas de las hermosuras mexicanas que ha vuelto a la vida para ver.

Publicamos el texto de 1880, omitiendo algunos detalles de la descripción y sustituyendo los títulos originales por otro más característico. Que sepamos, nunca ha sido recopilado.

y elegante como Milord de Brummel. Un traje negro correctísimo, que todavía mostraba la nostalgia de Inglaterra, cubría un cuerpo de gladiador romano. En la mano izquierda tenía el desconocido su sombrero, de copa alta; y en la derecha una tarjeta blasonada. El sombrero estaba forrado de irreprochable seda blanca, y la tarjeta decía así:

Juan Octavio,
Duque de Parisis

Hice una caravana al misterioso visitante, abrí de par en par la puerta de mi estudio, y, acercando un sillón, cortésmente le pedí que se sentara. El Duque de Parisis estaba pálido, mortalmente pálido. Una vez colocados frente a frente, me habló de esta manera:

—Caballero, yo soy un desertor del cementerio. ¡Tenga Ud. la amabilidad de no mirarme con esos ojos espantados! Soy un muerto. La vida que hoy disfruto es como la mayoría de los relojes: sólo tiene cuerda para un día. Suplico a Ud., por consiguiente, que no perdamos ni un minuto. Puede Ud. darme la mano sin recelo: antes de venir a su casa he dado una vuelta por mi tocador, para lavar mis manos del polvo recogido en el sepulcro y para arrancar de mi bigote el último gusano. Ya estoy presentable. Mi sudario aguarda pacientemente dentro del guardarropa y he tenido la precaución de recortar mis uñas. Muerto y todo, me creo aún sobrado capaz de donjuanizar alegremente con las damas. Los grandes descubridores, esto es, los grandes locos, han consumido los mejores años de su vida en recorrer recónditas comarcas. Para mí, la sola comarca digna de explorarse es el reino femenino. Durante mi existencia, tan rápida como la de los fuegos fatuos, fui el capitán Cook de estas exploraciones. No hago a Ud. el agravio de suponer por un momento que ignora mis hazañas. Tuve un historiador que vale más que yo: Arsenio Houssaye. *Las grandes damas,* esa historia de la novela de mi vida, es un libro que está en las manos de todos los gastrónomos de la lectura. Yo soy el héroe de ese libro. Como lo cuenta mi gran historiador, yo morí amando. Pero ¡ay! mi existencia fue muy corta. Sólo conocí una nación: las parisienses. Faltábame admirar el eterno femenino en Asia y en Europa, en Oceanía y América. He renunciado generosamente al África. Lo negro sólo me gusta en dos cosas: en el cabello y en los ojos. Ahora, caballero —Ud. lo sabe ya— soy un cadáver. Pero un cadáver que por extraño privilegio puede andar y vivir un día en el año. El empleo de ese día me ha sido fácil: lo consagro a admirar a las mujeres de distintas razas. Hace un año fui a Persia; hoy vengo a México. Mi único propósito es observar de lejos las bellezas de esta tierra. ¿Pudiera Ud. servirme de introductor galante en el mundo del buen tono?

Yo quiero hacer un juicio crítico y comparativo de vuestras hermosuras. La mujer es el mismo libro en todas partes; pero hay ediciones de lujo. Yo quiero ver esas ediciones.

Confieso francamente que el anterior exordio me dejó pasmado. No creí jamás hallarme en lance tan exótico. A primera vista, el duque de Parisis me pareció un tenor de ópera cómica, que iba a presentarme su credencial firmada por Gostkowski; después, me fue imposible ya dudarlo: aquel extraño personaje era Octavio de Parisis en cuerpo y alma. ¿Cómo negar alguna cosa al aristócrata D. Juan de las historias parisienses?... No hubo remedio. Supliqué a Parisis que me esperara, y pasé a hacer mi *toilette*.

Ínterin abrocho el último botón de mi rebelde guante, permitidme, señoras, que os presente al duque Juan Antonio de Parisis, un muerto vivo. Según su historiador, todos los que estuvieron en la superficie de París durante los años del segundo imperio, le trataron; el conde d'Orsay como M. de Morny, Kalil Bey como M. de Persigny, el duque d'Aquaviva como Antonio de Espeletta. El reino de este personaje, trágico en su comedia mundana, fue efímero; pero su recuerdo vive todavía en más de un corazón mujeril, herido mortalmente. Octavio de Parisis era un D. Juan resucitado, que vivió muy bien para morir muy mal, como todos los don Juanes. Fue el Príncipe encantado de las historias parisienses. Aglomerad con la imaginación, en un mortero mágico, a Alcibíades y a Lauzun, a Richelieu y a Brummel; el precipitado que dé esta absurda mezcla será este gentil hombre, hermoso como un astro, generoso como un rey pródigo, bizarro como la espada de sus padres, y ocultando los músculos de Hércules bajo la forma de Antinoüs. Octavio montaba a caballo como Mackenzie, daba una estocada con la gracia implacable de Benvenuto Cellini, nadaba como una trucha, y luchaba al pugilato como un gladiador romano. Su presupuesto era fantástico e inagotable como la caverna de Alí-Babá. La lista de sus conquistas era más larga que la de D. Juan —¡*mile e tré!*—.

Era una cadena perpetua de mujeres. Andaba sobre el amor, como sobre un tapiz de armiño.

Ahora que la presentación está hecha y el guante abrochado, pasemos adelante. ¡Duque de Parisis, [al baile de] Chapultepec!

La puerta del cupé de Parisis, capitoneada primorosamente, cerróse de improviso con ese ruido seco de los muelles nuevos. Los caballos, de raza pura, hirieron las piedras con sus duros cascos, y partimos. El duque no me infundía temor. Lo singular de la aventura y el hallarme mano a mano con un muerto ilustre, halagaban mi fantasía, sedienta de lo maravilloso. A mí me gusta la elegancia en todo, y Parisis era un muerto de buen tono...

Multitud de carruajes pasaban junto al nuestro, caminando al Bosque. Parisis me ofreció un tabaco que no apestaba a azufre, y apenas había arrojado dos bocanadas de humo, cuando llegamos al lugar de nuestra fiesta...

—¡Duque de Parisis, subamos al Castillo! Dejad que os vaya señalando las estrellas de nuestro cielo y las mujeres de nuestra sociedad. No esperéis verlas a todas. El tohu bohu ha de ser inmenso. Apenas tendremos tiempo para saludar a las amigas. Los altos ahuehuetes, canos y severos, nos forman una guardia de honor hasta el Castillo. ¡Quién sabe si en las guedejas de heno queda todavía algún suspiro, lanzado por un amante en las fiestas del Imperio! Arriba nos aguarda el baile y el bullicio... Una música militar toca a la entrada. Los organizadores de la fiesta reciben cortésmente a las señoras...

—Mientras se arreglan las cuadrillas, permita Ud., señor duque, que le muestre a la Sra. Zayas de Guzmán. Las líneas de su figura, blancas y armoniosas, cantan como una melodía de Gounod. Es la hermosura en toda su fuerza y en todo su esplendor. Una Cibeles, pródiga de vida, menos robusta que si hubiera salido de las manos de Fidias; pero más divina, precisamente por ser más humana.

Clavemos ahora los ojos en esa dama, vestida con un traje elegantísimo, color de paja. Es la Sra. Quintana de Goríbar. Su perfil tiene la gracia de la estatuaria antigua. Su cuerpo tiene las ondulaciones de las olas. Por ahí atraviesa la sala, huyendo del bullicio, la Sra. Idaroff de Iturbe. Si la elegancia desaparece alguna vez del mundo, estad seguros de que la Sra. de Iturbe la ha estancado toda. Saludemos de paso una obra maestra de la estatuaria humana: la Sra. Espinosa de Castañeda y Nájera.

—Señora —dijo el duque de Parisis, inclinándose cortésmente ante ella— ¿está Ud. segura de no haber sido nunca diosa?
—He ahí a la Sra. Rivas de Adalid: es una fiesta para la mirada seguir el juego de su cabellera, las ondulaciones y los serpenteamientos de esas líneas sabias. En aquel ángulo de la sala está la Sra. de Camarena. Sus ojos, altivamente hermosos, atraen como dos abismos. ¿No es un abismo el cielo? Su cuerpo tiene la corrección de la estatuaria griega. Cuando la miro andar, me pienso que la Diana cazadora ha abandonado su pedestal de mármol. La Diana de la vida como la Diana del mármol, lleva siempre su carcax lleno de dardos. Sólo que la estatua lleva las flechas en la mano, y la dama las lleva en sus pupilas.

Otra Cibeles de mármol pentélico: la Sra. de Mariscal. ¡Cómo contrasta la nieve aterciopelada de su cutis con el moreno rostro de esa campesina romana, dueña de dos ojos que son dos diamantes negros: la Sra. Lebrija de Hammeken!

Parisis no me escuchaba ya, y absorto como un artista ante las obras de Rubens y de Holbein, miraba a la Sra. de Bourgeaud. La Sra. de Bourgeaud es una de esas hermosuras arrogantes, que toman nuestra mirada por la fuerza y la obligan a admirar sus perfecciones. Es posible pasar con los ojos cerrados ante la Venus de Costou; es imposible pasar junto a la Sra. de Bourgeaud sin admirarla. Su boca, una concha de nácar, tiene la sonrisa pérfida de la Joconda. Madame Bourgeaud no es madame Bourgeaud, es madame Venus.

Los nudos caprichosos de la cuadrilla se atan y desatan donairosamente. Las señoras casadas y los hombres serios han pasado al comedor. La cena, dispuesta por Recamier, es una obra maestra culinaria. Por desgracia, pocos pudieron apreciarla; el número de los invitados y de los no invitados era de tal suerte grande, que ninguna cocina habría dado abasto para saciar su apetito.

—Mientras suena el cristal de las risas y el choque de las copas en el comedor, pasemos revista a alguna de las damas. Repito que es imposible recordar a todas. Señor duque de Parisis, tengo la honra de presentar a Ud. a las hermosas Sritas. de García Teruel. Ambas visten de blanco, el traje de las diosas y de las estatuas. Es un péplum de mármol puesto sobre sus cuerpos escultóricos. La Srita. Paz García Teruel, con su altivez de reina, pasea la mirada indiferentemente por la sala; se la creería una Juno muellemente reclinada en su carroza de oro, tirada por palomas.

Benvenuto Cellini hubiera sonreído ante la gracia de la Srita. Memé García Teruel. Cuando sus manos se unen donairosamente sobre su cabeza para arreglar los bucles del peinado, semeja una ánfora con asas de alabastro. Cuando anda, parece que los pájaros enamorados han dado alas a sus pies. Podría andar sobre flores sin doblar los tallos. Es una Gracia griega, pasada por el agua parisiense.

El duque de Parisis se ha ido entristeciendo poco a poco. La hora de las ánimas se acerca. La cuerda de su vida se va acabando paulatinamente; y casi ebrio, como el hombre que aspira el primer sorbo de un narcótico y siente venir el sueño irresistible, quiere ver todo, admirar todo, hidrópico de emociones y de vida. Pasemos, pues, ligeramente y en constante mariposeo por los salones. He ahí a la Srita. Elena Fuentes... la Srita. Esther Guzmán... las Sritas. Sevilla... las Sritas. Cervantes... las Sritas. Trinidad Osío y María Luisa Daclós... Saludemos a la Srita. Julia Kern que es una de las damas más inteligentes y discretas de nuestra buena sociedad. ¿Querrá concedernos una pieza de baile la Srita. Cristina Cortina? No, duque de Parisis, no os detengáis ni un solo instante: tendríais que renunciar a vuestro gentil mariposeo. La conversación de la Srita. Cortina es una red de oro con estrechas mallas. Por un privilegio rarísimo, ha ligado dos cualidades que no siempre marchan juntas: la belleza y el talento. ¡Cuán pocas han conseguido esta alianza! ¡Cuán pocas de las que han logrado conseguirla pueden compararse con esa otra hermosura inteligente: la Srita. Lupe Rondero!

Muchas señoras han desertado ya. Las Sritas. Lupe y Trini Nájera, dos violetas de Parma, salieron de la sala al preludiarse los compases de la segunda pieza. Cuando la brisa abre al pasar las anchas hojas que cubren las violetas, éstas, de nuevo, vuelven a esconderse, friolentas y cobardes. La violeta vive oculta en sus hojas, y la perla en su concha, el ángel en sus alas. Octavio, que se había detenido respetuosamente, para dejar el paso a las Sritas. Nájera, volvió otra vez a mi lado. En ese instante pasaba junto a mí la Srita. Romero Rubio.

—¡Así debió ser Ofelia! —dijo Octavio a mi oído.

—¡Así debió ser Mignon! —contesté a Octavio, señalando con la vista a la Srita. Ana Badillo.

Parisis, que ya no escucha ni ve nada, me toma del brazo para que salgamos de la sala. El cupé nos aguarda a la salida del castillo. Sin decir una palabra subimos al carruaje, y los caballos descienden a galope la explanada. Parisis está pálido, mortalmente pálido. Poco a poco, con la mirada fija en las agujas del cronómetro, fue hablando.

—Soy el deseo insaciable, la fuerza loca que lo arrastra todo. En las mujeres he buscado la mujer y en la mujer he buscado el amor, sin encontrarlo. Durante mi existencia, los corazones cayeron cocidos y guisados en mi alforja de cazador. La pasión no acompañó jamás a mis fortunas, tan rápidas como la risa. Enterré mis amores bajo la ceniza del tabaco, entre un suspiro y un epigrama, y arrojé mis antiguas amadas al olvido, como los sultanes de Turquía arrojaban al Bósforo sus odaliscas. Estas víctimas, muertas en el campo del deshonor, me inspiraron compasión parecida a la que experimenta el general por los soldados muertos en la lucha. Como el Sultán Mamoud, tuve trescientas mujeres y no tuve amor. Ahora lo siento; hoy veo que existe; fui como ese viajero de los cuentos árabes, que sólo se despierta por las noches y no conoce más que la claridad de las estrellas. Todas las mujeres que pasaron por mi vida fueron como estrellas perdidas, a millones de leguas de mi alma. En el despilfarro de la vida, todo puede echarse por la ventana, menos el corazón. Pero ¡ay! es muy tarde para darlo. Mirad la faja negra de los árboles, la mancha blanca del castillo, la luz rojiza que sale por sus vidrios. Es la última vez que yo la veo. Suenan las ánimas en el viejo campanario: al escucharse la última campanada estaré muerto. *¡Alas, poor Yorick!*[2]

---

[2] Exclamación del príncipe Hamlet en la tragedia shakespeariana del mismo nombre.

LOS TRES MONÓLOGOS DEL MARIDO[1]

Es una historia de cuya autenticidad no salgo ni saldré garante; pero que o mucho me engaño, o es la historia de un caballero muy conocido en nuestra sociedad. El héroe verdadero de esta crónica no ha recurrido todavía al suicidio: vive sano y bueno, duerme con la tranquilidad de un asesino, e ignora por completo el drama que se está representando a sus espaldas y del que es protagonista sin saberlo. Más todavía; yo creo que nuestro héroe no recurrirá en ningún caso y por ningún motivo al expediente desastrado de poner fin a sus días: es un

---

[1] Apareció en *El Cronista de México* del 13 de noviembre de 1880, como uno de los artículos de la serie *Memorias de un vago*. Va firmado "M. Can-Can". En mi estudio sobre "Gutiérrez Nájera: seudónimos y bibliografía", *Revista Hispánica Moderna,* Año XIX, 1953, anoté que me había sido imposible determinar durante cuánto tiempo el autor de *Memorias de un vago* continuó usando el seudónimo "Pomponet", ya que la colección que de *El Cronista de México* tiene la Biblioteca Nacional carece de los números que van de 28 de agosto, 1880, a 8 de octubre, 1881. Últimamente el doctor Boyd G. Carter, profesor de literatura hispanoamericana en la Universidad de Nebraska, me refirió que su biblioteca universitaria poseía en su colección de *El Cronista* varios de los números que no pude hallar en la colección de la Biblioteca Nacional y tuvo la amabilidad de enviarme copias de las crónicas de Gutiérrez Nájera que aparecieron en ellos. Entre las crónicas se encontraba "Los tres monólogos del marido".

El artículo de *El Cronista* lleva como párrafo preliminar lo siguiente:

En un coche alquilón, que debía haber ocupado poco antes algún gran violador del domicilio, como Carlos Monselet,* he hallado un diminuto cuaderno de papel color de lila, en cuya página primera se lee el siguiente título:...

Al final encontramos en *El Cronista* el párrafo que sigue:

FIN

Aquí acaba la historia. No puede negarse que es desconsoladora: por eso mismo sospecho con justicia que es muy cierta. Todo lo triste es perfectamente real. ¡Cuántas intrigas como ésta se anudarán en los próximos bailes del invierno, en el que se prepara con objeto de obsequiar al señor General Díaz, como en el que se dará próximamente al General González, en el gran baile dispuesto por el municipio para recibir al embajador francés y en las tertulias familiares de diciembre! Prometo estar alerta y referir estas galantes aventuras. Sólo temo que la crónica humorística se vuelva una crónica escandalosa. Dios libre a

M. Can-Can.

* Charles Monselet (1825-1888), autor de comedias y relaciones de gran mundo.

hombre incapaz de matar una mosca. En mi concepto, este señor tiene gran parecido con aquel que hacía todas las noches la oración siguiente: ¡Señor, que mi mujer no me engañe, y si me engaña, que yo no lo sepa; y si lo sé, que me resigne! Por lo demás, salvo exclusivamente el desenlace, la historia me parece verdadera. He aquí los tres monólogos.

Monólogo Primero

Antes

Acaba de manifestarme Julia por segunda vez que le fastidio. ¡Fastidiar a mi mujer! He aquí una cosa verdaderamente incomprensible! Será preciso que hable con mi amigo Miramón, un hombre de gran prudencia y de consejo. Pero ¿por qué no habrá venido Miramón en toda esta semana? ¡Él, que tanto se divierte en nuestras tertulias dominicales y que nos acompaña a comer todos los martes!

¡Sentiría muchísimo que Miramón estuviera enfermo!

Mañana mismo iré a su casa. El enojo de mi mujer me va ya dando mala espina y es fuerza que le consulte mi conducta. Él es un hombre de mundo, un calavera, y tiene mucha experiencia. Puede ser que, discurriendo de común acuerdo, lleguemos a atinar con la verdadera causa del mal humor de mi costilla.

Me parece imposible, verdaderamente imposible este enojo. ¡Fastidiar a mi mujer precisamente cuando mi conducta, de tres meses acá, es la de un enamorado! Compré un ajuar enteramente nuevo para la sala. Dos veces en la semana la he llevado al teatro. Le he comprado la *Historia de la Inquisición* en cuatro tomos, con sus cantos dorados. ¡Tenga Ud. luego todas estas delicadezas con su esposa!

Ya Miramón me lo había dicho hace dos años: "¿Conque te casas? ¡Buen provecho! Puede ser que hagas bien; pero puede ser que hagas mal". Tenía razón. Yo debí haberle hecho caso.

No quiere esto decir que me arrepiento de haberme unido a Julia. No, no quiero decir semejante cosa. Julia vale más, mucho más que las demás mujeres. Recibió una excelente educación; sabe lo que es llevar el peso de una casa, tiene un buen fondo; pero... ¡Julia no tiene todo lo que se necesita para hacer feliz a un marido!

No digo nada de su rostro, que es digno de un pincel como

el de Horacio Vernet.[2] Bajo este aspecto, Julia es infinitamente mejor que yo; lo confieso. Pero la hermosura acaba, y un hombre se conserva mucho más tiempo que una mujer: convenido.

Mi disgusto procede de causas menos fútiles. Me parece que Julia no tiene sensibilidad. Yo perdono todo; pero falta de sensibilidad... ¡eso sí no lo perdono! No, imposible, no puedo yo pasar por semejante cosa. Nada menos la otra noche se lo decía a mi amigo Miramón.

No quiero tampoco que los demás participen necesariamente de mis inclinaciones poéticas. No es fuerza singularizarse en estas cosas. Pero hay un justo medio en todo. Me vienen a la memoria muchísimas pequeñas circunstancias, en las que Julia me ha hecho dudar de su entendimiento. Ayer, por ejemplo, ¿qué sintió oyendo cantar la *Mignon* de Ambroise Thomas?[3] Nada, absolutamente nada. Los grandes espectáculos de la naturaleza tampoco la impresionan. Una noche, en que íbamos juntos y del brazo, la hice considerar el infinito número de estrellas que había en el firmamento. —¿No te asombra —la dije, apretándole su brazo— que cada una sea un mundo como el nuestro? ¿Qué mano, di, arrojó esos globos luminosos al espacio?

Julia me contestó que tenía frío y que estábamos muy lejos de la casa. ¡Qué desengaño! Pero ¿qué voy a hacer? El cielo me dio un espíritu sensible y eso no tiene remedio. Si Julia no comprende mi ternura, voy a ser muy desgraciado.

¡Vamos a casa de Miramón!

Monólogo Segundo

En

¡Estaba loco! Julia no me ha querido nunca tanto como ahora. Yo no fastidio a Julia: al contrario...!

Pero, señor, ¡qué día tan agradable hemos pasado en la casa de Miramón! Toda la vida me acordaré de esta preciosa casa de recreo. ¡Y habérseme ocurrido ir con paraguas! ¡Si no es por mi mujer que lo impidió...!

Tuvimos un día espléndido, desde las diez de la mañana hasta las doce de la noche. La cosecha de este año va a sufrir

---

[2] Antoine Charles Horace Vernet (1758-1835), pintor francés, célebre por sus retratos de damas de la corte.

[3] Ambroise Charles Louis Thomas (1811-1896), compositor francés.

las consecuencias. Precisamente el vecino de Miramón, a quien me presentaron, piensa como yo. Pocas veces he tratado a un hombre más espiritual, más amable, más caballero que el vecino. Tuvo la cortesía de enseñarme detalle por detalle, explicándome todas las innovaciones que ha hecho en la agricultura. La agricultura no es mi fuerte, ciertísimo; pero no por esto dejo de comprender que, si el gobierno aceptara sus ideas, ¡otro gallo nos cantara!

Durante nuestra plática, Julia, siempre tan cariñosa, me estuvo preparando una sorpresa. Julia sabe que deliro por las fresas. Pues bien, Julia tuvo la paciencia de andar sola con Miramón, toda una legua, para buscarme fresas. ¡Pobrecita! ¡Con razón la encontré tan colorada!

El almuerzo fue espléndido. Yo no negaría que se me subió un tantito a la cabeza aquel pícaro vino. Pero una golondrina no hace verano. ¡Me veía yo tan feliz entre mi amigo y mi mujer! Después de la comida, bajamos al jardín. ¡Qué fresco estaba!

Miramón iba del brazo de su vecino. Julia y yo caminábamos atrás, a una distancia de treinta pasos. De repente, Julia me apretó la mano casi llorando, y me dijo:

—¡Perdóname!

¡Ángel mío! ¿Yo perdonarla? Pero ¿de qué? La abracé cariñosamente y se calmó! Sin embargo, Julia estaba nerviosa, y hasta que llegamos a nuestra casa me fue imposible arrancarle una palabra.

¡Qué delicioso día!

Monólogo Tercero

Después

¡Engañado...! ¿Quién lo hubiera creído? Miramón decía el Evangelio cuando me decía: "Las mujeres ¡ah! ¡Son buenas o son malas!" ¡Julia! ¡Julia!

No pude conocer al vil amante. Tanto mejor. ¡Lo hubiera yo matado! Dios quiso salvarlo. Así, a lo menos, no me veré perseguido por el remordimiento. ¡Ah! ¡Julia! ¡Julia!

Yo no estaba preparado para semejante desgracia. La vecina, al verme bajar ahora la escalera, me dijo que haría bien en sangrarme. Es cierto; pero ya no quiero nada, no necesito nada. ¡Ah! ¡Julia! ¡Julia!

¿He merecido acaso esta desgracia? ¡Qué desventurado soy!

De niño apenas me atrevía a levantar los ojos delante de una mujer. Cuando una señora entraba a la sala de mi casa, yo iba a esconderme detrás de algún armario. Era un presentimiento: adivinaba yo cuánto había de sufrir por ese sexo. ¡Ah, Julia, Julia!

Yo no he tenido amoríos nunca. Quise conservarme puro para la mujer escogida por mi madre para que fuese mi esposa. Tuvo mala mano... ¡Pobre madre mía! ¿Qué voy a hacer ahora? ¡Yo no he nacido para grandes cosas! Tengo muy chico el corazón. ¡No sentía antes más que amor a Julia! Quise hacerle grata la vida. ¡Ah, Julia, Julia!

¡Ya hice mi testamento! Recomiendo a Miramón que no la pierda nunca de vista y que la cuide. Es un último favor que no podrá negarme! ¡Pobre Miramón...! ¡Ése sí que me ha querido! ¡Ése sí me sentirá! ¡Ah, Julia, Julia! *(Se levanta la tapa de los sesos.)*

HISTORIA DE UNA CORISTA[1]

Carta atrasada

PARA EDIFICACIÓN de los *gomosos* entusiastas que reciben con laureles y con palmas a las coristas importadas por Mauricio Grau,[2] copio una carta que pertenece a mi archivo secreto y que —si la memoria no me es infiel— recibí, pronto hará un año, en el día mismo en que la *troupe* francesa desertó de nuestro teatro.

La carta dice así:

> *Mon petit Cochon bleu:*
> Con el pie en el estribo[3] del vagón y lo mejor de mi belleza en la maleta, escribo algunas líneas a la luz amarillenta de una vela, hecha a propósito por algún desastrado comerciante para desacreditar la fábrica de la Estrella. Mi compañera ronca en su catre de villano hierro, y yo, sentada en un cajón, a donde va a sumergirse muy en breve el último resto de mi guardarropa, me entretengo en trazar garabatos y renglones como Uds. los periodistas, hombres que, a falta de Champagne y de Borgoña, beben a grandes sorbos ese líquido espeso y tenebroso que se llama tinta. Acaba de terminar el espectáculo, y tengo una gran parte de la noche a mi disposición. Yo, acostumbrada a derrochar el capital ajeno, despilfarro las noches y los días, que tampoco me pertenecen: son del tiempo.
> Si hubiera tenido la fortuna de M. Perret, mi compañero; si la suerte, esa loca, más loca que nosotras, me hubiera remitido en forma de billete de la lotería, dos mil pesos, ¡diez mil francos! no hubiera tomado la pluma para escribir mis confesiones. Los hombres escriben cuando no tienen dinero; y las mujeres cuando quieren pedir algo.

[1] Esta "historia" se publicó por lo menos dos veces en la prensa mexicana: en *El Cronista de México*, el 26 de febrero de 1881, en la serie *Memorias de un vago*, firmada "M. Can-Can", y en *La Libertad*, el 2 de enero de 1882, *Historia de una corista* y "El Duque Job". Al incluirla en sus *Cuentos frágiles*, 1883, el autor cambió la conclusión. Empezando con "Aquí tampoco hay príncipes rusos", sustituyó la conclusión primitiva de unos doce renglones, que había aparecido en las dos versiones periodísticas, por otra de cinco. Los editores de *Obras*, 1898, y *Cuentos color de humo*, 1917, 1942 y 1948 copian al pie de la letra la versión de *Cuentos frágiles*, que es la que publicamos aquí.

[2] Director, en aquella época, de un teatro de la capital.

[3] Recuérdese el uso de estas palabras por Cervantes en la dedicatoria de *Persiles y Sigismunda* al Conde de Lemos.

A falta, pues, de otro entretenimiento, hablemos de mi vida. Voy a satisfacer la curiosidad de Ud., por no mirarle más tiempo de puntillas, asomándose a la ventana de mi vida íntima. La mujer que, como yo, tiene el cinismo de presentarse en el tablado con el traje económico del Paraíso, puede perfectamente escribir sin escrúpulos su biografía.

No sé en dónde nací. Presumo que mis padres, un tanto cuanto flacos de memoria, no se acordaron más de mí unas cuantas semanas después de mi nacimiento. Todos mis recuerdos empiezan en el ahumado cubil que vio correr mis primeros años, en compañía de una vieja, cascada y sesentona, que desempeñaba oficios de acomodadora en un pequeño teatro parisiense. ¿Por qué me había recogido aquella buena mujer? Jamás pude saberlo, aunque sospecho que en esta buena acción había tenido poquísimo que ver la caridad. Yo cuidaba de la cocina y hacía invariablemente cuantos remiendos eran necesarios en el deshilachado guardarropa de mi protectora. Algunos pellizcos y otros tantos palmetazos eran la recompensa de mis afanes diarios. Comíamos mal y se dormía peor, porque si el espectáculo terminaba después de media noche, y yo esperaba puntualmente la vuelta de la acomodadora, tenía en cambio que ponerme de pie en cuanto el alba rayaba, para aderezar, como Dios me daba a entender, el pobre almuerzo y arreglar los vetustos menesteres de la casa.

Muy pocas veces iba al espectáculo. Mi protectora temía, fundadamente, que el trato con la gente de teatro malease mis costumbres. Pero, conforme iba creciendo, crecían también mis ambiciones. El tugurio en que vivíamos sofocaba mis instintos de independencia y de alegría. Un joven iluminador que vivía pared por medio de mi buhardilla, me había hecho conocer que era bonita. Cumplí diez años, doce, quince, y una mañana alegre de septiembre, lié con precaución una maleta, puse en ella los chillantes guiñapos con que solía vestirme en día de fiesta, y sin esperar la vuelta de Madame Ulises, falta de otra cosa que tomar, tomé la puerta.

Puntos suspensivos.

Si tiene Ud. el hilo de Ariadna,[4] sígame como pueda en el gran laberinto parisiense. Si no lo tiene, ni es sobrado hábil para marear costeando los escollos, confórmese con seguirme desde lejos, cuando aparezca de nuevo a flor de tierra. Víctor Hugo ha dicho:

> En los zarzales de la vida, deja
> Alguna cosa cada cual: la oveja
> Su blanca lana, el hombre su virtud.[5]

---

[4] En la mitología griega, Ariadna dio a Teseo un hilo, con ayuda del cual éste se escapó del laberinto de Creta.

[5] Puesto que está representando a su protagonista como francesa, el autor

En donde dice hombre ponga Ud. mujer: es una simple corrección de erratas.

Heme de nuevo aquí, ya menos pobre, después de mis excursiones subterráneas. Las puertas de un teatro se abren a mi belleza en formación, y el cielo de las bambalinas cubre con sus harapos mi descoco. El empresario era un hombre gotoso, enfermo y sucio, que pagaba perfectamente mal a todas las infelices figurantas. Con lo que yo ganaba en aquel teatro podía comprar tres pares de botines y algunas cuantas cajas de cerillos. Pero ésta era una cuestión completamente secundaria. Yo no aspiré jamás a vivir, como artista, del teatro. Apenas sabía leer; mis grandes conocimientos musicales hubieran atraído sobre mi cabeza un aguacero de patatas cocidas. O el arte no se había hecho para mí, o yo no había nacido para el arte. Lo único que buscaba en el teatro era a manera de la exposición permanente y bien situada de un aparador aristocrático. Cuando la mujer se resuelve a hacer de su belleza un negocio por acciones, el mercado mejor es un teatro.

Los que nada conocen ni saben de los bastidores, se figuran que la puerta de ese jardín de las Hespérides[6] está muy bien guardada por dragones y endriagos fabulosos. En ese paraíso... de Mahoma, por supuesto, al revés de todo otro paraíso, es libre la entrada para los pecadores.

Yo, sin embargo, perdida como un átomo en la masa color de rosa de los coros, vivía penosamente, codeada por la miseria y víctima de las privaciones.

Mi belleza magnífica y extraordinaria para el pobre iluminador, mi ex vecino, pasaba inadvertida en aquel teatro, como la pieza de raso, azul o blanco, pasa también inadvertida en la gran tienda llena de encajes, seda y telas de oro. La competencia era temible. Como la esposa de Marlborough desde lo alto de su torre, yo esperaba, no el regreso, sino la aparición de alguno a quien no conocía aún.

Pero ¡ay! ningún príncipe ruso, ningún lord inglés se puso a la vista en esa larga temporada. Yo supongo que los príncipes rusos son unos entes imaginarios que sólo han existido en el cerebro hueco de los novelistas. El dinero se iba alejando de mí, como las golondrinas cuando llega el invierno y los amigos cuando llega la pobreza.

Mi antigua protectora se acordó de mí. Me hizo proposiciones ventajosas, y seducida por sus grandes promesas, vine a América,

---

atribuye estas palabras a Víctor Hugo. En realidad son de *La oración por todos*, de Andrés Bello, adaptación del poema de Hugo *La prière pour tous*.

[6] El mitológico jardín de las Hespérides, donde se conservaban las manzanas de oro que Gea dio a Hera, estaba vigilado por un dragón de cien cabezas.

el país del oro. Los yankees, que conocen admirablemente todas las mercancías, con excepción de la mujer, me tomaron por una verdadera parisiense. En Nueva York se cena.

Hay rostros colorados y sanguíneos que valen diez millones y espantosas levitas abrochadas que encierran una fortuna en la cartera. Yo no hablo inglés, pero ellos hablan oro. Para contestarles, bastábame una palabra sola del vocabulario: *Yes*.

Los americanos son los únicos hombres que hablan en plata.

La Habana es un país privilegiado. Hace mucho calor. Los negros sirven para hacer resaltar la blancura hiperbórea de las europeas.

Hay hombres que, a fuerza de vivir entre panes de azúcar, se acostumbran a desmigajar su fortuna como un terrón puesto dentro del agua. Pero la Habana es el país del azúcar y Nueva York es el país del oro. No me habléis de las razas ni de las figuras: no hay hombres más gallardos que los yankees.

Mis impresiones de viaje tocan a su término. Ya estamos en México. Me habían dicho que ésta era la tierra de la primavera. Yo, sin embargo, no la he visto más que en el exuberante corsé de la Leroux y en los ramos que manda comprar todas las noches el director de orquesta. Me esperaba ver correr arenas de oro por las calles, como corrían entre las ondas del Pactolo;[7] por desgracia, no he hallado más que periodistas complacientes, amigos que suelen cenar de cuando en cuando, y elegantes *gomosos* que nos tratan como si fuéramos damas del *Faubourg Saint-Germain*. Es una simple equivocación: *Notre-Dame de Lorette*[8] queda más lejos.

Cada noche me miro cortejada entre los bastidores por una turba de elegantes y de pollos que me hablan con la cabeza descubierta, tirando escrupulosamente el cigarro para no molestarme con el humo. Y todos se disputan mis sonrisas; me dirigen mil flores que trascienden al hotel Rambouillet[9] y —¡oh colmo de los colmos!— hasta me escriben cartas. Los más audaces de ellos suelen invitarme a tomar una grosella o un champagne... vermouth. Me encuentran en las calles, y apartándose corteses para cederme la acera, se quitan el sombrero. Algunos calaveras me han besado la mano.

Aquí tampoco hay príncipes rusos. Pero, en cambio, llevo una completa colección de autógrafos, a cual más precioso. Ésta es la primera ciudad en que me tratan como se trata a una señora. Ya verá Ud. si tengo razón para estar agradecida.

---

[7] En la antigüedad se creía que el río Pactolo, en el Asia Menor, fluía por entre arenas de oro.

[8] El barrio de Notre-Dame de Lorette, en París, es menos aristocrático que el de Saint-Germain.

[9] Lugar de reunión en París, en el siglo XVII, de un grupo de aristócratas que se interesaban por asuntos literarios.

LA FAMILIA ESTRADA[1]

En los últimos peldaños de una alta y angosta escalera, comienzo de un largo corredor donde se veían numeradas como los nichos de un cementerio, las puertas de pobres y distintas habitaciones, hallábase sentada y sola un niña, al parecer de ocho a diez años, con el codo en la rodilla y en la abierta palma su pálida y hermosa frente.

Sus pies descalzos y su traje en extremo usado, denotaban su pobreza, como la angustia de su alma las abundantes lágrimas que de sus ojos caían.

Daba luz al corredor una enrejada claraboya, por la que pasaban en aquel momento los postreros rayos del sol poniente, que cayendo sobre la apenada criatura, prestaban a sus rubios cabellos visos dorados, esclareciendo su pálido y angelical semblante con una especie de aureola tan fantástica como bella.

Absorta la niña en su amargura, no se apercibió de que abriéndose una de las puertas salía por ella un hombre que al llegar a su lado, se detuvo contemplándola en silencio.

Era el que así la miraba un anciano de sesenta a setenta y cinco años, enjuto de carnes, de elevada talla y severas facciones; aunque había en su semblante tal expresión de tristeza y mansedumbre, que abría las puertas a la confianza a pesar del extraordinario respeto que imponía. Su traje, aun cuando en extremo limpio, denotaba una modestísima posición: levita y pantalón negro, bastante raídos; chaleco del mismo color, abrochado hasta el cuello, y un sombrero de anchas alas, en extremo

---

[1] Se publicó el 2 de abril de 1881 en *El Cronista de México*, titulado *Memorias de un vago* y firmado "M. Can-Can". Usamos el título que parece pedir el asunto.
No ha sido recogido.
En *El Cronista* aparece el siguiente párrafo preliminar:
    El tiempo no es a propósito para ironías y sátiras. La proximidad de la Semana Santa da cierta solemnidad a los sucesos. Los teatros están cerrados como la mano del avaro. Ahora más que nunca si la palabra es plata, el silencio es oro. Los sacerdotes se esfuerzan para lograr sus últimas victorias en el púlpito. Yo tengo tentaciones de revestir mi cuerpo con los holgados pliegues de un manteo, dejar a un lado los cascabeles arlequinescos del cronista y predicar también a mi manera. ¿Por qué no hemos de tener nuestro pequeño cuaresmal? Manos, pues, a la obra. El predicador sube al púlpito y empieza.

usado, que por tenerlo en aquellos momentos en la mano, dejaba descubierta su respetable y blanquísima frente.

—¡Pálida, rubia y casi de su edad! ¡oh! ¡cómo me la recuerda! —murmuró el desconocido observando a la niña, a quien dijo al fin:

—¿Por qué lloras, hija? ¿Se te ha roto algún juguete, o no te lo quieren dar?

—¡Juguetes! —respondió la niña levantando su frente—, jamás los he tenido; y hasta un pajarito que entró un día por la ventana, y que yo quería mucho, me lo mató Jaime en un momento de enfado.

—Entonces ¿por qué lloras?

—Porque a la noche vendrán de la fábrica mis padres y Jaime, y la cena no estará lista.

—¿Te has entretenido en jugar?

—No, señor, pero he perdido el dinero.

—¡Perdido! ¿y cómo?

La niña redobló su llanto, volvió hacia afuera el bolsillo de su delantal donde había una pequeña rotura y dijo entre sollozos:

—¡Cuatro reales!

—¡Válgame Dios! pero no llores, hija; los padres son siempre indulgentes con las faltas de sus hijos, y cuando sepan la verdad, disculparán tu imprevisión.

—Mis padres no me creerán por más que diga.

—Según eso, has mentido alguna vez.

—Nunca, pero a la menor falta se enojan, castigándome sin escuchar mis excusas. ¡Oh! ¡Dios mío, Dios mío! ¿Qué va a ser de mí? Porque he perdido el dinero, además de ser una criatura que no sirvo para el trabajo, que estoy siempre enferma, siendo tan sólo una boca más para mi pobre familia. Harto conozco que les sobra razón para no quererme.

—No llores, hija, y dime cómo te llamas.

—¡Margarita Estrada, tengo once años y vivo aquí! —y señaló la habitación más próxima.

—¡Margarita, también como ella!... Vamos, tranquilízate, toma esta moneda que vale tanto como la que has perdido, y compra la cena de tus padres y ese Jaime que mató al pájaro y que debe ser malo.

—No, señor, mi hermano es bueno, aunque se enfada a veces y me golpea; pero padre dice que más merezco, que soy una holgazana, que para nada sirvo.

—¿Y por qué no trabajas?
—Yo bien quisiera, pero no sé.
—¿Y juegas todo el día?
—Todo no; pero como quedo sola en casa, tengo miedo, y me voy muchas veces a la calle donde me entretengo con otras niñas.
—Mira, Margarita, —repuso el desconocido poniéndose el sombrero—, cuando hayas hecho las haciendas de tu casa, no te vayas a la calle, bájate a mi habitación; es en la primera puerta del otro piso: allí estarás con mi hermana, que aun cuando anciana, como yo, quiere mucho a los niños. ¿Irás, hija?
—¡Pues no! Sois tan bueno y caritativo... —y la niña al decir esto besó arrodillada la mano que la entregaba la moneda.
—Alza, hija, alza; no debe uno arrodillarse sino ante Dios —dijo el anciano con alguna severidad, y levantándola con ambas manos, prosiguió su camino.
Margarita bajó al mismo tiempo la escalera colmando de bendiciones al buen anciano, y arrojando al aire la moneda que había disipado todas sus amarguras.
Siempre fue así la infancia: como el cielo de primavera a una pequeña nube se encapota, y a un soplo de la brisa recobra su hermosa y diáfana serenidad.

Los padres de Margarita se habían conocido en una fábrica donde ambos trabajaban. Él acababa de perder a su madre a quien mantuvo y cuidó desde niño; pensó entonces en contraer matrimonio y eligió entre las mujeres de la fábrica a aquella en quien descollaban más las dos cualidades en él predominantes, y que eran, por decirlo así, la base de su carácter rudo y tosco: el amor a la honra y el cariño al trabajo. Juana Flores, que contaba seis años más que Estrada, y que aunque hermosa había perdido ya la esperanza de casarse, aceptó con gusto el rudo pero franco amor que el obrero le ofrecía, llegando hasta a apasionarse locamente de él.
Un año vivieron bien, poniendo el colmo a su felicidad el nacimiento de un hijo, que llevó, como su padre, el nombre de Jaime.
Cualquiera que sea la posición social de un hombre, no puede menos de recibir con trasportes de alegría al primer hijo que le nace; lo que no siempre sucede con los que le siguen, mayormente si éstos son muchos y los bienes no muy sobrados. Y no se crea esto achaque de nuestra época, pues antes que el cris-

tianismo hubiera creado los cimientos de la verdadera civilización, en algunos pueblos el recién nacido era colocado en el suelo a los pies de su padre, de donde a un gesto de éste se le levantaba para ser vestido y aviado como le correspondía, o abandonado al pie de un monumento o en las zanjas de un camino. Estrada, que a los seis años de matrimonio se encontraba ya con cuatro hijos que aumentaban su pobreza, imposibilitando a su madre para trabajar en la fábrica, si no rechazó como los padres de aquellos tiempos al cuarto ángel que Dios le enviaba, recibióle por lo menos tan mal, que pareció querer cerrarle por completo las puertas de su ternura.

El carácter del obrero se había hecho áspero o irascible con los injustos y continuos celos de su esposa. Ésta, que con un recto juicio y algún tanto de prudencia hubiera podido ser, pues Jaime era bueno y la amó en un principio, la piedra donde se puliesen, ya que no se abrillantasen, las ásperas facetas de aquella naturaleza tosca y ruda, hízola por el contrario más brusca y concentrada, conociendo demasiado tarde el daño que ella misma se causaba. Entonces, viendo amenguar de día en día un cariño, única compensación de su existencia de trabajos y dolores, cambió de método creyendo así recobrar lo perdido, sin comprender que el amor, cuando ha entrado en su período descendente, baja con mayor rapidez que el viajero que se desliza por los helados senderos de una montaña.

Triste consecuencia de la ignorancia de la esposa, que sin comprender los sagrados deberes que el matrimonio impone, y creyendo cumplirlos únicamente con guardar la fidelidad jurada y conservar en toda su pureza la honra del esposo, no mira más allá y no adivina toda la trascendencia, toda la importancia de los elevados fines que como esposa y como madre tiene que cumplir en la familia y en la sociedad!

¡Y cuántas mujeres han sido desgraciadas por esta misma causa! ¡Y cuántos esposos se han degradado entregándose a la corrupción y al vicio, por esa misma fatal ignorancia de las que debieran ser, no sólo las celosas guardadoras de su honra, sino también las consoladoras de su espíritu agitado por las tormentas de la vida, las que con sus caricias y sus sonrisas debían calmar todas sus penas, las que debían ser, en fin, los ángeles de la familia, los ángeles del hogar!

He aquí por qué es necesaria la instrucción de la mujer; he aquí por qué es necesario llevar la luz de la enseñanza hasta las últimas clases de la sociedad; para que la mujer comprenda toda la santidad y trascendencia de sus deberes; para formar buenas madres y buenas esposas, que a su vez formarán buenos ciudadanos.

Pero volvamos a los personajes de nuestra historia. El cambio de conducta de la esposa de Estrada no tuvo para ella resultado alguno; pues el obrero, sin notarlo casi, siguió del mismo modo, aun cuando Juana, por complacerle, se adhería a todos sus caprichos, halagando unas veces y castigando otras, sin justicia ni oportunidad, a los hijos que adoraba.

Veamos ahora la situación de éstos.

Era el primero, hermoso como sus hermanos, de algún talento, pero desidioso y camorrista. Una parienta del padre, comprendiendo los apuros de éste, pagaba la escuela del primogénito y de Inés, la niña que le seguía, muchacha viva, despejada, de temperamento ardiente y de belleza poco común. Dotada esta criatura impresionable y enérgica del más vivo sentimiento de lo justo, que la hacía a la menor arbitrariedad sublevarse contra padres y maestros, y de una naturaleza razonadora y noble, hubiera sido fácil conducirla por la dulzura y la convicción hasta los mayores sacrificios; y sin embargo, la pobre Inés era tratada con excesiva dureza, con severo rigor. Sólo por ese medio creía posible el padre dominar aquel fiero carácter, que como el acero bien templado despedía chispas al menor golpe, y como el cristal hubiera saltado en trozos antes que doblegarse.

A estos dos seguía un niño, que a causa de su delicada complexión había sido amamantado largo tiempo por su madre, por lo que se había encariñado con ella en términos tales, que un halago suyo a los otros hijos le causaba tormentos crueles.

La infancia, cuya felicidad envidiamos, es con harta frecuencia en extremo desgraciada. El niño siente la pérdida de un juguete, con la misma desesperación que un hombre la de su fortuna. El niño consagra por lo común a la madre o la mujer que lo ha criado, tan ciega idolatría, como el joven a la elegida de su corazón.

Pasados los años, volvemos atrás la mirada y contemplamos a la niñez como la edad más feliz de nuestra vida; comparamos los dolores que sufrimos con las infantiles y pueriles penas que en aquella edad nos hacían derramar amargo llanto: la comparación arranca a nuestros labios una sonrisa, y entonces exclamamos: ¡Cuán felices éramos en los días tranquilos de la infancia! ¡nuestras penas, cuán pueriles y pasajeras! ¡cuán tranquilos y sencillos nuestros goces!

Empero, lo que no consideramos es que aquellas lágrimas que en la infancia vertíamos por ligeras contrariedades, por penas pasajeras, eran tan amargas y tan tristes como las que ahora derramamos por la pérdida de nuestras ilusiones, por los desengaños crueles que han agotado nuestra vida; y que el dolor que en la niñez sufríamos por la pérdida de un juguete, torturaba nuestro espíritu de la misma manera que ahora se tortura por la ruina de nuestra fortuna, por la muerte de la mujer amada.

Vemos todo nuestro pasado a través del cristal de lo presente, y no comprendemos cómo en la niñez sufríamos por tan ligeras causas; nos reímos de aquellos pesares infantiles, y quisiéramos volver, si posible fuera, a aquella edad que con tan risueños colores nos pintamos.

¡Quizá mañana nos riamos y nos burlemos de los dolores que hoy sufrimos! ¡Quizá mañana anhelemos volver a la misma edad que hoy nos parece la más dolorosa y triste de la existencia humana, y que entonces se presentará a nuestra vista con toda la magia del recuerdo, con todo el seductor atractivo de lo pasado!

Sólo que en la infancia son las penas como esas nubes que en el verano atraviesan por la atmósfera, encubriendo el azul del cielo, pero que ligeras huyen dejando el firmamento límpido y sereno como el terso cristal de un trasparente lago.

¡Pobres niños! Delicadas sensitivas, la más ligera impresión de dolor les hiere y martiriza; pero eso lloran con tanta amargura; por eso es su llanto tan triste y melancólico.

¡Pobres niños! En su corazón llevan el germen de todas las pasiones, y el germen también de todas las virtudes; su educación es el problema más arduo y de más elevada trascendencia que puede presentarse al estudio del hombre: ¡cuántos cuidados exige! ¡cuánto talento para vigilar el desarrollo de su naciente inteligencia, enderezándola a la virtud y al bien! ¡Qué ternura tan exquisita, cuánta discreción y prudencia para guiar sus primeros pasos en el camino de la vida, para grabar en sus inocentes corazones las severas máximas de la moral, para reprenderles sin que esta represión les hiera y lastime, sin que esta represión vaya depositando en su espíritu gotas de amarga hiel, que después el desarrollo de las pasiones convertirá en impetuosos torrentes de rencor y odio!

¡Pobres niños! Si los padres pensaran en toda la trascendencia de la primera educación, pondrían en ella un cuidado más escrupuloso, sería su constante ocupación el estudiar los diversos caracteres de sus hijos, para educarles así de la manera más adecuada a su índole y naturaleza.

Los celos y la envidia son las crueles serpientes que rodean a la infancia. ¡Guay del niño a quien cercan personas estúpidas que convierten en diversión sus pueriles arrebatos, excitando por juego aquellas malas pasiones que armaron el brazo del primer fratricida! Algunas veces el carácter de una criatura no se desvirtúa por esto, adquiriendo sólo ciertos tintes sombríos; otras hasta su naturaleza física se resiente de ello y se desarrollan penosas consecuencias.

Esto fue lo que sucedió con el tercer hijo del obrero.

Al nacimiento de Margarita, el niño, que aún no contaba tres años y que se vio desalojado de los brazos de su madre, se entristeció de tal manera, que pasaba los días entregado a una continua melancolía: cuando veía a su madre hacer cariñosos halagos al recién nacido, prorrumpía en lastimeros gritos que excitaban la cólera del padre, el cual solía decir: "Pégale o le pego yo para que se enseñe a no ser envidioso". Y la madre, por miedo de enojar al marido, o de que éste castigase con demasiada dureza a la tierna criatura, dábale un pequeño golpe a la menor indicación.

A veces Jaime, que era el ojo derecho del padre, decía acariciando a Margarita:

—¿Ves? madre y padre y yo y todos, no queremos sino a ella.

El niño entonces redoblaba su llanto, lo que divertía al primogénito e irritaba a Inés, originando una reyerta que acababa generalmente con el castigo de la niña, lo cual, agriando su carácter, envalentonaba al hermano acreciendo sus malos instintos.

Estrada, ya lo hemos dicho, prefería este hijo a todos los demás, quizás porque era el mayor y contaba con que fuese con el tiempo el sostén de la familia, como él lo había sido de la suya; o quizás porque el corazón se inclina con harta frecuencia a éste y al otro, sin poder uno mismo definir las razones de ello.

Esta especie de simpática atracción está en la naturaleza humana, y nadie puede reprimirla: lo que sí está en la mano del padre es esconderla en el fondo de su alma, para que no hiera la susceptibilidad de los otros hijos y sea, despertando la envidia y el resentimiento, un perenne manantial de rencillas y disgustos.

A veces, si la madre llevada de la ternura que encerraba en su corazón y que ansiaba desbordarse, cogía al niño y le decía besándole: —"No llores, hijo del alma, que yo te quiero a ti lo mismo que a ellos"—, exclamaba Estrada: —"No lo malcríes, no des alas a su natural envidioso" —y la madre ponía en el suelo al niño que se iba sollozando al más apartado rincón.

Esto se repetía tanto que no pudo dejar de producir su efecto, y la tierna criatura, sin una palabra de consuelo, sin una demostración de cariño, enflaquecía al par que su rostro demacrado y cubierto por una palidez lívida, y sus grandes ojos negros, más brillantes que nunca, denotaban que el pobre niño estaba próximo a la muerte.

Y en efecto, pocos días después, devorado por una fiebre lenta, pasó de la tierra al cielo, sin que ni el hermano ni el padre se apercibieran de la causa de su muerte.

¿Quién va a fijarse en las pasiones de los niños?

¡Son tan inocentes! ¡Son tan felices! ¿Quién cree que un niño puede vivir, con el corazón desgarrado por el dolor, con las lágrimas en los ojos y la muerte en el alma?

Y sin embargo, el hijo de Estrada había muerto de dolor; había muerto porque su vida era un martirio, un incesante sufrimiento. Aquel niño, todo sentimiento, todo amor, que para vivir necesitaba ser amado, sólo había encontrado en sus padres y en su hermano, dureza, rigor, crueldad. Inés fue el único ser que comprendió a su pobre hermano; sin embargo, no podía manifestarle con halagos y caricias su cariño, porque sus padres, creyendo que el rigor y la dureza eran los únicos medios de educar a aquella criatura, cuyos defectos consistían en su extremada sensibilidad, habíanselo prohibido, amenazándola con severos castigos. Y aquella criatura, que se abría, anhelando amar y ser amada, como se abre una flor para recibir el rocío benéfico de la aurora, y que sólo veía a su alrededor semblantes ceñudos y torvas miradas, que ni en su madre misma encontraba esa ternura y ese amor necesarios a su espíritu; aquella criatura que veía que las caricias que a ella se negaban eran concedidas a su hermana menor, a Margarita, que todo el cariño de sus padres era para Jaime y Margarita, mientras que a ella la dejaban en el dolor y el aislamiento; aquella criatura, decimos, herida por el dolor, replegóse como una sensitiva, y sintió levantarse en su corazón infantil la tormenta de los celos, y como una flor privada de rocío, víctima del injusto rigor de sus padres, hundióse por fin en el sepulcro.

¡Y aún habrá quien niegue que un niño puede ser infeliz, hasta el grado de morir de dolor! ¡Y aún habrá padres que traten y eduquen a sus hijos con rigor tan salvaje!

Sólo la triste madre comprendió la verdadera causa de la muerte de su hijo: mas ¡ay! ¡era tarde ya! Indignóse entonces contra su esposo; el ídolo cayó de su pedestal, apareciendo en cambio el hombre con sus buenas y malas cualidades; el hombre honrado y laborioso, pero egoísta por instinto, adusto por carácter, y sin más ley ni razón en el interior de la familia que su propio capricho. Entonces la desgraciada madre concentró toda su ternura en sus hijos, y acriminándose su fatal condescendencia, se atrevió a exclamar en los desahogos de su pena:

—¡Si lo hubieran querido como a Jaime, no hubiera muerto el hijo de mi alma!

El padre sin embargo despreció la queja y siguió en su método de educación.

EL BAÑO DE JULIA[1]

¡V a m o s! ¡Si es imposible que lo creas! Te daría un siglo de plazo para que lo adivinaras. Julia, ¿te acuerdas? la escéptica, la desengañada Julia, aquel Voltaire con faldas que tú y yo conocimos en el invierno pasado, aquella que juró... ya, ya te acuerdas, ¡y cómo no habías de recordarla, ¡a ella! una de las reinas del *highlife,* una de las sultanas de la moda! pues bueno, Julia —aquí vas a soltar una sonora carcajada— Julia se casa dentro de ocho días. ¿No te decía yo bien que el caso era increíble? Apuesto a que has fruncido tus hermosas cejas y a que una burlona sonrisita ha asomado ahora entre tus labios. ¡Ya lo creo! yo mismo pienso que no puede ser, que es increíble lo que estoy contando. ¡Si es cosa de alquilar balcones! Ríe, ríe si quieres: no por eso dejarán los novios de inclinar sus frentes ante el cura. Pero tienes razón: ¿quién va a creerlo? ¡Julia, la encantadora viudita de veinticinco abriles, que en dos meses de vida común había conocido el matrimonio lo bastante para jurar, por todos los ángeles del cielo, un odio inextinguible al santo estado! Todavía me parece ver al sabio varón que Dios le destinó por marido. Alto, escueto, avellanado, frío, de ojos vidriosos, de manos secas y huesosas, una especie de eucaliptus animado, ¿no te acuerdas? Muchas veces, casi todas las tardes, le veías en el paseo, hundido en los almohadones del carruaje, ceñudo, encanijado, formando contraste con Julia, con su esposa, tan joven, tan hermosa, tan risueña, con una frescura de los veinte mayos, con ese no sé qué tan suyo, que la hace, mal que pese a la envidia y los celos, una de las más encantadoras reinas de nuestros salones.

¡Y si supieras con quién se casa! ¡Cuando yo te digo que es todo un cuento azul lo que ha pasado! Tú conoces a Octavio P., aquel chico a quien detestaba tan cordialmente Julia. Por cierto que ninguno ha dado con el secreto de aquella aversión inexplicable. Octavio es todo lo que se llama un *galantuomo.* Rico, gallardo, capaz de sostener una conversación sobre cualquier tema artístico, un hombre, en suma, que habla el francés

---

[1] Se publicó en *El Cronista de México* en tres entregas, el 23 y 30 de abril y 7 de mayo de 1881, titulado *Crónica escandalosa: Por un baño (Cuento de verano),* y firmado "M. Can-Can". Hemos reemplazado el título original por otro más distintivo.

y el inglés como su idioma, que toca regularmente el piano, que entiende un tanto cuanto de poesía, que se viste en la casa de Gougaud, que almuerza en el *restaurant* de Recamier, que tiene un caballo *pur sang,* que va al teatro... dime tú si un hombre como éste es un partido tan absolutamente despreciable! Y sin embargo una enemistad secreta había entre la hermosa Julia y el galante Octavio. ¡Qué guerra aquella tan velada por las sonrisas y las galanterías de los salones! ¡Qué miradas las que se cambiaban al encontrarse en algún baile! ¡Desventurados! ¡Si supieras tú en dónde se encontraron por última vez!... ¡Vamos, si no puedo resistir a la tentación de referírtelo! Mira: está lloviendo y yo acabo de saborear una taza de café. Decididamente, no salgo de casa. Voy a contarte todo, absolutamente todo. Ya verás: es toda una novela y voy a dividírtela en capítulos.

Julia tiene una tía cargada de almanaques y de pesos, tía que, entre otras gracias que no narro, tiene la inestimable de poseer una quinta, un *chalet* deliciosísimo donde pasa invariablemente todos los veranos, en amistoso comercio con las flores. No te diré yo que aquella quinta sea una especie de palacio de Armida, ni que sus jardines puedan compararse con los de las Hespérides, ni con los de Alcinoüs en la famosa isla de Corcyra, ni con los jardines colgantes, que según cuentan, existían en Babilonia, ni aun siquiera con los de Academus y Epicuro en Atenas, o los de Laïs, la encantadora Laïs, en Corinto. Nada de eso: allí no hay pomas de oro, ni se encuentra ningún dragón especialmente, a no ser que tú quieras llamar dragón a un perro enorme que, prudentemente encadenado, duerme con el sueño de los patriarcas en la puerta; por lo demás, es fama que ningún Hércules ha asomado la nariz por esos rumbos, y que en materia de Hespérides no existe allí otra ninfa que la tía, la vetusta tía de Julia, con sus sesenta calendarios al coleto, y sus dientes de marfil *movibles* como algunas de las festividades que registra el almanaque. Nada; no hay que buscar allí obeliscos de granito rosa, ni cedros del Líbano, ni avenidas de kioscos colosales, ni estatuas de mármol pentélico, cuyos torsos ciclópeos, vistos desde lejos, destacándose en los vapores y las brumas del horizonte, podrían aparecer ante el viajero como apiñado pueblo de titanes. Nada, allí no hay, que yo sepa, Sirculos ni Mecenas, ni Adrianos, ni Pompeyos, ni Plinios, ni nadie, absolutamente nadie, que pueda, siquiera sea por la espalda, equivocarse con aquellos varones celebérrimos.

Pero en cambio tienes allí una verdadera posesión de la

edad media, una especie de ruina legendaria que la lluvia y los vientos se encargan de ir desnudando poco a poco bajo los espesos árboles de un bosque perfectamente virgen todavía. La vieja marquesa, conviene a saber que la preciosa tía de Julia guarda entre sus pergaminos el raído título de un marquesado, ha dictado las severas órdenes para evitar que los callosos dedos de algún hortelano, poco experto en achaques arqueológicos y artísticos, profane aquel intrincado laberinto, dando, es cierto, mayor orden y simetría a las avenidas, pero a trueque de despojar a aquel palacio del extraño sello que los años, como preciosa reliquia, le han dejado. La verdad es que casi toda una ala del edificio está en completa ruina; los árboles ya tienen puesto un pie en las escaleras, el musgo reviste con su verde tapiz los muros de la alcoba; sólo una avenida puede servir para el tránsito de los carruajes, y, a diestra y siniestra, la enmarañada vegetación del parque, los arbustos no profanados nunca por la hoz del hortelano y las hierbas sobrado espesas y crecidas, hacen más que dificultoso el discurso por los tortuosos prados, a no ser que con ayuda de un nudoso bordón, y con los brazos extendidos siempre hacia adelante, se camine por entre aquel laberinto de follaje, no sin haberse aliñado antes el cabello para apartar el grave riesgo de quedarse suspenso en algún árbol, como aquel rey greñudo y cejijunto que tú y yo conocimos en el Fleury. Por lo demás, el aspecto del parque es delicioso. Enormes troncos, descuajados por el huracán o por los años, cierran aquí y allá las avenidas; los ángulos en que el follaje se entreabre como formando bóvedas, parecen pozos abiertos en el azul del cielo; el heno pende en largas guedejas de las ramas; en la musgosa y agrietada fuente bullen, con un ritmo melancólico, las aguas; por allá se escucha el zumbido monótono de los insectos; acullá el gorjeo de pájaros ocultos en las hojas, y todo esto, las enormes masas del follaje, la casa con sus ligeras torrecillas medio oculta entre los árboles del parque, trascendiendo a no sé qué perfume de voluptuosidad y pereza, algo que, por Dios sabe qué extraña filiación de ideas, recuerda al abate Prévost, a Manon Lescaut, a Luis XV, a toda aquella corte brillante, lujuriosa, extraña, que Arsène Houssaye[2] nos ha retratado tan fielmente en una de sus novelas más espirituales. De tal suerte, que cuando he pasado algunos días en aquella quinta tan hospedadora como quieta, al recorrer a solas los intrincados laberintos del parque,

---

[2] Historiador, novelista y escritor dramático francés (1815-1896).

he sentido algo como un estremecimiento de inexplicable miedo;
he imaginado que aquellas Dianas, aquellos Amores, aquellos
Hércules de piedra, iban de súbito a arrancarse de sus pedestales, a correr por los senderos escondidos, y que, al hallarme a
mí profano, en aquel su dominio predilecto, hollando aquel tapiz de hierba que guarda todavía el excitante olor de los amores
de otro tiempo:

"¡Fuera, fuera, profano!" repetirían como las estatuas que
por entre *apiñadas calles de sepulcros* persiguieron a Edipo,[3] en
días remotos.

Hay sobre todo un sitio singularmente bello en aquel parque: se sigue la avenida que costea la parte izquierda del castillo,
se deja atrás la fuente con sus grifos y sus náyades de piedra, y
en un ángulo cubierto por espesas marañas de hierbaje, bajo una
espesa bóveda formada por corpulentos árboles, se mira semioculta por un *portier* selvático de yedra, una gruta en cuyo fondo se destaca, blanco, silencioso, inmóvil, un amor de mármol,
sonriente, con un dedo en los labios, halagüeño, casi casi puede
decirse volteriano. El amor es tuerto: el musgo trepando por
sus piernas y enroscándose como delgada víbora en su cuerpo, ha
cubierto uno de sus ojos con una especie de cortinilla verde que
aumenta lo risible y satírico de su fisonomía. Diríase que aquel
amor, hundido en el negro agujero de la gruta, con aquel dedo
apoyado en sus labios como la severa estatua del silencio, era el
guardián de alguna dama enamorada, que durmiendo sueño
larguísimo en el parque, esperaba al errante caballero que había
de despertarla.

El agua viva, brotando de la gruta, se extiende como un
mantel blanco en medio de la planicie; después piérdese en mil
hilos de plata por entre las flores. Es aquel un manantial rústico,
de fondo arenoso, y en cuyas aguas los árboles gigantes se miraban, el azul del cielo proyectaba una mancha azul en el centro
del manantial. Los juncos han crecido; los nenúfares dilatan sus
redondas hojas. En la luz verdosa de este pozo de verdura, que
parece abierto tanto por arriba como por abajo en el inmenso
lago de la atmósfera, no se oye más que la canción del agua,
cayendo eternamente con su nota de blanda melancolía. Las
abejas zumban monótona y pesadamente. Un tordo se acerca a
beber agua, temeroso de mojarse las patas. Un estremecimiento

---

[3] Rey de Tebas, protagonista de dos tragedias de Sófocles (495-405 a.
de J.-C.).

brusco de las hojas da al follaje el aspecto de una virgen en el momento de un espasmo, cuando sus párpados se entornan dulcemente. Y en el oscuro fondo de la gruta, la estatua del amor ordena el silencio, el reposo, toda la discreción de las aguas y los bosques, a ese rincón voluptuoso de la naturaleza!

II

Cuando Julia otorga quince días de reposo a su carácter bullanguero, y va a pasarlos con la tía en aquella augusta ruina que los vientos y el tiempo desmigajan, aquel país de lobos se humaniza. Las avenidas se alinean y desembarazan para que las faldas de Julia puedan pasar por ellas. En esta temporada Julia ha traido treinta y dos *mundos* de equipaje. Por supuesto que todas esas maletas fueron traídas a mano, único medio de que llegaran al castillo. El camino de fierro no hubiera podido nunca aventurarse por entre aquellos árboles.

No habría encontrado la salida, te lo juro.

Y además, Julia, como tú lo sabes, es punto menos que salvaje. Yo sospecho que si viene anualmente al castillo ruinoso de su tía, es por aplacar, lejos de los curiosos, su apetito de extravagancias. La buena señora permanece continuamente en su sillón, de manera que todo aquel peregrino y singularísimo dominio pertenece por completo a la traviesa coquetuela, que realiza en la soledad de aquel desierto sus más extravagantes imaginaciones. Esto la alivia. Cuando Julia sale, pasado un mes, de ese agujero, ya puede estarse quieta todo un año.

Durante quince días, ella es el alma, la cariñosa maga de esos bosques. Vestida de gala, se la ve pasear sus blancos encajes y sus nudos de seda por entre los zarzales. Y aun llegan a decir que la han mirado, vestida a la Pompadour, con los cabellos empolvados, descansando muellemente sobre la fresca hierba en el más apartado rincón del parque. En otras ocasiones el jardinero me ha confesado con espanto que ha apercibido a un joven rubio, esbelto y casi mujeril, por entre las intrincadas avenidas. Mucho temo que ese joven, rubio y gallardo, no sea otro que la traviesa e inconstante Julia.

Yo sé que Julia revuelve casa y parque desde la más alta torre a los graneros; sé que husmea desde los sitios más escabrosos y perdidos hasta las salas más viejas y olvidadas, que palpa los muros con sus ligeros dedos, que huele con su nariz pequeña y sonrosada todo aquel augusto polvo del pasado. La he visto ora al pie de las escalinatas derruidas, ora como enterrada en el seno de esos armarios gigantescos, ya escuchando no sé qué vagos murmurios desde la ventana, ya soñando junto al ardiente fuego de la chimenea, acaso deseosa de subir por el angosto y ahumado cañón de viejo plomo, para mirar con ojos propios lo que encierra. Después, después quizá desesperada de hallar lo inexplicable con que sueña, yo la he visto correr por el terrado, por la más clara planicie, buscando siempre, siempre, por salas y por bosques, esa flor de ternura cuyo perfume llega hasta ella dilatando las angostas ventanillas de su nariz perfectamente aristocrática.

Positivamente, como te lo he dicho, las piedras de aquella respetable ruina huelen todas a amor. Tal vez dentro de sus agrietados muros ha sufrido una hermosa durmiente, cuyo aroma conservan cuidadosas las paredes como esos viejos cofres que han encerrado ramos de violetas! Juraría que este olor ha subido a la cabeza de Julia y que la embriaga. Parece que después de haber bebido poco a poco esta copa de amor añejo, Julia, punto menos que ebria, va cabalgando en un rayo de luna a visitar el país nebuloso de los cuentos, dejando que la besen en la frente todos los caballeros que halla en su camino y que intentan despertarla de un sueño de cien años.

A veces despierta lánguida y entonces lleva un pequeño banco al bosque para sentarse. Pero en los días del gran calor su único alivio es bañarse por la noche en el estanque, bajo la fresca techumbre del follaje. Ése y no otro es su retiro. Julia es la hija de las aguas. Los juncos tienen para ella caricias y ternezas amorosas. El amor de mármol sonríe, cuando mira caer las ropas de la niña y entrar su cuerpo blanco al agua, con la serenidad inalterable de una Diana que confía en la soledad y en el retiro. Su único cinturón lo forman los nenúfares. Hasta los peces duermen un discreto sueño. Y cuando Julia nada blandamente con su espalda, tersa y láctea, fuera de las ondas, creyérasela un cisne blanco, que hinchando las flexibles alas, corre sin ruido. La frescura del agua calma sus ansiedades, y Julia pasaría largas horas de tranquilidad en aquel sitio, a no ser por el amor burlón y tuerto, que está siempre riendo en su caverna.

Una noche, a pesar del miedo horrible que le inspiraba aquella sombra fresca, Julia entró a la gruta, y poniéndose de puntillas, pegó el oído a los labios marmóreos del amor, a ver si decía algo.

III

Pero lo horrible del caso es que en esta primavera, Julia encontró su habitación tomada... y tomada por quién! Nada menos que por aquel mismo Octavio, su enemigo mortal, a quien veía con tan malos ojos! Octavio era pariente lejano de la tía de Julia. Sin embargo, nuestra hermosa locuela no desesperó ni un instante de ponerlo pronto en fuga. Desató las maletas, y como si Octavio no estuviera en el castillo, siguió impertérrita e imperturbable sus pesquisas y sus tareas habituales. Durante una semana, Octavio se entretuvo en contemplarla desde su balcón, mientras indolentemente reclinado en el pretil de piedra fumaba un buen tabaco. Por la noche, encontrábanse de fijo en los salones de la tía, pero no más frases punzantes, no más guerra sorda!

Octavio usaba tal cortesanía, que Julia llegó a encontrarle insoportable, y no volvió a ocuparse más de su antiguo enemigo. De modo que Octavio continuó fumando y Julia recorriendo el parque y tomando baños.

A media noche, cuando ya todos roncaban en sus respectivos aposentos, Julia bajaba silenciosamente las escalinatas y dirigíase con cautela a las orillas del estanque. Pero antes, extraviando un tanto cuanto su camino, pasaba junto a la alcoba que habitaba Octavio, y espiando por el ojo de la llave, asegurábase de que ya había apagado la bujía. Entonces, paso a paso, como si fuera una cita de amor, encaminábase al estanque, movida por el deseo sensual del agua fría. Desde que un hombre, ¡y qué hombre!, habitaba ese castillo, Julia sentía un calosfrío de miedo siempre que preparaba su nocturno baño. ¡Si Octavio abriese la ventana y apercibiera entre la fronda oscura la blanca extremidad de alguno de sus hombros! Este pensamiento la estremecía de pies a cabeza, cuando al salir, goteando perlas, del estanque, la luna iluminaba su desnudez de estatua. Cierta ocasión, serían las once de la noche cuando Julia bajó la escalinata mientras todos dormían en el castillo. Aquella noche Julia tenía una audacia inaudita. Al pasar por la alcoba de Octavio detúvose y escuchó en la puerta. Estaba roncando, roncando! Esta sola idea era suficiente para aumentar el menosprecio con que veía Julia a los hombres y el deseo de ir a gozar las caricias del agua fría cuyo sueño es tan quieto y apacible. Julia fue avanzando muy poco a poco, quitándose las ropas una a una. La noche estaba oscura, la luna se levantaba apenas, y el cuerpo blanco de la traviesa niña parecía una figura de marfil sobre una mesa negra. Soplos tibios venidos de los cielos acariciaban las espaldas de Julia como ardientes besos, y ella, cada vez más indolente y voluptuosa, sofocada por el calor, deteníase con placer exquisito en la orilla del estanque, mientras que con la punta de su pie, casi invisible, probaba la temperatura de las ondas.

La luna había subido ya bastante e iluminaba una porción extensa del estanque! Pero, ¡Dios mío! Julia aterrorizada vio, gracias a esta luz inesperada, unos ojos ardientes que la devoraban con miradas que parecían mordiscos. Se deslizó entonces hasta cubrirse con el agua hasta la barba, cruzó los brazos como para atraer sobre su pecho los velos movedizos de las ondas, y con una voz entrecortada por el miedo, preguntó tímidamente:

—¿Quién está ahí?
—Señora, no se asuste Ud., soy yo.
¡Y en efecto era él, era Octavio!

IV

Hubo un silencio formidable. Estaban solos, completamente solos. Las vibraciones concéntricas del agua, que empezaban en torno de las espaldas de Julia, iban a estrellarse y desvanecerse en el pecho de Octavio. Éste, tranquilamente, levantó el brazo, y apoyándose en la rama de sauce, hizo ademán de salir del baño.

—Pero ¿qué hace usted? —gritó Julia desesperada. —¡Vuelva usted al agua, pronto, pronto, no salga usted, yo lo mando!

—Pero, señora, hace ochenta minutos que estoy en este sitio.

—Nada importa: yo no quiero que usted salga delante de mí. Aguardaremos.

La pobre Julia perdía la cabeza. Hablaba de aguardar y no sabía que Octavio sonreía.

—Pero, señora, creo que si usted tuviera la amabilidad de volverme la espalda...

—No, caballero, he dicho ya que de ningún modo... ¿no ve usted la luna?

Y con efecto, la luna había subido otro poco y alumbraba plenamente el estanque. ¡Luna espléndida! Las aguas abrillantadas formaban un espejo de plata dentro del marco negro de las hojas; los juncos, los nenúfares de las orillas proyectaban en las aguas sus sombras finamente dibujadas, cual si estuviesen hechas a pincel y con tinta de China. Una lluvia de estrellas descendía al estanque por la estrecha abertura del follaje.

La corriente del agua murmuraba a la espalda de la pobre Julia en voz muy baja, casi diré burlona. La ninfa se atrevió a convertir sus ojos a la gruta, y vio con espanto que el amor de mármol reía taimada y socarronamente.

Octavio insistió de nuevo:

—¡Si usted me volviese la espalda!...

—No, mil veces no. Esperaremos a que la luna haya bajado un poco...¿no ve usted cómo camina? Y cuando esté detrás de aquellos árboles, podrá usted hacer lo que mejor le acomode.

—Es que para que esté detrás de aquellos árboles falta una hora cuando menos!

—Nada importa: esperaremos.

Octavio quiso seguir insistiendo; mas como al hablar se descubría hasta la cintura, y Julia gritaba de angustia, por cortesanía viose obligado a hundirse en el agua hasta la barba. Tuvo, además, la caballerosidad de no moverse. No había más remedio que permanecer allí frente a frente, en *tête-à-tête*... pero qué *tête-à-tête!* ¡La cabeza rubia, adorable, de Julia, con aquellos grandes ojos suyos, fijos, fijos, en la cabeza delicada de Octavio, en su bigote un tanto cuanto irónico! ¡El amor de mármol reía más descaradamente desde la gruta!

V

Julia se había cubierto enteramente con nenúfares. Cuando la frescura del agua calmó sus ansiedades y pudo más tranquila tomar sus precauciones para pasar esa hora eterna con Octavio, lo primero que observó fue que el agua tenía una limpidez verdaderamente encandalosa. En la arena del fondo veía perfectamente sus pies desnudos. Diríase que también la pícara luna se bañaba y se retorcía en el agua, llenándola con las mil y mil agujas de sus rayos. Era aquel un baño de oro, líquido y trasparente. Octavio —pensó Julia— debe mirar perfectamente mis pies desnudos, y si mira mis pies y mi cabeza... Esta idea le causó calosfrío. Poco a poco fue acercando a su cuerpo las grandes y redondas hojas que nadaban en el agua, y una vez defendida por esta vestidura paradisíaca, pudo estar más tranquila! Octavio concluyó por aceptar estoicamente la situación. No pudiendo hallar una raíz o tronco donde sentarse un rato, se resignó a quedarse de rodillas. La postura era ridícula; pero para atenuar su ridiculez, con el agua hasta más arriba de la barba, como si tuviera la bacía del barbero de los gigantes, Octavio comenzó a conversar con Julia, esquivando por supuesto todo aquello que tuviese relación con su fatal encuentro.

Hablaron del teatro, de los bailes que se preparaban para el invierno próximo... ¡qué sé yo! Julia, que comenzaba a sentir frío, reflexionaba que Octavio podía muy bien haberla visto cuando estaba en la orilla desnudándose. Esto era simplemente horrible. Sólo que tenía algunas dudas sobre la mayor o menor gravedad del accidente. Los árboles proyectaban entonces alguna sombra, y Julia estaba detrás del tronco de una gran encina, que debía haberla protegido mucho. Pero de todos modos, Octavio era para ella un hombre abominable. Le odiaba; hubiera querido que su pie resbalase y que se ahogara. ¡Ah! puedes estar seguro de ello: Julia no le habría tendido la mano para salvarle de la muerte. ¿Por qué, si la miró venir, no dio algún grito para advertir que estaba allí tomando un baño? Esta pregunta se presentó con tanta fuerza a Julia, que no pudo menos de formularla en alta voz, interrumpiendo a Octavio, que estaba discurriendo entonces sobre la nueva forma de los sombreros.

—Pero señora, yo no supe que era usted, ¡sentí miedo! Me figuré que aquel cuerpo blanco era el de una estatua... ¡qué sé yo!

VI

Al cabo de media hora, los dos eran ya grandes amigos. Julia reflexionó que para ir a los bailes se escotaba mucho, y que al fin no tenía nada de malo enseñar las espaldas, sobre todo siendo hermosas. Había salido algo del agua, se había arrancado del cuello las hojas que lo tenían aprisionado, y movía libremente los brazos. Así, con el cuello descubierto, con los brazos libres, semejaba la hija de las aguas, vestida con esa blanda túnica de hojas, que caía detrás de ella como una larga cola de satín.

Octavio estaba conmovido. Sus dientes chocaban unos con otros. Octavio miró la luna.

—¡Qué lentamente marcha! —dijo Julia.
—¡Ah, no, señora, tiene alas!
Julia, riendo, prosiguió:
—Aún nos falta un cuarto de hora.
Octavio se aprovechó cobardemente de la situación.

No pudo más: se declaró; dijo que la amaba desde hacía dos años, y que si le había ofendido alguna vez con chanzonetas, era porque aquel modo de enamorar le parecía más nuevo. Julia, inquieta, tuvo que volver a cubrirse el cuello con las hojas y hundir los brazos en sus mangas improvisadas. Solamente se atrevía a sacar la punta finísima de su nariz de entre aquella capa espesa de nenúfares. La luna la bañaba por completo. Qué hermosa se veía. Pero el agua se agitó de repente y Julia sintió que le llegaba vibrando hasta los labios.

—¡Caballero, por Dios! ¡no dé usted un solo paso!
—Pero, señora, si es que he resbalado... ¡Ah! pero yo amo a usted.
—¡Calle usted! ¡no se mueva, por Dios! ¡Mañana, ahora mismo, pero un poco más tarde, hablaremos de todo eso!... Esperemos a que la luna se ponga detrás de aquellos árboles...

VII

Y la luna se puso detrás de aquellos árboles, y el amor de mármol soltó una estrepitosa carcajada!

STORA Y LAS MEDIAS PARISIENSES[1]

PARA VIVIR ahora en México, como para leer una novela de Zolá, se necesita irremisiblemente llevar cubiertas las narices. Las primeras lluvias han convertido la ciudad en un mar fétido, donde se hospedan las amarillas tercianas y el rapado tifo. ¡Quién estuviera en París! Cuando los primeros chaparrones descargan sobre la ciudad privilegiada —dice Banville— y cuando las primeras brumas, a la vez trasparentes y espesas, rodean su atmósfera, París es abominable y delicioso.

Un barro negro, inmóvil y estancado como las ondas de un lago infernal, extiende su mantel hediondo a donde travesean los pobres fiacres, manchados de pegajoso lodo y semejantes a la piel de tigre, los pesados tranvías y los pedestres caminantes que caen, tropiezan y chapalean en el agua con la actitud grotesca de los saltimbanquis. Toda la población parece una gran caricatura de Daumier o Gavarni. La ciudad, envuelta por un velo húmedo, como Amsterdam o Venecia, toma el aspecto de una agua fuerte con sus feroces sombras y sus chorros de luz pálida, sus contornos confusos y sus droláticas figuras, adrede hechas para expresar el pensamiento extravagante de un artista loco. Los monumentos, desnaturalizados y deformes, distintos absolutamente merced a la bruma que los trasfigura, erizan sus agujas, sus torres y sus cúpulas, como castillos de hechiceros, construcciones indias o castillos góticos. París trasijado por el capricho de las nubes se conviette en una enorma decoración maravillosa que hechiza la mirada; pero el mantel de lodo que extiende a las plantas del transeúnte es espantoso.

Este París, eterna desesperación de los paseantes enjutos, maltraídos y empapados, que doblan la orilla de su pantalón o abandonando toda suerte de esperanza se sumergen resueltamente en los pantanos, es un cuadro admirable para los artistas. Algunos transeúntes, menos resueltos y valientes, permanecen helados junto al brillante aparador de alguna tienda. Otros reniegan y blasfeman como carreteros, al sentir los proyectiles microscópicos de lodo que, disparados por la rueda de algún

---

[1] Se publicó en *El Cronista de México* el 4 de junio de 1881, como parte de un artículo más largo titulado *Memorias de un vago* y firmado "M. Can-Can". Usamos el título que parece pedir el asunto.
Hasta ahora no ha sido recogido.

ómnibus, se estrellan y deshacen en su cara. En cambio, este suelo lodoso, esos hediondos charcos, son el triunfo de la mujer que marcha, victoriosa, repugnando, como los cisnes, toda mancha. En estos días lluviosos y sombríos, la mujer cursi sale en carruaje; la obrera que está obligada a defender su enagua y su calzado, se consiente a sí propia el despilfarro de subir a un ómnibus; la gran señora de la clase media se creería deshonrada si no alquilara un coche; pero la parisiense, la verdadera parisiense, marcha a pie.

La parisiense, sí, sin distinción de clases, ya sea cómica, loca o gran señora; la mujer verdaderamente bella y elegante, cuyo traje, cuyo peinado, cuya actitud, cuyo sombrero y cuyos guantes, perfectamente restirados sin estar estrechos, forman una armonía de líneas y colores; la parisiense, digo, desafía sin temor al lodo y a la lluvia.

Camina entonces con un paso seguro, rítmico, glorioso, saliendo pura de los charcos, como esas hadas milagrosas que andan por sobre las espigas sin doblarlas. Su irreprochable calzado cautiva las miradas, y sin encogimiento ni impudencia, andan a saltos, a pequeños brincos, mostrando con donaire nada más lo bastante para dar una prueba de su raza, el vigoroso arranque de una pierna esbelta, aprisionada en la tirante media, cuyo tejido espeso ilumina la luz con rayos de oro.

Sí, aquel París fangoso es el triunfo de la mujer, que, toda agilidad y luz, cruza las calles, suelta y garbosa, como la estrofa alada de una oda; y por la misma razón, al propio tiempo, es el paraíso del soñador que sigue a las mujeres.

Yo conocí cierta ocasión a uno de esos piratas callejeros que vivió y que murió en la impenitencia. Era un bohemio, de apellido Stora. ¿Cómo vivía? Era un secreto. Su única habilidad consistía en jugar bien al balero y en componer poesías. De cuando en cuando, los editores, apiadados, le compraban una romanza o un cuaderno de poesías. Con el producto de esas ventas comía algunas semanas. ¡Pobre Stora! Cautivo en una mísera buhardilla, iluminada, o mejor dicho, oscurecida por una angosta claraboya, solía por accidente devorar un mendrugo de pan y dos centavos de tocino crudo, único lujo permitido por la miseria a su apetito. Viviendo entre la soledad y la tristeza, no conocía las monedas de oro más que de nombre y de cariño. Pero eso sí, aquel solitario, privado de todo lujo, de toda fiesta, de todo despilfarro; aquel pobre hongo que calentaba su espalda al sol en el descanso de la escalera interminable, no podía ni un instante permanecer en casa cuando la lluvia descendía a torrentes y el lodo se apiñaba en las aceras. Tomaba entonces posesión de París, y creyéndose dueño de un dominio más grande y rico que el de Salomón, seguía constante a las mujeres.

Clavada la pupila en su calzado, iba en su seguimiento durante el día y la noche, y andando, andando, como el judío errante, miraba desaparecer las plazas y las calles, dejaba atrás los boulevares, se perdía en los cuarteles más oscuros y lodosos, dejando una media azul por una media gris, o una botita de cabritilla negra por un garboso botín de piel dorada. Contento e inconstante, cambiaba a su sabor de diosas, ora siguiendo a ésta u ora a aquélla, tal como la abeja vuela de flor en flor, desdeñando las rosas más galanas. En ocasiones se adelantaba a la mujer que seguía; con una ojeada rápida le miraba los ojos, la boca y el cabello, solamente para cerciorarse de que aquellas gracias correspondían a las que imaginariamente le había dado, y para ver si aquella media, rosa o blanca, estaba bien o mal acompañada. Pero, en rigor de verdad, Stora conocía muy pocas caras. ¿Para qué? Su único afán, logrado ya, había sido conocer y anotar todas las medias de las grandes señoras parisienses. Y ya las reconocía perfectamente, las saludaba como a amigas viejas, e iba tras ellas abstraído y mudo, haciendo provisiones de recuerdos para esos días interminables que pasaba componiendo nocturnos para piano.

Siguiendo esa manía, Stora obtuvo todas las bronquitis y laringitis imaginables. Sin zapatos, seguía encarnizadamente los botines más lindos y coquetos, y si tenía botas, las iba dejando a girones en la calle. Se enfermó del pecho; una afonía estuvo a punto de arrancarle la existencia; su voz podía apenas articular algunas palabras... nada le importaba. ¿Era preciso hablar para seguir las medias rosas, las medias multicolores rayadas en espiral, o las graciosas medias grises con su violeta bordada en una punta?

Sin embargo, como no puede confiarse en nada, ni siquiera en la pobreza, Stora un día se vio obligado a renunciar sus deliciosas caminatas. Un buen hombre le hizo ganar a la bolsa algunos miles, y una vez rico, Stora, por mandato de los médicos, hubo de recorrer Mentor, la Bordighera, Mónaco y Ginebra. Vio los naranjos, los limoneros, los áloes, la mar azul; pero doquiera fue acompañándole una incurable tristeza y una nostalgia profundísima. En aquellos países de sol no llueve sino poco, y cuando llueve las mujeres desdeñan levantarse las enaguas o si lo hacen descubren una pierna flaca y angulosa, de pronunciado empeine, y revestidas por medias sin color e irregulares, —¡Ah!— exclamaba amargamente entonces. —¡Únicamente las parisienses restiran bien sus medias! Y hondamente contristado leía el *Kenilworth* de Walter Scott, envidiando la suerte de aquel Raleigh que en el Londres de antaño, innoblemente pantanoso, tendía su capa de terciopelo a los pies de la reina para que la pisara. No era dado, por desgracia, a Stora, el poder imitar estas locuras; porque, como era consiguiente, cuando volvió a París ni *paletot* tenía! No estaba arrepentido, ni menos aún, curado. Tosía, se sofocaba, pero invariable, seguía perseverante aquellas medias que fueron su perdición y su ruina.

Cierta vez, después de haber seguido, ayuno y bajo una llovizna penetrante, un par de medias parisienses, Stora se desmayó en el dintel de una puerta y fue a despertar en el hospital a donde murió luego. ¡Pobre Stora! ¿Qué príncipe, qué millonario, qué Nabab, ha satisfecho sus caprichos como Stora, dueño con la imaginación de aquel París, que su deseo invencible le había conquistado?

¡Pobre Stora!

ALBERTO Y LUCIANA[1]

ESTAMOS en una alcoba de cierta casa que, si el lector quiere, puede hallar en una calle, tan lejana como aislada, que se parece mucho a la de... ¡chito!

No hay nada, absolutamente nada de lo que constituye lo "confortable".

Por todo ajuar una cama de madera pintarrajeada de verde, cuya antigüedad se remonta al gobierno de Santa Ana, y cubierta por una colcha blanca de algodón con listas rojas.

¡Cuando yo digo blanca!...

Un ex-tapete grande como la palma de la mano oculta apenas unos cuantos ladrillos mal unidos y rebeldes, que forman el pavimento de la pieza.

Una silla coja, un sillón destripado, cuyo terciopelo tiene menos cabellos que la ocasión, y un espejo partido por enmedio, completan el mueblaje de este "buen retiro", cuya propietaria, mujer acomodada, según vamos mirando, lo alquila mediante unos veinticinco pesos al mes, para uso particular de un caballero, cuyo mechones rubios dan a su cabeza extraña semejanza con un hueso de mango.

La propietaria llama "su niño rubio" a aquel pedazo de hombre que había alquilado el cuarto, diciéndole tímida y ruborosamente: yo lo quiero para una prima mía, que vive en los alrededores de la ciudad y que suele venir por las tardes a su casa.

La propietaria, por supuesto, adivinó que aquellos eran dos amantes, de esos que se andan por detrás de la iglesia.

Era preciso cobrar caro aquella jaula de dos pájaros. Lo importante para ellos era desorientar al marido. ¿Y qué manera más apropiada para desorientarlo, que buscar un asilo misterioso en esta calle excéntrica?

¿Quién podría sospechar nunca que la hermosa mujer del rico Tal aventuraba en tales sitios su mundana elegancia?

---

[1] Apareció en *El Cronista de México* el 11 de junio de 1881 con el título: *Crónica escandalosa, Infraganti delito* y la firma de "Pomponet". Substituimos el título original por otro más característico.
Que sepamos, nunca ha sido recopilado.

Pero una llave ha girado en la enmohecida cerradura.

Un caballero entra.

¡El niño rubio! Quítase el sombrero, echa un vistazo por la ventana abierta, para asegurarse de que nadie le ha seguido, y luego, mientras llega su adorada, pónese con el mayor esmero a arreglar los preparativos de la recepción.

—¡Va a venir! ¡Caramba! Olvidé traer un paquete de polvos de arroz! ¡Me lo había recomendado tanto! ¡Ya se ve, es necesario! Después de un beso largo... ¡es natural! ¡la piel se pone roja! Felizmente todavía queda un poco en la polvera. Habrá bastante. ¡Pobrecita mía! ¡Cuánto la quiero! ¿Y el agua de Lubín? Esta endiantrada casera, con pretexto de barrer, me pierde todo! ¡la agua de Lubín! ¿Se habrá llevado el pomo? ¡No, aquí está! ¡Qué poquita queda! ¡Ah, Luciana, Luciana! Cuando pienso en que ya van para dos meses nuestros amores! ¡Dos meses han pasado desde que esa estrella arrojó sobre mí, pobrísimo gusano de la tierra... ¡El marido es nada más el que me inquieta un poco! ¡Tiene los ojos tan atravesados! Felizmente hemos tomado muchas precauciones. Rogando de tarde en tarde con empeño la discreción de la señora Cerbero que guarda la puerta de este paraíso...

¡Suben! ¡debe ser ella! ¡Es ella! ¡Ah...

—¡Mi Lucía!

—¡Mi Alberto!

—¡Qué fatigada vienes!

—¿Me tardé?

—¡Tardarte tú...!

—¡Mi Alberto!

—¡Mi Lucía!

—Luego, cuando me apeé del coche, tal creí ver en la esquina de la calle...

—¿A quién?

—Nada, a nadie, fue una idea... creí mirar a un hombre que me espiaba, y como se echó a andar detrás de mí, apreté el paso.

—¿Y era entonces?

—No, no era nada. El hombre aquel pasó de largo.

—¡Ah!

—Pero no hablemos de eso, Alberto. Hablemos de nuestro amor, nada más de nuestro amor.

—¿Me amas mucho?

—¡Que si te amo!

—¡Por ti daría mi vida!
—¡Ah! ¡háblame siempre así!
—¡Alberto!
—¡Lucía!
—¡Yo...!
—¡Tú...!
....
—¡Alberto!
—¿Qué?
—¿Oyes pasos en la escalera?
—Es el vecino que entra.
—No, son muchos pasos.
—Pero ¿qué nos importa?
—Si fuera...
—¿Quién?
—El hombre que nos estaba acechando... Mi marido estaba preocupado esta mañana. Cuando salí, me dijo: "A mamá muchos besos"; pero ¡con un tono!
—¡Ah! ¿te dijo...?
—¡Tocan!
Una voz (afuera). —¡Abrid en nombre de la ley!
Dos voces (adentro). —¡Cielos!
—¿Qué hacemos, Alberto?
—¿Qué hacemos?
—¿En dónde está el polvo de arroz?
—¡Para polvos estamos!
—¿Tienes miedo...?
—¡Miedo yo!
—Estás pálido, estás desencajado. Cuando un hombre pierde a una mujer, caballero, es fuerza que la salve, a precio de su vida!
—¡Perdido a una mujer...! Permítame Ud., señora, que le replique. ¡La imprudencia de Ud. es la que la ha perdido y la que me pierde a mí principalmente!
—¿Y ahora me reprochas? ¡Tú!
—¿Por qué vino Ud., si su marido estaba preocupado?
—¡Calla! ¡Calla! ¡si me inspiras lástima!
Una voz (afuera). —¡Abrid en nombre de la ley!
—Pero ¿va Ud. a quedarse ahí con la boca abierta?
—¿Y qué quiere Ud. que haga?
—¡Está Ud. mirando una ventana, y me pregunta lo que debe hacer!

—¡Echarme de cabeza! ¡No!
—¡Huya Ud., caballero, por las azoteas, por... invente Ud. cualquier camino para no deshonrar a esta infeliz mujer...
—¿Y Ud. piensa que yo no voy a deshonrarme? El ministro me quitará el empleo...
—¡Es Ud. un miserable! ¡Hablarme de su empleo en estos momentos! ¿Cómo he podido amar a un hombre semejante?
—¡Cómo no he resistido a las provocaciones de una coqueta sin prudencia!
—¡Me insulta Ud.!
—¡Las verdades amargan!
—¡Caballero!
—¡Señorita!
(La puerta cae de un golpe. El inspector de policía y el marido entran al propio tiempo que Luciana da un furibundo puñetazo a Alberto).
¡Tableau!

LOS AMORES DE PEPITA[1]

Puebla ha sido fatal para los franceses. Allí fueron vencidos por los ejércitos republicanos y allí se casó el soldado Juan Provat con Pepita Romero.

Pepita era hija de una buñolera. Tenía la nariz chata y la boca morada; su color era trigueño; de los negros ojos le salían como ráfagas de fuego; y en conjunto, podía muy bien decirse de ella lo que decía su esposo a los amigos: "No es bella, no, pero es apetitosa".

Pepita nació, sin duda alguna, para representar papeles trágicos.

Tenía todas las condiciones requeridas para una heroína de Echegaray: la prueba es que a los tres meses de casada arañó al marido.

La historia de las infidelidades de Pepita podía escribirse en muchos tomos, como la historia de las Variaciones que escribió Bossuet.[2]

Sólo que sería mucho menos edificante.

Era Pepita una mujer de fuego; una escopeta con el gatillo levantado y dispuesta a lanzar sus proyectiles; un barril de aguardiente en cuya tapa paveseaba una vela agonizante.

En sus ojos podía encenderse un puro.

Desprendíase de su cuerpo un vago olor a horno de panadería, a fragua de herrero, a pasteles calientes, a leña verde puesta al fuego.

Cuando se lavaba, el agua helada, cayendo sobre su cutis ardoroso, chirriaba evaporándose, como si hubiera caído sobre un hierro candente.

¡Sopla...!

¡Eso mismo decía el marido cuando pensaba en semejante petrolera! ¡Sopla!

Pero aquella poblana era capaz de derretir al polo Norte y de volver fogoso al galán joven que trabaja en el Teatro Principal.

---

[1] Apareció en *El Cronista de México* del 2 de julio de 1881, titulado *Crónica escandalosa* y firmado "Pomponet". Hemos reemplazado el título por otro más distintivo.
Hasta ahora no ha sido recogido.

[2] Jacques-Benigne Bossuet (1627-1704), obispo de Condom y Meaux, y distinguido orador sagrado.

Sus pupilas gritaban: ¡quemazón!

Y lo más raro es que no se alarmaba el vecindario, ni mandaban traer las bombas, ni recurrían a los gendarmes.

Nada. El marido, confuso y asombrado, sufría con paciencia las flaquezas de sus prójimos, y se reservaba a colocar este epitafio sobre la tumba de su esposa: ¡aquí fue Troya!

Pepita Romero abandonó su patria y fue a París con los soldados de la intervención.

Pero el cielo castiga, y el soldado que vino a México en son de conquista, conquistó en su mujer una preciosa alhaja.

El infeliz marido tuvo que sufrir una intervención tripartita, de rusos, de alemanes y de ingleses.

Ya perdía la cuenta y todo se volvía conjeturas. Si será éste... Si será aquél... Si será el otro...

Lo cierto es que éste, y el otro, tenían que ver con el asunto.

Provat no luchaba ya con un amante, sino con una sociedad anónima.

La esposa era una mujer universal, traducida a todos los idiomas, impresa a veinte tintas, como el *Quijote* que se publica en Alemania.

Provat llegó a cansarse. También la resignación tiene su límite.

Sorprendió a la mujer en casa de un amante, y la plantó en mitad del arroyo con absoluta indiferencia.

Los dos amantes se formaron un nido, cuyo alquiler costaba dos mil francos al año, y vivieron muy lejos del marido.

Pero éste, a pesar de todo, no podía ya vivir sin su mujer.

Suspiraba por su compañía, como *Mignon* suspira en la ópera por la tierra en donde florecen los naranjos.

Una noche, no pudo resistir a su pasión, y dirigiendo sus pasos a la casa de los cómplices, se dijo para sus adentros: ¡o me mata o yo lo mato!

Como era de esperarse, el joven usufructuario de aquella propiedad que a Provat le costaba su dinero, no quiso desocupar la casa fácilmente.

Rotundamente se negó a devolver lo robado.

Pero Provat, que iba resuelto a cometer cualquier atrocidad, sacó su revólver y mató al amante.

Fue una errata de imprenta: Alejandro Dumas ha dicho: mátala: Provat cambió la postrera vocal y dijo: ¡mátalo!

Yo no soy partidario de esos terribles expedientes. El "¡mátalo!" de Provat es inmoral; el "¡mátala!" de Dumas, es inútil; yo hubiera dicho: ¡mátalos!

El asunto ha pasado a los tribunales franceses, en donde la heroína mexicana está causando furor como el *Iroquois*.

Un periódico, destinado a hablar siempre de las causas célebres, publica algunas cartas del amante, leídas públicamente en el jurado.

Entre éstas hay una peregrina. Dice el amante a su propia madre:

"Todo marcha bien. El *viejo* nos ha dejado descansar algunos días. ¿Puedes tú comprender la increíble tenacidad de este marido que se empeña en quitarme a su mujer?"

Este detalle no tiene precio. Si Ernesto Feydan lo hubiera conocido, lo habría puesto en su *Fanny*.

En efecto, vamos llegando a los calamitosos días en que el amante se encela del marido y va a pedirle una satisfacción.

LAS TRES CONQUISTAS DE CARMEN[1]

Nunca he sido fuerte en derecho: soy jorobado; pero a pesar de eso, me agrada el estudio de la jurisprudencia. Tengo un amigo, juez de primera instancia retirado del servicio, que suele ilustrarme en cuestiones de este género. Anoche tuve el placer de dirigirle por escrito una interpelación, y esta mañana he recibido su respuesta. Como el asunto de que trata es muy interesante, incluyo aquí su carta:

Muy querido amigo:
Aunque me tiño, tengo canas. Y hago a Ud. esa observación, porque me falta al respeto preguntándome lo que me pregunta. ¿Ha tenido derecho el señor gobernador del distrito, para prohibir a las mujeres que no son señoras la entrada al jardín público del Zócalo? Contesto afirmativamente. La autoridad puede indisputablemente prohibir esos espectáculos promiscuos, como usted puede, sin que ninguno se lo impida, separar del corral en donde tiene sus gallinas japonesas, los animales que les sean nocivos. Esto es lógico.

En lo que yo presumo que se equivoca la prensa y el gobierno es en la pretendida importancia de esas desgraciadas. Tienen una reputación usurpada, como esos solterones que pasan por peligrosos desde el período de Santa Ana y son incapaces de romper un plato. Son como el Teatro Arbeu: todos vaticinamos que se incendiaba la primera noche de su estreno, y Villalonga perdió todos sus dientes antes de que el siniestro aconteciera.

A este propósito, voy a contarle a Ud. mis impresiones personales. Hace sesenta años, tres días, nueve minutos, que este obediente servidor de Ud. arribó a México. Mi padre había puesto en mi cartera de cuero... no de Rusia, tres libranzas de a mil pesos, y me había dicho como en la "Gracia de Dios": *¡Busca tu vida!* Lo primero que yo busqué para ponerme en orden, fue una chaqueta de mahón, dos botas de vaqueta y tres docenas de paliacates colorados. Puse estas provisiones en un gran baúl, cerré el candado, y después de las despedidas habituales, tomé asiento en un enorme coche de colleras, cuyo mayoral tenía todas las trazas de un mendigo. Como mi pueblo estaba a cincuenta leguas de

---

[1] Apareció en *El Cronista de México*, como uno de los artículos de la serie *Memorias de un vago*, el 9 de julio de 1881. Va firmado "M. Can-Can". Usamos el título que parece pedir el asunto.
No ha sido recopilado hasta ahora.

México, tardé mes y dos días en todo el viaje. Llegué a la ciudad cuando ya el sol se había puesto detrás de las montañas: no era noche de luna; sin embargo, las calles estaban completamente a oscuras. Yo, pobre provinciano que no había soltado aún el pelo de la dehesa, sentí que el corazón se me saltaba al divisar las torres de la Catedral, y poner mi planta profana en las losas desquebrajadas de la calle. ¡Estaba en México! Absorto en mis pensamientos y maravillado de mi propia fortuna, me dirigí a la casa de unos tíos, que ya estaban dispuestos para recibirme, y en cuya casa, limpia como una taza de plata, pasé mis mocedades. A los quince días conocía ya como la palma de la mano todas las maravillas que por aquel entonces encerraba la ciudad: el caballo de Carlos IV, el convento de San Francisco, la Catedral, la Inquisición y la Alameda. Entre otras cosas, conocía a una señora de no muy limpia fama, con quien, no sin grandes tropiezos y remilgos, habíame presentado Vicentito, el niño de la casa. Se llamaba Carmen. Malas lenguas afirmaban que su más poderoso arrimo era un cierto oidor —*un certain dervis*— que como casi todos los oidores del tiempo virreinal, solía ser sordo. Sea de ello lo que fuere, lo cierto es que Carmen era todo lo que se llama una real moza. No estaba ya en sus quince. Mi amigo aseguraba que estaba entrada ya en los veinticinco; pero Dios sabe cuántas semanas, meses o años hacía de eso. Su casa, que estaba casi en las afueras de la ciudad, era de lo más lujosa que se podía obtener en aquel tiempo. En la sala había seis sillas de manzanitas con su correspondiente asiento de amarillo tule, y haciendo veces de alfombra recorría la pieza una franja angosta de humildísimas esteras, conocidas vulgarmente con el prosaico nombre de *petates*. Sobre dos rinconeras elegantes, en cuyas columnas no solamente había manzanitas sino otras frutas y diversas flores dibujadas, estaban dos pantallas hermosísimas, supremo lujo de aquellas épocas felices. Aquel debía ser algún obsequio del oidor. Todo en aquella casa estaba puesto con un lujo idéntico, desde la cama de madera pintada de verde, con el sacrificio de Abraham en la cabecera, hasta el pañolón de Malinas que Carmen se prendía con exquisita gracia sobre el seno.

Aquellas fueron mis primeras relaciones amorosas. Conservo aún la cuenta; me costaron quinientos doce pesos.

Veinte años después, como en esa novela de Alejandro Dumas que sirve de compendio histórico a nuestros escritores, cuando hablan de Luis XIV o Richelieu, noté que mi hijo —excuso decir a Ud. que yo llevaba veinte años nueve meses de casado— comenzaba a romper el cascarón y a salir por las noches de su casa. Comencé a estar inquieto. La experiencia adquirida, a costa de dinero, me hacía sospechar que aquellas deserciones del hogar doméstico tenían un mal carácter, como las suegras y como las picaduras de alacrán. Y con efecto, algún tiempo después recibí una denuncia, sin timbre, concebida en estos términos:

"Muy querido compañero: ¿Conoce Ud. a Circe? Es una española de importación andaluza, en cuyas redes ha caído su hijo de Ud., Carlitos. Está mareado, y en atención a mis deberes de compañerismo, pongo en conocimiento de Ud. lo que ocurre. Es grave, más grave de lo que parece. La Circe de que hablamos come mucho. Dé Ud., pues, una pequeña tunda al despierto mozuelo, y cinco vueltas a la llave de su arcón.

José".

"Post-data.—La Circe vive en la calle tal, número tantos".

No sé por qué razón no había leído aún en el año de gracia de 41, la novela que Alejandro Dumas hijo, publicó con el nombre de *La dama de las camelias*. Presumo que fue porque no se había escrito todavía. Ello es que yo hice exactamente lo que el padre de Armando Duval con Margarita. Tomé las señas de la casa, y por la tarde, mientras Carlos estaba en el despacho, me dirigí a la calle consabida. Dicho sea para bien de la verdad, la casa no era de tan malas apariencias. A la entrada había un largo callejón, en cuyo centro pendía del techo un mezquino farol, lleno de telarañas, que, en las noches, debía esparcir una luz dudosa y triste. Entré, subí las escaleras, toqué la campanilla de la vivienda número diez y ocho, no sin cuidarme antes de forrar mi mano con el pañuelo, para evitar el roce del cordón grasiento; salió una criada, abrió el postigo, viome, entornó la puerta, y entré con desenfado hasta la sala. El ajuar era de cerda. En las paredes había cuatro o seis cuadros de esos que representan la historia de Atala o las aventuras dramáticas del último Abencerraje, estampas coloridas y encerradas en marcos de madera, con su vidrio verdoso, puesto a modo de defensa, y que hoy suelen hallarse en la alcaidía de algún pueblo rabón o en la sala de algunos baños de a peseta. El espejo que estaba sobre el sofá era bastante grande; tenía una vara de largo y media de ancho. Sonaron pasos, se entornó la puerta, vi aparecer una figura conocida que me tendió los brazos... ¡Era Carmen!

Aquellos amores me costaron más: la factura de mi hijo llegaba a mil doscientos pesos...

Hace cerca de veinte días, señor Can-Can, mi hijo, que ha dado ya a la patria diez muchachos, vino a verme. Estaba compungido y cabizbajo. Su hijo el mayor —que cumplirá por Pascua diez y nueve mayos— le había dado un gran disgusto, pidiendo alhajas de valor en casa de Zivy, en nombre y a cuenta de su asendereado padre. Poco se necesitó para averiguar el paradero de las consabidas joyas. Estaban en el Montepío. Lo más urgente era saber a ciencia cierta en qué había empleado Arturo el valioso producto del empeño. ¿Quién es ella? decía el corregidor nada bobo de que hablan las comedias. ¿Quién es ella? dije yo.

Ella era una mozuela que había enredado diestramente al infeliz tontuelo. El padre, menos piadoso que el abuelo, dio una tunda al muchacho. Pero éste, levantisco e insolente, abandonó la casa paterna, y pasó fuera de ella todo un día. Yo averigüé el nombre y la residencia de aquella nueva Circe y fui a su casa. Es una habitación baja. La pieza a donde entré está amueblada con cierta elegancia. Cuatro grabados y dos cromos adornan las paredes. Los grabados representan a algunas damas vestidas de verano: los cromos figuran el refectorio y la bodega de un convento, con sus enormes pipas de clarete y sus frailes mofletudos y rechonchos. Sobre la consola de madera fina está un espejo, con su gran marco dorado, y en la luna, más o menos veneciana, se refleja un reloj de bronce, cuya figura principal es un amor en traje de baño. Hay un sofá, cuatro sillones y media docena de sillas. En la mesa del centro se levanta un cincelado tarjetero de marfil, y alrededor, amontonados como los burgueses que asisten a unos fuegos de artificio, empinan sus cabezas bien peinadas o cubiertas por el sombrero de amarilla paja, algunos pastores de ópera cómica, hechos con porcelana colorida.

No esperé mucho tiempo. A poco rato apareció la dueña de la casa. Era Carmen. Aquellos amores de mi último descendiente me costaron algo más que los añejos. La consumación, como dicen los galiparlistas de café, ascendía a tres mil pesos.

Calcule Ud., amigo mío, si pueden ser peligrosas esas damas, que han pasado por tres generaciones como los cubiertos de plata y los tápalos de China. Quienes caen presos en sus redes son de seguro tontos... En ese número, caballero, nos contamos mi nieto, mi hijo y yo. Hago a Ud. gracia de las muchísimas razones que podría alegar para poner en claro cómo la ruina de los tontos es buena y conveniente para la sociedad. B. S. M.

C. de Z.

Hasta aquí la carta. No agregaré una frase más. Ya dije más arriba que no puedo escribir sobre derecho: soy jorobado.

LA SOSPECHA INFUNDADA[1]

Estaban ambos en ese momento peligroso del amor, en que, para creer en la propia felicidad, es necesario que los otros se hagan lenguas de ella. Ser dos, no basta: es necesario que los otros digan: ¡sí, son dos! Los corazones buenos, llegado ese momento, han menester un amigo; los malos, un envidioso. Uno de los primeros síntomas de la saciedad es que suele uno verse en el espejo más a menudo que ordinariamente. ¿Por qué? Porque se busca un testigo, y estando eternamente solos, la propia imagen de uno es punto menos que un desconocido. El dúo aspira a resolverse en un terceto. Algunas veces degenera en concertante: sobre todo, cuando se trata de alguna ópera italiana o de amoríos pecaminosos.

Clementina y Roberto no se fastidiaban: ¿era posible acaso que se fastidiaran? Él tenía veinte abriles y ella treinta. Pero, sobre todo, lo que hacía irresistible a Clementina, era el pudor. La castidad, esa niñería sublime, es patrimonio de todas las doncellas inocentes; pero el pudor se adquiere, se conquista. Una joven alzándose la enagua hasta los ojos, es de una castidad suprema. El pudor, ese astuto, enseña apenas la punta delicada del botín. Es una ciencia, un arte. Es el obstáculo oportuno, la negación que consiente, la reticencia de la pasión. Sabe lo que se puede conceder y cómo y cuándo. A los treinta años comienzan las mujeres a tener pudor. Las vírgenes son augustas.

Queda sentado que Roberto no tenía pretexto alguno para fastidiarse. Sumemos a los hechizos perversos de su amada, la seducción enorme de la primavera; los arbustos en flor, el tartamudeo sonoro de las ondas, corriendo bajo las ramas empapadas de los sauces; el molino cantando su canción monótona, y la casa campestre, solitaria, con los rojos ladrillos de su techo y la veleta que rechina por las noches para quitar el sueño a los enamorados; el comedor frugal con sus tarros de crema, y sus fruteros colmados; el gabinete chino formado de bambús y pieles de oso; la terraza toda llena de rosas amarillas, menos puras y castas que las blancas, pero más agradables y sabrosas, como si

[1] Publicado en *El Cronista de México* el 23 de julio de 1881, como uno de los artículos de la serie *Memorias de un vago*. Va firmado "M. Can-Can". Substituimos el título original por otro más característico.
Que sepamos, nunca ha sido recogido.

también tuvieran treinta años; los cien escondrijos y rinconadas del jardín, tan a propósito para el alegre travesear de los recién casados; sumad todo esto, digo, y decid luego si era posible que Roberto, a los tres meses de vivir en ese Paraíso, se fastidiara hasta el extremo de pedir misericordia.

Sin embargo, Roberto, que no podía de ningún modo fastidiarse, ya había escrito a Lauro, su mejor amigo, convidándole a pasar una temporada campestre y ver florecer las humildes violetas de los bosques. Lo más extraño es que Lauro aceptó, por más que no se sabe a punto fijo si tenía un interés mayor en ver cómo florecen las violetas. Cuando Lauro, con su maleta de camino, llegó a la casa de los novios, fue recibido con extraordinario regocijo. ¡Figuraos el grande alborozo con que verían un rostro amigo aquellos cenobitas voluntarios que durante tres meses y tres días no habían mirado más figura humana que la de sus criados y la del guarda-camino del ferrocarril, armado eternamente de su bandera roja!

Por añadidura, Roberto y Lauro se trataban como hermanos; de niños, habían jugado juntos en el patio del colegio; de hombres, se habían batido por una mujer a quien los dos amaban. Y fue lo peregrino que el heridor vendó antes que ninguno la herida de su amigo, derramando lágrimas. Roberto, sobre todo, quería de todas veras a su camarada. Por manera que no le guiaba ningún propósito egoísta al invitar a Lauro; no lo hizo por romper la pesada monotonía de un dúo ridículo, ni por hacer ostentación de una esposa tan bella como amante; el pobre novio necesitaba, para ser dichoso por completo, la presencia de su amigo: tras el beso de Clementina necesitaba el apretón de manos de su camarada.

Lauro pagaba la hospitalidad con monedas de gracia y de galantería. Su conversación deslumbraba a Roberto y Clementina, como una enorme rueda de colores, girando en artificio pirotécnico. Habló de los teatros, de las fiestas, de modas, de salones, de adulterios. Roberto, empero, no estaba a sus anchas: mas, ¿por qué? ¿Creía acaso que esa noche no estaba su mujer tan bella como habría deseado? Cuando llega un amigo, se quiere que la esposa aparezca más elegante y seductora que de costumbre. Pero no; Clementina estaba, como siempre, encantadora; mejor acaso que otros días. Sus cabellos inquietos, reciamente atados en sedosos bucles, sufrían el despotismo de un precioso peine nácar; sus ojos eran negros como los de Casandra; y su boca culpable, de ángulos plegados, estaba más escarlata y fresca que otras veces. Su traje era un milagro de blancura; porque era blanco, sí, pero tan blanco como las nubes, con esa blancura láctea y soberana que nunca logran dar los fabricantes ni las lavanderas a la muselina. Una modista hubiera dicho simplemente que Clementina vestía una bata de organdí. Sus hombros mórbidos y sus brazos carnosos se trasparentaban a través del tejido de la tela. A cada instante Clementina levantaba los brazos como si fuera a bostezar, y entonces... ¡oh...! ¡y entonces...! Esto era precisamente lo que malhumoraba a su marido. ¿Por qué no escogió mejor un traje menos trasparente, y en vez de esos bostezos infantiles y de esos movimientos revoltosos, por qué no estaba quieta, con las manos juntas, como conviene a una mujer bien educada?

Luego, fueron al piano... ¿Quiénes? ¿Clementina y Roberto? No; Clementina y Lauro. El marido, el feliz, el dueño, el amo, permaneció en su asiento, contrariado, escuchando romanzas y canciones. Clementina le había dicho al oído:

—Es simpático tu amigo.

Y Lauro:

—¡Tu mujer es adorable!

Pero esto no era suficiente. La intimidad que había soñado no era precisamente la que estaba viendo. Hubiera preferido —con injusticia ciertamente— que se ocupasen menos de ellos y más de él. Y por añadidura, aquella extremada franqueza con que se trataban, no era de su gusto. Francamente, aquel estar como escondido en un rincón, mientras los dos hablaban bajo en el piano, le parecía molesto y repugnante. Luego ¿y todo por qué? vamos a ver. Por cantar un dúo monótono e insoportable que Roberto había cantado con su esposa muchas veces, y en el que Lauro desafinaba horriblemente.

—¡Celoso! —dijo Lauro al ver el ceño adusto de su amigo.

Es fuerza confesar que Roberto tenía en ese momento una perfecta cara de despide huéspedes. Hizo un esfuerzo; sonrió contra su voluntad, e hizo un gesto tan peregrino y tan ridículo, que Clementina no pudo menos que exclamar al verlo: —¡Tonto! ¿Quiere Ud. que le riña? ¡vamos, malo, vaya Ud. a cortarme un ramillete!

¿Qué hizo Roberto? Fue a cortar las rosas: seriamente hablando, estaba muy lejos de presumir que su mujer le traicionaba. No podía poner en duda ni por un momento la virtud de Clementina, y la lealtad de Lauro. Porque Roberto no era un tonto. Comprendía perfectamente que el pretexto del ramo había sido un ingenioso expediente concertado para excitar sus celos y mofarse de su inocencia bonachona. Pero Roberto no era un tonto. Cualquier marido se hubiera alebrestado; él, al contrario, quiso probarles que no caía en su red ni en sus trampas. ¡Pues no faltaba más! Bajó al jardín y se puso a cortar rosas. Lo que lo hacía refocilarse y sonreír con malicia era la increíble torpeza de su mujer y de su amigo. Para excitar sus celos, le enviaron al jardín con cajas destempladas, y los necios no advirtieron que, desde la terraza, podía observarse escrupulosamente cuanto pasaba dentro el gabinete. ¡Qué falta de inventiva! Querían darle una lección: eso era claro; ¡mas de qué modo tan mal zurcido y torpe! Esperando, cortaba rosas y rosas, tendiendo de cuando en cuando la mirada al gabinete cuyo interior se veía a través de los cristales.

Allí estaban... estaban en el piano... cantando el mismo dúo. Poco después, Clementina se levantó, se acercó a la ventana, y cerró las persianas.

¡Vamos! ¡Esta broma era ya más ingeniosa! Nada —dijo Roberto— ahora no entro. Es fuerza que no se mofen de mi credulidad y de mis celos. Y Roberto siguió cortando rosas, rosas... La verdad es que no estaba muy tranquilo. Sabía de cierto que su mujer y su amigo eran incapaces de ofenderle en lo más mínimo. Pero de todos modos, hubiera preferido que no pasara este ridículo episodio. Debían estar seguros de su obediencia para tratarle de esa suerte. Y además, corría el tiempo que era un gusto. Una hora hacía que estaba en la terraza, paseando de arriba abajo, en espera de que Clementina lo llamase. Un detalle: ya no sonaba el piano.

Intentó resistir, pero no pudo. La sospecha, clara y neta, se presentó a sus ojos. Quisieron ponerlo en ridículo; pues bien, lo habían logrado. Ya estaba celoso. Ardía en impaciencia y hubiera dado un año de su vida por mirar lo que pasaba detrás de las persianas. Aquella caminata eterna le era insoportable. Dieron las dos y media... ya no pudo más. Subió la escalinata, atravesó la alcoba, el comedor, la sala, y ramillete en mano, se detuvo a la puerta del gabinete. —¡Tonto! ¡tonto! —se decía Roberto. ¡Dudar de Clementina que se mira en las niñas de mis ojos, que esta mañana misma mojó una sopa en mi chocolate! ¡Dudar de Lauro que fue mi condiscípulo, que me quitaba de niño las canicas y de joven las novias! ¡Vamos! ¡Soy un tonto!

Y entró.

A fe que hizo muy bien. Todas sus infantiles sospechas se desvanecieron al mirar aquel cuadro de inocencia: ella sentada en una silla baja; él algo lejos, reposando en el taburete del piano, los dos tranquilos, satisfechos, sonrientes, hablando de teatros y paseos; él, bien peinado; y ella tan pura, tan gentil, tan vaporosa, con esa bata blanca de organdí, cuyos pliegues rectos se hubieran rugado y roto con el más leve contacto...

¡Rayos y centellas...! ¡Se había cambiado el traje...!

ELISA LA ÉCUYÈRE[1]

Mientras la Noche Buena alegra nuestras calles y la ópera bufa fija sus grandes cartelones amarillos, los que no concurrimos a posadas ni nos deleitamos con las notas altas de Camero, escondemos nuestro fastidio y nuestro tedio en el Circo Orrin, mirando los descoyuntamientos del payaso, las formas más o menos monstruosas de las *écuyères* y los fornidos brazos acrobáticos. Mi amigo Montjoyeu, un parisiense de raza pura, me hablaba la otra noche de las maravillas y de los esplendores del Circo en París.

Quiero contarte, me decía, la vida de la primera *écuyère* que ha visto el mundo, esto es, de Mlle. Elisa.

Se puede ser la amiga de la emperatriz de Austria; puede pasarse por planeta de primera magnitud en el cielo de las artes y en el de los oficios; se puede ser una artista ecuestre, llamada y escogida en los mundos más cerrados y en los salones de doble cerrojo, sin ofrecer no obstante el menor pasto a ciertos apetitos de psicólogos aficionados. Y no sé si me haré comprender bien de todos, pero con seguridad obtendré el asentimiento de gran número de conocedores; se puede ser Océano y no ser *una mujer*.

La Srita. Elisa es una mujer.

Elisa conoció, desde que tuvo los primeros dientes, esa desgracia insigne, siempre rara en su sexo y casi siempre reveladora de una alma elevada: tener una vocación. Vocación vaga al principio, naturalmente, y que jamás deja de traducirse, apenas ha brotado, por el horror del medio impuesto y de la carrera normal. Todos, poco más o menos, han conocido esas agitaciones. La coqueta cuya fisonomía perfilo tenía más de un motivo conducente para querer sustraerse a su destino. Era austríaca, romántica y nieta de un gran fabricante de jabones. Su opinión sobre los jabones era inmutable; con un pan por semana se pueden tener las manos blancas como armiño. Como

---

[1] Se publicó solamente una vez: en *El Cronista de México* del 24 de diciembre de 1881, bajo el título de *Memorias de un vago* y firmado "M. Can-Can". No conocemos ninguna recopilación en que haya aparecido. Además de reemplazar el título original por otro más distintivo, hemos corregido algunos errores de bulto.

austríaca, tenía el hechizo de sus compatriotas, la sangre hirviendo y el diablo en la mirada. Romántica, dejábase arrastrar por el vuelo huracanado de un sueño infatigable. Como las nubes que ruedan al azar y a la merced de todo viento hacia tempestades próximas o hacia horizontes libres, así gozaban sus pensamientos de niña en anchos círculos, en los que todo brillaba, todo chispeaba llamas medio vistas, fuegos fatuos imaginados en el aire, como por encanto, en esa joven vida ya monótona y vuelta hacia mucho del viaje que aún tenía que emprender.

Sus amiguitas la adoraban. Era para ellas una entidad dominadora. Durante las blandas horas de recreo se formaba un círculo a su rededor para oírla charlar y entretenerse con sus chismes. Las historias de la víspera, desmesuradamente aumentadas por los sueños llenos de imágenes, querían ser seguidas de historias más maravillosas todavía. —"Vamos, cuéntanos alguna cosa".— Y la relatora, con ojos ardientes, atravesados como agujeros negros por el fuego interno, dejaba correr su palabra de fiebre; todo pasaba allí, por entre aquellos labios que pronto se ponían secos, todo; rápidas visiones, dramas minúsculos, reyes y reinas con suntuosos trajes de oro, mundos enteros vestidos de claridad. Sin contar lo que saltaba, de vez en cuando, de su cabeza loca a su boca grave: improvisaciones de deseos, concepciones de realidades sobrenaturales, un chorro de grandiosidades cómicas, todo esto semejante a girones de púrpura, remendados, valiere lo que valiere, pero con esa seda fina de la poética Alemania.

El padre y la madre no decían nada.

Seguían, en Troeplitz, sosteniendo su comercio confiando en el tiempo, en ese gran incrustador de plomo en los cerebros. Los negocios marchaban holgadamente, y aun cuando master Pezold hubiese perdido buen dinero en comanditas, Isabel,[2] bien educada, gentil y rica, hallaría fácilmente un partido: aquella soñadora sería la perla de las esposas.

Las necesidades de una industria trashumante llevaron la familia Pezold a Dresde. El famoso Circo Reuz daba allí representaciones. La Srita. Adelina Loysset, tía de la futura princesa de Reusse, se hacía aplaudir en esa compañía escogida, y era,

[2] El autor ha empleado hasta aquí el nombre de "Elisa"; en el resto del cuento alternará ese nombre con el de "Isabel". Quizá la alternancia tenga su explicación en que "Elisa" es abreviación de "Elisabeth", equivalente alemán del español "Isabel".

por añadidura, íntima amiga de la madre de Elisa. Una noche, después de la comida, llevó consigo a la chiquilla.

¡El rayo descendió! —"¡Seré cirquera!"

Desde entonces no la pudieron arrancar del Circo. Se asía de la falda de Adelina Loysset, bajaba a las caballerizas, a los palcos; encogió su sueño para colgarlo de los clavos en que lucían, bajo la luz del gas, los *maillots* pajizos y los crujientes corpiños. Bueno o malo, era ése en algunos puntos su mundo, el mundo de sus sueños. La silla plana, de brocados pesados y colgantes, como un dosel, llegó a ser su trono ambicionado; ciñó como corona una aureola de papel picado; y jamás en sus sueños reino alguno del universo le pareció más envidiable que ese reino magnífico del Circo, con su corte de muchedumbres palpitantes, su diadema de cartón y sus coronas de flores.

Ya pueden Udes. figurarse cuánto sería el espanto de los padres. Elisa ya no tenía reparo en pasearse por la ciudad, haciendo chasquear a los oídos de sus amigos y conocidos un látigo clandestinamente sustraído, buscando modos, maneras, posturas en que se traicionaba su nueva inclinación. Los padres decidieron, reunidos en consejo, poner a la joven Elisabette en el convento. Allí pasó la desgraciada todo un año.

No hay terquedad que al fin no triunfe. Delante de la niña vuelta al hogar paterno y vuelta con la misma idea fija, el padre fue quien primero se doblegó.

Hombre excelente, casi romántico —al menos en negocios, pues demasiado lo probaban sus fracasos —hizo una confesión primero y permitió a su hija tomar lecciones en el picadero del célebre Steinbrecht, en Bessau. Al cabo de un año, el maestro, confuso y alegre a la vez, declaraba que no tenía ya qué enseñar a la alumna. Ese certificado cambió algo las disposiciones paternas. Hombres de caballos *émérites,* personalidades del sport, acabaron por echar por tierra completamente su resistencia y partieron para Halberstadt, al encuentro del rico Loysset.

Elisa fue contratada. Sueldo mezquino, como era de justicia, le asignaron: apenas figuraba sino en las cuadrillas. Quiso, empero, la casualidad que se encontrara de guarnición en Halberstadt el conde Schnetow, coronel de los ulanos, primer jinete de Austria y tan famoso como aquel célebre conde de Schandor, que atravesaba, a caballo, el Danubio, sobre hielos movedizos, y que se hizo legendario. El conde Schnetow tenía también hermosas proezas en su hoja de servicios. Últimamente todavía, siendo portador de un despacho para su general, había hecho salvar a su valiente potro las treinta gradas de la escalera de honor en tres saltos, lo detuvo exactamente en la mitad de la antecámara, y luego, devuelto el telegrama, desapareció por el mismo camino, como deslumbradora fantasmagoría.

Él fue quien descubrió a la Srita. Elisa medio perdida en los ejercicios de conjunto. Conocía a Reuz, pues largo tiempo había viajado con su compañía, por satisfacer un placer y no por amor al arte. Le anunció el milagroso hallazgo que acababa de hacer: al recibo de su carta, Reuz contrataba por despacho telegráfico a la Srita. Elisa, con fuertes emolumentos. El viejo Loysset, que sin aparentar tocarlo, había notado perfectamente el tesoro que poseía, estuvo a punto de perder la razón. Promesas, ofertas espléndidas, ruegos, todo puso por obra. Demasiado tarde ¡ay! la mecha estaba avivada. Hubo necesidad de separarse.

En ese momento, Elisa derramó todas las lágrimas de su cuerpo. Ahora todavía, le es imposible irse de una ciudad en que se halla desde hace dos meses, sin dirigir adioses detallados y conmovedores a los menores lugares que en ella ha recorrido. Todo tiene su parte en sus grandes pesares: circo, animales, espectadores, las bancas en que tantas manos han palmoteado, la arena que no saltará ya bajo el casco de su caballo, el alto asiento del director de orquesta y hasta la puerta por donde va a desaparecer su nombre. Luego, las calles por donde pasaba, las casas ya conocidas, los almacenes casi familiares, los comisionistas de constante recuerdo. Por fin, el cuarto de hora terrible en el *furnished apartment:* los muebles uno por uno, sin olvidar alguno: cada sillón alcanza su palabra triste; cada espejo su mirada húmeda y letanías de adioses, balbucidas entre sollozos, en francés, en alemán, y sobre todo, en esa lengua universal tan bien comprendida, de las lágrimas.

En Viena, en Berlín, en Pestto, en Breslau, en Hamburgo, en Dresde, en todas partes por donde ha paseado sus crecientes triunfos —en todas partes ha agotado los lamentos de las partidas crueles. Esta sensibilidad que quizá fuera motivo de burla en otra persona, en ella tiene verdaderamente un lado de franqueza que no despierta sino una sonrisa curiosa y casi enternecida. Está tan bien en la naturaleza de esa mujer sensible, que no sabe vivir sino con la condición de arrojarse en los extremos de alegría o de pena, y cuya alma, al contrario de esa planta que se cierra al menor contacto, se cerraría, si no resintiese, sin tregua, golpes de felicidad o de infortunio.

Conozco yo una escena deliciosa en que desempeñó su papel, y que, por vida mía, pudo entregarse sin límite a las lágrimas.

Seis años después de su permanencia en el convento, volvía con su compañía de circo a Eufurt. El brillo de su reputación, en apogeo por aquel entonces, la había precedido a esa ciudad, en donde no se había oído en otro tiempo más que el ruido de sus quejas. Todo Eufurt salió a su encuentro. La primera persona a quien reconoció fue a su antiguo director espiritual. Con ese tacto mujeril, cuyas delicadezas no pueden imaginarse, fingió no haberlo visto. Pero él se agitaba como verdadero poseído, batiendo palmas, exclamando *bravos* sonoros y voluntariamente aislados. Tuvo necesidad de dirigir hacia ese adorador ruidoso el reconocimiento de un saludo y de una sonrisa. El buen sacerdote estaba radiante. Cinco minutos después estaba en los cuadros, volvía a encontrar a Elisa en la confusión encantadora de las palabras de bienvenida.

—Apuesto, —dijo—, que no has ido todavía a hacer una visita a nuestras Madres. ¡Ingrata! ¿Por qué estás en el Circo? Pero no hay necesidad de decírselo... En primer lugar, comerás conmigo; mi hermana tendrá mucho gusto de abrazarte. Y mañana, al convento...

El programa se llevó a cabo. Es preciso haber oído, como yo, a la Srita. Elisa hacer la relación de ese día. Es absoluta e idealmente bonito. Escuchen Udes. el simple *escenario*. Desde lejos se ve la casa blanca, los árboles del patio; luego la gran puerta de pesado llamador de mascarón, caído como un ojo cerrado sobre la vida. La hermana tornera, deslizando por entre los largos corredores sus pasos que no se oyen; el locutorio, las salas de espera. Es la hora del rezo. Ni un ruido, ni un movimiento. No hay más que un corazón que late. Diez minutos pasan lentamente en ese aislamiento de eternidad. Una campanada de repente, y muy lejos todavía, unos pasos conocidos, un semblante que ríe, ojos que ya están allí; es la madre Eugenia, la francesa, la consoladora, la bien querida. Se echan en brazo una de otra, y se oye esta adorable frase: "¡Querida Isabel, cómo suspiraba por ti!"

Ya pueden Uds. figurarse si la querida Isabel lloraba. Y la madre continuó tiernamente:

—¿Qué es lo que has ido a buscar al Circo? Sí, ya sé... pero querida niña, sé también que siempre eres la misma, y que en todas partes puede uno conservar su noble corazón...

Luego, visitaron el convento.

—Quiero que volvamos a ver juntas todos los lugares en que has sido feliz, todos aquellos en que has sido desgraciada...

Y a medida que avanzaban:

—Aquí, la clase de aritmética, en que tan a menudo fuiste castigada. Mira el banquito, ¿lo conoces?... Allí, tu cama, tu mesita de tocador... Ahora la capilla; oremos un poco por ti... El nuevo jardín, que no estaba concluido en tu tiempo; nuestro cementerio: he aquí mi lugar, aquí debes venir a verme, allí es...

En este momento apareció la madre Dominga, a quien Elisa no quería.

—¡Ah! ¿es Ud., señorita? ¿Cómo está Ud.?

—Siempre bien, cuando me hallo cerca de mi buena madre Eugenia.

Fueron luego a comer al gran refectorio, y hasta la hora de acostarse, que pronto llegó, la que volvía refirió su vida, sus proyectos, todas esas cosas lanzadas a la sombra, en otro tiempo, como flores sin porvenir, y abiertas ahora a la luz de un radiante sol.

No queramos seguir a Elisa en su odisea.

Conocida es la viva simpatía que la emperatriz de Austria tiene a Elisa, quien durante su estancia en Viena, monta los caballos de S. M. en el *Sommer Reitschule.* Allí es adonde tiene la emperatriz el gran picadero para sus caballos de raza y su pequeño circo para adiestrarlos en alta escuela. Elisa concurre a todas las carreras con los Metternich, los Esterhazy, el barón Orzy, el príncipe de Lichtenstein, el barón de Edelsheim, gobernador de Hungría y jinete de los primeros, en ese país en que el culto al caballo ha pasado al estado de religión. La caza dura todo el día, y por la noche se vuelven a ver en el Circo; la emperatriz en su palco, toda la aristocracia, toda la corte en las *tribunas* o bajo la orquesta, y Elisa montada en *Conny* o en *Bécasse,* con las mejillas encendidas por el aire de la selva, llevando en el ojal la hoja verde cogida al sonar victoriosa la trompa de la cacería.

En París, en donde ya no hay corte, Elisa ha hallado al menos cortesanos. A la cabeza de sus amistades hay que citar a la baronesa de Rothvillers, con la que diariamente se la ve en el Bosque, manejando un tiro de cuatro caballos, y entre las señoras del mundo elevado que han tenido gusto en recibirla, nombraremos a la duquesa de Fitz-James, la baronesa Alphonse de Rothschild, que ha montado *Henriette* en el Bosque y envió a su protegida una soberbia piocha, antes de su partida para la mar; la baronesa de Ruthenstein, amiga de las artes y de los artistas. En materia de hombres, una parte del Jockey; Mackenzie Grives, el conde de Módena, los Esphrussi, el conde de Barri, el general Iparaguerra, Basily, Fragonard, d'Etreillis; toda una tribu de concurrentes y de admiradores; todo lo que en París ama a esos dos animales de lujo: el caballo y la mujer.

LA BALADA DE AÑO NUEVO[1]

En la alcoba muelle, acolchonada y silenciosa, apenas se oye la blanda respiración del enfermito. Las cortinas están echadas; la veladora esparce en derredor su luz discreta, y la bendita imagen de la Virgen vela a la cabecera de la cama. Bebé está malo, muy malo... Bebé se muere...

El doctor ha auscultado el blanco pecho del enfermo; con sus manos gruesas toma las manecitas diminutas del pobre ángel, y frunciendo el ceño, ve con tristeza al niño y a los padres. Pide un pedazo de papel; se acerca a la mesilla veladora, y con su pluma de oro escribe... escribe. Sólo se oye en la alcoba, como el pesado revoloteo de un moscardón, el ruido de la pluma corriendo sobre el papel, blanco y poroso. El niño duerme; no tiene fuerzas para abrir los ojos. Su cara, antes tan halagüeña y sonrosada, está más blanca y transparente que la cera: en sus sienes se perfila la red azulosa de las venas. Sus labios están pálidos, marchitos, despellejados por la enfermedad. Sus manecitas están frías como dos témpanos de hielo... Bebé está malo... Bebé está muy malo... Bebé se va a morir...

Clara no llora; ya no tiene lágrimas. Y luego, si llorara, despertaría a su pobre niño. ¿Qué escribirá el doctor? ¡Es la receta! ¡Ah, si Clara supiera, lo aliviaría en un solo instante! Pues qué ¿nada se puede contra el mal? ¿No hay medios para salvar una existencia que se apaga? ¡Ah! Sí los hay, sí debe haberlos; Dios es bueno, Dios no quiere el suplicio de las madres; los médicos son torpes, son desamorados; poco les importa la honda aflicción de los amantes padres; por eso Bebé no está aliviado aún; por eso Bebé sigue muy malo; por eso Bebé, el pobre Bebé, se va a morir! Y Clara dice con el llanto en los ojos:

---

[1] Éste es uno de los cuentos de Nájera más conocidos y populares y uno, también, de los que menos cambios han sufrido en las diferentes versiones que se han publicado. Apareció por lo menos cinco veces en periódicos mexicanos: en *El Nacional* del 1º de enero de 1882; en *La Libertad*, 19 de octubre de 1882; en la *Revista Azul*, 6 de enero de 1895; en *El Periódico de las Señoras*, 31 de diciembre de 1896; y en la *Revista Moderna de México*, en febrero de 1906. En un caso, el de *La Libertad*, va firmado "El Duque Job"; en los demás, "M. Gutiérrez Nájera".

El cuento ha aparecido también en varias colecciones de las obras de Nájera: entre otras en *Cuentos frágiles*, 1883, y en *Obras*, 1898.

—¡Ah! ¡si yo supiera!

La calma insoportable del doctor la irrita. ¿Por qué no lo salva? ¿Por qué no le devuelve la salud? ¿Por qué no le consagra todas sus vigilias, todos sus afanes, todos sus estudios? ¿Qué, no puede? Pues entonces de nada sirve la medicina: es un engaño, es un embuste, es una infamia. ¿Qué han hecho tantos hombres, tantos sabios, si no saben ahorrar este dolor al corazón, si no pueden salvar la vida a un niño, a un ser que no ha hecho mal a nadie, que no ofende a ninguno, que es la sonrisa, y es la luz, y es el perfume de la casa?

Y el doctor escribe, escribe. ¿Qué medicina le mandará? ¿Volverá a martirizar su carne blanca con esos instrumentos espantosos?

—No, ya no, —dice la madre— ya no quiero. El hijo de mi alma tuerce sus bracitos, se disloca entre esas manos duras que lo aprietan, vuelve los ojos en blanco, llora, llora mucho, ruega, grita, hasta que ya no puede, hasta que la fuerza irresistible del dolor le vence, y se queda en su cuna, quieto, sin sentido y quejándose aún, en voz muy baja, de esos cuchillos, de esas tenazas, de esos garfios que lo martirizan, de esos doctores sin corazón que tasajean su cuerpo, y de su madre, de su pobre madre que lo deja solo. No, ya no quiero, ya no quiero esos suplicios. Me atan a mí también; pero me dejan libres los oídos para que pueda oír sus lágrimas, sus quejas. ¡Lo escucho y no puedo defenderlo: veo que lo están matando y lo consiento!

El niño duerme y el doctor escribe, escribe.

—Dios mío, Dios mío, no quieras que se muera: mándame otra pena, otro suplicio: lo merezco. Pero no me lo arranques, no, no te lo lleves. ¿Qué te ha hecho?

Y Clara ahoga sus sollozos, muerde su pañuelo, quiere besarlo y abrazarlo (¡acaso esas caricias sean las últimas!) pero el pobre enfermito está dormido y su mamá no quiere que despierte.

Clara lo ve, lo ve constantemente con sus grandes ojos negros y serenos, como si temiera que, al dejar de mirarlo, se volara al cielo. ¡Cuántos estragos ha hecho en él la enfermedad! Sus bracitos rechonchos hoy están flacos, muy flacos. Ya no se ríen en sus codos aquellos dos hoyuelos tan graciosos, que besaron y acariciaron tantas veces. Sus ojos (negros como los de su mamá) están agrandados por las ojeras, por esas pálidas violetas de la muerte. Sus cabellos rubios le forman como la aureola de un santito.

—¡Dios mío, Dios mío, no quiero que se muera!

Bebé tiene cuatro años. Cuando corre, parece que se va a caer. Cuando habla, las palabras se empujan y se atropellan en sus labios. Era muy sano: Bebé no tenía nada. Pablo y Clara se miraban en él y se contaban por la noche sus travesuras y sus gracias, sin cansarse jamás. Pero una tarde Bebé no quiso corretear por el jardín; sintió frío; un dolor agudo se clavó en sus sienes y le pidió a su mamá que lo acostara. Bebé se acostó esa tarde y todavía no se levanta. Ahí están, a los pies de la cama, y esperándole, los botincitos que todavía conservan en la planta la arena humedecida del jardín.

El doctor ha acabado de escribir, pero no se va. Pues qué ¿le ve tan malo? El lacayo corre a la botica.

—¡Doctor, doctor, mi niño va a morirse!

El médico contesta en voz muy baja:

—Cálmese Ud., que no despierte el niño.

En ese instante llega Pablo. Hace quince minutos que salió de esa alcoba y le parece un siglo. Ha venido corriendo como un loco. Al torcer la esquina no quiso levantar los ojos, por no ver si el balcón estaba abierto. Llega, mira la cara del doctor y las manos enclavijadas de la madre; pero se tranquiliza; el ángel rubio duerme aún en su cuna —¡no se ha ido! Un minuto después, el niño cambia de postura, abre los ojos poco a poco, y dice con una voz que apenas suena:

—¡Mamá! ¡mamá!...

—¿Qué quieres, vida mía? ¿Verdad que estás mejor? ¡Dime qué sientes! ¡Pobrecito mío! Trae acá tus manitas, ¡voy a calentarlas! Ya te vas a aliviar, alma de mi alma. He mandado encender dos cirios al Santísimo. La Madre de la Luz ya va a ponerte bueno.

El niño vuelve en derredor sus ojos negros, como pidiendo amparo. Clara lo besa en la frente, en los ojos, en la boca, en todas partes. ¡Ahora sí puede besarlo! Pero en esa efusión de amor y de ternura, sus ojos, antes tan resecos, se cuajan de lágrimas, y Clara no sabe ya si besa o llora. Algunas lágrimas ardientes caen en la garganta del niño. El enfermito, que apenas tiene voz para quejarse, dice:

—¡Mamá, mamá, no llores!

Clara muerde su pañuelo, los almohadones, el colchón de la cunita. Pablo se acerca. Es hora ya de que él también lo bese. Le toca ya su turno. Él es fuerte, él es hombre, él no llora. Y entretanto, el doctor, que se ha alejado, revuelve la tisana con la pequeña cucharilla de oro. ¿Qué es el sabio ante la muerte? La molécula de arena que va a cubrir con su oleaje el océano.

—Bebé, Bebé, vida mía. Anímate, incorpórate. Hoy es año nuevo. ¿Ves? Aquí en tu manecita están las cosas que yo te fui a comprar en la mañana. El cucurucho de dulces, para cuando te alivies; el aro con que has de corretear en el jardín; la pelota de colores para que juegues en el patio. ¡Todo lo que me has pedido!

Bebé, el pobre Bebé, preso en su cuna, soñaba con el aire libre, con la luz del sol, con la tierra del campo y con las flores entreabiertas. Por eso pedía no más esos juguetes.

—Si te alivias, te compraré una carretela y dos borregos blancos para que la arrastren... ¡Pero alíviate, mi ángel, vida mía! ¿Quieres mejor un velocípedo? ¿Sí...? Pero ¿si te caes? Dame tus manos. ¿Por qué están frías? ¿Te duele mucho la cabeza? Mira, aquí está la gran casa de campo que me habías pedido...

Los ojos del enfermito se iluminan. Se incorpora un poco, y abraza la gran caja de madera que le ha traído su papá. Vuelve la vista a la mesilla y mira con tristeza el cucurucho de los dulces.

—Mamá, mamá, yo quiero un dulce.

Clara, que está llorando a los pies de la cama, consulta con los ojos al doctor; éste consiente, y Pablo, descolgando el cucurucho, desata los listones y lo ofrece al niño. Bebé toma con sus deditos amarillos una almendra, y dice:

—Papá, abre tu boca.

Pablo, el hombre, el fuerte, siente que ya no puede más; besa los dedos que ponen esa almendra entre sus labios, y llora, llora mucho.

Bebé vuelve a caer postrado. Sus pies se han enfriado mucho; Clara los aprieta con sus manos, y los besa. ¡Todo inútil! El doctor prepara una vasija bien cerrada y llena de agua casi hirviente. La pone en los pies del enfermito. Éste ya no habla, ya no mira; ya no se queja; nada más tose, y de cuando en cuando, dice con voz apenas perceptible:

—¡Mamá, mamá, no me dejen solo!

Clara y Pablo lloran, ruegan a Dios, suplican, mandan a la muerte, se quejan del doctor, enclavijan las manos, se desesperan, acarician y besan. ¡Todo en vano! El enfermito ya no habla, ya no mira, ya no se queja: tose, tose. Tuerce los bracitos como si fuera a levantarse, abre los ojos, mira a su padre como diciéndole: —¡Defiéndeme! —vuelve a cerrarlos... ¡Ay! Bebé ya no habla, ya no mira, ya no se queja, ya no tose; ya está muerto!

Dos niños pasan riendo y cantando por la calle:
—¡Mi Año Nuevo! ¡Mi Año Nuevo!

LA PRIMERA COMUNIÓN[1]

SE ESCUCHAN ya, cercanos y pesados, los pasos de la Semana Santa. La multitud se refugia en los templos, como una parvada de polluelos bajo el ala de la madre. Los predicadores se esfuerzan por lograr sus últimas victorias, y cada tarde, al concluir la plática, aguardan pacientes en el confesonario a las ovejas descarriadas, para darles el perdón, ese rocío del cielo. Velos obscuros cubren los altares. Los cirios amarillos chispean solemnemente en torno de la imagen del Crucificado. Quitémonos, pues, ceremoniosamente los sombreros, y abramos paso a los últimos días de la cuaresma.

A riesgo de que los críticos hagan mofa de mí y se burlen, acaso con justicia, de mi egotismo, estoy poco dispuesto al arrepentimiento y reincido, a sabiendas, en el pecado. No sé escribir de otro modo.

Para hablar de los días solemnes, santificados por la tradición, no quiero recurrir a mis pobres libros ni a mis cortísimos saberes. La ciencia es fría como el mármol de un monumento sepulcral. Prefiero recorrer con la memoria el camino que dejo atrás y hablar con el corazón. Todos tenemos en nuestro cofre

[1] La historia de este cuento es complicada. Casi al mismo tiempo, en abril de 1882, el autor publicó en distintos periódicos dos escritos sobre la Semana Santa: uno en *El Nacional,* compuesto en "Jueves Santo - 1882", titulado *La primera comunión* y firmado "M. Gutiérrez Nájera"; y otro en *El Cronista de México* del 2 de abril de 1882, titulado *Memorias de un vago* y firmado "M. Can-Can". Fuera del tema, los dos no tienen nada en común.
Un año más tarde, el 18 de marzo de 1883, el autor publicó en *La Libertad* un tercer artículo sobre el mismo tema, titulado *La vida en México* y firmado "El Duque Job". Este escrito combina partes de los dos publicados en 1882, sin añadir mucho. Sustituye el epígrafe (una estrofa de Campoamor) que encabeza la versión de *El Nacional* por un nuevo párrafo preliminar de unos diez renglones; copia la mitad de la primera página de dicha versión; luego pasa al texto de *El Cronista,* del que copia unas tres páginas; y finalmente, vuelve al texto de *El Nacional* hasta terminar. Como material nuevo, se intercalan unos renglones encaminados a hacer la transición de una versión a otra.
Que sepamos, el cuento ha sido recogido sólo una vez: en las *Obras* de 1898, donde está titulado *La vida en México.* El texto es de *La Libertad* de 1883.
Publicamos la versión de 1883, pero preferimos el título de *El Nacional,* 1882, por ser más distintivo.

de recuerdos una reliquia religiosa, y en nuestro corazón una fibra que se estremece en la quietud solemne de los templos. Arrastrados, sin tregua ni descanso, por el rápido torbellino de la vida, hemos casi olvidado el camino que lleva al corazón. Hoy, venturosamente, las faenas diarias cesan y el ánimo se esparce en el sosiego: busquemos, pues, esa vía dolorosa, ese camino.

Todavía me parece estar muy cerca de esos años felices en que yo le ayudaba la misa al señor cura, preparaba el misal con sus largos listones y hasta solía lavar las vinajeras, cuidando de tomarme, sorbo a sorbo, el vino que en ocasiones les quedaba. Muchas cosas se olvidan en esta larga caminata que llamamos vida; pero el primer sacerdote que nos confesó y la primer novia que tuvimos, no se borran jamás de la memoria. Por eso cada vez que la Santa Semana llega y el velo cubre los altares, mientras suenan las carracas en las calles y reverbera el sol su roja lumbre, como dice Carpio, distraemos el pensamiento con la contemplación de hechos pasados, y vivimos en plena fe la vida paradisíaca de la infancia.

Una noche —era yo muy niño todavía—, lleváronme a la iglesia donde se conmemoraba con sermones y cuadros alegóricos el prendimiento de Jesús en el sagrado huerto. La iglesia estaba a obscuras, o poco menos: la única parte iluminada era el altar, sin blandones ni imágenes, todo cubierto por una gran cortina obscura que el viento estremecía pausadamente. La llama roja de los cirios, oscilante como la lengüeta de una víbora, alumbraba una imagen de la Virgen dolorosa —única que había quedado en el altar— quebrando sus resplandores en el áureo pomo del puñal que atravesaba el pecho de la santa Madre y resbalando por el lustroso terciopelo de su manto. En las mejillas de la Virgen corrían dos lagrimones de cristal. He dicho que corrían, y no retiro la palabra; porque, ora fuese a causa del fulgor oscilante de los cirios, ora por influjo de mi exaltada fantasía, la verdad es que yo veía correr aquellas lágrimas cual si brotasen de una fuente inagotable. Los piadosos feligreses rezaban agrupados en la nave, y al terminar cada misterio del rosario, sonaba la severa voz del órgano acompañada del canto religioso.

Pero lo que atraía mi vista con más fuerza, era el cuadro dispuesto en una de las capillas laterales. En la solemne obscuridad del templo, esa capilla, toda colgada de terciopelo púrpura, con sus catorce cirios encendidos, se destacaba como un horno luminoso. Allí estaba una imagen del Señor, guardada para ocasiones semejantes. Vestía Jesús su túnica violeta, y de rodillas, apoyado en la peña de cartón, oraba al Padre. No podía vérsele el rostro, que tenía oculto en las sagradas manos, y sólo se miraba su cabellera de color castaño y el nacimiento de las blancas sienes. En el ángulo opuesto, serios y ceñudos, se destacaban los soldados del pretor, con sus lucientes picas y sus barbas negras. Aquellos hombres me inspiraban aversión y miedo: sin darme cuenta de ello, por instinto, yo me acerqué a mi madre, cubriéndome la mitad del cuerpo con sus ropas.

El señor cura comenzó su piadoso sermón, y el auditorio, recogido, no se atrevía a moverse para no perder una sola de esas frases inspiradas.

El señor cura, como era uso, había tomado por la tarde, en casa de mis padres, el chocolate de las cuatro; su voz, sin embargo, me infundió pavor. No; no era el mismo que solía darme tirones de oreja y hasta jugar conmigo a la raqueta. Era el austero pastor de almas, el viejo de cabellos plateados, narrando con acento conmovido la suprema tragedia del Calvario. Yo, de ordinario retozón e inquieto, no osaba murmurar una palabra ni moverme del sitio en que mi madre oraba. La voz del señor cura sonaba tristemente en mis oídos, como los dobles de la campana el día de Muertos. El drama augusto desenvolvía ante mí, en la obscuridad, sus desgarradores episodios. La noche que pesó con su negrura inmensa sobre la cabeza del Redentor, pesaba también sobre mí. Miraba a los apóstoles dormidos; y, a la distancia de un tiro de piedra, contemplaba a Jesucristo hablando con su Padre, que le oía desde los cielos, y pidiéndole que apartara de sus pálidos labios el amargo cáliz. No había estrellas en el cielo. ¿Qué estrellas habrían podido ver a un Dios sufriendo? El Nazareno comenzaba su martirio, y en el silencio augusto de ese bosque, lejos de los hombres que ya habían comenzado a abandonarle, sentía pavor, miedo y congoja. No le arredraba aquel suplicio horrendo ni aquella penosísima agonía; mas con los ojos del espíritu, con la infinita previsión divina, contemplaba la procesión interminable de los siglos. ¿A cuántos aprovecharía la redención? ¿Cuántos de aquellos hijos por quienes aceptaba el cáliz del martirio iban a desconocerle y a negarle? Y el alma del Profeta se oprimía, y de su noble pecho, hinchado por los sollozos, salían quejas amarguísimas. De improviso, rompe la obscuridad nocturna súbito resplandor de hachones y linternas. Con grande vocerío, blasfemando, riendo a carcajadas, se acercan los durísimos soldados. Y llegan todos en tropel, le insultan, y uno de ellos pone la recia mano en el rostro divino del Maestro...

En llegando a este punto, rompieron los sollozos su clausura, y el devoto auditorio comenzó a llorar. La conmovida voz del señor cura narraba lentamente aquella escena desgarradora. Yo, de rodillas, clavaba con espanto la mirada en el doliente rostro de la Virgen.

He asistido después a muchos templos y he escuchado a los grandes oradores. ¿Por qué ninguno sabe conmoverme como aquel ignorante pastor de almas? No era profundo teólogo ni polemista experto, ni elocuente, en el sentido humano de esta palabra. No argumentaba con gran máquina de raciocinios, ni recurría a las armas de la filosofía batalladora. Era manso y humilde, recto de corazón y amplio de espíritu. No hablaba con el entendimiento: hablaba con el alma. Diré mejor, para expresar con claridad mi pensamiento: No hablaba él; dejaba hablar a Jesucristo.

De ese humilde predicador y de la azul mañana en que hice la primera comunión, jamás podrá olvidarse mi memoria. Cerrando los ojos para no mirar los seres y cosas que nos rodean, y explorando con la imaginación el campo del pasado, parece que la vida, como un inmenso panorama, va pasando ante nosotros en su infinita variedad de cuadros. Pasan los días lluviosos, obscurecidos por densas y apretadas nublazones; las noches en que retumba el trueno y los ríos desbordados salen de su cauce; las mañanas serenas, en que el cielo está azul, la tierra fresca, y limpia el agua de las fuentes. Esas mañanas son las mañanas de la infancia. Las bocanadas de aire traen a nuestro olfato el sano olor de los trigales, y a nuestro oído el repique de las campanas que volteaban alegremente en la parroquia. La atmósfera está tan limpia y trasparente que podría distinguirse el vuelo de los ángeles; la luz es virgen todavía; Dios está contento.

Así es la mañana de la primera comunión. Todavía, al recordarla, siento una vaga sensación de frescura; me parece que entro a un estanque rugado por el ala del cisne y que el agua fresca penetra por todos mis poros. Bien hacen al escoger para esta santa comunión una mañana de abril, toda claridad, toda perfume. El invierno es la estación de los entierros; y la primavera es la estación de las resurrecciones. La primera comunión sería triste en diciembre. Se iría al templo por callejas cubiertas de hojas amarillas, entre árboles desnudos y fuentes heladas.

No; Dios debe entrar al alma cuando la savia renueva las ramas, cuando el perfume sale de la flor y los pájaros salen de sus nidos. El ruiseñor, cantando por la noche, enseña a orar. La luz, entrando por los ojos, lava el alma.

Conservo aún la cinta de raso blanco que llevé anudada en el brazo. El tiempo la ha amarilleado un tanto cuanto: está como los encajes que guardan en su baúl nuestras abuelas y que sirvieron para su matrimonio.

La víspera de ese día inolvidable me acosté algo más tarde que de costumbre. Junto a mi cama estaba ya dispuesta la ropa que iba a vestir, nueva y lustrosa. Pasé la velada oyendo las máximas severas de un libro piadoso que leía mi padre. Una inmensa alegría llenaba mi alma. Antes de recogerme, abrí la puerta de mi ventana y contemplé la noche: todas las estrellas me veían con sus pupilas de oro. Me arrodillé después ante la imagen de la Virgen; la Virgen, la santa Virgen me sonreía. Algo como un ligero movimiento de alas sonaba en torno mío. Esa noche pensé que eran las alas de los ángeles. Ahora reflexiono que debió ser la brisa moviendo las altas ramas de los árboles.

Dormí poco. A las cuatro de la madrugada me despertaron; comencé a vestirme, rezando a media voz mis oraciones. Estaba alegre aún; pero mezclábase a mi alegría un vago temor. Casi puedo decir que tenía miedo. ¿Miedo de qué? Había hecho la confesión de mis pecados; la absolución había purificado mi espíritu; y no obstante, me parecía que no estaba aún suficientemente apercibido para aquel acto solemne.

Tan abstraído estaba, que no me detuve a admirar la ropa nueva, los pantalones con bolsas, el chaleco blanco, y la cinta que iba a anudarse coquetamente en torno de mi brazo. Tenía miedo. La calma de la noche me imponía. Mas, apenas pude salir al corredor y contemplar el cielo, huyeron desvanecidos mis temores. Las estrellas no estaban ya doradas y lucientes como pocas horas antes. En ese instante parecían de plata. Los gallos cacareaban en el corral vecino. La luz, tímida y como algodonosa, comenzaba a subir por el Oriente. El agua tartamudeaba en su taza de piedra. Yo, en aquella hora del alba, me creí virgen de pecado. La brisa rozaba con sus alas húmedas la corola de las flores. La naturaleza hablaba con Dios.

Poco a poco se fueron apagando los luceros; poco a poco la claridad invadió el cielo; ya se escuchaba más continuo y más sonoro el repique de las campanas; los luceros fueron quedando en el obscuro cofre de la noche, como diamantes engarzados en antigua plata: la franja de oro que precede al sol apareció en los horizontes, y los pájaros que dormían aún dentro de sus pequeñas jaulas comenzaron a cantar.

Yo no quería hablar, no quería oír. Cuidaba mi corazón y mi conciencia, como se cuida el vaso lleno de agua que se lleva en la mano, temiendo que se derrame sobre las alfombras. Con la apacible claridad del día, la calma entraba en mi espíritu. Los compañeros me aguardaban ya, y partimos a la iglesia. Ver me parece aún la nave; las flores que caían a nuestro paso desde las altas cornisas; creo oír la voz grave del órgano y el ruido de nuestros pasos en el suelo hueco. Llegamos hasta la escalinata del presbiterio y allí nos pusimos de rodillas. Los niños de coro balanceaban sus dorados incensarios. Gotas de cera derretida caían en la arandela que defendía mi mano, recortando el cirio blanco. Se oía la alegre voz de las campanas, y nuestros corazones infantiles también, como las campanas, repicaban.

¡Oh, Santa Iglesia que escondiste mis primeras alegrías, humilde templo sin áureos candelabros ni ornamentos realzados con brillantes! Tú me viste en tarde obscura y nebulosa, mucho tiempo después de aquella azul mañana, entrar en busca de santo amor y de consuelo. Las hojas de rosa no caían, como menuda lluvia, sobre mi cabeza. El órgano estaba mudo y mi memoria no encontraba ya oraciones. En el desnudo altar se alzaba la santa imagen del Crucificado. Mis pasos resonaron en la bóveda tristemente; las campanas doblaban en la torre, y mi corazón doblaba también, como las campanas! ¡Oh Santa Iglesia que escondiste mis primeras alegrías! Cuando mi pobre espíritu zozobra, como la barca débil de los pescadores en el revuelto mar de Tiberiades, yo te evoco y te miro reflejada en el cristal opaco del recuerdo. ¡Tú eres la calma, tú eres la verdad, tú eres la vida!

LA HIJA DEL AIRE[1]

Pocas veces concurro al Circo.[2] Todo espectáculo en que miro la abyección humana, ya sea moral o física, me repugna grandemente. Algunas noches hace, sin embargo, entré a la tienda alzada en la plazoleta del Seminario. Un saltimbanco se dislocaba haciendo contorsiones grotescas, explotando su fealdad, su desvergüenza y su idiotismo, como esos limosneros que, para estimular la esperada largueza de los transeúntes, enseñan sus llagas y explotan su podredumbre. Una mujer —casi desnuda— se retorcía como una víbora en el aire. Tres o cuatro gimnastas de hercúlea musculación se arrojaban grandes pesos, bolas de bronce y barras de hierro. ¡Cuánta degradación! ¡Cuánta miseria! Aquellos hombres habían renunciado a lo más noble que nos ha otorgado Dios: al pensamiento. Con la sonrisa del cretino ven al público que patalea, que aúlla y que los estimula con sus voces. Son su bestia, su cosa. Alguna noche, en medio de ese redondel enarenado, a la luz de las lámparas de gas y entre los sones de una mala murga, caerán desde el trapecio vacilante, oirán el grito de terror supremo que lanzan los espec-

---

[1] Lo esencial de este cuento se publicó tres veces en la prensa mexicana: en *El Nacional* del 6 de abril de 1882, con el título de *La hija del aire* y firmado "M. Gutiérrez Nájera"; en *La Libertad* del 10 de diciembre del mismo año, *Crónica color de Venus* y "El Duque Job"; y en *El Partido Liberal* del 30 de diciembre de 1888, *Por los niños* y "El Duque Job".

La versión de abril de 1882 difiere de la que publicamos aquí casi únicamente en que coloca el largo párrafo que empieza "Oigo decir con insistencia..." al principio en lugar de al final del cuento.

En *La Libertad* de diciembre de 1882 encontramos el cuento casi en la versión exacta que damos aquí, pero como última mitad, poco más o menos, de un largo artículo cuya primera parte trata del reciente tránsito del planeta Venus y de la temporada teatral.

En *El Partido Liberal* lo esencial del cuento va incluido en un largo artículo sobre las nuevas leyes promulgadas en Italia contra la explotación de los niños, las cuales, al parecer del autor, debieran ser emuladas en México. La parte incluida comprende desde las palabras "Recordáis a la pobrecita hija del aire...", que van al principio de la segunda página de nuestra versión, hasta el final de ésta.

Aunque no fue la última publicada en vida del autor, publicamos la versión de diciembre de 1882, que aparece también en los *Cuentos frágiles* de 1883, en las *Obras* de 1898 y en otras recopilaciones. El título es el de la versión primitiva, de abril de 1882.

[2] El Circo Orrin, muy popular en aquella época.

tadores en el paroxismo del deleite, y morirán bañados en su propia sangre, sin lágrimas, sin piedad, sin oraciones!

Pero lo que subleva más mis pensamientos es la indigna explotación de los niños. Pocas noches hace, cayó una niña del caballo que montaba y estuvo a punto de ser horriblemente pisoteada. ¿Recordáis a la pobrecita hija del aire, que vino al mismo circo un año hace? Todavía me parece estarla viendo: el payaso se revuelca en la arena, diciendo insulsas gracejadas; de improviso miro subir por el volante cable que termina en la barra del trapecio a un ser débil, pequeño y enfermizo. Es una niña. Sus delgados bracitos van tal vez a quebrarse; su cuello va a troncharse y la cabeza rubia caerá al suelo, como un lirio cuyo delgado tallo tronchó el viento. ¿Cuántos años tiene? ¡Ay! es casi imposible leer la cifra del tiempo en esa frente pálida, en esos ojos mortecinos, en ese cuerpo adrede deformado! Parece que esos niños nacen viejos.

Ya se encarama a los barrotes del trapecio: ya comienza el suplicio. Aquel cuerpo pequeño se descoyunta y se retuerce; gira como rehilete, se cuelga de la delgada punta de los pies, y, por un milagro de equilibrio, se sostiene en el aire, detenido por los talones diminutos que se pegan a la barra movediza. A ratos, sólo alcanzo a ver una flotante cabellera rubia, suelta como la de Ofelia,[3] que da vueltas y vueltas en el aire. Diríase que la sangre huye espantada de ese frágil cuerpo, que tiene la blancura de los asfixiados, y se refugia únicamente en la cabeza. El público aplaude... Ninguna mujer llora. ¡He visto llorar a tantas por la muerte de un canario!

Cuando acaba el suplicio, la niña baja del trapecio, y con sus retratos en la mano comienza a recorrer los palcos y las gradas. Pide una limosna. Pasa cerca de mí: yo la detengo.

—¿Estás enferma?
—No; pero me duele mucho...
—¿Qué te duele?
—Todo.

La luz de sus pupilas arde tenuemente, como la luz de una luciérnaga moribunda. Sus delgados labios se abren para dar paso a un quejido, que ya no tiene fuerzas de salir. Sus bracitos

---

[3] Personaje trágico del *Hamlet* de Shakespeare: se la representa siempre como rubia y delicada.

están flacos, pálidos, exangües. Es la hija del dolor y de la tristeza. Así, tan pálida y tan triste era la niña que miré agonizar, y cuya imagen quedó grabada para siempre en mi memoria. La infancia no tiene para ella tintes sonrosados, ni juegos, ni caricias, ni alegrías. No: es el alma que viene: es el alma que se va.

Dí, pobre niña: ¿qué, no tienes madre? ¿Naciste acaso de una pasionaria, o viniste a la tierra en un pálido rayo de la luna? Si tuvieras madre, si te hubieran arrebatado de sus brazos, ella, con esa adivinación incomparable que el amor nos da, sabría que aquí llorabas y sufrías; traspasando los mares, las montañas, vendría como una loca a libertarte de esta esclavitud, de este suplicio! No, no hay madres malas; es mentira. La madre es la proyección de Dios sobre la tierra. Tú eres huérfana.

¿Por qué no moriste al punto de nacer? ¿Por qué recorres con los pies desnudos ese duro país del sufrimiento- Dí, pobre niña, ¿qué, tú no tienes ángel de la guarda? Estás muy triste; nadie endulza tu tristeza. Estás enferma: nadie te cura ni te acaricia blandamente. ¡Ah! Cómo envidiarás a esas niñas felices y dichosas que te vienen a ver, al lado de sus padres! ¡Ellas no han sentido cómo la recia mano de un gimnasta desalmado quiebra los huesos, rompe los tendones y disloca las piernas y los brazos, hasta convertirlos en morillos elásticos de trapo! Ellas no han sentido cómo se encaja en carne viva el látigo del adiestrador que te castiga. Para ellas no hay trabajo duro; no hay vueltas ni equilibrios en la barra fija. ¡Tienen madre!

Dí, pobre niña: ¿por qué no te desprendes del trapecio para morir siquiera y descansar? Tú, enferma, blanca, triste, paseas lánguidamente tu mirada. ¡Cómo debes odiarnos, pobre niña! Los hombres —pensarás— son monstruos sin piedad, sin corazón. ¿Por qué permiten este cruentísimo suplicio? ¿Por qué no me recogen y me dan, ya que soy huérfana, esa madre divina que se llama la santa Caridad? ¿Por qué pagan a mis verdugos y entretienen sus ocios con mis penas? ¡Ay, pobre niña! tú no podrás quejarte nunca a nadie. Como no tienes madre en la tierra, no conoces a Dios y no le amas. Te llaman hija del aire; si lo fueras, tendrías alas; y si tuvieras alas, volarías al cielo!

¡Pobre hija del aire! Tal vez duerme ahora en la fosa común del camposanto! La niña mártir de la temporada no trabaja en el trapecio, sino a caballo. Todo es uno y lo mismo.

Oigo decir con insistencia que es preciso ya organizar una sociedad protectora de los animales. ¿Quién protegerá a los hombres? Yo admiro esa piedad suprema, que se extiende hasta el mulo que va agobiado por el peso de su carga, y el ave cuyo vuelo corta el plomo de los cazadores. Esa gran redención que libra a todos los esclavos y emprende una cruzada contra la barbarie, es digna de aprobación y de encarecimiento. Mas ¿quién libertará a esos pobres seres que los padres corrompen y prostituyen, a esos niños mártires cuya existencia es un larguísimo suplicio, a esos desventurados que recorren los tres grandes infiernos de la vida —la Enfermedad y el Hambre y el Vicio?

DON INOCENCIO LANAS[1]

Don Inocencio Lanas era un siervo de Dios, grande amigo de Lucifer y un tanto cuanto emparentado con el apóstol Judas Iscariote, de quien ayer, si no recuerdo mal, se hizo memoria. Don Inocencio no tenía nada de inocencia. Entiendo que no dio nunca esperanza a sus maestros ni a su patria, fiel en esto a su arraigada costumbre de no dar nunca ni un comino; que, en achaques de aritmética, sólo sabía la regla de multiplicar, y la de dividir (en canal) a todo ser nacido; que jamás por jamás malgastó el tiempo y que, tacaño por temperamento, conservador por carácter y anti-liberal por principios, no quiso nunca contraer estado, parte por no encontrar doncellas ricas y parte por no querer soltar las cintas de la bolsa en provecho del juez y de la parroquia. Cuando yo conocí y traté a don Inocencio, era éste un vejete avellanado, de esos que no aparentan edad alguna definida y lo mismo pueden tener doscientos años que sesenta o setenta, echando por lo alto. Don Inocencio era todo lo que se llama un hombre feo; pero, feo de pendón y charreteras dobles. Tenía el color cetrino; enjuto el rostro; la nariz encorvada, como conviene a una ave de rapiña; brillantes y vivísimos los ojos, mal ocultos por una gafas de notario; ancha la boca, parecida al hocico de las zorras; largos los pies, las manos y las uñas, como pintan los dibujantes místicos al diablo; chica la frente, rugosa como viejo pergamino; y enteco el pobre cuerpo, lleno por todas partes de salientes huesos, protuberancias y jo-

[1] Apareció dos veces en la prensa mexicana: en *El Cronista de México* del 9 de abril de 1882, bajo el título de *Memorias de un vago* y firmado "M. Can-Can", y en *La Libertad* del 25 de marzo de 1883, bajo el de *La vida en México* y firmado "El Duque Job". Como ninguno de los títulos usados en los periódicos es distintivo, preferimos sustituirlos por el nombre del protagonista.

Las dos versiones son muy distintas. La primera es corta, trata exclusivamente de la historia de Inocencio Lanas y termina con las palabras "¡Pobre don Inocencio Lanas! ¡Ésta fue su oración fúnebre!" Hay en ella, casi al principio, unos cinco renglones que faltan en la otra forma del cuento.

La versión de 1883 forma la primera parte de un artículo largo, el resto del cual no tiene nada que ver con nuestro cuento, sino que trata de la temporada teatral. Lo que tienen en común las versiones de 1882 y de 1883 es punto menos que idéntico. Publicamos la versión de 1883 del cuento propiamente dicho.

Este cuento es, a nuestro entender, inédito.

robas. Por no pagar los cuartos del barbero, don Inocencio se dejaba crecer todos los pelos que en la cara había (afortunadamente eran muy pocos) —y yendo más allá, si es que tal cabe, en el camino de la dejadez y el desaseo, dos veces nada más dentro del año, permitía que su cuerpo desmedrado gozara los abrazos de las ondas; y eso con tal parsimonia, que le era suficiente una pequeña palangana llena de agua para ponerse como un ascua de oro, o mejor dicho, como un hueso limpio. Los días solemnes en que don Inocencio se lavaba, eran el 25 de diciembre, día de Pascua, y el Sábado de Gloria en la mañana; por cierto que daba gloria verle en esos días, con cuello y puños limpios, cepillada la chupa dominguera, y tan campante, fresco y mocetón como un novio al principio del bodorrio o un sacristán al amanecer el Jueves Santo.

¡Pobre don Inocencio! El último Sábado de Gloria en que le vi, estaba tan remozado y tan alegre como si el tiempo se estuviera quedo y los años no corrieran; asistió a los oficios de la mañana lleno de fervorosa compunción y hasta, rompiendo sus añejos hábitos, quiso dar a un desventurado limosnero cierta peseta falsa que tenía. Al acabar la misa de tres padres, ora fuese por la poca costumbre que tenía de humedecer su cuerpo flaco, ora por la pesadez insoportable de la atmósfera, don Inocencio empezó a sentir los síntomas primeros de la apoplejía. Dos minutos después, caía redondo sobre el entarimado de la iglesia. Como el buen hombre era de malas pulgas y tenía tan poquísimos amigos, ninguno quiso comedirse a levantarlo, y a no ser por la caridad de un sacristán, bastante recio y mocetón que no le debía nada, Dios sabe cuántas horas hubiera permanecido en aquel sitio, roncando con la boca abierta y mirando a los circunstantes con mirada mortecina, henchida de oraciones y de súplicas. ¡Cómo pesaba el buen don Inocencio! El sacristán y yo sudamos la gota gorda al conducirlo en hombros a su habitación, que era un pobre tugurio, lleno de telarañas y de muebles viejos, habitado por diez docenas de ratones y por una lechuza, muy señora mía, que anidaba con suficiente holgura en el armario. De un extremo a otro de la pieza se extendía una cuerda, en la que, separados, y por su orden, se pavoneaban los pantalones viejos de don Inocencio. Haré una aclaración: don Inocencio no era muy aficionado a pantalones; le bastaba con los que su abuelito le compró para el día de su primera comunión; mas, como quiera que los deudores solían ser reacios en pagar, don Inocencio, poco escrupuloso, solía también quitarles cuanto a mano había, e iba allegando, por este ejemplarísimo camino, muebles desvencijados, sillas rotas, relojes descompuestos y hasta ropa vieja. Su casa, pues, era un bazar, lleno de lienzos empolvados, imágenes de estuco, alfombras convertidas en hilacha, trapos sucios y alhajas de antiquísima prosapia.

Pusimos a don Inocencio sobre el apolillado catre de madera, que no olía, por cierto, a rosas, y requiriendo el eficaz auxilio de un doctor, aguardamos con impaciencia su diagnóstico.

—El caso es punto menos que desesperado —dijo el médico. —Don Inocencio se va como dos y tres son cinco.

—¡Se va! —decían al parecer los pantalones, moviéndose con gracia en el improvisado tendedero.

—¡Se va! —repetía el gato, que estaba hecho diez dobleces sobre el cojín destripado de un sillón cerdoso.

En efecto, se fue don Inocencio. No pudieron nada los sinapismos, ni los emplastos, ni el bañarle los huesosos pies en agua hirviente. El pobre viejo se puso muy helado, torció los ojos espantosamente, se quiso encaramar apoyado en los brazos débiles y entonces, nos vio de una manera dramática, y cayendo, trabado y rígido, en el catre, dio la última boqueada. ¡Ave María! El médico, que era un sabio distinguido, se volvió a nosotros y nos dijo con muy grave ademán:

—Señores, ya esto se acabó.

Y era verdad, se había acabado don Inocencio. Lo vestimos con el traje más limpio que encontramos, le pusimos cuatro cirios de a cuatro reales en torno de la cama, y después de entregar al señor notario un racimo de llaves que el difunto jamás soltaba, y que hubo necesidad de arrancarle furiosamente de la mano, nos fuimos prudentemente a nuestras casas. En la pieza mortuoria sólo quedó una buena anciana que consintió en velar el cadáver, siempre que se le pagara un real por hora, y el gato de ojos vidriosos refunfuñando marrulleramente en el sillón.

Como el lance fue rápido, al tiempo de morir don Inocencio salía la gente de la parroquia.

—¿Ya sabe usted, doña Paquita? ¡Don Inocencio acaba de rendir el alma!

—¡Pues poquito que me alegro! ¡Era el tuno más redomado del lugar! ¡Dios lo haya perdonado, aunque dificilillo me parece!

—Doña Paca, por Dios...

—Nada de hipocresías, al pan, pan, y al vino, vino.

En esto la gente, que se reunía en varios corrillos, hablaba a más y mejor del pobre muerto.

—¡Pues no quiso quitarme hasta la ropa de la cama y el Santo Cristo con remates de plata que tuvo mi señora madre en su agonía!

—¡Calle Ud., calle Ud., si era un bandido! Más malo que Caín, y tan avaro que por no crearse necesidades no gastaba calcetines.

—¡Señoras, por Dios, más consideración a los difuntos! ¡Ya el señor se acordó de él! ¡Así se hubiera acordado cuarenta años antes!

Las campanas seguían alegres repicando; los hijos de mi comadre la lechera daban cada berrido que rompía los tímpanos, y en la plaza mayor, colgando por el pescuezo de una cuerda, se bamboleaba un Judas de tamaño natural con el vientre quemado por los cohetes y petardos. Los chicos del lugar le apedreaban gritando:

—¡Anda, mala alma, toma por maldito!

Y en tanto que esto acontecía en la plaza, don Inocencio, muy frío, muy estirado, y feo, mucho más feo que de costumbre, dormía el eterno sueño sobre un catre roto, en compañía de un gato y de una vieja. Los granujas gritaban:

—¡Judas! ¡Judas!

¡Pobre don Inocencio Lanas! ¡Ésta fue su oración fúnebre! Ninguno fue a su entierro, ni se ha acordado nadie de adornar su sepulcro el Día de Muertos. Yo nada más —y eso una vez al año— pienso en él, cuando revientan los petardos y cohetes en el vientre de los Judas. ¡Pobre don Inocencio! ¿Qué suerte habrá corrido en el otro mundo? Yo creo que si Dios le deparó un momento de atrición, estará a buen componer en el Purgatorio, pero como no existe ser viviente que rece por su alma y como no dejó en su testamento mandas con que pagar las misas y responsos, probable es que arda allí sin consumirse hasta el fin de los siglos. Entre tanto, es muy capaz de hacer negocios de descuento con las benditas almas, y de cargar mediante alguna recompensa con los años que les falten para cumplir su condena.

¡Pobre don Inocencio! Andando el tiempo yo mismo me olvidaré de su persona. Ya he apuntado que sólo hago memoria de sus gracias, cuando queman un Judas en la calle y esta costumbre, como todas las antiguas, va desapareciendo poco a poco. Ya no aturde nuestros oídos en la calle el rumor agrio de las matracas ni se ven esos racimos de muñecos monstruosos, cuyo vientre pantagrüélico[2] rellenaban de tortas de harina. Judas va gozando de cierta impunidad. Hubo un tiempo en que los autos de fe menudeaban, con regocijo de los muchachos callejeros: había Judas de tamaño natural, Judas ecuestres, Judas de a veinte duros y de a treinta, Judas de casa grande y hasta Juditas microscópicos que los señores *cursis* se colgaban en el ojal de sus levitas. Un inglés que llegó a México en la mañana del Sábado de Gloria, preguntaba inquieto si aquí se ajusticiaba por docenas. Hoy han cambiado mucho las costumbres. No se suspende el tráfico de coches durante el Viernes Santo, ni entran los carros ni las mulas enfloradas, cuando suena el repique de la gloria.

---

[2] Pantagruel, gigante voraz que con su padre Gargantúa personifica la monarquía nunca saciada, es el protagonista de la obra del mismo nombre de François Rabelais (1483?-1553).

EL VAGO[1]

Muy señora mía:

Hace tiempo que deseaba sostener con Ud. correspondencia. Por desgracia, la pícara modorra que traía embotado mi entendimiento, impidió que pusiera manos a la obra. Los amigos, al ver mi facha desastrada, solían decirme:

—Lo que tienes, chico, es pereza. Sacúdete y trabaja; si no, vas a quedar como las mulas del doctor Vicuña, que, cuando ya iban aprendiendo a no comer, murieron de hambre.

Yo no hacía caso mayor de estas cordiales reprimendas, y viviendo a mis angostas, tomaba sol por las mañanas, aire por la tarde y asiento por la noche. Cierta vez, me enamoré: nadie está libre de romperse una pierna. La chica era de lo más guapa, retozona y pizpireta que yo he visto. Calle arriba, calle abajo, me pasaba yo los días de claro en claro y las noches de turbio en turbio rondando por enfrente de su casa. La chica no me ponía tan malos ojos: primero, porque los tenía muy buenos, y después porque solía mirarme en el cupé de algún amigo y presumía por ende, que, según las trazas, era yo, cuando menos, un marqués. Dejé de fumar tres meses y tres días; ahorré los cuartos que antes convertía en humo, y con la suma ahorrada compré a la costurera de la casa. A los tres billetitos perfumados que escribí a la niña, obtuve una respuesta favorable. La señorita me exigía nada más que me entendiese con sus padres. Mejor hubiera querido entenderme con mi sastre; mas como ya no había remedio alguno, hice de tripas corazón, pedí prestado un par de guantes, y entré, tarareando una habanera, a la casa de mi novia. Ella —¡me la comería a besos!— estaba en el corredor, mordiendo un clavel rojo y leyendo una

---

[1] Tenemos dos versiones de este cuento: la de *El Cronista de México* del 16 de abril de 1882, titulada *Cartas a mi abuela* y firmada "M. Can-Can", y la de *La Libertad* del 4 de marzo de 1884, titulada *Cartas a mi abuela* y firmada "Ignotus".

La primera de estas dos versiones lleva un pasaje introductorio de unos veinte renglones, que en la segunda queda reducido a cinco. Fuera de esto, sólo hay ligerísimas diferencias de fraseología y puntuación entre las dos versiones.

Publicamos el texto de 1884, sustituyendo el título original por otro más significativo.

No sabemos de ninguna colección que lo incluya.

novela muy moral del Sr. Pérez Escrich. Verme y correr más colorada que una grana, fue obra de un instante.

—¿Está visible la señora?

Una criada conventual me contestó que sí. Después pude advertir que esto era falso. La señora no estaba visible, ni lo ha estado nunca ni lo estará jamás; porque es de lo más feo que he visto yo en mi vida. Ya una vez en la sala y frente a frente, canté claro. Por de contado que debí desentonarme horriblemente, porque el caso no era para menos. Así me hubiera visto frente a un toro puntal, que no habría padecido más tormentos. El corazón me hacía tic, tac, tac, tic, como si estuviera encaramado en el sillón de un sacamuelas. La suegra me veía de arriba a abajo, y la seda finísima de su bigote se iba erizando poco a poco como las púas de un puerco espín.

—Perfectamente, caballero, —dijo—; yo tomaré los informes necesarios y daré a Ud. mi respuesta. Si la niña quiere...

—¡Pues ya lo creo señora!

—¿De qué vive Ud.?

—¿Decía Ud....?

—¿Cuál es la profesión de Ud.?

—Señora, profesión propiamente hablando, yo no tengo. Busco diez pesos diarios.

A los ocho días, volví a la casa en busca de la respuesta deseada.

—Caballero, ¡es Ud. un desesperado!

—¡Señora!

—¡Me ha engañado Ud.!

—¿Ésas tenemos?...

—¡Conque buscaba Ud. diez pesos diarios! ¡Embustero! No tiene Ud. oficio ni beneficio: ¡es Ud. un vago!

—Perdone Ud., señora; yo he dicho a Ud. que *buscaba* diez duros diarios; y eso es tan cierto como que hay un Dios. ¡Los busco, señora, pero no los hallo!

Mi suegra, como Uds. supondrán, me puso de patitas en la calle. La niña estaba, como el primer día, mordiendo un clavel rojo y leyendo una novela moral del Sr. Pérez Escrich. Al verme salir, confuso y desolado, me sacó la lengua. Puedo asegurar a Ud., señora abuela, que tiene la más preciosa lengua que yo he visto: ¡una lengua de marta cebellina o de conejo!

El primer día, tuve tentaciones de hacer versos. Venturosamente, la reflexión madura llegó a tiempo y me convencí de que no era tan grande mi desgracia. En efecto, si nos hubiéramos casado, es muy probable que en un tierno coloquio de amor y hambre, entre beso y beso, me hubiera arrancado medio carrillo de un mordisco. A buen hambre no hay pan duro.

Digo todo esto con la mano en la conciencia y sin que nada se me quede en el estómago. La prueba es que compré un lorito de Canarias, para ver si podía mantenerlo e irme acostumbrando a los gastos del matrimonio, y a los cuatro días el lorito murió de hambre. Conque ahí verán Uds....

Viendo, pues, lo desastrado de mi situación, resolví solicitar un empleíllo, aunque éste fuese de contador general de pulgas en cualquier teatro. Los empresarios son hombres de malas pulgas y me dieron con la puerta... en los delgados labios.

Ya me estaba poniendo maluco y pensaba muy seriamente en comerme medio brazo, cuando recibí el nombramiento de enterrador segundo en una conocida compañía ferrocarrilera. Gano poco; diez y ocho duros cada mes, con más los gajes, que andan abundantes. Tengo, por ejemplo, el usufructo de la ropa que llevaban los difuntos el día del descarrilamiento. Con esto, reúno cien o doscientos trajes cada mes, y estoy tan elegante, que da gusto verme.

Pero resulta de todo esto, que apenas me alcanza el día para dar sepultura a los difuntos, y como el pan con el sudor de mi rostro. En tal virtud, y no encontrando otro camino, he resuelto, señora abuela, sostener con Ud. una correspondencia semanaria. La verdad es que yo tengo muchas cosas que decirle a Ud. Cada vez que ensarto una de mis historias y novelerías, oigo que dicen:

—¡Cuéntaselo a tu abuela!

Me parece descortesía el seguir desoyendo estas indicaciones, y voy, pues, a contarle muchas cosas, que, si a Ud. no le hacen gracia, a mí me importan un comino. ¡Al avío, pues! Conque, decíamos que...

EN LA CALLE[1]

CALLE ABAJO, calle abajo, por uno de esos barrios que los carruajes atraviesan rumbo a Peralvillo, hay una casa pobre, sin cortinas de sol en los balcones ni visillos de encaje en las vidrieras, deslavazada y carcomida por las aguas llovedizas, que despintaron sus paredes blancas, torcieron con su peso las canales, y hasta llenaron de hongos y de moho la cornisa granujienta de las ventanas. Yo, que transito poco o nada por aquellos barrios,

---

[1] Este cuento resultó de la combinación de extractos de dos escritos anteriores. El 30 de abril de 1882 Gutiérrez Nájera publicó dos crónicas en dos periódicos diferentes: una, titulada *Crónica de las carreras* y firmada "M. Gutiérrez Nájera", en *El Nacional,* y otra, titulada *En las carreras* y firmada "M. Can-Can", en *El Cronista de México.* Al preparar sus *Cuentos frágiles,* en 1883, el autor combinó las dos o tres primeras páginas de *Crónica de las carreras* con la primera de *En las carreras* para formar el cuento *En la calle.* Añadió sólo el corto párrafo que empieza "Apartando la vista", para articular las dos partes del cuento, añadió las dos últimas frases: "Nada más la enfermita...", e hizo unos ligeros cambios de fraseología en los párrafos precedentes.

Publicamos la versión de *Cuentos frágiles.*

Al revisar *En la calle* para los *Cuentos frágiles,* el autor excluyó el siguiente párrafo, que en *El Cronista de México* ocurre inmediatamente después de la frase: "Una duquesa o una prostituta":

Cecilia no es ni lo uno ni lo otro: es la mujer de un comerciante deshonrado que se ha enriquecido a fuerza de hacer bancarrota. Es una gota de agua clara que cayó en el fango, y que el hábil banquero convirtió en brillante al engarzarla en oro. Hoy vale mucho: casi tanto como su marido. Tiene palco en el teatro, yeguas árabes en sus caballerizas, encajes en su armario, joyas en sus cofres y amantes en su canapé. El marido viste a su mujer y explota a sus amantes. Para él, es una cantera de alabastro que produce oro; algo muy parecido a esos espejos giratorios que dando vueltas a la luz del sol atraen a ciertas aves, las embriagan, y dejan que las atrape el cazador.

En *La Libertad* del 5 de noviembre de 1882, con el título *Crónica color de muertos* y la firma "El Duque Job", Gutiérrez Nájera publicó una larga crónica que incluyó, como las dos primeras de sus seis partes, los dos relatos que habían aparecido en abril en *El Nacional* y *El Cronista* respectivamente, y que se titulan aquí *La enfermita* y *La insolente.* En *La Libertad* faltan las frases conectivas que se ven en *Cuentos frágiles,* de manera que no forman conjunto. Además, las otras cuatro partes de la *Crónica color de muertos* ni son narrativas ni tienen relación con las historias de las dos hermanas; por eso, el conjunto no es cuento sino crónica. Las *Obras* de 1898 reimprimen la crónica de *La Libertad* con el mismo título bajo el encabezamiento *Crónicas y fantasías.*

fijaba la mirada con curiosidad en cada uno de los accidentes y detalles. El carruaje en que iba caminaba poco a poco, y conforme avanzábamos, me iba entristeciendo gravemente. Siempre que salgo rumbo a Peralvillo me parece que voy a que me entierren. Distraído, fijé los ojos en el balcón de la casita que he pintado. Una palma bendita se cruzaba entre los barrotes del barandal y, haciendo oficios de cortina, trepaba por el muro y se retorcía en la varilla de hierro una modesta enredadera, cuajada de hojas verdes y de azules campanillas. Abajo, en un tiesto de porcelana, erguía la cabecita verde, redonda y bien peinada, el albahaca. Todo aquello respiraba pobreza, pero pobreza limpia; todo parecía arreglado primorosamente por manos sin guante, pero lavadas con jabón de almendra. Yo tendí la mirada al interior, y cerca del balcón, sentada en una gran silla de ruedas, entre dos almohadones blancos, puestos los breves pies en un pequeño taburete, estaba una mujer, casi una niña, flaca, pálida, de cutis trasparente como las hojas delgadas de la porcelana china, de ojos negros, profundamente negros, circuidos por las tristes violetas del insomnio. Bastaba verla para comprenderlo: estaba tísica. Sus manos parecían de cera; respiraba con pena, trabajosamente, recargando su cabeza, que ya no tenía fuerza para erguir, en la almohada que le servía de respaldo, y viendo con sus ojos, agrandados por la fiebre, esa vistosa muchedumbre que caminaba en son de fiesta a las carreras, agitando la sombrilla de raso o el abanico de marfil, la caña de las indias o el cerezo.

Los carruajes pasaban con el ruido armonioso de los muelles nuevos; el landó, abriendo su góndola, forrada de azul raso, descubría la seda resplandeciente de los trajes y la blancura de las epidermis; el faetón iba saltando como un venado fugitivo, y el *mail coach,* coronado de sombreros blancos y sombrillas rojas, con las damas coquetamente escalonadas en el pescante y en el techo, corría pesadamente, como un viejo soltero enamorado, tras la griseta de ojos picarescos. Y parecía que de las piedras salían voces, que un vago estrépito de fiesta se formaba en los aires, confundiendo las carcajadas argentinas de los jóvenes, el rodar de los coches en el empedrado, el chasquido del látigo que se retuerce como una víbora en los aires, el son confuso de las palabras y el trote de los caballos fatigados. Esto es: vida que pasa, se arremolina, bulle, hierve; bocas que sonríen, ojos que besan con la mirada, plumas, sedas, encajes blancos y pestañas negras; el rumor de la fiesta desgranando su collar de sonoras perlas en los verdosos vidrios de esa humilde casa, donde se iba extinguiendo una existencia joven e íbanse apagando dos pupilas negras, como se extingue una bujía lamiendo con su llama la arandela, y como se desvanecen y se apagan los blancos y fríos luceros de la madrugada.

El sol parece enrojecer la seda de las sombrillas y la sangre de las venas: ¡quizá ya no le veas mañana, pobre niña! Toda esa muchedumbre canta, ríe: tú ya no tienes fuerzas para llorar y ves ese mudable panorama, como vería las curvas y los arabescos de la danza el alma que penase en los calados de una cerradura. Ya te vas alejando de la vida, como una blanca neblina que el sol de la mañana no calienta. Otras ostentarán su belleza en los almohadones del carruaje, en las tribunas del *turf*, y en los palcos del teatro; a ti te vestirán de blanco, pondrán la amarilla palma entre tus manos, y la llama oscilante de los cirios amarillos perderá sus reflejos en los rígidos pliegues de tu traje y en los blancos azahares, adorno de tu negra cabellera.

Tú te ases a la vida, como agarra el pequeñito enfermo los barrotes de su cama para que no lo arrojen a la tina llena de agua fría. Tú, pobre niña, casi no has vivido. ¿Qué sabes de las fiestas en que choca el cristal de las delgadas copas y se murmuran las palabras amorosas? Tú has vivido sola y pobre, como la flor roja que crece en la granosa oquedad de un muro viejo o en el cañón de una canal torcida. No envidias, sin embargo, a los que pasan. ¡Ya no tienes fuerza ni para desear!

Apartando la vista de aquel cuadro, la fijé en los carruajes que pasaban.

El landó en que Cecilia se encaminaba a las carreras era un landó en forma de góndola, con barniz azul obscuro y forro blanco. Los grandes casquillos de las ruedas brillaban como si fuesen de oro, y los rayos, nuevos y lustrosos, giraban deslumbrando las miradas con espejees de barniz nuevo. Daba grima pensar que aquellas ruedas iban rozando los guijarros angulosos, las duras piedras y la arena lodosa de las avenidas. Cecilia se reclinaba en los mullidos almohadones, con el regodeo y deleite de una mujer que antes de sentir el contacto de la seda, sintió los araños de la jerga. Iba contenta; se conocía que acababa de comer trufas. Si un chuparrosa hubiera cometido la torpeza de confundir sus labios con las ramas de mirto, habría sorbido en esa ánfora escarlata la última gota de champagne.

Cecilia entornaba los párpados para no sentir la cruda reverberación del sol. La sombrilla roja arrojaba sobre su cara picaresca y su vestido lila, un reflejo de incendio. El anca de los caballos, herida por la luz, parecía de bronce florentino. Los curiosos, al verla, preguntaban:

—¿Quién será?

Y un amigo filósofo, haciendo memoria de cierta frase gráfica, decía:

—Una duquesa o una prostituta.

Nada más la enfermita moribunda conoció a esa mujer. Era su hermana.

UNA VENGANZA[1]

Mi buena amiga:
Te escribo oyendo el ruido de los últimos carruajes que vuelven del teatro. He tomado café —un café servido por la pequeña mano de una señorita que, a pesar de ser bella, tiene *esprit*—. Por consiguiente, voy a pasar la noche en vela.

Imagínome, pues, que he ido a un baile, te he encontrado y conversamos ambos bajo las anchas hojas de una planta exótica, mientras toca la orquesta un vals de Mêtra y van los caballeros al *buffet*.

Si tú quieres, murmuremos. Voy a hablarte de las mujeres que acabo de admirar en el teatro. Imagínate que estás ahora en tu platea y observas a través de mis anteojos.

Mira a Clara. Ésa es la mujer que no ha amado jamás. Tiene ojos tan profundos y tan negros como el abra de una montaña en noche obscura. Allí se han perdido muchas almas. De esa obscuridad salen gemidos y sollozos, como de la barranca en que se precipitaron fatalmente los caballeros del Apocalipsis. Muchos se han detenido ante la obscuridad de aquellos ojos, esperando la repentina irradiación de un astro: quisieron sondear la noche y se perdieron.

---

[1] Este cuento se desarrolló de una manera rarísima en los escritos periodísticos de Gutiérrez Nájera. En 30 de abril de 1882, como hemos indicado en las notas al cuento *En la calle*, Manuel publicó en *El Cronista de México* un artículo titulado *En las carreras* y firmado "M. Can-Can", del cual procede la segunda parte del cuento *En la calle*.

En el mismo artículo figura, inmediatamente después de la sección a que acabamos de aludir, la parte del presente cuento que va desde "Mira a Clara" hasta "Esa grave matrona expende esposas. Tiene mucha existencia".

En *El Cronista de México* del 2 de julio de 1882, el autor publicó otro titulado *Cartas a mi abuela (Una venganza)* y firmado "M. Can-Can", de donde viene casi todo el resto del presente cuento, desde "¿Quién es? Sus grandes ojos verdes..." hasta "Era el marido de Alicia".

Más tarde en el mismo año, el 3 de septiembre de 1882, se publicó en *La Libertad* un artículo titulado *Crónica color de papel Lacroix* y firmado "El Duque Job", en el cual aparecieron por primera vez los dos cortos párrafos que ahora se ven al principio del cuento, desde "Te escribo oyendo..." hasta "...caballeros al *buffet*".

Al preparar el manuscrito de los *Cuentos frágiles* en 1883, el autor intercaló entre las partes del cuento que ya hemos mencionado, cuatro pequeños párrafos nuevos: el que empieza "Si tú quieres, murmuremos", casi al principio; "Convierte ahora tus miradas...", en la segunda página;

Las aves al pasar le dicen: ¿No amas? Amar es tener alas. Las flores que pisa le preguntan: ¿No amas? Amor es el perfume de las almas. Y ella pasa indiferente, viendo con sus pupilas de acero negro, frías e impenetrables, las alas del pájaro, el cáliz de la flor y el corazón de los poetas.

Viene de las heladas profundidades de la noche. Su alma es como un cielo sin tempestades, pero también sin estrellas. Los que se le acercan, sienten el frío que difunde en torno suyo una estatua de nieve. Su corazón es frío como una moneda de oro en día de invierno.

¿Quién es la esbelta rubia que sonríe en aquel palco? Es un patrón de modas recortado. Por esa frente no han pasado nunca las alas blancas de los pensamientos buenos, ni las alas negras de los pensamientos malos. Sus amores duran lo que la hirviente espuma del champagne en la orilla de la copa. Jamás permitiría que un hombre la ciñera con sus brazos: no quiere que se ajen y desarreglen sus listones. ¿Queréis saber cómo es su alma? Figúrate una muñeca hecha de encaje blanco, con plumas de faisán en la cabeza y ojos de diamante. Cuando habla, su voz suena como la crujiente falda de una túnica de raso, rozando los peldaños marmóreos de una escalinata. No sabe dónde tiene el corazón. Jamás se lo pregunta su modista.

Esa grave matrona expende esposas. Tiene mucha existencia.

Convierte ahora tus miradas a la platea que está frente a nosotros. Una mujer divinamente hermosa la ocupa.

y "En este instante suena..." y "Conque te he dicho ya...", al final del cuento.

En *El Partido Liberal* del 20 de septiembre de 1891, titulado *Una venganza* y firmado "El Duque Job", se publicó por primera vez el cuento en la forma en que aparece en este volumen. En esta versión se añadieron a lo antes conocido sólo las palabras "Mi buena amiga", al principio. Ésta es también la forma en que se publicó el cuento en la *Revista Azul* del 12 de mayo de 1895, algunos meses después de la muerte del autor.

La versión del cuento que apareció en *Cuentos frágiles*, en 1883, y que fue reimpresa en las *Obras*, 1898, se diferencia en algunos detalles de la de 1891 y 1895.

El título *La venganza de Mylord*, que aparece en las ediciones de 1883 y de 1898, se debe sólo a que la versión del dos de julio de 1882 termina con las palabras: "*Post-data*".—Había olvidado decir que el esposo era inglés". En 1891 y 1895 se usa el título "Una venganza", que aquí preferimos.

¿Quién es? Sus grandes ojos verdes, velados por larguísimas pestañas negras, tiemblan de efusión cuando se fijan en el cielo, como si estuvieran enamorados de los luceros. Sus manos esgrimen el abanico, como si quisieran adiestrarse en la esgrima del puñal. Créelo: esa mujer es capaz de matar al hombre que la engañe. Sus labios se entreabren suavemente para dar salida al exceso de alma que hay en ella.

Tras las varillas flexibles del corsé, su corazón late cadenciosamente; ¡pobre niño que golpea con su manecita una muralla!

¿Cuántos años tiene? Ha cumplido veinticinco; no sé cuántas semanas, meses o años hace. Siendo niña, una pordiosera que acostumbraba decir la buenaventura, le predijo que el hombre a quien amara sería espantosamente desgraciado. Su marido —un banquero— es muy feliz. Alicia —así se llama— está rodeada siempre de cortejos presuntuosos y enamorados fatuos.

Cuando va de paseo, diríase que es un general pasando revista a sus soldados, que presentan las armas. Ella, sonriente, gozando en las pasiones que inspira sin participar de ellas, asoma su cabeza de Joconda[2] por la portezuela del cupé y saluda con la mano enguantada o con el abanico a los platónicos adoradores de su cuerpo. El hombre a quien saluda con los ojos no es conocido aún.

¿Será honrada? ¿Será honesta? Las mujeres la miran con desprecio y los hombres la cortejan. Nadie podría decir quién es su amante o quién lo ha sido; pero todos tienen la certidumbre de que alguno lo será. La lotería no se hace aún; el número que ha de obtener el gran premio, duerme en el globo, confundido con los otros: puede ser el de aquél, puede ser el mío, pero es alguno. La jaula está preparada para el pájaro: en la mesita de sándalo donde Alicia toma el té, hay dos tazas. Un necio diría que alguna es la taza del amante. ¡Falso! Es la taza del marido. Cuando el amante llegue, Alicia y él beberán en la misma taza, como Paolo y Francesca[3] leían en el mismo libro. Después la harán pedazos o la arrojarán al mar —¡como el rey de Thulé![4]

El Galeoto social no yerra tan a menudo como algunos

---

[2] *La Gioconda,* obra maestra de Leonardo da Vinci (1452-1519).

[3] Pareja de amantes que figura en la *Divina Comedia* de Dante (1265-1321).

[4] Personaje principal de la famosa balada de Goethe (1749-1832) *Es war ein König in Thule.*

creen. Lo que sucede es que se anticipa a la verdad. Es como las mujeres que conocen el amor que han inspirado, media hora antes de que el hombre se dé cuenta de que existe. Un buque sale del puerto lleno de mercancías y pasajeros: el cielo está muy azul, sin un solo punto negro. Pasan los días y las semanas, sin que llegue a los oídos de nadie la noticia de un temporal o de una borrasca. Y sin embargo, cierto día, sin que se sepa cómo ni por qué, se esparce la voz de que aquel barco ha naufragado. ¿Quién lo dice? Todos. ¿Quién recibió la fatal nueva? Nadie. Quince días después, se sabe la espantosa verdad, y los periódicos refieren por menor los horribles detalles del naufragio.

Una mujer es fiel a su marido. Nadie puede acusarla de adulterio. Vive como Penélope,[5] en su hogar. Desecha con altivez a los que solicitan su cariño. Pero el Galeoto, que mira y prevé todo, murmura entre dos cuadrillas, bajo las anchas hojas de una planta exótica erguida sobre rico tibor chino: ¡esa mujer tiene un amante! Y no es verdad: pero un día, una semana, un año después, la mujer tiene un amante. El Galeoto se equivoca nada más en la conjugación del verbo: debía haber dicho: *tendrá*.

Y la esposa no falta a su deber porque el mundo lo dice; como el barco no perece porque la gente vaticina el naufragio. Así, el mundo dice que Alicia es desleal, y en torno de ella se agrupan los cazadores en vedado, como los náufragos hambrientos en la balsa de la Medusa. Pero Alicia no ama a ninguno: guarda su tesoro y no quiere despilfarrarlo como pródiga.

Mas he aquí que una noche llega al salón de Alicia un joven soñador y le dice al oído:

—¡Cómo se parece Ud. a mi primera novia! Ella era baja de estatura y Ud. es alta; ella era morena, Ud. es rubia; ella tenía los ojos negros, los de Ud. son verdes; pero yo la amaba; yo amo a Ud. y en esto se parecen.

Dos horas después, Alfredo era amante de Alicia. El huésped prometido había llegado. El banquero continuaba siendo muy feliz.

Ayer, mientras el marido terminaba su correspondencia, Alicia salió en el cupecito azul tirado por dos yeguas color de ámbar. Los pocos ociosos que desafiaban la lluvia en la calzada,

---

[5] Mujer de Ulises, en la *Odisea* de Homero. Es el prototipo de la fidelidad conyugal.

vieron que el cupecito proseguía su marcha rumbo a Chapultepec. ¿Qué iba a hacer? Los grandes ahuehuetes, moviendo sus cabezas canas, se decían en voz baja el secreto. Las yeguas trotaban y el coche se perdió en la avenida más umbrosa y más recóndita del bosque. Alfredo abrió la portezuela y tomó asiento junto a la hermosa codiciada. Llovía mucho. Quizá para impedir que el agua entrase, mojando el traje de Alicia, cerró Alfredo cuidadosamente las persianas. Si alguno erraba a tales horas por el bosque, pudo decir para sus adentros: ¿quiénes irán dentro del cupé? Afortunadamente, cada vez arreciaba más la lluvia, y sólo un pobre trabajador, oculto en la entrada obscura de la gruta, pudo ver el cupé que continuaba paso a paso su camino, subiendo por la rampa del castillo. Las ancas de las yeguas, lavadas y bruñidas por la lluvia, parecían de seda color de oro.

El trabajador, dejando a un lado los costales que rebosaban hebras de heno, asomó la cabeza para mirar cómo subía el carruaje hasta las rejas del castillo. Allí se detuvo: los amantes se apearon y torcieron sus pasos rumbo a los corredores, mudos y desiertos. Un hombre, cuidadosamente recatado, había subido al propio tiempo. Luego que hubo llegado al sitio en donde quedaba el cupé vacío, bajó el embozo de su capa e hizo una señal imperativa al cochero, que, viendo el rostro del desconocido, se puso pálido como la cera. Bajó luego del pescante, y tras cortísimas palabras que mediaron entre ambos, se quitó el carrick para que con él se ocultara el recién llegado. Media hora después, los amantes salieron del castillo; subieron al carruaje nuevamente, y Alicia, sacando su cabeza rubia por la portezuela, dijo: ¡a casa! Las yeguas partieron a galope, pero..., ¿a dónde iban? Torciendo el rumbo, el cochero encaminaba el carruaje al abismo, como si en vez de bajar por la empinada rampa quisiera precipitarse desde lo alto del cerro. Los amantes, que habían vuelto a cerrar las persianas, nada veían. ¿A dónde iban? De pronto las yeguas se detuvieron, como si alguna mano de gigante las hubiera agarrado por los cascos. Relinchando miraban el abismo que se abría a sus plantas. Las persianas del cupé seguían cerradas. El cochero, de pie en el pescante, azotó las yeguas; el coche se columpió un momento en el vacío y fue a estrellarse, hecho pedazos, en la tierra. No se escuchó ni un grito, ni una queja. A veinte varas de distancia, se halló el cadáver del cochero. Era el marido de Alicia.

En este instante suena la campanilla y ese agudo son me vuelve a la realidad. No; no es Alicia la que miro en aquel palco. Alicia duerme ya en el camposanto. Es una mujer que se le parece mucho y que morirá tan desastrosamente como ella. ¡Dios confunda a los maldicientes! La lengua mata más que los puñales.

Conque te he dicho ya que esa señora...

LA MAÑANA DE SAN JUAN[1]

A Gonzalo Esteva y Cuevas[2]

Pocas mañanas hay tan alegres, tan frescas, tan azules como esta mañana de San Juan. El cielo está muy limpio, "como si los ángeles lo hubieran lavado por la mañana"; llovió anoche y todavía cuelgan de las ramas brazaletes de rocío que se evaporan luego que el sol brilla, como los sueños luego que amanece; los insectos se ahogan en las gotas de agua que resbalan por las hojas, y se aspira con regocijo ese olor delicioso de tierra húmeda, que sólo puede compararse con el olor de los cabellos negros, con el olor de la epidermis blanca y el olor de las páginas recién impresas. También la naturaleza sale de la alberca con el cabello suelto y la garganta descubierta; los pájaros, que se emborrachan con el agua, cantan mucho, y los niños del pueblo hunden su cara en la gran palangana de metal. ¡Oh mañanita de San Juan, la de camisa limpia y jabones perfumados, yo quisiera mirarte lejos de estos calderos en que hierve grasa humana; quisiera contemplarte al aire libre, allí donde apareces virgen todavía, con los brazos muy blancos y los rizos húmedos! Allí eres virgen: cuando llegas a la ciudad, tus labios rojos han besado mucho; muchas guedejas rubias de tu undívago cabello se han quedado en las manos de tus mil amantes, como queda el vellón de los corderos en los zarzales del camino;[3] muchos brazos han rodeado tu cintura; traes en el cuello

---

[1] *La mañana de San Juan* es uno de los cuentos más conocidos de Gutiérrez Nájera. Se imprimió cinco veces por lo menos en periódicos mexicanos: en *El Cronista de México* del 25 de junio de 1882 bajo el título de *Cartas a mi abuela (Mañana de San Juan)*, y firmado "M. Can-Can"; en *El Nacional* a fines de 1882, *Mañanita de San Juan* y "M. Gutiérrez Nájera"; en *La Libertad* del 6 de julio de 1884, *Crónicas kaleidoscópicas* y "El Duque Job"; en *El Correo de las Señoras* el 3 de julio de 1887, *La mañana de San Juan* y "Manuel Gutiérrez Nájera" y en *El Partido Liberal* del 27 de junio de 1893, *Cuentos de casa—La mañana de San Juan*, y "El Duque Job". Fue reimpreso en *Letras de México*, núm. 109, 1º de marzo de 1945. También aparece en *Cuentos frágiles*, 1883, *Obras*, 1898, y en otras muchas recopilaciones de los cuentos de nuestro autor. Empezando con 1883, todas las versiones son iguales, fuera de algún detalle de fraseología o de puntuación. Publicamos la de 1893.

[2] Esta dedicatoria aparece por primera vez en *El Nacional* en 1882.

[3] Imagen favorita de Nájera. Véase *Carta de un suicida*, nota 3 e *Historia de una corista*, nota 6.

la marca roja de una mordida, y vienes tambaleando, con traje de raso blanco todavía, pero ya prostituido, profanado, semejante al de Giroflé[4] después de la comida, cuando la novia muerde sus inmaculados azahares y empapa sus cabellos en el vino! ¡No, mañanita de San Juan, así yo no te quiero! Me gustas en el campo: allí donde se miran tus azules ojitos y tus trenzas de oro. Bajas por la escarpada colina poco a poco; llamas a la puerta o entornas sigilosamente la ventana, para que tu mirada alumbre el interior, y todos te recibimos como reciben los enfermos la salud, los pobres la riqueza y los corazones el amor. ¿No eres amorosa? ¿No eres muy rica? ¿No eres sana? Cuando vienes, los novios hacen sus eternos juramentos; los que padecen, se levantan vueltos a la vida; y la dorada luz de tus cabellos siembra de lentejuelas y monedas de oro el verde obscuro de los campos, el fondo de los ríos, y la pequeña mesa de madera pobre en que se desayunan los humildes, bebiendo un tarro de espumosa leche, mientras la vaca muge en el establo. ¡Ah! Yo quisiera mirarte así cuando eres virgen, y besar las mejillas de Ninon[5]... ¡sus mejillas de sonrosado terciopelo y sus hombros de raso blanco!

Cuando llegas, ¡oh mañanita de San Juan!, recuerdo una vieja historia que tú sabes y que ni tú ni yo podemos olvidar. ¿Te acuerdas? La hacienda en que yo estaba por aquellos días, era muy grande; con muchas fanegas de tierra sembrada e incontables cabezas de ganado. Allí está el caserón, precedido de un patio, con su fuente en medio. Allá está la capilla. Lejos, bajo las ramas colgantes de los grandes sauces, está la presa en que van a abrevarse los rebaños. Vista desde una altura y a distancia, se diría que la presa es la enorme pupila azul de algún gigante, tendido a la bartola sobre el césped. ¡Y qué honda es la presa! ¡Tú lo sabes...!

Gabriel y Carlos jugaban comúnmente en el jardín. Gabriel tenía seis años; Carlos siete. Pero un día, la madre de Gabriel y Carlos cayó en cama, y no hubo quien vigilara sus alegres correrías. Era el día de San Juan. Cuando empezaba a declinar la tarde, Gabriel dijo a Carlos:

—Mira, mamá duerme y ya hemos roto nuestros fusiles. Va-

---

[4] Alusión a la ópera bufa *Giroflé-Girofla*, por Leterrier, Vanloo y Lecocq (1874).
[5] Personaje de *Contes à Ninon* (1864) y *Nouveaux contes à Ninon* (1874) de Émile Zola (1840-1902).

mos a la presa. Si mamá nos riñe, le diremos que estábamos jugando en el jardín.

Carlos, que era el mayor, tuvo algunos escrúpulos ligeros. Pero el delito no era tan enorme, y además, los dos sabían que la presa estaba adornada con grandes cañaverales y ramos de zempazúchil. ¡Era día de San Juan!

—¡Vamos! —le dijo— llevaremos un *Monitor* para hacer barcos de papel y les cortaremos las alas a las moscas para que sirvan de marineros.

Y Carlos y Gabriel salieron muy quedito para no despertar a su mamá, que estaba enferma. Como era día de fiesta, el campo estaba solo. Los peones y trabajadores dormían la siesta en sus cabañas. Gabriel y Carlos no pasaron por la tienda, para no ser vistos, y corrieron a todo escape por el campo. Muy en breve llegaron a la presa. No había nadie: ni un peón, ni una oveja. Carlos cortó en pedazos el *Monitor* e hizo dos barcos, tan grandes como los navíos de Guatemala. Las pobres moscas que iban sin alas y cautivas en una caja de obleas, tripularon humildemente las embarcaciones. Por desgracia, la víspera habían limpiado la presa, y estaba el agua un poco baja. Gabriel no la alcanzaba con sus manos. Carlos, que era el mayor, le dijo:

—Déjame a mí que soy más grande. Pero Carlos tampoco la alcanzaba. Trepó entonces sobre el pretil de piedra, levantando las plantas de la tierra, alargó el brazo e iba a tocar el agua y a dejar en ella el barco, cuando, perdiendo el equilibrio, cayó al tranquilo seno de las ondas. Gabriel lanzó un agudo grito. Rompiéndose las uñas con las piedras, rasgándose la ropa, a viva fuerza logró también encaramarse sobre la cornisa, tendiendo casi todo el busto sobre el agua. Las ondas se agitaban todavía. Adentro estaba Carlos. De súbito, aparece en la superficie, con la cara amoratada, arrojando agua por la nariz y por la boca.

—¡Hermano! ¡hermano!

—¡Ven acá! ¡ven acá! no quiero que te mueras.

Nadie oía. Los niños pedían socorro, estremeciendo el aire con sus gritos; no acudía ninguno. Gabriel se inclinaba cada vez más sobre las aguas y tendía las manos.

—Acércate, hermanito, yo te estiro.

Carlos quería nadar y aproximarse al muro de la presa, pero ya le faltaban fuerzas, ya se hundía. De pronto, se movieron las ondas y asió Carlos una rama, y apoyado en ella logró ponerse junto del pretil y alzó una mano; Gabriel la apretó con las manitas suyas, y quiso el pobre niño levantar por los aires a su hermano que había sacado medio cuerpo de las aguas y se agarraba a las salientes piedras de la presa. Gabriel estaba rojo y sus manos sudaban, apretando la blanca manecita del hermano.

—¡Si no puedo sacarte! ¡Si no puedo!

Y Carlos volvía a hundirse, y con sus ojos negros muy abiertos le pedía socorro.

—¡No seas malo! ¿Qué te he hecho? Te daré mis cajitas de soldados y el molino de marmaja que te gustan tanto. ¡Sácame de aquí!

Gabriel lloraba nerviosamente, y estirando más el cuerpo de su hermanito moribundo, le decía:

—¡No quiero que te mueras! ¡Mamá! ¡Mamá! ¡No quiero que se muera!

Y ambos gritaban, exclamando luego:

—¡No nos oyen! ¡No nos oyen!

—¡Santo ángel de mi guarda! ¿Por qué no me oyes?

Y entretanto, fue cayendo la noche. Las ventanas se iluminaban en el caserío. Allí había padres que besaban a sus hijos. Fueron saliendo las estrellas en el cielo. Diríase que miraban la tragedia de aquellas tres manitas enlazadas que no querían soltarse, y se soltaban! Y las estrellas no podían ayudarles, porque las estrellas son muy frías y están muy altas!

Las lágrimas amargas de Gabriel caían sobre la cabeza de su hermano. Se veían juntos, cara cara, apretándose las manos, y uno iba a morirse!

—Suelta, hermanito, ya no puedes más; voy a morirme.

—¡Todavía no! ¡Todavía no! ¡Socorro! ¡Auxilio!

—¡Toma! voy a dejarte mi reloj. ¡Toma, hermanito!

Y con la mano que tenía libre sacó de su bolsillo el diminuto reloj de oro que le habían regalado el Año Nuevo. ¡Cuántos meses había pensado sin descanso en ese pequeño reloj de oro! El día en que al fin lo tuvo, no quería acostarse. Para dormir, lo puso bajo su almohada. Gabriel miraba con asombro sus dos tapas, la carátula blanca en que giraban poco a poco las manecitas negras y el instantero que, nerviosamente, corría, corría, sin dar jamás con la salida del estrecho círculo. Y decía: —¡Cuando tenga siete años, como Carlos, también me comprarán un reloj de oro! —No, pobre niño; no cumples aún siete años y ya tienes el reloj. Tu hermanito se muere y te lo deja.

¿Para qué lo quiere? La tumba es muy obscura, y no se puede ver la hora que es.

—¡Toma, hermanito, voy a darte mi reloj; toma, hermanito!

Y las manitas ya moradas, se aflojaron, y las bocas se dieron un beso desde lejos. Ya no tenían los niños fuerza en sus pulmones para pedir socorro. Ya se abren las aguas, como se abre la muchedumbre en una procesión cuando la Hostia pasa. Ya se cierran y sólo queda por un segundo, sobre la onda azul, un bucle lacio de cabellos rubios!

Gabriel soltó a correr en dirección del caserío, tropezando, cayendo sobre las piedras que lo herían. No digamos ya más: cuando el cuerpo de Carlos se encontró, ya estaba frío, tan frío, que la madre, al besarlo, quedó muerta.

¡Oh mañanita de San Juan! ¡Tu blanco traje de novia tiene también manchas de sangre!

LA PASIÓN DE PASIONARIA[1]

¡Cómo se apena el corazón y cómo se entumece el espíritu, cuando las nubes van amontonándose en el cielo, o derraman sus cataratas, como las náyades vertían sus ricas urnas! En esas tardes tristes y pluviosas se piensa en todos aquellos que no son; en los amigos que partieron al país de las sombras, dejando en el hogar un sillón vacío y un hueco que no se llena en el espíritu. Tal parece que tiembla el corazón, pensando que el agua llovediza se filtra por las hendeduras de la tierra, y baja, como llanto, al ataúd, mojando el cuerpo frío de los cadáveres. Y es que el hombre no cree jamás en que la vida cesa; anima con la imaginación el cuerpo muerto cuyas moléculas se desagregan y entran al torbellino del eterno cosmos, y resiste a la ley ineludible de los seres. Todos, en nuestras horas de tristeza, cuando el viento sopla en el tubo angosto de la chimenea, o cuando el agua azota los cristales, o cuando el mar se agita y embravece; todos cual más, cual menos, desandamos con la imaginación este camino largo de la vida, y recordando a los ausentes, que ya nunca volverán, creemos oír sus congojosas voces en el quejido de la ráfaga que pasa, en el rumor del agua y en los tumbos del océano tumultuoso. El hijo piensa entonces en su amante padre, cuyos cabellos canos le finge la nieve prendida en los árboles; el novio, cuya gentil enamorada robó el cielo, piensa escuchar su balbuceo de niña en el ruido melancólico del agua; y el criminal, a quien atenacea el remordimiento, cierra sus oídos a la robusta sonoridad del océano, que, como Dios a Caín,

---

[1] Se publicó cinco veces por lo menos en la prensa mexicana: en *El Cronista de México* del 9 de julio de 1882, bajo el título *Cartas a mi abuela* y firmado "M. Can-Can"; en *La Libertad* del 29 de octubre de 1882, *Crónica color de asilo* y "El Duque Job"; en *El Correo de las Señoras* el 10 de julio de 1887, *La pasión de Pasionaria* y "Manuel Gutiérrez Nájera", en *El Partido Liberal* del 4 de octubre de 1891, *¡Llueve! ¡Llueve!* y "El Duque Job"; y en *El Siglo Diecinueve* del 5 de agosto de 1893, también *¡Llueve! ¡Llueve!* y "El Duque Job". Fue recogido en *Cuentos frágiles*, 1883 y en *Obras*, 1898.

Las dos primeras versiones periodísticas se diferencian muy poco entre sí, y las recopilaciones mencionadas reimprimen esta forma del cuento. Las versiones de 1891 y 1893, que son idénticas, difieren algo de las versiones primitivas en cuanto a fraseología, sobre todo en el párrafo que empieza: "Días pasados, hablaba yo..."

Imprimimos la versión de 1893, por ser la última corregida por el autor, pero preferimos el título de la de 1893 y 1898.

le dice: ¿En dónde está tu hermano?[2] Y nadie piensa en que esos cuerpos están ya disyectos y en que sus átomos van, errantes y dispersos, del botón encarnado de la rosa a la carne del tigre carnicero; de la llama que oscila en la bujía a los ojos de la mujer enamorada; nadie quiere creer que sólo el alma sobrevive y que la vil materia se deshace; porque de tal manera encariñados nos hallamos con la envoltura terrenal, y tan grande es la predominación de nuestros sentimientos egoístas, que, por tener derecho a imaginar que nuestros cuerpos son eternos, no consentimos en creer que la inflexible muerte ha acabado con los demás, y calumniando a Dios, prolongamos la vida hasta pasada ya la orilla amarillenta en que comienzan los dominios de la muerte.

Este sentimiento es mayor en los pueblos que no alcanzan todavía un grado superior de civilización y de cultura. Los egipcios pensaban que sus deudos difuntos habían menester aún del alimento. Por eso pintaban en el interior de los sepulcros e hipogeos, fámulos y sirvientes provistos de bandejas llenas de sabrosos manjares, cacharros henchidos de agua y grandes panes. Nuestro pueblo conserva aún esa superstición, y deposita, en el día de los difuntos, en el camposanto, lo que llama la ofrenda.

Días pasados, hablaba yo con una dama acerca de estos usos y costumbres. La lluvia no permitía que saliera de su casa, y allí, cautivos, entreteníamos la velada con cuentos de aparecidos y resucitados.

—¿No cree Ud. en la trasmigración de las almas? —me decía.

Solté a reír, y oprimiendo su mano, la contesté:

—Cuando miro esos ojos y esa boca, creo en la trasmigración de los espíritus. Vive en Ud. el alma de Cleopatra. ¿No es así?

Mi bella interlocutora, agradecida, desarrugó el ceño, contraído poco antes por lo huraño de la plática, y me dijo:

—No sé si los muertos vuelven, ni si emigran las almas a otros cuerpos; pero voy a narrarle una historia. Juan casó en segundas nupcias con Antonia. De su primera esposa quedábale una niña de siete años, a quien llamaban Rosalía sus padres, y Pasionaria los vecinos de la aldea. La primera mujer de Juan era todo lo que se llama un ángel de Dios. Paciente, sufridísima, amorosa, se veía en los ojos de su marido y en el fresco

---

[2] Véase *Génesis* 4, versículo 9.

palmito de la niña. Las comadres del pueblo, viendo su tez pálida, sus grandes ojos rodeados por círculos azules, y la marcada delgadez de su enfermizo cuerpo, decían que la mamá de Pasionaria no haría huesos viejos. Ella, alegre y resignada, esperaba la muerte cantando, como aguardan las golondrinas el invierno. Cierta noche, Andrea —que tal era su nombre— se agravó mucho, tanto que hubo necesidad de llamar a D. Domingo el curandero. ¡Todo inútil! La pobre madre se moría, sin que nadie pudiese remediarlo. Poco antes de entrar en agonía, llamó a su hija, que a la sazón contaba cinco años, y le dijo:

—Rosalía: ya me voy. Yo quisiera llevarte; pero el camino es muy largo y muy frío. Quédate aquí; tu padre te necesita y tú le hablarás de mí para que no me olvide. ¡Hasta mañana!

Andrea cerró los ojos, y Rosalía besó, llorando, sus manos que parecían de nieve. ¡Hasta mañana! Es verdad: ¡mañana es el cielo!

Juan era mozo todavía y se consoló a los once meses. Al año cabal, se había casado con Antonia. Ésta era mala, huraña y desconfiada. La madrastra —como en el pueblo la llamaban— hizo sufrir muchísimo a la pobre niña. La trataba con dureza, solía azotarla cuando Juan no estaba en casa, y hasta llegó a quemar un día sus manos con la plancha caliente. Rosalía lloraba; nada más. Cuando eran muchos sus padecimientos, decía en voz baja, con la cara pegada a los rincones:

—¡Madre! ¡madrecita!

Pero la pobrecita muerta no la oía. ¡Qué pesado ha de ser el sueño de los muertos! Las niñas del cortijo, viéndola tan triste, la invitaban a jugar. Pero ella no iba porque sus zapatitos no tenían ya suelas y los guijarros de la calle se le encajaban en la planta. A fuerza de zalamerías con su marido, Antonia había logrado enajenarle el cariño de su padre. Una noche, Pasionaria habló de su mamá; pero esa noche la dejaron sin cena y la pegaron.

—¡Malhaya la madrastra! —decían las buenas almas de la vecindad—. ¡Dios quiera acordarse de la pobrecita Pasionaria!

Dios tiene buena memoria y se acordó. Cuando nadie lo esperaba, y sin visible cambio en la conducta depravada de los padres, Pasionaria se fue reanimando, como la mecha de una lámpara cuando sube el aceite. Seguía siendo muy pálida, pero sus ojos brillaban tanto como la lamparilla que arde junto al Sacramento.

—¿Vas mejor, Pasionaria?

—¡Vaya que voy, como que ya me he puesto buena!

Sin embargo, un doctor que estuvo de temporada en el cortijo, vio a la niña y su pronóstico fue fatal. "A la caída de las hojas se nos va".

Pasionaria desmentía con su cambio este vaticinio. Pasionaria cantaba, haciendo los menesteres de la casa, siempre que Antonia, perezosa y egoísta, andaba de parranda con las cortijeras. Luego que la madrastra llegaba, Pasionaria enmudecía. ¡Así callan los pájaros cuando ven la escopeta de los cazadores! Las buenas gentes del cortijo se decían, con grandes muestras de compasión, que Pasionaria estaba loca. La habían visto hablar sola en los rincones, y hasta habían escuchado estas palabras:

—¡Madre! ¡madrecita!

Pasionaria no estaba loca. Pasionaria hablaba con su madre. La santa mujer, que tenía una silla de marfil y de oro cerca de los ángeles, pidió una audiencia a Dios Nuestro Señor para decirle:

—Señor: yo estoy muy contenta y muy regocijada en tu gloria, porque te estoy mirando; pero si no te enojas, voy a hablarte con franqueza. Tengo en la tierra un pedacito de mi alma que sufre mucho, y mejor quiero padecer con ella que gozar sola. Déjame ir a donde está, porque me llama la pobrecita y se está muriendo.

—Vete —dijo el Señor— pero si te vas no puedes ya volver.

—¡Adiós, Señor!

La gloria, sin sus hijos, no es gloria para una madre.

Aquella noche, Andrea se apareció a su hija y le habló así:

—Yo te dije que volvería y aquí me tienes. De hoy en más no te abandonaré: tú me darás la mitad de los mendrugos que te den por alimento, y cuando te azoten esas malas almas, dividiremos el dolor entre las dos.

Y así fue. Por eso Pasionaria estaba alegre, aunque el doctor dijera que se moría. No hay, sin embargo, naturaleza que resista a ese maltrato. A la caída de las hojas se murió. Juan, que en el fondo no era tan malo, se enjugó una lágrima, y el señor cura se la llevó a dormir al camposanto. Como era natural, en cuanto Dios supo la muerte, dijo a sus ángeles:

—Id a traerla, que aquí le tengo preparada una sillita baja de marfil y de oro, y un cajón lleno de juguetes y de dulces.

Los ángeles cumplieron el mandato, y madre e hija se pusieron en camino. Pero Andrea tenía cerrada la puerta del cielo por desconfiada, y San Pedro, llamándola aparte, para que la niña no se enterase de nada, le dijo:

—Ya tú sabes lo que el amo dispuso: yo lo siento, viejita, pero el que fue a Sevilla perdió su silla.

—Bien sabido que lo tengo. Nada más llego a la puerta para dejar allí a la niña, y que entre sola. Ahora que va a gozar, ya no me necesita. Lo único que pido es que me den un lugarcito en el Purgatorio, con ventana para el cielo; que de ese modo podré verla desde allí—. San Pedro conferenció con el Señor, que dio su venia, y la madre se despidió de Pasionaria.

—Madrecita, si tú no entras yo me voy contigo.

—Calla, niña, que nada más voy por tu padre y vuelvo pronto.

¡Pronto, sí! Todavía la está esperando Pasionaria. La pobre madre está en el Purgatorio, muy contenta, viendo con el rabo del ojo a Pasionaria, que juega con los ángeles todo el día. Dios dice que, cuando llegue el juicio final, se acabará el Purgatorio, y que entonces se salvará la buena madre. ¡Dios mío! ¿cuándo se acaba el mundo para que no estén ausentes esas pobres almas?...

CUENTO TRISTE[1]

¿Por qué me pides versos? Hace ya tiempo que mi pobre imaginación, como una flor cortada antes de tiempo, quedó en los rizos negros de una espesa cabellera, tan tenebrosa como la noche y como mi alma. ¿Por qué me pides versos? Tú sabes bien que del laúd sin cuerdas no brotan armonías y que del nido abandonado ya no brotan los gorjeos. Vino el invierno y desnudó los árboles; se helaron las aguas del río donde bañabas tu pie breve, y aquella casa, oculta entre las ramas de los fresnos, ha oído frases de amor que no pronunciaron nuestros labios y risas que no alegraban nuestras almas. Parece que un mar inmenso nos separa. Yo he corrido tras el amor y tras la gloria, como van los niños tras la coqueta mariposa que se burla de su persecución y de sus gritos. Todas las rosas que encontré tenían espinas, y todos los corazones olvido. El libro de mi vida tiene una sola página de felicidad, y ésa es la tuya. No me pidas ya versos. Mi alma es como esos pájaros viejos que no saben cantar y que pierden sus plumas, una a una, cuando sopla el cierzo de diciembre. Hubo un momento en que creí que el amor era absoluto y único. No hay más que un amor en mi alma, como no hay más que un solo sol en el cielo —decía entonces. Después supe, estudiando astronomía, que los soles son muchos. Toqué a la puerta de muchos corazones y no me abrieron, porque adentro no había nadie. Yo vuelvo ya de todos los países azules en que florecen las naranjas color de oro. Estoy enfermo, triste. No creo más que en Dios, en mis padres y en ti. No me pidas versos.

Preciso es, sin embargo, que te hable y que te cuente una por una mis tristezas. Por eso voy a escribirte, para que leas mis pobres cartas junto a la ventana, y pienses en el ausente que jamás ha de volver. Las golondrinas vuelven, después de larga

---

[1] Apareció por lo menos tres veces en la prensa de México: en *El Nacional* del 25 de julio de 1882, con el título de *Cartas a Clara (Cuentos del jueves)* y firmado "Frú-Frú"; en *La Libertad* del 5 de abril de 1883: *Cartas de Junius (Cuentos del jueves)*, y "Junius"; y otra vez en *La Libertad*, el 27 de noviembre de 1884: *Cuentos del jueves* y "El Duque Job".

Se ha recopilado varias veces, empezando con *Obras*, 1898.

Las diferentes versiones se diferencian relativamente poco entre sí. Publicamos la de 1884, por ser al parecer la última que revisó el autor, pero preferimos el título *Cuento triste*, usado por primera vez en 1898.

ausencia, y se refugian en las ramas del pino. La brújula señala siempre el Norte. Mi corazón te busca a ti.

¿De qué quieres que te hable? Deja afuera la obscuridad y haz que iluminen tu alma las claridades del amor. Somos dos islas separadas por el mar; pero los vientos llevan a ti mis palabras y yo adivino las tuyas. Cuando la tarde caiga y las estrellas comiencen a brillar en el espacio, abre tú los pliegos cerrados que te envío y escucha las ardientes frases de pasión que lleva el aire a tus oídos. Figúrate que estamos solos en el bosque, que olvidé todo el daño que me has hecho, y que en el fondo del *cupé* capitoneado te hablo de mis ambiciones y mis sueños. Óyeme, como escuchas el canto de las aves, el rumor de las aguas, el susurro de la brisa. Hablemos ambos de las cosas frívolas, esto es, de las cosas serias. La tarde va a morir: el viento mueve apenas sus alas, como un pájaro cansado; los caballos que tiran del carruaje, corren hacia la casa, en busca de descanso; la sombra va cayendo lentamente... aprovechemos los instantes.

Hace muy pocos días paseaba yo por la calzada pensando en ti. La tarde estaba nublada y mi corazón triste. ¡Cómo han cambiado las cosas! Los carruajes que van hoy a la calzada no son los mismos que tú y yo veíamos. Veo caras nuevas tras de los cristales y no encuentro las que antes distinguía. ¿Te acuerdas de aquella rubia que encontrábamos siempre en un "trois quarts"[2] a la entrada del Bosque? Pues voy a referirte su novela. Amaba mucho; las ilusiones cantaban en su alma como una parvada de ruiseñores; se casó y la engañaron. Todavía recuerdo la impaciencia con que contaba los días que faltaban para su matrimonio. La noche en que recibió el traje de novia, creyó volverse loca de contento. Yo la miré en la iglesia al día siguiente, coronada de blancos azahares, trémula de emoción y con los ojos henchidos de lágrimas. ¿Quién nos hubiera dicho que aquel matrimonio era un entierro? Se amaban mucho los dos, o, por lo menos, lo decían así. Iban a realizar sus ilusiones; la riqueza les preparó un palacio espléndido, y los que de pie en la playa la miramos partir en barca de oro, decíamos:

—¡Dios la lleve a la felicidad!

Unos meses después, encontré a su marido en un café.

—¿Y Blanca?

—¡Está algo mala!

---

[2] Cupé de tamaño excepcional.

Era verdad, Blanca estaba mala; Blanca se moría. Enrique la dejaba por ir en pos de los placeres fáciles, y Blanca, sola en su pequeña alcoba, pasaba las noches sin dormir, mirando cómo se persiguen y se juntan las agujas en la carátula del reloj. Una noche Enrique no volvió. Al día siguiente, Blanca estaba más pálida: parecía de cera. Hubiérase creído que la luz del alba, que Blanca vio aparecer muchas veces desde su balcón, le había teñido el rostro con sus colores de azucena.

—¿Por qué no viene? —preguntaba sondeando con los ojos la obscuridad profunda de la calle.

Y graznaban las lechuzas, y el aire helado de la madrugada le hería el rostro, y Enrique no volvía. De repente sonaban pasos en las baldosas. Blanca se inclinaba sobre el barandal para ver si venía. ¡Esperanza frustrada! Era un borracho que regresaba a su casa, tropezando con los faroles y las puertas.

Así pasaron días, semanas, meses. Blanca estaba cada día peor. Los médicos no atinaban la cura de su enfermedad. ¿Acaso hay médicos de almas?

Una noche, Blanca le dijo a Enrique:

—No te vayas. Creo que voy a morirme. No me dejes.

Enrique se rio de sus temores, y fue al círculo donde le esperaban sus amigos. ¿Quién se muere a los veinte años?

Blanca le vio partir con tristeza. Se puso después frente a un espejo, alisó sus cabellos y comenzó a prender entre sus rizos diminutos botones de azahar. Dos grandes círculos morados rodeaban sus ojos. Eran las violetas de la muerte. Llamó en seguida a su camarera, se puso el traje blanco que le había servido para el día del matrimonio, y se acostó. Al amanecer, cuando Enrique volvía a casa, vio abiertos los balcones de su alcoba. Cuatro cirios ardían en torno de la cama. Blanca estaba muerta.

—¿Ya lo ves? La vida mundana, tan brillante por de fuera, es como los sepulcros blanqueados de que habla el Evangelio. La riqueza oculta con su manto de arlequín muchas miserias.

Cierra tus oídos a las palabras del eterno tentador. No ambiciones el oro, que es tan frío como el corazón de una coqueta. ¡Sé buena, reza mucho y ama poco!

LA NOVELA DEL TRANVÍA[1]

Cuando la tarde se obscurece y los paraguas se abren, como redondas alas de murciélago, lo mejor que el desocupado puede hacer es subir al primer tranvía que encuentre al paso y recorrer las calles, como el anciano Víctor Hugo las recorría, sentado en la imperial de un ómnibus. El movimiento disipa un tanto cuanto la tristeza, y para el observador, nada hay más peregrino ni más curioso que la serie de cuadros vivos que pueden examinarse en un tranvía. A cada paso el vagón se detiene, y abriéndose camino entre los pasajeros que se amontonan y se apiñan, pasa un paraguas chorreando a Dios dar, y detrás del paraguas la figura ridícula de algún asendereado cobrador, calado hasta los huesos. Los pasajeros se ondulan y se dividen en dos grupos compactos, para dejar paso expedito al recién llegado.

Así se dividieron las aguas del Mar Rojo para que los israelitas lo atravesaran a pie enjuto.[2] El paraguas escurre sobre el

---

[1] Otro de los cuentos más conocidos de Gutiérrez Nájera. Se publicó por lo menos cuatro veces en periódicos: en *La Libertad* del 20 de agosto de 1882, con el título de *Crónicas color de lluvia* y firmado "El Duque Job"; en *El Correo de las Señoras* el 17 de julio de 1887, *La novela del tranvía* y "Manuel Gutiérrez Nájera"; en *El Pabellón Nacional* del 13 de noviembre de 1887, *La novela del tranvía* y "Manuel Gutiérrez Nájera"; y en *El Partido Liberal* del 30 de septiembre de 1888, *Humoradas dominicales* y "El Duque Job". Se incluyó en *Cuentos frágiles*, 1883, en *Obras*, 1898, y en otras varias recopilaciones.

Con dos o tres excepciones, no hay variantes dignas de mención entre las distintas versiones. En *La Libertad* de 1882 el autor dice jocosamente que "las señoritas muy lindas", que viven en los barrios "más allá de la peluquería de Micoló", "leen *La Libertad*". Dice además, en el mismo pasaje: "El único indicio de barbarie que encontré en esos barrios, fue un ejemplar de cierto periódico". Se refería al parecer a algún periódico rival de *La Libertad*. Estas frases no ocurren en otras versiones.

La versión de *El Partido Liberal*, de 1888, se diferencia de todas las demás en que omite dos pasajes bastante largos. El primero de éstos se extiende desde "¡Si yo me casara con alguna de ellas!" hacia el fin de la tercera página de nuestra versión, hasta "¡Pobre hombre! ¿Por qué...", en la página siguiente. El segundo incluye los dos párrafos, casi al final del cuento, que empiezan "Y todo eso será obra tuya" y terminan "se acaban en el infierno".

A pesar de que la versión de 1888 es la última que vio el autor, preferimos no usarla para no omitir los dos pasajes referidos. Publicamos la versión de 1887.

[2] Éxodo 14, versículos 21 y 22.

entarimado del vagón, que, a poco, se convierte en un lago navegable. El cobrador sacude su sombrero y un benéfico rocío baña la cara de los circunstantes, como si hubiera atravesado por enmedio del vagón un sacerdote repartiendo bendiciones e hisopazos. Algunos caballeros estornudan. Las señoras de alguna edad levantan su enagua hasta una altura vertiginosa, para que el fango de aquel pantano portátil no las manche. En la calle, la lluvia cae conforme a las eternas reglas del sistema antiguo: de arriba para abajo. Mas en el vagón hay lluvia ascendente y lluvia descendente. Se está, con toda verdad, entre dos aguas.

Yo, sin embargo, paso las horas agradablemente encajonado en esa miniaturesca arca de Noé, sacando la cabeza por el ventanillo, no en espera de la paloma que ha de traer un ramo de oliva en el pico, sino para observar el delicioso cuadro que la ciudad presenta en ese instante. El vagón, además, me lleva a muchos mundos desconocidos y a regiones vírgenes. No, la ciudad de México no empieza en el Palacio Nacional, ni acaba en la calzada de la Reforma. Yo doy a Uds. mi palabra de que la ciudad es mucho mayor. Es una gran tortuga que extiende hacia los cuatro puntos cardinales sus patas dislocadas. Esas patas son sucias y velludas. Los ayuntamientos, con paternal solicitud, cuidan de pintarlas con lodo, mensualmente.

Más allá de la peluquería de Micoló, hay un pueblo que habita barrios extravagantes, cuyos nombres son esencialmente antiaperitivos. Hay hombres muy honrados que viven en la plazuela del Tequesquite y señoras de invencible virtud cuya casa está situada en el callejón de Salsipuedes. No es verdad que los indios bárbaros estén acampados en esas calles exóticas, ni es tampoco cierto que los pieles rojas hagan frecuentes excursiones a la plazuela de Regina. La mano providente de la policía ha colocado un gendarme en cada esquina. Las casas de esos barrios no están hechas de lodo ni tapizadas por dentro de pieles sin curtir. En ellas viven muy discretos caballeros y señoras muy respetables y señoritas muy lindas. Estas señoritas suelen tener novios, como las que tienen balcón y cara a la calle, en el centro de la ciudad.

Después de examinar ligeramente las torcidas líneas y la cadena de montañas del nuevo mundo por que atravesaba, volví los ojos al interior del vagón. Un viejo de levita color de almendra meditaba apoyado en el puño de su paraguas. No se había rasurado. La barba le crecía "cual ponzoñosa hierba entre arenales". Probablemente no tenía en su casa navajas de afeitar... ni una peseta. Su levita necesitaba aceite de bellotas. Sin embargo, la calvicie de aquella prenda respetable no era prematura, a menos que admitamos la teoría de aquel joven poeta, autor de ciertos versos cuya dedicatoria es como sigue:

> A la prematura muerte de mi abuelita,
> a la edad de 90 años.

La levita de mi vecino era muy mayor. En cuanto al paraguas, vale más que no entremos en dibujos. Ese paraguas, expuesto a la intemperie, debía semejarse mucho a las banderas que los independientes sacan a luz el 15 de septiembre. Era un paraguas calado, un paraguas metafísico, propio para mojarse con decencia. Abierto el paraguas, se veía el cielo por todas partes.

¿Quién sería mi vecino? De seguro era casado, y con hijas. ¿Serían bonitas? La existencia de esas desventuradas criaturas me parecía indisputable. Bastaba ver aquella levita calva, por donde habían pasado las cerdas de un cepillo, y aquel hermoso pantalón con su coqueto remiendo en la rodilla, para convencerse de que aquel hombre tenía hijas. Nada más las mujeres, y las mujeres de quince años, saben cepillar de esa manera. Las señoras casadas ya no se cuidan, cuando están en la desgracia, de esas delicadezas y finuras. Incuestionablemente, ese caballero tenía hijas. ¡Pobrecitas! Probablemente le esperaban en la ventana, más enamoradas que nunca, porque no habían almorzado todavía. Yo saqué mi reloj, y dije para mis adentros:

—Son las cuatro de la tarde. ¡Pobrecillas! ¡Va a darles un vahido! Tengo la certidumbre de que son bonitas. El papá es blanco, y si estuviera rasurado no sería tan feote. Además, han de ser buenas muchachas. Este señor tiene toda la facha de un buen hombre. Me da pena que esas chiquillas tengan hambre. No había en la casa nada que empeñar. ¡Como los alquileres han subido tanto! ¡Tal vez no tuvieron con qué pagar la casa y el propietario les embargó los muebles! ¡Mala alma! ¡Si estos propietarios son peores que Caín!

Nada; no hay para qué darle más vueltas al asunto: la gente pobre decente es la peor traída y la peor llevada. Estas niñas son de buena familia. No están acostumbradas a pedir. Cosen ajeno; pero las máquinas han arruinado a las infelices costureras y lo único que consiguen, a costa de faenas y trabajos, es ropa de munición. Pasan el día echando los pulmones por la boca. Y luego, como se alimentan mal y tienen muchas penas, andan algo enfermitas, y el doctor asegura que, si Dios no lo remedia, se van a la caída de la hoja. Necesitan carne, vino, píldoras de fierro y aceite de bacalao. Pero, ¿con qué se compra todo esto? El buen señor se quedó cesante desde que cayó el Imperio, y el único hijo que habría podido ser su apoyo, tiene rotas las dos piernas. No hay trabajo, todo está muy caro y los amigos llegan a cansarse de ayudar al desvalido. ¡Si las niñas se casaran!... Probablemente no carecerán de admiradores. Pero como las pobrecitas son muy decentes y nacieron en buenos pañales, no pueden prendarse de los ganapanes ni de los pollos de plazuela. Están enamoradas sin saber de quién, y aguardan la venida del Mesías. ¡Si yo me casara con alguna de ellas!... ¿Por qué no? Después de todo, en esa clase suelen encontrarse las mujeres que dan la felicidad. Respecto a las otras, ya sé bien a qué atenerme.

¡Me han costado tantos disgustos! Nada; lo mejor es buscar una de esas chiquillas pobres y decentes, que no están acostumbradas a tener palco en el teatro, ni carruajes, ni cuenta abierta en la Sorpresa. Si es joven, yo la educaré a mi gusto. Le pondré un maestro de piano. ¿Qué cosa es la felicidad? Un poquito de salud y un poquito de dinero. Con lo que yo gano, podemos mantenernos ella y yo, y hasta el angelito que Dios nos mande. Nos amaremos mucho, y como la voy a sujetar a un régimen higiénico se pondrá en poco tiempo más fresca que una rosa. Por la mañana un paseo a pie en el Bosque. Iremos en un coche de a cuatro reales hora, o en los trenes. Después, en la comida, mucha carne, mucho vino y mucho fierro. Con eso y con tener una casita por San Cosme; con que ella se vista de blanco, de azul o de color de rosa; con el piano, los libros, las macetas y los pájaros, ya no tendré nada que desear.

> Una heredad en el bosque:
> Una casa en la heredad;
> En la casa, pan y amor...
> ¡Jesús, qué felicidad!

Además, ya es preciso que me case. Esta situación no puede prolongarse, como dice el gran duque en la *Guerra Santa*. Aquí tengo una trenza de pelo que me ha costado cuatrocientos setenta y cuatro pesos, con un pico de centavos. Yo no sé de dónde los he sacado: el hecho es que los tuve y no los tengo. Nada; me caso decididamente con una de las hijas de este buen señor. Así las saco de penas y me pongo en orden. ¿Con cuál me caso? ¿con la rubia? ¿con la morena? Será mejor con la rubia... digo, no, con la morena. En fin, ya veremos. ¡Pobrecillas! ¿Tendrán hambre?

En esto, el buen señor se apea del coche y se va. Si no lloviera tanto —continué diciendo en mis adentros— le seguía. La verdad es que mi suegro, visto a cierta distancia, tiene una facha muy ridícula. ¿Qué diría, si me viera de bracero con él, la señora de Z? Su sombrero alto parece espejo. ¡Pobre hombre! ¿Por qué no le inspiraría confianza? Si me hubiera pedido algo, yo le habría dado con mucho gusto estos tres duros. Es persona decente. ¿Habrán comido esas chiquillas?

En el asiento que antes ocupaba el cesante, descansa ahora una matrona de treinta años. No tiene malos ojos; sus labios son gruesos y encarnados: parece que los acaban de morder. Hay en todo su cuerpo bastantes redondeces y ningún ángulo agudo. Tiene la frente chica, lo cual me agrada porque es indicio de tontera; el pelo negro, la tez morena y todo lo demás bastante presentable. ¿Quién será? Ya la he visto en el mismo lugar y a la misma hora dos... cuatro... cinco... siete veces. Siempre baja del vagón en la plazuela de Loreto y entra a la iglesia. Sin embargo, no tiene cara de mujer devota. No lleva libro ni rosario. Además, cuando llueve a cántaros, como está lloviendo ahora, nadie va a novenarios ni sermones. Estoy seguro de que esa dama lee más las novelas de Gustavo Droz[3] que el *Menosprecio del mundo* del padre Kempis.[4] Tiene una mirada que, si hablara, sería un grito pidiendo bomberos. Viene cubierta con un velo negro. De esa manera libra su rostro de la lluvia. Hace bien. Si el agua cae en sus mejillas, se evapora, chirriando, como si hubiera caído sobre un hierro candente. Esa mujer es como las papas: no se fíen Uds., aunque las vean tan frescas en el agua: queman la lengua.

La señora de treinta años no va indudablemente al novenario. ¿A dónde va? Con un tiempo como este nadie sale de su

---

[3] Gustavo Droz (1832-1895) escritor francés, autor de *Monsieur, Madame et Bebé, le Cahier de Mlle. Cibot* y otras novelas de una moralidad un poco empalagosa.

[4] Tomás de Kempis (1379-1471), autor alemán de obras religiosas.

casa, si no es por una grave urgencia. ¿Estará enferma la mamá de esta señora? En mi opinión, esta hipótesis es falsa. La señora de treinta años no tiene madre. La iglesia de Loreto no es una casa particular ni un hospital. Allí no viven ni los sacristanes. Tenemos, pues, que recurrir a otras hipótesis. Es un hecho constante, confirmado por la experiencia, que a la puerta del templo, siempre que la señora baja del vagón, espera un coche. Si el coche fuera de ella, vendría en él desde su casa. Esto no tiene vuelta de hoja. Pertenece, por consiguiente, a otra persona. Ahora bien; ¿hay acaso alguna sociedad de seguros contra la lluvia o cosa parecida, cuyos miembros paguen coche a la puerta de todas las iglesias, para que los feligreses no se mojen? Claro es que no. La única explicación de estos viajes en tranvía y de estos rezos, a hora inusitada, es la existencia de un amante. ¿Quién será el marido?

Debe de ser un hombre acaudalado. La señora viste bien, y si no sale en carruaje para este género de entrevistas, es por no dar en qué decir. Sin embargo, yo no me atrevería a prestarle cincuenta pesos bajo su palabra. Bien puede ser que gaste más de lo que tenga, o que sea como cierto amigo mío, personaje muy quieto y muy tranquilo, que me decía hace pocas noches:

—Mi mujer tiene al juego una fortuna prodigiosa. Cada mes saca de la lotería quinientos pesos. ¡Fijo!

Yo quise referirle alguna anécdota, atribuida a un administrador muy conocido de cierta aduana marítima. Al encargarse de ella dijo a los empleados:

—Señores, aquí se prohibe jugar a la lotería. El primero que se la saque lo echo a puntapiés.

¿Ganará esta señora a la lotería? Si su marido es pobre, debe haberle dicho que esos pendientes que ahora lleva son falsos. El pobre señor no será joyero. En materia de alhajas sólo conocerá a su mujer que es una buena alhaja. Por consiguiente, la habrá creído. ¡Desgraciado! ¡qué tranquilo estará en su casa! ¿Será viejo? Yo debo conocerle... ¡Ah!... ¡sí!... ¡es aquél! No, no puede ser; la esposa de ese caballero murió cuando el último cólera. ¡Es el otro! ¡Tampoco! Pero ¿a mí, qué me importa quién sea?

¿La seguiré? Siempre conviene conocer un secreto de una mujer. Veremos, si es posible, al incógnito amante. ¿Tendrá hijos esta mujer? Parece que sí. ¡Infame! Mañana se avergonzarán de ella. Tal vez alguno la niegue. Ése será un crimen; pero un crimen justo. Bien está; que mancille, que pise, que escupa la honra de ese desgraciado que probablemente la adora.

Es una traición; es una villanía. Pero, al fin, ese hombre puede matarla sin que nadie le culpe ni le condene. Puede mandar a sus criados que la arrojen a latigazos y puede hacer pedazos al amante. Pero sus hijos ¡pobres seres indefensos, nada pueden! La madre los abandona para ir a traerles su porción de vergüenza y deshonra. Los vende por un puñado de placeres, como Judas a Cristo por un puñado de monedas. Ahora duermen, sonríen, todo lo ignoran; están abandonados a manos mercenarias; van empezando a desamorarse de la madre, que no los ve, ni los educa, ni los mima. Mañana, esos chicuelos serán hombres, y esas niñas, mujeres. Ellos sabrán que su madre fue una aventurera, y sentirán vergüenza. Ellas querrán amar y ser amadas; pero los hombres, que creen en la tradición del pecado y en el heredismo, las buscarán para perderlas y no querrán darles su nombre, por miedo de que no lo prostituyan y lo afrenten.

Y todo eso será obra tuya. Estoy tentado de ir en busca de tu esposo y traerle a este sitio. Ya adivino cómo es la alcoba en que te aguarda. Pequeña, cubierta toda de tapices, con cuatro grandes jarras de alabastro sosteniendo ricas plantas exóticas. Antes había dos grandes lunas en los muros; pero tu amante, más delicado que tú, las quitó. Un espejo es un juez y es un testigo. La mujer que recibe a su amante viéndose al espejo, es ya la mujer abofeteada de la calle.

Pues bien; cuando tú estés en esa tibia alcoba y tu amante caliente con sus manos tus plantas entumecidas por la humedad, tu esposo y yo entraremos sigilosamente, y un brusco golpe te echará por tierra, mientras detengo yo la mano de tu cómplice. Hay besos que se empiezan en la tierra y se acaban en el infierno.

Un sudor frío bañaba mi rostro. Afortunadamente habíamos llegado a la plazuela de Loreto, y mi vecina se apeó del vagón. Yo vi su traje; no tenía ninguna mancha de sangre; nada había pasado. Después de todo, ¿qué me importa que esa señora se la pegue a su marido? ¿Es mi amigo acaso? Ella sí que es una real moza. A fuerza de encontrarnos, somos casi amigos. Ya la saludo.

Allí está el coche; entra a la iglesia; ¡qué tranquilo debe estar su marido! Yo sigo en el vagón. ¡Parece que todos vamos tan contentos!

LOS AMORES DEL COMETA[1]

DE ORO, así es la cauda del cometa. Viene de las inmensas profundidades del espacio y ha dejado en las púas de cristal que tienen las estrellas muchas de sus guedejas luminosas. Las coquetas quisieron atraparle; pero el cometa pasó impasible, sin volver los ojos, como Ulises por entre las sirenas.[2] Venus le provocaba con su voluptuoso parpadeo de medianoche, como si ya tuviera sueño y quisiera volver a casa acompañada. Pero el cometa vio el talón alado de Mercurio, que sonreía mefistofélicamente, y pasó muy formal a la distancia respetable de veintisiete millones de leguas. Y allí le veis. Yo creo que en uno de sus viajes halló la estrella de nieve, a donde nunca llega la mirada de Dios, y que llaman los místicos infierno. Por eso trae erizos los cabellos. Ha visto muchas tierras, muchos cielos; sus aventuras amorosas hacen que las Siete Cabrillas se desternillen de risa, y cuando imprima sus memorias veréis cómo las comprarán los planetas para leerlas a escondidas, cuidando de que no caigan en poder de las estrellas doncellitas. Tiene mucha fortuna con las mujeres: ¡Es de oro!

No me había sido presentado. Yo, comúnmente, no recibo a las cuatro y treinta y dos minutos de la madrugada; y ese gran noctámbulo deja sus sábanas azules muy temprano, para espiar la alcoba de la aurora por el ojo de la llave, luego que la divina rubia salta de su lecho con los brazos desnudos y el cabello suelto. Su pupila de oro espía por la cerradura del Oriente. Tal vez en ese instante la aurora baja las tres gradas

---

[1] Al parecer, el cuento entero se publicó sólo una vez en los periódicos de México: en *La Libertad* del 1º de octubre de 1882, con el título de *Crónicas color de oro* y la firma "El Duque Job". En 1883 se volvió a publicar en *Cuentos frágiles*, con algunos ligeros cambios de forma. En 19 de abril, 1892, se publicó en *El Universal* un fragmento del cuento, titulado *Su gracia el cometa* y firmado "El Duque Job".

Después de 1883, no conocemos publicación del cuento entero hasta la de las *Obras*, 1898. En ésta aparece un cambio muy grande: la omisión de unas seis páginas del texto de las versiones de 1882 y 1883, entre "Los luceros y yo teníamos frío" y "Mas si el cometa no presagia..." Tal cambio es muy sorprendente, puesto que de ordinario las *Obras* aceptan el texto de una versión anterior. Quizá haya habido una versión, para nosotros desconocida, entre las de 1883 y de 1898. Todas las versiones más recientes aceptan el texto de 1898, que nosotros también reimprimimos.

[2] Véase la nota 3 de *Una venganza*.

de ópalo que tiene su lecho nupcial, y busca para cubrir sus plantas entumecidas las pantuflas de mirtos que los ángeles forran por dentro con plumas blancas desprendidas de sus alas. Y él la mira; la circunda con el áureo flúido de sus ojos; la palpa con la vista: siente las blandas ondulaciones de su pecho; ve cómo entorna los párpados, descubriendo sus pupilas color de *nomeolvides* y recibe en el rostro las primeras gotas de rocío que van cayendo de las trenzas rubias, cuando la diosa moja su cabeza en la gran palangana de brillantes, y aliña con el peine de marfil su cabellera descompuesta por la almohada. El cometa está enamorado. Por eso se levanta muy temprano.

Cuando los diarios anunciaron su llegada yo dudé de su existencia. Creí que era un pretexto del sol para obligarme a dejar el lecho en las primeras horas matinales. El padre de la luz está reñido conmigo porque no le hago versos y porque no me gusta su hija, el alba.

La blancura irreprochable de esa mujer me desespera; y desde que amo con toda el alma a una morena, odio a las rubias, y sobre todo a las inglesas. La noche es morena... ¡Como tú! ¡Perdón! Debí haber dicho: ¡Como Ud.!

Pero el cometa, a pesar de estas dudas, existía. Un sacerdote que va a decir su misa antes del alba le había visto. No era, pues, un pretexto del hirviente sol para tenerme desvelado y vengarse de todos mis desvíos. Los panaderos le conocían y saludaban. El gran viajero del espacio estaba en México.

Los graves observadores de Chapultepec no han despegado aún sus labios, y guardan una actitud prudente para no comprometerse. No saben todavía si ese cometa es de buena familia. Y tienen sobradísima razón. No hay que hacer amistades con un desconocido que, a juzgar por la traza, es un polaco aventurero. Sobre todo, no hay que fiarle dinero. ¿A qué ha venido?

La honradez del cometa es muy dudosa. Sale a la madrugada del caliente camarín en que duerme la aurora, y no contento aún con deshonrarla de este modo espía por la cerradura de la llave hasta que acaba de lavarse. Yo no sé si la aurora es casada; pero séalo o no, la hora a que el cometa sale de su casa no habla muy alto en pro de su reputación.

El cometa no es caballero. Hace alarde de sus bellaquerías: sale con insolencia, afrentando a los astros pobres con el lujo opulento de su traje, y, sin respeto al pudor de las estrellas vírgenes, compromete la honrosa reputación de una señora. No tiene vergüenza. Cuando menos debía embozarse en una capa.

Vanamente esperé que el gran desconocido apareciera en el cielo raso de mi alcoba. Para este excursionista, que no viene de Chicago, no hay hombres notables ni visitas de etiqueta. Tuve, pues, que esperarle en pie y armado, como aguarda un celoso al amante de su mujer, para darle, al pasar, las buenas noches. Eran las cuatro y media de la madrugada. Las estrellas cuchichearon entre sí, detrás de los abanicos, y algo como un enorme chorro de champagne, arrojado por una fuente azul, se dibujó en Oriente. Era el cometa. La luna, esa gran bandeja de plata en donde pone el sol monedas de oro, se escondía, desvelada y pálida, en el Oeste. Los luceros y yo teníamos frío.

Mas si el cometa no presagia ahora el desarrollo de la epidemia, ni la contingencia de un conflicto internacional con Guatemala, sí puede chocar en el océano obscuro del espacio con esta cáscara de nuez en que viajamos. Tal conjetura no es absolutamente inadmisible. Hay 281 millones de probabilidades en contra de esa hipótesis; pero hay una a favor. Si el choque paralizara el movimiento de traslación, todo lo que no está pegado a la superficie de la tierra saldría de ella con una velocidad de siete leguas por segundo. El tenor Prats llegaría a la luna en cuatro minutos. Si el choque no hiciera más que detener el movimiento de rotación, los mares saldrían de madre descaradamente y cambiarían el Ecuador y los polos. ¡Qué admirable espectáculo! Los mares vaciándose, como platones que se voltean, sobre la tierra! El astrónomo Wiston cree y sostiene que el diluvio fue ocasionado por el choque de un cometa: el que apareció nuevamente en 1680.

Podía también el bandolero del espacio envolvernos en su opulenta cola de tertulia. Los cometas debían usar vestido alto. Por desgracia, sus grandes colas áureas, eterna desesperación de las actrices, tienen a las veces treinta y hasta ochenta millones de leguas. Si la extremidad de una de esas colas gigantescas penetrase en nuestra atmósfera, cargadas como están de hidrógeno y carbono, la vida sería imposible en el planeta. Sentiríamos primero una torpeza imponderable, como si acabáramos de almorzar en el restaurant de Recamier, y luego, gracias al decrecimiento del ázoe, un regocijo inmenso y una terrible excitación nerviosa, provocada por la rápida combustión de la sangre en los pulmones y por su rápida circulación en las arterias. ¡Todos nos moriríamos riendo a carcajadas! Servín abrazaría a Joaquín Moreno, y García de la Cadena al general Aréchiga.

Pero, ¿quién piensa en ese horrible fin del mundo, oh vida mía?

El olor de las rosas dura poco y el champagne se evapora en impalpables átomos, si le dejamos, olvidadizos, en la copa. Nuestro cariño vuela adonde van las notas que se pierden, gimiendo, en el espacio. Mañana tú tendrás canas y yo arrugas. En tus rodillas saltarán contentos tus chicuelos. Descuida: tenemos tiempo para amarnos, porque el amor dura muy poco. Cierra de noche tus balcones para que no entre muy temprano la luz impertinente de la aurora, y procura que duerma tu previsión, para que no adivines los desengaños y las decepciones que nos trae el porvenir. El mundo está viejo, pero nosotros somos jóvenes. Cuando estés en un baile, no pienses nunca en la diana del alba ni en el frío de la salida porque tus hombros desnudos se estremecerán, como sintiendo el áspero contacto de un cierzo de diciembre, y sentirás subir a tu garganta el bostezo imprudente del fastidio. La esperma brilla, y hay mucha luz en los espejos, en los diamantes y en los ojos. La música retoza en el espacio, y el vals, como la ola azul de un río alemán, arrastra las parejas estrechamente unidas como los cuerpos de Paolo y de Francesca.[2]

Las copas de Bohemia desbordan el vino que da calor al cuerpo, y la boca entreabierta de la mujer derrama esas palabras que dan calor al alma. El alba se esperza entretanto, y piensa en levantarse. No pensemos en ella. Afuera sopla un viento frío que rasga las desnudas carnes de esas pobres gentes que han pasado la noche mendigando y vuelven a sus casas sin un solo mendrugo de pan negro.

No pienses, por Dios, en la capota de pesadas pieles que duerme, aguardándote, en el guardarropa, ni en los cerrados vidrios de tu coche. Fin del mundo y salida de un baile todo es uno. Final de fiesta mezclado de silencio y de fatiga; hora en que se apagan los lustros y cada cual vuelve a su casa; aquéllos a dormir bajo las ropas acolchonadas de su lecho, y éstos a descansar entre los cuatro muros de la tumba. Las bujías pavesean, lamiendo las arandelas del enroscado candelabro; los pavos del *buffet* muestran sus roídas caparazones y sus vientres abiertos; los músicos, luchando a brazo partido con el sueño, como Jacob con el ángel,[3] no encuentran aire en sus pulmones

---

[2] Véase la nota 3 de *Una venganza*.
[3] Véase *Génesis*, capítulo 32.

para arrojarlo por el agudo clarinete, ni vigor en sus flojas articulaciones para esgrimir el arco del violín; sobre la blanca lona que cubre las alfombras hay muchas flores pisoteadas y muchas blondas hechas trizas; las mujeres se van poniendo ojerosas, y el polvo de arroz cae, como el polen de una flor, de sus mejillas; los cocheros, inmóviles, duermen en el pescante envueltos hasta la frente con sus *carricks;* éste es el fin del baile, éste es el fin del mundo. Pero —aguarda un momento— ¡falta el cotillón!

> *Restons! L'étoile vagabonde*
> *Dont les sages ont peur de loin,*
> *Peut-être, en emportant le monde,*
> *Nous laissera dans notre coin!*

El cometa no viene a exterminarnos. Sigue agitando su cabellera merovingia ante la calva respetable de la Luna, y continúa sus aventuras donjuanescas. Tiende a Marte una estocada y se desliza como anguila por entre los anillos de Saturno. ¡Míralo! Sigue *lagartijeando* en el espacio, bombardeado por las miradas incendiarias de la Osa. Reposa en la silla de Casiopea y se ocupa en bruñir el coruscante escudo de Sobieski. El Pavo Real despliega el abanico de su cola para enamorarle, y el ave indiana va a pararse en su hombro. La Cruz Austral le abre los brazos, y los Lebreles marchan obedientes a su lado. Allí está Orión que le saluda con los ojos, y el fatuo Arturo viéndose en el espejo de las aguas. Puede rizar la cabellera de Berenice, e ir, jinete en la Girafa, a atravesar el Triángulo boreal. El León se echa a sus pies y el Centauro le sigue a galope. Hércules le presenta su maza y Andrómeda le llama con ternura. La Vía Láctea tiende a sus pies una alfombra blanca, salpicada de relucientes lentejuelas, y el Pegaso se inclina para que lo monte.

Pero vosotras no lo poseeréis, ¡oh estrellas enamoradas! Ya sabe lo que otros de sus compañeros han perdido por acercarse mucho a los planetas. Como los hombres cuando se enamoran, se han casado. Perdieron su independencia desde entonces, y hoy gravitan siguiendo una cerrada curva o una elipse. Por eso huye y esquiva vuestras redes de oro; ¡es de la aurora! Miradle cómo espía a su rubia amada por la brillante cerradura del Oriente. El cielo empieza a ruborizarse. ¡Ya es de día! Las estrellas se apagan en el cielo, y los ojos que yo amo se abren en la tierra.

BERTA Y MANON[1]

Cuando Berta puso en el mármol de la mesa sus horquillas de plata y sus pendientes de rubíes, el reloj de bronce, superado por la imagen de Galatea dormida entre las rosas, dio con su agudo timbre doce campanadas. Berta dejó que sus trenzas de rubio veneciano le besaran, temblando, la cintura, y apagó con su aliento la bujía, para no verse desvestida en el espejo. Después, pisando con sus pies desnudos los *nomeolvides* de la alfombra, se dirigió al angosto lecho de madera color de rosa, y tras una brevísima oración, se recostó sobre las blancas colchas que olían a holanda nueva y a violeta. En la caliente alcoba se escuchaban, nada más, los pasos sigilosos de los duendes que querían ver a Berta adormecida y el tic-tac de la péndola incansable, enamorada eternamente de las horas. Berta cerró los ojos, pero no dormía. Por su imaginación cruzaban a escape los caballos del Hipódromo. ¡Qué hermosa es la vida! Una casa cubierta de tapices y rodeada por un cinturón de camelias blancas en los corredores; abajo, los coches cuyo barniz luciente hiere el sol, y cuyo interior, acolchonado y tibio, trasciende a piel de Rusia y cabritilla; los caballos que piafan en las amplias caballerizas y las hermosas hojas de los plátanos, erguidos en tibores japoneses; arriba, un cielo azul de raso nuevo, mucha luz, y las notas de los pájaros subiendo, como almas de cristal, por el ámbar flúido de la atmósfera; adentro, el padre de cabellos blancos que no encuentra jamás bastantes perlas ni bastantes blondas para el armario de su hija; la madre que vela a su cabecera

[1] Se publicó cuatro veces, por lo menos, en periódicos de México: en *La Libertad* del 12 de noviembre de 1882, con título de *Crónica color de Caracole* (siendo "Caracole" el nombre de cierto caballo de carrera) y firma de "El Duque Job"; en *El Partido Liberal* del 24 de abril de 1892, *Berta y Manón* y "El Duque Job"; en *El Partido Liberal* de 19 de noviembre de 1893, *Un día de carreras* y "El Duque Job"; y en la *Revista Azul* del 23 de febrero de 1896, *Un día de carreras* y "El Duque Job".

Las diferencias entre las varias versiones consisten sobre todo en la omisión progresiva de detalles referentes a las carreras de caballos. La versión de *Cuentos frágiles*, 1883, se diferencia relativamente poco de la de 1882 y las *Obras*, 1898, reimprimen la de 1883. La *Revista Azul* reimprime la versión de 1893, relativamente libre de material extraño al cuento propiamente dicho.

Imprimimos la versión de 1893, por ser la última corregida por el autor, pero en cuanto a título, preferimos *Berta y Manón*, el de 1892.

cuando enferma, y que quisiera rodearla de algodones, como si fuese de porcelana quebradiza; los niños que travesean desnudos en su cuna, y el espejo claro que sonríe sobre el mármol del tocador. Afuera, en la calle, el movimiento de la vida, el ir y venir de los carruajes, el bullicio; y por la noche, cuando termina el baile o el teatro, la figura del pobre enamorado que la aguarda y que se aleja satisfecho cuando la ha visto apearse de su coche o cerrar los maderos del balcón. Mucha luz, muchas flores y un traje de seda nuevo: ¡ésa es la vida!

Berta entorna los ojos, pero vuelve a cerrarlos en seguida, porque está la alcoba a obscuras. Los duendes, que ansían verla dormida para besarla en la boca, sin que lo sienta, comienzan a rodearla de adormideras y a quemar en pequeñas cazoletas granos de opio. Las imágenes se van esfumando y desvaneciendo en la imaginación de Berta. Sus pensamientos pavesean. Ya no ve el Hipódromo, bañado por la resplandeciente luz del sol, ni ve a los jueces encaramados en su pretorio, ni oye el chasquido de los látigos.

> Ya todo yace en el reposo inerme;
> El lirio azul dormita en la ventana;
> ¿Oyes? desde su torre la campana
> La medianoche anuncia: duerme, duerme.

El genio retozón que abrió para mí la alcoba de Berta, como se abre una caja de golosinas el día de Año Nuevo, puso un dedo en mis labios, y tomándome de la mano, me condujo a través de los salones. Yo temía tropezar contra algún mueble, despertando a la servidumbre y a los dueños. Pasé, pues, con cautela, conteniendo el aliento y casi deslizándome sobre la alfombra. A poco andar, di contra el piano, que se quejó en sí bemol; pero mi acompañante sopló, como si hubiera de apagar la luz de una bujía, y las notas cayeron mudas sobre la alfombra: el aliento del genio había roto esas pompas de jabón. En esta guisa atravesamos varias salas, el comedor de cuyos muros, revestidos de nogal, salían gruesos candelabros con las velas de esperma apagadas; los corredores, llenos de tiestos y de afiligranadas pajareras; un pasadizo estrecho y largo como un cañuto, que llevaba a las habitaciones de la servidumbre; el retorcido caracol por donde se subía a las azoteas y un laberinto de pequeños cuartos, llenos de muebles y de trastos inservibles.

Por fin, llegamos a una puertecita por cuya cerradura se filtraba un rayo de luz tenue. La puerta estaba atrancada por dentro, pero nada resiste al dedo de los genios, y mi acompañante, entrándose por el ojo de la llave, quitó el morillo que atrancaba la mampara. Entramos: allí estaba Manón, la costurera. Un libro abierto extendía sus blancas páginas en el suelo, cubierto apenas con esteras rotas, y la vela moría lamiendo con su lengua de salamandra los bordes del candelero. Manón leía seguramente cuando el sueño la sorprendió. Decíalo esa imprudente luz que habría podido causar un incendio, ese volumen maltratado que yacía junto al catre de fierro, y ese brazo desnudo que con el frío impudor del mármol, pendía, saliendo fuera del colchón y por entre las ropas descompuestas. Manón es bella como un lirio enfermo. Tiene veinte años, y quisiera leer la vida, como quería de niña hojear los tomos de grabados que su padre guardaba. Pero Manón es huérfana y es pobre: ya no verá, como antes, a su alrededor, obedientes camareras y sumisos domésticos; la han dejado sola, pobre y enferma, en medio de la vida. De aquella vida anterior que, en ocasiones, se le antoja un sueño, nada más le queda un cutis que trasciende aún a almendra, y un cabello que todavía no vuelven áspero el hambre, la miseria y el trabajo. Sus pensamientos son como esos rapazuelos encantados que figuran en los cuentos: andan de día con la planta descalza y en camisa; pero dejad que la noche llegue, y miraréis cómo esos pobrecitos limosneros visten jubones de crujiente seda y se adornan con plumas de faisanes.

Aquella tarde, Manón había asistido a las carreras. En la casa de Berta todos la quieren y la miman, como se quiere y mima a un falderillo, vistiéndole de lana en el invierno y dándole en la boca mamones empapados en leche. Todos sabían la condición que había tenido en antes esa humilde costurera, y la trataban con mayor regalo. Berta le daba sus vestidos viejos, y solía llevarla consigo cuando iba de paseo o a tiendas. La huérfana recibía esas muestras de cariño como recibe el pobre que mendiga la moneda que una mano piadosa le arroja desde un balcón. A veces esas monedas descalabran.

Aquella tarde, Manón había asistido a las carreras. La dejaron adentro del carruaje, porque no sienta bien a una familia aristocrática andarse de paseo con las criadas; la dejaron allí, por si el vestido de la niña se desgarraba o si las cintas de su "capota" se rompían. Manón, pegada a los cristales del carruaje, espiaba por allí la pista y las tribunas, tal como ve una pobrecita enferma, a través de los vidrios del balcón, la vida y movimiento de los transeúntes. Los caballos cruzaban como exhalaciones por el árida pista, tendiendo al aire sus crines erizadas. ¡Los caballos! Ella también había conocido ese placer, mitad espiritual y mitad físico, que se experimenta al atravesar a galope una avenida enarenada. La sangre corre más aprisa y el aire azota como si estuviera enojado. El cuerpo siente la juventud y el alma cree que ha recobrado sus alas.

Y las tribunas, entrevistas desde lejos, le parecían enormes ramilletes hechos de hojas de raso y claveles de carne. La seda acaricia como la mano de un amante y ella tenía un deseo infinito de volver a sentir ese contacto. Cuando anda la mujer, su falda va cantando un himno en loor suyo. ¿Cuándo podría escuchar esas estrofas? Y veía sus manos, y la extremidad de los dedos maltratada por la aguja, y se fijaba tercamente en ese cuadro de esplendores y de fiestas, como en la noche de San Silvestre ven los niños pobres esos pasteles, esas golosinas, esas pirámides de caramelo que no gustarán ellos y que adornan los escaparates de las dulcerías. ¿Por qué estaba ella desterrada de ese paraíso? Su espejo le decía: "Eres joven y bella". ¿Por qué padecía tanto? Luego, una voz secreta se levantaba en su interior diciendo: "No envidies esas cosas. La seda se desgarra, el terciopelo se chafa, la epidermis se arruga con los años. Bajo la azul superficie de ese lago hay mucho lodo.

"Todas las cosas tienen su lado luminoso y su lado sombrío. ¿Recuerdas a tu amiga Rosa Té? Pues vive en ese cielo de teatro tan lleno de talco y de oropeles y de lienzos pintados. Y el marido que escogió la engaña y huye de su lado para correr en pos de mujeres que valen menos que ella. Hay mortajas de seda y ataúdes de palo santo, pero en todos hormiguean y muerden los gusanos".

Manón, sin embargo, anhelaba esos triunfos y esas galas. Por eso dormía soñando con regocijos y con fiestas. Un galán, parecido a los errantes caballeros que figuran en las leyendas alemanas, se detenía bajo sus ventanas, y trepando por una escala de seda azul, llegaba hasta ella, la ceñía fuertemente con sus brazos y bajaban después, cimbrándose en el aire, hasta la sombra del olivar tendido abajo.

Allí esperaba un caballo. Y el caballero, llevándola en brazos, como se lleva a un niño dormido, montaba en el brioso potro que corría a todo escape por el bosque. Los mastines del caserío ladraban y hasta abríanse las ventanas y en ellas aparecían rostros medrosos; los árboles corrían, corrían en dirección contraria, como un ejército en derrota, y el caballero la apretaba conta el pecho, rizando con su aliento abrasador los delgados cabellos de su nuca.

En ese instante, el alba salía fresca y perfumada de su tina de mármol llena de rocío. No entres —¡oh fría luz!— no entres a la alcoba en donde Manón sueña con el amor y la riqueza! Deja que duerma, con su brazo blanco pendiente fuera del colchón, como una virgen que se ha embriagado con el agua de las rosas. Deja que las estrellas bajen del cielo azul, y que se prendan en sus orejas diminutas de porcelana trasparente!

EN EL HIPÓDROMO[1]

Es imposible separar los ojos de esa larga pista, en donde los caballos de carrera compiten, maravillándonos con sus proezas. Yo sé de muchas damas que han reñido con sus novios, porque éstos, en vez de verlas preferentemente y admirarlas, fijaban su atención en los ardides de los jockeys y en la traza de los caballos. Y sé, en cambio, de otro amigo mío, que absorto en la contemplación de unas medias azules, perfectamente estiradas, perdió su apuesta por no haber observado, como debía haberlo hecho desde antes, las condiciones en que iba a verificarse la carrera. Pero esta manía hípica no cunde nada más entre los dueños de caballos y los apostadores, ávidos de lucro; se extiende hasta las damas, que también siguen, a favor del anteojo, los episodios y las peripecias de la justa; y que apuestan como nosotros apostamos y emplean en su conversación los agrios vocablos del idioma hípico, erizado de puntas y consonantes agudísimas. Los galantes y los cortejos van a apostar con las señoras, y ofrecen una caja de guantes o un estuche de perfumes, en cambio de la pálida camelia que se marchita en los cabellos de la dama o del coqueto alfiler de oro que detiene los rizos en la nuca. El breve guante de cabritilla paja que aprisiona una mano marfilina, bien vale todos los jarrones de Sèvres que tiene Hildebrand en sus lujosos almacenes y todas las delicadas miniaturas

---

[1] Este cuento ha aparecido en versión total o parcial tres veces en periódicos mexicanos: en *La Libertad* del 19 de noviembre de 1882: *Crónica color de Águila (En el Hipódromo)*; en *El Partido Liberal* del 22 de noviembre de 1891: *Crónicas dominicales (Después de las carreras)*; y en *El Partido Liberal* del 10 de diciembre de 1893: *Estrellas y caballos*. Todas las versiones llevan la firma de "El Duque Job".

La parte de las tres versiones que va desde la primera alusión a los cuadros de De Nittis hasta el fin de la historia de Madame Bob, es casi idéntica. La versión de 1891 se diferencia principalmente de las demás en que omite la última página y media de ellas, desde "¡El caballo! Yo comprendo..." hasta el fin. La versión de 1893 reemplaza las tres primeras páginas, poco más o menos, de la de 1882 por página y media sobre un asunto completamente ajeno al de las carreras: el brillo, por aquel entonces, del planeta Venus y otros astros.

Los *Cuentos frágiles* de 1883 y las *Obras* de 1898 copian casi al pie de la letra la versión periodística de 1882.

Contra nuestra costumbre, publicamos la versión primitiva de 1882, con las escasas modificaciones que ocurren en la de 1883.

que traza el pincel—Daudet de Casarín. Yo tengo en el cofre azul de mis recuerdos uno de esos guantes. ¿De quién era? Recuerdo que durante muchos días fue conmigo, guardado en la cartera, y durmió bajo mi almohada por las noches. ¿De quién era? ¡Pobre guante! Ya le faltan dos botones y tiene un pequeñito desgarrón en el dedo meñique. Huele a rubia.

La arena del Hipódromo ha recibido ya también su bautismo de sangre. Pero ¿quién piensa durante la animación de las carreras, en esos tristes lances de tragedia? El caballo pasea con arrogancia dentro de la pista, como una hermosa en el salón del baile. Sabe que es bella y sabe que le miran. Y el caballo puede matar a su jinete en el *steeplechase,* como la dama, por casta y angelical que os parezca, puede también poner en vuestra mano el vibrante florete del duelista o el revólver del suicida. Todo amor da la muerte.

Nosotros acariciamos la crin sedosa del caballo o nos dormimos a la sombra de una tupida cabellera negra, como la Africana bajo la fronda pérfida del manzanillo. Tus piernas son nerviosas, —¡oh, caballo!— mis dedos quieren esconderse entre tus crines, y cuando tú, alargando el noble cuello, dilatas la nariz y corres como un dardo disparado, yo siento las palpitaciones de tu carne y te poseo y te amo, ebrio de orgullo. Bien sé que en uno de tus botes puedes arrojarme a distancias enormes, como se arroja un saco de huesos desde lo alto de una torre. Mi cuerpo irá a caer en la barranca o quedará desamparado en la llanura, siendo pasto de los buitres. Pero ¿qué importa? ¡yo te amo!

Tus ojos, —¡oh, mujer!— ocultan el amor al propio tiempo que la muerte, porque son negros como la noche y en la noche reinan las pálidas estrellas y los perversos malhechores. Tus pupilas despiden luces frías, como flechas de acero. Nadie ha podido sorprender los escondidos pensamientos que guarda tu frente impenetrable. Eres el arca santa o la terrible caja de Pandora, el cóndor o el gusano, la cumbre en que se está próximo al cielo o la barranca cuyo duro suelo caldean las llamas del infierno. Me han dicho que no debo quererte, y por eso te amo, como José adoraba a Carmen la gitana.[2] El árbol traicionero alza su copa hermosa sobre los demás: no hay nidos en sus ramas; abajo está la muerte. Puedo, si quiero, reposar bajo otros

---

[2] Personajes de la ópera *Carmen,* de Bizet (1875).

árboles, bajo la encina honrada o el nogal hospedador. Pero éstos no poseen tu seducción diabólica, ni son tan bellos como tú. He corrido los campos y los bosques; el cansancio me agobia; ¡déjame, pues, dormir bajo tus hojas y beber por mis poros el veneno de la muerte!

Mas ¿quién piensa en la caída mortal cuando caracolea el caballo, coqueteando en la arena del *turf;* ni en el minuto trágico del duelo, cuando la bella peligrosa se apoya en nuestro brazo para lanzarse al torbellino rápido del vals? Yo en las carreras pensaba en Ud., ¡oh gran dominadora! y en las apuestas que había hecho en la oficina. El juego es la suprema sensación para aquellos que no conocen el amor, ese otro juego en que se apuesta el alma. Pero el juego, en el Hipódromo, es el juego hecho carne; la sensación de dos mil metros; el juego con peripecias y sobresaltos; el juego que ase a su víctima por los cabellos y la columpia en el espacio. ¡Qué hermosa es "Taxation"! Sus movimientos están ajustados a un ritmo cadencioso; la baña el sol por todas partes; anda como una reina de quince años en el momento de subir al trono. "Júpiter" es el mozo arrojado que, como Paolo,[3] besa en los labios a la que ama, aun cuando tenga sobre el pecho la punta del puñal que va a matarle. ¿Y "Maretzeck"? ¿De dónde viene ese nobilísimo extranjero? Es un nabab que se pasea en las calles de París. Mira con altivez a los demás y pasa imperturbable, seguro de sí mismo y olfateando la victoria. Pero el "Águila" no obedece a las leyes de la gravedad y parece que tiene alas adentro; y "Cacarole", travesando como una locuela, se burla de los demás y sabe que ninguno podrá disputarle el triunfo. Parten ya: el "Halcón" sale disparado como una enorme piedra negra arrojada por la honda de un gigante, y parece que la pista se va enrollando delante de él, como una pieza de paño gris en torno de un cilindro giratorio. "Halcón" vence hasta ahora; pero el "Águila", que no ha querido fatigarse y que avanza tranquila, arranca con una fuerza extraordinaria, aprovechando la fatiga del contrario, y le alcanza en la curva de la pista, y le pasa, y entre vivas y aplausos, llega a la meta sin una gota de sudor, altiva e impasible como el poeta que, terminada su tragedia, sale al escenario y escucha los aplausos, sin agradecerlos, como no agradece el sol las miradas sumisas de los hombres.

---

[3] El amante de Francesca, en la *Divina Comedia* de Dante (1265-1321).

Durante la rápida competencia ¡cuántas emociones han sentido sucesivamente los apostadores! El dinero apostado en las carreras es un dinero que galopa y que corre; se oye venir, montado en el caballo, como si el jinete tuviera una armadura de oro. Un enamorado que estaba junto a mí apostó al "Halcón" y le veía vencer con espanto. Había apostado una caja de guantes y perfumes, contra el listón azul que ceñía la garganta de su novia. Quería perder.

En un hermoso drama de Vigny, Chatterton[4] halla en un baile a la mujer que amaba desde lejos...

> ...*Vers de terre amoureux d'une étoile!*

En el tumulto de la fiesta, ve la dama que habían desgarrado su traje, y busca un alfiler para prenderlo. Chatterton era pobre; pero tenía un alfiler muy rico, de brillantes, único resto de sus pasados esplendores. Ésa era, casi, toda su fortuna. Se acercó a la dama y le ofreció la rica joya para que prendiese con ella su desgarrada falda.

—Caballero, no puedo recibir de un desconocido alhaja de tal precio.

—Si es por eso, y no más —repuso Chatterton—, tomad.

Y rompiéndola vigorosamente entre sus dedos, le tendió el alfiler, arrojando por la ventana los brillantes.

Yo en el Hipódromo no pensaba nada más que en la gran domadora de mis pensamientos y en la nerviosa agilidad del "Águila". Pensaba, viendo las tribunas, en el pintor supremo de las elegancias parisienses, De Nittis. Hay tres pasteles de De Nittis que representan varios episodios de carreras. En uno, *Pendant la Course,* la pista no se ve. El pintor comprendía que los más importantes en el *turf* no son los caballos sino las mujeres. En primer término, de pie sobre una silla de paja, una mujer alta y hermosa observa la carrera. Está de perfil. Yo apostaría a que no es una mujer honrada.

Mira el *match* fríamente, como si en él no aventurara un solo franco suyo. Tal vez habrá apostado la fortuna de su amante. Largo abrigo de felpa le llega casi hasta los talones, descubriendo apenas la extremidad de su enagua escocesa. Los botines

---

[4] Alfredo de Vigny, novelista, poeta y dramaturgo francés (1797-1863). Su drama *Chatterton* se estrenó en 1835.

son de paño gris con zapatillas de cuero barnizado. No tiene breve el pie ni pequeñas las manos, que se esconden en el *manchón* de pieles. Cubre su cabeza un gran sombrero de terciopelo mirto, sobre el que se destaca una camelia blanca, como una gota de leche caída de los senos de Cibeles. La escena debe pasar en Auteuil y durante las carreras de otoño. La hermosa impasible tiene frío. Se conoce en el modo con que ata las bridas de su sombrero y en el cuidado con que oculta su garganta. Junto a ella, pero en tierra y puesto adrede para sostenerla en caso de una caída, está su acompañante, rígido y gallardo, con los brazos cruzados sobre el pecho. Se ve la tela de su traje obscuro y el tejido de su corbata. Siente uno tentaciones de pasar la mano por la seda del sombrero, para ver si se eriza. En torno, y distribuidos con grande arte, vense muchos grupos de espectadores. Unos siguen con fiebre los incidentes de la carrera; otros entablan conversaciones amorosas; pero dominando a todos, de pie en la silla de paja, con la misma altiveza de una estatua en el marmóreo pedestal, destácase la dama rubia y pálida, impasible, severa y desdeñosa. Sus ojos no se apartan de la pista. Yo creo que con un poco de atención se vería la carrera reflejada en sus pupilas.

En otro pastel de De Nittis, la escena representa un grupo en torno del brasero. El cielo tiene un gris mate, como si en lo alto se estuviera formando la nieve que ha de caer en el invierno. A lo lejos se distingue la pista y el hormiguear confuso de los circunstantes. Un grupo de privilegiados se reúne en torno del brasero, que es un cono de hierro como de metro y medio, en cuyo centro arden carbones crepitantes: las llamas rojas salen por los intersticios de la reja, como lenguas de ratones diabólicos que intentan escaparse del infierno. Al rededor de esa *poêle* hay figuras deliciosas, cuyos contornos nadan en la luz. Nadie piensa en los caballos ni atiende a las carreras. Todos descansan indolentemente, extendiendo sus piernas para calentarse al amor de la lumbre. De un personaje sólo se ve el pie, bien calzado, cuya planta lamen casi las rojizas lengüetas del brasero. Allí está el ruso Turguenev, un parisiense del Newskia, arropado en los anchos pliegues de su hopalanda, sobre la que nievan los blanquísimos copos de su barba. Junto a él, una mujer, de blancura hiperbórea, le mira sonriendo y enseñando sus dientes esmaltados. Sobre una silla descansa y se calienta un perro lanudo, de ésos que la implacable moda tusa a medias, dejando a descubierto su finísimo cutis color de rosa subido y la extremidad de sus piernas raquíticas. Mas la figura singularmente bella en este cuadro, es la de una mujer alta y esbelta, que apoyándose en el respaldo de una silla y conservando el equilibrio en sólo un pie, tiende su breve planta hacia la llama.

Viste un traje de terciopelo guinda obscuro y lleva un sombrero del mismo color, con adornos azules listados de negro y detenidos por una airosa pluma blanca. Tuerce el cuerpo hacia atrás, y al acercar la planta al fuego, su enagua levantada dibuja las morbideces de la pierna. El ala ancha y caída de su sombrero le cubre una gran parte de la cara; pero puede mirarse la extremidad de la nariz correcta, cuyas ventanillas color de rosa se estremecen, como si olfatearan besos, y el corte de la barba, cuya línea ondulante se desvanece en la garganta. Por sobre la nuca y escapando a la tiranía del sombrero, cae una doble trenza rubia. Yo viviría bajo esa trenza.

En el aire revolotean, moviendo sus élitros sonoros, los *¡Hip! ¡Hip!* de los jockeys y el *¡Hurra!* de los apostadores gananciosos.

Un De Nittis viajero podría encontrar, en las tribunas del Hipódromo, bonito asunto para nuevos cuadros. Aquí, sin embargo, los grupos no se distribuyen de modo tan pintoresco y tan artístico. Parece que están sujetos todos al despotismo de la inflexible línea recta. Las señoras se alinean en las tribunas y los hombres hacen abajo su cuarto de centinela. Nosotros no tenemos tampoco esas fanáticas del caballo que hay en Londres y en París. La más famosa en Francia es la Condesa de ***, apellidada por los periodistas Madame Bob. Nadie podría decir que ha sido su amante, y sin embargo, el mundo no la juzga honrada. Posee eso que Baudelaire apellidaba, con extraordinaria precisión, "la gracia infantil de los monos". Es delgada, y cuando abrocha su casaca estrecha sobre el pecho aplanado, más bien se creería ver a un estudiante en vacaciones o a un jockey en traje de paseo.

Mme. Bob no se jacta de sus títulos, pero sí se vanagloria de sus caballos, que descienden de "Gladiator" y "Lady Tempest". Y cuentan que cuando vuelve de algún baile, escotada, con los ebúrneos brazos descubiertos y abrochados los catorce botones de sus guantes, entra en las caballerizas, alumbradas por el gas, y allí dilata su nariz para sentir el acre olor de las repletas pesebreras, y despierta los caballos, y les rodea el cuello con los brazos y los besa; y monta como una amazona y se deja caer entre las piernas de su yegua favorita; y roza con su codo lustroso la madera de los bojes, y hunde sus zapatillas de raso blanco en el estiércol; y permite que el casco de sus caballos retozones le rasgue la crujiente seda del vestido, y que sus gruesas bocas frías le mojen la garganta y el cabello. Luego sube a su tocador, que huele a azaleas y violetas, y se lava allí, no en las palanganas de finísimo cristal, ni en las ánforas de plata maciza llenas de cincelados y arabescos, sino en el burdo cubo de madera en donde empapa una grosera esponja, prefiriendo al agua de Santa María del Novella y al mismo Chipre, cuyo olor no puede definirse, el agua clara tomada en la mañana de la fuente, y con la que salpica, al zambullir sus rizos negros, los muros tapizados de acuarelas japonesas.

¡El caballo! Yo comprendo las pasiones que inspira, aun cuando sean como la salvaje pasión de Mme. Bob. Las mujeres le aman, más aún que nosotros.

Allons, mon intrépide,
Ta cavale rapide
Frappe du pied le sol;
Et ton bouffon balance,
Comme un soldat sa lance,
Son joyeux parasol!

¿Te acuerdas? Ya hace mucho tiempo de esto: fue cuando me amabas. El aire estaba fresco como si dentro de cada gota de luz fuese una gota de agua. Acabábamos de tomar en sendos tarros —tú no quisiste que bebiera en el tuyo— la espumosa leche que delante de nosotros ordeñaron. ¡Cómo reímos en esa azul mañana y cómo recuerdo los bigotes blancos que dibujó la leche en tu boquita! Íbamos a partir. Tu caballo relinchaba impaciente, y tu mamá, al verle brioso, te suplicaba que no hicieras locuras. ¿Te acuerdas? No podías subir, y yo, para ayudarte, te tomé entre mis brazos. No he podido olvidarlo. ¡Qué cerca estuvimos en ese instante y qué lejos estamos hoy! Después arreglé los pliegues largos de tu amazona y estreché entre mis manos tu delicado botincito. Tú, ruborizada, espoleaste tu caballo y corriste, riendo, por el llano. Te alcancé. Galopamos mucho, mucho, hacia el lugar por donde sale el sol. Parecía que corríamos a un incendio. Los demás se habían quedado atrás, y tú, medrosa, quisiste que los aguardáramos a la sombra de un árbol. Allí nos detuvimos. Yo pensaba en el breve botín que ocultaba tu amazona y en tu corazoncito que había sentido junto al mío. Y hablamos, y tu caballo color de oro se fue acercando al mío, como si fuera a contarle algún secreto, y de repente, mi boca trémula besó los delicados bucles rubios que se erizaban en tu cuello.

¡Cómo ha corrido el tiempo! Cuando tengas hijas, ¡no dejes que ninguno las ayude a sentarse en el albardón de su caballo!

LA ODISEA DE MADAME THÉO[1]

El limbo es un país color de rosa que está a mucha distancia de la tierra. Allí no hay más que niños y flores; pero los niños aman y las rosas son de carne. En esa tierra venturosa no hay cámaras, ni gobierno, ni municipio. ¿Para qué? La luna se encarga del alumbrado, por las noches, y los carruajes no atropellan a nadie, porque van por el aire tirados por palomas. A ningún transeúnte le roban el reloj, porque no hay relojes. Los niños habitantes de ese cielo sin Dios cuentan los segundos por los besos que dan a sus novias las rosas. Allí no hay queridas que engañen, ni maridos que maten, ni mujeres que voten. Allí hasta el vino es puro. Allí no iremos nunca ni M. Capoul ni yo.

Es un error creer que las niñas que mueren sin bautismo van al limbo: las niñas jamás mueren inocentes. Van al limbo los pequeñitos que se mueren porque sus padres no llamaron al Dr. Liceaga; los poetas que creen en el amor; los soldados que dan su vida por el rey y los que van al teatro para oír el drama. Como la puerta es muy bajita, todos se hacen pequeños para entrar, y nadie es de la talla de D. Francisco Gómez del Palacio. Las estaciones se conocen nada más por el color: la Primavera es color de rosa; el Estío, color de oro; el Otoño, azul, y el Invierno, blanco. Las bibliotecas públicas no tienen más novelas que la *María* de Jorge Isaacs, *Pablo y Virginia*,[2] los *Cuentos* de Carlos Dickens y la *Magdalena* de Sandeau.[3] Las aves viven juntamente con los niños, porque ninguno de ellos ha inventado la pólvora, y el agua de los ríos es tan azul como los ojos de los ángeles y las hojitas de los *nomeolvides*.

De cuando en cuando, Dios envía a ese mundo poblado de perfumes y sonrisas, una excelente compañía de ópera. Contra-

---

[1] Apareció en *La Libertad* del 21 de enero de 1883 como parte de un artículo con el título que aquí usamos y la firma de "El Duque Job". El artículo se reimprimió casi sin cambio de forma en las *Obras* de 1898.
Por limitarse esta colección a escritos narrativos, omitimos aquí los primeros dos párrafos del artículo original, que pertenecen al tipo de composición que llamamos "crónica". Excepción hecha de esto, reproducimos el texto de 1883.
Louise Théo (1854-?) cantante francesa, muy popular en México en aquella época.
[2] Novela de Bernardin de Saint-Pierre (1787).
[3] Jules Sandeau (1811-1883), novelista francés.

tan al ruiseñor por diez mil duros cada mes; a la alondra por una suma semejante, y la buena Naturaleza queda en el encargo de hacer las decoraciones y los trajes. El tenor y la tiple cantan con acompañamiento de aguas y de brisas, y el sol les paga con sus rayos de oro. Allí cantó Théo por la primera vez. Una mañana azul de invierno, a la hora en que las aves están ebrias de luz, y las gardenias ostentan sus diademas de rocío, madre Naturaleza, satisfecha con el contento de sus criaturas, entró risueña a su laboratorio, en el que hay rayos de sol, cautivos en angostos cañutos de cristal de roca, y aromas de heliotropo embotellados. Madre Naturaleza tomó un poco de esa porcelana que imitan torpemente en Sèvres, y se puso a formar una estatuita, propia para regalo de Año Nuevo. Madre Naturaleza sabe mucho, más que todos los artistas de la tierra. Por eso logró hacer la muñeca más mona y más coqueta que los ojos humanos han mirado. Mojó un cabello de ángel en las húmedas hojas de la balsamina, y con ese pincel imperceptible le fue pintando labios y mejillas. Entretanto, el crisol en que estaba hirviendo el oro líquido, para proveer al sol de rayos nuevos, comenzó a derramar sobre el horno, sin que madre Naturaleza lo mirara; hasta que algunos de sus hilos áureos cayeron en la cabeza de la muñequita. De esa manera se formaron sus opulentas trenzas rubias. En la boquita, que parecía una fresa abierta en dos, arrojó la gentil Naturaleza todo un pomo de esencia de heliotropo. La muñeca sabía decir "papá" y "mamá". Decía "papá" a todos, como si fuera hija de una corista. Pero madre Naturaleza no se conformó con esos rudimentos de elocuencia, y dio a la niña el peligroso don de la palabra.

Desgraciadamente, una vez terminada la muñeca, madre Naturaleza dijo para sus adentros:

—¡Me he lucido! A mi edad y después de haber pasado por tantas pasiones volcánicas, no sentaría bien que comprase una casa de muñecas. Además, esta criatura no es una muñeca; es una mujercita hecha y derecha. Tengo que enviarla al mundo, so pena de que retoce en mi laboratorio y rompa los pomos de cristal en donde están almacenados los espíritus. Y es el caso que siento deshacerme de esta joya. Nunca he hecho cosa más delicada y exquisita. Y si la mando al mundo, me la rompen. Y si la llevo al cielo, no ha de querer San Pedro recibirla; porque así como en el mundo las damas necesitan ir prendidas con diamantes para entrar a los bailes de la corte, así para obtener entrada al cielo es preciso llevar algunas lágrimas. Con esa cara de travesura y esa risa de colegiala, nadie llega al Paraíso. ¡Buena la hemos hecho!

Afortunadamente, por aquellos días diciembre estaba próximo a acabar, y los ángeles del limbo habían enviado una cartita atenta a la madre Naturaleza, suplicándole que les enviase su regalo de Año Nuevo. La hermosa matrona, que no se parece a Hélène Leroux[4] más que en la amplitud de su corsé, guardó en una caja de ébano, forrada de raso blanco acolchonado, la muñeca que con tanto primor había construido. Para que no hablara ni cuchichease en el camino, le cerró la boca con un pastel de crema, y en tal guisa, por conducto de algún cochero de la diligencia, la envió al limbo. La muñeca no se movía ni hablaba; pero oía, y la plática del postillón con el cochero no era por cierto nada edificante. De ese modo aprendió mil *cocheradas* que después repetía, sin entenderlas.

En la puerta del limbo no hay aduana, y además, como lo que iba detro de la caja era una mujercita en todas formas, la envoltura tenía este rótulo elocuente: *Frágil*. No hubo, pues, tropiezo alguno, y la graciosa caja, envuelta en triple forro de papel, llegó intacta a su destino. Los niños la abrieron con grandes muestras de alegría, y la muñeca, ya cansada de ir tendida en el diminuto colchón de terciopelo, saltó moviendo sus desnudos brazos y cantando una de las siete mil doce canciones que había aprendido en el conservatorio de la Naturaleza. Fue de ver el asombro de los chicuelines. Ya está dicho que al limbo no van nunca las mujeres; por lo tanto contemplaban perplejos y asombrados aquella maravilla de hermosura, desconocida hasta aquel instante para ellos. Como tampoco han visto nunca el cielo, y saben por un niño que se murió en el tiempo de Pericles que hay muchos dioses, lo primero que sospecharon fue que un Dios había venido a visitarles, y todos a una exclamaron: ¡Théo! (conviene a saber que en el limbo se habla el griego, gracias a la influencia del ilustrísimo señor obispo Montes de Oca).

Sin embargo, su error no duró mucho. Pronto se convencieron de que la coquetísima muñeca no era un dios; porque los dioses suelen tener cierta formalidad, impuesta por su oficio, y la muñeca comenzó por enseñar la lengua a todos y por pellizcarles amistosamente la nariz. Algunos socarrones que habían

---

[4] Actriz francesa de la época.

dejado el mundo a los cuarenta años y que habían ido al limbo, en gracia de estar suscritos al *Monitor*, comenzaron a decir a voz en cuello que el obsequio de la madre Naturaleza era una mujer, ni más ni menos. ¡Una mujer! ¿Y qué es una mujer? Esta pregunta dejó de una pieza a los varones maliciosos de la población.

Una mujer, dijo alguno de ellos, es un hombre a quien Dios no le da barbas, porque no sabría estarse callado mientras lo rasuraran. Afortunadamente, los santos padres ya no estaban en el limbo, que de haber estado, hubieran dicho cosas estupendas en contra de la mujer. Bien es verdad, que los niños no se curaban mucho de los díceres y vitoreaban con entusiasmo a la muñeca, gritando en coro: ¡*Théo*! ¡*Théo*!

Esto pasaba el día de la Circuncisión. Naturalmente, la algazara y ruido que metían los pequeñuelos no asombraron a los ángeles, porque sabido es que la mañana de Año Nuevo es la más boruquienta y regocijada para los chiquitines de uno y otro mundo. Pero la dicha, hasta en el limbo, es fugitiva. A los dos días, ya había habido porrazos en la calle, y dos niños se habían cambiado sus tarjetas, y un antiguo abonado a las butacas laterales del teatro, que a fuerza de vejez se había ido al limbo, amaneció ahorcado con una corbata en la rama más alta del árbol de Navidad.

—¿Qué apostamos —dijo el arcángel encargado de cuidar el limbo—, qué apostamos a que la madre Naturaleza ha hecho alguna de las suyas?

Desazonado e impaciente, el ángel entró al limbo con una cara de despide huéspedes. ¡A tiempo! Los niños estaban ya escribiendo versos, y disertando en el Ateneo sobre los dos hemisferios del globo terráqueo. ¡Una mujer en el limbo! ¡Y qué mujer! ¡La más graciosa y pizpireta y retozona que se ha visto de hace más de mil años a la fecha! Precisamente cuando el ángel llegó al limbo, Théo cantaba estas coplas que había oído al postillón de la diligencia y que ahora canta en el acto primero de la *Marjolaine*:

> Pendant que vous dormiez encore
> Ce matin, mon tendre mari,
> Je me levais avec l'aurore
> Et gagnais le sentier fleuri.
> Le soleil paraissait à peine
> Sur les côteaux tout empourprés,

Et bientôt je fus dans la plaine,
Pour me promener dans les blés.   } bis

Je marchais dans la solitude
Quand j'entendis un petit cri...
Je m'approchais... c'était Gertrude
Qui jacassait avec Landry.
Leur plaisir devait être extrême,
Ils étaient tous deux fort troublés...
Ah! c'est bien gentil quand on s'aime   } bis
De se promener dans les blés!

Mais soudain, le garde champêtre
Parut et dit d'un ton brutal:
"Je ne vous ai pas pris en traître,
Je dresse mon procès-verbal!..."
Tous les deux, pleurant à coeur fendre
Le suivaient, de honte accablés...
Ah! c'est bien méchant de défendre   } bis
De se promener dans les blés!

El ángel no quiso oír ni una palabra más. Tomó a Théo del brazo, y sin atender al vocerío de los inocentes, la sacó del limbo. Los niños pidieron amparo; pero Ricardo Ramírez no era ya juez de Distrito, y no pudieron obtenerlo. Y eran de ver sus desahogos, sus rabietas y la manera con que amenazaban al ángel, apretando los puños.

—¿Quieren ustedes al violinista Remenyi?[5]
—¡No: no queremos!
—¿Quieren que venga una compañía de ópera cómica a cantar el *Dominó negro* y *Carlos VI*?
—¡No, tampoco!

Y los niños desesperados clamoreaban sin descanso, mientras Théo, en brazos del ángel, subía y subía con dirección al cielo.

Ahora ¿qué hago con esto —dijo el ángel—. Si la llevo al infierno, va a aumentar la concurrencia. Si la llevo al Paraíso, trastorna a San Elías. Mejor será dejarla en una estrella: en Venus.

Venus es una estrella de color de rosa como el cutis de Mlle. Derivis. Allí, los que se han amado mucho en esta tierra van a seguir su interminable dúo. Romeo vive en los cabellos de Ju-

---

[5] Édouard Remenyi (1830-1898), violinista húngaro.

lieta,[6] perfumados de amor; y Paolo[7] dormita entre los brazos de Francesca.[7] Las afroditas atraviesan el mar, recostadas en un colchón de espuma, y Ofelia[8] deshoja su guirnalda sobre el azul espejo de las aguas. Allí llegó Théo, después de recorrer en brazos del arcángel los obscuros desiertos neptunianos. Como el camino es largo, largo, había crecido Théo durante el viaje. El ángel, enamorado de sus dientes blancos, de sus pupilas habladoras y sus labios color de sangre, prolongó cuanto pudo su excursión.

—¿Ya es aquí? —preguntaba Théo impaciente.

Y

—No, no hemos llegado aún —le respondían. Y de ese modo atravesaron mil regiones en que la atmósfera está compuesta de pequeñas moléculas de oro y mundos de colores tan diversos como la cola del pavo real. De cuando en cuando, la pareja se detenía en alguna isla del infinito mar azul, y mientras Théo dormía las estrellas bajaban e iban a pararse, como palomas, en sus hombros. Saturno ciñó su dedo con el rico anillo que antes le rodeaba, y Júpiter hizo con sus fulmíneos rayos un hachero, para alumbrar su marcha en el espacio. Y

—¿Ya llegamos? —preguntaba Théo.

Y

—Poco nos falta ya —le contestaban. Y es que el ángel hacía en esos momentos lo que el novio cuando al obscurecer de un día lluvioso encuentra por las calles a su amada. Le da el brazo, la cubre con su paraguas y la lleva, torciendo calles y sorteando esquinas, por el camino más difícil y más largo, hasta la puerta misma de su casa. La novia finge que no comprende la superchería, y va oprimiendo el brazo de su amante y escuchando cómo llueven las gotas sobre la seda del paraguas, y cómo desgrana el amor sus collares de perlas. Pero, al cabo, la novia tiene que llegar a casa, como el ángel tenía que llegar a Venus. Y llegaron. Y Théo, impaciente, saltó a la concha nácar que sirve de embarcación en esos mares, y el ángel quedó triste, como Pablo al seguir con la vista el barco en donde iba Virginia.[9]

¿Cuántos días, cuántos meses, cuántos años pasó Théo en aquel planeta? El duende que me ha referido todos estos pormenores

[6] Protagonistas de la tragedia de Shakespeare *Romeo y Julieta*.
[7] Véase la nota 3 de *En el Hipódromo*.
[8] Personaje del *Hamlet* de Shakespeare.
[9] Véase la nota 2 de este cuento.

y detalles, no me supo decir la cifra exacta. De esto y de sus curiosas aventuras en la estrella del amor, hablaré con más datos cuando llegue el caso.

En Venus no hay más que un solo teatro: los Bufos. Y un solo músico: Offenbach.[10] De allí bajaron a la tierra Hortensia Schneider[11] y Judic.[11] De allí también nos vino Mme. Théo. Pero, ¿de qué manera? Es muy sencillo. Cuentan los duendes que, hace pocos meses, los diarios del planeta instruidos en los achaques astronómicos, anunciaron el paso de Venus por el disco del sol. La noticia era fidedigna. Sólo de escucharla, corrían gruesas gotas de sudor por el cuerpo de las hermosas afroditas. Figuraos que Venus es una tierra muy caliente de por sí, y que, a medida que se acerca al sol, aumenta la elevación de su temperatura. En esa estrella, Mlle. Blainville[11] se habría convertido en una nubecilla de vapor.

Al solo anuncio de ese paso tremendo, Mme. Théo sintió que se liquidaba como la perla de Cleopatra. Vivía a sus anchas, es verdad; pero los horrores de ese insólito verano no eran muy de su agrado que digamos. Afortunadamente, los telegramas que del Banco Franco-Egipcio recibían las afroditas, les indicaban un medio honesto de ponerse en salvo. Ramón Guzmán había intentado una de esas empresas colosales que harán época en los anales de la historia. Aprovechando los descubrimientos astronómicos del señor Zúñiga Miranda, Ramón Guzmán había resuelto utilizar el cometa para hacer viajes de recreo en el mundo de los astros.

No hacía falta el vapor, porque, según la ciencia, las colas de los cometas están compuestas de vapores. Para alumbrar el interior de los vagones contaba con la cabellera, que es gaseosa. Por modo que, en un abrir y cerrar de ojos, el cometa se trasformó en un gran convoy, con carros de dormir, cocina, tocadores, salas de billar, y vagones de póker para los aficionados. El cometa, además, debía servir para hacer viajes de la tierra al sol, con escalas en todos los planetas. Como era de esperar, el príncipe de Gales tomó un boleto para Mercurio, de ida y vuelta.

Mary Vallot[11] y Mlle. Buisson,[11] que habían nacido en Venus, supieron anticipadamente la noticia. Comunicáronla a

---

[10] Jacobo Offenbach (1819-1880) compositor alemán naturalizado francés, autor de muchas zarzuelas.
[11] Actrices y cantantes francesas de la época.

Théo, y las tres juntas, burlando la vigilancia de las otras afroditas, tomaron el tren en la estación más próxima.

De esta manera, peregrina e inaudita, vino al mundo la encantadora artista de opereta que hoy aplaudimos en el teatro Nacional. Los biógrafos dirán que no es así; pero los biógrafos sesudos se equivocan.

HISTORIA DE UN DOMINÓ[1]

¡Pobre mujer! Tu suerte es parecida a la de aquellos dominós rotos y desteñidos que ves bailar en medio de la sala. Primero, cuando el raso estaba virgen, atraía las miradas codiciosas en el aparador resplandeciente de una peluquería. ¡Qué terso y qué lustroso era su cutis! La luz resbalaba por él haciéndole espejear suntuosamente. Un hombre lo tomó, cubrió con él su levita negra y se fue al baile. A cada paso, el dominó, perfectamente nuevo, producía un ruido cadencioso, así: frú-frú-frú-frú. Era rojo... ¡como el pudor! Aquella noche cayó en el raso púrpura la primera gota de Borgoña. Ya no era nuevo, ya tenía una mancha, ya no estaba en el aparador, ya valía menos.

¡Cuántos carnavales han pasado por él! Durante los primeros años, el dominó, merced a la bencina y los remiendos, estuvo en las peluquerías de primera clase. No cubría más que levitas negras, cuerpos varoniles que salían del baño, cabezas suavizadas con ungüentos aromosos. Al cabo de sus mangas aparecía el guante. Pero luego, a fuerza de gotas de Borgoña y gotas de Champagne, el dominó perdió su lustre virginal, su color fue palideciendo. Los descosidos y los remiendos eran más notables. Los clientes de la peluquería no le quisieron ya y el peluquero lo vendió a una barbería. Su precio bajó: entre los artesanos y los pobres, pasaba siempre por un traje de lujo. Todavía entonces siguió yendo a los grandes bailes; pero ya no rozaba vestidos de seda ni desnudos brazos blancos. Las gotas que llovían sobre él a la hora de la cena ya no eran de Borgoña: de cognac.

El descenso fue más acelerado. De barbería en barbería, recorrió todos los barrios. Dejó de ir a los suntuosos bailes de teatro, y fue a las bacanales sucias y asquerosas de los cafés y los salones vergonzantes. Ya estaba desteñido. Algunos opinaban que había sido rojo, pero nadie lo aseguraba. El pobre dominó se alquilaba con dificultad, a dos pesetas por la noche. Ya no cubría levitas negras abrochadas, sino raídas chaquetas y camisas sucias. Los cabellos que ocultaba con su capucha olían mal

---

[1] *La Libertad*, 28 de enero de 1883, como parte de un artículo de la serie *Crónicas color de Théo*, firmado "El Duque Job".
No ha sido recogido.

y eran ásperos. Al cabo de sus mangas aparecían dos manos casi negras. El pobre dominó ya estaba encanallado. Olía a gente ordinaria. Ya no rozaba al bailar trajes de seda, sino rebozos y percal almidonado. Ya no le caían gotas de Champagne ni de Borgoña, ni siquiera de cognac; le caían gotas de aguardiente. Una noche sintió el desgarrón de la hoja aguda y larga de un cuchillo, penetrando hasta el corazón que latía abajo. En esa vez la mancha fue de sangre. El pobre dominó estuvo largas horas en la cárcel, y pasó luego al hospital. Allí le desgarraron para vendar la herida del enfermo. Sus compañeros, que se aburrían, colgando de los grasientos y carbonizados clavos de una obscura barbería, oliendo aguas sucias y pomadas rancias, no rezaron por él. Los dominós no rezan.

¡Pobre mujer! ¡Tu suerte es parecida a la de esos brillantes dominós! Tú no lo puedes comprender ahora: ¡las ideas tristes resbalan por tu cerebro, como resbala el agua llovediza por la seda de una sombrilla japonesa!

MEMORIAS DE UN PARAGUAS[1]

Nací en una fábrica francesa, de más padres, padrinos y patrones que el hijo que achacaban a Quevedo. Mis hermanos eran tantos y tan idénticos a mí en color y forma, que hasta no separarme de sus filas y vivir solitario, como hoy vivo, no adquirí la conciencia de mi individualidad. Antes, en mi concepto, no era un todo ni una unidad distinta de las otras; me sucedía lo que a ciertos gallegos que usaban medias de un color igual y no podían ponerse en pie, cuando se acostaban juntos, porque no sabían cuáles eran sus piernas. Más tarde, ya instruido por los viajes, extrañé que no ocurriera un fenómeno semejante a los chinos, de quienes dice Guillermo Prieto con mucha gracia, que vienen al mundo por millares, como los alfileres, siendo tan difícil distinguir a un chino de otro chino, como un alfiler de otro alfiler. Por aquel tiempo no meditaba en tales sutilezas, y si ahora caigo en la cuenta de que debía haber sido en esos días tan panteísta como el judío Spinoza,[2] es porque vine a manos de un letrado, cuyos trabajos me dejaban ocios suficientes para esparcir mi alma en el estudio.

Ignoro si me pusieron algún nombre; aunque tengo entendido que la mayoría de mis congéneres no disfruta de este envidiable privilegio, reservado exclusivamente para los machos y las hembras racionales. Tampoco me bautizaron, ni había para qué dado el húmedo oficio a que me destinaban. Sólo supe que era uno de los novecientos mil quinientos veintitrés millones que habían salido a luz en aquel año. Por lo tanto, carecí desde niño de los solícitos cuidados de la familia. Uds., los que tienen padre y madre, hermanos, tíos, sobrinos y parientes, no pueden colegir cuánta amargura encierra este abandono lastimoso. Nada más los hijos de las mujeres malas pueden comprenderme. Suponed que os han hecho a pedacitos, agregando los brazos a los hombros y los menudos dientes a la encía; imaginad que cada uno de los miembros que componen vuestro

---

[1] Este escrito apareció, según parece, una sola vez en la prensa: en *La Libertad*, el 3 de junio de 1883. Llevaba como título *La vida en México (Memorias de un paraguas)* y como firma "El Duque Job". Reimprimimos esta versión, que se nos ofrece también en forma idéntica en *Obras* 1898.

[2] Baruch Spinoza (1632-1677) filósofo holandés, conocido por sus ideas panteístas.

cuerpo es obra de un artífice distinto, y tendréis una idea, vaga y remota, de los suplicios a que estuve condenado. Para colmo de males, nací sensible y blando de carácter. Es muy cierto que tengo el alma dura y que mis brazos son de acero bien templado; pero, en cambio, es de seda mi epidermis y tan delgada, tenue y transparente que puede verse el cielo a través de ella. Además, soy tan frágil como las mujeres. Si me abren bruscamente, rindo el alma.

A poco de nacido, en vez de atarme con pañales ricos, me redujeron a la más ínfima expresión para meterme dentro de una funda, en la que estaba tan estrecho y tan molesto como suelen estar los pasajeros en los vagones de Ramón Guzmán. Esa envoltura me daba cierto parecido con los muchachos elegantes y con las flautas; pero esta consideración no disminuía mis sufrimientos. Sólo Dios sabe lo que yo sufrí dentro del tubo, sacando nada más pies y cabeza entre congojas y opresiones indecibles. Los verdugos me condenaron a la sombra, encerrándome duramente en una caja con noventa y nueve hermanos míos. Nada volví a saber de mí, envuelto como estaba en la obscuridad más impenetrable, si no es que me llevaban y traían, ya en hombros, ya en carretas, ya en vagones, ya, por último, en barcos de vapor. Una tarde, por fin, miré la luz, en los almacenes de una gran casa de comercio. No podía quejarme. Mi nueva instalación era magnífica. Grandes salones, llenos de graderías y corredores, guardaban en vistosa muchedumbre un número incalculable de mercancías: tapetes de finísimo tejido, colgados de altos barandales; hules brillantes de distintos dibujos y colores cubriendo una gran parte de los muros; grandes rollos de alfombras, en forma de pirámides y torres; y en vidrieras, aparadores y anaqueles, multitud de paraguas y sombrillas, preciosas cajas policromas, encerrando corbatas, guantes finos, medias de seda, cintas y pañuelos. Sólo para contar, enumerándolas, todas aquellas lindas chucherías, tendría yo que escribir grandes volúmenes. Los mismos dependientes ignoraban la extensión e importancia de los almacenes, y eso que, sin pararse a descansar, ya subían por las escaleras de caracol para bajar cargando gruesos fardos, ya desenrollaban sobre el enorme mostrador los hules, las alfombras y los paños o abrían las cajas de cartón henchidas de sedas, blondas, lino, cabritilla, juguetes de transparente porcelana y botes de cristal, guardadores de esencias y perfumes.

A mí me colocaron, con mucho miramiento y atención, en uno de los estantes más lujosos. La pícara distinción de castas y de clases, que trae tan preocupados a los pobres, existe entre los paraguas y sombrillas. Hay paraguas de algodón y paraguas de seda, como hay hombres que se visten en los Sepulcros de Santo Domingo, y caballeros cuyo traje está cortado por la tijera diestra de Chauveau. En cuanto a las sombrillas, es todavía mayor la diferencia: hay feas y bonitas, ricas, pobres, de condición mediana, blancas, negras, de mil colores, de mil formas y tamaños. Yo desde luego conocí que había nacido en buena cuna y que la suerte me asignaba un puesto entre la aristocracia paragüil. Esta feliz observación lisonjeó grandemente mi amor propio. Tuve lástima de aquellos paraguas pobres y raquíticos, que irían, probablemente, a manos de algún cura, escribiente, tendero o pensionista. La suerte me reservaba otros halagos: el roce de la cabritilla, el contacto del raso, la vivienda en alcobas elegantes y en armarios de rosa, el bullicio de las reuniones elegantes y el esplendor de los espectáculos teatrales. Después pude advertir con desconsuelo que la lluvia cae de la misma suerte para todos; que los pobres cuidan con más esmero su paraguas, y que el destino de los muebles elegantes es vivir menos tiempo y peor tratados que los otros.

En aquel tiempo no filosofaba como ahora: me aturdía el ir y venir de los carruajes, la animación de compradores y empleados: pensé que era muy superior a los paraguas de algodón y a los paraguas blancos con forro verde; repasé con orgullo mis títulos de nobleza, y no preví, contento y satisfecho, los decaimientos inevitables de la suerte. Muchas veces me llevaron al mostrador y otras tantas me despreciaron. Esto prueba que no era yo el mejor ni el más lujoso. Por fin, un caballero, de buen porte, después de abrirme y de transparentarme con cuidado, se resignó a pagar seis pesos fuertes por mi graciosa y linda personita. Apenas salí del almacén, dieron principio mis suplicios y congojas. El caballero aquel tenía y tiene la costumbre de remolinear su bastón o su paraguas, con gran susto de los transeúntes distraídos. Yo comencé a sentir, a poco rato, los síntomas espantosos del mareo. Se me iba la cabeza, giraban a mis ojos los objetos, y Dios sabe cuál habría sido el fin del vértigo, si un fuerte golpe, recibido en la mitad del cráneo, no hubiera terminado mis congojas. El golpe fue recio; yo creí que los sesos se me deshacían; pero, con todo, preferí ese tormento momentáneo al suplicio interminable de la rueda. Sucedió lo que había de suceder; quedé con la cabeza desportillada, y no era ciertamente para menos el trastazo que di contra la esquina. Mi dueño, sin lamentar ese desperfecto, entró a la peluquería de Micoló. Allí estaban reunidos muchos jóvenes, amigos todos de mi atarantado propietario.

Me dejaron caer sobre un periódico, cuyo contenido pude tranquilamente recorrer. ¡La prensa! Yo me había formado una idea muy distinta de su influjo. El periódico, leído de un extremo a otro, en la peluquería de Micoló, me descorazonó completamente. Era inútil buscar noticias frescas, ni crímenes dramáticos y originales. Los periódicos, conforme al color político que tienen, alaban o censuran la conducta del Gobierno; llenan sus columnas con recortes de publicaciones extranjeras, y andan a la greña por diferencias nimias o ridículas. En cuanto a noticias, poco hay que decir. La gacetilla se surte con los chismes de provincia o con las eternas deprecaciones al Ayuntamiento. Sabemos, por ejemplo, que ya no gruñen los cerdos frente a las casas consistoriales de Ciudad Victoria, que plantaron media docena de eucaliptus en el atrio de tal o cual parroquia; que pasó a mejor vida el hijo de un boticario en Piedras Negras; que faltan losas en las calles de San Luis y que empapelaron de nuevo la oficina telegráfica de Amecameca. Todo esto será muy digno de mención, pero no tiene mucha gracia que digamos. Las ocurrencias de la población tienen la misma insignificancia y monotonía. Los revisteros de teatros encomian el garbo y la elegancia de la Srita. Moriones; se registran las defunciones, que no andan, por cierto, muy escasas; se habla del hedor espantoso de los mingitorios, de los perros rabiosos, de los gendarmes que se duermen, y para fin y postre, se publica un boletín del Observatorio Meteorológico, anunciando lo que ya todos saben, que el calor es mucho y que ha llovido dentro y fuera de garitas. Mejor sería anunciar que va a llover, para que aquellos que carecen de barómetro sepan a qué atenerse y arreglen convenientemente sus asuntos.

Dicho está: la prensa no me entretiene ni me enseña. Para saber las novedades, hay que oír a los asiduos y elegantes concurrentes de la peluquería de Micoló. Yo abrí bien mis oídos, deseoso de la agradable comidilla del escándalo. Pero las novedades escasean grandemente, por lo visto. Un empresario desgraciado, a quien llaman, si bien recuerdo, Déffossez, ha puesto pies en polvorosa, faltando a sus compromisos con el público. Las tertulias semanarias del Sr. Martuscelli se han suspendido por el mal tiempo. Algunos miembros del Jockey Club se proponen traer en comandita caballos de carrera para la temporada de otoño, con lo cual demuestran que, siendo muy devotos del *sport*, andan poco sobrados de dinero o no quieren gastarlo en lances hípicos. Las calenturas perniciosas y las fiebres traen inquieta y desazonada a la población, exceptuando a los boticarios y a los médicos, cuya fortuna crece en épocas de exterminio y de epidemia. En los teatros nada ocurre que sea digno de contarse y una gran parte de la aristocracia emigra a las poblaciones comarcanas, más ricas en oxígeno y frescura.

No hay remedio. He caído en una ciudad que se fastidia y voy a aburrirme soberanamente. No hay remedio.

A tal punto llegaba de mis reflexiones, cuando el dueño que me había deparado mi destino, ciñéndome la cintura con su mano, salió de la peluquería. No tardé mucho tiempo en recibir nuevos descalabros, ni en sentir, por primera vez, la humedad de la lluvia. Los paraguas no vemos el cielo sino cubierto y obscurecido por las nubes. Para otros es el espectáculo hermosísimo del firmamento estrellado. Para nosotros, el terrible cuadro de las nubes que surcan los relámpagos. Poco a poco, una tristeza inmensa e infinita se fue apoderando de mí. Eché de menos la antigua monotonía de mi existencia; la calma de los baúles y anaqueles; el bullicio de la tienda y el abrigo caliente de mi funda. La lluvia penetraba mi epidermis helándome con su húmedo contacto. Fui a una visita; pero me dejaron en el patio, junto a un paraguas algo entrado en años y un par de chanclos sucios y caducos. ¡Cuántas noches he pasado después en ese sitio, oyendo cómo golpean los caballos, con sus duros cascos, las losas del pavimento y derramando lágrimas de pena, junto al caliente cuarto del portero! Es verdad que he asistido algunas ocasiones al teatro, beneficio de que no habría disfrutado en Europa; porque allí los paraguas y bastones, proscritos de las reuniones elegantes, quedan siempre en el guardarropa o en la puerta. Pero ¿qué valen estas diversiones, comparadas con los tormentos que padezco? He oído una zarzuela cuyo título es: *Mantos y capas;* pero ni la zarzuela me enamora ni estoy de humor para narraros su argumento. Un paraguas que pertenece a un periodista y que concurre habitualmente al teatro desde que estuvo en México la Sontag,[3] me ha dicho que no es nueva esta zarzuela y que tampoco son desconocidos los artistas. Para

---

[3] Enriqueta Sontag, cantante alemana: murió en México en 1854.

mí todo es igual, y sin embargo, soy el único que no escucha como quien oye llover, los versos de las zarzuelas españolas.

En el teatro he trabado amistades con otros individuos de mi raza, y entre ellos con un gran paraguas blanco, cuyo dueño, según parece, está en San Ángel. Muchas veces, arrinconado en el comedor de alguna casa, o tendido en el suelo y puesto en cruz, he hecho las siguientes reflexiones: —¡Ah! ¡Si yo fuera de algodón, humilde y pobre como aquellos paraguas que solía mirar con menosprecio! Por lo menos, no me tratarían con tanto desenfado, abriéndome y cerrándome sin piedad. Saldría poco: de la oficina a la casa y de la casa a la oficina. La solícita esposa de mi dueño me guardaría con mucho esmero y mucho mimo en la parte más honda del armario. Cuidarían de que el aire me orease, enjugando las gotas de la lluvia, antes de enrollarme, como hoy lo hacen torciendo impíamente mis varillas. No asistiría a teatros ni a tertulias; pero ¿de qué me sirve oír zarzuelas malas o quedarme a la puerta de las casas en unión de las botas y los chanclos? No, la felicidad no está en el oro. Yo valgo siete pesos; soy de seda; mi puño es elegante y bien labrado; pero a pesar de la opulencia que me cerca, sufro como los pobres y más que ellos. No, la felicidad no consiste en la riqueza: preguntadlo a esas damas cuyo lujo os maravilla, y que a solas, en el silencio del hogar, lloran el abandono del esposo. Los pobres cuidan más de sus paraguas y aman más a sus mujeres. ¡Si yo fuera paraguas de algodón!

¡O si, a lo menos, pudiera convertirme en un coqueto parasol de lino, como esos que distingo algunas veces cuando voy de parranda por los campos! Entonces vería el cielo siempre azul, en vez de hallarlo triste y entoldado por negras y apretadas nublazones. ¡Con qué ansia suspiro interiormente por la apacible vida de los campos! El parasol no mancha su vestido con el pegajoso lodo de las calles. El parasol recibe las caricias de la luz y aspira los perfumes de las flores. El parasol lleva una vida higiénica: no se moja, no va a los bailes, no trasnocha. Muy de mañana, sale por el campo bajo el calado toldo de los árboles, entretenido en observar atentamente el caprichoso vuelo de los pájaros, la majestad altiva de los bueyes o el galope sonoro del caballo. El parasol no vive en esta atmósfera cargada de perniciosas, de bronquitis y de tifos. El parasol recorre alegremente el pintoresco lomerío de Tacubaya, los floridos jardines de Mixcoac o los agrestes vericuetos de San Ángel. En esos sitios veranea actualmente una gran parte de la aristocracia. Y el parasol concurre, blanco y limpio, a las alegres giras matinales; ve cómo travesea la blanca espuma en el colmado tarro de la leche, descansa con molicie sobre el césped y admira el panorama del Cabrío. Hoy en el campo las flores han perdido su dominio, cediéndolo dócilmente a la mujer. Las violetas murmuran enfadadas, recatándose tras el verde de las hojas, como se esconden las sultanas tras el velo; las rosas están rojas de coraje; los lirios viven pálidos de envidia, y el color amarillo de la bilis tiñe los pétalos de las margaritas. Nadie piensa en las flores y todos ven a las mujeres. Ved cómo salen, jugueteando, de las casas, desprovistas de encajes y de blondas. El rebozo, pegado a sus cuerpos como si todo fuera labios, las ciñe dibujando sus contornos y descendiendo airosamente por la espalda. Una sonrisa retozona abre sus labios, más escarlatas y jugosos que los mirtos. Van en bandadas, como las golondrinas, riendo del grave concejal que descansa tranquilamente en la botica, del cura que va leyendo su breviario, de los enamorados que las siguen y de los sustos y travesuras que proyectan. Bajan al portalón del paradero; se sientan en los bancos, y allí aguardan la bulliciosa entrada de los trenes. Las casadas esperan a sus maridos; las solteras, a sus novios. Llega el vagón y bajan los pasajeros muy cargados de bolsas y de cajas y de líos.

Uno lleva el capote de hule que sacó en la mañana por miedo del chubasco respectivo; otro, los cucuruchos de golosinas para el niño; éste, los libros que han de leerse por las noches en las gratas veladas de familia; aquél una botella de vino para la esposa enferma, o un tablero de ajedrez.

Los enamorados que, despreciando sus quehaceres, han venido, asoman la cara por el ventanillo, buscando con los ojos otros ojos, negros o azules, grandes o pequeños, que correspondan con amor a sus miradas. Muchos, apenas llegan cuando vuelven, y por ver nada más breves instantes a la mujer habitadora de sus sueños, hacen tres horas largas de camino. En la discreta obscuridad de la estación, suelen cambiarse algunas cartas bien dobladas, algunas flores ya marchitas, algunas almas que se ligan para siempre. De improviso, la campanilla suena y el tren parte. Hasta mañana. Los amantes se esfuerzan en seguir con la mirada un vestido de muselina blanca que se borra, la estación que se aleja, el caserío que se desvanece poco a poco en el opaco fondo del crepúsculo. Un grupo de muchachas atrevidas, que, paseando, habían avanzado por la vía, se dispersa en tumulto alharaquiento para dejar el paso a los vagones.

Más allá corren otras, temerosas del pacífico toro que las mira con sus ojos muy grandes y serenos. El tren huye: los enamorados alimentan sus ilusiones y sus sueños con la lectura de una carta pequeñita; y el boletero, triste y aburrido, cuenta en la plataforma sus billetes. En la estación se quedan, cuchicheando, las amigas. Algunas, pensativas, trazan en la arena, con la vara elegante de sus sombrillas, un nombre o una cifra o una flor. Los casados que se aman vuelven al hogar, contándose el empleo de aquellas horas pasadas en la ciudad y en los negocios. Van muy juntos, del brazo; la mamá refiere las travesuras de los niños, sus agudezas y donaires, mientras ellos saborean las golosinas o corren tras la elástica pelota.

¡Cómo se envidian esos goces inefables! Cuando la noche cierre, acabe la velada, y llegue la hora del amor y del descanso, la mujer apoyará, cansada, su cabeza en el hombro que guarda siempre su perfume; los niños estarán dormidos en la cuna y las estrellas muy despiertas en el cielo.

Parasol, parasol: tú puedes admirar esos cuadros idílicos y castos. Tú vives la honesta vida de los campos. Yo estoy lleno de lodo y derramando gruesas lágrimas en los rincones salitrosos de los patios. Sin embargo, también he conseguido cobijar aventuras amorosas. Una tarde, llevábame consigo un joven que es amigo de mi dueño. Comenzaba a llover y pasaban, apresurando el paso, cerca de nosotros, las costureras que salían de su obrador. Nada hay más voluptuoso ni sonoro que el martilleo de los tacones femeniles en el embanquetado de las calles. Parece que van diciendo: —¡Sigue! ¡Sigue! Sin embargo, el apuesto joven con quien iba no pensaba en seguir a las grisetas, ni acometer empresas amorosas. Ya habrán adivinado Uds., al leer esto, que no estaba mi compañero enamorado. De repente, al volver una esquina, encontramos a una muchacha linda y pizpireta que corría temerosa del chubasco. Verla mi amigo y ofrecerme, todo fue uno. Rehusar un paraguas ofrecido con tanta cortesía hubiera sido falta imperdonable; pero dejar, expuesto a la intemperie, a tan galán y apuesto caballero, era también crueldad e ingratitud. La joven se decidió a aceptar el brazo de mi amigo. Un poeta lo ha dicho:

> La humedad y el calor
> Siempre son en la ardiente primavera
> Cómplices del amor.

Yo miraba el rubor de la muchacha y la creciente turbación del compañero. Poco a poco su conversación se fue animando. Vivía lejos y era preciso que atravesáramos muchas calles para llegar hasta la puerta de su casa. La niña menudeaba sus pasos, muy aprisa, para acortar la caminata; y el amante, dejando descubierto su sombrero, procuraba abrigarla y defenderla de la lluvia. Ésta iba arreciando por instantes. Parecía que en cada átomo del aire venía montada una gota de agua. Yo aseguro que la muchacha no quería apoyarse en el brazo de su compañero ni acortar la distancia que mediaba entre sus cuerpos. Pero ¿qué hacer en trance tan horrible? Primero apoyó la mano y luego la muñeca y luego el brazo; hasta que fueron caminando muy juntitos, como Pablo y Virginia[4] en la montaña. Muchas veces el aire desalmado empujaba los rizos de la niña hasta la misma boca de su amante. Los dos temblaban como las hojas de los árboles. Hubo un instante en que, para evitar la inminente colisión de dos paraguas, ambos a un propio tiempo se inclinaron hasta tocar mejilla con mejilla. Ella iba encendida como grana; pero riendo, para espantar el miedo y la congoja. Una señora anciana, viéndolos pasar, dijo en voz alta al viejo que la cubría con su paraguas:

—¡Qué satisfechos van los casaditos!

Ella sintió que se escapaba de sus labios una sonrisa llena de rubor. ¡Casados! ¡Recién casados! ¿Por qué no? Y la amorosa confesión que había detenido en muchas ocasiones el respeto, la timidez o el mismo amor, salió, por fin, temblando y balbuciente, de los ardientes labios de mi amigo.

Ya tú ves, parasol, si justamente me enorgullezco de mis buenas obras. Esas memorias, lisonjeras y risueñas, son las que me distraen en mi abandono. ¿Cuál será mi destino? Apenas llevo una semana de ejercicio y ya estoy viejo. Pronto pasaré al hospital con los inválidos, o caeré en manos de los criados, yendo enfermo y caduco a los mercados. Después de pavonearme por las calles, cubriendo gorritos de paja y sombreros de seda, voy a cubrir canastos de verdura. Ya verás si hay razón para que llore en los rincones salitrosos de los patios.

---

[4] Véanse las notas 2 y 9 de *La odisea de Madame Théo*.

EL SUEÑO DE MAGDA[1]

Esta crónica se debe leer con pararrayos. Mientras escribo retozan las enormes nubes tempestuosas, asaltando en tumulto el firmamento.

He abierto la ventana para mirar los rayos cara a cara. El cielo, tan azul ha pocas horas, se ha puesto pardo, casi negro, como si los ángeles se hubieran vestido de luto. Las golondrinas, rastreando el suelo, parece que solicitan esconderse en las entrañas protectoras de la tierra. ¿No veis aquellas nubecitas blancas, que limitando un diminuto lago azul, tiemblan en el confín del horizonte? Las sorprendieron, al salir del baño, esos negros gigantes abisinios, que vienen del Oriente: por eso agrupan sus cuerpos blancos y entumidos como si quisieran ocultarse unas tras otras. A poco, los monstruos llegan y las devoran.

Ya no hay lagos azules ni nubecillas blancas en el cielo. Algunos nimbos huyeron con estrépito, como carros de guerra en la confusión de la derrota. Despéñanse las montañas de la atmósfera; combaten brazo a brazo los Hércules deformes y las delgadas claridades que rasgan la obscuridad de cuando en cuando; son como el brillo de las espadas gigantescas que se chocan.

Asistimos a una batalla de africanos. Aquéllos aguardan, en solemne actitud, la acometida del ejército enemigo. Éste avanza violento, atropellando cuanto encuentra al paso. ¿No escucháis el rodar de las cureñas y el galope de los caballos? Ya vienen: ya se acerca el tiroteo. Torres enormes, sostenidas por elefantes de espantosas proporciones, avanzan por la atmósfera; y de las claraboyas de esas torres brotan dardos fulmíneos, despedidos por colosales arcos de ébano. Hasta los mismos montes del espacio cobran vida, arráncanse de cuajo, y animados de fuerza incontrastable se precipitan, como alud sombrío, sobre el ejército contrario. A ratos, centellean los bruñidos petos y los cascos: escúchase el resoplido atronador de los monstruosos elefantes; rompen los tigres sus recias cárceles de hierro para lanzarse sobre el enemigo, y sus ojos como de sangre luminosa

---

[1] Se publicó en *La Libertad* del 12 de agosto de 1883 como última parte de un artículo de la serie *La vida en México*, de "El Duque Job". Una reimpresión del artículo entero aparece (sin título) en la sección *La vida en México* de las *Obras* de 1898. Reproducimos la parte narrativa del artículo de 1883, con un título apropiado.

alumbran el espacio. Montañas, fieras y gigantes se atropellan; enarcan los elefantes sus espaldas; caen desplomadas las enhiestas torres; revientan los peñascos; los muros de granito negro se desgranan y bregan los guerreros, cuerpo a cuerpo, enroscándose, como víboras, en el aire.

De improviso, júntanse todos y reunidos avanzan sobre la tierra. Las montañas aguardan impasibles; pero los árboles, sobrecogidos de pavor, se mueven, como si pugnaran por desenraizarse de la tierra para huir. Todos quisieran sacudir en un momento la invencible fatalidad de su destino: los peces piden alas y las aves envidian a los topos que pueden esconderse en tenebrosas oquedades. Las olas aspiran a ser montes y diríase que el cielo quiere cambiar de sitio con la tierra.

Sólo Magda permanece impasible en su balcón. Gruesas gotas comienzan a caer; pero ella, absorta en la contemplación del infinito, deja que mojen sus cabellos negros. Y Magda tiene miedo. A cada relámpago, su alma se persigna. No quisiera mirar; pero se obstinan sus pupilas en seguir clavadas en el cielo. En la mujer la curiosidad domina al miedo. Tal le parece que las nubes tempestuosas vienen directamente a su balcón y que los sagitarios del espacio la escogen para blanco de sus tiros. Pero no aparta la mirada ni se esconde. Convirtiendo los ojos a la calle, podría mirar a los transeúntes azorados que buscan un refugio o un abrigo. Aquella costurera corre y corre, como si la tempestad quisiera darla un beso. Ese gomoso, pobre a juzgar por la traza, parece que lleva alas en los pies: su sombrero de copa alta, presintiendo el chubasco, tiene el pelo erizado. Pero Magda no advierte nada: ve las nubes y se pregunta con deliciosa candidez: ¿Para qué serán las tempestades?

Si yo pudiera estar donde ella está, satisfaciendo sus curiosidades le diría:

—Tempestad y pasión son dos trastornos parecidos. El cielo siempre azul y la mujer siempre inocente cansarían. Es preciso que brote el rayo de las nubes y el amor de la mujer. Y el amor, como el rayo, da la muerte. ¿Crees tú que estas tormentas pavorosas no traen más que la muerte y el espanto? Pues te engañas. La tempestad deja en el seno de la tierra el nitro que las plantas necesitan; y absorbe las impurezas de la atmósfera, convirtiendo el oxígeno en ozono. El rayo da la muerte y da la vida. Es el fuego que purifica y que devora. Y el amor ¿no es así? También tiene tinieblas que entoldan el horizonte de la vida y centellas que matan; pero también es necesario para la perpetuidad de las especies: también crea, también purifica. El rayo nace del choque de dos electricidades contrarias, como el amor de los dos sexos en contacto. Los dos alumbran, los dos queman, los dos matan; pero los dos son necesarios a la vida.

Pero ni Magda me oye ni se aparta su vista de las nubes. También anoche tuvo un miedo horrible. Soñó que estaba en medio de un diluvio. Pero el agua no descendía de las nubes: brotaba de la tierra e iba subiendo, subiendo en láminas compactas, tan obscuras que apenas podían distinguirse en las tinieblas de la noche. Magda, azorada, se asía a los barandales del balcón, que era muy alto. Desde allí contemplaba la horrible escena. El rumor que escuchó primero había cesado. La invasión del océano ascendente se verificaba con lentitud y en medio del silencio. Primero, la capa negra se tendió sobre las calles, sin arrugas ni pliegues. Sobre esa tersa obscuridad, como puntos luminosos, repartidos en hilera, los reverberos del gas brillaban tristemente. El monstruo negro se incorporó otro poco, y los faroles más altos parecieron, por su proximidad al agua, linternas de invisibles góndolas inmóviles. Entre cada movimiento del agua mediaba el espacio de algunos minutos. Nada se oía: el seno de aquel obscuro mar cerraba el paso a todo rumor y a toda luz. Subió el agua otro poco y los faroles se perdieron, apagándose como luciérnagas arrojadas a un estanque. Entonces la tiniebla fue absoluta. La noche descendía del cielo y brotaba de la tierra. Magda iba a ser aplastada entre esas dos enormes láminas de una prensa negra, como un ratón entre las puertas y la pared. El mar subía con menos lentitud. Ya se miraban en la capa tenebrosa algunos pliegues, que eran las oleadas silenciosas. Magda sintió que el agua le bañaba los pies y, loca de terror, se encaramó sobre los barandales del balcón. Pero el agua subía, y entonces ella, agarrando con ambas manos una canal delgada de hojalata, quedó suspensa en el vacío. La canal se iba doblando poco a poco. Un momento más y se quebraba. Ella, haciendo un supremo esfuerzo, logró subir a la cornisa, en donde se agrupaban, maullando y deteniéndose con las uñas, muchos gatos. Estaba defendiendo su vida instante por instante. ¡Todo inútil! El agua continuaba subiendo e iba ya a devorarla. Los gatos se quejaban como niños, y arañaban la cara de Magda. En ese momento, algo muy blanco flotó sobre la densa obscuridad del agua. Era una vela. ¿Quién puso aquella barca milagrosa sobre el agua? Lo urgente era entrar en ella. Magda, tendiendo con angustia las dos manos, logró detenerla. Pero los gatos, más ágiles y elásticos que ella, habían entrado ya, no dejando lugar para otro cuerpo. Entonces comenzó una lucha horrible. Magda combatía con aquellos demonios que maullaban y describían rombos terribles en el aire, encajándole sus agudas uñas en el cuello. Por fin, logró vencer. Cupo como una cuña entre los cuerpos blandos de los rabiosos animales, que frotándose entre sí, despedían chispas de fuego. La barca siguió flotando sobre el agua. Pero, ¿adónde iba? El agua continuaba su marcha ascendente. ¡Si pudieran llegar al cielo, o cuando menos, a una estrella! Así pasaron muchas horas de congoja. De improviso, Magda sintió que la barca se hundía. Todo estaba perdido. Lanzó un grito y se arrojó a las aguas, que estaban tan frías como si fueran de nieve líquida. Se resignó a morir; pero, arrojado por las velas, su cuerpo fue a chocar con la cruz de piedra que coronaba una altísima torre, ya sumergida en el océano. Aquella cruz era el único punto firme que las aguas no habían tragado aún. Magda se puso de pie en ella. Apenas cabían las plantas de sus pies en los angostos brazos de la cruz.

Pero Magda, por una maravilla de equilibrio, se conservaba firme y sin moverse. Así pasó una hora. Las aguas ya no subían: comenzaban a bajar. Magda no moriría ahogada; pero como era imposible que se mantuviera en esa posición durante muchas horas, caería por fin, rompiéndose la cabeza con las piedras. Mientras el agua cerraba herméticamente la ciudad como una tapa, podría permanecer sobre la cruz. Mas luego que el vacío se fuera ahondando en torno de ella, el vértigo se apoderaría de su cerebro, precipitándola al abismo. ¿En dónde estaba? A enorme altura, incuestionablemente. Esa cruz era el único punto respetado por las aguas. Poco a poco se fueron descubriendo las torres, las chimeneas y los tejados. Las agujas de los templos perforaban el manto de las aguas. El abismo crecía de arriba para abajo. El océano se retiraba dejándola sola, a doscientas varas de la tierra. Y por una rareza, que Magda no podía explicarse, a medida que las pérfidas ondas descendían, se iban iluminando las claraboyas de las casas, las ventanas, los balcones, hasta que aparecieron por fin los reverberos y los faroles movedizos de los coches. ¿Qué...? ¿No había perecido la ciudad? ¿Ella sola iba a ser la víctima? ¿Por qué no hizo lo que todos y se dejó tragar por aquella agua que no ahogaba y por aquella boca sin colmillos? Un vapor de oro subía de la ciudad, rodeándola como si fuera una neblina, hecha con hilos de cabellos rubios.

La vida bullía abajo, y esa vida en que iba a precipitarse fatalmente, era para ella el seno de la muerte. ¡Qué agudas le parecían las cúpulas y qué afiladas las cornisas! ¡Y gritaba, gritaba; pero no podían oírla! Únicamente las lechuzas, de ojos amarillos, comenzaron a revolotear en torno de ella. De pronto un cuervo de torcido pico y semejante al ave Rock que habita el Himalaya, le arrancó las pupilas a mordidas. No pudo ya ver nada: sus piernas flaquearon, dobló el cuerpo y cayó de cabeza sobre una aguja de granito.

Y entretanto que Magda, contemplando el cielo, recordaba su sueño de la víspera, la tempestad había pasado. El cielo estaba azul, como si lo hubieran tejido los ángeles con pétalos de *nomeolvides* y con los ojos de las rubias que se han muerto. Las golondrinas cuchicheaban alegremente en los alambres del telégrafo. Magda cerró el balcón y yo también.

MADAME VENUS[1]

Tomábamos juntos la ambarina cerveza de Strasburgo, cuando pasó en su rápido cupé.
—¿La conoces? —me dijo Luis dejando el vaso.
—Sí —le contesté—, es Madame Venus. No sé su verdadero nombre; ignoro su condición y procedencia; mas ¿qué importa? para mí viene siempre del Olimpo.
—O del infierno. Esas uñas delicadamente sonrosadas se encajan como garfios en la carne; esos brazos aprietan hasta sofocar; esa boca devora fresas y fortunas.
—¡Imposible!
—Huye de ella: es la epidemia. Los deseos que despierta son mortales como el cólera. Es una forma bella de la muerte. ¿Quieres saber su historia? Vas a oírla.

No se sabe a punto fijo en qué parte nació. Es una mujer internacional. Cuando alguno de sus amantes le pregunta si es belga o nació en Francia, ella contesta: "¿Para qué averiguarlo? Sólo sé que me concibieron mis padres en un momento de admiración". Y en efecto, Madame Venus, como tú la llamas, es divinamente hermosa. La única pureza que tiene es la pureza de las líneas. Un artista podría encontrar su boca algo incorrecta y su nariz un tanto cuanto canalla; pero esas imperfecciones la hermosean. Posee la serenidad de las estatuas y el gracioso mohín de las grisetas. Los griegos, admiradores de la desesperante perfección, no la habrían venerado como diosa: los parisienses, sí.

Sin duda alguna, esa mujer no puede haber nacido de una familia honesta de trabajadores. Procede de una selección mejor. La madre sería tal vez vulgar y pobre: el padre, no. De éste ha heredado la distinción y la elegancia; de aquélla los instintos

---

[1] Publicado dos veces en periódicos de México: en *La Libertad* del 14 de octubre de 1884, con el título de *Cuentos de domingo*, y en *El Partido Liberal* del 20 de junio de 1886, con el de *Humoradas dominicales*. En ambos casos va con firma de "El Duque Job". La versión de 1886 se diferencia de la de 1884 en muchos detalles de fraseología y de puntuación, sobre todo en que omite algunas palabras (en un caso una frase entera) en más de media docena de lugares.
Ha sido incluido en las *Obras* de 1898, en las que se copia al pie de la letra la versión de 1886. Nosotros hacemos lo propio, sustituyendo solamente los títulos usados en los periódicos por el apodo de la protagonista.

bellacos y la avidez de prostituta. Podría jurarse que nació de contrabando.

Más ¿a qué remontarse a los comienzos de su vida? Las fuentes del Nilo son ignotas. Nadie puede decir a ciencia cierta cuál es el microbio que produce el cólera asiático. Confórmate con verla tal como es: por otra parte, sería preciso hacer un gran esfuerzo de imaginación para figurarse cómo era cuando niña. Yo le niego hasta el candor supremo de la infancia. Hay mujeres que nacen de treinta años.

¿Los ha cumplido Madame Venus? La edad de las estatuas no puede determinarse a primera vista con absoluta precisión. Y Madame Venus es una escultura de carne. No busques en ella más que la hermosura plástica; cuando va al templo para exhibir su traje o aprovecharse de la puerta de la sacristía, y oye que el ángel de la guarda llama a su alma, dice "¡Ausente!" ¿Para qué habría servido el alma a Madame Venus? El alma no se viste de raso, ni tiene hombros desnudos que enseñar; el alma es como esas costureritas honradas a quienes nadie conoce: el alma es cursi. Puedes decir que el alma sirve para amar; pero Madame Venus no ha amado nunca. El amor da a todas las caídas la gracia de los gladiadores romanos. Caer amando es caer de rodillas. Madame Venus cae como la mano gruesa del ladrón sobre un puñado de monedas. Mejor dicho, Madame Venus no ha caído nunca. Nació acostada y en el suelo.

El único amor que siente es el amor inmenso a su hermosura. Por eso la perfuma, la reviste de encajes y de sedas, y le da como ofrenda joyas y oro. Si pudiera ponerse de rodillas, sin que su propia imagen mudase de actitud en el espejo, se arrodillaría ante sí misma. Ella es la diosa, el sacerdote y el creyente. Si amara, apostataría.

¿Qué es el mundo para ella? Un vasto campo en el que puede pedirse la bolsa o la vida amartillando la mirada, como lo hacen los bandoleros en el bosque amartillando la pistola. Madame Venus tiene el oficio más prosaico: el de ladrona. Roba en primer lugar a su marido, a quien no da nada en cambio de la modista, el palco y el carruaje. Y también roba a todos sus amantes el corazón, la honra y la fortuna. Casó con un banquero, como el ladrón entra de preferencia en una casa rica, buscando objetos más valiosos que apropiarse.

Hurta para su cuerpo, así como otros roban un pedazo de pan para sus hijos que se mueren de hambre. Ama mucho sus brazos mórbidos, sus hombros, su garganta torneada: es el amante de su propia hermosura. Y ávida siempre, registra con la mirada los bolsillos y saca las monedas con los dientes.

Ha tenido tantos amantes como trajes: uno, azul; otro, Pablo; éste, crema; aquél, Arturo. Pero estudia la lista de los *mil y tres*. ¡Ninguno pobre! ¡Yo la perdonaría si hubiera amado a su cochero!

Sus cartas de amor están escritas en papel Wattman... rayado para cuentas. Ve la moneda de oro que brilla en el fondo del estanque y se lanza a cogerla con la habilidad del buzo. Así ha bajado a muchos corazones. Logrado su deseo, deja al amante. Esto es, sale del estanque y se enjuga con una toalla.

No, no es Madame Venus; es Madame Vampiro. ¿Has visto alguna vez cómo chupan los niños las naranjas, pegando los labios a un pequeño agujerito, y las dejan enjutas como la vejiga llena de aire que se taladra con un alfiler? Pues eso hace con las fortunas Madame Venus. Pega los labios a la nuca del caudal, y le sorbe hasta la última gota del oro.

Cierta vez penetré en su tocador. Mientras la diosa rapaz aparecía, entretúveme en ver y registrar el guardarropa y los estuches de las joyas. Y me pareció oír que las piedras preciosas murmuraban:

Coro de diamantes. —Somos las piedras insolentes y criminales. Somos el carbón aristocrático. Somos la calumnia de la gota de agua. Somos el rocío de la mujer. Para nosotros, sólo para nosotros, es la hermosura de Madame Venus. Y corremos, saltamos y brillamos en ese cuerpo de alabastro como traviesos duendes. Sólo es nuestra.

Los aretes de perlas. —Nosotros oímos las quejas amantes que han llegado a sus oídos. Cuando el amante es pobre, contestamos. "Vuelva Ud., la señora no está en casa".

El collar. —Yo rodeo su garganta escultural. Soy una libranza falsificada.

Dos brillantes. —Somos dos lágrimas de una mujer honesta y bella, que espera en vano a su marido.

Un anillo. —Yo fui robado por un hijo a su propia madre.

Un rubí.—No hagáis ruido. ¡Soy una gota de sangre!

Y aquel coro infernal era absolutamente verdadero. Madame Venus roba: su belleza tiene trescientas hipotecas. Y sin embargo, ¡he visto ahorcar a muchos ladrones y prender a muchas cortesanas!

Algunas veces, cuando la caza escasea en el tiempo malo, Madame Venus recurre a medios más ruines que los habituales.

Roba entonces con cincuenta y dos cómplices, entre los que figuran cuatro reyes, cuatro caballeros y cuatro damas. Y con dos ganzúas tan formidables como delicadas: los pies. Observa la mesilla de palisandro en que juegan al póker. Madame Venus está impasible: es la ladrona augusta. Las cartas, obedeciendo las leyes de una sabia combinación, la favorecen. El jugador quisiera huir, mas, de improviso, siente el contacto de un pie tímido que comienza a atreverse. Y a medida que las distancias se estrechan y los pies se hablan entre sí de muchas cosas, las pérdidas aumentan. Hay opresiones de ese pie aleteante que cuestan un billete de mil pesos. Y cuando acaba la sesión, queda pobre, arruinada, una familia. Los reyes vuelven con su manto de púrpura a la inmovilidad del trono. Los caballos ya no caracolean sobre onzas de oro, y los pequeños pies de Madame Venus se apartan de los botines derrotados. ¡Han ganado la batalla!

¡Huye de ella! No viene del Olimpo como tú crees: viene del Ganges. Es una fuerza destructora. Disuelve los corazones en su copa de oro, como Cleopatra disolvió una perla. Acabo de presentarla a tus ojos de cuerpo entero. Mas no conoces todavía los pormenores de los dramas en que ha figurado como protagonista. Voy a referirte algunos para librarte del contagio. Apura tu cerveza de Strasburgo y pide otras dos botellas. Pero aguarda... Tengo que dejarte. Han dado ya las seis en el reloj de la sala de mi novia. Mañana u otro día hablaremos largamente de Madame Venus y sus aventuras. Sin embargo, no olvides, entretanto, mis consejos. Amárrate como Ulises al mástil del navío, para no ceder a la tentación de las sirenas. Si no encuentras un mástil, amárrate a tu bastón de cerezo. Lo dicho: Madame Venus es ladrona.

Pero, —a decir verdad— huelgan todos mis consejos. Madame Venus huye de las carteras deshabilitadas. No meterá la mano en los bolsillos de tu chaleco: ¡no es ratera!

DAME DE COEUR[1]

Allá, bajo los altos árboles del Panteón Francés, duerme la pobrecita de cabellos rubios, a quien yo quise durante una semana... ¡todo un siglo!... y se casó con otro.

Muchas veces, cuando, cansado y aburrido del bullicio, escojo para mis paseos vespertinos las calles pintorescas del Panteón, encuentro la delicada urna de mármol en que reposa la que nunca volverá. Ayer me sorprendió la noche en esos sitios. Comenzaba a llover, y un aire helado movía las flores del Camposanto. Buscando a toda prisa la salida, di con la tumba de la muertecita. Detúveme un instante, y al mirar las losas humedecidas por la lluvia, dije, con profundísima tristeza:

—¡Pobrecita! ¡Qué frío tendrá en el mármol de su lecho!

Rosa-Té era, en efecto, tan friolenta como una criolla de la Habana. ¡Cuántas veces me apresuré a echar sobre sus hombros blancos y desnudos, a la salida de algún baile, la capota de pieles! ¡Cuántas veces la vi en un rincón del canapé, escondiendo los brazos, entumida, bajar los pliegues de un abrigo de lana! ¡Y ahora, allí está, bajo la lápida de mármol que la lluvia moja sin cesar! ¡Pobrecita!

Cuando Rosa-Té se casó, creyeron sus padres que iba a ser muy dichosa. Yo nunca lo creí, pero reservaba mis opiniones, temeroso de que lo achacaran al despecho. La verdad es que cuando Rosa-Té se casó, yo había dejado de quererla, por lo menos con

---

[1] Se publicó dos veces en la prensa mexicana: en *La Libertad* del 19 de octubre de 1884; *Crónicas de mil colores;* y en la *Revista Azul*, en dos números, 2 y 9 de diciembre de 1894: *Cuentos color de humo (Dame de coeur)*. En ambos casos va firmado "El Duque Job".
La versión de 1884 empieza con el párrafo que sigue:
    Hoy que no pasa nada y el cielo está como si los ángeles le hubieran puesto una camisa de franela en la mañana, la crónica permanece muda, como el piano en Viernes Santo. Mientras hablamos el domingo de carreras, voy a contaros lo que ayer me refería un amigo, mientras fumábamos junto a la vidriera. Oídle atentamente:
Fuera de esto, las diferencias entre las dos versiones son sólo de fraseología y de puntuación.
  Ha sido recogido por lo menos dos veces: en las *Obras* de 1898 y en *Cuentos color de humo* (Editorial América), 1916. En ambas colecciones el texto es casi exactamente el de 1894, que nosotros también reimprimimos en esta edición.

la viveza de los primeros días. Sin embargo, nunca nos hace mucha gracia el casamiento de una antigua novia. Es como si nos sacaran una muela.

Sobre todo, lo que aumentaba mi disgusto era el convencimiento profundo de que iba a ser desgraciada. Me ponía como furia al escuchar las profecías risueñas de su familia. ¡Cómo! ¿Que iba a ser Pedro un buen marido? ¿Pero, no saben estas gentes —decía yo para mí— que Pedro juega? Atribuyen a la funesta ociosidad tan serio vicio; creen que una vez casado va a enmendarse... pero los jugadores no se enmiendan.

Y —en descargo de mi conciencia, lo diré —ya habría visto, si no con alegría, con resignación a lo menos, el casamiento de Rosa-Té con un buen chico. Pero lo contrario de un pozo es una torre; lo contrario de un puente un acueducto; lo contrario de un buen marido, eso era Pedro. No porque le faltasen prendas personales, ni salud, ni dinero, ni cariño a la pobre Rosa-Té, pero sí porque aquel pícaro vicio había de seguirlo eternamente, como un acreedor a quien nunca acaba de pagársele.

Rosa-Té no sabía que Pedro jugaba. En los primeros meses de matrimonio, fue, con efecto, lo más sumiso y obsequioso que puede apetecerse para la vida quieta del hogar. Pero ¡ay! a poco tiempo la pícara costumbre le arrastró al tapete verde. Comenzaron entonces los pretextos para pasar las noches fuera de la casa, la acritud de carácter, los ahogos y las súbitas desapariciones del dinero. Cierta vez, Rosa se preparaba para asistir a un baile. Pedro estaba ya de frac, esperando en el gabinete a su señora. Mas como estaba embebida aún en su *toilette,* y tardóse todavía muy largo rato, Pedro entornó la puerta del tocador y dijo a Rosa:

—Mira, mientras acabas de peinarte, voy a fumar al aire libre. Dentro de media hora volveré.

Eran las nueve y media. En punto de las diez Rosa estaba dispuesta para el baile. Sentóse en un silloncito y esperó. Sonó el cuarto, la media, los tres cuartos, y Pedro no volvía. Entonces comenzó a entrar en cuidado. ¿Qué le habría sucedido? A cada instante se asomaba al balcón, estrujando los guantes y el pañuelo. "¿Le habría atropellado un coche? ¡Anda tan embobado!" decía Rosa. "¿Habrá tenido riña con alguno? ¡Nadie está libre de enemigos! Sobre todo, ¡hay tantos malhechores en la calle!" Y adelantando los sucesos con la impaciente imaginación, se figuraba ver entrar a su marido en angarillas con una pierna rota o muerto acaso. Y cada vez era más aguda su congoja, tanto que al dar las once, mandó a un mozo a que fuera a buscarle por las calles, y luego a otro, en seguida a tres, hasta que el camarista y el lacayo, el cochero, el portero y cuantos hombres había en la servidumbre, se emplearon en buscarle por calles y cafés sin dejar punto de reunión por registrar, ni detuvieron un instante sus pesquisas.

Llegaban los sirvientes fatigados y sin noticia alguna de su amo; salían después con nuevas órdenes y siempre regresaban lo mismo que se iban. Por fin, pasada ya la media noche, Rosa ordenó que se pusiera el coche. Iba a buscar a Pedro. A todo escape, los caballos partieron del zaguán. Llamó Rosa a la puerta de muchas casas; apeábase el lacayo presuroso, y después de conferenciar con los porteros, subía luego al pescante, y el carruaje se lanzaba de nuevo por las calles con la mayor velocidad posible. A cosa de la una, pasó Rosa por una calle y vio abiertos e iluminados los balcones de una casa. Aquello debía ser un club o cosa así. ¿Estaría Pedro en ese lugar? Paróse el coche, y el lacayo, sin necesidad de llamar, porque estaba entornada la puerta, entró al patio; subió las escaleras y, a poco rato, volvió a bajarlas más aprisa todavía. Llegó a la portezuela del carruaje, por la que asomaba el semblante lívido de Rosa, y dijo, con la satisfacción del que trae una noticia largamente esperada:

—El amo está arriba: está jugando... Dice que no puede venir... que irá luego a la casa.

Y, efectivamente, a las seis de la mañana Pedro se presentó en las habitaciones de la señora. La infeliz había pasado la noche en claro, sentada allí en aquel sillón, viendo, con la mirada fija de una loca, las manecillas del reloj que giraban alrededor de la carátula, vestida aún con su traje de baile, con flores en el cabello y en el pecho. Cada vez que sonaban pasos en la calle, Rosa-Té se asomaba al balcón. Pero eran los pasos del gendarme o de algún ebrio que volvía tambaleando a su casa. Y las estrellas fueron brillando menos y los gallos cantando más. De rato en rato, Rosa escuchaba el ruido de un carruaje; era el de alguna de sus amigas que volvía del baile. Poco a poco, la luz, primero tímida y blanquizca, se fue diseminando en todo el cielo. Pasó una diligencia por la esquina y se oyeron las campanas de la Profesa llamando a misa. Rosa no quiso entonces permanecer más tiempo en el balcón. ¿Qué dirían los que la vieran? Además, sus dientes chocaban unos con otros, y un desagradable escalofrío culebreaba en su cuerpo. Rosa, tan débil, tan cobarde y tan friolenta, había pasado una buena parte de la madrugada en el balcón, y, lo que es peor, en traje de baile, con los hombros y la garganta descubierta.

Tan poseída de dolor estaba, que no observó la ligereza de su traje. Sólo cuando la luz, entrando brusca por las puertas emparejadas del balcón, fue a retratarla en el espejo del armario, Rosa se vio ataviada para la fiesta y cubierta de flores, como una virgen a quien llevan a enterrar. Entonces, acurrucada en el sillón y cubiertos los hombros por un tápalo, soltó a llorar. ¡Había pensado en divertirse tanto en aquel baile! Porque Rosa era al fin y al cabo una chiquilla. ¡Se había puesto tan linda, no para cautivar a los demás, sino para que Pedro la llevase con orgullo! Y en lugar de la fiesta, las congojas, la angustia, y luego... luego la certidumbre horrible de que su esposo, sin tener piedad de sus dolores, la dejaba a las puertas de una casa de juego, *donde probablemente se arruinaba*. Rosa lloraba como una niña, y poco a poco iba arrancando de sus cabellos aquellas flores que tan primorosamente la adornaban. Y así pasó todavía una hora, oyendo el ruido de las escobas y las conversaciones de los barrenderos que barrían la calle.

Por fin, conoció los pasos de Pedro. ¡Sí, era él! Secó sus lágrimas precipitadamente, tuvo vergüenza de haber llorado, la cólera venció en su ánimo al dolor y se dispuso a reñir, a desahogarse, a increpar con justicia a su marido. Pero... ¡en vano! La vista de Pedro la desarmó; venía lívido, derrengado, con los ojos de un hombre que ha perdido la razón, deshecho el lazo de la corbata blanca y erizado el pelo del sombrero. Apenas pudo hablar.

—Tienes razón... soy un miserable... He perdido todo... tus coches, tus alhajas... mis caballos... ¡Nada tenemos! ¡Te he arruinado! ¡Te he arruinado! ¡Soy un canalla!

La cólera de Rosa-Té se disipó como las sombras cuando viene el alba. Ante aquella desgracia inmensa, quiso recuperar su sangre fría. ¡Era tan buena! Una ternura inmensa reemplazó las frases duras con que se proponía recibir a su marido. Y abrazando su cuello, acercando la cabeza descompuesta de Pedro a su seno, le atrajo a sí y lloraron juntos, largo rato, mientras la luz, indiferente a todo, saltaba alborozada y se veía en los espejos, en los muebles y vidrieras.

Rosa aceptó la pobreza con mucho valor. Tuvieron que buscar una casa humilde, quitar el coche, despedir a casi todos los criados, reemplazar el raso de los muebles con cretona e indiana; vivir, en suma, como la familia de un pobre empleado que gana ochenta pesos cada mes. Pero Rosa ponía tal arte en todo, economizaba tanto con su vigilancia y su trabajo, era tan decidora y tan alegre, que Pedro sentía menos el terrible peso de la pobreza. Al principio, Pedro, avergonzado de sí mismo y orgulloso de su mujer, se dedicó con alma y vida a trabajar. Y Rosa estaba más contenta que antes, porque ya no se iba por las noches y porque siempre le veía a su lado.

Sin embargo, no fue muy duradera esta ventura. Pedro volvió a juntarse con ciertos amigos que le arrastraron nuevamente al juego. Ya no podía apostar grandes cantidades como antes; pero sí dos, cinco o diez pesos. Primero se excusaba a sí mismo, diciendo en su conciencia: "No hago mal. Ahora que nada tengo, es cuando debo jugar. Es preciso que busque a toda costa el medio de sacar a mi mujer de la situación precaria en que vivimos. El juego me debe toda mi fortuna. Voy por ella".

Y comenzó de nuevo a fingir ocupaciones perentorias, y a pasar buena parte de las noches fuera de su casa. No tardó Rosa en descubrir la verdad. Las exiguas cantidades que ganaba Pedro —y eran antes suficientes para cubrir su reducido presupuesto— no lo fueron después. Convencida de que aquel vicio era incurable y radical en su marido, cayó en el más profundo abatimiento. ¿A qué luchar? Sin atender a sus consejos, ni oír sus súplicas, ni apreciar sus cuidados y trabajos, Pedro la abandonaba por los naipes.

Una terrible consunción se fue apoderando de ella. Ya no reía, ya no cantaba; perdió los colores frescos de su cutis, el brillo de sus ojos, la gracia de sus desembarazados movimientos, y se fue adelgazando poco a poco. Al cabo de algunos meses cayó en cama.

Los médicos dijeron que no atinaban con la cura de su mal; y con efecto, el único capaz de aliviarla era el marido. Éste, instintivamente comprendiendo que era la causa de la enfermedad, se enmendó en esos días, y buscando dinero a premio, pidiendo prestado a sus amigos, se allegó los recursos necesarios para atender a la enfermita. La llevaba a los mejores médicos y compraba todas las medicinas, por caras que fuesen. Un doctor dio en el clavo, al parecer (ahorro a mis lectores la descripción minuciosa de la enfermedad), y dijo: "Esto se cura nada más con tales y cuales medicinas".

Las compró Pedro y, con efecto, Rosa-Té se mejoraba visiblemente. ¿Por qué empeoró después? He aquí lo que ni Pedro ni el doctor se explicaban. Las medicinas eran infalibles, y habían surtido al principio un efecto maravilloso. ¿De qué provenía, pues, la recaída? Sólo yo lo sé, y voy a contarlo. Rosita me lo dijo la noche en que murió, mientras yo la velaba, porque habíamos vuelto a ser buenos amigos:

—No quiero aliviarme —me decía—. Tú sabes todo, las tristezas y las angustias que he pasado, la invencible fuerza de ese vicio que detesto y que domina a Pedro, mi amor a éste y mi despego de la vida. ¡Estoy tan contenta así, enfermita! Pedro no juega, pasa los días a la cabecera de mi cama, y cuando estoy mala y cierro los ojos, fingiendo que duermo, oigo que solloza y siento la humedad de sus lágrimas en mi mano. Ahora me quiere, ahora no me abandona, ahora me cuida con las tiernas solicitudes de una madre. Si me alivio, volverá a escaparse, volverá a buscar, lejos de mí, las emociones del juego. Ya no le tendré a mi lado, ni sentiré sus labios en mi frente. Se irá, como se ha ido tantas veces, dejándome muy triste y solitaria. Si me muero, tal vez el recuerdo de la pobre víctima le aparte del camino por que va. No, no quiero aliviarme. Quiero estar enfermita mucho tiempo. Por eso, cuando me trae la medicina, recurro a algún pretexto para quedarme sola, y derramo el elíxir en el suelo...!

Allá, bajo los altos árboles del Panteón Francés, duerme la pobrecita de cabellos rubios a quien yo quise durante una semana... ¡todo un siglo!... y se casó con otro.

EL AMIGO[1]

Por las calles que henchía la muchedumbre, viendo los farolillos de colores, las banderas movidas por el viento y los cohetes que subían al cielo, caminábamos juntos él y yo. Sonaban aún los últimos disparos de cañón que anuncian la apertura del Congreso. Absortos en nuestras mutuas confidencias, fuimos huyendo del bullicio a las calles sombrías de la Alameda. ¡Diputado...! ¡Ya era diputado el compañero de mis buenos días! ¡Bien que lo merecía mi pobre amigo! La gloria tocaba diana en su espíritu; y la fortuna aparecía ante sus ojos como un dócil corcel que se inclina para que lo monte el caballero! Ése había sido el sueño de su vida. Hablar en la tribuna; tener espacio en donde abrir las alas; oír el ruido estrepitoso del aplauso que es para el orador el triunfo hecho carne, el triunfo que se mueve y grita y clamorea y resuella y nos calienta el rostro con su vaho... ¡Ya había llegado! Sentía sus alas e imaginaba ¡soñador! que todo lo que tiene alas vuela y sube. Iba a reñir sus primeros combates; a conquistar renombre de paladín; a asaltar tal vez un ministerio!

Yo escuchaba sus nobles proyectos, oía el aletear de la esperanza dentro de aquel espíritu entusiasta. Pensativo, imaginaba yo los mil obstáculos con que había de tropezar en el camino; la decepción que experimenta el hombre habituado a filtrar un pensamiento por el cañón angosto de la pluma, cuando no encuentra la palabra en la tribuna, y el pensamiento ingrato se le escurre o se queda enredado en la sintaxis; cuando su voz tartamudea y sus oídos escuchan el malicioso cuchichear de los oyentes, la frialdad de las gentes; la atmósfera de invierno en que se hielan todos los pensamientos entusiastas; el desengaño del pensador cuando le aplasta una masa compacta de nulidades conglutinadas, o le asesina, a fuerza de piquetes, la turba de mosquitos venenosos... Yo pensaba todo eso, pero la verdad no habló por mis labios, como habló por los de la nodriza de Julieta.[2] ¿Para qué? Mi amigo era tan feliz en ese instante. Sus ideas

---

[1] Apareció en *La Libertad* del 2 de noviembre de 1884 como parte de un artículo de la serie *Crónicas de mil colores*, de "El Duque Job". Usamos el título que parece convenir al texto.
No se ha recogido hasta aquí.

[2] Personaje de la tragedia *Romeo y Julieta*, de Shakespeare.

subían al cielo rápidas y luminosas como los cohetes que rasgaban en esos momentos el manto obscuro de la noche. Hablamos, pues del porvenir, de la fortuna, de la gloria, de la muchacha, hermosa y tierna, que le amaba; de sus ancianos padres que le bendecían y de los pequeñuelos hermanitos cuyo sostén había de ser más tarde. Y su entusiasmo comunicativo pasó a mi alma; y a fuerza de escucharle yo también creí en todas las cosas que no existen, y cuando, al regresar de la Alameda, oímos el estruendo de las músicas y vimos el Colegio militar desfilando compacto por las calles, nos pareció que al toque de esos clarines se derrumbaban las murallas del pasado, como las murallas de Jericó al sonar las trompetas de los israelitas![3] La vida entonces era una mujer que nos daba un beso.

Meses después, una disputa en los pasillos del teatro, un párrafo imprudente en el periódico, palabras ofensivas que se cruzan, orgullos y altiveces que se chocan, sedicentes amigos empeñados en alardear con el valor ajeno; y en seguida una mañana lánguida y lluviosa como ésta en que ahora escribo, el cupé llega, los testigos montan, azota los caballos el cochero, a escape se atraviesa la calzada por donde sólo pasan a esa hora los jinetes madrugadores y los que vuelven frescos y risueños de bañarse en la alberca: el coche se detiene de repente frente a la verde reja de un jardín, otro carruaje llega, ahijados y testigos buscan una calleja solitaria, el médico prepara los vendajes, el maestro de armas examina los floretes, y luego, a una señal, a una palmada se cruzan los dos aceros y se enroscan, el combate se empeña y mientras lejos, en la calma bendita del hogar, sueñan los padres con la gloria de su hijo o se disponen para asistir a la primera misa; mientras la novia duerme, apretando contra su pecho virginal la carta que recibió hace pocas horas; el soñador que iba camino de la dicha, el amante, el poeta, el hijo tierno, cae traspasado por el hierro del contrario, el sol rompe los densos nublazones, los pájaros gorjean entre la fronda, y las campanas de la próxima parroquia dan a los vientos su primer repique.

---

[3] Véase *Josué*, capítulo 6.

HISTORIA DE UN PESO FALSO[1]

¡Parecía bueno! ¡Limpio, muy cepilladito, con su águila, a guisa de alfiler de corbata, y caminando siempre por el lado de la sombra, para dejar al sol la otra acera! No tenía mala cara el muy bellaco y el que sólo de vista lo hubiera conocido no habría vacilado en fiarle cuatro pesetas. Pero... ¡crean Uds. en las canas blancas y en la plata que brilla! Aquel peso era un peso teñido: su cabello era castaño, de cobre, y él por coquetería, porque le dijeran: "es Ud. muy Luis XVI" se lo había empolvado.

Por supuesto era de padres desconocidos. ¡Estos pobrecitos pesos siempre son expósitos! A mí me inspiran mucha lástima, y de buen grado los recogería; pero mi casa, es decir, la casa de ellos, el bolsillo de mi chaleco, está vacío, desamueblado, lleno de aire, y por eso no puedo recibirlos. Cuando alguno me cae, procuro colocarlo en una cantina, en una tienda, en la contaduría del teatro; pero hoy están las colocaciones por las nubes y casi siempre se queda en la calle el pobre peso.

No pasó lo mismo, sin embargo, con aquel de la buena facha, de la sonrisa bonachona y del águila que parecía de verdad. Yo no sé en dónde me lo dieron; pero sí estoy cierto de cuál es la casa de comercio en donde tuve la fortuna de colocarlo, gracias al buen corazón y a la mala vista del respetable comerciante cuyo nombre callo por no ofender la cristiana modestia de tan excelente sujeto y por aquello de que hasta la mano izquierda debe ignorar el bien que hizo la derecha.

Ello es que, como un beneficio no se pierde nunca, y como Dios recompensa a los caritativos, el generoso padre putativo de mi peso falso no tardó mucho en hallar a otro caballero que consintiera en hacerse cargo de la criatura. Cuentan las malas lenguas que este rasgo filantrópico no fue del todo puro; parece

---

[1] Impreso dos veces en periódicos de la capital: en *El Universal* del 20 de abril de 1890, y en *El Partido Liberal* de 24 de diciembre de 1893. En ambos casos lleva el título de *Historia de un peso falso* y la firma de "M. Gutiérrez Nájera".

Ha sido recopilado tres veces por lo menos: en *Obras*, 1898, en *Selección de buenos autores*, Cultura, México, 1916, y en *Cuentos, crónicas y ensayos*, editados por Alfredo Maillefert, México, 1940.

Las versiones se diferencian muy poco entre sí. Publicamos la de 1893, con algunos cambios de puntuación.

que el nuevo protector de mi peso (y téngase entendido que el comerciante a quien yo encomendé la crianza y educación del pobre expósito era un cantinero) no se dio cuenta exacta de que iba a hacer una obra de misericordia, en razón de que repetidas libaciones habían obscurecido un tanto cuanto su vista y entorpecido su tacto. Pero, sea porque aquel hombre poseía un noble corazón, sea porque el coñac predispone a la benevolencia, el caso es que mi hombre recibió el peso falso, no con los brazos abiertos, pero sí tendiéndole la diestra. Dio un billete de a cinco duros, devolvióle cuatro el cantinero, y entre esos cuatro, como amigo pobre en compañía de ricos, iba mi peso.

Pero ¡vean Uds. cómo los pobres somos buenos y cómo Dios nos ha adornado con la virtud de los perros: la fidelidad! Los cuatro capitalistas, los cuatro pesos de plata, los aristócratas, siguieron de parranda. ¡Es indudable que la aristocracia está muy corrompida! Éste se quedó en una cantina; ése, en la Concordia, aquél, en la contaduría del teatro... ¡Sólo el peso falso, el pobretón, el de la clase media, el que no era centavo ni tampoco persona decente, siguió acompañando a su generoso protector como Cordelia acompañó al rey Lear.[2] En la Concordia fue donde lo conocieron; allí le echaron en cara su pobreza y no le quisieron fiar ni servir nada. La última moneda buena se escapó entonces con el mozo (no es nuevo que una señorita bien nacida se fugue con algún pinche de cocina) ¡y allí quedó el pobre peso, el que no tenía ni un real, pero sí un corazón que no estaba todavía metalizado, acompañando al amparador en su orfandad, en la tristeza, en el abandono, en la miseria!... ¡Lo mismo que Cordelia al lado del rey Lear!

¡De veras enternecen estos pesos falsos! Mientras los llamados buenos, los de alta alcurnia, los nacidos en la opulenta casa de Moneda, llevan mala vida y van pasando de mano en mano como los periodistas venales, como los políticos tránsfugas, como las mujeres coquetas; mientras estos viciosos impenitentes trasnochan en las fondas, compran la virtud de las doncellas y desdeñan al menesteroso para irse con los ricos; el peso falso busca al pobre, y no lo abandona, a pesar del mal trato que éste le da siempre; no sale; se está en su casa encerradito; no compra nada, y espera, como solo premio de virtudes tan excelsas, el martirio; la ingratitud del hombre; ser aprehendido, en fin de

---

[2] **Cordelia es hija del protagonista en la tragedia de Shakespeare** *El rey Lear.*

cuentas, por el gendarme sin entrañas o morir clavado en la madera de algún mostrador, como murió San Dimas en la cruz. ¡Pobres pesos falsos! A mí me parten el alma cuando los veo en manos de otros.

El de mi cuento, sin embargo, había empezado bien su vida. Dios lo protegía por guapo, sí, por bueno, a pesar de que no creyera el escéptico mesero de la Concordia en tal bondad; por sencillo, por inocente, por honrado. A mí no me robó nada; al cantinero tampoco; y al caballero que le sacó de la cantina, en donde no estaba a gusto, porque los pesos falsos son muy sobrios, le recompensó la buena obra dándole una hermosa ilusión: la ilusión de que contaba con un peso todavía.

Y no sólo hizo eso... ¡ya verán ustedes todo lo que hizo!

El caballero se quedó en la fonda meditabundo y triste, ante la taza de té, la copa de Burdeos, ya sin Burdeos, y el mesero que estaba parado enfrente de él como un signo de interrogación. Aquella situación no podía prolongarse. Cuando está alguien a solas con una inocente moneda falsa, se avergüenza como si estuviera con una mujer perdida; quiere que no lo vean, pasar de incógnito, que ningún amigo lo sorprenda... Porque serán muy buenas las monedas falsas... ¡pero la gente no lo quiere creer!

Yo mismo, en las primeras líneas de este cuento, cuando aun no había encontrado un padre putativo para el peso falso, lo llamé bellaco. ¡Tan imperioso es el poder del vulgo!

Todavía el caballero, en un momento de mal humor que no disculpo en él, pero que en mí habría disculpado, desde luego que quitaron los manteles de la mesa, golpeó el peso contra el mármol, como diciéndole: "¡A ver, malvado, si de veras no tienes corazón!" ¡Y vaya si tenía corazón! Lo que no tenía el infeliz era dinero.

El caballero quedó meditabundo por largo rato. ¿Quién le había dado aquel peso? Los recuerdos andaban todavía por su memoria, como indecisos, como distraídos, como soñolientos. Pero no cabía duda: ¡el peso era falso! Y lo que es peor, ¡era el último!

Su dueño entonces se puso a hacer, no para uso propio, todo un tratado de moral.

"La verdad es", se decía, "que yo soy un badulaque. Esta tarde recibí en la oficina un billete de a veinte. Me parece estarlo viendo... *Londres-México*... el águila... Don Benito Juárez... y... una cara de perro. ¿Adónde está el billete?

En los zarzales de la vida deja
Alguna cosa cada cual: la oveja
Su blanca lana; el hombre su virtud![3]

"Y lo malo es que mi mujer esperaba esos veinte. Yo iba a darle quince... pero, ¿de dónde cojo ahora esos quince?

El caballero volvió a arrojar con ira el peso falso sobre el mármol de la mesa. ¡Por poco no se le rompió al infortunado el águila, el alfiler de la corbata! La única ventaja con que cuentan los pesos falsos, es la de que no podemos estrellarlos contra una esquina.

¡A la calle! La Esmeralda, que ya no baila sobre tapiz oriental ni toca donairosamente su pandero; la pobre Esmeralda que está ahora empleada en la esquina de Plateros y que, como los antiguos *serenos,* da las horas, mostró a nuestro héroe su reloj iluminado: eran las doce de la noche.

A tal hora, no hay dinero en la calle. ¡Y era preciso volver a casa!

"Le daré a mi mujer el peso falso para el desayuno, y mañana... veremos. ¡Pero no! Ella los suena en el buró y así es seguro que no me escapo de la riña. ¡Maldita suerte...!

El pobre peso sufría en silencio los insultos y araños de su padre putativo, escondido en lo más obscuro del bolsillo. ¡Solo, tristemente solo!

El caballero pasó frente a un garito. ¿Entraría? Puede ser que estuviera en él algún amigo. Además, allí lo conocían... hasta le cobraban de cuando en cuando sus quincenas... Cuando menos, podían abrirle crédito por cinco duros... Volvió la vista atrás y entró de prisa como quien se arroja a la alberca.

El amigo cajero no estaba de guardia aquella noche; pero probablemente volvería a la una. El caballero se paró junto a la mesa de la ruleta. No sé qué encanto tiene esa bolita de marfil que corre, brinca, ríe y da o quita dinero; pero ¡es tan chiquitina! ¡es tan mona! ¡Se parece a Luisa Théo![4] Los pesos en columnas se apercibían a la batalla formada en los casilleros del tapete verde. ¡Y estaba cierto nuestro hombre de que iba a salir el 32! ¡Lo había visto! ¿Pondría el peso falso...? La

---

[3] Véase la nota 5 de la *Historia de una corista*. A Nájera le gustaba mucho esta cita.

[4] Famosa actriz francesa de la época. Véase *La Odisea de Madame Théo*, en este volumen.

verdad es que aquello no era muy correcto... Pero, al cabo, en esa casa lo conocían... y... ¡cómo habían de sospechar!

Con la mano algo trémula, abrió la cartera como buscando algún billete de banco (que, por supuesto, no estaba en casa) volvió a cerrarla, sacó el peso, y resueltamente, con ademán de gran señor, lo puso al 32. El corazón le saltaba más que la bola de marfil en la ruleta. Pero, ¡vean Uds. lo que son las cosas! Los buenos mozos tienen mucho adelantado... Hay hombres que llegan a ministros extranjeros, a ricos, a poetas, a sabios, nada más porque son buenos mozos. Y el peso aquel —ya lo había dicho— era todo un buen mozo... un buen mozo bien vestido.

—¡Treinta y dos colorado!

La bola de marfil y el corazón del jugador se pararon, como el reloj cuya rueda se rompe. ¡Había ganado! Pero... ¿y si lo conocían...? ¡No a él... al otro... al falso!

Nuestro amigo (porque ya debe de ser amigo nuestro este hijo mimado de la dicha) tuvo un rasgo de genio. Recogió su peso desdeñosamente y dijo al que regenteaba la ruleta:

—Quiero en papel los otros treinta y cinco.

¡No lo habían tocado!... ¡No lo habían conocido...! Pagó el *monte*. Uno de veinte... uno de diez... y otro color de chocolate, con la figura de una mujer en camisón y que está descansando de leer, separada por estas dos palabras *Cinco pesos*, del retrato de una muchacha muy linda, a quien el mal gusto del grabador le puso un águila y una víbora en el pecho. El de a diez y el color de chocolate eran para la señora que suena los pesos en la tapa del buró. El de a veinte, el de Juárez, el patriótico, era para nuestro amigo... era el que al día siguiente se convertiría en copas, en costilla a la milanesa, y, por remate, en un triste y desconsolado peso falso!

¡Qué afortunados son los pesos falsos y los hombres pícaros!

Los que estaban alrededor del tapete verde hacían lado al dichoso *punto* para que entrase en el ruedo y se sentara. Pero, dicho sea en honra de nuestro buen amigo, él fue prudente, tuvo fuerza de ánimo, y volvió la espalda a la traidora mesa. Volvería, sí, volvería a dejar en ella su futura quincena, o propiamente hablando, el futuro imperfecto de su quincena; pero lo que es en aquella noche se entregaba a las delicias y los pellizcos del hogar.

Cuando se sintió en la calle con su honrado, su generoso peso falso, que había sido tan bueno; y con el retrato de Juárez, con el busto de un perro, y con el grabado que representa a una señora en camisón, rebosaba alegría nuestro querido amigo. Ya era tan bueno como el peso falso aquel honrado e inteligente caballero. Habría prestado un duro a cualquier amigo pobre; habría repartido algunos reales entre los pordioseros; caminando aprisa, aprisa por las calles, pensaba en su pobrecita mujer, que es tan buena persona y que lo estaría esperando... para que le diera el gasto.

> Puis, l'époux volage
> Rentrant au logis
> Pour paraître sage
> Prend des airs contrits.
> Il pense à sa femme
> —Seule dans son lit—
> Et de chez madame
> Un galan s'enfuit...!
> Voici l'aube vermeille,
> Etc.

Esto cantan en una opereta que se estrenó en París a fines del mes pasado y que se llama *El huevo rojo;* pero esto no lo tarareaba siquiera nuestro predilecto amigo, porque no lo sabía.

Al torcer una esquina, tropezó con cierto muchachito que voceaba periódicos y a quien llamaban el *inglés.* Y parecía inglés, en verdad, porque era muy blanco, muy rubio y hasta habría sido bonito con no ser tan pobre. Por supuesto, no conocía a su padre... era uno de tantos pesos falsos humanos, de esos que circulan subrepticiamente por el mundo y que ninguno sabe en dónde fueron acuñados. Pero a la madre, ¡sí la conocía! los demás decían que era mala. Él creía que era buena. Le pegaba. ¡Ése sería su modo de acariciar! También cuando no se come, es imposible estar de buen humor. Y muchas veces aquella desgraciada no comía. Sobre todo, era la madre; lo que no se tiene más que una vez; lo que siempre vive poco; la madre que, aunque sea mala, es buena a ratos, aquella en cuya boca no suena el *tú* como un insulto... la madre, en suma... ¡nada más la madre! Y como aquel niño tenía en las venas sangre buena —sangre colorida con vino, sangre empobrecida en las noches de orgía, pero sangre, en fin, de hombres que pensaron y sintieron hace muchos años— amaba mucho a la mamá... y a la hermanita, a la que vendía billetes... a esa que llamaban la *francesa.*

La madre, para él, era muy buena; pero le pegaba, cuando no podía llevarle el pobre una peseta. Y aquella noche —¡la del peso falso!— estaba el chiquitín con *El Nacional*, con *El Tiempo de Mañana*, pero sin un centavo en el bolsillo de su desgarrado pantalón. ¡No compraba periódicos la gente! Y no se atrevía a volver a su accesoria, no por miedo a los golpes sino por no afligir a la mamá.

Tan pálido, tan triste lo vio el afortunado jugador, que quiso, realmente quiso, darle una limosna. Tal vez le habría comprado todos los periódicos, porque así son los jugadores cuando ganan. Pero dar cinco pesos a un perillán de esa ralea era demasiado. Y el jugador había recibido los treinta y cinco en billetes. No le quedaba más que el peso falso.

Ocurriósele entonces una travesura: hacer bobo al muchacho.

—¡Toma, *inglés*, para tus *hojas* con Catalán, anda! ¡Emborráchate!

¡Y allá fue el peso falso!

Y no, el muchacho no creyó que lo habían engañado. Tenía aquel señor tan buena cara como el peso falso. ¡Qué bueno era! Si hubiera recibido esa moneda para devolver siete reales y medio, cobrando *El Nacional* o *El Tiempo de Mañana*, la habría sonado en las losas del zaguán, cuyo umbral le servía casi de lecho; habría preguntado si era bueno o no al abarrotero que aún tenía abierta su tienda. Pero ¡de limosna! ¡Brillaba tanto en la noche! ¡Brillaba tanto para su alma hambrienta de dar algo a la mamá y a la hermanita! ¡Qué buen señor...! ¡Habría ganado un premio en la lotería!... ¡sería muy rico! Quién sabe...

¡Qué buen señor era el del peso falso!

Le había dicho: "¡Anda, ve y emborráchate!"... Pero así dicen todos.

Recogió el arrapiezo los periódicos, y corriendo como si hubiera comido, como si tuviera fuerzas, fue hasta muy lejos, hasta la puerta de su casa. No le abrieron. La viejecita (la llamo viejecita, aunque aporreara a ese muchacho, porque, al cabo, era infeliz, era padre, era madre) se había dormido cansada de aguardar al *inglés*. Pero ¿qué le importaba a él dormir en la calle? ¡Si lo mismo pasaba muchas noches! ¡Y al día siguiente no lo azotarían...! ¡Llegaba rico... con un peso!

¡Ay, cuántas, cuántas cosas tiene adentro un peso para el pobre!

Allí, en el zaguán, encogido como un gatito blanco, se quedó el muchacho dormido. ¡Dormido, sí; pero apretando con los dedos de la mano derecha, que es la más segura, aquel sol, aquella águila, aquel sueño! Durmió mal, no por la dureza del colchón de piedra, no por el frío, no por el aire, porque a eso estaba acostumbrado, pero sí porque estaba muy alegre y tenía mucho miedo de que aquel pájaro de plata se volara. ¿Creen Uds. que ese muchacho jamás había tenido un peso suyo? Pues así hay muchísimos.

Además, el *inglesito* quería soñar despierto, hablar en voz alta con sus ilusiones.

Primero, el desayuno... ¡Bueno, un real para los tres! Pero los pesos tienen muchos centavos, y hacía tiempo que el *inglesito* tenía ganas de tomar un tamal con su *champurrado*. Bueno: real y tlaco. Quedaba mucho, mucho dinero... No, él no diría que tenía un peso... Aunque le daban tentaciones muy fuertes de enseñarlo, de lucirlo, de pasarlo, de sonárselo, como si fuera una sonaja, a la hermanita, de que lo viera la mamá y pensara: "Ya puedo descansar, porque mi hijo me mantiene". Pero en viéndolo, en tomándolo, la mamá compraría un real de tequila. Y el muchacho tenía un proyecto atrevido: gastar un real, que iba a ser de tequila, en un billete. Y, sobre todo, recordaba el granuja que debían unos tlacos en la panadería, otros en la tienda... y no era imposible que la mamá los pagara si él le diera el peso. ¡Reales menos!

¡No! Era más urgente comprar manta para que la hermanita se hiciera una camisa. ¡La pobrecilla se quejaba tantísimo del frío...! Decididamente, a la mamá cuatro reales, un tostón... y los otros cuatro reales para él, es decir, para el *tamal*, para el billete, para la manta... ¡y quién sabe para cuántas cosas más! ¡Puede ser que alcanzara hasta para ir al circo!

¿Y si ganaba $300 en la lotería con ese real? ¡Trescientos pesos! ¡No se han de acabar nunca! Ésos tendría el señor que le dio el peso.

Vino la luz, es decir, ya estaba para llegar, cuando el muchacho se puso en pie. Barrían la calle... Pasaron unas burras con los botes de hojalata, en que de las haciendas próximas viene la leche. Luego pasaron vacas... En Santa Teresa llamaban a misa... "¡Jaletinas!", gritó una voz áspera.

El rapazuelo no quiso todavía entrar a su casa. Necesitaba cambiar el peso. Llegaría tarde, a las seis, a las siete; pero con un tostón para la madre, con manta, con un bizcocho para la *francesita* y con un tamal en el estómago. Iba a esperar a que abrieran cierto tendajo, en el que vendían todo lo más hermoso, todo lo más útil, todo lo más apetecible para él: velas, indianas, santos de barro, madejas de seda, cohetes, soldaditos de plomo, caramelos, pan, estampas, títeres... Cuanto se necesitaba para vivir. Y precisamente en la puerta se sentaba una mujer detrás de la olla de tamales.

Fue paso a paso, porque todavía era muy temprano. Ya había aclarado. Pasó por San Juan de Letrán. De la pensión de caballos salía una hermosa yegua con albardón de cuero amarillo y llevada de la brida por el mozo de su dueño, alemán probablemente. Frente a la imprenta del *Monitor* y casi echados en las baldosas de la acera, hombres y chicuelos doblaban los periódicos todavía húmedos. Muchos de esos chicos eran amigos de él, y el primer impulso que sintió fue el de ir a hablarles, enseñarles el peso... Pero ¿y si se lo quitaban? El cojo, sobre todo, el cojo era algo malo.

De modo que el pillín siguió de largo.

Ya el tendajo estaba abierto. Y lo primero, por de contado, fue el tamal... y no fue uno, fueron dos: ¡al fin estaba rico! Y tras los tamales, un bizcocho de harina y huevo, un rico bollo que sabía a gloria. Querían cobrarle adelantado; pero él enseñó el peso con majestuosa dignidad.

—Ahora que compre manta, cambiaré.

Y pidió dos varas de manta; compró un granadero de barro que valía cuartilla y al que tuvo la desdicha de perder en su más temprana edad, porque al cogerlo, con la mano convulsa de emoción, se le cayó al suelo; le envolvieron la manta en un papel de estraza, y él, con orgullo, con el ademán de un soberano, arrojó por el aire el limpio peso, que al caer en el zinc del mostrador, dio un grito de franqueza, uno de esos gritos que se escapan en los melodramas al traidor, al asesino, al verdadero delincuente. El español había oído, y atrapó al chiquitín por el pescuezo.

—¡Ladroncillo! ¡Ladrón! ¡Vas a pagármelas!

¿Qué pasó? El muñeco roto, hecho pedazos, en el suelo... la india que gritaba... el gachupín estrujando al pobre chico... la madre, la hermanita, la *francesita* allá muy lejos... más lejos todavía las ilusiones... ¡y el gendarme muy cerca!

Una comisaría... un herido... un borracho... gentes que

le vieron mala cara... hombres que le acusaron de haber robado pañuelos; ¡a él, que se secaba las lágrimas con la camisa! Y luego la Correccional... el jorobadito que le enseñó a hacer malas cosas... y afuera la madre, que murió en el hospital, de diarrea alcohólica... y la hermanita, la *francesa,* a quien porque no vendía mucho billetes, la compraron, y a poco, la pobrecilla se murió.

¡Señor! Tú que trocaste el agua en vino; tú que hiciste santo al ladrón Dimas: ¿por qué no te dignaste convertir en bueno el peso falso de ese niño? ¿Por qué en manos del jugador fue peso bueno, y en manos del desvalido fue un delito? Tú no eres como la esperanza, como el amor, como la vida, peso falso. Tú eres bueno. Te llamas caridad. Tú que cegaste a Saulo en el camino de Damasco,[5] ¿por qué no cegaste al español de aquella tienda?

---

[5] Véanse *Los hechos de los apóstoles,* capítulo 9, versículos 8 y 9.

RIP-RIP EL APARECIDO[1]

Este cuento yo no lo vi; pero creo que lo soñé.

¡Qué cosas ven los ojos cuando están cerrados! Parece imposible que tengamos tanta gente y tantas cosas dentro... porque, cuando los párpados caen, la mirada, como una señora que cierra su balcón, entra a ver lo que hay en su casa. Pues bien, esta casa mía, esta casa de la señora mirada que yo tengo, o que me tiene, es un palacio, es una quinta, es una ciudad, es un mundo, es el universo..., pero un universo en el que siempre están presentes el presente, el pasado y el futuro. A juzgar por lo que miro cuando duermo, pienso para mí, y hasta para Uds., mis lectores: "¡Jesús! ¡qué de cosas han de ver los ciegos!" Ésos que siempre están dormidos ¿qué verán? El amor es ciego, según cuentan. Y el amor es el único que ve a Dios.

¿De quién es la leyenda de *Rip-Rip*? Entiendo que la recogió Washington Irving, para darle forma literaria en alguno de sus libros. Sé que hay una ópera cómica con el propio título y con el mismo argumento. Pero no he leído el cuento del novelador e historiador norteamericano, ni he oído la ópera... pero he visto a Rip-Rip.

Si no fuera pecaminosa la suposición, diría yo que Rip-Rip ha de haber sido hijo del monje Alfeo. Este monje era alemán, cachazudo, flemático y hasta presumo que algo sordo; pasó cien años, sin sentirlos, oyendo el canto de un pájaro. Rip-Rip fue más yankee, menos aficionado a músicas y más bebedor de whiskey: durmió durante muchos años.

Rip-Rip, el que yo vi, se durmió, no sé por qué, en alguna caverna a la que entró... quién sabe para qué.

---

[1] Este cuento ha sido publicado muchas veces en la prensa de México y en forma de libro. Apareció por primera vez en *El Universal* del 11 de mayo de 1890, bajo el título de *Cuentos vistos (Rip-Rip)* y la firma de "M. Gutiérrez Nájera". Luego se publicó en *El Partido Liberal* del 2 de julio de 1893: *Vamos a cuentos (Rip-Rip)* y "El Duque Job"; en *El Siglo Diecinueve* del 7 de septiembre de 1893: *Un cuento diario (Vamos a cuentos)* y "El Duque Job", y, por último, en la *Revista Azul* del 30 de septiembre de 1894: *Cuentos color de humo (Rip-Rip el aparecido)* y "M. Gutiérrez Nájera".

Excepción hecha del cambio de alguna palabra o detalle de puntuación apenas existen diferencias entre las distintas versiones. Imprimimos, como de costumbre, la última versión que apareció en vida del autor: la de la *Revista Azul*, 1894.

Pero no durmió tanto como el Rip-Rip de la leyenda. Creo que durmió diez años... tal vez cinco... acaso uno... en fin, su sueño fue bastante corto: durmió mal. Pero el caso es que envejeció dormido, porque eso pasa a los que sueñan mucho. Y como Rip-Rip no tenía reloj, y como aunque lo hubiese tenido no le habría dado cuerda cada veinticuatro horas; como no se habían inventado aún los calendarios, y como en los bosques no hay espejos, Rip-Rip no pudo darse cuenta de las horas, los días o los meses que habían pasado mientras él dormía, ni enterarse de que era ya un anciano. Sucede casi siempre: mucho tiempo antes de que uno sepa que es viejo, los demás lo saben y lo dicen.

Rip-Rip, todavía algo soñoliento y sintiendo vergüenza por haber pasado toda una noche fuera de su casa —él que era esposo creyente y practicante— se dijo, no sin sobresalto: "¡Vamos al hogar!"

¡Y allá va Rip-Rip con su barba muy cana (que él creía muy rubia) cruzando a duras penas aquellas veredas casi inaccesibles! Las piernas flaquearon, pero él decía: "¡Es efecto del sueño!" ¡Y no, era efecto de la vejez, que no es suma de años, sino suma de sueños!

Caminando, caminando, pensaba Rip-Rip: "¡Pobre mujercita mía! ¡Qué alarmada estará! Yo no me explico lo que ha pasado. Debo de estar enfermo... muy enfermo. Salí al amanecer... está ahora amaneciendo... de modo que el día y la noche los pasé fuera de la casa. Pero ¿qué hice? Yo no voy a la taberna; yo no bebo... Sin duda me sorprendió la enfermedad en el monte y caí sin sentido en esa gruta... Ella me habrá buscado por todas partes... ¿Cómo no, si me quiere tanto y es tan buena? No ha de haber dormido... Estará llorando... ¡Y venir sola, en la noche, por estos vericuetos! Aunque sola... no, no ha de haber venido sola. En el pueblo me quieren bien, tengo muchos amigos... principalmente Juan el del molino. De seguro que, viendo la aflicción de ella, todos la habrán ayudado a buscarme... Juan principalmente. Pero ¿y la chiquita? ¿y mi hija? ¿La traerán? ¿A tales horas? ¿Con este frío? Bien puede ser, porque ella me quiere tanto, y quiere tanto a su hija, y quiere tanto a los dos, que no dejaría por nadie sola a ella, ni dejaría por nadie de buscarme. ¡Qué imprudencia! ¿Le hará daño?... En fin, lo primero es que ella... pero ¿cuál es ella?..."

Y Rip-Rip andaba y andaba... y no podía correr.

Llegó, por fin, al pueblo, que era casi el mismo... pero que no era el mismo. La torre de la parroquia le pareció como más blanca; la casa del Alcalde, como más alta; la tienda principal, como con otra puerta; y las gentes que veía, como con otras caras. ¿Estaría aún medio dormido? ¿Seguiría enfermo?

Al primer amigo a quien halló fue al señor Cura. Era él: con su paraguas verde; con su sombrero alto, que era lo más alto de todo el vecindario; con su breviario, siempre cerrado; con su levitón, que siempre era sotana.

—Señor Cura, buenos días.
—Perdona, hijo.
—No tuve yo la culpa, señor Cura... no me he embriagado... no he hecho nada malo... La pobrecita de mi mujer...
—Te dije ya que perdonaras. Y anda: ve a otra parte, porque aquí sobran limosneros.

¿Limosneros? ¿Por qué le hablaba así el Cura? Jamás había pedido limosna. No daba para el culto, porque no tenía dinero. No asistía a los sermones de cuaresma, porque trabajaba en todo tiempo, de la noche a la mañana. Pero iba a la misa de siete todos los días de fiesta, y confesaba y comulgaba cada año. No había razón para que el cura lo tratase con desprecio. ¡No la había!

Y lo dejó ir sin decirle nada, porque sentía tentaciones de pegarle... y era el Cura.

Con paso aligerado por la ira siguió Rip-Rip su camino. Afortunadamente la casa estaba muy cerca... Ya veía la luz de sus ventanas... Y como la puerta estaba más lejos que las ventanas, acercóse a la primera de éstas para llamar, para decirle a Luz: "¡Aquí estoy! ¡Ya no te apures!"

No hubo necesidad de que llamara. La ventana estaba abierta: Luz cosía tranquilamente, y, en el momento en que Rip-Rip llegó, Juan —Juan el del molino— la besaba en los labios.

—¿Vuelves pronto, hijito?

Rip-Rip sintió que todo era rojo en torno suyo. ¡Miserable!... ¡Miserable!... Temblando como un ebrio o como un viejo, entró a la casa. Quería matar: pero estaba tan débil, que al llegar a la sala en que hablaban ellos, cayó al suelo. No podía levantarse; no podía hablar; pero sí podía tener los ojos abiertos, muy abiertos, para ver cómo palidecían de espanto la esposa adúltera y el amigo traidor.

Y los dos palidecieron. ¡Un grito de ella —el mismo grito que el pobre Rip había oído cuando un ladrón entró a la casa!— y luego los brazos de Juan que lo enlazaban, pero no para ahogarlo, sino piadosos, caritativos, para alzarlo del suelo.

Rip-Rip hubiera dado su vida, su alma también, por poder decir una palabra, una blasfemia.

—No está borracho, Luz; es un enfermo.

Y Luz, aunque con miedo todavía, se aproximó al desconocido vagabundo.

—¡Pobre viejo! ¿Qué tendrá? Tal vez venía a pedir limosna y se cayó desfallecido de hambre.

—Pero si algo le damos, podría hacerle daño. Lo llevaré primero a mi cama.

—No, a tu cama no, que está muy sucio el infeliz. Llamaré al mozo, y entre tú y él lo llevarán a la botica.

La niña entró en esos momentos.

—¡Mamá, mamá!

—No te asustes, mi vida, si es un hombre.

—¡Qué feo, mamá! ¡Qué miedo! ¡Es como el *coco!*

Y Rip oía.

Veía también; pero no estaba seguro de que veía. Esa salita era la misma... la de él. En ese sillón de cuero y otate se sentaba por las noches cuando volvía cansado, después de haber vendido el trigo de su tierrita en el molino de que Juan era administrador. Esas cortinas de la ventana eran su lujo. Las compró a costa de muchos ahorros y de muchos sacrificios. Aquél era Juan; aquélla, Luz... pero no eran los mismos... ¡Y la chiquita no era la chiquita!

¿Se había muerto? ¿Estaría loco? ¡Pero él sentía que estaba vivo! Escuchaba... veía... como se oye y se ve en las pesadillas.

Lo llevaron a la botica en hombros, y allí lo dejaron, porque la niña se asustaba de él. Luz fue con Juan... y a nadie le extrañó que fuera del brazo y que ella abandonara, casi moribundo, a su marido. No podía moverse, no podía gritar, decir: "¡Soy Rip!"

Por fin, lo dijo, después de muchas horas, tal vez de muchos años, o quizá de muchos siglos. Pero no lo conocieron: no lo quisieron conocer.

—¡Desgraciado! ¡Es un loco! —dijo el boticario.

—Hay que llevárselo al señor Alcalde, porque puede ser furioso —dijo otro.

—Sí, es verdad; lo amarraremos si resiste.

Y ya iban a liarlo; pero el dolor y la cólera habían devuelto a Rip sus fuerzas. Como rabioso can acometió a sus verdugos, consiguió desasirse de sus brazos, y echó a correr. Iba a su casa... ¡iba a matar! Pero la gente lo seguía, lo acorralaba. Era aquello una cacería y era él la fiera.

El instinto de la propia conservación se sobrepuso a todo. Lo primero era salir del pueblo, ganar el monte, esconderse y volver más tarde, con la noche, a vengarse, a hacer justicia.

Logró, por fin, burlar a sus perseguidores. ¡Allá va Rip como lobo hambriento! ¡Allá va por lo más intrincado de la selva! Tenía sed... la sed que han de sentir los incendios. Y se fue derecho al manantial... a beber, a hundirse en el agua y golpearla con los brazos... acaso, acaso a ahogarse. Acercóse al arroyo, y allí, a la superficie, salió la muerte a recibirlo. ¡Sí; porque era la muerte, en figura de hombre, la imagen de aquel decrépito que se asomaba en el cristal de la onda! Sin duda, venía por él ese lívido espectro. No era de carne y hueso, ciertamente; no era un hombre, porque se movía a la vez que Rip, y esos movimientos no agitaban el agua. No era un cadáver, porque sus manos y sus brazos se torcían y retorcían. ¡Y no era Rip, no era él! Era como uno de sus abuelos, que se le aparecía para llevarlo con el padre muerto. "Pero ¿y mi sombra?" pensaba Rip. "¿Por qué no se retrata mi cuerpo en ese espejo? ¿Por qué veo y grito, y el eco de esa montaña no repite mi voz, sino otra voz desconocida?"

¡Y allá fue Rip a buscarse en el seno de las ondas! ¡Y el viejo, seguramente, se lo llevó con el padre muerto, porque Rip no ha vuelto!

¿Verdad que éste es un sueño extravagante?

Yo veía a Rip muy pobre, lo veía rico; lo miraba joven, lo miraba viejo; a ratos en una choza de leñador, a veces en una casa cuyas ventanas lucían cortinas blancas; ya sentado en aquel sillón de otate y cuero, ya en un sofá de ébano y raso... no era un hombre, eran muchos hombres... tal vez todos los hombres. No me explico cómo Rip no pudo hablar; ni cómo su mujer y su amigo no lo conocieron, a pesar de que estaba tan viejo; ni por qué antes se escapó de los que se proponían atarlo como a loco; ni sé cuántos años estuvo dormido o aletargado en esa gruta.

¿Cuánto tiempo durmió? ¿Cuánto tiempo se necesita para que los seres que amamos y que nos aman nos olviden? ¿Olvidar es delito? ¿Los que olvidan son malos? Ya veis qué buenos fueron Luz y Juan cuando socorrieron al pobre Rip que se moría. La niña se asustó; pero no podemos culparla: no se acordaba de su padre. Todos eran inocentes, todos eran buenos... y sin embargo, todo esto da mucha tristeza.

Hizo muy bien Jesús el Nazareno en no resucitar más que a un solo hombre, y eso a un hombre que no tenía mujer, que no tenía hijas y que acababa de morir. Es bueno echar mucha tierra sobre los cadáveres.

AQUÉL ERA OTRO LÓPEZ[1]

Que López tenía buen corazón, era notorio: respecto a la inteligencia de López, sí había encontrados pareceres. Para algunas personas, López vivía en olor de listo y entendido; para otros, merecía la fama que carga y soporta sólo el infeliz bobo de Coria,[2] de que todos hablan sin conocimiento de causa e ignorando que ese bobo fue inmortalizado por Velázquez; mas, en lo que echábase de ver, sin duda alguna, plena conformidad de juicios o dictámenes, era en lo tocante a la parvedad de la instrucción recibida por López. En efecto, López no sabía nada, y por eso, tal vez, creíanle tonto. Para colmo de penas, era aturdido, apajarado; abría mucho los ojos para no ver nada, y abría mucho la boca para oír, como si la boca fuera oreja; siempre andaba pisando los algodones de las nubes, y siempre distraído, divagando; algunas noches se pasaba largas horas viendo el cielo y contando, una a una, las estrellas; algunos días se iba a campo traviesa por vericuetos y collados y no regresaba al pueblo hasta que obscurecía; se le olvidaba comer, se le olvidaba trabajar, se le olvidaba todo; y en contemplar las patas de un insecto, las hojas de una planta o el correr de las aguas, perdía el tiempo, sin darse cuenta de la pérdida. Cuando se le preguntaba algo, respondía a la pregunta que otro le había hecho el día anterior; reíase de improviso, inopinadamente, en el trance más serio, del chiste o gracejada que había oído la víspera; era como un eco de sonidos lejanos; como un pasajero que aguardaba en la estación el paso de su tren y cada vez que éste pasa no lo ve pasar y continúa aguardando indefinidamente.

Así son los tontos; pero dicen algunos que de igual suerte son los sabios. Y López hacía de cuando en cuando observaciones profundas, como sacadas, a fuerza de fuerzas, de las honduras más recónditas de su entendimiento; tardaba mucho en aprender cualquier cosa, pero lo que aprendía ya no se le olvidaba; sus parcos conocimientos eran como corteza de tronco, y él, perezoso y lento en el crecer, como los árboles. Por oír tocar la flauta se

---

[1] Damos aquí la única versión conocida de este cuento, publicada en *El Universal* del 1º de junio de 1890, con firma de "M. Gutiérrez Nájera". No sabemos que se haya incluido en recopilación alguna.

[2] Obra muy conocida del pintor español Diego Rodríguez de Silva y Velázquez (1599-1660).

salía de misa; despeñábase por correr tras un hermoso pájaro, y no con intenciones de cazarlo, sino por verlo nada más; si había baile, pasaba horas y horas, alelado, mirando las parejas bulliciosas, desde lejos, como abstraído, como triste, pero en el fondo muy contento, muy alegre. En fin, unos decían que era tonto, otros, que no; y todos aseguraban que no sabía nada.

Tan no sabía nada, que una mañana se casó. Vivía él de una pequeña renta heredada de sus padres, los cuales, por asegurar la subsistencia del muchacho, a quien veían tan propenso a ser engañado por los pícaros y tan poco apto para regentear hacienda alguna, no le quisieron legar su escasa fortuna, sino el usufructo de ella. Cierto tío muy honrado, y hasta vicepresidente de la conferencia de San Vicente de Paúl,[3] quedó en el encargo de atender los negocios y suministrar a López los réditos mensuales.

López, que amaba todo y que sentía el vacío inmenso que los huérfanos sienten, pensó que amaba, más que a todo, a una muchacha de muy lindos ojos, de boca fresca, de cintura airosa... y se casó con ella. Era la novia hija legítima del presidente municipal y ahijada de bautismo, (como después lo fue de matrimonio) de un hacendado rico, ya muy viejo y solterón, sin herederos conocidos. No fue disparatado el matrimonio: sin embargo, los sabihondos del pueblo se decían: "¡Hombre...! ¡Este López va a pasarla mal...! ¡Es un bendito...!"

No la pasó tan mal, a pesar del pronóstico funesto, mi buen López. Como no exigía nada, como se contentaba con muy poco, como lo que él, en puridad, necesitaba, era una madre joven, nueva, que lo cuidara, que lo guiase, que lo abrigara con su cariño, muy fácil le fue a Rosa tener contento a su marido. "Que vengas muy temprano" y temprano iba. "Que hoy comeremos a las diez". Pues, a las diez. "Que te pongas la capa". Y él se la ponía. "Que mañana no sales". Pues, corriente.

Hay caracteres así, que gozan obedeciendo, igual que otros mandando; y López era de los que obedecen. Le gustaba que lo llevaran de la mano por el camino de la vida. Las personas así, cuando quieren mucho a una mujer, ya sea la esposa o ya la hija, no le dicen: "¡mi amor!" ni "¡mi tesoro!" ni "¡mi hijita!" sino: "¡mamá!"

Rosa, en honor de la verdad, se desvivía —ya saben Uds. lo

---

[3] Sacerdote francés, fundador de la congregación de los *Hermanos de la caridad* (1576-1640).

que llaman las señoras desvivirse— por dar gusto a su marido. A todos les decía que era muy bueno, y aunque este dicho es malo comúnmente, en los labios de Rosa no lo era, porque le salía del corazón, y franco, honrado.

Parte por amor a López y parte por egoísmo o por esa eterna ambición femenil que no es pecaminosa ni tampoco santa, pero sí muy hábil para disfrazarse de virtud, quiso Rosa venir a México con su marido. El cálculo era bueno: en México vivía el padrino de bautismo, el padrino de matrimonio, el padrino —por poder— del primer hijo que habían tenido ellos; el padrino rico, el padrino viejo, el padrino sin herederos; López, según la opinión vulgar, no sabía nada, pero se había dedicado con empeño a tocar el violín y, según dijo el barítono de zarzuela que estuvo en el pueblo aquel, de paso para Sinaloa, tenía notables aptitudes para el arte. Por consiguiente, lo que aconsejaba la prudencia era salir de aquel desierto y buscar la manera de educar esas raras aptitudes. Porque, como dicen las señoras: "¡Pues... quién quita...!"

Al cabo, ellos vivían de los réditos de López, y aunque en México la vida es cara, con reducirse un poco, sacrificando el bienestar presente al porvenir, podría nivelarse el presupuesto. Contaban, además, con el padrino: ¿cómo no había de conseguirle a López un empleo de escribiente en cualquiera oficina? Y con cincuenta pesos al mes y los famosos réditos, es decir, con ciento cincuenta duros fijos, vivirían como próceres. Ante todo, era indispensable que López no desperdiciara sus aptitudes excepcionales para el arte.

Yo tengo para mí que, sin saberlo ella, lo que en su voluntad predominaba era el deseo de venir a México, disfrazado, aun a sus mismos ojos, con el *dominó* del cariño conyugal.

A López no le hacía mayor gracia el dicho viaje... porque López era así, como raíz, como hongo, como tubérculo que se hunde en la tierra y se adhiere a ella. Por lo mismo se proponía Rosa despegarlo de la pared, quitarle el moho, o desenraizarlo a duras penas. "¡Anda, hombre, muévete!" Le halagaba, y muy mucho, encontrarse, de repente, con que tenía talento para algo, aun cuando sólo fuera para tocar el violín; pero también sentía en el alma dejar aquellos campos tan hermosos, aquella casa tan amplia, aquella vida tan metodizada. Le tenía miedo a todo. Y, siendo feliz, como lo era, ¿a qué ir en busca de la felicidad?

Tocaba el violín, es verdad, y con mucho talento (en juicio del barítono), pero lo tocaba para él, para su mujer, para su chiquito que también se entretenía ya (en juicio de sus padres) escuchando la música... ¿para qué pedir más?

Se creía muy dichoso cuando aquella critura, que estaba a punto de cumplir un año, le agarraba el bigote y le metía los dedos en las orejas y en los ojos y en la boca. Era su gusto levantarse descalzo a media noche para ver si dormía tranquilamente y pasar los domingos adivinando lo que quería decir, por más que ella no quisiera decir nada. Y no aspiraba a nada más, ¡a nada!

Pero Rosa lo quiso y había que someterse a su deseo. ¡Vamos a México!

Y vinieron los tres; digo, los cuatro, porque vino con ellos una criada.

López se hallaba en esta capital muy fuera de su centro: no tenía amigos, no tenía más que apuros para vivir penosamente, y si es verdad que iba al Conservatorio por las noches, a recibir lecciones de violín, también lo es que no encontraba mayor gusto en ello, porque el placer consistía, o habría consistido, para él, en tocarlo no por estudio, no por oficio, sino cuando quería y como quería.

Todos dijeron que tenía mucha inspiración; lo presentaron con muchos filarmónicos que tomaban copas en las *sacristías* de las tiendas; pero no llegaba el nombramiento de escribiente, prometido, aunque con reservas y aplazamiento, por el rico padrino, ni el maldito violín producía nada.

¡Qué año aquel! Se murió el padre de Rosa... el presidente municipal. Se enfermó de *croup* el niño. Y, por último... ¡el desastre! ¡Aquel tío tan honrado, aquel vicepresidente de la Conferencia dio el gran traquido... ¡Y el pobre López se quedó sin réditos!

No era López tan bobalicón como decían, puesto que, a pesar de todo, siguió viviendo... sabe Dios por qué artes, pero no por arte del violín. Él copiaba manuscritos; él vendía baratijas; él andaba la ceca y la meca por buscar un peso; pero vivía. Ya por de contado, no iba al Conservatorio. Adonde iba era a esas accesorias en cuya puerta se lee un rótulo que dice *Música para bailes*. El futuro y frustrado Paganini[4] era feliz cuando ganaba cuatro reales tocando danzas y danzones y mazurkas, durante una noche entera, en la casa de algún pródigo oficial noveno o décimo de la Tesorería, aficionado a dar tertulias ca-

---

[4] Famoso violinista italiano (1782-1840).

seritas. Solía tocar también en las iglesias; y con mucho gusto, gracias a la eficaz influencia del padrino, entró de boletero, a tostón por noche, en el teatro Nacional.

¡Aquel padrino;... aquel en quien confiaban tanto, resultó

¡Padrino bolsa dura,
Ojalá que se muera
La criatura!

Y Rosa estaba muy desmejorada; y el muchacho muy flaco. ¡Le partía el alma a López ver a su hijo cuando lo bañaban! Ya a sus huesos les habían sacado punta, como a los lápices. Parecía un armazón de pollo el angelito. Y como no tenían más que una cama y dos colchones, Rosa dormía en la cama con el niño; y López, en el suelo. ¡Mejor...! Así podía llorar de pena y comerse la almohada sin que Rosa lo advirtiera! Ya no era casado; ¡ya casi no era padre ni era López! Y casi no era padre, porque tenía que levantarse, a primera hora, ya para tocar el violín en alguna iglesia de barrio, ya para repartir periódicos —porque hasta eso hacía— o ya para fingir que iba a buscar dinero, sin saber a dónde; porque llegaba a comer de prisa, y como era poca la comida, acababa muy pronto; porque se iba luego a seguir buscando el peso, y o pasaba las noches tocando danzas y mazurkas en un baile, o recibiendo boletos en la puerta del teatro; de manera que siempre volvía tarde a casa, cuando Rosa y el niño estaban ya dormidos... ¡No era casado, no era padre, no era López!

Cierto día se cerró el mundo para López. Ni misa solemne en ningún templo; ni bailecito en ninguna casa; ni función por la noche en ningún teatro; ni peso, ni tostón, ni peseta en el bolsillo. Y precisamente —¡bien hayas mal si vienes solo!— el niño está enfermo; era preciso ver al médico, comprar las medicinas, etc. López no encontró más recurso fácil y decoroso que el de acudir al padrino de Rosa, al padrino de su matrimonio, al padrino del muchacho, al padrino rico. Se dirigió a la casa con muchos bríos... Bien miradas las cosas, no era un arco de iglesia lo que intentaba hacer. El padrino le prestaría diez pesos luego. Era un tanto cuanto egoísta; un tanto cuanto avaro; pero de excelente corazón; quería mucho a los ahijados y hasta reprochaba a López que no le contara terminantemente sus apuros, para ver de ayudarlo, aunque en pequeño. ¡Pero esa maldecida timidez de López le trababa la lengua siempre que se trataba de pedir dinero! Era él como un Hernani, por fuerza de la miseria. De modo que cuando iba con ánimo de pedir dinero prestado, se le olvidaba la lección que se había enseñado a sí mismo, se avergonzaba, y concluía diciendo que iba todo bien y que no necesitaba nada, absolutamente nada.

En aquel caso extremo, sin embargo, era preciso sacar fuerzas de flaqueza. Y López subió la escalera de la casa aprisa, aprisa, para que no se le acabara el valor en el camino.

Ya los criados sabían que era persona de confianza y lo dejaron subir al escritorio del señor de Ajuria. Pero López no entró a tal escritorio, porque oyó voces y prefirió quedarse afuera, en la pieza contigua. Todo hombre honrado cuando va a pedir dinero, aun cuando tenga todas las probabilidades de poder pagarlo, se siente como con algo de mendigo.

Probablemente aquellas voces no fueron las que acortaron los bríos del pobre López. Habría llamado a la puerta, como en otras muchas ocasiones... Pero, aunque aprisa había subido la escalera, más aprisa se había apagado su valor. Ya sentía el *no necesito nada* entre los labios y era urgente volver a embaular esa embustera frase. De modo que por instinto sintió la necesidad de rehacerse y de formar un nuevo plan de ataque, porque el que llevaba aprendido se le había olvidado. El ataque era ilusorio; la plaza estaba rendida de antemano; no sólo diez, sino veinte, treinta, hasta cincuenta pesos —máximum— habría prestado el padrino (no obstante su avaricia) para hacer bien y buena obra a los ahijados. Pero ¡así era López! Tenía miedo, no de que le negaran lo pedido, sino de pedir.

Así es que, valiéndose del pretexto de que Ajuria no estaba solo en el despacho, se sentó en una silla —no en un sillón— de la antesala, para pensar en su hijito enfermo, en la pobre Rosa, en el médico, en la botica... en una palabra, para tomar fuerzas.

Pasó así más de media hora. Ya nadie hablaba en el gabinete del Sr. Ajuria. Ya estaba obscureciendo y López no se atrevía aún a abrir la puerta. Pensó intensamente en una cara pálida... en un cuerpecito extenuado... en unos ojos grandes... y se sintió valeroso del tamaño de esos ojos... y entró, animoso, a hablar con el padrino.

...A la luz de la tarde moribunda, miró a un muerto... Ajuria, el viejo Ajuria, tenía un puñal clavado en la garganta...

Y como dicen que López era tonto, lo primero que a él se le ocurrió fue arrancar ese puñal... Porque le parecía que esa hoja de acero estaba matando a su padrino... ¡y ya lo había matado!

En ese instante entró el mozo con la luz... ¡El amo, ya difunto, en el sofá... López, con el puñal en la mano, chorreando sangre todavía... gritos, estruendo y tumulto en toda la casa... y que agarran a López... y que llega la policía... y que se lo llevan!

II

Pasó un siglo. Al cabo de él hubo de verse la causa de López ante el jurado... porque durante todo ese siglo López había permanecido en la prisión. No había remedio: ¡todos creían que era culpable! Las pruebas eran tremendas. ¿Quién había entrado a la casa? Él nada más. Estuvo cerca de una hora a solas con Ajuria. Todos sabían que estaba López pobre, casi hambriento... Y, sobre todo, que lo habían encontrado con el puñal en la mano y todavía chorreando sangre...! ¿Qué más prueba? Las declaraciones de los mozos —honrados a carta cabal, según todos los testigos—, fueron terminantes. Y luego, que al abrirse el testamento del difunto Ajuria se encontró que legaba diez mil pesos a López y a su esposa... ¡López, el ingrato y perverso López, era el criminal!

El mismo defensor no tenía fe en el asunto. Ese defensor había sido Agente del Ministerio Público durante muchos años, y conservaba la costumbre, el hábito de husmear y descubrir en todo un crimen. Aquel señor López que se obstinaba en negar todo y en decir que era inocente, inocentísimo, y muy bueno, le parecía por su desfachatez y por su aplomo, un monstruo. La conseja de que vaciló y sintió miedo antes de entrar porque iba a pedir dinero prestado, era inadmisible; lo mismo que la conseja de las voces oídas, puesto que, según el testimonio unánime de todos, Ajuria estaba solo. Lo del niño enfermo y la mujer acongojada eran ardides, supercherías del presunto reo para excitar la sensiblería de los jurados. Ante la prueba irrecusable de que habían sorprendido a López *in fraganti,* no cabía apelación.

Por manera que el defensor tomó en frío, desalentado, aquella causa. Le interesaba un poco la mujer, que iba a llorarle, con el niño en brazos, y que era joven todavía y bastante buena moza. Pero... ¡hum...! ¡hum...! ¡Aquella amistad... aquel padrinazgo... aquel palmito y aquellas carnes de Rosa! El ex-agente del Ministerio Público olfateaba un crimen muy dramático cometido por celos. Y así lo dijo a López, invitándolo a que declarase toda la verdad: que Ajuria mantenía relaciones ilícitas con la mujer o que había abusado de ella, antes del matrimonio... en fin, que hablara claro, porque entonces la causa sería muy defendible, hasta simpática, y se ganarían, cuando menos, todas las circunstancias atenuantes.

Pero el necio López se exasperó y púsose furioso cuando le hablaron de esas sospechas ignominiosas. Y tales palabras dijo al defensor, que éste hubo por fuerza de encolerizarse. ¿Conque no había celos? Pues entonces, ¡robo a secas, asesinato con ventaja, con alevosía, con premeditación, con ingratitud y con todo! ¡Qué mala causa!

El acusador, en cambio, estaba contentísimo. Era un joven entusiasta a quien habían nombrado Agente del Ministerio Público por no recuerdo qué discurso del diez y seis de Septiembre o del cinco de Mayo. En su elocuente peroración habló de la ley de la herencia, del atavismo, del medio ambiente, de Lombroso,[5] de Maudsley;[6] resultó de sus indagaciones laboriosas que López no era hijo de López, sino de otro López; y allá salieron a danzar la madre, el padre, y toda la familia del presunto reo. No cabía duda de que éste era malo desde chico. La prueba es que la madre misma no quiso legarle el capital de que disponía, sino la renta, temerosa de que derrochara López el dinero en vicios y en infamias. ¡Qué familia! La madre se había entregado, según conjeturas del señor Agente, a un amante: el padre putativo, el pobre López, sabía probablemente su vergonzosa condición y la soportaba desvergonzadamente; el tío, el hermano de la señora, fue un ladrón que robó la herencia de López... ¡atavismo! ¡medio! ¡Spencer[7] y Lombroso!

Y luego, por si faltara algo todavía, ¡las malas costumbres de este López! Era público que le habían visto en las cantinas y en las *sacristías* de las tiendas con algunos filarmónicos. Era público que trasnochaba y que apenas vivía en su propia casa... ¡Un *détraqué!*[8] ¡Un artista frustrado! ¡Un neurótico!

Y a López le caían tamaños lagrimones por los carrillos al

[5] Cesare Lombroso (1836-1909) médico y criminólogo italiano. Según su teoría, todo criminal es un enfermo.

[6] Henry Maudsley (1835-1918), alienista inglés, autor de muchas obras sobre las enfermedades mentales.

[7] Herbert Spencer (1820-1903), fundador de la filosofía evolucionista en Inglaterra.

[8] (Francés) desvariado.

oír todo aquello... ¡Su mamá! ¡Su mamá! ¡Y su padre tan bueno, que se murió agarrándole la mano! ¡Qué embustero, qué malo, qué malvado era aquel señor que estaba hablando! No había heredado López el capital de sus padres; pero no porque fuese manirroto, sino porque era tonto, o porque así lo decían todos. Precisamente aquella fue una prueba de cariño que sus padres le dieron. El tío resultó pícaro; ¿cómo habían de presumirlo?

¿Que era borracho López, había dicho el Agente? ¿Que trasnochaba mucho? ¿Que no vivía, casi, en su casa? Y López se acordaba de sus angustias, de sus congojas, de las noches pasadas tocando el violín en algún baile y deseando saber tocar la flauta o el pistón, en lugar del violín, porque tocando la flauta o el pistón se puede llorar naturalmente, sin que a nadie extrañen esas lágrimas, debidas al esfuerzos de los pulmones, y porque así, soplando en la embocadura del instrumento, tal vez se desahogue el pecho del que está oprimido por la pena. Se acordaba de aquel banquillo del teatro, en el que recibía boletos y daba *vueltas* pensando siempre en Rosa y en su hijo, al que apenas había visto y que ya estaría dormido cuando él regresara... ¡en su hijo que él quería tanto y que tal vez iba dejando de quererlo a fuerza de no verlo!

¡Que trasnochaba...! ¡Ya lo creo que trasnochaba! ¡Que bebía...! ¡Allá, cuando le daban una copa los amigos para que no se postrara de debilidad! Pero, ¡gastar en beber, él, que se iba casi todas las madrugadas a su casa con el estómago vacío! Cuando se levantaban, Rosa le decía:

—¿Tomaste anoche tu café?

—Sí, hijita.

Pero, ¡qué había de haber tomado si necesitaba aquel medio para dárselo a la casera que le abría la puerta!

¿Que era "artista frustrado"...? ¡Sí, maldito violín, una y mil veces maldito!

—¿Por qué no estoy —se decía López— en mi pueblo, allí en donde todos saben que soy bueno e incapaz de matar una mosca, en donde todos dicen:

—¿López? ¡Es un alma de Dios! ¡Es un bendito!

Y al bendito, alma de Dios, lo condenó el tribunal del pueblo a veinte años de prisión.

III

Pasaron otros siglos. Por no importa qué incidente de otra causa criminal se vino en conocimiento de que López no había matado a su padrino Ajuria. El asesino era otro... un gran tunante, un pariente lejano del occiso... precisamente el que más empeño había puesto en que sentenciaran a López. Y el culpable estaba convicto y confeso; él mismo, viéndose perdido por la declaración irreprochable, clara, de su cómplice y querida, la costurera del Sr. Ajuria, confesó toda la verdad, para acabar de perder a ella y vengarse completamente de su felonía. Todo quedó evidentemente demostrado: Juan Guzmán era el asesino verdadero.

López, al saberlo, sintió que se le ensanchaban los pulmones, que el corazón le crecía. Aún vivía Rosa, sabe Dios con qué trabajos. Aún vivía el muchacho, aunque ya algo propenso a la embriaguez. Pero era tiempo aún... ¡La luz! ¡La libertad! ¡La honra! ¡La vida!

López se dirigió desde luego a la alcaidía para despedirse del alcaide. Ya se iba.

—¡No, señor López, si Ud. no ha sido puesto en libertad!
—Pero, ¿cómo...? Si yo no maté, si soy inocente, ¿cómo ha de exigir la justicia que un inocente esté en la cárcel? ¡Si allí está el otro... el asesino... el verdadero!
—Pues nada, señor López, que Ud. se queda con nosotros hasta que el juez baje el dedo...
—Pero, ¡qué dedo ni qué...!
—¡Nada! ¡Paciencia, mucha paciencia, señor López!

Y disputaron mucho los señores abogados, y se echaron muchos libros a la cabeza, y riñeron, y hubo en el Foro un escandaloso somatén... ¡y que no pudo resultar inocente el Sr. López! Es decir, era inocente para la verdad, para el sentido común: para el Derecho, para la Justicia, para el Código no lo era. Porque lo había declarado culpable un tribunal cuyos actos no puede invalidar otro tribunal del mismo orden. Porque la justicia (escribiremos esta palabra con *j* minúscula, ¿verdad?) no puede equivocarse. En fin, porque la ley... y porque el Código... y porque Laurent[9]... en fin, ¡que no! El que mató y el que no mató se quedaron en la cárcel.

---

[9] François Laurent (1810-1887), abogado belga.

¡Ay! Cuando López lo supo; rabia insaciable se apoderó de su alma. ¿Cómo...? ¿Hay un sitio obscuro y tenebroso que se llama el Derecho en el que la verdad no es verdad? ¿Cómo? ¿Hay un código asesino que asesina fría e impunemente al indefenso? ¿Por salvar esa abstracción que llamáis justicia escrita; por sostener en pie esa maquinaria artificiosa de vuestros códigos penales, sacrificáis vuestra conciencia de hombres honrados, y la honra y la vida de un inocente?

¡Y se clama contra la injusticia de ese dogma que castiga en el inocente el pecado de Adán! ¡Y se vocifera contra el absurdo de otro dogma que declara infalible a un hombre, asistido y visitado por el espíritu de Dios! ¡Y a mí no me castigan porque mi padre fue delincuente, sino porque un extraño, un desconocido, fue el culpable! ¡Y es infalible un tribunal vulgar y convicto de error! ¡Y la sociedad que ha hecho aquellas leyes y estas cárceles; la sociedad que se conmueve cuando un hambriento muerde la mano de un rico, o cuando el calumniador es castigado con seis meses de prisión; bulle, pasea, ríe, y me deja morir en la entenebrecida soledad del calabozo! ¡Oh Justicia, cuántos crímenes se cometen en tu nombre!

Vacquérie[10] dice en su último y colosal poema: "Hay algo más odioso que todos los asesinatos juntos: el asesinato de un solo hombre cometido por toda una nación".

Todo esto no lo expresaba, no lo pensaba acaso el desventurado López; pero yo lo digo. Él cayó en el más hondo abatimiento, en el insondable pozo de la vida.

Y pasaron más siglos. Ya Rosa se había prostituido y había muerto en el hospital. Ya el hijo estaba en la cárcel con el padre. La "bestia humana" se desencadenó feroz en el inocente prisionero. Ya aquella alma de Dios era un alma dada al diablo.

Y cumplió López su condena... y salió a la calle... y mató al primero que encontró parecido a cualquiera de sus jueces. Y entonces lo fusilaron...

Dicen que con mucha justicia.

---

[10] Auguste Vacquérie (1819-1895), literato y periodista francés.

EL VESTIDO BLANCO[1]

Mayo, ramillete de lilas húmedas que Primavera prende a su corpiño; Mayo, el de los tibios, indecisos sueños de la pubertad; Mayo, clarín de plata, que tocas la diana a los poetas perezosos; Mayo, el que rebosa tantas flores como las barcas de Myssira: tus ojos claros se cierran en éxtasis voluptuoso y se escapa de tus labios el prometedor "hasta mañana" cual mariposa azul de entre los pétalos de un lirio.

Hace poco salía de la capilla, tapizada toda de rosas blancas, y entreteníame en ver la vocinglera turba de las niñas que con albos trajes, velos cándidos y botones de azahar en el tocado, habían ido a ofrecer ramos fragantes a María. Mayo y María son dos nombres que se hermanan, que suavizan la palabra; dos sonrisas que se reconocen y se aman. No sé qué hilo de la Virgen une a los dos. Uno es como el eco del otro. Mayo es el pomo y María es la esencia.

Las niñas ricas subían joviales a sus coches; las niñeras vestían de gala; santo orgullo expresaban en sus ojos, aún llorosos, las mamás. Acababan de recibir la confirmación de la maternidad.

En uno de aquellos grupos distinguí a mi amigo Adrián; salí a su encuentro; besé a la chicuela, que todavía no sabe hablar sino con sus padres y con sus muñecas; sentí ese fresco olor de inocencia, de *edredón*, de brazos maternales, que esparcen las criaturas sanas, bellas y felices; y cuando la palomita de alas tímidas, cerradas, se fue con la mamá y el aya, ruborizada la niña y de veras, por la primera vez, Adrián y yo, incansables andariegos, nos alejamos de las calles henchidas de gente dominguera, para ir a la calzada que sombrean los árboles y que buscan los enamorados al caer la tarde y los amigos de la soledad al mediodía.

---

[1] Apareció por lo menos tres veces en los periódicos. Dos de estas versiones, la de *El Partido Liberal* del 28 de mayo de 1893 y la de *El Siglo Diecinueve* del 24 de agosto del mismo año, son punto menos que idénticas. La tercera, publicada en la *Revista Azul,* el 13 de mayo de 1894, se diferencia de las demás en algunos detalles de fraseología. En los tres casos el cuento lleva el título de *El vestido blanco* y la firma de "El Duque Job".

Ha sido incluido en *Obras,* 1898, y en otras colecciones. Como ellas, publicamos la versión de 1894.

Adrián es un místico; pero no es, en rigor, un creyente. Lámpara robada al santuario, su flámula oscila, rebelde al aire libre; mas el aceite que la alimenta es el mismo que la hacía brillar, a modo de pupila extática, cuando, ya dormida la oración, velaba ella en el templo. Todavía busca esa llama la mirada de las monjas que rezaban maitines en el coro bajo; todavía siente con deleite el frío del alba, entrando por las ovijas; todavía la espanta el cuerpo negro de la lechuza, ansiosa de sorberla.

Como esa hay muchas almas, en las que han quedado las creencias trasfiguradas en espectros, que perturban el sueño con quejidos, sólo perceptibles para ellas, o en espíritus luminosos pero mudos; almas tristes, como isla en medio del océano, que miran con envidia a la ola sumisa y a la ola resueltamente rebelde; almas cuyos ideales semejan estalactitas de una gruta obscura, bajo cuyas bóvedas muge el viento nocturno; almas que se ven vivir, cual si tuvieran siempre delante algún espejo, y a ocasiones, medrosas, apocadas, o por alto sentido estético y moral, cierran los ojos para no mirarse; almas en cuyo hueco más hondo atisba siempre vigilante y duro juez; almas que no sintiéndose dueñas de sí mismas, sino esclavas de potencias superiores e ignotas, claman en la sombra: ¿"En dónde está, cuál es mi amo?"

Adrián, sujeto a todas las influencias, buenas y malas; pétalo en el remolino humano; susceptible de entusiasmos y desfallecimientos, tenía aquella mañana el espíritu en una nube de incienso. Había vuelto a la edad en que nadie le llamaba "papá" y él decía: "¡Padre!" Pero como en él proyecta la alegría inseparable sombra de tristeza; como le acompaña siempre "el pobre niño vestido de negro que se le asemeja como un hermano", hablóme así de su reciente júbilo:

—Tú no sabes cuánta melancolía produce un vestido blanco, cuando ya se ha vivido mucho para sí o para los otros. Esta mañana, al ver junto a la camita de mi niña el traje inmaculado que iba a vestir para ofrecerle, por primera vez, hermosas flores a la Virgen; al tocar ese velo sutilísimo que parece deshacerse como la niebla, si queremos asirla; sentí la vanidad del padre cuya hija comienza a dar los primeros pasos, a balbucear las primeras oraciones, y que, ataviada con primor, feliz porque de nada carece y todo ignora, camina al templo, ya conscientemente y como blanca molécula integrante de la comunión cristiana. La besé con más besos dentro de cada uno que otras veces. Sonreí,

reí al verla mirándose y admirándose en el espejo, como si preguntara: ¿"Ésa soy yo?" Me encantaba la torpeza natural con que soltó a andar en su recamarita, cuidando de que el roce no ajara su vestido y levantando éste con la mano para que no lo tocase ni la alfombra. Ya en el coche, la acomodamos en su asiento como a una princesa pequeñuela de cuento de hadas que va a casarse con el rey azul. Parecía una hostia viva, y es, en verdad, la hostia de mi alma.

En el templo, la ceremonia no es solemne, es tierna. Solemne, la imposición de órdenes sacerdotales; solemne, la toma de hábito; solemne, el oficio de difuntos; solemne, la pompa del culto católico en los grandes días de la Iglesia; tierna, vívida, pura, esta angélica procesión de almas intactas que lleva flores a la Virgen.

Los cirios se me figuraban cuerpecitos de niños que se fueron adelgazando, murieron y se salvaron; cuerpecitos cuya alma casta resplandece, en forma de llama, fija en las niñas blancas que van a poner las primeras hojas de su nido en el ara de María. La Madre de Dios parece como más madre rodeada por todas esas virginidades, ignorantes aún de que lo son; por todas esas inocencias que la invocan. Las niñas sienten como que han crecido.

A la mía se la llevaron con las más pequeñas. Se la llevaron sin que ella resistiera. Se la llevaron... ¿sabes tú lo que esa frase significa? Antes y desde hace poco, sólo en casa andaba sola... en casa, esto es, en mis dominios. Desde aquel momento ya se iba con otras, sin echarnos de menos a la mamá y a mí; ya no nos pertenecía tanto como la víspera; ya no eran nuestras manos su apoyo único; ya su voluntad, acurrucada antes, entreabría las alas. Del coro infantil se alzó el canto balbuciente, parecido a una letanía de amor, oída desde lejos. La vi a ella bajar con algún trabajo de la banca y dirigirse paso a paso, todavía vacilante, con su ramo de flores, a las gradas del altar. Alzándome sobre las puntas de los pies, procuraba no perderla de vista, con miedo de que cayera, temeroso de que llorara; y no cayó ni lloró, ni volvió la vista a vernos; la acariciaban, le sonreían, preguntábanle su nombre, y esas sonrisas oreaban mi espíritu, como hálitos de cariños desconocidos a los que nunca volveré a encontrar.

Se iba; pero se iba con la Virgen, con el ideal del amor, con el ideal del dolor vestido de esperanza. A ella, a María, sí se la dejaba sin temores, porque estaba cierto de que iba a devolvérmela, y si no a mí, a la madre, porque madre fue ella. Algo como agua lustral caía de mi ser. Sí, vuelca, hija, tu canastillo de botones blancos en las gradas del altar; dile a la Virgen que ponga, por vela, un ala de ángel en la barca de tu vida; pídele la pureza que es la santa ignorancia del placer doloroso... mas ¿qué vas a pedirle si sabes nada más pedir juguetes y la palabra *vida* no cristaliza todavía en tu entendimiento ni, preguntona, ha salido de tus labios?

Después, la vi volver. Los azahares temblaban en sus rizos rubios: parecía una novia. Llevaba de la mano a otra niña, más bajita de estatura: parecía una mamá.

Estas dos palabras: novia... mamá... dichas interiormente, despertaron en los ecos profundos de mi espíritu no sé qué rumores pavorosos. Hay otro vestido blanco, tal como éste de ofrecer flores, acaso más lujoso, más rico en nubes de encaje; traje de resonante y larga cauda. Hay otros azahares que no brincan de gusto en las móviles cabecitas de las niñas, sino que están quietos y rígidos en la cabellera de la desposada. Ese vestido aguardará en el canapé, cuando llegue una mañana triste del mañana.

Ahora, ese vestido blanco, esos azahares, yo se los di; son míos, porque ella es mía. Pero... el otro, los otros, serán de alguien a quien no conozco, de alguien que vendrá, con más poder que yo, a arrancármela, porque la humanidad se perpetúa por ineludible ley de ingratitud. Y entonces, esa barca no volverá a la orilla en donde estoy, tras una breve travesía en el lago quieto; se perderá en el alta mar de la vida, sin que puedan ampararla; sin que, a nado, me sea posible darle alcance. ¿Cómo, en qué tono, brotará entonces de esos labios la palabra *vida?* En esa mar surge la bruma; allí lo Desconocido humano dice en voz alta su recóndito secreto; allí sólo cuando el dolor exasperado grita, el padre oye... el pobre padre que desde lejos adivina y calla.

Cuando se siente esa angustia moral, vuélvese el espíritu a la Virgen, diciéndole: "Abre los ojos para que haya luz. Te lleva flores: como tú tienes tantas, guarda las que te ofrece para ella". Y yo no sé si porque la luz de los cirios inflama los ojos, se nos saltan algunas lágrimas que el calor o el orgullo varonil evaporan.

¿Verdad que el vestido blanco es sugestivo? Ser novia... ser mamá... pedir de veras a la Virgen... saber lo que es la vida... ¡Ya el traje blanco se vistió de luto!

Y hay otro traje blanco... ¡ah, no, jamás; no hay otro traje blanco!

Mi amigo, el místico, a lo Verlaine[2] y a lo Rod,[3] había dado el último sorbo del ópalo verde que da el sueño y la muerte.

---

[2] Paul Verlaine (1844-1896), poeta simbolista francés, que ejerció mucha influencia en los poetas modernistas hispanoamericanos.
[3] Édouard Rod (1887-1910), periodista y novelista suizo.

UN 14 DE JULIO[1]

(Histórico)

Voy a referiros una breve y triste historia, y voy a referirla porque hoy habrá muchos semblantes risueños en las calles, y es bueno que los alegres, los felices, se acuerden de que hay algunos, muchos desgraciados. Es un episodio del 14 de julio, pero no del 14 de julio de 1789,[2] sino del 14 de julio de 1890. Y la heroína es una paisana nuestra, una hermosa y desventurada mexicana. ¡Ah! De ella hablaron mucho los diarios de París hace dos años; más que de Mme. Iturbe y de sus trajes, más que de la Srita. Escandón y su boda. Arsenio Houssaye,[3] ese anciano coronado de rosas, le dedicó una página brillante, una aureola de oro, como esas que circundan las sienes de las mártires. La piedad la amó un momento, un momento nada más, porque la piedad tiene siempre muchísimo que hacer. Y ahora que miro esas banderas, esas flámulas, esos gallardetes, símbolos de noble regocijo, pienso en la pobre mexicana que pasó en París el 14 de julio de 1890.

Estaba casada con un francés que vino a nuestra tierra cuando la malhadada intervención.[4] Aquí tuvo seis hijos... ¡ya sabéis que la pobreza es muy fecunda! Vivían penosamente, y el marido, esperanzado en hallar protección más amplia en su país, regresó a Francia con su mujer y su media docena de criaturas. Él era pintor, decoraba, hacía cuadritos de flores y de frutas para comedores, iluminaba retratos, y tenía buena voluntad para

---

[1] Este cuento se publicó al menos dos veces en la prensa mexicana: en *El Partido Liberal* del 14 de julio de 1893, con la firma "El Duque Job", y en *El Mundo* del 12 de julio de 1896, con la de "M. Gutiérrez Nájera". Se recordará que el autor murió en febrero de 1895, de manera que la versión de *El Mundo* es póstuma.

Ha sido incluido asimismo en varias colecciones, entre ellas *Obras*, 1898, *Cuentos color de humo*, 1917 y las reimpresiones de ésta en 1942 y 1948.

Publicamos la versión de 1893, corrigiendo algunos errores y omisiones evidentes.

[2] Fecha de la toma de la Bastilla por el pueblo de París.

[3] Escritor francés (1815-1896).

[4] La intervención en México de Napoleón III en 1863. Maximiliano de Austria, que había sido proclamado emperador, fue vencido y fusilado por los liberales mexicanos en 1867.

admitir cualquier trabajo honesto. Pero he aquí lo que no hallaba. ¡Es tan grande París! ¡Hay en sus calles tanto ruido! ¡Es tan difícil percibir allí la voz de un hombre!

Altivo, orgulloso como era, jamás se habría resignado a pordiosear. La miseria, enamorada sempiterna del orgullo, vino a acompañarle.

Una noche, agotados ya todos sus recursos, dijo:

—Es preciso morir.

Le oyó el más pequeño de sus hijos, y preguntó entonces a la madre:

—Mamá, ¿qué cosa es morir?

—Morir, hijito, es irse al cielo.

—¿Y cómo será el cielo? ¿como el mar?

—No: el cielo es un jardín en donde hay muchas flores y muchas frutas y muchos juguetes para los niños.

—Sí; pero no serán para mí. También aquí hay todo eso y nada es mío.

—En el cielo cogen los niños que no son traviesos cuanto quieren.

—Mamá, ¡vamos al cielo!

La muchachita, que escuchaba atenta, terció entonces en la plática:

—Pero el viaje ha de ser largo, muy largo... ¡De aquí al cielo...!

—No, mucho más cómodo y más rápido que el de México a Francia. Se duerme uno, y cuando despierta está en el cielo.

—¿Y allá hay fiestas como la de mañana, con fuegos artificiales y con músicas?

—Todo el año.

—Pues iremos.

Y aquellas criaturas, para quienes la tierra era tan dura, se alborotaron con la idea de ir al cielo.

¡Morir! ¡Qué hermosa palabra! Sonaba en sus oídos como suena, cantando, en los de algunos hombres.

—Pero no nos iremos todavía —dijo otro de los niños—. Mañana es el 14 de julio. Quiero ver los fuegos.

Padre y madre cruzaron una mirada suplicante.

—¡Esperaremos!

Casi habían olvidado ya su hambre, con la esperanza de ir al cielo, y se durmieron soñando en rehiletes de estrellas y en jugueterías de porcelana blanca, atendidas por ángeles. Sólo la más chiquita, que no había entendido, dijo con voz desfalleciente:

—Mamá, papá.

Los dos esposos se miraban sin hablar. ¿Cómo esperar a mañana?

—Yo puedo todavía, vendiendo lo último, juntar un franco. ¡Pedro, quiere Juanito ver los fuegos!

Y aguardaron... Sería blasfemia escribir: esperaron. El padre tenía una tablita de flores pintadas que no había podido vender. Iba a regalársela a la buena señora del estanquillo. ¡Tal vez le diera algo!

Muy temprano, fue. Ya cantaba la fiesta su himno triunfal en plazas y bulevares.

A poco abríase de nuevo la puerta del tabuco, y el pintor entraba de regreso.

—¿Qué te dieron?

Aquél, vencido, sin desplegar los labios, dejó caer al suelo unas cuantas estampas.

—Eso... para que los niños se diviertan. ¿No recordáis la historia de Schiavone?[5] Aquel pintor veneciano también tenía mujer, seis hijos y hambre. También era soberbio. Y pintó no sé qué para los padres de la Santa Croce; fue a entregar su trabajo y los padres le dieron como recompensa un ramillete de rosas. También dejó caer las flores sobre la desnuda tarima, y la blanca Giacinta, su mujer, fue deshojándolas en los platos vacíos, y cuando ya no hubo más pétalos, dijo al esposo y a los hijos:

—Venid: ya está la cena.

Un instante después moría de hambre.

La mexicana sí había reunido ya algo más de un franco para pasar el día 14. Todos juntos salieron a la calle, para que los niños pasearan. ¡Qué alegría! ¡Qué esplendor!

Los muchachitos, débiles y enfermos, al pasar por frente a los aparadores decían:

—Mamá, ¿qué hay en el cielo? ¿pollo asado?

—¿Y jamón?

—¿Y pasteles?

La muchacha más grande, la de catorce años, veía con tristeza los escaparates de las tiendas de moda. ¡Era hermosa, y se iba sin que el mundo la hubiera conocido! Tal vez la pobrecita no creía en el cielo; pero en la muerte hospedadora sí. No engañaron sus oídos las músicas de viento; no engañaron sus ojos

---

[5] Sandrea Schiavone (1522-1582), pintor italiano.

los fuegos artificiales; no engañaron su imaginación las promesas del cielo. Sí, el cohete sube; también resplandeciente, quiere llegar a las estrellas... pero en el aire se apaga. Lo cierto es la armazón, es el esqueleto del "castillo" que un momento fulguró. Y lo cierto es la noche, densamente negra.

Ella fue la primera que dijo:

—¿Ya nos vamos?

Y los niños más chicos, en coro, repitieron:

—Sí, papacito, vámonos al cielo.

En el camino compraron un pan. Tenían más hambre, mucha hambre. En su tabuco devoraron aquel pan. El padre no; no pudo. La madre no; no quiso.

Pero en ese pan habíase empleado hasta el último céntimo. Y para dormir bien, para dormir como ellos querían, el carbón era indispensable.

—¡Ah, no hay cuidado! —dijo la mayor—. La portera me fía.

Y salió. Y lo trajo.

No hubo necesidad de que apagaran la vela. También ella se apagó. Ardía el carbón, y su fulgor dantesco semejaba un boquete del infierno asomando en la sombra. ¿Quién llora? ¿Quién solloza? ¿Quién sofoca blasfemias? ¿Quién se ahoga?

La asfixia se lleva primero al niñito de pecho; amordaza después a los más débiles; amarra a los padres para que presencien, impotentes, la agonía de sus hijos; y en medio de este horror y de esta espantosa lucha muda, rasga el silencio la voz de la hija mayor:

—¡Ya no! ¡Ya no quiero morir! ¡Padre, perdóname!

Al día siguiente un vecino rompió la puerta: dentro estaban los cadáveres. Los sacan al aire, hacen esfuerzos inauditos... ¡Todo inútil!

¿Verdad que ese cuadro debió de ser horrible? La vida inventó un castigo, inventó un suplicio que no había soñado el Dante. ¡La madre estaba viva!

¡Ah, éste sí que excede a todos los tormentos! Ugolino[6] devora a sus hijos; pero los lleva dentro de sí. Y Ugolino muere. A aquella madre no la quiso la muerte.

[6] Los enemigos de Ugolino della Gherardesca (1220-1289), tirano de Pisa, le encerraron con sus hijos en una torre, donde todos murieron de hambre. Este acontecimiento suministró a Dante uno de los episodios más terribles de la *Divina Comedia*. Ha sido tema, además, de dos obras de arte: un cuadro de Sir Joshua Reynolds, que está en Londres, y un grupo en bronce de Juan Bautista Carpeaux, en París.

¿En dónde está? ¿No se ha aplacado Dios? ¿No ha permitido que muera? ¡Santo cielo! cuando asisto a las fiestas de este día, cuando miro reír y juguetear en la *kermesse*[7] a tantos niños bien vestidos, pienso en las inocentes criaturas que, hambrientas y asfixiadas, perecieron ha dos años, y digo a las almas buenas:

—¡Una caridad, por amor de Dios!

...Señor, ¿en dónde está la pobre mexicana? Si vive aún, ¡dale la muerte de limosna!

---

[7] Feria holandesa.

RATAPLÁN[1]

En estos días de aparatosos desfiles, de revistas y de grandes paradas, sin quererlo yo hago memoria de un tambor inválido que fue mi amigo, mi vigilante cuidador, el único héroe de quien tuve noticia y a quien conocí y palpé en mi infancia. A la sazón era ordenanza de mi padre. Cargaba mis libros cuando me llevaba a la escuela; volvía por mí a las doce; y en las noches me contaba lances de sus campañas. Ningún orador, ningún conferencista, ningún libro me ha entretenido tanto como aquel tambor que ya no tocaba. Me parecía muy grande, muy valiente, y cuando, más por ver los grabados que por leer el texto, repasaba yo la *Historia popular de Napoleón,* buscaba entre aquellos soldados para mí tan vivos en la estampa, alguno que se asemejara al viejo amigo... ¡Ya lo creo que era viejo!

¿Quién tan generoso? Tal vez sólo Napoleón se le parecía. Los soldados que veía pasar desde el balcón en las festividades cívicas me parecían pequeños, chiquitines. ¿A que no saltaban una trinchera como él? ¿A que no pasaban tres noches en vela como mi tambor, de pie, sin moverse de su puesto, frente al enemigo?

Aquel héroe sólo tenía una debilidad: delante de un ratón temblaba. También yo.

Él no tenía tambor, pero tocaba el mío; aquel que me dieron un día de San Juan y que él guardaba para dármelo en las fiestas grandes. Muchas veces pasaba horas y horas redoblando en aquel tambor de juguete, y solía poner cara muy triste, como si pensara en sus padres, ya muertos.

¡Pobre tambor! ¡Ahora interpreto aquella expresión nostálgica de su fisonomía! Veía pasar en su imaginación las noches frías del campamento; escuchaba la voz de ¡alerta! a cada instante dada por el centinela y que iba alejándose de boca en boca hasta perderse en el silencio de lo remoto; y fija la vista en aquel cuadro de los días pasados, no tenía miradas para las realidades vivas, en los instantes que corrían, aguijoneando, como turba de chicuelos, el majestuoso paso de las horas.

Él no estaba, ni podía estarlo, bien hallado con la paz;

[1] Apareció en *El Universal* del 20 de septiembre de 1893, en la serie de artículos titulada *Plato del día,* de "Recamier". Hasta ahora inédito.

para él no eran soldados los que no se batían a cada momento; mas cuando un batallón o un regimiento pasaba, yendo de camino, mortal tristeza le invadía el semblante. ¡Ya no era de la partida, ya no era de aquéllos; la vejez teníale preso; su pierna era de palo y su tambor el de un muchacho! ¡La carne de cañón, desdeñada por el cañón y la metralla, servía para cocinar como mujer, para llevar y traer chiquillos a la escuela!

¡Y cómo le desazonaban las burletas de los mozos, los chistes con que se complacían en asaetearle las sirvientas! Le llamaban a veces mentiroso; reían de sus campañas, al mirarle enfermo, anciano y padre. Por eso buscaba refugio en mí, en el niño crédulo, en el único que aún abría desmesuradamente los ojos al oírle. Yo era su signo de admiración.

Una noche —ya estaba el infeliz en sus postrimerías y esto ocurrió precisamente en 15 de septiembre por la noche— se agravó su enfermedad y subí a verle. Tenía los ojos como dos cuentas de vidrio manoseadas, casi no hacía bulto en el jergón, y junto a éste, sirviendo como de mesa a la taza del medicamento, estaba mi tambor, aquel tambor que fue el consuelo de sus últimos años, el que redoblaba para despertar recuerdos.

Se iba él apagando. La llama de la vida lamía la arandela ósea de aquel cuerpo. Quiso hablarme, a punto que pasaban los soldados por la calle tocando la diana de las once. Entonces se incorporó, se le encandilaron las pupilas, cogió el tambor, tirando la taza puesta encima de él, y con sus dedos afilados, con sus canillas de esqueleto, redobló triste, muy tristemente y sus últimas fuerzas se perdieron en aquel último redoble.

Ya se alejaban las músicas; el ruido del tambor, como galope de un regimiento de notas compacto y uniformado; el toque de los clarines, como potente grito juvenil lanzado a campo raso el día de la victoria! ¡Ya se iban las músicas! ¡Ya se iba también la existencia de aquel hombre! Quedo... más quedo... lejos... todavía más lejos... ¡nada!

Desde entonces, cuando oigo el rataplán despertador de entusiasmos y energías, pienso en mi tambor de muchacho y en la agonía del pobre viejo.

EL MÚSICO DE LA MURGA[1]

Ci-gît *le bruit du vent*. Aquí yace el susurro del viento. ¿No os parece elocuente este epitafio, ideado por Antípater para la tumba de Orfeo? Lo que pasa alzando apenas un rumor muy leve y se extingue, cual si otro más recio soplo lo apagara; lo que sienten al estremecerse las eréctiles hojas, lo que riza las ondas, cuando tiemblan, cogidas de repentino calosfrío; el brillo efímero de la luciérnaga azulina; el beso rápido de Psiquis, eso es lo semejante a ciertos espíritus fugaces que sólo producen una vibración, un centelleo, un estremecimiento, un calosfrío y mueren como si se evaporaran.

¿Conocéis de Juventino Rosas algo más que unos cuantos valses elegantes y melancólicos, y bellos como la dama, ya herida de muerte, en cuyas manos, casi diáfanas, puso la poesía un ramo de camelias inmortales? Un schottisch... una polka... una danza... otro vals... ¡rumor del viento! Algunos tienen nombres tristes como presentimientos: *Sobre las olas*... ahí flota descolorido y coronado de ranúnculos el cadáver de Ofelia.[2] *Morir soñando*... ¡anhelo de los que han vivido padeciendo! Y observad que envuelve casi toda esa música bailable cierta neblina tenue de tristeza. Parece escrita para rondas de *willis*.[3] Al compás de la mazurka danzan las mozas en un claro del bosque; están alegres, y ríen y cantan; pero el músico está triste.

>   Ya se está el baile arreglando.
>   Y el gaitero ¿dónde está?
>   —Está a su madre enterrando
>   Pero en seguida vendrá.
>   —¿Y vendrá? —Pues ¿qué ha de hacer?
>   Cumpliendo con su deber
>   Vedle con su gaita; pero
>   ¡Cómo traerá el corazón
>   El gaitero,

[1] Este cuento, firmado "El Duque Job", apareció en la *Revista Azul* en 5 de agosto, 1894. Ha sido editado por lo menos dos veces, sin cambio de forma: en *Obras*, 1898 y en *Cuaresmas del Duque Job*. París (s.f) con introducción de Ventura García Calderón.

[2] Novia de Hamlet en la tragedia shakespeariana del mismo nombre. Murió ahogada.

[3] Según las leyendas populares alemanas, la *willis* es una novia que ha muerto antes de su boda. Invita a los mozos a bailar con ella para matarlos.

El gaitero de Gijón!
La niña más habladora
—¡Aprisa, le dice, aprisa!—
Y el gaitero sopla y llora
Poniendo cara de risa.

Algunas noches, en los grandes bailes, fatigado de la fiesta, huyendo de las conversaciones privadas y de los amigos impertinentes, me he puesto a pensar en esos pobres músicos que,

Como ganan sus manos
El pan para sus hermanos,
En gracia del panadero
Tocan con resignación
Como tocaba el gaitero,
El gaitero de Gijón.

Federico Gamboa en sus *Impresiones y recuerdos* nos pinta con colores muy vivos a aquel Teófilo Pomar que componía danzas y las tocaba, primero en algunos salones; luego, en los bailes de trueno. Ese Pomar tuvo también su momento efímero de dicha, "una luna de miel" dice Gamboa "encantadora por lo rápida y lo intensa. El cuarto de un hotel convertido en un rincón del cielo; en la ventana, pájaros y flores; en la mesa de trabajo, el papel rayado, la pluma lista; el piano abierto, en espera de las caricias de su dueño; sobre el velador, la comida traída a hurtadillas de la fonda más próxima, con un solo vaso, para aumentar los pretextos de besarse; y en las paredes, en los muebles, en todas partes, ella, la mujer amada que ríe de nuestras locuras y las comparte y nos arrulla y nos enloquece..." Luego "en la ventana, el pájaro muerto, las flores marchitas; en la mesa de trabajo, la pluma rota, las papeletas del Montepío; el piano ausente, dejando un hueco inmenso; en una silla, ella, la mujer amada, que llora nuestros dolores y los comparte y nos martiriza". Para vivir, continuaba Pomar tocando danzas. Entraba ceñudo al baile de trueno, "cual si bruscamente lo hubiesen despertado de algún dulce sueño, y se llegaba al piano con tan visibles muestras de mal humor que cualquiera habría temido una armonía ingrata, un arpegio discordante, y en su lugar brotaban tibias, delicadas, voluptuosas, las danzas, que estaban haciéndole célebre, sus danzas, pensadas y compuestas por él, las que le daban de comer y lo premiaban, a él solo, de tanta prosa, de tanta amargura. Y entonces se abstraía por completo, no respondía a nadie; noche hubo en que improvisara una danza, así, en medio de los gritos destemplados, con la excitación de la desvelada y del desencanto interno, cuando la aurora sonreía desde la azotea y las lámparas de petróleo se apagaban amarillentas y tétricas...

"En cuanto concluía, los concurrentes lo rodeaban disputándoselo, lo mareaban a amabilidades, a invitaciones; todos querían darle un cigarro, una copa, las buenas noches. Las mujeres se le colgaban de los brazos, lo arrastraban a los gabinetes donde la manzanilla o una cena fría aguardaba a los consumidores, y él agradecía, rehusaba a los más, complacía a los menos.

—Gracias, de veras gracias; lo que quiero es descansar un instante...

Y se quedaba solo, apoyado sobre los barandales del corredor desierto; a un paso de esa ficticia y ruidosa alegría de las orgías, habituado a éstas, a las riñas que traen, a las ilusiones que se llevan. Allí fumaba cigarrillo tras cigarrillo hasta que la gente se impacientaba, quería bailar...

—¡Pomar! ¡Que venga Pomar!..."

Otro músico a quien traté de cerca, el de levitón café y sombrero alto como de pizarra mojada, era celoso... y tenía razón. ¡Cuán largas eran para él esas noches de baile que tan breves son para los enamorados venturosos! Pensaba en su casa pobre, tan distante de aquel palacio; en su casa de barrio, con ventana baja y casera celestina; en la mujer guapa, joven todavía, cansada de miserias y sin hijos; en el galanteador fornido y mocetón que la vio, con ojos encandilados, una mañana en la parroquia; e imaginándose infamias y vergüenzas, sintiendo como que le corrían por todo el cuerpo incontables patitas de alfileres, le parecía oír una risa fresca, chorreante, cual si brotara de jugosa carne de sandía, y otra sardónica, burlona, que le quemaba el oído como latigazo. Tocaba entonces con frenesí, con furia, y el arco del violín, torciéndose y retorciéndose sobre las cuerdas, fingía un estoque rasgando en epiléptico y continuo mete y saca las entrañas de víctima invisible. No es, señora, huraño moralista el que os ve de reojo cuando pasáis bailando cerca de él y oye las frases de pasión que os dirige el galán; no es un beato ése que al veros querría cubrir con su mirada la desnudez de vuestros hombros: es un pobre músico ya viejo, casado con una mujer todavía joven!...

Mas, entre los violinistas de murga que he conocido, ninguno de ideas más sugestivas ni de existencia más infeliz que el de los ojos azules desteñidos; el que vistiendo siempre ropa ajena, flaco y largo, proyectaba en las alfombras la sombra de un paraguas cerrado y puesto a escurrir junto a la puerta.

Éste era artista, como Juventino Rosas. Era el espectro de un artista rico, que existió antes que él, pero que era de su familia. Hay vástagos que son aparecidos, antecesores resucitados. Tenía los labios siempre secos, y en los labios sed de gloria, sed de besos, sed de vino.

Aún me parece verle, como cuando le conocí. Toca malagueñas en el cuarto de un estudiante. Y con notas pinta. ¿No lo veis?

¡Qué guapa es la cantadora! ¡Qué provocativo el movimiento de sus caderas! ¡Qué negro su pelo! ¡Qué breve su pie! ¡Y qué torneado el mórbido tobillo! ¡Con qué sandunga y qué malicia canta! ¡Esos ojos sólo salen de noche, porque están prohibidos! Cuando miran, es que desnudan la navaja. Los brazos en jarras parecen decir al majo que los quiere: —¡Ven a tomarlos!

¡Y aquel gitano viejo que está allí de codos sobre la mesa! Con los ojos encandilados, la boca entreabierta y las piernas extendidas, ese tío está calentándose junto al fogón de una petenera retozona. Está gozando un minuto de muchacho. Se ve brillar la manzanilla en las cañas de cristal; se oyen los acompasados palmoteos, y la atmósfera se llena de un humo que lleva alcohol y en el alcohol alegría. Por allí cayó una navaja; por allá se alza un pandero; y en aquel rincón tronó el sonoro beso que la de mantilla blanca, la de la rosa colorada en el cabello, dio a su guapo torero. En la calle, Fígaro deja caer al suelo su bacía de cobre; y rasguea la guitarra, mientras Rosina se levanta de puntillas y entreabre la puerta del balcón.

Después toca algo muy apacible y melancólico: es el ruiseñor que cantaba en el granado mientras Julieta acariciaba a Romeo en el camarín. Amad —nos dicen— todavía hay mucha sombra para que brillen mucho las estrellas y despidan los ojos más amor. Una exquisita dulzura se exhala de sus notas; siéntese el contacto suave de la escala de seda; se ve la luna, como bañándose desnuda en las murmurantes y azules ondas del pequeño lago; se oye el rumor de los besos todavía tímidos, como que acaban de encontrarse y conocerse; el susurro de las hojas curiosas que formando corrillos cuchichean; el aleteo de algunos pájaros que no pueden dormir porque están enamorados y quieren ya que amanezca. El calosfrío del alba escarapela voluptuosamente nuestro cuerpo y roza nuestras mejillas encendidas la cabellera húmeda y perfumada de Julieta. Es la madrugada. ¿No veis cómo el amante baja ya de la gótica ventana y cómo brilla el rayo de la luna en el terciopelo granate de su jubón y en el áureo joyel de su sombrero? Huye y desaparece por entre el bosque de castaños; ciérranse las vidrieras de colores y esas notas transparentes y frágiles, esas notas que brillan como lágrimas y que suenan como una esquila de cristal herida por la varita de alguna hada, se pierden y se extinguen poco a poco en la obscuridad, al amanecer. El ruiseñor ya no canta; pero el cristal solloza todavía.

Él improvisaba todo eso, y al oírlo, volvía yo la vista atrás en el camino de la vida; habría querido volver a ser niño; volver a sentarme en las rodillas de mi madre, besar las canas del anciano que nunca, nunca muere en el espíritu; oír la campana que llamó a la misa el día de mi primera comunión; ver las torres blancas de la iglesia; creer, hallar quien me consolara como me consolaban cuando aún no sufría... ¡y allá va la pelinegra Liseta! ¡allá va la hermanita que no ha vuelto! En aquel ruedo bailan las muchachas con los mozos; en aquella mesa y a la luz de pobre lámpara, sueña con versos el poeta; ¡allá va el abuelito! ¡allá la novia con quien creíamos haber aprendido a besar... y no sabíamos! ¡allá va todo lo que se fue como se van las notas...!

El artista que tan maravillosamente evocaba esas memorias y revivía esos sentimientos, solía decirnos al concluir de tocar alguna de sus improvisaciones:

—Esto en que pongo alma ni siquiera lo escribo... no lo compran. Oísteis las malagueñas; ésas sí me producen, allá donde las toco, aplausos y un puñado de monedas. El editor quiere música que se baile, música para que la estropeen y la pisen. Y yo necesito dinero para mí y para mis vicios. Me repugnan esos vicios, no porque lo son, sino por envilecidos, por canallas. Quisiera dignificarlos, ennoblecerlos, vestirlos de oro, en la copa, en el cuerpo de la mujer, en el albur. Quitármelos no; porque ¿qué me quedaría?... Cuando me doy asco, pienso en matarme. Pero hay en mí cierto indefinido temor a la otra vida que se quedó en mi alma, como grano de incienso no quemado en la cazoleta del incensario. ¿Quién lo puso allí?... De niño fui monago.

Vestí la sotanilla roja. Aprendí a cantar cantando letanías. Ayudé misas. Y todavía envuelven mi espíritu nubes de incienso; todavía percibo, en horas de nostalgia, el olor a cedro de la sacristía; me acuerdo del Cristo que me veía como un padre muy triste desde la reja del coro... ¡a mí, que nunca tuve padre!... ¡Y no puedo matarme! ¡El *requiem* es muy pavoroso! Suenan sus notas como el aire, por las noches, en una catedral a obscuras y desierta.

Compongo, pues, para vivir, música alegre, valses voluptuosos cuyas introducciones son muy tristes. Los toco en bailes y festines. Pero vosotros no sabéis cómo se me rasga el alma cuando los oigo y cuando los toco y cuando pienso en ellos. Vosotros no sabéis lo que se sufre tocando con hambre y sed ante los que comen y beben. Yo compuse ese vals; yo hice esas elegancias, esas coqueterías aladas; yo aproximo esos cuerpos, yo confundo esos alientos; yo debiera presidir, de pie sobre un tonel sombreado por la parra, el baile alegre; yo debiera ordenar con tirso de oro, como joven Baco, los amorosos giros de la danza; ¡y los codos de mi levita están rotos, y veo pasar cuellos desnudos ceñidos por collares de brillantes! El vals es mío, pero eso, que es mi vals animado, eso no es mío. Me dan, para que atice las concupiscencias de ellos, champagne y más champagne. Quieren que vea todo a través de una gasa color de oro, para que, olvidado de mí, esparza alegría. Me enseñan... casi me obligan, a embriagarme... y a desear, ¡ah, sí! ¡a desear mucho! Vivo mirando muy de cerca el esplendor de la opulencia y oyendo las promesas y las mentiras de los sueños...

Despierto... reflexiono... la vela amarillenta alumbra mi rostro cadavérico. ¿Qué soy? El Galeoto de esos próceres. ¡Pobre música mía, para todos risueña, provocativa, voluptuosa, para mí triste, infamada, prostituida! ¡Cómplice de adulterios! ¡Cortesana de bajezas! ¡No saliste de mi alma para eso! ¡Eras mi blancura... eras mi pendón, eras mi hija! Señores, digo entonces, como Triboulet,[4] vosotros sois piadosos; sois muy buenos; ¿qué habéis hecho de mi hija? ¡es lo único que tengo! ¿en dónde la escondéis?

Por eso, despechado, busco los que llamáis "paraísos artificiales". En ellos el vals se anima para mí. Ya no escancio las copas. Soy el rey.

---

[4] Bufón de Luis XII y de Francisco I de Francia, nacido hacia 1528.

Algunos años hace murió en un hospital, como Juventino Rosas, aquel espectro largo, hoffmanesco,[5] que parecía la sombra de un paraguas cerrado. Muchas veces he pisado después su música en los bailes. Ahora que lo recuerdo, siento pena, como si hubiera maltratado a un niño sin darme cuenta de lo que hacía... ¡como si hubiera hollado frescos pétalos de alma!

---

[5] Como los personajes de los *Cuentos fantásticos* del escritor alemán Wilhelm Amadeus Hoffmann (1776-1822).

JUAN EL ORGANISTA[1]

I

El valle de la Rambla, desconocido para muchos geógrafos que no saben de la misa la media, es sin disputa uno de los más fértiles, extensos y risueños en que se puede recrear, esparciéndose y dilatándose, el espíritu. No está muy cerca ni muy lejos: tras esos montes que empinan su cresta azul en lontananza, no distante de los volcanes, cuyas perpetuas nieves muerde el sol al romperlas; allí está. En tiempos tampoco remotos, por ese valle transitaban diariamente diligencias y coches de colleras, carros, caballerías, recuas, arrieros y humildes indios sucios y descalzos. Hoy el ferrocarril, dando cauce distinto al tráfico de mercancías y a la corriente de viajeros, tiene aislado y como sumido el fértil valle. Las poblaciones, antes visitadas por viajantes de todo género y pelaje, están alicaídas, pobretonas, pero aún con humillos y altiveza, como los ricos que vienen a menos. Restos del anterior encumbramiento quedan apenas en las mudas calles, caserones viejísimos y deslavazados, cuyos patios, caballerizas, corrales y demás amplias dependencias indican a las claras que sirvieron en un tiempo de paraderos o mesones.

En los años que corren, el valle de la Rambla no sufre más traqueteo que el de la labranza. Varias haciendas se disputan su posesión: una tira de allá, otra de acullá: ésta se abriga y acurruca al pie del monte; aquélla baja al río en graciosa curva, y todas, desde la cortesana y presuntuosa, que llega a las puertas de la población y quiere entrar, hasta la huraña y eremita que escala el monte con sus casas pardas, buscando la espesura de los cedros, ya en espigas enhiestas, ya en maizales tupidos y ondulantes, en cría robusta o en maderas ricas, paga tributo opimo cada año. Nada más fértil ni más alegre que ese valle, ora visto cuando comienza a clarear, ora en la siesta o en

---

[1] Reimprimimos la que parece ser única versión periodística de este cuento. Apareció, con la firma de "El Duque Job", en la *Revista Azul* en cinco números: en 14 y 21 de octubre y 11, 18 y 25 de noviembre de 1894. Ha sido recogido en libro muchas veces.

La *Revista Azul* da al final de su versión la fecha "1884", que debe tomarse como fecha de composición. Sin embargo, no hemos podido encontrar, en los periódicos en que colaboraba nuestro autor, ninguna versión anterior a la de 1894.

el solemne instante del crepúsculo. La nieve de los volcanes, como el agua del mar, cambia de tintes según el punto en donde está el sol; ya aparece color de rosa, ya con blancura hiperbórea y deslumbrante, ya violada. Muchas veces las nubes, como el cortinaje cadente de un gran tálamo, impiden ver a la mujer blanca y la montaña que humea. Es necesario que la luz, sirviendo de obediente camarera, descorra el pabellón de húmeda gasa para que veamos a los dos colosos. "La mujer blanca" se ruboriza entonces como recién casada a quien algún importuno sorprende en el lecho. Diríase que con la mórbida rodilla levanta las sábanas y las colchas. No así en las postrimerías de la tarde: la mujer blanca parece a tales horas una estatua yacente:

> Cansado del combate
> En que luchando vivo,
> Alguna vez recuerdo con envidia
> Aquel rincón obscuro y escondido.
>   De aquella muda y pálida
> Mujer, me acuerdo y digo:
> ¡Oh qué amor tan callado el de la muerte!
> ¡Qué sueño el del sepulcro tan tranquilo!

Los sembrados ostentan todos los matices del verde, formando en las graduaciones del color, por el contraste con el rubio de las mieses, por los trazos y recortes del maizal, como un tablero de colosales dimensiones y sencillez pintoresca. Los árboles no atajan la mirada; huyen del valle y se repliegan a los montes. Son los viejos y penitentes ermitaños que se alejan del mundo. Lo que a trechos se mira, son las casas de una sola puerta en donde viven los peones; los graneros con sus oblongas claraboyas, el agua quieta de las presas, los antiguos portones de cada hacienda y las torres de iglesias y capillas. Cada pueblo, por insignificante y pobre que sea, tiene su templo. No encontraréis, sin duda, en esas fábricas piadosas, los primores del arte: los campanarios son chicorrotines, regordetes; cada templo parece estar diciendo a los indígenas: "Yo también estoy descalzo y desnudo como vosotros". Pero en cambio nada es tan alegre como el clamoreo de esas esquilas en las mañanas de los domingos, o en la víspera de alguna fiesta. Allí las campanas suenan de otro modo que en la ciudad: tocan a gloria.

La parte animada del paisaje puede pintarse en muy pocos rasgos: ¿Veis aquel rebaño pasteando; aquellos bueyes que tiran del arado; a ese peón que, sentado en el suelo, toma sus tortillas con chile, ínterin la mujer apura el jarro del *pulque;* al niño, casi en cueros, que travesea junto a la puerta de su casucha; a la mujer, de ubres flojas, inclinada sobre el metate, y al amo, cubierto por las anchas alas de un sombrero de palma, recorriendo a caballo las sementeras? Pues son las únicas figuras del paisaje. En las primeras horas de la mañana y las últimas de la tarde, aparecen también con sombreros de jipi y largos trajes de amazonas, en caballos de mejor traza, enjaezados con más coquetería, las "niñas" de la hacienda. También cuando obscurece podéis ver al capellán, que lleva siempre el devoto libro en una mano y el paraguas abierto en la otra para librarse, ya del sol, ya de la lluvia o del relente.

Y con estas figuras, los carros cargados de mieses, el polvo de oro que circunda las eras como una mística aureola, los mastines vigilantes, el bramido de los toros, el balar de las ovejas, el relincho de los caballos y el monótono canto con que acompañan los peones su faena, podéis formar en la imaginación el cuadro que no atino a describir. Ante todo, tended sobre el valle un cielo muy azul y transparente, un cielo en que no se vea a Dios sino a la Virgen; un cielo cuyas nubes, cuando las tenga, parezcan hechas con plumitas de paloma que el viento haya ido hurtando poco a poco; un cielo que se parezca a los ojos de mi primera novia y a los pétalos tersos de los *nomeolvides.*

II

A una de las haciendas de aquel valle, llegó al obscurecer de cierto día Juan el organista. Tendría treinta años y era de regular figura, ojos expresivos, traje limpio, aunque pobre, y finos modales. Poco sé de su historia: me refieren que nació en buena cuna y que su padre desempeñó algunos empleos de consideración en los tiempos del presidente Herrera. Juan no alcanzó más que las últimas boqueadas de la fortuna paterna, consumida en negocios infelices. Sin embargo, con sacrificios o sin ellos, le dieron sus padres excelente educación. Juan sabía tocar el piano y el órgano; pintaba medianamente; conocía la gramática, las matemáticas, la geografía, la historia, algo de ciencias naturales y dos idiomas: el francés y el latín. Con estos saberes y esas habilidades pudo ganar su vida como profesor y ayudar a la subsistencia de sus padres. Éstos murieron en el mismo mes, precisamente cuando el sitio de México. Juan, que era buen hijo, les lloró, y viéndose tan solo y sin parientes, entregado a solicitudes mercenarias, hizo el firme propósito de casarse, en un momento, en hallando una mujer buena, hacendosa, pobre como él y que le agradara. No tardó en hallar esta presea. Tal vez la muchacha en quien se había fijado no reunía todas las condiciones y atributos expresados arriba, mas los pobres, en materia de amor, son fáciles de contentar, especialmente si tienen ciertas aficiones poéticas y han leído novelas. Al amor que sienten se une la gratitud que les inspira la mujer suficientemente desprendida de las vanidades y pompas mundanas, para decirles: "Te quiero". Creen haber puesto una pica en Flandes, se admiran de su buena suerte, magnifican a Dios que les depara tanta dicha, y cierran los ojos con que habían de examinar los defectos de la novia, para no ver más que las virtudes y excelencias. Los pobres reciben todo como limosna: hasta el cariño.

Juan puso los ojos en una muchacha bastante guapa y avisada, pobre de condición, pero bien admitida, por los antecedentes de su familia, en las mejores casas. Era hija de un coronel que casó con una mujer rica y tiró la fortuna de ésta en pocos años. La viuda se quedó hasta sin viudedad, porque el coronel sirvió al Imperio. Mas como sus hermanas, hermanos y parientes vivían en buena posición, no le faltó nunca lo suficiente para pagar el alquiler de la casa (veinticinco pesos), la comida (cincuenta) ni los demás pequeños gastos de absoluta e imprescindible necesidad. Para vestir bien a las niñas, como a personas de la clase que eran, tuvo sus apurillos al principio; pero ellas, luego que entraron en edad, supieron darse maña para convertir el vestido viejo de una prima en traje de última moda y hacer los metamorfoseos más prodigiosos con todo género de telas y de cintas. Además, eran lindas y discretas; se ganaban la voluntad de sus parientes, regalándoles golosinas y chucherías hechas por ellas; de manera que jamás carecieron de las prendas que realzan la hermosura de las damas, y no sólo vestían con decoro y buen gusto, sino con cierto lujo y elegancia. Cada día del santo de alguna, o al acercarse las solemnidades clásicas, como Semana Santa y Muertos, recibían, ya vestidos, ya sombreros, ya una caja de guantes o un estuche de perfumes. Llegó vez en que ya no les fue necesario recurrir a los volteos, arreglos o remiendos en que tanto excedían, y aun regalaron a otras muchachas, más pobres que ellas, los desperdicios de su guardarropa. Las otras ricas las mimaban muchísimo y solían llevarlas a los paseos y a los teatros.

Rosa fue la que se casó con Juan. Las otras tres, por más

ambiciosas o menos afortunadas, continuaron solteras. No faltó quien, sabiendo el matrimonio, hiciera tristes vaticinios. "Juan", decían, "gana la subsistencia trabajando; hoy reúne ciento cincuenta pesos cada mes; pero ¿qué son éstos para las aspiraciones de Rosa, acostumbrada a la holgura y lujo con que viven sus parientes y amigas?" Y con efecto, era hasta raro y sorprendente que Rosa hubiera correspondido al pobre mozo. El caso es que, fuese por el deseo de casarse, o porque verdaderamente tomó cariño a Juan, Rosa aceptó la condición mediocre, tirando a mala, que el pretendiente le ofrecía, y se casó.

El primer año fueron bastante felices; verdad es que tuvieron sus discusiones y disgustos; que Rosa suspiraba al oír el ruido de los carruajes que se encaminaban al paseo; que no iba al teatro porque su marido no quería que fuese a palco ajeno, pero con mutuas decepciones y deseos sofocados, haciendo esfuerzos inauditos para sacar lustre a los ciento cincuenta pesos del marido, pasaron los primeros nueve meses.

Coincidió con el nacimiento de la niña que Dios les envió, el malestar y desbarajuste del erario en los últimos días de Lerdo.[2] Faltaron las quincenas, fue preciso apelar a los amigos, a los agiotistas, al empeño, y Rosa, en tan críticas circunstancias, se confesó que había hecho un soberano disparate en casarse con pobre, cuando pudo, como otra amiga suya, atrapar un marido millonario. Las tormentas conyugales fueron entonces de lo más terrible. Las gracias y bellezas de la niña no halagaban a Rosa, que deseaba ser madre, pero de hijas bien vestidas. No pudiendo lucir a la desgraciada criatura, la culpaba del duro encierro en que vivía para cuidarla y atenderla. Poco a poco, fue siendo menos asidua y solícita con su hija; abandonó tal cuidado al marido, y despechada, sin paciencia para esperar tiempos mejores ni resignación para avenirse con la pobreza, sólo hallaba fugaz esparcimiento en la lectura de novelas y en la conversación con sus amigas y sus primas.

Los parientes benévolos de antaño pudieron haberla auxiliado en sus penurias, pero Juan decía: "Mientras encuentre yo lo necesario para comer, no recibiré limosna de ninguno". Así es que cuando Rosa recibía algún dinero, era sin que Juan se enterase de la dádiva. Mas ¿cómo emplear aquellos cuantos pesos en vestidos y gorras, si Juan estaba al tanto de los exiguos fondos que tenía? Algunas compras pasaron como obsequios y regalos,

[2] Sebastián Lerdo de Tejada (1827-1889), presidente de México de 1872 a 1876.

pero aun bajo esta forma repugnaban a Juan. "No quiero", solía decir a su mujer, "que te vistas de ajeno. Yo quisiera tenerte tan lujosa como una reina; pero ya que no puedo, confórmate con andar decente y limpia, cual cuadra a la mujer de un triste empleado". Rosa decía para sus adentros: "Tan pobre y tan orgulloso: ¡como todos!..." Esta misma altivez y el despego a propósito extremado con que trataba Juan a los parientes ricos de su esposa, le concitaron malas voluntades entre ellos. No pasaba día sin que por tierna compasión dijeran a Rosa: "¡Qué mal hiciste en casarte! ¡Mejor estabas en tu casa! Sobre todo, con ese talle, con esos pies, con esa cara, pudiste lograr mejor marido. No porque el tuyo sea malo; ¡nada de eso! pero hija, es tan infeliz!"

Y poco a poco estas palabras compasivas, el desnivel entre lo soñado y lo real, la continua contemplación de la opulencia ajena y las lecturas romanescas a que con tanto ahinco se entregaba, produjeron en Rosa un disgusto profundo de la vida y hasta cierto rencor o antipatía al misérrimo Juan, responsable y autor de su desdicha. Rosa procuraba pasar fuera de la casa las más horas posibles, vivir la vida fastuosa y prestada a que la acostumbraron desde niña, hablar de bailes y de escándalos y hasta —¿por qué no?— escuchar sin malicia los galanteos de algún cortejo aristocrático. Al cabo de seis meses transcurridos de esta suerte, sucedió lo que había de suceder: que Rosa dio un mal paso con su primo.

Juan no cayó del séptimo cielo como Luzbel.[3] Conservaba aún los rescoldos de la amorosa hoguera que antes le inflamó, pero no estimaba ni podía estimar a Rosa. La había creído frívola, disipada, presuntuosa y vana, pero nunca perversa y criminal. Y Rosa —hagámosle justicia plena— no delinquió por hacer daño ni por gozar el adulterio, sino por vanidad y aturdimiento. Juan, tranquilo en su cólera, abandonó el hogar profanado y salió con su hija de la ciudad. ¿A qué vengarse? El tiempo y sólo el tiempo, ese justiciero inexorable, venga los delitos de leso corazón.

Huía de México, como se huye de las ciudades apestadas. No quería sufrir las risas de unos y las conmiseraciones de otros. Sobre todo, quería educar a su hija, que contaba a la sazón dos años, lejos de la formidable tentación. "La vanidad es una lepra contagiosa", decía para sí, "¡tal vez hereditaria! Quiero que mi

---

[3] En el *Paraíso perdido* de Milton y en otros poemas y dramas, Luzbel es el arcángel a quien, a causa de su rebeldía, Dios arrojó del cielo.

hija crezca en la atmósfera pura de los campos: las aves la enseñarán a ser buena madre". En los primeros días de ausencia, la niña despertaba diciendo con débil voz: "¡Mamá! ¡Mamá!"

¡Cómo sufría al oírla el pobre Juan! Iba a abrazarla en su camita, y mojando con lágrimas los rubios rizos y la tez sonrosada de la niña, le decía sollozando: "¡Pobrecita! ¡Somos huérfanos!"

Al año de esto, murió la madre de Rosita; Juan vivió con muchísimo trabajo, sirviendo de profesor en varios pueblos y ayudándose con la pintura y con la música. Diez meses antes del principio de esta historia, fue a radicarse en San Antonio, población principal del valle descrito en el capítulo anterior. Allá educaba a algunos chicos, pintaba imágenes piadosas que solía vender para las capillas de las haciendas y tocaba el órgano los domingos y fiestas de guardar.

Esto último le valió el sobrenombre de "Don Juan el Organista". Todos le querían por su mansedumbre, buen trato y fama de hombre docto. Mas lo que particularmente le hacía simpático, era el cariño inmenso que tenía a su hija.

Aquel hombre era padre y madre en una pieza. ¡Con qué minuciosa solicitud cuidaba y atendía a la pequeñuela! Era de ver cuando la alistaba y la vestía, con el primor que sólo tienen las mujeres; cuando le rezaba las oraciones de la noche y se estaba a la cabecera de la cama hasta que la chiquilla se dormía!

Rosita ganaba mucho en hermosura. Cuando cumplió cinco años —época en que principia esta historia— era el vivo retrato de la madre. Las vecinas se disputaban a la niña y la obsequiaban a menudo con vestidos nuevos y juguetes. Por modo que Rosita andaba siempre como una muñeca de porcelana. ¡Y a la verdad que era muy cuca, muy discreta, muy linda y muy graciosa, para comérsela a besos!

Veamos ahora lo que Don Juan el Organista fue a buscar en la vecina hacienda de la Cruz.

III

—Adelante, amigo D. Juan, pase Ud.

Juan se quitó el sombrero respetuosamente y entró al despacho de la hacienda. Era una pieza bastante amplia con ventanas al campo y a un corral. Consistía su mueblaje en una mesa grande y tosca, colocada en el fondo, precisamente abajo de la estampa de Nuestra Señora de Guadalupe. La carpeta de la mesa era de color verde tirando a tápalo de viuda; pendiente de una de sus puntas campaneábase rueco trapo negro, puesto allí para limpiar las plumas; y encima, colocados con mucho orden, alzábanse los libros de cuentas, presididos por el clásico tintero de cobre que aún usan los notarios de parroquia. Unas cuantas sillas con asiento de tule completaban el mueblaje, y ya tendidos o apoyados en ellas, ya arrinconados o subidos a los pretiles de las ventanas, había también vaquerillos, estribos, chaparreras, sillas de montar, espadas mohosas, acicates y carabinas. De todo aquello se escapaba un olor peculiarísimo a crines de caballo y cuero viejo.

D. Pedro Anzúrez, dueño de la hacienda, escribía en un gran libro y con pluma de ave, porque jamás había podido avenirse con las modernas. Desde el sitio en que de pie aguardaba Juan, podía verse la letra ancha y redonda de D. Pedro, pero Juan no atendía a los trazos y rasgos de la pluma: con el fieltro en la mano, esperaba a que le invitasen a sentarse.

—Descanse Ud. y no ande con cumplidos, —dijo D. Pedro, interrumpiendo la escritura.

Y continuó tan serio y gravoso como antes, añadiendo renglones a renglones y deteniéndose de cuando en cuando para hacer en voz baja algunas sumas. Cerró luego el librajo, forrado de cuero, puso la pluma en la copilla llena de municiones, y volviéndose a Juan, le dijo así:

—Amigo mío, aproxime la silla y hablemos... ¡Eso es! ¿no quiere Ud. un cigarrillo?

—Gracias, señor don Pedro, yo no fumo.

—El señor cura habrá informado a Ud. someramente de lo que yo pretendo.

—En efecto, el padre me dijo anoche que tenía Ud. el propósito de emplearme en su casa como preceptor de los niños.

—Eso es. Ud. habrá observado que yo le tengo particular estimación, no sólo por el saber que todos sin excepción le conceden, sino por las virtudes cristianas, tan raras en los jóvenes de hoy día, y que le hacen simpático a mis ojos. Ud. es laborioso, humilde, fiel observante de la ley de Dios, honrado a carta cabal y padre cariñoso como pocos. Vamos. ¡Me gusta Ud.! Desde que trabamos amistad, con motivo de la fiesta del Carmen, cuando Ud. tocó el órgano en mi capilla, he comprendido que está Ud. fuera de su centro, y que hombre de educación tan esmerada merece mejor suerte y el auxilio de todos los que piensan como yo. Conque ¿no tiene Ud. reparo en admitir lo que le propongo? ¿Acepta Ud.?

—Con el alma y la vida, Sr. don Pedro.

—Pues vamos ahora a tratar del asunto mercantilmente. Ud. tendrá casa, comida y cincuenta pesos al mes. Por supuesto, vendrá Ud. con su hija. Mi esposa y mis dos hijas mayores quieren mucho a la niña, y tratarán a Ud. como a persona de la familia. Los deberes del preceptor son los siguientes: enseñar a mis dos chicos la aritmética, un poco de gramática, el francés y la teneduría de libros. ¿Convenidos?

—Sr. don Pedro, Ud. me colma de favores. A duras penas logro conseguir en el pueblo la suma que Ud. me ofrece, y de ella salen el alquiler de la casa, el peso diario del gasto y el alumbrado. ¿Cómo, pues, no admitir con regocijo lo que Ud. me propone?

—Pues doblemos la hoja. La habitación de Ud. será la que ya conoce... junto a la pieza del administrador. No es muy grande; consta de dos cuartos bastante amplios y bien ventilados. Además, Ud. tiene como suya toda la casa. Más que como empleado, como amigo. Conque ¿cuándo puede Ud. instalarse?

—Mañana mismo, si Ud. quiere.

—No, mañana es domingo, y no está bien que se trabaje en la mudanza. Será el lunes.

Don Pedro se levantó de su sillón. Juan, confundido, se despidió, y así acabó, con regocijo de ambos, la entrevista.

IV

No pintaré la vida que llevaba Juan en la hacienda de la Cruz. Trabajaba de nueve a doce con los niños, comía con la familia, y en las tardes se iba de paseo o a leer en el banco del jardín. Poco a poco le fueron tomando cariño todos los de la casa; mas sin que tales muestras de afecto le envalentonaran ni le sacasen de quicio, como suele pasar a los que por soberbia creen merecerlo todo. Juan consideraba que era un pobre empleado de don Pedro, y que, como tal, debía tratarlo con respeto, lo mismo que a los demás de la familia. Y a la verdad que ni con linterna se hallarían personas más sencillas ni más buenas que la esposa y las hijas de don Pedro. Ni una brizna de orgullo había en aquellas almas de incomparable mansedumbre. Juana, la hija mayor, era un poquito cascarrabias. También era la que llevaba el peso de la casa y tenía que tratar con los criados. Pero sus impaciencias y corajes eran siempre tan momentáneos como el relámpago. Enriqueta tenía mayor dulzura de carácter. Y en cuanto a la señora, caritativa, franca, inteligente, merecía ser tan feliz como lo era.

Juan agradecía a don Pedro y su familia más que la distinción con que le trataban, el cariño que habían manifestado a Rosita.

Enriqueta, particularmente, era la más tierna con la niña. Parecía una madre; pero una madre doblemente augusta: madre y virgen. Muchas veces, Juan intentó poner prudentemente coto a tales mimos, temeroso, tal vez con fundamento, de que la niña se malacostumbrase y ensoberbeciera. Mas ¿qué padre no ve con alborozo la dicha de su hija? Lo que pasó fue que, gradualmente, aquellas solicitudes de Enriqueta, aquel tierno cuidado, despertaron en Juan un blando amor, escondido primero bajo el disfraz de la gratitud, pero después tan grande, tan profundo y tan violento, como oculto, callado y reprimido. El trato continuo, el diario roce de aquellas almas buenas y amorosas, daban pábulo a la pasión intensa del desgraciado preceptor. Pero Juan conocía perfectamente lo irrealizable que era su ideal. Estaba allí en humilde condición, acogido, es verdad, con mucho aprecio; mas distante de la mujer a quien amaba, como lo están los lagos de los soles. ¿Sabía, acaso, cuáles eran los propósitos de sus padres? Habíanla instruido y educado con esmero, no para compañera de un pobre hombre que nada podría darla, fuera del amor, sino para mujer de un hombre colocado en digna y superior categoría. Si la hablara de amor, sería como el hombre a quien hospedan por bondad en una casa, y aprovechando la ocasión más favorable, se roba alguna joya. No; Juan no lo haría seguramente. Corresponder de tal manera a los favores que don Pedro le había hecho, hubiera sido falta de nobleza. Mil veces, sin embargo, el amor, que es gran sofista, le decía en voz muy baja: "¿Por qué no?"

V

Bien comprendía Juan la imposibilidad de que su amor permaneciera oculto mucho tiempo; pero medroso y convencido de su propia desgracia, alejaba adrede el día de la inevitable confesión. A solas, en la obscuridad de su alcoba o en el silencio del jardín, imaginaba fácil y hacedero lo que después le parecía imposible. Mas, como siempre nos inclinamos a creer aquello que nos agrada, poco a poco la idea de que sus sueños no eran de todo punto irrealizables, como al principio sospechó, fue ganando terreno en su entendimiento. Parecían favorecer esta transformación moral las continuas solicitudes de Enriqueta, cada vez más tierna y bondadosa con Rosita y más amable con el pobre Juan. Éste interpretaba tales muestras de cariño como prendas de amor, y hasta llegó a creer —¡tan fácil es dar oído a la presuntuosa vanidad!— que Enriqueta le amaba y que tarde o temprano realizaría sus ilusiones. ¿Con qué contaba Juan para subir a ese cielo entrevisto en sus alucinaciones y sus éxtasis? Con el gran cómplice de los enamorados y soñadores: con lo inesperado.

Lo peor para Juan era el trato íntimo que tenía con Enriqueta. Vivía en su atmósfera y sentía su amor sin poseerlo, como se embriagan los bodegueros con el olor del vino que no beben. Cada día Juan encontraba un nuevo encanto en la mujer amada. Era como si asistiese al tocador de su alma y viera caer uno a uno todos los velos que la cubrieran. Además, nada hay tan invenciblemente seductor como una mujer hermosa en el abandono de la vida íntima. Juan miraba a Enriqueta cuando salía de la alcoba, con las mejillas calientes aún por el largo contacto de la almohada. Y la veía también con el cabello suelto o recostada en las rodillas de la madre. Y cada actitud, cada movimiento, cada ademán, le descubrían nuevas bellezas. E igual era el crecimiento de su admiración en cuanto atañe a la hermosura moral de Enriqueta. Todas esas virtudes que buscan la obscuridad para brillar y que nunca adivinan los profanos; todos esos atractivos irresistibles que la mujer oculta, avara, a los extraños y de que sólo goza la familia, aumentaban la estimación de Juan y su cariño. Tenían, además, aquellas dos vidas un punto de coincidencia: Rosita. Enriqueta prodigaba a la niña todas las ternezas y cuidados de una madre joven; de una madre que fuera a la vez como la hermana mayor de su hija. Cierta vez la niña enfermó. Fue necesario llamar a un doctor de México, cuyo viaje fue costeado por don Pedro. Enriqueta no abandonó un solo momento a la enfermita.

La veló varias noches, y al ver a Juan desfallecido de dolor, le decía cariñosa:

—No desespere Ud. La salvaremos. Ya le he rogado a nuestra Madre de la Luz que *nos* la deje. Venga Ud. a rezar conmigo la novena.

La niña sanó; pero el mísero Juan había empeorado. Precisamente el día en que el médico la dio de alta, Juan fue al comedor de la hacienda: Habían servido ya la sopa cuando don Pedro dijo en alta voz:

—Hoy es un día doblemente fausto. Rosita entra en plena convalecencia y llega Carlos a la hacienda.

Luego, inclinándose al oído de Juan, agregó:

—Amigo mío, para Ud. no tenemos secretos porque es ya de la familia: Carlos es el novio de Enriqueta.

VI

¡Cómo! ¡Enriqueta tenía novio! He aquí que lo inesperado, ese gran cómplice en quien Juan confiaba, se volvía en contra suya. ¡Y cuándo!... Cuando después de aquella enfermedad de la niña, durante la cual Enriqueta había dividido con él las zozobras y los cuidados, era más viva y más intensa su pasión.

Juan creyó morirse de congoja, y al volver a su pieza y ver a su hija que le tendía los escuálidos bracitos, exclamó, como en aquellos instantes supremos que siguieron al abandono de su esposa:

—¡Ay, pobre hija, ya no tienes madre!

En efecto, ¿no era Enriqueta la madre de Rosita? Pues también la iba a dejar huérfana, como la otra, a irse con un hombre a quien Juan no conocía aún, pero que odiaba. ¿Quién era aquel Carlos? Probablemente un rico... los pobres ponen siempre en defecto a los que odian. ¡Buen mozo! Juan no lo era y comprendía instintivamente que el triunfo de su rival era debido a las cualidades de que él carecía. Inteligente... "No, inteligente no", murmuró Juan.

Poco a poco, la luz se fue haciendo en el cerebro del desgraciado preceptor. Y comenzó a explicarse claramente cuantos ademanes, acciones y palabras de Enriqueta interpretó favorablemente a su pasión. Era aquello un deshielo de ilusiones. El sol calentaba con sus rayos la estatua de nieve, y la figura deshacíase. Juan decía para sí:

"¡Qué necio fui! Yo tenía un tesoro de miradas, sonrisas y palabras; esto es, diamantes, perlas y oro. Y ahora un extranjero viene a mí, se acerca y me dice con tono imperioso: —Devuélveme cuanto posees. Nada de eso es tuyo. Todo es mío. ¿Recuerdas el rubor que tiñó su rostro, cuando, delante de ti, le preguntaron si amaba a alguien? Tú imaginaste que ese rubor era la sombra de tu alma, y no era más que el calor de la mía. Una tarde la

hallaste sola en el jardín y echó a correr para que no la vieras.
—Me huye, porque sabe mi cariño —dijiste para tus adentros—.
¡Pobre loco! Te esquivaba para ocultar la carta que yo le escribí y que ella leerá con los labios. Y esas miradas húmedas de amor que clavaba en tu rostro algunas noches, iban dirigidas a mí. Hasta al acariciar la cabecita de tu hija pensaba en los niños que tendríamos, y por lo tanto, en mí también. Cuantos recuerdos tienes son robados. Devuélveme tus joyas una a una".

Y cada vez se iba quedando más pobre y más desnudo. Hasta que al fin sus piernas flaquearon y cayó desfallecido en el suelo.

Juan no murió de pena porque la muerte no se apiada nunca de los infelices. En la noche de aquel terrible día llegó Carlos a la hacienda; Juan no quiso bajar al comedor, pero desde su pieza, sentado a la cabecera de la cama en donde dormía su hija convaleciente, escuchaba el ruido de los platos y las alegres risas de los comensales. ¿Cómo sería Carlos? La curiosidad impulsaba a Juan a salir callandito e ir a espiar por el agujero de la llave. Pero la repugnancia que el novio de Enriqueta le inspiraba y el caimiento de su ánimo le detuvieron. A poco rato cesó el ruido, Juan oyó los pasos del recién llegado que atravesaba el patio tarareando una mazurca; la conversación de los criados que limpiaban la vajilla en la cocina y luego... pisadas de mujer que se acercaban. Entonces recordó. Enriqueta tenía costumbre de ir todas las noches y antes de acostarse a ver a su enfermita y curarla bien. ¡Iba a entrar a la alcoba! Juan no tuvo tiempo más que para ocultar la cabeza entre sus brazos, tendido en la cama, y fingir que dormía. ¿Para qué verla? Sobre todo el llanto puede sofocarse mientras no se habla; pero las palabras abren, al salir, la cárcel de las lágrimas, y éstas se escapan.

Enriqueta entró de puntillas, y, viendo a Juan con extrañeza, titubeó algunos momentos antes de acercarse a la cama. Por fin se aproximó. Con mucho tiento y procurando hacer el menor ruido posible, cubrió bien a la niña con sus colchas. Después se inclinó para besar en las mejillas y en la frente a su enfermita. Juan oyó el ruido de los besos y sintió la punta de los senos de Enriqueta rozando uno de sus brazos. Tenía los ojos apretadamente cerrados y se mordía los labios. Cuando el ruido de las pisadas de Enriqueta se fue perdiendo poco a poco en el sonoro pasadizo, Juan se soltó a llorar.

VII

¿Para qué referir uno a uno sus padecimientos? Tres meses después de aquella noche horrible, Enriqueta se casaba en la capilla de la hacienda. Y —¡cosa extraña!—, Juan, que no había tocado el órgano en mucho tiempo, iba a tocarlo durante la ceremonia religiosa. La víspera de aquel día solemne, D. Pedro dijo al infortunado preceptor:

—Mañana, amigo mío, es día de fiesta para la familia. Carlos es buen muchacho y hará la felicidad de Enriqueta. A no ser por esta consideración, le aseguro a Ud. que estaríamos muy tristes... Ya Ud. lo ve.. ¡Enriqueta es la alegría de la casa y se nos va! Pero hay que renunciar al egoísmo y ver por la ventura de los nuestros. Estas separaciones son necesarias en la vida. Yo quiero que la boda sea solemne. Verá Ud., amigo mío, verá Ud. qué canastilla de boda le ha preparado a la muchacha su mamá. Ya pierdo la cabeza y me aturdo con tantos preparativos. Casamos a Enriqueta en la capilla, para ahorrarnos los compromisos que habríamos tenido en México; pero fue necesario, sin embargo, invitar a los parientes más cercanos y a los amigos íntimos. Y ya habrá Ud. notado el barullo de la casa. No hay un rincón vacío. Pero, a todo esto, olvidaba decir a Ud. lo más urgente. Quiero, amigo don Juan, que mañana nos toque Ud. el órgano. Ya sé que hace Ud. maravillas. El órgano de la capilla es malejo; pero he mandado que lo afinen. Conque ¿puedo confiar en su bondad?

Juan aceptó. Había pensado no pasar el día en la casa; irse con cualquier pretexto al pueblo, al monte, a un lugar en que estuviera solo. Pero fue necesario que apurase el cáliz. ¡Convenido! Iba a tocar el órgano en el matrimonio de su amada. ¡Qué amarga ironía!

Pasó la víspera encerrado en su cuarto. ¡Qué día aquél! Al pasar por una de las salas para ir al escritorio de don Pedro, que le mandó llamar, Juan vio sobre la mesa la canastilla de boda de Enriqueta. Casualmente, la mamá estaba cerca y quiso enseñar a Juan los primores que guardaba aquella delicada cesta de filigrana. Y Juan vio todo: los pañuelos de finísima batista, el collar de perlas, los encajes de Bruselas, las camisas transparentes y bordadas, que parecían tejidas por los ángeles.

Por fin amaneció el día de la boda; Juan, que no había podido pegar los ojos en toda la noche, fue a la capilla, aún obscura y silenciosa. Ayudó a encender los cirios y a arreglar las bancas. Después, concluida la tarea, se subió al coro; Rosita le acompañó. La pobre niña estaba triste. Enriqueta la había olvidado por un novio y por los preparativos de su matrimonio. Además, con esa perspicacia de las niñas que han sufrido, Rosita adivinaba que su padre sufría.

Desde el coro podía mirarse la capilla de un extremo a otro. Poco a poco se fue llenando de invitados. Por la ventana que daba al patio, se veía la doble hilera de los peones de la hacienda, formados en compactos batallones. A las siete los novios, acompañados de los padrinos, entraron a la capilla. ¡Qué hermosa estaba Enriqueta! Parecía un ángel vestido de sus propias alas. Se arrodillaron en las gradas del altar; salió el señor cura de la sacristía, precedido de la dorada cruz y los ciriales; llenó el presbiterio la aromática nube del incienso y comenzó la ceremonia. Juan tocó primero una marcha de triunfo. Habríase dicho que las notas salían de los angostos tubos del órgano, a caballo, tocando las trompetas y moviendo cadenciosamente las banderas. Era una armonía solemne, casi guerrera, un arco de triunfo hecho con sonidos, bajo el cual pasaban los arrogantes desposados. De cuando en cuando, una melodía tímida y quejumbrosa se deslizaba como un hilo negro en aquella tela de notas áureas. Parecía la voz de un esclavo, uncido al carro del vencedor. En esa melodía fugitiva y doliente se revelaba la aflicción de Juan, semejante a un enorme depósito de agua del que sólo se escapa un tenue chorro. Después, las ondas armoniosas se encresparon, como el bíblico lago de Tiberiades. El tema principal saltaba en la superficie temblorosa, como la barca de los pescadores sacudida por el oleaje. A veces una ola lo cubría y durante breves instantes quedaba sepultado e invisible. Pero luego, venciendo la tormenta, aparecía de nuevo airoso, joven y gallardo, como un guerrero que penetra, espada en mano, por entre los escuadrones enemigos, y sale chorreando sangre, pero vivo.

Aquel extraño acompañamiento era una improvisación. Juan tocaba traduciendo sus dolores; era el único autor de esa armonía semejante a una fuga de espíritus en pena, encarcelados antes en los tubos. Al salir disparadas con violencia, por los cañones de metal, las notas se retorcían y se quejaban. En ese instante, el sacerdote de cabello cano unía las manos blancas de los novios.

Después la tempestad se serenó. Cristo apareció de pie sobre las olas del furioso lago, cuyas movibles ondas se aquietaron.

Una tristeza inmensa, una melancolía infinita sucedió a la tormenta. Y entonces la melodía se fue suavizando: era un mar, pero un mar tranquilo, un mar de lágrimas. Sobre esa tersa superficie flotaba el alma dolorida de Juan. El pobre músico pensaba en sus ilusiones muertas, en sus locos sueños, y lloraba muy quedo, como el niño que, temeroso de que lo reprendan, oculta su cabecita en un rincón. En la ternura melódica se unían los sollozos, las canciones monótonas de los esclavos y el tristísimo son del "alabado". Veía con la imaginación a Enriqueta, tal como estaba la primera noche que él pasó en la hacienda, allí, en esa misma capilla, hoy tan resplandeciente y adornada. La veía rezando el rosario, envuelta por un rebozo azul obscuro. Bien se acordaba: cuando todos salieron paso a paso, Enriqueta, que era la última en levantarse, se acercó al cuadro de la Virgen de la Luz, colgado en uno de los muros, y tocó con sus labios las sonrosadas plantas de la imagen. ¡Cuánto la había querido el pobre Juan! ¡Se acabó! ¿A qué vivir? Allí está la lujosa y elegante al lado de su novio que sonreía de felicidad. Y cada vez la melodía era más triste. En el momento de la elevación, las campanas sonaron y se oyó el gorjear de muchos pájaros asomados en las ojivas. Era el paje a quien obligan a cantar y que, resuelto, tira el laúd, diciendo: "¡Ya no quiero!" Mas, a poco, la música, azotada por la mano colérica del amo, volvió a sonar más melancólica que antes. Hasta que al fin, cuando la misa concluía, las notas conjuradas y rabiosas estallaron de nuevo en una inmensa explosión de cólera. Y en medio de esa confusión, en el tumulto de aquel escape de armonías mutiladas y notas heridas, se oyó un grito. El aire continuó vibrando por breves momentos. Parecía un gigante que refunfuñaba. Y luego, el coro quedó silencioso, mudo el órgano, y en vez de melodías o himnos triunfales, se oyeron los sollozos de una niña.

Era Rosita que lloraba sin consuelo, abrazada al cadáver de su padre.

OTRAS NARRACIONES

FELIPE VÉRTIZ[1]

¿No conocísteis a Felipe Vértiz?

Apenas comenzaba a vivir. El hermoso horizonte de la dicha abríase ante sus ojos y tocaban ya sus plantas el umbral de la ventura. Muchas ilusiones abrigaba su corazón, y muchos sueños su mente, muchas esperanzas su espíritu.

¿Quién hubiera dicho que estas esperanzas y esos sueños y aquellas ilusiones debían bien pronto convertirse en humo? ¿Quién hubiera dicho que aquel joven lleno de vida, de ilusiones lleno, tocaba ya las puertas de la muerte?

Parece increíble, y sin embargo, ¡es cierto...!

¡Pobre Felipe!

Su corazón era noble y generoso como ninguno, clara y despejada su inteligencia, ejemplar y modesta su virtud. ¿Quién no le quería? ¿quién no le amaba? Hijo modelo y excelente hermano, buen compañero y cariñoso amigo, era de todos estimado, de todos querido y de ninguno odiado.

La sociedad le abría sus puertas, un porvenir de dicha le esperaba, y ya tendía su mano a descorrer el velo misterioso del hogar.

Se hallaba en el apoteosis de sus ilusiones.

Un paso más, y Felipe hubiera ceñido a las puras sienes de su amada la blanca corona de azahares. Un paso más, y el hogar, que es templo y que es santuario, le hubiera abierto sus doradas puertas, brindándole todas las dichas, todos los goces que soñara.

Empero, Dios no lo quiso.

Tal vez Felipe reía, tal vez Felipe soñaba, cuando la muerte vino a sorprenderle.

Nadie hubiera dicho, pocos minutos antes, que Felipe se moría.

Y sin embargo, ya la muerte se emboscaba en sus entrañas, traidora enfermedad de corazón le consumía, y pocos momentos después, aquel joven, en cuyo rostro la vida centelleaba, aquel

---

[1] Apareció en *El Federalista* del 31 de diciembre de 1876 como una de las seis subdivisiones de un artículo titulado *Confidencias* y firmado "Manuel Gutiérrez Nájera". Conservamos el subtítulo que lleva allí.

Hasta ahora no ha sido recogido.

joven cuyo corazón era nido de ensueños, aquel joven... no existía.

Pocas horas antes, la vida, los sueños, la esperanza. Después, el cadáver, los cirios y las lágrimas. ¡Triste verdad que hiela de pavor el pecho, y que en el alma triste pone espanto!

Morir, cuando mucho se ha sufrido; morir, cuando mucho se ha llorado; es alcanzar no sólo el término, sino el descanso; no sólo el reposo, sino la dicha.

Pero morir cuando se sueña, morir cuando se ríe, cuando se mira la vida por un hermoso prisma de colores, morir es entonces lo más triste, lo más horrible, lo más negro; es la despedida luctuosa de todo cuanto se ama; es desprenderse de lazos que forman los lirios y las rosas; es un dolor, un tormento, un martirio.

Quizá por eso el cielo, que amaba a Felipe porque era bueno, no quiso que llorara en esa despedida, no quiso que sufriera en esa muerte, y le arrancó de la tierra sin que él mismo lo sintiera, y abrióle, desde luego, el paraíso. Un amigo menos. Un combatiente que perece en el comienzo de la lucha. Un peregrino que ha alcanzado el término de su viaje.

¡Pobre Felipe!

UNA ESCENA DE NOCHE BUENA[1]

Ahí va, para vuestra edificación y contento, una escena trágica-cómica de la Noche de Navidad.

Prólogo.—La escena pasa en la casa del *escribiente primero del oficial segundo de la mesa cuarta de la sección octava del Ministerio de Justicia*. Atención.

—Vamos, date prisa, mujer, que ya no tardará Luisito.
—¡Si todo lo tengo al corriente, hombre de Dios!
—¿Todo? ¿y qué es ello, Nicanora?
—Pues te lo voy a decir, Sisebuto. Primero... la sopa...
—¡Ah! Supongo que mandarías al *restaurant*, de que soy parroquiano, con la tarjetita que me dieron.
—Sí, ha ido la muchacha esta tarde y la han llenado dos soperas.
—Perfectamente. Ya tenemos la sopa. ¿Qué más?
—Entremeses de pepinillo y aceitunas. Nuestro sobrino se muere por las aceitunas.
—A mí también me gustan. Sigue, sigue.
—Un magnífico bacalao de a tres libras.
—¿Soberbio, eh?
—¡Por supuesto!
—Acompañamiento de vinos... ¿Qué vinos tenemos?
—Jerez y Burdeos.
—¡Al pelo, Nicanora, al pelo!
—Hay, además, un *guachinango*.
—Mucho pescado me parece.
—No lo creas... ¡Ensalada de Noche Buena!
—¡La ensalada! ¡Sublime! ¡Incomparable!
—Postres: queso de Gruyère, Roquefort, pasas, turrón, almendras y una botella de Chartreuse para el café. ¿Qué te parece el programa?
—¡Suculento! ¡Magnífico! ¡Como tuyo! Pero ¡cuánto tarda ese chiquillo!... ¡Estoy ya rabiando por hincar el diente al bacalao! ¡Ah! ¿Has oído la campanilla? Abrid, abrid, será él...
—No, no señor... ¡es el sastre que trae la cuenta!

---

[1] Apareció en *El Federalista* del 14 de enero de 1877, como una de ocho subdivisiones de un artículo titulado *Confidencias* y firmado "Manuel Gutiérrez Nájera". Conservamos el subtítulo que lleva en el artículo.
No ha sido hasta aquí recogido.

—La cuenta del sastre en un día como hoy... ¡Qué poca consideración! Dí que mañana pasaré por allá.
—¡Vuelven a llamar! Ése sí que es Luisito.
—Tío, ¡aquí estamos todos!
—¡Pues a la mesa, a la mesa!

Epílogo.—Dígame Ud., señor médico, ¿qué tal encuentra Ud. al enfermo?
—Mal, señora, muy mal; la fiebre continúa ¡el delirio me hace temer un ataque cerebral!... Procuren Uds. guardar silencio.
—¡Ah! es que Ud. no sabe lo peor. Encima de su alcoba está la sala del cuarto principal. Tienen baile, corren, gritan, y por más recados que les envío, no callan.
—Pues eso hace mucho daño al enfermo. ¿Observa Ud.? Cada pisada, cada voz que oye le arranca un grito de dolor... Vuelva Ud. a avisar a la familia del piso principal.
—¡Subiré yo misma!
La esposa atribulada sube a la habitación de los vecinos.
—¡Señores, —dice entrando en la sala— mi esposo moribundo tiene su alcoba debajo de esta pieza... ¡Suplico a Uds. que, por caridad, no metan ese ruido que agrava su dolencia de una manera terrible!
Los circunstantes se miran unos a otros con extrañeza.
Aquella mirada parece decir:
—Pero ¿hay quién esté enfermo en Noche Buena?
La señora de la casa da todo género de seguridades, y aconseja a sus comensales que hagan *juegos de prendas* en la sala.
Por lo pronto, los convidados guardan silencio; se cierra el piano; se suspende el baile, y empiezan esos juegos inocentes de que tanto partido saben sacar los enamorados.
Pero a los quince minutos hay un convidado que levanta un poco la voz; todos lo imitan; circulan las bandejas con copas; suben los vapores a todos los cerebros, y aquella tertulia se reanima, olvidando que a sus pies exhala tristes gemidos un pobre enfermo.
Al amanecer, cuando los convidados se retiran, oyen el llanto de una viuda: el médico sale del entresuelo, y la criada que le abre la puerta, dice:
—¡Vaya Ud. con Dios, señor médico! Ahora mismo voy a encargar el ataúd y las velas.

DOS Y UNO[1]

Han de saber Uds. que yo tengo un amigo que es, como si dijéramos, mi conjunta persona. Él Orestes y yo Pílades, él Castor, y yo Pólux; él la *i* y yo el punto; él San Antonio, y yo —¡qué barbaridad!— ¡el cochino...!

Somos uña y carne. Si él fuera Iglesias D. José María, yo hubiera sido Prieto D. Guillermo. Si él fuera Pepe Negrete, yo sería —¡qué horror!— ¡Talaverilla...!

Nos levantamos a la misma hora, comemos juntos, de igual manera nos vestimos, y hasta de la misma mujer nos enamoramos. Pero si tan iguales son nuestras costumbres, diversos son nuestros caracteres: yo pienso, y él sueña; yo razono, y él ama; yo tengo el criterio de Bentham, y él tiene el criterio de Castelar.

Pongo en consideración de Uds. los frecuentes altercados que tenemos. Él me consulta siempre sus acciones; y con la mejor buena fe le doy mi juicio, y después de haberlo oído hace mi buen amigo... ¡lo que le da la gana!

Yo le digo: esto es malo: obra de esta o de aquella manera; si prosigues en ese camino vas a perderte.

Dobla mi amigo la cabeza, y me dice: razón te sobra.

Pero a pesar de mis razones y a pesar de su convencimiento, hace mi susodicho amigo lo que mejor se le antoja. Y no es esto lo peor; lo peor es que ejerce tal dominio sobre mí, que me arrastra siempre a sus locuras y calaveradas. Yo bien conozco que aquello es malo, yo bien conozco que nos perdemos; y sin embargo, por una ley fatal que no comprendo, me veo obligado a tributarle una obediencia *sicut cadaver*. ¡Por aquí! dice mi amigo y yo, mal que me pese, por allí lo sigo.

Ahora bien, juzguen Uds. cuál sería mi asombro al encontrar el otro día en la revuelta cartera de mi amigo, los versos que van a ver Uds. y que bien a las claras prueban el estado de trastorno en que se hallaba su cerebro.

Dicen así los versos:

[1] Junto con *Mi vecina,* apareció en *El Federalista* del 28 de enero de 1877 como subdivisión del artículo de Nájera titulado *Confidencias*. Conservamos el subtítulo que se usa allí.
No ha sido recopilado hasta ahora.

Quisiera mirarte
Postrado de hinojos,
Y ver en tus ojos
El llanto brotar;
Y entonces asirte
Con mano de hierro,
Y el rostro escupirte
Con rabia infernal.

Tu vida y tu alma
Quisiera arrancarte,
Quisiera robarte
Tu dicha y tu paz;
Mirarte andrajoso,
De harapos cubierto,
Tu espíritu muerto,
Marchita tu faz.

Quisiera que fueses
Mi esclavo humillado,
Y entonces airado
Tu cuerpo azotar;
Y oír tus profundos
Terribles gemidos,
Y roncos aullidos
De gozo exhalar.

Entonces a tu lado
Tranquilo pasara,
De ti me burlara
Con seco reír,
Y altivo y gozoso,
Feliz y contento,
Desnudo y hambriento
Te viera morir!

Ya lo ven Uds., mi amigo va a volverse loco. Pidan Uds. a Dios que no me contamine.

MI VECINA[1]

¡Pobres mujeres!

Ellas nos aman, y nosotros las aborrecemos; ellas son siempre nuestras fieles compañeras, y nosotros sólo comprendemos su grandeza en la desgracia; ellas endulzan nuestras horas, y nosotros amargamos su existencia!

En el concilio de Mâcon, en Francia, hubo gran discusión respecto a si Dios había muerto por las mujeres lo mismo que por los hombres. La controversia fue acalorada. Muchos obispos sostenían que el Señor no podía haber muerto más que por los hombres; pero al fin se decidió que había muerto por las mujeres también. En ese concilio sostuvo algún padre de la iglesia que la mujer no podía ser reputada criatura humana. El santo varón sabe Dios de quién creería haber nacido.

Asistí yo también a cierta reunión en que la mujer fue vilmente escarnecida.

Comprometiéronse los jóvenes que a la reunión asistían a mirar con desprecio, en lo sucesivo, al bello sexo; se avergonzaron de haberlo visto con simpatía en tiempos pasados y juraron vivir en celibato eterno.

¡Pobrecitos! tal vez alguno de ellos se habrá casado ya a estas horas. Los juramentos contra la mujer se escriben sobre la superficie del agua, y conforme los vamos escribiendo se van borrando.

¿Cómo no amar a la mujer?

De ella nacemos; ella es el ángel de doradas alas que se aparece en los sueños de nuestra juventud, mostrándonos el cielo del amor; ella nos hace agotar el placer hasta el dolor, y el dolor hasta el placer; ella es, en fin, la madre de nuestros hijos.

Tenía razón, sin embargo, aquel reverendo al afirmar que la mujer no es un ser humano.

Enfrente de mi casa vivía... ¡ay! ¡vivía!... una mujer, una niña.

Era blanca, pero su tez tenía la palidez de la magnolia cuan-

---

[1] Apareció en *El Federalista* del 28 de enero de 1877, como una de las nueve subdivisiones de un artículo titulado *Confidencias* y firmado "Manuel Gutiérrez Nájera". Conservamos el subtítulo que lleva.
No ha sido recogido.

do empieza a marchitarse. Sus cabellos eran rubios, de un rubio plateado, como las hebras que coronan la piña del maíz; sus ojos eran azules, de un azul triste como el cielo de las tardes del invierno. La caña no se mece con más gentileza; la tórtola no suspira más dulcemente; el agua no sonríe más tranquilamente entre las asperezas del cauce, que ella sonreía entre los infortunios de su desdichada y corta vida. Y era tan bella, y era tan buena la casta niña de que os hablo, que si no estuviese enamorado de cierto ángel de virtud y de belleza, muy formalmente os aseguro que hubiera amado a aquella mujer con toda mi alma.

¿A qué referiros su historia? ¿Qué le importa al viajero que cruza un desierto de nieve de quién sea la huella que encuentra en su camino? ¿Quién se detiene ya a escuchar esas historias inverosímiles, en que una mujer muere de amor? ¡Bah! ¡Pueden morir hoy las mujeres de otra enfermedad que la de moda; de puro apretarse el corsé, o del pesar de no haber recibido antes del baile el vestido blanco de flores, plumas y lazos sin número, y luengas blondas, y cola sin límite, que les ofreció la modista!

Y sin embargo, ella murió de amor.

Yo la vi en su último día reclinada en un sillón junto al balcón de su gabinete, que había hecho abrir para respirar el aire puro de la mañana, porque su pecho se ahogaba. Yo la veía a través del cerco de flores que adornaba su balcón, rodeada de su familia y de sus hermanitos, que puestos de rodillas a su lado, con las manos tristemente cruzadas sobre el pecho, parecían ángeles orando junto al trono de una virgen. Todos los seres que amaba estaban allí: todos menos uno: ¡el que ella más quería! Y ella miraba al cielo como mira el caminante la ciudad querida término de su viaje.

Cuando ahora me asomo a mi balcón, viendo aquel otro donde ella murió, orlado no de las frescas flores de otro tiempo, sino de un marco de hojas secas, como el follaje que a veces rodea una lápida, sonríome con irónica tristeza, y acordándome de aquel dichoso padre del Concilio, me pregunto si esas pobres mujeres que, como Dios, sufren y padecen y mueren por el hombre, sin lanzar un ¡ay!, sin exhalar una queja, y amando y perdonando a quien las mata, son, en efecto, *seres humanos*.

EN SECRETO[1]

Tengo en el más oculto cajón de mi bufete, entre la pequeña ánfora que guarda las hojas, marchitas ya, de un heliotropo, y la cubierta en que he encerrado cuidadosamente mi abono al teatro, una carta que sólo yo he leído todavía, y que recomendando el secreto más profundo, voy a poner ahora ante los ojos de los que con poco más o menos curiosidad leen mis artículos. Confieso que me considero incapaz de enseñar esta carta a algún amigo; temería, sin ir descaminado en mis temores, cometer un delito inexcusable, al romper el sigilo que se me encomienda; la voz de mi conciencia asustadiza, tal vez y sin tal vez, no me dejará concluir la lectura de esas líneas; romper así el secreto, es una falta; revelar a un amigo las confidencias que otro nos ha hecho, es, a no dudar, un crimen no previsto suficientemente por el Código; y yo, que me precio de reservado, que soy incapaz de revelar a nadie los secretos más o menos graves que se me confían, he decidido hundir en el misterio más completo la misteriosa carta de que hablaba. He aquí la causa por qué la publico.

A primera vista, esta decisión podrá aparecer como una paradoja, pero examinándola escrupulosa y detenidamente, cualquiera verá claro como la luz del día, la lógica profunda y la verdad que encierra. Entre publicar una carta y leerla a un amigo, existe una enorme diferencia. El amigo es un ser perfectamente limitado, con personalidad propia, con dos ojos escrutadores que se fijan impertinentemente en nuestro rostro y con dos labios casi siempre en movimiento y ansiosos, cuando no, de desplegarse para dejar salida a algún secreto. Se ha menester un desenfado soberano para decir frente a frente a aquel amigo cosas que confiamos únicamente a la almohada. Aquella mirada nos hiela y nos inmoviliza como un día de invierno; a cada paso sospechamos, quizá sin fundamento, que una sonrisa de incre-

---

[1] Impreso dos veces en los periódicos de la capital: en *La Libertad* del dos de febrero de 1879, y en *La voz de España*, 23 de noviembre del mismo año. En ambos casos lleva el título de *En secreto* y va firmado "M. Gutiérrez Nájera". Las dos versiones se diferencian muy poco, pero publicamos la de noviembre, por ser la última vista por el autor. No ha sido recogido más que una vez: en las *Obras*, México, 1898, con el título *El secreto*. La versión de las *Obras* es la de febrero.

dulidad mueve esos labios; tememos parecer ridículos o vanos, y la confesión, ya próxima a escaparse, se abriga avergonzada en nuestro pecho. ¡Pero con el público ya es otra cosa! El público es un ser perfectamente fantástico; un maniquí que nosotros mismos componemos y cuya naturaleza cambia y se trasforma, como el termómetro, como el corazón de una coqueta. Hechura nuestra, posee nuestras propias debilidades y nuestras mismísimas flaquezas. Es un cierto todo que no es nada, y una especie de nada que lo es todo. Como el iris, ostenta todos los colores. Las veletas le han dado su movibilidad y la sombra su misterio. Como no tiene cara, es imposible que se ruborice. Es el confidente forzado de todos los poetas románticos, y el perenne delincuente sentenciado a oír cosas que nada le importan. San Agustín le reveló los secretos de su vida, y Sócrates le abrió de par en par el arcano de su muerte. ¡Pobre público! Si pudiera hablar, ¡cuánto diría! Él escuchó las jeremiadas de Lamartine, y escudriñó los misterios de su vida. Él abraza todas las edades, todos los círculos, todas las ideas. El público es Ud., caballero, cuando al levantarse por las mañanas, y mientras humea en la taza el chocolate, recorre las columnas del periódico. El público es también la dama cuyos ojos, negros o azules, rasgados o pequeños, se fijan indolentemente en estas líneas. Y lo que yo, por ejemplo, no diría jamás al viejo amigo; lo que no murmuraría al oído de Ud., señora, mientras recorremos los salones al compás de un vértigo de Strauss, ni cuando en amistoso *tête à tête* hablamos, Ud. tejiendo a la luz de tibia veladora y yo siguiendo con los ojos los caprichosos dibujos de la alfombra, lo digo aquí sin inquietarme en lo más mínimo, sin que el temor anude mi garganta, sin que mis yertas manos se estremezcan como al soplo del cierzo de diciembre. Y esto es tan cierto, que si yo leyera la carta que tengo en estos instantes en mi mano, a un amigo, a un confidente, a un compañero, no vacilaría en echarse por esos mundos de Dios a investigar quién la había escrito, mientras que publicándola en un diario, como la publico, nadie, absolutamente nadie, se atreverá a dudar que es una epístola absolutamente imaginaria.

He aquí la carta:

Caballero:

Justa extrañeza motivarán en su ánimo estas líneas. Yo no tengo la honra de contarme en el número de sus amigos; nos movemos en círculos diversos; Ud. es joven, yo soy viejo; Ud. concurre al teatro, yo me encierro en casa por las noches; jamás hemos hablado largamente, y nuestras relaciones sociales sólo tienen el carácter de mera cortesía.

¿El que Ud. me salude en el paseo, me autoriza acaso para hacerle una confidencia pidiéndole un consejo? Lo ignoro, caballero; pero en ciertas ocasiones de la vida, en ciertas ocasiones en que el sufrimiento alza nuestra reserva acostumbrada, como el vapor levanta la cubierta de un caldero de agua hirviendo, se pasan por alto las conveniencias sociales, y cayendo en el riesgo inminente del ridículo, revélase al que más confianza nos inspira, aquella pena tan largamente cobijada. Además, soy un tanto excéntrico. Me propuse ayer aconsejarme del primer conocido que encontrara, y al dejar los umbrales de mi casa crucé con Ud. mi primer saludo. Tenga Ud., pues, la paciencia de escucharme.

Caballero, yo tengo una hija. No le hago a Ud. el agravio de imaginar que le es desconocida. Me han dicho los amigos que es muy bella, y el parlanchín espejo debe habérselo dicho muchas veces. Sus trajes, cortados por la mano de Valeria, son envidia de damas y polluelas; todas las tardes debe Ud. mirarla en su carruaje tirado por *two miles*[2] americanos, y aun, si no me engaño, creo que han valsado Uds. juntos, y no hace mucho tiempo por más señas. Es mi hija única. Su pobre madre murió dejándola en edad ternísima. Desde entonces mi cariño es doble; la quiero por ella y por mí. ¡Se le parece tanto! Los mismos ojos, la misma boca, idéntica manera de reírse! Comprendo, caballero, que estos detalles deben interesarle a Ud. muy poco o nada; pero al dar comienzo a esta carta hice un llamamiento a su paciencia; y andando el tiempo, cuando tenga Ud. una hija como la mía, comprenderá que mis impertinencias de padre son bien excusables.

Yo soy un hombre montado a la antigua, como hoy se dice. Tengo en olor de herejía a los socialistas, y mis nervios se crispan cuando pienso en las doctrinas anárquicas de la Comuna. Será por mis cortos alcances, cúlpese en buena hora el raquitismo de mi inteligencia, pero ello es que entre el sectario de un sistema social que aspira a arrebatarme mis haciendas, y el bandido que exponiendo su existencia acecha en la encrucijada de un camino, sólo encuentro la grave diferencia de que el primero es un ladrón cobarde, mientras que el otro es un ladrón bizarro. Dados estos datos, Ud. no extrañará que crea tener una propiedad innegable en mi hija. Parece, sin embargo, que la mayor parte

---

[2] Véase la nota 5 del cuento *Al amor de la lumbre,* en esta edición.

de los amantes profesan el principio de Proudhon:[3] la propiedad es el robo. Creí, durante largos años, que mi hija era mía, absolutamente mía, y hoy me desayuno con que el primer venido, un Juan Pérez, que se me entra por la ventana, tiene sobre ella más derechos y más poder que yo, su padre. ¿Ud. comprende esto, caballero? Evidentemente, si hago traer de Arabia una yegua *pur sang,* si la mantengo en mis caballerizas, la curo cuando enferma, y gasto mi dinero en mejorarla, tengo el justísimo derecho de tener por loco al que con desenfado y con donaire venga a exigirme que le dé esa yegua. Nada más justo, ciertamente. Pero en cambio, tengo una hija a quien educo a fuerza de vigilias y desvelos; he pasado las noches a la cabecera de su lecho, cuando devorada por la fiebre retorcía sus manecitas; es la sangre de mi sangre, el alma de mi alma. ¿Sufría de niña? yo era el que iba a enjugar aquellas lágrimas. ¿Gozaba? mi corazón de padre se henchía de regocijo incomparable; mi vida, mis trabajos y mis afanes no tenían más término ni más objeto que su dicha; y cuando tras el largo discurrir del día, al volver a mi hogar, en esa hora en que todo se recoge en el silencio, la miraba dormir como un ángel en su cuna, yo decía para mis adentros: esa niña hoy es como una planta tiernecita, que yo cuido y encubro con mis manos; no sabe, no conoce las zozobras y afanes que me cuesta, vive con la vida apacible de la infancia; pero mañana, cuando crezca, aprenderá, sentada en mis rodillas, los consejos que pueda darle mi experiencia; me amará con el corazón y con el entendimiento; será buena, casta, obediente, mi orgullo, mi vanidad, mi gloria; luego... luego, se casará, sí; ¿por qué no ha de casarse? Yo tendré un hijo más, que realice sus ensueños juveniles, que la ame con toda su alma, que la haga dichosa... ¡vamos, si hasta a veces me regocijaba con la esperanza de tener un nieto! Creo, caballero, que estos sueños de oro eran sobrado justos en un padre. Pero he aquí que yo contaba sin la huéspeda, y que mientras abría las puertas de mi casa a todos aquellos cuya posición y cuya conducta no inspiraban en mi ánimo temores, mientras con la linterna de Diógenes entre las manos buscaba al novio que había deseado yo para mi hija, el amor, ese rapaz travieso como dicen Uds. los poetas, se me descolgó sigilosamente por la ventana; de suerte, que al levantarme cierto día, ajeno a todo sobresalto, me encontré ni más ni menos

---

[3] Pierre-Joseph Proudhon (1809-1865), proponente de teorías muy discutidas sobre la propiedad.

con la agradable nueva de que mi hija, *mi hija,* caballero, tenía un novio.

¿Quién era este novio? Doy a Ud. mi palabra de que si el amante consabido fuera por lo menos aceptable, ninguna objeción, ningún obstáculo habría opuesto por cierto a sus amores. Pero un hombre sin profesión ni hábitos de trabajo, un *fainéant* que pasa la vida en engomarse los bigotes; un hambriento que anda al husmo de ricas herederas; un calavera cuyas proezas, dignas de un poema, estriban en haberse embriagado en las cantinas, a costa de los otros, por supuesto, en haber cortejado a tres mujeres con el propósito únicamente de engañarlas; un hombre que es un cero social, un zángano del mundo, ¿sería acaso a propósito para hacer la felicidad de una familia? Tanto valdría afirmar que dos y dos son cinco, que el sol no alumbra, que la virtud es vicio. Éste es, pues, un caso, señor mío, en que el padre tiene el derecho y el deber de impedir que su hija caiga en el abismo. Los códigos deben revestir al padre de una autoridad ilimitada. Y sin embargo, parece que en este drama de familia, el padre, el pobre padre, es un comparsa. He recurrido a la persuasión; hice valer las armas del cariño; supliqué, rogué, mas todo en vano. Y cuando, con dolor profundo en el espíritu, intenté recurrir a la energía, y desplegar mi autoridad de padre, y así alcanzar por fuerza lo que ni por la persuasión, ni el dolor, ni el cariño habían logrado, he aquí que me encuentro con que el poder paternal es una burla, que hay alguien que posee más derechos que yo sobre mi hija, y que tras la cabeza del amante que me intenta robar a pleno día, asoma el gobernador o la justicia que viene a autorizar tamaño robo. ¿Con qué derecho se mezcla un ser extraño en mi familia? ¿Por qué la venia del gobernador viene a hacer inútil mi consentimiento? Dado que mi oposición pecara de tenaz e impertinente, ¿no tengo yo el derecho de mandar, como señor único en mi hija, hasta que la edad de emancipación forzosa llegue para ella? El estado debe lavarse las manos en casos como éste. Desde el momento en que hace contrapeso a la autoridad del padre el poder incompresible del gobernador, el desorden y la rebelión sientan sus reales en el hogar doméstico. ¿Qué, las noches de vigilia trascurridas con el pensamiento fijo en el porvenir de aquella hija, las aflicciones y desvelos que su educación haya costado, todas esas luchas, todos esos trabajos, ¿no dan acaso al padre el derecho indisputable de prohibir a su hija que se pierda? ¿Y qué sabe el gobernador de todo esto? Puede parecerle justo y hacedero el matrimonio; encontrará ridículos y vanos los inconvenientes u obstáculos que se le pongan; tachará de estúpida la oposición paterna; pero, ¿qué sabe él de las causas secretas que pueden motivar la decisión del padre? ¿Qué sabe si el carácter de la hija y la conducta de su pretendiente presagian tristísimo porvenir a su consorcio? ¿Ha vivido acaso con la sola idea de examinar el libro de aquella alma, hoja por hoja? ¿Ha sondeado aquel corazón de mujer, adivinando lo que nada más los perspicaces ojos de un padre han comprendido? Pues si no lo sabe, si no puede saberlo, ¿con qué derecho se mezcla en este asunto?

Yo no soy abogado, caballero, conozco poco la ciencia del Derecho, se me ocultan todos los grandes sistemas de jurisprudencia, pero a fe de hombre honrado, que por más vueltas que doy a la cuestión, no logro comprenderla.

¿Quién arma al padre contra el malvado que viene a separarle de su hija?

Yo no soy egoísta: doy mi hija al que haya obtenido su cariño, siempre que traiga en cambio la moneda del amor y de la honra. Pero si la autoridad se conjura en contra mía, ¿qué hago, caballero? ¿Abro la puerta a la hija ingrata que quiere abandonarme, o espero a que el gobernador venga a arrancármela?

X.

Hasta aquí la carta. Diez días hace que la tengo en el cajón de mi bufete, sin poder acertar a contestarla. Porque, en efecto, cuando los lazos del amor se rompen, ¿qué otros sujetarán en el hogar a la hija que quiere abandonarlo? ¿Lo sabe alguno por ahí? Espero la respuesta.

LAS EXTRAVAGANCIAS DE LUNA[1]

El fin del mundo me recuerda a un viejo filósofo inédito, digno de figurar en los varones ilustres de Plutarco. Cuando le preguntaban su apellido, respondía: "Yo soy el que alumbra las noches". Y en efecto, se llamaba Luna. Si no recuerdo mal, era guatemalteco. En busca de fortuna, sin más dinero que el que llevan a París los saboyanos emigrantes, vino a pie desde su patria. Porraz le dio un asilo bajo los árboles del Tívoli y le nombró su cobrador. Luna ganaba, como recompensa de sus faenas, quince pesos mensuales, la casa y la comida. Su casa era un viejo cubil de perros, cavado en la pared, a la entrada del Tívoli. Para poder estar en ese abrigo miserable era preciso permanecer acostado o de rodillas. La luz no entraba por ninguna parte. Las únicas candelas propias de aquella catacumba hubieran sido las pupilas de una lechuza doméstica. Luna, como su homónimo celeste, no gastaba más luz que la del sol. Para pensar, no se requiere vela... ni pantalones. Durante el día peregrinaba trabajosamente, yendo a las casas de los deudores morosos, y al caer de la tarde volvía al Tívoli. Los gorriones, esos humildes músicos alados que forman la murga ambulante de los árboles, cantaban su coro final, como una turba de chicuelos a la hora en que salen del colegio. Luna entraba a su tugurio, sacaba un libro y se ponía a leer, aprovechando las moribundas claridades de la tarde. En ocasiones menospreciaba la lectura, y dábase a escribir sobre la parte blanca de los avisos y programas viejos, su obra monumental sobre el cercano fin del mundo. Muchas veces tuve oportunidad de conversar con aquel lunático. No carecía de cierta educación rudimentaria. Hablaba francés, inglés, y había leído las historias de Prescott y de Robertson. Su preocupación constante era el fin del mundo. La época fijada por ese astrólogo de cuarto bajo para la gran liquidación de cuentas, era el año mil novecientos. ¡Cerca andamos!

Luna era el tipo perfecto del avaro. Yo creo que él inventó el conocido sistema de aguar agua, esto es, de mediar con agua

---

[1] Se publicó en *El Cronista de México* el 20 de agosto de 1881, como parte de un artículo más largo titulado *Memorias de un vago*. Va firmado "M. Can-Can". Como el título original es el de una serie de artículos, lo hemos reemplazado por otro más característico.
Que sepamos, no se ha incluido en ninguna colección.

salubre la potable. Durante los ocho años que permaneció en el viejo Tívoli, cobrando a los deudores de Porraz, no quiso percibir ni un centavo siquiera de su sueldo. ¿Para qué? Tenía casa, comida, y al llegar a México habilitó su guardarropa para muchos años. Esta habilitación fue curiosísima. Luna tenía media docena de trajes, veinte sombreros y una cantidad fabulosa de botines. El costo de aquel inmenso vestuario no llegaba a cinco pesos. Como el gomoso se viste en casa de Gougoud, Luna se vestía en el Baratillo. —No saben ustedes —me decía una vez— el tesoro que tiene México en el Baratillo. De ahí habían salido esas levitas carmesíes, esos hermosos pantalones amarillos y esos lujosos chalecos verde oscuro con que se engalanaba, parecido por lo vistoso de sus colores, a los carteles de Tostado y a las fachadas de las casas Pompeyanas. ¿Quién supo jamás comprar cinco centavos de chalecos y real y medio de levitas? Pues lo supo Luna, que había visitado las tiendas ambulantes de los ropavejeros miserables, como Grant visitaba los empeños sentado en la carroza de Maximiliano.

Mi avaro amigo no tenía más que un solo vicio: el del rapé. Pero este vicio era, para él, poco costoso. Entraba a los cafés, husmeaba con su olfato de lebrel los pedazos de puro y las colillas de cigarro, los recogía luego del suelo, y con aquellos desperdicios asquerosos fabricaba un rapé de primer orden que sorbía con deleite sibarita. Cierta ocasión lo vi persiguiendo un tabaco apagado que estaba bajo la mesa del billar. Con el bastón, cuyo puño retorcido podía servir de gancho, atrajo el pedazo de puro lentamente. Luego que estuvo ya al alcance de su mano, dejó caer el paliacate, se agachó entonces para recogerlo y levantó el trabuco perseguido, exclamando entre dientes: —¡Date al rey, villano!

¡Pobre Luna! Lo perdí de vista luego. Renunció su empleo, pidió a Porraz los sueldos reunidos de aquellos ocho años, y con esa pequeña cantidad se dio a la usura de mercado. Si no ha muerto, debe ser más rico que Felipe Iturbe. Ya no busca editor para su enorme libro sobre el fin del mundo. Muy pronto llegará para él, si vive aún. El fin del mundo para M. Can-Can y para todos es la muerte. ¡Pobre Luna! Puede ser que esté ya en la bodega telarañuda y sucia en donde guarda Dios las lunas viejas!

UN MATRIMONIO EN PARÍS[1]

Si entre esos maravillosos aparatos que suprimen la distancia, el tiempo y el espacio, hubiera descubierto Edison[2] alguno que acercara a nuestra vista las cosas lejanas, yo estaría de enhorabuena. Podría mirar a dos novios que van ahora camino de Roma, llevando en su maleta la vara de marfil que da la felicidad y el heliotropo de Corinto, que hace eterno el amor. Mas, por desgracia, el anteojo de Muzraim no es más que un mito, y solamente la imaginación, esa loca de la casa, puede hacernos mirar las cosas lejanas, el lago de Como con sus villas perfumadas, las nieves del Monte Blanco y la grandiosa majestad del Vaticano. La imaginación es un caballo con alas como el de los dioses. Permita Ud. que doble la rodilla y que le ofrezca de ese modo un escalón seguro para que suba graciosamente al albardón. Deje Ud. flotar los pliegues de su traje de amazona y cubra sus delicados rizos de oro con el sombrero de copa, rodeado por una gasa azul. Aquí está el látigo y la rienda de listón color de rosa. ¡En marcha!

En dos minutos, hemos salvado el mar como las golondrinas. Nadie nos pide nuestros pasaportes ni registra nuestras maletas en Burdeos. Ya estamos en París. El corcel se hace invisible, el traje de amazona se convierte en un soberbio atavío de ceremonia, y *clopin-clopant* entramos al templo de santo Tomás de Aquino. Allí se verifica el matrimonio de una amiga nuestra; Concha Miramón y Lombardo. Pancho Fortuño, el novio, es como los zahoríes: ha sabido descubrir un tesoro. Los azahares que rodean las sienes blancas de la novia se estremecen de amor. Las notas de la orquesta ruedan por la nave del templo, arden los cirios en el altar, y el incienso y la oración suben al cielo. Los testigos de la novia son el conde de Algarra, representante de don Carlos de Borbón y M. Gessler, y los del novio, Miguel Miramón y el banquero Santos. La concurrencia que asiste a esta solemne ceremonia es lucidísima. Figura en ella la Reina Isabel.

La ceremonia acaba. Los invitados van a la casa de la Sra. Lombardo de Miramón (Rue Chaussée d'Antin 60) en donde

[1] Se publicó en *El Nacional* el 30 de octubre de 1881, con la firma "M. Gutiérrez Nájera". No se ha recogido.
[2] Thomas Alva Edison (1847-1931), inventor norteamericano.

se les tiene preparado un *lunch*. Isabel II, que casi siempre rehusa este género de invitaciones, quiso asistir a esta agradable fiesta de familia. Todavía más: regaló a la novia un precioso reloj con esta cifra: *I. II*, acompañada de una carta que dice así:

> Querida Conchita: Acepta ese pequeño recuerdo de mi uso personal.
> Sabes que siempre te desea todo género de venturas, tu buena amiga
>
> *Isabel II.*

El duque de Madrid, que estaba enfermo, no pudo asistir al matrimonio, y envió como representante suyo al conde Algarra.

Ya es hora de volver. Los novios se preparan a hacer una excursión a Londres, y partir en seguida para Roma, en donde recibirán la bendición del Santo Padre. Dentro de poco tiempo vendrán a radicarse en México. No turbemos el tierno dúo de esas dos almas que se han ligado con cadenas de mirtos y azahares. La felicidad es como las estrellas: necesita la sombra y el silencio.

LA FIESTA DE LA VIRGEN[1]

Todavía me parece estar mirando aquella casa de paredes blancas y de enormes patios, que dio hospedaje a mis ensueños y amarguras. Todavía me parece estar mirando la fuente rodeada de naranjos, el viejo asiento de piedra en que descansábamos al anochecer, mientras entraban los ganados al establo, a la primera luz de las primeras estrellas.

Aún veo el copado fresno que sombreaba la puerta de la casa como un guardia palatino.

Yo recobraba allí mis fuerzas decaídas en la lucha diaria, en la ímproba labor. Me escondía en aquella heredad lejos de los periódicos, de los teatros, de los clubs, y aquietaba mi espíritu en la contemplación de la naturaleza y en la compañía de buenas almas. De los campos en donde araba pensativo el buey de ojos profundos; del surco recién abierto, del agua que correteaba por los caños; subía hasta mí ese olor sano que vigoriza y que conforta: olor a quietud, a sosiego, a tierra fresca, a onda límpida, a salud de las criaturas animadas. De los seres en cuya intimidad vivía, brotaba el perfume suave de las almas buenas, de los corazones sencillos, que da calor y vida a nuestro espíritu. Recogido en aquella calma augusta de los campos, yo decía a la Naturaleza, como Lacordaire[2] al Creador: "¡Oh madre eterna, madre, yo voy a vos... abridme!"

---

[1] Se conocen, en la prensa de México, tres versiones de *La fiesta de la Virgen*: la de *El Nacional*, 10 de diciembre de 1881, firmada "M. Gutiérrez Nájera"; la de *La Libertad*, 12 de diciembre de 1882, firmada "El Duque Job"; y la de *El Universal*, 12 de diciembre de 1894, firmada "Puck". En las dos primeras van añadidas al título, entre paréntesis, las palabras "En el campo".

En la versión de 1882 se omite el último párrafo de la de 1881 y se hacen varios cambios de fraseología. La versión de 1894 omite no solamente el último párrafo de la de 1881, sino también unos veinte renglones sobre el valor de la religión como consuelo de los pobres, que en la versión de 1882 vienen casi al final. Se diferencia también de las otras en ciertos detalles de fraseología.

El cuento ha sido editado por lo menos dos veces: en las *Obras* de 1898 y en los *Cuentos, crónicas y ensayos*, prólogo de Alfredo Maillefert, México 1940. En ambos casos se usa la versión de 1882. Preferimos la de 1894 por ser la última publicada en vida del autor.

[2] Jean Baptiste Henri Lacordaire (1802-1861), famoso clérigo franciscano y distinguido orador.

El invierno entumía las aves en sus nidos y trasformaba en cristales duros el agua helada de las fuentes. Los pobres labradores tiritaban y el cielo resplandecía con todas sus hermosas claridades como una plancha de acero azul bruñido. Los carros atravesaban la calzada rechinando. Mis oídos se abrían a todos esos rumores sordos de los campos, a esos vagos ruidos del viento que brama entre los viejos encinares y besa murmurando el tallo de las rosas; como Hércules a los pies de Onfalia. Oía el balido de la oveja y el piafar del potro, la voz del buey que muge y la campana de la ermita dando, al oscurecer, las oraciones.

También la madre Naturaleza reconstruía sus fuerzas como yo. Los granos caían en el surco y las ideas arraigaban en mi entendimiento. El hielo de los campos y la austeridad huraña de mi espíritu no eran más que disfraces pasajeros: la simiente se multiplicaba bajo la tierra, y las doradas ilusiones sacudían sus alas entumidas en mi alma, como salen del tamarindo hospedador las aves que pasaron la noche entre sus ramas.

El frío nos obligaba a buscar la atmósfera caliente de las habitaciones, y a galopar por las mañanas en el valle. La noche nos veía reunidos en la capilla, angosta y larga, a través de cuyas ventanas se miraba el titilante resplandor de las estrellas, que ardían sin producir calor, como puntas de diamantes. A veces las estrellas se apagaban, diríase que la sombra de Dios pasaba por el cielo.

La capilla estaba comúnmente casi a obscuras. Una lámpara de aceite ardía nada más, junto al sagrario. ¡Era el alma de fuego que oraba por los espíritus de hielo! En la sombra se perfilaban los confesonarios, con la reja abierta para recibir a los pecadores. En un lienzo de la pared se destacaba el cuadro de la Virgen. Al concluir la oración, las jóvenes se ponían de puntillas para tocar sus plantas con sus labios.

Ningún recuerdo, sin embargo, de los de ese tiempo, vive con tanta vida en mi memoria, como el de ese claro y sereno día de la Purísima.

En la noche anterior se había ocupado la familia en disponer el santo altar. Yo había ayudado a colocar los cirios y a poner las flores de papel en los jarrones de yeso. En el jardín no había más que una sola flor —y ésa no la hallé en mis pesquisas. ¡Sólo una mujer puede encontrar las flores dentro de la nieve!

Aquella sencilla ocupación regocijaba mi ánimo. Me parecía que íbame aproximando a los días apacibles de mi infancia, esto es, que iba llegando al cielo. Respiré con delicia el místico olor de incienso —ese divino olor de la castidad. En la mesa tallada de la sacristía brillaba, limpio y lustroso, el copón de oro.

Al acostarme aquella noche, pensé oír, muy distante, ese vago rumor de alas que arrulló mi sueño la víspera de mi primera comunión!

En la tarde del siguiente día se verificó la procesión en el cercano pueblo. Yo jamás había visto procesiones. Vine al mundo cuando los cirios que Lutero, al decir de un poeta, vio en manos de los monjes, y que simbolizaban la fe, estaban casi todos apagados.

Las leyes de Reforma tenían ya tantos años como yo; pero en los pueblos nadie sabe leyes. El alcalde, representante del Estado sin Dios, en esa pobre aldea, era tal vez el único que conocía las prohibiciones y cortapisas impuestas a los cultos religiosos. Por eso, bastón en mano, salía de su palacio —un caserón con dos corrales llenos de gallinas— rumbo al campo. Nos encontramos y me preguntó:

—¿Por dónde viene la procesión?

Yo le indiqué el rumbo que había tomado al salir de la parroquia. Entonces él, torciendo por la calle opuesta, me contestó:

—Voy por aquí. Yo no quiero saber que hay procesiones. No puedo permitir esta infracción escandalosa de las leyes.

Reventaban los petardos y los cohetes, culebreando en la atmósfera. Todos los balcones y ventanas se veían llenos de mujeres y de niños. Las sobrecamas y las carpetas de las mesas servían de colgaduras. En la parroquia repicaban las campanas.

Por fin la procesión desembocó. Por delante, marchaban alzando los ciriales, monaguillos con sobrepellices lavados y zapatos nuevos. Luego, de dos en dos, marchaban los devotos, cirio en mano. Aquellas buenas gentes formaban como la guardia de honor de la Virgen, que iba en andas.

Atrás, entre una doble hilera de gente arrodillada, bajo el pobre palio, iba el Guardián con su ornamento blanco, enorme lujo de los días solemnes, llevando entre sus manos la custodia.

Al desfilar la procesión reventaban con multiplicada fuerza los petardos, la campanilla dejaba oír su timbre de oro, y una lluvia de flores silvestres descendía de los balcones. ¡Oh santa sencillez! ¡Oh santo amor!

La fiesta terminaba ya en el pueblo. Los fuegos artificiales abrían sus grandes flores rojas en el obscuro lienzo de la noche. Las estrellas cintilaban en el cielo, tan frías como en la noche de Navidad. Nosotros regresábamos contentos en el *breack* escuchando los rumores solemnes de la noche. Ya distinguíamos las fogatas y luces de la hacienda. La última rueda de cohetes se había apagado en la obscuridad...

EN HORAS DE CALOR[1]

En este instante oprimo por última vez la mano de una amiga que huye en busca de los cafetos que rodean su quinta y los cocuyos que travesean en torno de ella por la noche. La he visto con el cuerpo inclinado sobre el baúl a medio llenar, yendo desde un extremo al otro de la pieza con la palmatoria de plata en una mano y el saco de viaje en la otra.

Todo en la alcoba está en desorden y fuera de su sitio. Una pantufla asoma su punta angosta bajo el canapé y un pomo de Colonia, que nadie vio caer al suelo, deja escapar su líquido perfumado, como el alma que hiere con su dardo el desengaño.

¡Ah, si pudiera hacerme pequeñito, pequeñito, me escondería en el baúl de mi gallarda amiga, para emprender con ella el viaje! Mientras ella trabaja y cierra las maletas, pienso con delicia en esa caminata. Ya pienso adivinar el sitio en que me esconderé, si un genio bueno quiere hacerme pequeño como un duende. Aprovecho un momento en que ella vuelve la espalda a sus baúles, para esconderme en ese rinconcito perfumado, entre un paquete de camisas y dos cajas de sombreros. De esos cartones sale un delicioso olor a heno cortado. ¡Así huele su cabello! Ella me busca y halla el canapé vacío: "¿En dónde está? Vamos, ¡salga Ud.!" E inclinando su blanca palmatoria, ve todos los rincones, registra el hueco de las puertas, y se pone de rodillas para espiar debajo de la cama. Yo quisiera reír; mas tengo miedo de que me descubra, y apenas si me atrevo a levantar la tapa del baúl. Allí está, de rodillas, dejando que sus grandes trenzas rubias toquen con sus puntas las alfombras. Las grandes flores dibujadas con hilos de lana roja deben sentir el movimiento de su seno. Su boca se abre sonriendo y casi pega al suelo sus mejillas. Me busca y no me encuentra. ¡Pobrecita!

[1] Publicado tres veces en periódicos mexicanos durante la vida del autor, siempre como parte de un artículo más largo: en *La Libertad* del 14 de mayo de 1882: *Crónicas color de rosa;* en *El Partido Liberal* del 24 de mayo de 1885: *Crónica del domingo;* y en *El Partido Liberal* del 19 de abril de 1891: *En horas de calor.* En los tres casos va firmado "El Duque Job". En 26 de mayo de 1895, algunos meses después de la muerte del autor, se publicó en la *Revista Azul* una versión idéntica en todo a la de 1891.

Las versiones de 1882 y de 1885 son idénticas, y la de 1891 es distinta de ellas sólo en algunos detalles de fraseología y puntuación. Publicamos la versión de 1891 (y de 1895) con su título original.

No ha sido incluido en ninguna colección.

De repente, creí que la purpúrea lengüeta de la bujía iba a quemar sus rizos. En este instante quise saltar; pero mis pies de alambre se habían enredado con los listones de una caja. Ella se levantó graciosamente, componiendo los pliegues de su traje, y de nuevo escuché su voz de oro que decía: "Vamos, señor travieso, salga Ud., ya me he quemado". Yo me reía interiormente, como un duende malo. ¡Busca! ¡Busca! Y ella por rincones, puertas y ventanas, y iba y venía con ese paso leve parecido al de las hadas y las golondrinas, sin dejar de buscarme ni aun bajo los pesados almohadones del canapé. Yo estaba perfectamente bien. "Cuando el calor arrecie", me decía a mí mismo, "entraré en ese pomo de cristal, lleno de arroz en polvo, fresco y aromático. Estoy en medio de sedosas enaguas, linos blancos, surah claro, todo tibio, amoroso y perfumado. Dentro del gran baúl respiro un olor de violeta delicioso. Si en el camino tengo frío, me cubriré con los ricos pañuelos de batista. Sólo una cosa me incomoda: siento algo resistente que no se hunde al peso de mi cuerpo. ¡Ah! son las zapatillas de mi amiga. Con ser tan pequeñuelo, no puede entrar en ellas: ¡tan diminutas son así! Y es lástima, porque ese fondo de raso blanco acolchonado convida al sueño y al reposo".

Aquí está la preciosa bata de mañana, con sus listones color de rosa; aquí la cofia con encajes, que da un corte tan coqueto y pintoresco a su cabeza rubia: acá las medias de colores claros, con flores y hojas de bordado primoroso, allá... Frou Frou, la tísica heroína de Halévy, habría sepultado sus manos ágiles e inquietas en el fondo del baúl, diciendo como en el fin de la comedia parisiense: "Si muero, sepultadme bajo los encajes; perfumad mis cabellos con esencia de azahares; ponedme un traje azul y reclinadme luego la cabeza sobre un almohadón color de rosa".

En medio de la seda y la batista, recordaba cierta canastilla de boda, enviada a una novia por su prometido. Imaginaos una cesta tramada con varillas de oro, semejantes a juncos, vestida de satín color de rosa, y cubierta por la espesa neblina del encaje.

No llevaba estuches para guardar las alhajas. Las blondas reemplazaban el papel de seda. Los diamantes, dispersos, jugueteaban en una escarpa de punto de Alençon, y el reloj diminuto, de miniatura antigua, con la tapa cuajada de perlas, palpitaba en una hermosa berta de Venecia. Bajo la espuma de las valencianas brillaban pequeñuelas luces rojas: eran los rubíes. ¿No os parece escuchar los gritos de sorpresa que exhalaría la novia? Los abanicos habían escogido para domicilio los pliegues de un vestido a la española con encajes negros. Los botones de perlas a la Valois se escondían temblorosos en un pañuelo blasonado, guarnecido de punto de Francia, y, como vanos accesorios, pendían los elegantes brazaletes del nudo que cerraba el canastillo. Un espejo de oro y de marfil estaba oculto bajo un ramo de flores naturales.

En dos sacos de raso iban, por último, los siete anillos tradicionales que corresponden a los días de la semana, y la parte de los pobres, en ducados españoles de oro virgen.

En una cárcel semejante iba yo preso. ¿Llegaríamos pronto? "Ya me imagino", añadía yo, "los gritos asustados de mi amiga, cuando me encuentre al levantar la tapa del baúl".

—¿Cómo...? ¿Se ha atrevido Ud.?

Yo saltaré violento, para cerrar sus labios con los míos. ¡Con tal que no le arrugue sus vestidos!

¡ABUELITA, YA NO HAY CORPUS![1]

¡Abuelita, abuelita, la de cabellos blancos y anteojos de oro en caja de marfil: abuelita, abuelita, bien hace Dios en no querer que salga Ud. de ese rincón pacífico y obscuro en que maúlla el gato y lee Ud. vidas de Santos; bien hace Dios en tenerla sujeta con un hilo de algodón a la mesilla donde una lámpara de aceite alumbra el gancho y los tejidos comenzados; ¡abuelita, abuelita, ya no hay frailes, ya no hay procesiones, ya no hay Corpus! Ya me parece ver cómo, al oír estas palabras, cae de sus manos la enorme bola de hilo blanco y hasta el Año Cristiano desencuadernado. El gato juega a la pelota con el hilo y araña con su garra volteriana las páginas amarillas del devoto libro. Ud. no mira nada: abre los ojos espantados y murmura en voz baja: ¡ya no hay Corpus!

Y es verdad: he recorrido las calles principales, que antes cubría el espeso toldo blanco y que ahora calienta el sol con dardos inflamados; he atravesado de una acera a otra, con grave riesgo de morir bajo las pezuñas de un caballo, y no he visto esos talares hábitos del fraile que antes formaban toda mi delicia, ni he escuchado el redoble marcial de los tambores que cerraban la marcha de la procesión. ¡Abuelita, abuelita, ya no hay Corpus!

Mientras Ud. leía *Vidas de Santos* el mundo cambió, como se cambian los telones en el escenario. ¡Ah, si pudiera Ud. salir de su rincón, aunque el gato egoísta se enojara, y ver las calles como están ahora!...

—¡Ahí viene la procesión! —exclamaría Ud. mirando una larga hilera de carruajes.

No, abuelita. En esos coches van unas señoras que Ud. no conocerá probablemente y que están esperando, como los san-

[1] Apareció tres veces en la prensa mexicana: en *El Cronista de México* del 18 de junio de 1882, con el título *Cartas a mi abuela* y firmado "M. Can-Can"; en *La Libertad* del 27 de mayo de 1833, *La vida en México* y "El Duque Job"; y en *El Partido Liberal* del 9 de junio de 1887, *¡Abuelita, ya no hay Corpus! (Carta de un provinciano)* y "El Duque Job".

Casi no hay diferencia entre las tres versiones, fuera de que la de 1883 no termina con el cuento, sino que continúa varias páginas más en forma de crónica. Publicamos la versión de 1887, por ser la última publicada en vida del autor.

Aparece en *Obras*, 1898, pág. 202.

tos padres en el limbo, a un hombre que les dé algunas monedas. ¿No ve Ud. cómo sacan las caras por la portezuela? Dicen: "aquí vamos" y allí van en efecto. Muchos ociosos apoyan los aparadores de cantinas y tercenas; muchos borrachos se embriagan a la vista de todos, para que nadie los crea hipócritas... ¡Abuelita, abuelita, ya no hay Corpus!

Todavía recuerdo aquella fiesta religiosa a que asistimos en el pueblo. Ud. se había puesto su mantilla negra, que era el gran lujo de las solemnidades en que repican mucho las campanas. Yo me corté las uñas. Desde el alba, abandoné mi catre, mi colchón y el sueño, para sufrir de grado esos tormentos a que Ud. con dolor me condenaba. ¡Y cuán presentes tengo aún esos suplicios! ¡El agua fría de aquella enorme palangana en que cabía holgadamente medio cuerpo; el almidón de la camisa limpia; el peine de carey para quitar la caspa, que me quitaba a mí las ganas de peinarme; los botines nuevos, y sobre todo aquella esponja dura que me dejaba el cutis relumbroso y colorado, como la bola mingo del billar!

En ese inolvidable día de Corpus estrené aquel reloj con tapa de oro que me dio Ud. por ser día de mi santo. Yo no sé qué se oía más: el *tic tac* del reloj o los latidos de mi corazón. Esa emoción incomparable sólo se siente dos ocasiones en la vida: el día en que oímos el aleteo de la impaciente mosca que se oculta tras la cerrada tapa del reloj, y la noche en que aprovechando algún descuido, un poquito de sombra y mucho amor, besamos en la boca a la primera novia. ¡Ay, abuelita! Yo he sentido ya esas dos enormes sensaciones. No volveré a gozar esas delicias, hasta que escuche el rezo de las letanías en torno de mi lecho funerario. Ése es el último ruido que emociona.

Aquel reloj me acompañó en la procesión del Corpus. Grandes enramadas cubrían las calles del villorrio y por debajo de ellas íbamos marchando, vela en mano. Me acuerdo que, inclinando un poco el cirio, dibujé, con la cera derretida que goteaba, una vía láctea en los faldones del señor alcalde. Las casullas resplandecían, heridas por el sol, como ascuas de oro. El incienso se enroscaba en el aire y los cohetes subían por el espacio azul. En todas las ventanas había cortinas y colgajos. Algunas se engalanaban con sobrecamas de viejo damasco rameado o con la gran carpeta de una mesa redonda. Todos los santos esculpidos o pintados salían a los balcones para ver la procesión. Hasta los animales de la casa: el gato marrullero, el perrito lanudo, los canarios y los loros, tomaban parte en la solemnidad, para que la bendición de Dios les alcanzara. Unas mujeres caminaban en la procesión con el perro en brazos y la jaula colgada de la mano. Otros se contentaban con sacar los animales a las puertas de la casa y levantarlos por lo alto cuando pasaban las imágenes milagrosas. De cuando en cuando maullaban los gatos, prorrumpían los perros en agudos ladridos y los gallos cacareaban.

Los niños iban siempre por delante: atrás iban las andas con los santos. Recuerdo aún que por no dar la espalda a la custodia, caminaban las imágenes para atrás.

Cerrando la procesión, bajo el palio azul bordado de oro y sostenido por varillas gruesas de latón dorado, iba el cura con gran capa pluvial, apoyando contra su pecho la custodia en cuyo centro se veía la hostia blanca. Un rumor de oraciones rodeaba el palio, que pasaba por sobre la muchedumbre arrodillada. Se oía el son argentino de las cadenas de los incensarios, que describiendo medio círculo en el aire, relampagueaban, dejando como estela blanca un largo rastro de humo perfumado. La procesión duró más de una hora. Yo saqué ochenta veces el reloj.

Por la tarde asistimos a la iglesia, que olía mucho a incienso y a rosas de Castilla. Los niños cantaban en el coro los ofrecimientos de rosario. Yo me dormí en la banca. El ruido monótono de las *Ave Marías* rezadas en común, me arrullaba. Poco a poco la tarde fue cayendo y el aire fresco del crepúsculo me despertó. Todos los cirios ardían ya: me arrodillé. Las ruedas de campanas que había en el altar mayor, giraron, aturdiendo con su cascada de repiques. El señor cura, vuelto al pueblo, le bendecía con la custodia. En ese instante muchos pájaros cantaron. Por aquel entonces, creía yo que era éste un hosanna de las aves al Creador. Más tarde supe que los sacristanes tenían las jaulas ya dispuestas, y a la hora precisa las sacaban por las ventanas de la cúpula.

Las claridades mortecinas del crepúsculo quebraban sus cristales fríos en las ventanas cuando salíamos de la iglesia: había caído ya la noche. El órgano cantaba aún, llenando con su voz la angosta nave. Entre el cancel y la puerta había mucha sombra. Allí los novios, al pasar, se apretaban la mano.

¡Abuelita, abuelita, ya no hay Corpus!

UNA CITA[1]

Acostumbro en las mañanas pasearme por las calzadas de los alrededores y por el bosque de Chapultepec, el sitio predilecto de los enamorados.

Esto me ha proporcionado ser testigo involuntario de más de una cita amorosa. Hace tres días vi llegar en un elegante coche a una bella dama desconocida, morena, de negros ojos de fuego, de talle esbelto y elegante. Un joven, un adolescente, casi un niño, la aguardaba a la entrada del bosque. Apeóse ella del carruaje que el cochero alejó discretamente, acercóse el joven temblando, respetuoso, encarnado como una amapola, demostrando en su aspecto todo que era su primera cita, y fue necesario que la dama tomara su brazo que él no se atrevía a ofrecerle. Echaron a andar ambos enamorados por una calle apartada y sola. Interesóme la pareja y seguílos yo a discreta distancia. Lloraba la dama, la emoción del niño subía de punto a medida que se animaba la conversación que entre sí tenían. Algunas frases llegaron a mi oído: no eran dos enamorados: eran madre e hijo. Sin quererlo supe toda una historia, una verdadera novela que me interesó extraordinariamente, que me hizo ser no sólo indiscreto, sino desleal, porque venciendo mi curiosidad a mis escrúpulos me hizo acercar más y más a la pareja que abstraída en la relación de sus desdichas, no me apercibía, no oía mis pisadas sobre las hojas secas de los árboles derramadas por el suelo. Aquella mujer era un ángel, una mártir; aquel niño un ser digno de respeto, de interés y de compasión, que se sacrificaba al reposo y al respeto de la sociedad por su madre. Había en aquella historia dos infames que merecen estar marcados con el hierro del verdugo: dos hombres que han sacrificado a aquellos dos seres desgraciados y dignos de mejor suerte.

---

[1] Apareció en *El Nacional*, tomo V (1882), llevando como fecha de composición "Septiembre 3 de 1882". Tiene el título *Correo de México* y la firma "Croix-Dieu". Usamos el título que parece pedir el asunto.
No ha sido recogido.

EL VIEJO INVIERNO[1]

Puisque *vous adorez les fleurs,*
Songez que l'heure vient, madame,
Où les roses n'auront pas d'âme
Et les iris plus de couleurs.
Avant qu'un souffle monotone
Ait couché les derniers gazons
Sous l'or pâle des frondaisons,
Aimons, aimons au temps d'automne!

Ya viene con su báculo nudoso, bajando por la vertiente del volcán. Su barba, retorcida en forma de culebra blanca, desciende hasta la encorvada punta de sus grandes zuecos. Las flores del valle oyen sus pasos, graves y pesados; le ven bajar y entreabren sus corolas para que el céfiro las bese, como dos enamorados que se acarician y se abrazan poco antes de subir las gradas del cadalso. Mañana rosas y claveles dormirán el sueño de la muerte en un cesto de mimbres, como las cabezas de los pobres novios dormían juntando sus azules labios en el canasto de la guillotina.

Ya viene paso a paso. La estrella polar clava en él su mirada luminosa, como Herodías miraba al Judío Errante en el crepúsculo nevado de los Polos. El pobre viejo ha dormido durante nueve meses; y mientras él durmió, los árboles vistieron trajes de esmeralda y las aves se amaron en el bosque. Pero hele allí que viene lentamente, tosiendo y regañando como un viejo asmático. Las golondrinas vuelan a África, y las rosas cuchichean entre sí: "¡Ya vamos a morir: ya viene el viejo!" El agua se hiela de pavor y los ángeles se visten de franela blanca.

Todavía, sin embargo, tardará muchas semanas en llegar hasta nosotros. Siendo viejo y enfermo, no puede echar a correr como la Primavera que es traviesa. Sus grandes zuecos se hunden en la nieve del volcán y a cada paso tiene que servirse del bordón, porque tropieza y está a punto de caer. Por donde pasa, ciérranse las puertas y ventanas. ¡Pobre Invierno! Los hombres le calumnian. No es perverso. Las flores creen que va a matarlas, y es mentira.

[1] Tenemos una versión de este escrito. Se publicó en *La Libertad*, el 15 de octubre de 1882, firmado "El Duque Job", y titulado *Crónica color de otoño*. Para distinguirlo mejor de otros escritos de la misma serie hemos adoptado un título que conviene al contenido.

Lo que hace es verter en sus corolas un licor de nieve que les produce sueño profundísimo. En cada una de esas tumbas aparentes, traza con su dedo incoloro la palabra mágica que puso un ángel en el sepulcro de Jesucristo: *Resurrexit*.

Sus ojos son azules como dos canicas de zafiro. Nada más los volcanes le comprenden y le aman. La nieve es la única mujer que le ha querido. Él ama con locura a las estrellas: por eso quiere que las noches sean muy largas. Las estrellas también le aman; ¿no veis cómo se anima el resplandor de sus miradas luego que el pobre anciano se despierta? Pero las estrellas están muy lejos y muy altas, y sólo la Primavera tiene alas.

Buenos días, pobre viejo, ¿qué nos traes? Tú no me inspiras repulsión, ni miedo como a otros. Yo te invito gustoso a que reposes en mi hogar y a que calientes tus miembros entumidos junto al fuego. Toma un vaso de ron; apoya el báculo nudoso en la pared y cuéntame esas sabrosísimas historias que los viejos, y nadie más, saben contar. Ya sé que los grandes cedros de los montes van a cubrirse de nieve, figurando gigantes candelabros de azúcar candi. Las ramas de los pinos van muy en breve a erguir cilindros blancos, como velas de esperma que no se encienden todavía. Pero ese traje blanco de los árboles caerá derretido al primer rayo de la primavera, como cae el vestido de la novia en la noche solemne de las bodas. Buenos días, pobre viejo, ¿qué nos traes?

Y el viejo desanudó con sus manos amoratadas las correas de su morral, y fue sacando uno por uno los juguetes. Primero, apareció un muñeco de Nuremberg. El cabello bajaba por su frente en forma de onda. Vestía un *ulster* de viaje, atado en la cintura, y en su sombrero blanco de copa alta se enredaba una gasa verde. Traía un paraguas en la mano.

—¿Cómo se llama este muñeco?

—Éste es Capoul.[2]

¿Capoul? Hace ya cuarenta años que Capoul es joven. No es hermoso; es bonito. No le pongáis sobre un severo pedestal como una estatua: ponedle sobre el pulido mármol de algún tocador, y si queréis, hacedle un agujero en la cabeza para guardar allí los alfileres. Capoul no es de mármol; es de porcelana.

El viejo tomó el muñeco con dos dedos para no romperlo; lo envolvió en una funda de franela y volvió a colocarlo en su

---

[2] Tal vez el tenor francés Victor Capoul (1839-1906), favorito de las mujeres en Europa y en América.

morral. A poco, una nueva figura de la misma fábrica asomó su cabeza picaresca por las orillas de la bolsa. No tuve que preguntar su nombre: María Aimée. ¿María...? Pues qué ¿no ha muerto aún? ¿Será una estrella fija? María Aimée clavaba en mí sus ojos maliciosos, murmurando entre dientes: "¡Tonto! ¡Tonto! El Borgoña mejor es el más viejo". Sí; pero la Aimée no es una botella de Borgoña. Será a todo tirar una botella destapada; y el vino de las botellas destapadas tiene que torcerse. Los empresarios de teatro debían escribir el elenco de una compañía, como escriben los fondistas el *menú:* poniendo al margen la edad de las botellas. ¡María Aimée...! Todavía me parece estarla amando. Fue mi segundo amor, porque mi nodriza fue el primero. ¡Oh amores incorpóreos, hace ya mucho tiempo que no os veo!

Recuerdo que juntando, ochavo a ochavo, mis pobres economías de colegial, reunía la fabulosa suma necesaria para comprar un billete de paraíso. Desde aquí miraba el Infierno. Entonces cursé primero y segundo año de mitología en la *Bella Helena*.[3] Desde entonces soy duque: ¡oh! si supierais cómo amé a la *Gran Duquesa!*[4]

Andando el tiempo, María Aimée, ya un poco decaída, volvió a México. El joven millonario que la amó risueñamente, debe haber terminado su educación de ópera bufa. El hombre a quien ella amó durante quince días, no ha perdido su genial caballerosidad ni su elegancia; pero ha hecho muchos viajes y ha vuelto de todos.

Yo, por aquel entonces, me acerqué a la diosa... aunque sin levantar el velo de Isis. Aquél era el tiempo en que José Negrete presentaba a Talaverita con la Aimée, diciendo:

—Mi amigo Talavera, encargado de redactar los párrafos de defunción.

Y la Aimée contestaba:

—Con razón viste de negro.

El viejo Invierno introdujo por tercera vez la flaca mano en su morral de viaje y sacó una cajita de cartón, llena de muñequitos microscópicos. Los primeros que se presentaron a mi vista, formaban una comparsa de estudiantes españoles. Las sotanas parecían hechas con alas de mosca. Ninguno de ellos traía dinero:

---

[3] *La Belle Hélène,* ópera bufa de Offenbach, 1865.
[4] Al parecer la ópera bufa *La Grande Duchesse de Gérolstein,* 1867, con letra de Meilhac y Halévy y música de Offenbach.

¿para qué? El dinero es necesario para los viejos, nada más. Los estudiantes pagan todo con sus caudales de juventud y de alegría.

—Estos mozos —me dijo el anciano— van a exhibirse en el teatro.

¿En el teatro? Yo comprendo que Barnum[5] exhiba su elefante Jumbo y sus enanos y sus gatos de seis colas. Se exhibe lo deforme y lo monstruoso, como lo bello y lo extraordinario. Los estudiantes no deben exhibirse por la paga, como un australiano o un lapón. ¿Para qué han menester de las monedas? Ellos no compran el amor; lo roban. Cantan como las aves cuando están contentas y rasgan la vihuela como el aire mueve, al pasar, la fronda de los árboles. Esos entecos estudiantes que tienen embotellada la alegría y que la venden por copas en la contaduría de los teatros, son estudiantes falsificados, son cómicos que van ganando el pan de cada día con angustias, sudores y congojas. El estudiante verdadero es como el Ginesillo de Campoamor. Cuando cae una moneda en su vihuela, las cuerdas se revientan y el instrumento cae hecho pedazos.

Quédense las carretas de la feria y la pintada lona de las barracas para esos muñecos infelices que sacas en este instante de tu alforja, viejo Invierno; para esos gimnastas de brazos nudosos, como raíces de árbol viejo; para esos equilibristas que tienen músculos de trapo y para esos payasos que ya no tienen músculos ni alma. Pague en buena hora el público por entrar a la tienda de campaña que va a alzarse en la plazuela del Seminario y ver cómo se encaja la punta de un botín en la cadera de los clowns, o cómo se columpia una pálida niña de siete años en la barra delgada del trapecio. Pero la alegría juvenil y sana de las turbas estudiantiles no se vende. Los estudiantes van peregrinando en bandadas alharaquientas como las golondrinas, y nunca saben en qué alero colgarán su nido. La luz artificial de los teatros no dice bien con sus raídas sotanas ni con sus movimientos impacientes. Todos abren sus puertas para recibirlos, y en sus sombreros caen, no billetes del Banco Nacional, sino billetes amorosos, flores nuevas y guantes de mujer.

El viejo ató de nuevo la boca de su alforja y puso entre mis manos un anteojo parecido a un kaleidoscopio. Primero no vi nada. Ninguna imagen se reflejaba en el cristal. Después, una

---

[5] Fineas T. Barnum (1810-1891), empresario de circo norteamericano, conocido por sus excentricidades. Pretendía que su elefante Jumbo (el Coloso) era el más grande de cuantos se habían capturado.

serie de cuadros vivos fue desfilando ante mis ojos. Las figuras giraban en el objetivo como vistosos rehiletes de colores; velas de esperma alabastrina salían de entre las hojas de un árbol de Navidad, cuyas delgadas ramas tenían, en vez de frutas y de flores, cabezas de arlequín, cartuchos de confites, trajes de novia para las muñecas y botitas de inmaculado raso blanco. Luego una enorme rueda de sombreros, puesta en movimiento, empezó a girar en el fondo, como si fuera un círculo de cohetes. En medio de esa rueda se veía el rostro de Mme. Toussaint. Todas las formas inventadas por el capricho veíanse reunidas allí, desde el sombrero *Cabriolet* hasta el sombrero *Manola,* que puso en moda Margarita Ugalde. El invierno es la primavera de las flores de trapo. Yo cerré los ojos, pensando en los maridos y en los padres de familia.

Después, sombreros y juguetes se borraron. Bajo los grandes árboles de un parque, sentada en una banca de piedra, vi a una mujer de ojos azules que leía atentamente su almanaque. Allí, marcada con una cruz color de rosa, estaba la primera semana de noviembre. La niña veía en su imaginación los farolillos de papel, que colgarán de los árboles del Zócalo en el aristocrático salón de Bejarano. Luego, una densa polvareda cubrió este cuadro y vi la pista del Hipódromo. Las yeguas de Juan Goríbar se preparaban a competir con el Maretzeck y los jueces de campo recorrían la pista saludando a las damas que desde las tribunas les veían. ¡Hip! ¡Hip! Entre tanto Moreno tomaba un baño de oro en una tina de mármol, mientras subían y bajaban en los telares del teatro las grandes decoraciones de *Los sobrinos del capitán Grant.*

¡Buenos días, viejo Invierno! Apresura tu marcha y ven aprisa. El cielo tiene ya el azul pulimento del acero. Pronto, ¡oh Pomona! tendrás que dejar la cómoda victoria en que ahora vas a la calzada por el cupé cerrado o la berlina azul, cuyos mullidos almohadones dibujan aún las morbideces de tu cuerpo. ¿No ves el pico de cristal que se destaca en lontananza? Ya va bajando por la falda nevada del volcán el viejo de luenga barba y zuecos encorvados. Pero faltan aún muchas semanas para que llegue hasta nosotros. Podemos todavía gozar los esplendores del Otoño, y el Otoño es hermoso porque se parece a ti.

> *Puisque vous vous plaisez aux chants*
> *Que l'oiseau dans l'azur balance,*
> *Songez que l'ombre et le silence*

*Descendent des coteaux penchants.
Le vin qui bruit dans la tonne
Dit le dernier hymne au soleil:
Sous le couchant encor vermeil
Aimons, aimons au temps d'automne!*

UN EPISODIO DE VIAJE[1]

Yo de mí sé decir que esos vulgares Lovelaces me trajeron a la memoria un episodio de viaje.

Recuerdo que la noche era bastante obscura y que embozado hasta las cejas en una manta de camino, me acurrucaba yo en el fondo del vagón que había de conducirme a Veracruz. Era aquél un vagón inglés, dividido en pequeños departamentos y hecho adrede para los viajes en familia. Apenas había conciliado el primer sueño, cuando la puerta se abrió estrepitosamente y un joven de nariz rubicunda se asomó por ella. De su brazo iba una dama que procuraba ocultarse cuidadosamente. Yo era el único pasajero que ocupaba el departamento; mas probablemente los dos recién llegados querían caminar solos, porque verme y cerrar de nuevo la puerta para ir en busca de otro carro, todo fue uno. El caso era que en los demás compartimentos había más pasajeros; de manera que, convencidos de que eran vanas sus pesquisas, los recién llegados se decidieron a ocupar el mismo carro en que iba yo. Sentáronse todo lo más lejos de mí que fue posible y lanzándome una mirada de aborrecimiento... cerraron la ventanilla.

Poco necesité para convencerme de que eran dos recién casados. Lo decía el espacio de medio milímetro que mediaba entre sus cuerpos, la turbación de la mujer y la mirada incandescente del amante. Yo, para animarlos, entorné los ojos y fingí que dormía. ¡Nada! Ni el menor desarreglo, ni el más leve apretón de manos, ni el conato de beso más rápido. Llegamos a Apizaco y los novios tomaron chocolate. La pareja me estaba ya cargando. ¿Pensarían continuar así todo el camino?

Lo positivamente enojoso era que el novio me dirigía miradas de perro rabioso. Estoy seguro de que en ese instante sentía celos. Sin poder contenerse me volvió la espalda, cubriendo con su cuerpo el de su amada.

Yo solté a reír interiormente. Me daba compasión ese cretino, incapaz de rugar el menor pliegue de un vestido blanco, y que para fin y postre se encelaba del obligado espectador de su

---

[1] Apareció en *La Libertad* del 11 de febrero de 1883, como parte de un artículo titulado *La vida en México* y firmado "El Duque Job".
No se ha recogido hasta ahora.

idiotismo. ¿Creería el muy necio que iba admirando la belleza plástica de su mujer?

—¡Bah! —decía yo— mira sus rodillas, agudas y huecas, que se dibujan como dos puños de paraguas; el cutis de amarillo pergamino; la boca despellejada y los dedos que ostentan aún los picotazos de la aguja! ¡Bah, pobre necio! ¡Guarda a tu mujer! ¡No te la envidio! ¡He tenido cerca de mí cosas mejores; mucho mejores! ¡Me das lástima!

LOS TIGRES DE CHIAPAS[1]

Los jardines sólo cautivan a las mujeres y a los niños. El monte en cuyos cedros se retuerce rugiendo el huracán; la roca suspendida en el vacío; la caserna por cuyas negras soledades se queja el viento de la noche y la ola pujante que se encrespa, azotando rabiosa el maderamen de los barcos, son los grandes y soberanos espectáculos que asiendo el alma con sus garras invisibles la obligan a ponerse de rodillas.

Bajo este aspecto, un viaje a Chiapas es curioso en extremo.

En aquellos caminos la naturaleza recobra su poder; crecen los árboles a su antojo y corren las aguas, turbias y revueltas, entre enormes peñascos amontonados por la mano de un titán. Los indios aprovechan los filamentos y la corteza de algún árbol para tejer tupidas redes y tenderlas, a manera de puentes, sobre el río. Tal es el único medio que existe para pasar el Cuculó. La corriente del agua es tan impetuosa que arrastra, ya no digo a jinetes y caballos, sino troncos robustos y enormes piedras. Al afirmar la planta en esos puentes primitivos, tenues y quebradizos a la vista, un terror invencible se apodera del viajero. Hay que marchar con tiento, cuidando de que el pie no se hunda entre las mallas de la red; y aun así suele acontecer algunas veces que ésta se rompe, precipitando a los viandantes desgraciados. En otros puntos prolóngase el camino entre dos barrancas cuyo término apenas se divisa, y hay que ir con premura, sin perder el tiempo en aspavientos, so pena de pernoctar en la montaña, entre bestias feroces, como los tigres y leones. Por allí pasan los "cargadores" que llevan el pan de San Cristóbal a Tabasco. Este pan, hecho de harina rica y amasado con primor, es muy famoso en el Estado y sus contornos. Hace muchos años, una cuadrilla de cargadores que pasó por esos sitios viose obligada a pasar la noche en el monte. No se sabe si se descuidaron encender y alimentar hogueras y fogatas que ahuyentasen los tigres, o si el hambre feroz de tales fieras no retrocedió ante el fuego: el hecho es que al día siguiente se encontraron en el monte la osamenta roída y las ropas despedazadas de los caminantes. Vivía por aquel entonces en Chiapas, un don Mariano Robles,

---

[1] *La Libertad*, 1º de julio de 1883, como parte de un artículo titulado *La vida en México* y firmado "El Duque Job".
No ha sido incluido en colección alguna.

que era mozo en aquel tiempo, y que hoy, encorvado por los años, es un anciano de continente patriarcal y luenga barba, tan inculta como los bosques de esas tierras. Este hombre llevó a cabo una hazaña portentosa, que aventaja en arrojo a cuantas han narrado Gérard[2] y el capitán Mayne Reid[3] en sus novelas. Acompañado de su mujer y sin más armas que dos viejas escopetas, tan malas como lo eran todas en aquellos años, se fue al monte.

En lo más intrincado y fragoso de aquel bosque, sobre recios sostenes de madera, alzó una plataforma que pudo resistir, no sin peligro, las rabiosas acometidas de las fieras. Aquél era precisamente el sitio mismo en que los cargadores habían sido devorados. D. Mariano se encaramó a la plataforma con su esposa y esperó a que cerrase la noche. Luego que obscureció, tigres hambrientos, saliendo de sus pestíferos cubiles y husmeando carne fresca, rodearon bramando el rústico mirador en donde los esposos aguardaban. Quien no haya oído los rugidos terribles de las fieras, que el eco de los montes repercute, no puede imaginarse propiamente todo el horror de semejante escena. El tigre es el demonio de los montes; como él tiene garras agudísimas; como él es sanguinario y se complace en desgarrar los miembros de sus víctimas; como él despide chispas de los ojos y anda errante a orillas de las barrancas más profundas, hasta que el día comienza a clarear y despiertan las aves en los nidos. Cuando sorprende la noche a los caminantes en la aterradora soledad del monte, prenden grandes luminarias y ceñidos por ese círculo de fuego aguardan con infinitas ansias la codiciada claridad del alba. Los que están avezados ya a tan peligrosas aventuras, suelen dormir tranquilamente; pero éstos son muy pocos: los más, por bravos y resueltos que sean, están alertas, temiendo a cada paso que las fieras salten por encima de las fogatas y les devoren. Basta oír sus bramidos espantables para que el ánimo se compunja y amilane. El eco los devuelve estremeciendo y van rodando de peñasco en peñasco, como la maldición de un condenado que cae a los abismos del infierno. Ésos son los ruidos que asombran y acobardan: el fragor de la tempestad en la montaña; el tumulto furioso de las olas hinchadas por la borrasca; el mugir de la catarata que brinca desde altísimo peñasco; y los rugidos de

---

[2] Cécile Jules Basile Gérard (1817-1864), viajero y cazador francés, autor de *La caza de leones* (1855), y otros libros semejantes.

[3] Thomas Mayne Reid (1818-1883) autor británico de novelas de aventuras.

las fieras hambrientas que corren blasfemando por los campos. Yo nunca he podido figurarme el infierno de que hablan los autores místicos, sino poblado de voraces lobos y de tigres sanguinarios. El león es noble como Lúculo; pero el tigre es infame, como Judas. En nuestros campos el rey león, de nobilísima prosapia, es desconocido.

Nuestro león es el leopardo: un león degenerado; un león *pickpocket*,[4] un león de camino real y encrucijada. Los tigres sí abundan y hacen grandes estragos en algunos sitios. La única defensa posible está en el fuego. Las fieras lo odian, como si fueran fugitivas del infierno. Tal vez no le aborrecen porque quema, sino porque ilumina. Los malvados, desde el tigre hasta el asesino, se guarecen en la sombra. Mientras brillan ardientes las hogueras, rondan las fieras alrededor, rugiendo de ira y de coraje. La noche es su dominio y es su cómplice. Pero apenas comienza a clarear, vuelven todas sumisas a sus cavernas. La luz es la delatora de los crímenes; la luz en todas partes acompaña; la luz es la mirada de Dios y el alma trasparente de las cosas. Se diría que Dios, compadecido del demonio, deja que salga de su abismo obscuro mientras dura la noche. Es verdad que la luna y las estrellas son muy frías: por eso miran impasibles desde lo alto el crimen, la maldad y la desgracia.

Muchos esperan con secretas ansias los primeros fulgores de la aurora: el insomne en su lecho; el penitente en su ermita; las alondras en el nido. Pero ninguno las desea tan vivamente como el viajero que en mitad de la montaña escucha los rugidos de las fieras. La luz viene y las tinieblas encubridoras se repliegan en tumulto, como un ejército en derrota; vuelven los fantasmas al tronco de la encina o al peñascoso lecho del torrente; se aquieta el viento, y las fieras despavoridas, como genios malévolos a quienes Dios impone silencio, cesan de bramar y se retiran pausada y mudamente al seno de sus antros tenebrosos. Un gran sosiego y una paz inmensa descienden al espíritu del hombre. Desde el molusco que habita las profundidades de la mar, hasta el águila que cuelga su nido en el peñón más alto, todos los seres cantan a esa hora el himno soberano de la luz.

¡Figuraos con qué impaciencia esperaría la paz del alba el cazador de quien hablaba más arriba! Con el ojo avizor y lista la escopeta, velaba toda la noche en su castillo improvisado.

Los tigres llegaban y, si los tigres hablan entre sí, debieron

---

[4] (Inglés) cortabolsas.

preguntarse muchas veces, ¿quién es el insensato que nos desafía? Olían la carne fresca y viva del cazador y su mujer; mas, para devolverla, era preciso echar a tierra la plataforma en que se guarecían. Golpeaban, pues, rabiosamente los barrotes y aun, hincando sus garras en la madera, trepaban por los andamios, como trepa un gimnasta por un cable. En estos casos era en los que más se requería la pericia y destreza del cazador. Apuntaba a la frente de la fiera, y ésta caía revolcándose en su propia sangre.

Durante el día, D. Mariano y su mujer tasajeaban con su cuchillo de monte la carne de las fieras, contaban el botín de guerra, y reparaban prudentemente los estragos que el asalto había hecho en el tablado. Luego, dormían algunas horas. En cuanto comenzaba a obscurecer, subían de nuevo a su alto parapeto y la terrible lucha comenzaba. Ese valor y esa tenacidad que ya son raros en un hombre, son maravillosos en una mujer. El peligro en que estaban era inmenso porque la plataforma podía desplomarse y entonces serían infaliblemente devorados. Y a más del peligro, la escena era horrorosa. Sin embargo no reparaban en esto ni D. Mariano Robles ni su esposa. Tal vez hallaban un placer salvaje en esa lucha con las bestias feroces. Ello es que duró mucho tiempo y que el hombre acabó por vencer a tigres y leones. Tantos habían muerto, que espantados los otros se apartaron del lugar maldito. El hombre es una fiera que ha inventado la pólvora.

Poco a poco, los tigres fueron escaseando. D. Mariano vendía las pieles a buen precio, y con el producto de ese comercio, estableció en el mismo sitio una ranchería, que más tarde y a fuerza de trabajo se convirtió en hacienda importantísima. Hoy es la más rica de Chiapas. Se llama Pedro Ruiz, en memoria de la terrible tragedia que ocurrió en el lugar que hoy ocupa, y en la que perecieron, devorados por los tigres, los cargadores de la cuadrilla que Pedro Ruiz capitaneaba. Don Mariano Robles vive aún y es el propietario de la hacienda. Sin armas, sin recursos, sólo con una débil mujer, logró vengar a los desventurados cargadores, limpiando de feroces alimañas el trágico lugar de la matanza. Tal proeza fue más ardua y costosa que limpiar las caballerizas del rey Augías.[5]

Yo, sin embargo, me complazco en oír narrar esas aventuras o en leerlas dentro del gabinete acolchonado, seguro de que los

---

[5] Rey de Élide, cuyos establos limpió Hércules haciendo pasar por ellos el río Alfeo.

tigres de bronce o los leones de alabastro no han de animarse para clavar sus dientes en mi nuca. Soy como Tartarín de Tarascón[6] que leía episodios de caza en un cuarto lleno de armas y de fieras pintadas, imaginando que se encontraba en los aprietos más terribles y que salía de ellos, gracias a su esfuerzo; pero no aventurando nunca sus pisadas más allá de los límites del pueblo. Por ahora, renuncio a cazar tigres y hacer viajes a Chiapas. Para acompañar a mi fastuoso amigo el Sr. Rojas, en esas excursiones a que me invita, esperaré tiempos mejores. La civilización no ha de pararse y el gobierno tendrá forzosamente que pensar en abrir expeditas vías de comunicación, que, facilitando las caminatas y transportes, permitan explotar las riquezas de Chiapas. Entretanto, aunque nos reciban con repiques y cohetes en cada población y ranchería, aunque los indios nos lleven en hombros como a santos, aunque los ayuntamientos nos festejen y los tigres pronuncien discursos de bienvenida en las cercanías de Pedro Ruiz, yo no dejo que me seduzcan tales atractivos y renuncio al prestigioso cuadro de la naturaleza virgen. Aguardo pacientemente a que se case.

[6] Protagonista de varias novelas humorísticas de Alphonse Daudet (1840-1897).

LA MONEDA DE NÍQUEL[1]

Nunca pensé que las monedas de níquel, tan humildes y pobrecitas como son, trajesen alarmados a los gobernantes, a los economistas, a los escritores y a las amas de casa. Las monedas de níquel, generalmente hablando, son honradas. No visitan las casas de juego, ni brincan, como duendes familiares, en las rodillas de una hermosa. Las monedas de níquel no han corrompido nunca la virtud de una mujer. Muy al contrario, son modestas, trabajadoras, recatadas. Su habitación es el bolsillo de las costureras honestas, que se conforman con hacer vestidos para otras, y con desvestirse una vez al día, y eso a obscuras. Como sus dueñas, andan mal vestidas; por eso el mundo, tan pagado de apariencias, las mira con desdén y compasión. Los gomosos las alojan en el sitio peor; esto es, en los bolsillos de sus pantalones. La cartera de piel de Rusia y broches de oro es para los billetes de Banco, para las cartas de las novias y para los boletos de empeño; los bolsillos del chaleco son para las monedas más formales: ¿a dónde, pues, iría a abrigarse el níquel, sin las holgadas bolsas del pantalón, que vienen siendo como el cuarto del portero o como la escalera de servicio? De esa vivienda, que nada tiene de lujosa y pulcra, pasan a las manos de algún granuja cerillero, de un mendigo, o de un empleado de Ramón Guzmán. Algunas, y éstas son las dadas a la vida alegre, prefieren acompañar en su abandono a los mozos de café. Con las señoras, no es menos ingrato su destino. Las hacendosas suelen llevarlas en los bolsillos de su delantal, mientras se ocupan en las haciendas de la casa. Para esas púdicas monedas son los bochornos de la cocina, el áspero contacto de las manos que trabajan, los ladrillos del brasero y los araños del canasto. Son decentes; nacieron en la Cámara de Diputados; conocen a Carbajal y a Pancho Bulnes; su cuna se meció en un departamento del Palacio, y, para recibir las aguas del bautismo, atravesaron la suntuosa escalera de la Escuela de Minas; pero las monedas de níquel perte-

[1] Que sepamos, este escrito se publicó solamente una vez en la prensa: en *La Libertad*, 19 de agosto de 1883, con el título de *La vida en México* y la firma "El Duque Job". se publicó en idéntica forma y con el mismo título en *Obras*, 1898. Reimprimimos aquí el texto de las versiones referidas, pero sustituimos el título original por otro que distingue mejor este escrito de los otros de la misma serie.

necen a la clase de las mujeres honradas pero pobres, como la *Biblioteca*[2] de mi más querido amigo el Sr. D. Manuel Gutiérrez Nájera. Las monedas de níquel pertenecen a una familia distinguida; pero han venido a menos y tienen que codearse, en el cesto de las compras, con rábanos, zanahorias y lechugas. Viven, por así decirlo, en casa de vecindad. No van a bailes, ni frecuentan los salones del "Jockey Club", ni juegan al póker con Rafael David, ni apuestan a *Colonche* contra *Halcón*,[3] ni salen en tren expreso a recibir al marqués de San Basilio.

Necesitan juntarse cinco, cuando menos, para comprar el derecho de sentarse todas en un mismo asiento, y asistir a la representación de *La Mascotte*.[4] Son muy pobres, muy desvalidas, muy humildes; y a pesar de esto los señores periodistas se empeñan en quitarles el crédito... el crédito, la fortuna de los pobres. ¡No haré causa común con esos desalmados, deshonrando a personas tan apreciables y tan pobres! Yo recibo con el bolsillo abierto a esas desventuradas criaturas. ¿Las desprecian? ¿Tienen que sufrir los malos modos y el arisco ceño de abarroteros, pinches y conductores de tranvía? Pues bien, aquí estoy yo. No me casaré con ninguna de ellas porque mi amor a las mujeres pobres no llega hasta el matrimonio, pero aquí estoy para consolarlas con caricias y para decirles que creo en su virtud. También me gustan las costureras honraditas, cuando a las oraciones salen del taller; y las sigo, sin alcanzarlas, porque aprietan el paso y se escabullen. Muchos dicen que las monedas de níquel ya no corren: esto es falso. Corren tanto como las costureras de que hablaba; por eso hay muchos que no logran darles caza.

Ayer mismo tuve la dicha de encontrarme a solas con una de esas moneditas calumniadas. Era sábado, es decir, el día en que se llega al fin de la semana y al fondo del bolsillo. Sabe Dios cuántos días habría pasado la infeliz en la incómoda bolsa de mi pantalón. Al sacarla, sentí vergüenza, porque al fin era una señora. La miré con ternura, me disculpé lo mejor que pude de mi falta de galantería y la puse con muchos miramientos en la carpeta verde de la mesa. ¡Pobre moneda! Tenía una corona de laurel, como Dante Alighieri. Estaba intacta. En el anverso llevaba las armas del amor: un arco y un carcax; y en el reverso

---

[2] Los *Cuentos frágiles* de Gutiérrez Nájera aparecieron en 1883 como volumen de la *Biblioteca Honrada* publicada por E. Dublán y Cía.

[3] Colonche... Halcón. Nombres de caballos de carrera muy conocidos en aquel entonces.

[4] Opereta de Chivot, Duru y d'Audran, estrenada en 1880.

una V muy graciosa, que, probablemente, estaba puesta allí para advertirnos que era virgen. La moneda se percató, sin duda, de mi encogimiento, y observando la turbación de mi conciencia, quiso alentarme con palabras generosas. Las monedas hablan, y tan recio que las oyen los sordos.

—Duque Job —me dijo con una voz muy apacible, aunque no muy argentina, por desgracia—, Duque Job, tú eres de esas almas buenas que me reciben sin descuento. Tu nobleza me infunde respeto; pero tu nombre de bautismo me inspira confianza.

Eres un poco frívolo, es verdad; pero todavía no te has pervertido, porque es difícil pervertirse siendo pobre. Me tuviste olvidada algunos días, mientras te fue posible contemplar el noble rostro de D. Pedro Romero de Terreros, los tipos nacionales tan admirablemente dibujados por el Banco de Londres y las águilas color de cholocate que Mamelsdorff nos trajo del Japón. Me dejaste por los pesos de plata y hasta por las pesetas delgaduchas, feas y viejas, tan manoseadas y traídas, que ya no tienen cara porque se les ha caído de vergüenza. Si hubieras tenido onzas, por ellas me habrías dejado en abandono. Afortunadamente no las tenías, porque del mismo modo pagan tu cariño las monedas de oro y las mujeres rubias. Pero tú, duque Job, no eres malo en el fondo; leo en tu alma y adivino los remordimientos que te acosan. La experiencia te alecciona muy bien y —ya lo ves— D. Pedro Romero de Terreros es voluble como la pluma en el viento; los indios y los asnos que representan el Banco de Londres huyeron, ruborizados, de tus brazos; las águilas color de chocolate volvieron al Japón con Mamelsdorff; sólo yo te guardé fidelidad; vuelve, pues, hijo pródigo; las queridas de un día te abandonaron; ¡yo, tu mujer legítima, aquí estoy!

Al escuchar estas palabras, sentí que brotaba llanto de mis ojos. ¡Qué alma de moneda! ¡Y había estado durante muchos días en el bolsillo de mis pantalones!

La moneda, sin inmutarse, prosiguió:

—Como sé, duque Job, que no eres malo, quiero iniciarte en mis secretos y hacerte mis confidencias. ¿Piensas tú que no sufro? En el mundo de las monedas, como en el vuestro, hay sus categorías, sus distinciones y sus clases. La aristocracia son las rubias, las de oro. Los pesos son los banqueros, los *parvenus*, como dirías en francés para no decirlo en galicismo. Las pesetas componen la clase media.

Yo estoy algo más abajo todavía: pertenezco a la clase pobre decente; soy, como si dijéramos, la hija de un general que sirvió al Imperio y dejó a su familia en la miseria. Procuro vestirme lo mejor posible para no inspirar lástima, pero los hombres no estiman mis sacrificios y se van tras el esplendor de una onza de oro. A mí podrían obtenerme con esfuerzo pequeñísimo y yo tal vez les habría dado la felicidad; pero no quieren. La onza les seduce, les atrae; es una azafranada que provoca la fiebre del deseo: quieren a toda costa poseerla; pero ella, que para cautivarlas empleó todos los ardides de la coquetería, les paga con esquiveces y desprecios.

Es la mujer sin corazón: es Coral Perla. Algunos llegan hasta su alcoba con las manos ensangrentadas; porque el oro es vampiro: bebe sangre. "¿Qué quieres?" le preguntan. Y ella, siempre impasible, siempre fría, responde a todos: "Por el trabajo, podrías tal vez llegar a mí. Pero el trabajo es un camino largo, más largo a veces que la vida. Cuando llegaras a obtenerme, estarías ya viejo y enfermo. Si tienes prisa de buscar mi amor, escoge el crimen. La sangre no me asusta, porque resbala por mi pulida superficie sin mancharme". Y el hombre, desatentado e impaciente, ahoga su conciencia, como se mata a un perro que ladra, y por el torpe amor de aquella rubia, no retrocede ante ningún linaje de bajezas ni de crímenes. Los más no logran obtenerla: se quedan en el presidio o en la vergüenza. Algunos llegan; pero éstos, lejos de hallar la calma apetecida, sienten que se exacerba su pasión, que no logran jamás satisfacerla y, como Salomón en medio del serrallo, piden otra mujer... ¡otra onza de oro!

Desengáñate, Job, cada moneda tiene por dentro lágrimas y sangre, como aquellas que, según cuenta la leyenda, rompió Francisco de Paula[5] ante Luis XI. ¿Ves aquélla que parece tan pura, tan hermosa? Pues apartó de la virtud a una mujer. Le bastó verla para que olvidase los ejemplos benditos de la madre, el amor del esposo y la honra de los niños inocentes que dormían abrazados en su cuna. El marido murió de pena y de vergüenza; la madre pide limosna en la cancela de una iglesia; los hijos, que han crecido ya y son hombres, van con la frente baja y siempre solos, como andaban los leprosos; pero la pecadora obtuvo la onza y la perdió a una sota en los albures. Y sin embargo, la azafranada cínica e infame, que se goza en el llanto de las madres, provoca el crimen y lleva a sus amantes a la cárcel, es

---

[5] Fundador, en 1435, de la orden religiosa de los Mínimos.

mas querida, más buscada y más famosa que yo, la casta, la púdica, la virgen!

¿A quién pervierto? ¿a quién corrompo? ¿a quién insulto? ¿quién se ha suicidado por mi amor? Puede ser que alguien me robe; pero ¿a quién ahorcan por cinco centavos? Cuando Fausto sedujo a Margarita[6] no llevaba monedas de níquel en el bolsillo; primeramente, porque el diablo no ha acuñado nunca más que oro, y luego porque D. Pancho Landero no fue nunca ministro en Alemania. A mí, generalmente, se me adquiere por medio del trabajo.

Tú me pagaste con algunas líneas de tu pésima letra que es la condenación de los cajistas. Dilo ahora con franqueza: ¿te he ayudado para engañar a una mujer? ¿Me has visto en el tapete verde de las casas de juego? ¿Puse acaso en tus manos una copa de ajenjo? Yo soy una torta de pan para el menesteroso que no come en la Concordia; una vela de sebo, para que no se asusten los muchachos; una limosna para el pordiosero; un jabón para las manos que picotea la aguja o quema el sol: en los labios del niño me llamo caramelo y en el corpiño de la mujer me llamo flor. Conmigo no puedes entrar al teatro, pero puedes ir al cielo. Como no peso, no detengo a ninguno en la tierra. Es verdad que reunida a muchas otras constituyo una fuerza, capaz de comprarlo todo, hasta el amor. Pero entonces me olvidan, me abandonan y me cambian por plata, por billetes y por oro. Vuelvo a mi vida trashumante, a mi existencia de penurias y privaciones. Para mí son los bolsillos rotos, los canastos de verdura, la frialdad de los ladrillos, el horror de las noches sin vela y de las camas sin colchones. Vivo entre criadas y tenderos. Tengo todos los nombres bajos y plebeyos. Yo me llamo frijol, arroz, garbanzo... ¡qué horror! hasta me llamo ajo y cebolla! Para las otras son el raso, los chalecos de Sarre, los cajones de palosanto, los teatros, los bailes y las fiestas. Se llaman encajes, perlas y diamantes. Los poetas, que encarecen prolijamente la humildad y que desdeñan las pompas vanas de la tierra, hablan en sus versos de la voz argentina y los cabellos de oro. ¿Cuándo les has oído pronunciar mi nombre? ¿Cuándo han dicho que sus amadas tienen voz de níquel y cabellos de a centavo? Tú mismo, Duque Job, me tuviste olvidada... ¡y en qué sitio!

Sin embargo, yo pude darte la felicidad, como la di, en cierta ocasión, a un dueño ingrato. Conmigo y una moneda de

---

[6] Personajes del drama alemán *Fausto*, de Wolfgang von Goethe (1749-1832).

a centavo, entró al tranvía. Iba en él una chica muy guapa, muy aseada y muy honesta, que también, como yo, era de níquel; quiero decir, que era muy pobre y muy honrada. Las mujeres de níquel son las mujeres para el matrimonio. Mi amigo estaba desesperado de la vida. Las rubias le habían costado mucho oro y las morenas muchos billetes del Banco Mercantil. Unas no le quisieron, porque tenían mucho dinero; y otras porque no tenían nada y querían tener mucho. Y él, con tenaz capricho, se aferraba en buscar la madre de sus hijos en los palcos del teatro, mientras la Théo[7] representaba la escena de las cosquillas en la *Jolie parfumeuse*. Quería que su novia fuese a la calzada, aun cuando fuese en coche ajeno. Y tal vez se habría casado, para ser infeliz toda su vida, con alguna de aquellas casquivanas que todo lo posponen a un sombrero, a un par de guantes o a un billete de teatro. Pero quiso el destino que aquel día no me tuviese más que a mí en la bolsa. Comenzaba a llover y ambos subimos al tranvía. A tener más dinero, habría tomado un coche. Por lo tanto, yo sola fui la causa del encuentro. Mi joven dueño comenzó a examinar las perfecciones físicas de su vecina; se gustaron, y ocho meses después, mi amigo se casó con la de níquel que es honrada a carta cabal, bonita, trabajadora; en fin de cuentas, lo que se llama una hormiguita de la casa. Y es feliz, muy feliz: ¡todo por mí!

Cierta noche, íbamos, Duque Job, solos y juntos, por calles apartadas y desiertas. Volvías de un baile y eran las cuatro de la madrugada. En los portales, una mendiga flaca y haraposa tendió su mano para pedirte una limosna.

Tú no miraste su semblante; porque llevabas la memoria llena con los encantos de Enriqueta. Si hubieras detenido tus miradas en aquella mujer, joven y esbelta, habrías podido contemplar sus grandes ojos, rodeados por círculos azules, la pequeñez y gracia de sus manos y el color ambarino de sus rizos. La voz de aquella desdichada pordiosera sonó apenas, como el canto de un pajarito moribundo. Tú la escuchaste; pero soplaba un aire frío y no quisiste desabotonar tu gabán para sacarme de la bolsa. Y la niña quedó sola y enferma, en medio del silencio de la noche. Veía con tristeza inmensa los luceros, como si deseara volar a hacerles compañía. Pasó un hombre que salía ganancioso de la timba, y acercándose a la mendiga, dijo a media voz:

—¿Quieres los luceros? Pues yo haré que bajen a prenderse en tus orejas.

---

[7] Véase *La odisea de Madame Théo*, nota 1.

Y el hambre, el frío y el abandono aconsejaron mal a la cuitada, que compró aquella noche un pedazo de pan por un botón de azahar. Después, el vicio, como una tierra pegajosa, la detuvo. Tú la viste con menosprecio y la acusaste en nombre de la moral. Y sin embargo, si no hubieras tenido frío y egoísmo aquella noche, si me hubieras sacado de la bolsa, la pordiosera no se habría perdido. Yo pude darte el cielo, y no quisiste.

Y ya lo ves: en pago de mis bienes me tuviste olvidada hasta que las demás monedas te dejaron. En pago de mi honradez y mi virtud, los periodistas me quitaron la honra. Dicen que he enriquecido a muchos: mírame bien, y dí si tengo cara de haber enriquecido nunca a nadie.

Yo abolí la esclavitud, dejando en libertad a esos negros de cobre que padecían en el mercado. Ahora, Ramón Guzmán no quiere admitirme en los ferrocarriles del Distrito, si no me fían, de mancomún e *insolidum,* otras dos moneditas de a centavo. ¡Así paga este mundo la virtud!

La moneda calló. Imprimí un casto beso en su corona de laurel y me dispuse a escribir *La vida en México.* Por desgracia, ya era tarde. No podía hablar de Jorge Carmona, ni del baile que prepara el Jockey Club, ni de las fiestas más o menos campestres de San Ángel. La moneda me había quitado el tiempo. ¿Qué iba a hacer con ella? ¿A darla a un cerillero para fomentar la vagancia? No; la guardé con profundísimo respeto y la traje, envuelta en papel de seda, a la redacción. Aquí estará expuesta todo el día de hoy. Los que deseen oír su voz pueden acercarse a cualquiera hora. Por desgracia las monedas de níquel hablan bajo.

LA CARTA QUE NO SE DIO[1]

Revolviendo papeles viejos en un cajón en donde guardo las facturas pagadas, los billetes de teatro que no he querido o no he podido aprovechar, los fragmentos de artículos y versos y las cartas de novias olvidadas, me encontré un sobre pequeñito y blanco, que encerraba dos pliegos de mi letra. ¿A quién iba dirigida aquella carta? ¡Dios lo sabe! El sobre no tenía dirección: estaba en blanco como la conciencia de un niño de dos años. Sin embargo, antes de leer lo escrito comprendí sin esfuerzos que era una carta, y carta dirigida a una mujer. Yo no he escrito nunca en papel Lacroix a mis acreedores de artículos o de dinero. Indudablemente, la mujer para quien había trazado aquellas líneas debió ocupar un sitio preferente en mis ensueños. ¿Quién era? Mil suposiciones encontradas estallaban en mi cerebro. Vanamente pretendía retratarla en mi memoria. Estaba en aquel instante como el viajero que sorprendido por la obscuridad en la montaña, duda si lo que tiene ante sus ojos es el tronco de un árbol o un bandido. A cierta edad, es muy posible hacer memoria de las novias que se han tenido; pero nunca de todas las mujeres que se han amado. Hay amores que duran un minuto. ¡Cuántas veces al volver una esquina, al paso de un carruaje en la calzada o al detener nuestras miradas en un palco del teatro, hemos pensado y hasta resuelto amar a una rubia o una morena de cuya cara no nos acordamos dos semanas después de aquel instante! Esos amores que no llegan a tener conciencia de sí propios son como las luciérnagas: brillan cortos momentos y se apagan. Pasan por el alma como pasa la sombra de un ave por el lago, sin dejar huella ni rayar el agua. Después, el torbellino de la vida nos arrastra y nos lleva muy lejos de aquellos rostros que tanta simpatía nos inspiraron: el tiempo corre y el soplo del olvido desvanece en el aire aquellas leves columnitas de humo. Sin embargo, ¡quién sabe si alguna de esas novias de un instante pudo habernos dado la felicidad con que soñamos! ¿En dónde

---

[1] Hubo tres versiones periodísticas de este escrito: la de *La Familia* del 24 de agosto de 1883, titulada *La carta que no se dio* y firmada "Manuel Gutiérrez Nájera"; la de *La Libertad* del 15 de noviembre de 1884, con el mismo título pero firmada "El Duque Job"; y la de *El Partido Liberal* del 6 de diciembre de 1885, *Humoradas dominicales (La carta que no se dio)* y "El Duque Job". No ha sido recogido.

Publicamos el texto de 1885.

están? ¿Cuáles eran sus nombres? ¿Quién recuerda los pormenores y circunstancias de las aldeas que ha visto al pasar, desde el abierto ventanillo de un vagón, ni el perfume de cada una de las rosas que ha mirado?

Viendo aquel sobre virgen, con su intacta oblea y con sus pliegos cuidadosamente doblados, una tristeza inmensa y profundísima se fue adueñando poco a poco de mi espíritu. Entonces, con el alma contristada ante aquellos pedazos de papel que guardaron antaño una ilusión, exclamé interiormente estas palabras:

—¡Pobre carta! La memoria, madrastra descastada, te ha dejado en olvido. No sé para quién fuiste escrita, ni qué pupilas, negras o azules, debieran leer tus pequeñitas letras. Permaneciste mucho tiempo en mi cartera, rozando tu cutis blanco con el sucio y áspero de los recibos y las cuentas para cobrar. De allí pasaste al cajón de los recuerdos para hacer compañía a los guantes inservibles, a las flores marchitas y a los versos rotos. ¿Cuánto tiempo has vivido en tal clausura? ¿Por qué fuiste como esos dardos que se pierden y no llegan jamás a su destino? ¿A dónde fue el voluble amor que me inspiró tus frases de cariño? Roto el vaso, se evaporó la esencia que guardaba: aquella a cuyas manos no llegaste, fue en mi vida a modo de esos rápidos cometas que van a los desiertos neptunianos y no vuelven a aparecer en nuestro cielo!

Un viaje repentino, un baile, un ímprobo trabajo, la súbita aparición de un amor nuevo me obligaron a arrinconarte en esa cárcel. Y ahora al hallarte, tras ausencia larga, reflexiono: tal vez durante muchas horas te aguardaran, como espera la madre al fiel cartero que ha de traer las letras de su hijo. Acaso esa mujer, pronto olvidada, fue la única que me amó con vida y alma. Cada mañana, al despertar y recibir en sus pupilas los opalinos rayos de luz, diría para sí: "Hoy me dará la carta que me ha escrito". Y cada noche, al entornar sus párpados de rosa, pensaría suspirando: "¡No ha venido!" Tú, entretanto, vivías en un rincón de mi cartera, medrosa como el joven invitado que, llegando a un festín, oye ruido de platos en la mesa y se detiene mudo en el umbral porque teme haber llegado tarde. Y no llegaste, al fin, a tu destino. Y la mujer de ojos azules u ojos negros que aguardaba impaciente tu visita, recibió nuevas cartas menos tímidas y que no eran acaso tan sinceras. ¿Cómo era? ¿En qué país azul habita ahora? ¿Se ha casado? ¿Tendrá muchos hijos? ¿Es feliz? ¿Piensa en ti algunas veces? ¡Pobre carta! Tú nada puedes responderme. Acaso la mujer que debió leerte duerme ya bajo la musgosa cruz del campo santo.

En llegando a este punto, mis lectores deben soltar una estrepitosa carcajada. Francamente, una carta vieja, amarilleada por los años, no debe inspirar tan serias y románticas reflexiones. "¿Por qué no piensa Ud.", me dirán todos, "que esas líneas fueran dirigidas a una coqueta que habría hecho mofa de sus frases vehementísimas?" ¡Pues ahí verán Uds.! ¿Quién no se ha arrepentido muchas veces de no haber comprado el billete que con instancias y con ruegos les ofrecía una desarrapada billetera a la puerta de una iglesia? Probablemente aquel billete no salió, porque es probado que los billetes que se compran nunca salen. Sin embargo, todos tenemos la íntima convicción de que aquel billete menospreciado obtuvo el premio gordo. ¿Y por qué? Porque estamos convencidos de que el hombre pasa cerca de la felicidad sin conocerla; o porque la certidumbre de nuestra desgracia nos induce a creer con el poeta:

> Que todo tiempo pasado
> fue mejor.

Sobre todo, dejadme tener la vanagloria de decir que la dicha tocó a mi puerta y no le abrí. Los pobres se consuelan de su pobreza con decir que si hubieran entrado en tal negocio o no hubieran gastado tanto en puros, habrían sido muy ricos. Yo creo también que si mi carta hubiera ido a su destino, me habría dado el amor de una muchacha guapa, honesta y buena. ¿Lo saben Uds.? No. Pues yo tampoco.

LA CUCARACHA[1]

No sé si lo que voy a referir es un hecho real, o si el café, cuya rica esencia había tomado, lo dibujó en el cristal de mi imaginación. La distancia que separa un suceso de un sueño es insignificante: la diferencia estriba únicamente en que el suceso puede verse a todas horas y el sueño se percibe nada más en medio de las sombras y con los ojos cerrados.

El caso es que ayer noche erraba meditabundo por las calles, cuyo aspecto, cuando la luz eléctrica se apaga, es el de un ataúd negro y sin capa. Sin objeto determinado, ni prefijo derrotero, iba a merced de mi capricho, pensando en muchas cosas que han pasado y en otras que todavía no han sucedido: esto es, viviendo por la raíz y por la copa, por el recuerdo y por la previsión, pero no en el presente ni en el medio. Ya casi todos los cafés habían cerrado sus puertas. Nada más los billares permanecían iluminados, siendo como son el último refugio de trasnochados y noctámbulos. En la Concordia, algunos mozos regaban y barrían el suelo, mientras contaban otros las propinas de la noche: arriba, en dos cerrados gabinetes, brillaba aún la luz del gas y se oían retazos de palabras, ruido de vajilla y hasta bostezos de cansancio y de fastidio. A tales horas no se encuentra en las calles ánima viviente, a no ser el gendarme que ronca en el portal de alguna tienda o el cochero que va dormido en el pescante, dejando a las flacas mulas el cuidado de conducirle a la carrocería. El rumor de los pasos crece en fuerza, como si algunos duendes fueran remedando a los transeúntes, por debajo de la acera. Todo calla y entre la sombra obscura de la noche, al ras del suelo, se distingue la hilera de esas linternillas que los gendarmes ponen en las bocacalles, sin que ninguno sepa a punto fijo para qué. Tan profundo silencio y soledad tan grande entristecen al menos melancólico. De ningún edificio, casa o fonda, salen rayos de luz ni ruido humano. Parece que están ciega la luz y muertos los sonidos, o que, entretanto reinan las tinieblas, la vida, como el sol, se ha ido a otra parte.

---

[1] Se publicó en *La Libertad* del 26 de agosto de 1883, como un artículo de la serie *La vida en México*, de "El Duque Job". Una reimpresión poco más o menos exacta aparece en *Obras*, 1898, como una de las divisiones (sin título) de la sección *La vida en México*.
Reproducimos la versión de 1883, con un título apropiado.

Quien se obstina en pasear a tales horas o aguarda al codiciado instante de una cita, o no encuentra su casa porque el vino se ha encaprichado en escondérsela, o está a dos pasos de volverse loco. Yo, que no me encontraba, a la sazón, en ninguna de estas circunstancias, encomendé mi alma al inspector de policía, mi cuerpo a los hermanos Gayosso y apretando el paso, volví tranquilamente a mi vivienda.

"Pues señor —dirá tal vez algún meticuloso—, si nada extraño, sorprendente ni sobrenatural le pasó a Ud., ¿a qué sacarnos de nuestras casas respectivas para dar un paseo por esas calles? Hubiera comenzado su leyenda en el sitio que requiere el argumento y habríase ahorrado gasto de papel, sin merma de la paciencia con que le escuchamos".

Y es verdad: mis lectores, habituados a que les trate con llaneza y desparpajo, pudieron suponer que les llevaba a una casa de juego, a una tertulia, al cubil de los monederos falsos o a la reja en que ansiosa me esperaba una chica tan tierna como guapa. Siento mucho haber defraudado sus esperanzas; pero ni soy concurrente de las timbas, ni tengo la honra de contar entre mis amigos a ningún monedero falso, ni hay quien me espere a la madrugada en el balcón. El preámbulo anterior sirve únicamente para disponer el ánimo de mis lectores a la audición de lo maravilloso. Es como si, tratando de contarles un cuento de aparecidos y fantasmas, apagase la vela previamente. Por lo demás, quien crea en conciencia que es inútil, puede hacer lo que yo: no volver a leerlo.

Digo, pues, que regresé a mi casa: abrí la puerta, iluminé mis pasos con un fósforo y di con mis pobres huesos en la cama. Un cuerpo extraño se interpuso entre mi espalda y el colchón, produciendo, al quedar aplastado entre mis costillas, un rumor semejante al que producen la lija y el papel de vidrio cuando alguno los pisa o los estruja. Al propio tiempo sentí en la piel el impaciente corretear de unas patas fibrosas y menudas que se prendían como alfileres en mi cuerpo. Me incorporé más que de prisa, encendí la vela, y a su tímida luz pude mirar sobre la blanca sábana el repugnante cuerpo de una de esas cucarachas o bacterias que rondan alrededor de los focos eléctricos. ¿Cómo había entrado hasta mi cuarto? En mi cama no hay ninguna luz, ni eléctrica, ni de gas, ni de petróleo. ¿Con qué pretexto se instaló bajo mis colchas, para darme un bromazo tan solemne? La insolente, más muerta que viva, se estaba queda en el colchón, patas arriba, moviendo sus tentáculos delgados, en la postrera convulsión de la agonía. No tuve valor para cogerla con los dedos y valiéndome de un bastón que tiene ya dos años de servicio, la arrojé del lugar que había usurpado. La bacteria cayó dentro de un pantuflo, rompiéndose dos piernas cuando menos. No obstante esto, cobrando fuerza nueva con el golpe, como Anteo la adquiría al tocar la tierra, y animada por un espíritu diabólico, lanzóse contra mí violentamente, en tal manera, que a no esquivar la cara tan a tiempo, me habría encajado sus minúsculas patas en los ojos. No pudo contenerse, y disparada como piedra que parte de la honda, fue a estrellarse de nuevo en la pared. Pero el monstruo infernal tenía probablemente duro el casco y rehacía la vida; cayó al suelo; fuese arrastrando, herido y tambaleando, por la alfombra; mas cuando iba a aplastarlo con el pie, saltando de improviso, evitó el golpe, dejándome burlado e iracundo. Había que exterminarlo o perecer en el combate: defendíase con bríos inusitados, girando alrededor de mi cabeza y queriendo por fuerza entrarse adentro de mi boca. Una vez llegué a sentir el áspero contacto de sus alas en el sensible cutis de mis labios. En la brega, rompí los vidrios del balcón, la veladora y hasta la palangana del lavabo. Aquella cucaracha era espartana. Por fortuna, un tajo dado a tiempo y con esfuerzo redoblado, la tendió a mis pies, ya exánime, postrada y moribunda. Pude entonces aplastarla bajo la suela de mi bota, mas no quise: la enormidad de su delito, el encono de su defensa y los vidrios que yo había roto por su culpa, requerían un castigo más terrible. En la hoguera, quemada a fuego lento, así perecería la muy infame.

Toméla, pues, con unas pinzas, la aproximé a la llama de la vela, y entretenido en observar los esfuerzos titánicos que hacía por escaparse de entre la tenaza, pude sentir las delicias y espasmos que sentía, según cuentan, Torquemada, presenciando los autos de fe o asistiendo a la sala del tormento. "¡Descastada!" decía yo, como si pudiera comprenderme. "¡Ahora vas a pagar los vidrios rotos!" La cucaracha se tostaba y retostaba, poniendo unos ojos que sólo para vistos. Las piernas que, semejando hilos de estambre, le quedaban, a poco se convirtieron en cenizas. Sus duras alas se partieron, estallando en pedazos, como las negras uñas del demonio. Nada más los ojos, pequeñitos y casi imperceptibles, resistían a la combustión y hasta se agrandaban, al parecer, con el contacto de la llama. Llegó un momento en que la cucaracha fue toda ojos. De improviso, sin escapar a la presión de la tenaza, ni caer, hecha polvo, en la palmatoria de metal, fuese alargando, alargando, a modo de esos grandes anteojos cuyos tubos se embuten unos dentro de otros. Era la ballena saliendo de Jonás: hubiérase creído que el padre Fischer salía de la cucaracha; salía, salía y no acababa de salir. Lo más extraño y peregrino era que aquellas alas extendidas y alargadas parecían las dos piernas de un pantalón negro, tan angosto como el que usan hoy nuestros gomosos. Continuaron creciendo y se trocó su parte superior en un par de faldones, con sus bolsas, cosidos y ribetes. ¡Qué más! —y aquí lo espeto en una frase para no prolongar mi narración— de aquel monstruo carbonizado entre las pinzas, salió un perfecto caballero, con corbata, reloj, sombrero y todo. No volvía de mi asombro; los músculos del brazo se aflojaron, dejé caer las pinzas que detenían por el tacón a tan extraño personaje, y éste, poniéndose de pie en un periquete, sin trazas de la más ligera quemadura, después de hacerme tres o cuatro caravanas que ni Spencer Saint John[2] haría con tanta gracia, me dirigió la palabra en estos términos:

—Tenga Ud. la bondad de no alarmarse. Comprendo que mi presentación ha sido brusca...

—Hombre, sobre todo, eso de haberse metido en mi cama...!

—Mil perdones: estaba cansadísimo. Imagínese Ud.: tengo amores con cinco focos eléctricos y no descanso; positivamente no descanso. Hoy, por ejemplo, anduve de parranda. Tomé bastante jugo de eucaliptus, y ahí tiene Ud. que el pícaro licor me trastornó un tantico la cabeza. Quise volver a casa pero desatinado perdí el rumbo, y me he colado, sin saber cómo ni cuándo, en la propia recámara de Ud. Le suplico, por consiguiente, que me excuse. Ya sabe Ud. lo que es el vino... Ud. se habrá embriagado muchas veces...

—No, señor.

—Pues, hombre, a mí las hembras y el alcohol me traen sin juicio. Aquí donde Ud. me ve, yo era un hombre de arraigo, sin brizna de hechicero ni de mago. Estuve empleado en varias oficinas, pero al caer D. Sebastián quedé cesante, y aguza que te aguzas el ingenio, estudiando la cábala y la alquimia, llegué a adquirir conocimientos tan profundos que le doy quince y falta al más pintado. Por desgracia, para todo se ha menester un poco de oro. Con unos cuantos sacos de ese horrible metal que trae revuelto el mundo, yo habría sido un lucero, un faisán, un lepidóptero, ¡vamos! lo más gentil, hermoso, bueno y grande que puede imaginar la fantasía. Pero ¡qué quiere Ud.! un mago

---

[2] Sir Spencer Saint John (1825-1910), diplomático inglés.

pobre tiene que conformarse con su suerte. He sido perro, gato, burro, perico de una cómica, gorrión: en fin, todo lo que hay que ser en las escalas inferiores de la vida. Pero, amigo, los gatos están dados a los perros; los pericos suelen vivir muy bien cuidados, pero andan, por lo común, con gente mala, y yo, en achaques de moral, no cejo un paso; los burros, a pesar de su mansedumbre y su bondad, no tienen vida con esos desalmados tiranuelos que les rasgan la carne a latigazos; y en cuanto a los falderos y mastines, nada le digo a Ud. porque hasta entre ellos hay, no obstante la democracia y la igualdad, sus castas, sus privilegios y sus feudos; de manera que mientras unos viven regalados, comiendo sopas en leche y terrones de azúcar, otros sudan el quilo por hallarse un mal hueso que roer, vagan, sin domicilio fijo, por las calles y expiran, sin que nadie les ayude a bien morir, envenenados por los pícaros gendarmes. ¡Y luego quieren que no estén rabiosos! ¡Nada; no hay vida más perra que la del perro callejero! Ya ni huesos hay, porque todos los aprovechan en las fondas, y cuando les conceden su retiro los almacenan en canastos y cajones para sacar de ellos yo no sé qué terrífica mixtura que sirve para hermosear a las mujeres. Hoy por hoy, sólo existe una verdadera canonjía; ser caballo de carrera. Pero, viejo, los animales pobrecitos no aspiramos a empleos tan lucrativos. Y hasta para eso es conveniente haber nacido allende el mar. Los extranjeros nos lo quitan todo. Yo, y eso tirando mucho de la cuerda, habría logrado ser caballo de tiro, con residencia fija en algún sitio de mala muerte. Por lo tanto, he preferido ser algo que vuele, y cambiar cada cinco meses de figura, aunque, según ha dicho Campoamor:

>...El cambiar de destino
> Sólo es cambiar de dolor.

—Pero, señor mío —le dije ya repuesto de mi asombro—, la forma en que Ud. andaba ha pocas horas, no es de las más graciosas y gallardas.

—¡Ca! ¡Patrañas! ¿También Ud. participa de la insensata repugnancia con que el vulgo nos ve? Yo no niego que los coleópteros de mi traza andamos mal vestidos. Pero ¿qué significan el traje y los femeniles atavíos, para un hombre de corazón e inteligencia? ¿Piensa Ud. que Homero andaba mejor de ropa? Poetas muy insignes y doctores muy famosos van por esas calles en tal figura que da grima verles. A nosotros no nos viste Sarre, ni nos perfuma Micoló, pero tenemos mucho corazón y somos muy amigos de las luces. ¿Que nacemos en un pantano...? Bueno ¿y qué? Sixto V nació en una zahurda. Ni la humildad de la cuna, ni la pobreza en el vestir, estorban el crecimiento intelectual ni embarazan el desarrollo del espíritu. Hay cucarachas apreciabilísimas como hay pensionistas del Erario, más honradas, inteligentes y virtuosas que las damitas de la aristocracia. Nos calumnian, nos befan y maltratan sin motivo: sobre todo, nadie comprende las excelencias de nuestra condición. ¿Quiere Ud. trasformarse por algunos momentos en coleóptero? ¿Qué es Ud.?

—Periodista.

—Y ¿qué papeles son los que miro dispersos en la mesa?

—Las primeras cuartillas de *La vida en México*.

—¡Periodista! ¡y escribe Ud. *La vida en México!* ¡y no me lo había dicho todavía! ¿Qué colaborador más entendido y diligente que un coleóptero de mi casta? Venga Ud.

Azorado, sentí que mi volumen disminuía y que mi levita engrosaba como si una callosidad de cuerpo entero la rodease. Me hice pequeñito, tan pequeño que pude sin dificultad entrar al cielo y hasta meterme por el ojo de una aguja. Sentí que no pesaba ni un adarme, como acontece comúnmente a mi chaleco los días catorce y último del mes. Y después... ¡nada, que volé! Sí señor: volé tranquilamente por los aires, hendiendo aquella atmósfera nocturna, como un pez que nadara en el Mar Negro o en el océano de la reina de las tintas. Por desgracia, no podíamos subir a grande altura, ni competir con los campaneros o las águilas. Pero estábamos libres de caer en esas trampas de venados y de zorros, abiertas por el ilustre Ayuntamiento en muchas de nuestras calles principales. Extintos ya los focos de la luz, no corría el peligro de que mi compañero se descalabrase, dejándome en penoso desamparo.

—¿A dónde quieres ir? —me dijo a media voz, pegándome los bigotes al oído.

—A donde tú me lleves —contesté. ¡Pues no me tuteaba ya el muy insolente! Y volando, volando recorrimos las calles principales, que estaban tan desiertas y tan mudas como las de un extenso campo santo. ¿A dónde se puede ir a tales horas? De buen grado habría ido a tomar alguna cosa para alentarme y calentar mi sangre, pero pasada ya la media noche, el único café que permanece abierto es el café terrible de Barómetro, y ni aun trasformado en cucaracha se puede entrar a esa taberna escandalosa. Además, el temor, muy racional, de que acabasen con nosotros a porrazos, me detenía a cierta distancia de las gentes. En esto comenzó a clarear el día. ¡Santos benditos! Estábamos muy lejos de mi casa y no era posible que regresáramos a ella, antes de que la luz nos descubriese. ¡Fuerte apuro! Como yo tenía la conciencia de que mi *yo* permanecía inmutable y de que era siempre el Duque Job, pensé que todos iban a reconocerme. Esto mismo les pasa a los mozuelos que salen disfrazados por primera vez. No se atreven a hablar, por miedo de que les miren y conozcan. ¡Y cuidado que no sería ligera la bromita con que me hablasen luego los amigos! Además, ¿han visto Uds. nunca coleópteros de nuestra casa a plena luz? ¡No señor! Estos desconocidos animales, cuya existencia ni siquiera sospechábamos antes de que la luz eléctrica viniese, salen de noche y nada más. ¡Y qué penosa fue mi compunción, cuando pasando por encima de Palacio, vi centenares de bacterias muertas! También mi compañero no las tenía todas consigo. Detuvímonos, pues, en las hojas de un eucalipto. Allí hemos pasado todo el día. A cada rato, la hoja angosta y larga, en que estábamos posados, se inclinaba y mecía como la canal de que estuvo pendiente Claudio Frollo.[3] Vi pasar a los oficinistas que se dirigían al ministerio, a las damas que iban a misa, a las niñeras y a los ministros sin cartera que van a leer *El Monitor* en las bancas de la Plaza, aguardando a que pase un usurero. Por fin, llegó el anochecer.

—¡A casa! ¡a casa! —exclamé ya molido y con deseos vehementes de sacudir aquella deforme envoltura.

—¡Pues no faltaba más! Ahora comienza lo verdaderamente entretenido. La breve lluvia que ha rociado nuestras alas, nos permite volar con más soltura y ligereza. La humedad es indispensable para nosotros: por eso observarás cómo caemos al pie de los focos de la luz eléctrica. El calor evapora el agua y nos quita la fuerza. Entonces, la infame luz nos menosprecia y morimos postrados a sus plantas. Mientras mis alas tengan humedad y dinero tus bolsillos, seremos dorados. Pero la luz absorbe el agua y la mujer la plata. Entonces la cucaracha va arrastrándose, baldada, enferma y pobre, hasta que muere; y el hombre, con el vestido y los botines rotos, va a tocar a la puerta del manicomio.

Y diciendo y volando llegamos al balcón de una casita, cuyo número sé, aunque no lo digo. Adentro, una muchacha que Uds. conocen... ¡apuesto a que saben ya quién es!— se preparaba para asistir a una tertulia. ¿Iría al Casino? ¿al Club? Sus brazos

---

[3] Personaje de la novela *Nuestra Señora de París*, de Víctor Hugo.

blancos se alzaban como las asas de una ánfora. Su pelo suelto bajaba hasta besarle la cintura. Y entretanto, el espejo no le quitaba la mirada, los alfileres se disputaban a estocadas el honor de prender sus blondos rizos, y cada flor, con su delgada vocecita, le decía cariñosa: "¿No me quieres? Yo moriré contenta en tu tocado".

Y luego, abandonando aquel balcón, espiamos por los cristales del Casino, los grandes preparativos de la fiesta. Las notas se estaban vistiendo en el aire, y como entran los cómicos al teatro, antes de que comience la función, se metían a la caja del violín, al tubo de la flauta y los agujeros del clarinete. En ese instante, busqué la invitación en el bolsillo de mi frac, y ni frac ni boletos encontré.

—¡A casa! ¡a casa!

Mas, de paso, nos detuvimos donde yo me sé. Marietta, arrodillada en el muelle cojín de su reclinatorio, oraba antes de entregarse al sueño. ¡Y rezaba por mí! Perdiendo el tino, quise beber las claridades de sus ojos y me rompí el bautismo en los cristales. ¡Así pasan las glorias de este mundo!

EL DIPUTADO[1]

Luz, la rubia, aguardaba impaciente en la ventana la venida del cartero. Estaba triste: un tomo de poesías abierto y con las páginas dobladas yacía a sus pies, como esos pajecitos muy coquetos que pintan en pequeños taburetes al lado de las reinas y princesas. Y "¿cómo sabe Ud." dirán algunos "que era un libro de versos?" ¡Toma! porque los versos se escriben en renglones muy cortos dejando mucho blanco en cada hoja. Y, sobre todo, porque Luz la rubia, que está muy enamorada de su novio, no puede leer más que las cartas de éste o las poesías de Bécquer[2] y de Flores.[3]

Pero ¿porqué está triste Luz la rubia? ¡Vaya...! ¿No lo saben Uds.? ¡Pues friolera! ¡Porque salió su novio diputado y la dejó en el pueblo para venir al pícaro Congreso! Dicen que sabe mucho y que trae embobados a sus maestros. El señor cura ha dicho muchas veces que llegará a escribir para *El Siglo XIX*. Y hablando con verdad, el chico es guapo, muy listo, muy despejado, y muy simpático. Luz le quiere desde que ambos aprendían juntos la doctrina en la casa del cura. Los padres no se oponen a la boda; pero el chico tiene deseos de figurar, quiere ver si le nombran ministro, lucir en el Congreso lo mucho que sabe de historia sagrada, filosofía de Balmes y latín. Como sus padres son acaudalados le fue fácil pescar una curul. Y ahí le tienen Uds. con su levita negra abotonada; su pantalón color de almendra y su corbata azul celeste, paseando por las calles de México, mientras la pobre Luz se desespera en el silencio y en la sombra del cortijo. La verdad es que también él la quiere mucho; pero ¡qué diablo! es fuerza hacerse hombre y darle días de gloria a la patria. En cuanto las Cámaras se cierren, Carlos —así se llama— volverá a su pueblo para sacar de penas a la niña. Se casarán entonces ¿por qué no? Quién sabe si para entonces le haya dicho el Sr. Fuentes Muñiz en los pasillos del Congreso:

"Vamos, chico, tiene Ud. más talento que D. Jaime Balmes. El discurso de Ud. sobre la conversión de la deuda me ha gusta-

---

[1] Se publicó en *La Libertad* del 23 de septiembre de 1883, como uno de los artículos de la serie *Memorias de un vago* de "El Duque Job". Le damos el título que nos parece más apropiado.
No ha aparecido en ninguna colección.
[2] Gustavo Adolfo Bécquer (1836-1870), poeta y cuentista español.
[3] Manuel M. Flores (1840-1885), poeta mexicano.

do mucho. Aquel pasaje en que habla Ud. de Moisés sacando agua de las peñas, dejó pasmada y boquiabierta a media Cámara. Francamente, yo no puedo seguir con la cartera. Ahí la tiene Ud. ¿Que no puede aceptarla? ¿Y por qué no? ¿Porque se va a casar? Pues nada importa. ¡Se casa Ud., se encarga del ministerio al día siguiente y santas pascuas!"

De esta manera, Carlos llegó a soñarse Presidente.

¿No están las elecciones muy cercanas? Y entretanto, la pobrecita Luz, al acostarse, solía soltar tamaños lagrimones que humedecían la almohada y hasta las colchas, blancas como armiño. Por las tardes, se pasaba horas y horas en la ventana leyendo aquello de:

>   Los seres que se aman
>   No tienen olvido,
>   No tienen ausencia,
>   No tienen adiós.

O esto otro:

>   ¿Quién me diera robar un solo rayo
>   De aquella luz de tu mirar en calma,
>   Para tener al separarnos luego,
>   Con qué alumbrar la soledad del alma?

El único consuelo de Luz consistía en recibir, de manos del cartero, las cartas cariñosas de su novio. Esperaba al cartero como aguardo yo, cuando estoy más pobre que de costumbre, al cobrador que ha de traerme algunos cuartos. Algunas tardes, no recibía la pobre Luz ninguna carta. Créame Ud., señorita, Carlos no tiene la culpa: el único delincuente es el correo. Lea Ud. lo que dice *La Libertad* todos los días.

Por fortuna, la tarde a que me refiero en este artículo, el cartero llegó puntual con el paquete de periódicos y dos cartas muy abultadas y muy sucias. Advertiré de paso que Carlitos escribía siempre dos epístolas a Luz. Una oficial —digamos de este modo— que podía leerse en la tertulia, para pasmo del cura, asombro del alcalde y regodeo de la orgullosa chica. Otra, privada, menos llena de menudencias, pormenores y recuerdos de viaje, pero abundante, rica y hasta pródiga en esas frases, melosidades y ternezas que los novios se dicen por escrito o cuando creen que nadie los escucha. Pasemos, pues, por alto esa cartita, porque a la fin y postre ya Uds. se habrán hecho cargo de su contenido.

Las niñas que tienen novio, o lo tuvieron, saben perfectamente a qué atenerse; y en cuanto a las demás, dejemos que se imaginen cosas peores, es decir, más bonitas y lindas.

La carta que nos atañe e interesa es la oficial. Escribíala D. Carlos como yo suelo hacerlo en casos parecidos; previendo el caso no remoto de que las cartas se publiquen. De este modo cuando acaban las relaciones amorosas se encuentra uno, si es poeta, novelador o periodista, con cincuenta o sesenta artículos ya hechos en los que sólo hay que tachar algunos nombres para darlos, sin más enmiendas, al cajista. Novia he tenido, que a más de mucho ratos de solaz, me dio a ganar, cuando acabaron los amores, unos doscientos o trescientos duros.

No necesito, pues, encarecer las ventajas y las conveniencias del sistema. Cuando yo escribo alguna de esas cartas lo hago de modo y suerte que el generoso director de este periódico pueda darme por ella unos diez pesos, como si fuera algún artículo o revista. Tarde o temprano, la carta vuelve a mi poder y, días después, aparece aumentada y corregida, entre un editorial sobre la deuda y un aviso de emplastos o de píldoras.

Carlitos probablemente hace lo mismo. Envía a la novia sus recuerdos de viaje, para que ésta los guarde, y pasen luego de sus manos a la imprenta. Por esta vez, sin embargo, el pobre chico se ha llevado chasco. Le publico la carta y no le pago. De algo había de servirme haberla oído, cuando Luz la leyó con su delgada vocecita temblorosa, ante el cura, los padres y el alcalde. La carta, poco más o menos, dice así:

Botón de rosa: No puedes figurarte qué horas, qué días y qué semanas he pasado. Estoy muy triste porque no te veo. A cada rato repito en mi interior aquellos versos que leímos, hace tres meses, en un libro:

Escribidle por Dios que el alma mía
Ya en mí no quiere estar;
Que la pena no me ahoga cada día
Porque puedo llorar.

Dime si las estrellas han cumplido con los encargos que les hago diariamente. Cuéntame si te dicen que cada día te quiero más y que quisiera tener sus ojos para verte. Ahora sí ya no estoy a media Luz, sino a obscuras. No vivo, no hablo, no trabajo; pienso en ti.

Fuerza es no obstante, que me resigne por tu amor a los dolores y amarguras de la ausencia. Quiero que sepas todo lo que hago, y para esto, ya no voy a escribirte cartas, sino libros. Te debo todas las horas en que esté separado de ti y quiero darte estricta cuenta de ellas, minuto por minuto, instante por instante. Óyeme pues.

¡Si vieras tú qué grande es México! Yo creo que es tan grande como París o un poco más. Las casas son muy altas: algunas parecen verdaderas torres. ¡Figúrate que tienen tres y cuatro pisos! Nada te diga yo de los peligros que he arrostrado como valiente en esas calles. Coches van, coches vienen, y con sólo descuidarse durante las dos terceras partes de un segundo, muere uno aplastado sin remedio. Yo andaba muy despabilado y con los ojos muy abiertos, rezando para mi coleto el *Magnificat.* ¡Qué barullo! ¡qué tumulto! ¡qué algazara! En mi opinión cada año deben perecer atropelladas unas diez o doce mil almas. Eso sí, los carruajes son muy buenos: parecen alcobas de recién casados, cajas de dulces para el Año Nuevo. Hasta los coches de alquiler son elegantes: yo no me atrevía a subir a algunos sin darle antes la lumbre al cochero y preguntarle amistosamente si podría, sin compromiso, llevarme a aquella parte o a la otra.

Precisamente llegué yo a la gran ciudad el día 14, entre ocho y nueve de la noche. Apenas me había quitado el cubrepolvo y lavado la cara, cuando salí por esas calles, ansioso de mirar las maravillas babilónicas que encierran. El alumbrado de gas es bastante mejor que el nuestro de manteca; pero lo que hay que ver son los focos de luz eléctrica. ¡Ésa sí que es luz! ¡Hasta las cucarachas andan que se las pelan por mirarla! Imagina unas bolas de cristal, tan grandes como los pendientes de perlas falsas que mamá se ponía en el Jueves Santo; por adentro todas las claridades que tú tienes en los ojos, y con todo eso no habrás podido figurarte lo que es, en realidad, un foco eléctrico. Esta luz no se parece a ninguna otra. Es una luz muy pálida y muy blanca: parece que tiene mucho polvo de arroz en la cara.

Apenas había andado algunos pasos, cuando encontré una comitiva de trescientas o cuatrocientas personas. Cada una llevaba, sobre una pica o varapalo, un farolillo de papel. Yo creí que se trataba de una noche de posadas; pero me sacó de mi error el observar que no iban los Santos Peregrinos ni quemaban cohetes o petardos. Supuse entonces que iban acompañando el Santo Viático. Y tampoco. Aquella larga y silenciosa comitiva se encaminaba a la casa del señor general Díaz, para cumplimentarle por su santo. Como nadie me daba vela en el entierro, yo la seguí de lejos hasta llegar a la famosa calle de Humboldt. Había allí extraordinaria animación... ¡vamos! ¡si parecía una ascua de oro! Las músicas tocaron mucho y bien, tanto que al escuchar sus armonías me puse a acordar aquella noche en que nos dimos... ya tú sabes qué... mientras andaban los de tu casa en la fiesta del Santo Patrono. Si no las contengo tan a tiempo, se me saltan las lágrimas.

Pero dejemos todo esto a un lado, que ya me hace cosquillas en la lengua la narración de lo que vi en los días 15 y 16. Hija: esto sólo para visto. Cada calle parecía un monumento. En la mañana del día 15 un inmenso concurso de estudiantes se dirigió en solemne procesión al teatro Hidalgo. No llevaban ni capas ni panderos. Iban muy elegantes y muy serios, precedidos de grandes estandartes y atronando los aires con sus vítores. Entre la embocadura del portal y la calle que llaman del Empedradillo, se alzaba un arco que no era arco, pero que sí tenía muchos adornos, banderas, gallardetes y retratos. Costearon esa portada los alumnos del Colegio Militar.

A medio día, comenzaron a decorarse las fachadas. Yo anduve toda la tarde como un bobo, mirando aquellos balcones atestados de caras bonitas y cubiertos de vistosísimas cortinas. Me estrujaban, me apabullaban; pero yo, impertérrito, seguía mi interminable caminata. ¡Qué noche, Luz, qué noche! Todos temían que lloviera, y —en efecto— a cada rato aparecían nubes muy negras en el cielo. Pero no venían a derramar sobre nosotros los odres colosales de la lluvia: venían a ver la iluminación y nada más. Fui al jardín de la plaza, en donde nadie podía moverse, y allí esperé las once de la noche. Algunos me aconsejaban que diera una vuelta por el teatro; pero yo no quise: ya tú sabes que siempre les he tenido miedo a los discursos. En la plaza, la concurrencia había llegado al estado gelatinoso, o para que tú lo entiendas mejor, estaba ya en punto de caramelo. Si hubiera caído una cucharita en esa masa, se habría quedado enhiesta y de punta. A poco rato, dieron las once; y entonces fue de ver la algazara y de oír el estruendo. Cañonazos, cohetes, vítores y dianas confundían en el aire sus discordes notas, mientras que repicando a vuelo las campanas parecía que gritaban desde arriba: ¡Chucho Lalanne, Chucho Lalanne, Chucho Lalanne!

Todos gritamos hurras y vivas a la patria, traídos y llevados en tumulto por aquella muchedumbre en movimiento. Los estudiantes iban en alegres vítores con sendos hachones en las manos, y unas cuantas botellas en las bolsas. En esta guisa recorrieron muchas calles. Yo fui tras de ellos berreando también cuanto podía. Desventuradamente, el entusiasmo se acostó temprano. A la una ya no había ni señales de vítores. Me refieren que algunos se refugiaron en la Alameda, en donde pronunciaron discursos y poesías de cinco ceros. Yo no vi nada; entré un momento a la Concordia, en donde podía uno comer todo lo que llevara de su casa, y —para entretener el apetito— me puse a leer el *menú* de la víspera. Parece, pues, que en el primer café de México ocurre lo que en casa del alcalde: el que no llega temprano no come. Hambriento, derrengado y con deseos vehementes de dormir, me encaminé al hotel. El de Iturbide, que es el mejor según las referencias que me dieron, tiene las proporciones de un palacio. Por desgracia no ponen luz en los pasillos. Para porrazos y encontrones no hay como eso.

El 16 desperté en punto del alba y así tenía que suceder, pues no eran para menos los disparos, repiques, músicas y gritos que turbaron la calma de las calles. Me vestí, me lavé, tomé una taza de chocolate y me puse desde temprano en el balcón, para mirarlo todo por mis ojos. ¡Dios mío! ¡qué ir y venir de generales, unos en coche, otros a caballo y hasta algunos a pie!

Pasó primero el Presidente, volvió a pasar —siempre en carruaje— después de haber oído los discursos: comenzó a aglomerarse un gran gentío en ambas aceras de la calle, y yo, sin moverme de mi puesto, permanecía pasmado y boquiabierto contemplando los esplendores de la fiesta. ¡Ay de mí, Luz, cómo estaban esas calles! No quedó balcón por adornar; ni tira de trapo verde, azul o colorado por venderse; ni bandera hasta la del Tonquín, por flamear. Vista a ojo de pájaro, la ciudad parecía un mar en seco, lleno de escuadras empavesadas. ¡Qué espectáculo! ¡No puedes, por mucho que te empeñes en figurártelo! Toda la población, aglomerada en una sola avenida, esperaba con ansias el desfile. Por fin apareció la descubierta. Venían detrás los círculos de obreros, los gremios de aguadores y albañiles, las escuelas municipales... ¡un ejército de calzón blanco y blusas de colores! Y nada te diga yo de los carros alegóricos. Sólo en Celaya y en la Noche Buena de Querétaro se ven mejores. Pasó la Caridad de carne y hueso, abrazando a dos niños desvalidos. Yo creí, primeramente, que era un grupo representando a Medea con sus hijos. Pasó también Minerva enseñando el silabario de San Miguel a los alumnos de las escuelas municipales. Y en seguida pasaron otros muchos que sería muy difícil recordar. Colón en su carabela; la Aurora guiando sus alígeros caballos por encima de las nubes; un estanque donde debían bañarse las ondinas; Neptuno con su gigantesco tenedor; la Fortuna jugando al aro y la momita; Flora vendiendo ramilletes y macetas en la plaza; el cura Hidalgo, de sotana y de birrete, a los ocho años; y por último, el anunciado carro del Progreso. Éste, como tú sabes, fue costeado por D. Ramón Guzmán. El carro figuraba ser de plata y oro. Una locomotora en miniatura salía gallarda de un obscuro túnel, mientras arriba se ostentaba la estatua del Progreso con guirnaldas de flores en las manos. El Progreso era de cera, para significar que puede derretirse. Sin disputa éste fue el carro más lujoso y elegante.

¡Y si tú hubieras visto a los bomberos! ¡Y a los conductores de tranvía con sus cornetas de latón bruñido! ¡Y a los oficinistas de levita! ¡Y luego aquel desfile de trescientos o cuatrocientos mil hombres! Mandaba la columna el general Sóstenes Rocha, montado en un lindísimo caballo prieto, que, según dicen, es caballo de carrera. ¡Cuántos soldados, Luz, cuántos soldados! Era un listón, de siete varas de ancho, que se desenrollaba y se desenrollaba, sin que jamás le viéramos la punta. En los balcones, se apiñaban los cuerpos y cabezas, las sombrillas de innúmeros colores y los sombreros de cuantas formas puede inventar la caprichosa moda. El desfile duró dos horas y algo más. ¡Ay, hija, aquello sólo para ser visto!

En la tarde no hubo más paseo que recorrer las calles principales. Luego que obscureció, salí, un tantico temeroso de perderme, a admirar la profusa iluminación de la Ciudad. Yo no creí jamás que hubiera en el mundo un acopio tan grande de faroles. Los había de todas formas y colores, globos, vasos azules, tricolores, verdes, blancos, con figuras chinescas o dibujos arábigos, pequeños, colosales, diminutos, de cristal, de papel y porcelana. Sólo en la calle de la Palma había más de quinientos. Conque ni calculando los que habría en toda la ciudad. Y lo más digno de observarse era que no sólo las calles principales estaban vistosas y adornadas. Yo tomé los tranvías para ver el bullicio de los barrios, y no encontré ninguna calle donde no hubiese banderolas y cortinas, faroles, murgas, fuegos y templetes.

En la plaza se quemaron los fuegos de artificio. Yo también asistí: ¿por qué no? Me encanto y me embobo viendo cómo revientan y se esparraman en el aire las mil flores luminosas que lleva cautivas cada bomba. Esos dibujos de luz, trazados en el manto de la noche, me sorprenden y halagan por extremo. Tiene entonces el aire flores de la tierra; peces de escamas áureas, como el mar, y ágiles salamandras como el fuego. Todo eso vive poco: lo que las ilusiones en el alma. Nace, brilla, culebrea y se apaga. Parece que los vidrios y las cuentas de un colosal kaleidoscopio retozan y se mueren en la atmósfera.

¿No se extinguen también las armoniosas notas de la orquesta? Un cohete luminoso que se apaga, una música que pasa y un amor que se va, todo es lo mismo. Pero en tanto que brilla, vibra o canta, nos cautiva, subyuga y enajena.

¡Ay! cuando los cohetes se extinguieron y las notas pasaron a ese limbo en donde guarda Dios las almas de los niños, se alzó, más viva que antes, tu memoria, en el íntimo fondo de mi ser. Las gentes volvían cansadas a sus casas; apenas quedaban algunos farolillos encendidos: pero ya no era la ciudad el horno luminoso que hizo correr a las tímidas estrellas, temerosas de quemarse las plantas de los pies: era un papel carbonizado en cuyas puntas quedaban, como luciérnagas rojizas, algunas lucecillas parpadeantes. Los globos de papel no tenían alma. Eran como pupilas apagadas. La música y la luz se habían dormido.

Cuando recuerdo ahora esta orgía de sonidos y colores me parece que he soñado. La invisible Scheherazada[4] que nosotros llamamos fantasía, me llevó a sus palacios prodigiosos. He vivido tal vez durante algunas horas en transparente alcázar submarino. ¡Si te hubiera tenido junto a mí, para guiarte por el laberinto de las calles y escuchar tus exclamaciones de sorpresa! Pero estamos muy lejos y muy tristes.

El lunes, fui con varios amigos a un banquete. Allí miré de cerca a todos los prohombres de la política y la prensa. Vi al señor general Díaz, a D. Ramón Fernández, a Pacheco, Naranjo, Romero Rubio y Diez Gutiérrez. ¡Imagínate que éramos ciento veinte! Sirvieron un carnero a la "duquesa", del que tomó, naturalmente, el duque Job, y muchas otras cosas cuyos nombres ni siquiera de oídas conocía. Nos retrataron en grupo, antes del almuerzo, y como ya era tarde, es muy posible que esa fotografía pase a las edades venideras con el título de "Nuevo cuadro del Hambre".

Yo no podía comer: el pensamiento de que tenía delante de mis ojos a D. Porfirio y los ministros, quitábame la genial desenvoltura que todos en el pueblo me conceden. Bebí bastante para darme bríos y sólo así pude salvarme del ridículo. ¡Si tú vieras qué llanos y qué amables son estos señores! La mano que te escribe estas líneas ha tocado las del general Díaz y D. Ramón Fernández. ¡Vamos! ¡Quién me hubiera dicho hace dos años que había de tomar una copa con D. Carlos Diez Gutiérrez! Si ni yo mismo quiero creerlo.

Todo lo que me pasa es asombroso. Fui al teatro en donde daban una opereta nueva: *Boccaccio*. Boccaccio, como tú lo sabes, es un autor de cuentos que no han sido aprobados por ningún arzobispo. Ya te hablarán con más detalles de él, y de sus obras, el Duque Job y los demás cronistas. A mí me falta espacio para esto. Yo quisiera decirte que la Srita. Moriones es muy guapa; pero no te lo digo para que no te enceles. ¡Si tú la vieras con su traje de hombre, que lleva con tanto desparpajo y elegancia...! ¡Da ganas de ser mujer!

Dicen los sabios que la música de *Boccaccio* está espantosamente mutilada. ¡Tontos! Pues si mutilan el libreto, ¿cómo no habían de mutilar la música? El hecho es que, mutilada y todo, es deliciosa. Pero en fin, ya de estas cosas y de muchas te hablarán *in extenso* los cronistas.

Yo estoy triste; van ocho veces que lo digo. Todavía no pronuncio ningún discurso. Todavía no me nombran ministro. Quiero verte. ¿Hasta cuándo podremos ser felices?

---

[4] Personaje principal de *Las mil y una noches*.

En llegando a este punto de la carta, Luz se enjugó dos lágrimas muy grandes que rodaban por sus mejillas de camelia; sus padres la miraron tiernamente, y el señor cura, golpeando con los nudillos de la mano la primorosa caja de rapé, exclamó satisfecho:
—¡Si este chico sabe más que don Lucas Alamán!

NOCHE LLUVIOSA[1]

Allí va, la griseta de ojos azules y cabello rubio; allí va, defendiéndose del viento, de la menuda lluvia y del amor. Ya dio el toque de oraciones. Los carruajes vuelven de la calzada a todo escape. Algunos jinetes, envueltos en sus mangas de hule blanco, galopan persiguiendo con los ojos el rostro pálido o moreno de la novia, cuya pequeña mano asoma en la portezuela del "trois quarts".

La griseta de ojos azules y cabello rubio aprieta el paso. Teme las impertinencias de los transeúntes y cierra los ojos cada vez que un relámpago rasga el obscuro seno de las nubes. Es la firma del diablo en el recibo de las almas.

Un momento... ya se va a parar en la bocacalle. Vuelve la vista en derredor para librarse de los coches y caballos y levanta su enagüilla escocesa. ¡Qué pequeño es su pie y qué estirada está su media! ¡Aprisa! ¡Aprisa! Los tacones de la rubia griseta martillean las baldosas. Si es honradita ¿por qué sale sola? Bien pudo acompañarse de otra amiga empleada en el mismo almacén. Mas Rosa Clara —así se llama— es orgullosa. Sus compañeras de taller visten muy mal, son feas y tienen novios artesanos. Ella pica más alto. Es hija de un oficial francés y de una señora que tuvo casa propia en otro tiempo. Con lo poco que gana y con los rasos, cintas, flores y plumas que desperdicia su ama la modista, sabe ataviarse primorosamente. Su novio —un poeta que admira a Grilo y a Selgas— dice que Rosa viste con la primavera del año pasado.

¡Aprisa! ¡Aprisa!
—¿Permite Ud. que la acompañe?
—¡No, señor!

Y cada vez la rubia grisetita, la Mimí de un Murger[2] sin editor, martillea más vivamente las baldosas. Llueve mucho.

---

[1] Apareció en un periódico de México: *La Libertad* del 25 de mayo de 1884, con el título de *Crónicas kaleidoscópicas* y la firma de "El Duque Job". Fue incluido, en forma idéntica y con el mismo título, en *Obras*, 1898.

Reimprimimos esta única versión, sustituyendo el título original por el que aquí damos, a fin de distinguir este escrito de otros que se publicaron en la misma serie.

[2] Enrique Murger (1822-1861), escritor francés, autor de *Escenas de la vida de bohemia*.

Ved a aquel pobre viejo. No lleva paraguas. Perdió el último empeñado en la casa de Bustillo. Sin embargo, es preciso que salga. Hace un año que va todas las noches al empeño. En su casa no hay vela todavía y los dos niños lloran mucho porque tienen miedo al vecino que se murió dos noches antes. ¡Pobre hombre! De seguro le da una pulmonía. Sus zapatos dan entrada al agua por cuatro o cinco partes. Su levita no es gruesa: la lleva abotonada hasta el cuello porque no tiene chaleco. Su chistera —regalo de un amigo generoso— refleja la luz de los focos eléctricos como un espejo.

Y allí va, desafiando la tormenta, con un gran envoltorio bajo el brazo. Lleva al empeño las colchas de su cama. Tendrá frío en la noche, es verdad, pero ¿qué importa? Conque los niños coman y no lloren, quedará satisfecho. Además: ¿para qué necesita colchas? Con poner la levita y los pantalones encima de la sábana, queda todo arreglado. Si viviera su mujer sería otra cosa; pero Dios se llevó a la pobrecita.

¡Vamos! ¡Vamos! Un rayo cae y mata a cierto caballero que va muy bien arrellanado en su landó. El pobre viejo se santigua y sigue caminando: es inmortal.

La morenita de ojos negros que vive en aquel balconcito bajo levanta a cada instante la cortina. ¿Por qué no viene su novio? ¿Porque llueve? ¡Bonito pretexto! ¡Para la lluvia se inventaron los paraguas!

Tiene en las manos una novela del Sr. Pérez Escrich. ¡Pobre Sr. Pérez Escrich! ¡Va a quedar deshojado! Cada cinco minutos, la morena arranca una hoja del libro y la estruja entre sus manos. ¡Compadezco al infeliz amigo que le prestó esa obra maestra de la literatura contemporánea! Y el caso es que el amante no aparece. La mamá llama a gritos a la niña: el chocolate está en el comedor. Pero la niña, con un humor que ya... ya... pasa de la alcoba al balcón y del balcón a la alcoba, desgarrando a mordidas el pañuelo.

Precisamente aquella triste noche se había puesto bonita, muy bonita. Yo la veo, cuando alza la cortina: tiene una rosa blanca en el cabello, y su vestido de percal almidonado recorta admirablemente bien las graciosas curvas de su cuerpo. Si Ud. quisiera ¡oh impaciente señorita! yo iría con mucho gusto a consolarla. Pero Ud., obstinada, espera al novio que no viene y que seguramente no vendrá. Es muy tarde: no pasan por la calle más que los coches simones que regresan a la carrocería y el gendarme que se pasea tranquilamente. Ya se ha acostado la mamá. El reloj de San Diego da las doce. Ud. no quiere creerlo, señorita; pero oiga Ud. las doce campanadas más agudas, que suenan en la propia sala de su casa. Parece que le dicen: "¡Ya no esperes!" ¿Ve Ud. aquel carruaje aristocrático que viene por la esquina de la calle? Es el de una familia que fue al teatro. Ya acabó la función. Pero Ud., lejos de renunciar a su esperanza, dice para sí: "Tal vez el muy infame fue a la ópera. Pero vendrá fingiendo que ha tenido mil quehaceres. No quiero hablar con él: me basta con la cólera que he hecho. Le aguardaré detrás de la cortina, y si se acerca, si toca la vidriera, si me llama, podré saborear mi venganza. No quiero hablarle; quiero ver si viene".

Y pasan, el tendero de la esquina, el joven que tararea la última aria de la ópera, el músico con la trompeta pistón debajo del brazo. Y da la una. Ud., que no me escucha, cierra de golpe y con peligro de romper los vidrios, los maderos del balcón. Estoy seguro de que al verse en el espejo, mientras dejaba las horquillas y las flores en el pulido mármol de su tocador, ha dicho Ud., sintiendo impulsos de llorar: "Y sin embargo: soy bonita... soy bonita!"

El poeta, acurrucado en el caliente lecho, lee las odas de Horacio. El ruido de la lluvia es el mejor acompañamiento de los versos. Si los duendes tuvieran una orquesta, así sería. Luego, cierra el libro, y —algún tiempo después— cierra los ojos.

Los sueños, esos niños juguetones, comienzan a dibujar figuras fantásticas en su imaginación. Está en Oriente. Un mago amigo le ha dado el supremo poder. Mujeres de blancura incomparable agitan el aire del camarín con gigantescos abanicos de pluma. Él, reclinado en muelles almohadones, respira los más ricos perfumes. Una orquesta invisible puebla de armonías la atmósfera, y cuando cesa la divina música se oye el rumor acompasado de la lluvia en los techos y minaretes. Llueven perlas. Con extender la mano y recibir durante media hora las gotas de aquella lluvia prodigiosa, el más desarrapado pordiosero se trocaría en fastuoso potentado. Pero el poeta no extiende la mano o tiene frío.

Cuando despierta y ve las paredes desmanteladas de su alcoba, la mecha que humea, el zapato que entreabre los labios sonriendo, a los pies de la cama, y el libro descuadernado en que leía las aventuras sorprendentes de un visir, honda tristeza se apodera de su espíritu. Oye el ruido acompasado de la lluvia; pero ya no son perlas las que bajan del cielo, sino lágrimas.

¡Efímera tristeza! ¡Que amanezca, que gorjeen las golondrinas en los alambres del telégrafo, que llegue con su traje de mañana la mujer a quien ama inmensamente, y veréis cómo dice entre caricias: ¿Para qué quiero más oro que el de tus rizos, largos y sedosos, ni más perlas ¡oh Magda! que tus dientes?

¡Vaya Ud. a escribir con esta noche una crónica alegre y retozona! Yo pienso en la vecina que aguarda a su novio, en el poeta que construye castillos en el aire, en la griseta que va camino de su casa, y en el pobre señor cuyos pobrecitos hijos mueren de hambre y miedo.

Hubo un tiempo, sin embargo, en que estas noches lluviosas me regocijaban. Tenía una novia —¡cuántos años hace!— y la novia vivía en una casita baja cerca de la estación de Buenavista. Noche a noche, hablábamos los dos por la ventana. Sin embargo, yo era tímido, muy tímido... ¡ya supondrán Uds. cuántos años hace de esto! ¡Jamás me había atrevido a besarle más que la extremidad color de rosa de sus dedos! Eso sí; en mis epístolas morales, le enviaba muchas caricias, muchos besos. Mas todo era llegar, verla a mi lado, oír su voz que casi era un gorjeo y sentirme perplejo como el hombre a quien le cae el premio gordo de la Habana y no sabe en qué emplear sus cien mil pesos.

Sólo en aquella noche me atreví. ¡También los ojos de mi niña brillaban entonces como dos *nomeolvides* que fueran al mismo tiempo dos luciérnagas! ¡Nunca he visto dos ojos tan azules ni tan resplandecientes como aquéllos!

> Húmeda noche, tras caliente día...
> Rosa aguarda febril...
> ¡Cuánta virtud sobre la tierra habría
> Si no fuera el Abril!

Y precisamente se llamaba Rosa. Largo rato estuvimos platicando. ¿De qué? ¡Sábelo Dios! Cuando me hablaba, oía su voz como una música divina. Y mientras conversábamos en voz baja, una lluvia menuda —y muy tupida— comenzó a caer sin que yo lo advirtiera.

—¿Por qué no abres tu paraguas? —dijo Rosa.

Y yo lo abrí.

Poco a poco los transeúntes fueron escaseando. La lluvia

arreciaba y nadie se atrevía a salir de la casa. Vacilé dos minutos, sentí miedo, pero con súbito valor, cubriéndome muy bien con el paraguas, besé los labios húmedos y rojos de mi novia. ¡Qué bien cubre el paraguas! ¡Qué bien cubre!

¡Cuántas noches después de aquélla memorable anhelé que lloviera como entonces! ¡Cuántas abrí el paraguas de repente sin que cayese la más leve gota!

Pero ¿se llamaba Rosa? No... María... ¡Tampoco! Creo que Luisa. Lo único que afirmo con certeza es que me iba a suicidar por ella...

LA QUE NUNCA VOLVERÁ[1]

El viernes visitaremos a los muertos. Yo olvidé pasar recado a mis amigos los silenciosos habitadores de la "Undiscovered country", como dice Shakespeare, y al abrir hoy la puerta de la alcoba les encontré de espera en la antesala: venían a recordarme la anual cita. Tomé nota de sus nombres y ya he pedido las coronas fúnebres que he de llevarles al campo santo.

¿Habré olvidado a alguno? En ese caso le suplico cortésmente que tenga por recibida mi tarjeta, y se presente. ¡Esta noche y en casa, amigos míos! La mesa aderezada aguarda ya: Comendador, escancia en esos vasos.[2]

Mientras llega la hora abro el pequeño libro de memorias que me legó mi amigo el triste, el enlutado, y leo esta página:

> Todavía me parece estarla viendo en aquella ventana, cuyo marco ocultaba una espesa enredadera. Tenía la edad del rosal plantado junto a la escalinata del jardín: quince años.
>
> ¡Pobrecilla! Yo he vuelto a visitar esos lugares que fueron mudos confidentes de mi amor. Las cosas permanecen impasibles y no se curan del dolor humano. Somos como errabundos comediantes que pernoctan en este o ese pueblo, y al día siguiente continúan la marcha sin que sus voces dejen eco alguno en las polvosas bambalinas del teatro.
>
> He vuelto a visitar esos lugares... La sombra de las paredes altas se proyecta en las obscuras avenidas del jardín. Los árboles arrojan sobre el suelo una impalpable blonda negra, y los gorriones, al volar de sus nidos, mueven con estrépito las hojas. Junto al pozo sin brocal está la regadera del hortelano; junto al durazno cuyos frutos amarillean, la escalera pintada de verde; los gallos que alborotan con sus cacareos el extremo de la huerta, me parecen los mismos que tú y yo conocíamos por sus nombres; y el jardinero de camisa blanca a quien veo tusando el césped de

---

[1] Lo esencial de este escrito ha aparecido tres veces en periódicos: en *La Libertad* el 2 de noviembre de 1884, como parte de un artículo de la serie *Crónicas de mil colores* y firmado "El Duque Job"; en *Revista Azul* del 28 de octubre de 1894: *La que nunca volverá* y "El Duque Job"; y en *El Fígaro Mexicano* del 15 de noviembre de 1896, *La que nunca volverá* y "El Duque Job". Las distintas versiones se diferencian sólo en la fraseología de la sección preliminar. Publicamos la versión de 1894.
No ha sido recogido.

[2] Alusión al drama de Tirso de Molina *El burlador de Sevilla*.

aquel prado, en nada se distingue del que por no interrumpir nuestras conversaciones fingía trabajo en el rincón más escondido o iba a clavar los verdes tejamaniles que forman el enverjado del boliche, roto a trechos en el retozo del domingo. Allí miro el columpio, colgado de dos fresnos corpulentos. Allá el cenador, hecho de ramas y de varas olorosas, en donde solíamos desayunarnos después de la misa. Ésa es la banca que prefería el padre capellán para leer su breviario o algún capítulo del *Hombre apostólico*. ¡Nada ha cambiado! Creo que he dejado la mesa antes de acabar la comida, o mientras las señoras van a verse en el espejo con el pretexto de lavarse las manos en los aguamaniles de latón. Creo que no tardaré en oír tu voz, la de tu hermano, la de tus amigos, y que dentro de poco comenzará nuestra partida de "cricket". La bola de madera colorada corre en la arena, los mazos amarillos, rayados de negro, esperan recargados en los árboles. ¡Ah! ¡Ya verás cómo te venzo ahora! No tardarán los pájaros en volar espantados por nuestras risas y por el ruido seco de los mazos.

Ya aguardo con impaciencia el instante en que pongas tu pie de Cenicienta sobre la bola roja, enseñando el extremo de tu media de color de rosa. Si lo prefieres, jugaremos a la raqueta. ¡Si tú supieras qué hermosa te ves cuando levantas los brazos, para alcanzar el volante que va muy alto, y te pones de puntas y echas atrás el cuerpo y saltas como un ave revoltosa! Me pareces entonces una de esas esbeltas segadoras italianas, que vuelven a sus chozas deteniendo con las manos el pesado haz de trigo puesto en su cabeza! Y por mirar las blancas morbideces de tu cuello, que el sol baña, olvido el juego y el volante y no puedo alcanzarlo y tú te ríes! ¡Vamos, ya es hora! Después de corretear raqueta en mano, nos sentaremos en aquella banca, y veré tus mejillas encendidas, tus ojos más brillantes y tu pecho agitado, como un pichón preso, que quisiera abrir con sus alas el corpiño de seda cruda o de percal. Vamos, ya es hora: si no quieres jugar a la raqueta, iremos al boliche. ¡Cómo reiremos de las torpezas del alcalde! Ya me parece oír tus voces, animando a la bola carcomida para que llegue al fin de la mesa y no se incline a la canal: los gritos con que celebrarás las chuzas de tus compañeros; y tus risas reprimidas, cuando pensando engañarme, tomes la pizarra y borres a hurtadillas una cifra, sustituyéndola con otra. ¡Ah, señora tramposa, estoy alerta! ¡No permitiré que vaya Ud. hasta la mitad de la mesa para tirar desde allí! Ya pienso verte tomando con las dos manos una bola gruesa, y descubriendo, al arrojarla, la orilla de tu enagua y la garganta del botín campestre. ¡Apunte Ud., señor cura, apunte Ud.!

El juego acaba y volvemos a la casa: los convidados se despiden; tu hermano se duerme o lee en su alcoba; tú, sentada al piano, tocas la serenata de Schubert o algún nocturno de Chopin. Luego, para tener pretexto de hablar aparte, ponemos el tablero del ajedrez en la mesilla que está junto a la ventana, jugamos sin atender a nuestro juego, hablando de los eternos ocho meses que faltan para la boda proyectada, de los paseos que haremos, ya casados; de sublimes niñerías de nuestro amor! Y tu mamá, arrullada por el run-run monótono de nuestras voces, se rinde al sueño; y yo querría alargar eternamente la velada; porque al amanecer del día siguiente montaré a caballo para volver a la ciudad y estaré una semana sin mirarte. Hemos olvidado dar cuerda a la lámpara de aceite, y la mecha, carbonizada, se va apagando poco a poco. Ya no hablamos ni movemos las piezas del tablero: la reina blanca está dando jaque al rey negro; pero ni tú ni yo lo advertimos.

Tengo tus manos entre las mías y tu mirada en mi alma. El quinqué se apaga, y entre la sombra, sin hablar, convulsos, nos acercamos uno a otro y yo te doy un beso quedo, pero largo, muy largo, hasta que el mozo entra con luces, pone en la mesa la tetera, las tazas y el azúcar. Tu mamá se despierta, y tú, muy seria, me dices en voz alta: ¡Jaque al rey!

¡Ah! creemos haber olvidado; pasan muchos años, y al ver una flor seca, un jardín desierto, un pequeño tablero de ajedrez, la herida se abre, el pensamiento retrocede, y la novia que nunca volverá, la pobrecilla que murió de fiebre por no haberse arropado con su abrigo de pieles al salir de algún baile en el invierno, se acerca a nosotros y nos dice, como el esposo que entra tarde a la alcoba y besa la frente de su mujer dormida: "¡No te asustes, soy yo!"

DÍAS NUBLADOS[1]

El sol anda a picos pardos. Desde hace cuatro días, los astros de la corte se presentan, según lo exige la etiqueta, en la antecámara del soberano, y la puerta de la alcoba real no se abre para darles paso. Su Majestad el sol no se levanta.

Los cortesanos murmuran y cuchichean en la antesala. ¿Qué ha pasado? El *Lince* asegura que vio salir al sol, poco antes de las oraciones, acompañado de Mercurio. El sol iba embozado hasta las cejas. La *Osa Mayor*, que como dueña y vieja, es cavilosa, asegura que por extraña coincidencia, la *Cruz Austral* ha desaparecido. El *Boyero* y *Rengífero* sonríen, como diciendo: ¡ya lo veremos brillar hoy o mañana en el cuello de *Andrómeda* o en la cabellera de *Berenice*! Su Majestad el sol no se levanta.

El *Cochero* se impacienta en el pescante de oro. *Pegaso* piafa en la caballeriza. Los *Lebreles* quieren echar a correr y el *Perro Mayor* ladra sin descanso, mirando de reojo al *Ave Indiana*. Su Majestad no irá de caza hoy.

Puede el *Águila* atravesar sin miedo la montaña; el *Cisne* deslizarse por el lago y la *Girafa* recorrer los campos. En vano *Hércules*, que es el montero de Su Majestad, limpia y bruñe el *Escudo de Sobieski*. En vano *Sagitario* tiene listo el carcax con flechas áureas. La *Copa* permanece intacta. Su Majestad no se ha desayunado. En el *Altar* ya pavonean agonizantes los blancos cirios. Su Majestad el sol no ha oído misa.

¿Qué ha pasado? Su Majestad la luna está de viaje. Con sus damas de honor y sus meninas, se embarcó en el *Navío* rumbo a Alemania. Mientras vuelve, el sol se oculta o anda de aventuras. ¿Quién le ha visto? No está de cierto en el laboratorio, porque el *Hornillo químico* no despide llama alguna. El *Buril* y el *Caballete del Pintor* permanecen ociosos. ¿Qué ha pasado? El venerable *Poniatowski* calla, y el madrugador *Orión* afirma en voz muy baja que esta mañana salió Venus algo pálida.

---

[1] Tenemos a la mano tres versiones de este escrito: la que apareció en *El Partido Liberal* del 7 de febrero de 1886, titulada *Humoradas dominicales (Las estrellas en invierno)*, y firmada "El Duque Job"; la de *El Partido Liberal* del 23 de noviembre de 1890: *Días nublados* y "El Duque Job", y una reimpresión de ésta en la *Revista Azul* del 2 de junio de 1895.

Publicamos la versión de 1890 por ser la última revisada por el autor. Se diferencia de la de 1896 en que omite dos pasajes de poesía francesa que se dan en ésta.

Las dueñas refunfuñan. El *Delfín* se pasea muy pensativo. Los cortesanos cuchichean en la antesala. Su Majestad el sol no se levanta.

Dos gorriones, que me acompañan a almorzar todos los días, se ponen de puntillas en el nido y me dicen por señas que hoy no salen. Desde aquí escucho su conversación. Los pobrecillos cuentan que un amigo suyo murió anteayer de pulmonía. A no ser porque están muy constipados, asistirían puntuales al entierro. No tendrían que vestirse para ello: como es público, los gorriones, a guisa de hombres graves, andan siempre de luto.

Por desgracia, la atmósfera está fría. Gotas de lluvia resbalan titilando por las hojas del fresno. No, no irán al entierro los gorriones. Friolentos se acurrucan en el nido y hablan con voz llorosa del compañero que murió. Su pobre novia no ha de hallar consuelo. Tal vez en ese instante la desgraciada alondra da el último beso en el pico de su amante. Ya el ruiseñor estará cantando el *Pie Jesu*, y los canarios, esos monaguillos de las aves, se agruparán en el altar mayor, columpiando los incensarios de filigrana. Como el gorrión era un gorrión aristocrático, un cardenal canta la misa de difuntos. Los gorrioncitos, mis amigos, no la oirán. Tienen miedo de morirse, porque están enamorados.

¿Os acordáis de aquellas golondrinas que colgaron su nido, un año hará, en la cornisa de mi ventana? Las coquetas salían muy de mañana cantando el *Pit Ouit* y el *Ne me chatouillez pas*. Donairosas y esbeltas, lucían el talle, taconeando con gracia parisiense en los alambres del telégrafo. Mis gorrioncitos se enamoraron de esas dos locuelas. Pero como eran artistas, cuando acabó la temporada de ópera, que llaman ellas primavera, se marcharon. Mis gorrioncitos las esperan impacientes. Mas como la mañana está muy fría, como ayer se murió su compañero, y como están los dos apasionados, con profunda tristeza hablan así:

—Las pobrecillas vienen en busca de calor, y el viejo invierno, casi paralítico, no ha podido moverse del sillón.

—No te preocupes. Verás qué bien las abrigamos. Llevaremos al nido de nuestras vecinas todas las plumas que tenemos en el nuestro. ¡Al fin nosotros somos hombres! Además, quién sabe si mañana venga la primavera o si la traigan ellas, puesto que las muy traviesas se la llevaron!

—¡Tengo miedo, hermanito, mucho miedo! Bien sabes que la mía está un poco anémica. ¡Si se muriera de tisis...!

Después del gorrión habla un enamorado:

—Está cerrado su balcón. Paso y vuelvo a pasar; pero la cortina de encaje no se mueve. Pocos transeúntes cruzan por la acera: unos embozados en sus capas, otros con las manos hundidas en los bolsillos del sobretodo. Los caballos resbalan en la humedad lodosa de las piedras. De rato en rato, alguna amiga pasa en su carruaje, con los cristales cerrados, y distingo apenas una mano enguantada que saluda.

La lluvia cae en hilos muy delgados y parece que dice cuando cae: "¡Hoy te burlamos: hoy no la verás!" Yo me enfado y siento impulsos de reñir contra ella. Pero la lluvia se escapa de mis manos, y se ríe de mi cólera y hace mofa de mí, brincando en la hojalata del tejado: ¡Hoy te burlamos; hoy no la verás!"

Yo pido al cielo que disipe estos nublazones, y ponga fin a este invierno.

Mis amigos buscan calor jugando a los bolos en el Tívoli, o se entregan al póker en un capitonado gabinete. En otro tiempo les habría seguido. Hoy sólo pienso en mi friolenta amada, que no entorna las puertas del balcón.

¿Qué hace en estos momentos? Mi fantasía la finge recostada y cubierta por la pesada piel de búfalo. Sus grandes pupilas que a veces bajan el embozo negro para verme, se detienen ahora en las páginas de un libro. Siento celos del fantástico don Juan que figura en esa novela y cuyas aventuras la entretienen. Querría ocultarme entre los anchos pliegues de esa piel de búfalo y contemplarla acurrucado y en silencio. ¡Si tú quisieras...! En el cupecito acolchado, cuyos cristales no dan paso al aire, iríamos juntos al Bosque. ¿No te halaga el olor de la tierra húmeda? Sólo las gotas, gruesas y redondas, nos verían con sus ojos de diamante al resbalar por los cristales del cupé... del cupé muy estrecho, tan estrecho, que el frío no podría caber en nuestros cuerpos.

La cortina de encaje no se mueve. Las gotas de la lluvia, brincando en la hojalata del tejado, me dicen: "¡No la verás! ¡No la verás!"

La mujer de mármol que duerme en el Iztaccíhuatl aparece como la estatua yacente de un sepulcro enorme.

¡También como ella duermes tú, mi perezosa! La nave de la iglesia está sombría. La banca que prefieres está desierta. Algunos devotos rezan y tosen. La misa ha comenzado... ¡y tú no vienes!

Acaso, oculta todavía entre las olas blancas de tus colchas, extiendes apenas el brazo de alabastro para tomar el libro que tenías anoche, y colocándolo en el lecho junto a ti, te acurrucas y sigues su lectura. Hoy ¡impía! no vendrás a la misa de las doce.

¡Éste sí es el invierno para mí! Porque el invierno no es la helada ráfaga que se desprende, como inmensa flecha, de las urnas inaccesibles de la nieve y baja rápidamente a la llanura; porque el invierno no es el agua inmóvil, ni el niño muerto en los umbrales de un palacio: el invierno es estar lejos de ti, es no sentir la intensidad de tu mirada, es lo que yo seré si no me amas.

¡Y aquí calló el enamorado, se fue el gorrión y abrí yo mi paraguas!

HISTORIA DE UN PESO BUENO[1]

Ayer vi un peso. Me costó trabajo reconocerlo porque hacía tiempo no nos encontrábamos; pero al fin caí en cuenta de quién era y me acerqué a hablarle. ¡Hombre, y qué cambiado está! Me pareció como algo pobre, limpio, eso sí; vestido como de costumbre; pero tristón y cariacontecido. Antes solía pasar sin detenerse conmigo, orgullosito; ayer le vi más amable y hasta me sentí con valor de preguntarle si había tenido algún cuidado de familia. No soy rencoroso, y cuando veo afligido a alguno se me oprime el corazón.

El peso, con bastante afabilidad, aunque sin resolverse a andar conmigo, empezó, a cierta distancia de mí, parados ambos en la esquina, a contarme sus cuitas. Parece que, en efecto, ha tenido el pobre sus desazones. La mayor de todas consiste en que le persiguen los ingleses. ¡Cuando yo decía! ¡Si no hay peor calamidad! Pero ¿quién me hubiera dicho que también al peso, al Libertador, al Cura Hidalgo verdadero, habían de acosarle esos señores...?

¡Cuán cierto es aquello de que también al verdugo azotan!

Saqué en limpio que aquel apreciable conocido mío cayó en una mala bolsa, en la de Londres. ¡Más cuenta le hubiera tenido el caer en la mía! Allá, según se trasluce, lo hacen menos, trátanle como a pariente pobre, no le pagan su sueldo íntegro y hasta creo que dudan de su honorabilidad. Y esto último me parece muy injusto, porque ¿quién ha dudado nunca de los pesos? Ni los ingleses a quienes yo conozco y que se atreven a dudar de mí.

Indignación profunda me causó esta noticia, porque al fin y al cabo, aunque el peso no sea de casa, aunque no nos tratemos, sí pertenece a mi familia, por aquello de "No hay más amigo que Dios, ni más pariente que un peso". Me sentí herido en los más nobles sentimientos y con más vehemente antipatía a Inglaterra.

También por patriotismo pude indignarme, porque aquel era un peso mexicano; pero con toda ingenuidad confieso que

---

[1] Se publicó en *El Universal* del 4 de septiembre de 1892, bajo el título de *Historia de un peso bueno (Economía humorística aplicada a la cuestión de la plata)*, y firmado "Junius".

No ha sido recogido.

esta consideración no influyó mucho en mi ánimo, porque para mí son iguales todos los pesos.

Sin embargo, algo influyó probablemente el paisanaje en mi ánimo, porque aquel peso con su botonadura de plata, con su sombrero ancho galoneado y su vestido de charro, me partió el corazón. ¡Qué apesarado estaba el pobre peso y cuántas razones —de peso todas como es bien natural— me dio contra los ingleses! Estos lores le han buscado un verdadero lorito. Y hasta los japoneses, con quienes cultivaba buenas relaciones, porque México y el Japón se tratan íntimamente desde la infausta defunción de San Felipe de Jesús,[2] también se le ponen hoscos, le hacen feos. Y hay más aún: también se queja el peso de los mexicanos, de sus compatriotas. Pues qué, ¿no dijo hace poco en la Cámara de Diputados el Sr. D. Francisco Mejía, ex-ministro de Hacienda y que estuvo y estará siempre en Churubusco el día de la comida, que el peso valdría en todo tiempo lo que el Gobierno dijera? ¿No dice lo mismo el respetable *Monitor,* a quien tanto deben la causa liberal y los subscriptores? ¿No le ha renovado *El Tiempo,* tan devoto del peso, sus protestas de adhesión? Pues ¿cómo a pesar de todo eso nada hace la autoridad para darle a respetar y para impedir que le denigren los europeos? Y ¿cómo se tolera que algunos diarios como *El Siglo XIX* afirmen que un peso vale lo que el comercio diga? ¡No, señor! ¡Un peso vale mucho! Para mí, por ejemplo, vale más que el valor de Hernán Cortés. No lo deprecio, lo aprecio sinceramente. Y por eso me indigna que esté depreciado en la plaza: ¡placeras habían de ser las culpables de esta ingratitud!

El valor del peso es distinto del valor de Cuauhtémoc. El peso, como algunos generales, vale más mientras más corre. Y ahora apenas anda. De modo que, en resumen, lo que tiene el peso es gota. Es un peso de paso, no de trote. Será más franco que el franco, pero, francamente, yo preferiría que en francos me pagaran mi sueldo, porque esas platas que hay allá

No son como las de aquí.

Y pongo en salvo mi patriotismo declarando que compraría entonces un peso, para mantenerlo, para probarle que no soy ingrato ni tampoco rencoroso y que yo no estoy al sol que nace, sino al sol del peso. Olvido los desdenes, agradezco los beneficios que me ha hecho y le recibo con los brazos abiertos.

[2] Protomártir mejicano, crucificado en el Japón en 1597.

Inexplicable —como decía mi querido interlocutor— es esta baja de la plata. A cualquiera a quien le digan: "Señor, ahí traen pesos", de seguro responde: "¡Pues que suban!" ¿Cómo, pues, han bajado sin su voluntad y sin la nuestra? ¡Y qué bajito de cuerpo he de ser yo puesto que bajan y bajan y todavía no los alcanzo!

El que tenía delante de mí, aunque a distancia respetuosa, me habló muy mal del oro y de los banqueros judíos, e hizo muy bien: el oro ni me saluda; es un grosero, un presuntuoso, un amarillo hipocondríaco; y los judíos crucificaron a Nuestro Señor Jesucristo, a San Felipe de Jesús y a otros varios. Coincidimos en antipatías y esto hace que me sea ahora más simpático.

¡Pobre peso! Me despedí de él... ¡como de todos los pesos a quienes he tratado! Le ofrecí mi casa... no quiso entrar... y la verdad... la verdad... ¡no pude contenerme! ¡yo le di una peseta!

CINCO AÑOS DE PRISIÓN[1]

Y el anciano lívido, trémulo, parpadeando, se levantó de su asiento: habríase dicho que el asiento le empujó. Sombrío era aquel hombre blanco. Ni el hombre enmarañado de la Selva de Mans infundió más pavor. Correcto, erguido, con la muriente llama de la vida avivada en sus ojos por la cólera, quiso hallar la palabra, la imprecación, la blasfemia, el grito bestial que retorciéndose en el espíritu erizado no encontraba la salida. La boca abierta quedó muda por algunos instantes. Entró por fin a esa alma un soplo de aire y pudo hablar.
—¡Miserables! ¡Miserables! Yo me llamo la Gloria. Yo me llamo el Genio. He dado mi nombre al picacho más alto que domina las fuentes del Orinoco. He dado mi nombre al mar que corre de Noruega a Groenlandia. Mi querida fue Francia. Mi enamorada, la humanidad. Tuve a mis pies a los reyes, a los sultanes. Me llamaron el Grande. Vi la corriente tumultuosa del siglo desde una cumbre. Iba a la inmortalidad para decirle a Homero: cántame. ¡Miserables! ¡Miserables!... —*A aquel inmenso orgullo abofeteado asomaron las lágrimas. Ya habló el hombre*—: ¡No, yo no he robado, yo no soy un ladrón, eso es mentira! He vivido con lujo: pues ¿pude acaso haber vivido de otro modo? Así, con la fastuosa pompa de los vencedores viví yo. ¿Queríais que un César pordioseara? Y ¿quién me hizo César? ¡Pues vosotros, mis adoradores, mis creyentes, mis fanáticos! ¿Cómo había de suponer que me pidiérais cuentas, que me regateárais, a mí

[1] *El Partido Liberal*, 12 de febrero de 1893, firmado "El Duque Job". Díaz Dufóo lo recogió en sus *Hojas sueltas*, México 1912.
Hasta su vejez el Conde Ferdinand de Lesseps, ingeniero y diplomático francés (1805-1894) tuvo una carrera notabilísima. Fue cónsul en varios países, y embajador de Francia en España en 1848-1849. Fue jefe de la compañía que construyó el Canal de Suez en 1859-1869, y de la que empezó la construcción del Canal de Panamá en 1883. Esta última empresa fracasó, y Lesseps, llamado a Francia, fue procesado y condenado por fraude. La misma suerte corrieron algunos de sus colaboradores.
Sin embargo, la escena que aquí describe Nájera es enteramente imaginaria. Según la *Enciclopedia Universal* de Espasa:
En febrero (de 1893) el Tribunal de París condenó a Lesseps y a su hijo Carlos (su colaborador) a cinco años de prisión y a una multa de 3,000 francos. Sólo éste último compareció ante el tribunal, pues Fernando Lesseps, anonadado ante la magnitud del desastre de su obra, fue víctima de una somnolencia senil (que permitió a su familia el ocultarle su condena), muriendo al poco tiempo... a los 89 años de edad.

que di tanto a la humanidad y más a Francia? ¿Cómo había de ver si quemabais incienso en torno mío e iba yo por el mundo, como los dioses de la Ilíada, envuelto en una nube? Si fui el que di ¿qué es lo que debo?

¡Ah, ese himno solemne alzado en loor mío tuvo el estruendo de una catarata! Otros conocen el aplauso: yo he escuchado el torrente de la admiración. Y ese estrépito augusto ensordece al par que encanta. Yo lo oí. Sólo eso oí.

Por un momento, por un momento que duró muy largos años, la civilización sorprendida me señaló diciendo: ¡ése es! Yo mismo no sabía quién era: yo mismo me desconocía; pero al cabo creí que ése era yo. Quedé extático, en silencio, ante la proyección colosal de mi sombra en el espacio.

¿Qué sabéis vosotros de esos aturdimientos, de esos vahídos, de esos vértigos que se sienten en las cimas? Veo delante de mí la toga obscura que parece tiznada y huele a hollín; veo ratones que corren, gatos que atisban: yo he sido águila.

Tuve fe en mi destino, fe oriental, fe con alma de sol, fe con médula de león. Había unido dos mares, como sumo sacerdote que une las manos de dos novios. Y anhelaba oficiar de nuevo en otras nupcias inmortales. No era posible que los mares me desobedecieran. Me habíais dicho vosotros que eran mis esclavos.

La piedra no tiene corazón, y di con ella. Me engañaba tal vez; pero a pesar del recio golpe, seguí creyendo en mí, seguí creyendo en ese *yo* broncíneo que vosotros mismos me forjasteis. Mi estrella continuaba irradiando. ¡Mentirosa...! Hoy no será —me decía yo— pero ¿y mañana...? ¡Y ese mañana deseado sonreía eternamente!

¿Que se necesitaba más dinero? Bueno ¿y qué? Yo necesitaba gloria. Gloria para mí, gloria para Francia, gloria para el mundo. ¿No soy yo el "gran francés"? Pues Francia es mía. ¡Qué sé yo de dinero ni de ahorro! Mañana —me pensaba— pagaré con creces a mi ejército, a éste formado de gentes que me aman. Y mañana volvía a decir: ¡Mañana...!

Llegaron los judíos, los explotadores, me cercaron, me ofrecieron... y eso, eso quería yo, que alentaran mi esperanza. Dinero para seguir viviendo como quien soy, como un soberano; fuerza nueva para continuar en mi obstinada lucha. Yo no sé lo que harían. Yo era Lesseps. ¡Todo antes que abdicar, antes que dimitir! ¡Que vergüenza habría sido ésa para Francia!

Ahora, ya no hay mañana. Ahora es hoy. La prisión... la ignominia... ¡Dios! ¡Mi Dios...!

El gran francés calla por algunos momentos; después, balbuciente, habla; pero ya no es el hombre, ya es el pobre viejo:
—Os lo juro, señores, yo no soy culpable... Yo no he robado... Yo creí poder pagar... Yo pagaré... Puede ser que haya mentido... No lo niego... Pero mentía para daros mucha gloria... ¡una riqueza inmensa! No me juzguéis como a los delincuentes vulgares... como a los ladrones. Soy el hombre de Suez... Acordaos de que entonces nada me robé...

No me quiten del pecho esta gran cruz de la Legión de Honor. Soy honrado... lo juro. Que nadie sepa lo que está pasando... Yo soy Lesseps, señores abogados. Vosotros no me conocéis; pero di mucha gloria a Francia, ¡fui su ídolo...! Mi apoteosis... Mis noches de Ismailía... ¡Mi *smalá* deslumbrante de belleza! ¡Mis hijitos mimados por la humanidad...! ¡Mis paseos triunfales por el Bosque de Boulogne...! ¡Bueno! ¡Todo eso pasó! ¡Sí me resigno...! ¡Pero no la cárcel... no la afrenta! ¿Cómo voy a decirles a mis hijos: teníais un nombre glorioso, y yo, vuestro padre amante, os lo quité... aquí está, en cambio, un nombre deshonrado? ¡No, si eso no puede ser... eso sí no!

Vosotros, señores abogados, sois buenos, sois muy buenos. Ya no os habla el gran francés, os habla el pobre papá Lesseps que tiene miedo de volver a casa. ¿Para qué cinco años de prisión? Tengo ochenta y ocho de vida y he sufrido mucho en estos días. Ya me voy a morir... No tengo fuerzas ya para matarme. Nada os cuesta guardar esa sentencia por algunos días y, si sois tan crueles, publicadla cuando haya muerto, cuando ya no la vea impresa. Pero que ahora nada sepa mi mujer... que nada sepan mis hijos.

Los pequeños, señores jueces, señores abogados, nada han hecho. Sólo saben que su papá es el "gran francés". Sed piadosos, no conmigo, sí con ellos.

Ya no iré al *Panthéon*.[2] Me llevarán a un campo santo obscuro, al que vosotros queráis, a la ínfima clase. Si lo exigís, diré que no hice el istmo de Suez... que esa fue obra de Uds., señores magistrados, y no mía. Ya no será glorioso mi nombre, pero sí será honrado... ¡Por piedad...!

El anciano lloraba. No era el "gran francés", no era el hombre, no era el padre, no era el anciano: ya era el niño.
En su palacio Shylock, el judío eterno, se reía.

---

[2] Monumento de París donde se conservan las cenizas de los hombres célebres de Francia.

LAS BOTITAS DE AÑO NUEVO[1]

Papá Enero —el de la barba florida, como la del emperador Carlomagno— viene al mundo en cuanto San Silvestre se cala su capucha y hace la noche sobre el mundo. Buen cómico —el diablo sabe más por viejo que por diablo— no entra jamás a escena antes de tiempo; aguarda a que el reloj apuntador dé las doce llamadas, a ínterin suenan éstas, conversa con el anciano San Silvestre, quien, a fuerza de haberse muerto tantas veces, ya muere tan sencilla y mansamente, como quien dice "¡Buenas noches!" y se duerme.

—Papá Enero —dice el Santo—, ¿por qué buscas, mimas y prefieres los zapatitos de los niños?

—Santo padre, no soy yo el que los busca: ellos tienen la boca siempre abierta y piden... piden! Tanto los he tratado, tanto conozco sus secretos, que los amo. Cada zapato tiene su secreto. Unos son felices; huelen a taloncitos color de rosa, a medias de seda. Otros han sufrido mucho.

En mi armario de ébano chapeado guardo muchos. Cada uno está para mí lleno de recuerdos. Hay uno color de rosa que parece de carne. Está hecho para pisar flores, para que las alfombras lo acaricien, para que las manos de una camarera guapa lo desabotonen. ¡Y si supieras que, a pesar de su lujo, tiene en el alma un gran vacío! Era de una mujer rica y muy bella. Por mirarlo, habrían dado los galanes de la época años felices de sus mocedades. Por obtenerlo, prometió uno dar la vida. Y ése lo consiguió, porque era apuesto, joven y valiente. La hermosa enamorada, al fin rendida, dejó al salir del baile, en la diestra del doncel, un guante perfumado. Y en el guante esta esquela:

"¿Vendrás?... Inquieta en el jardín espero. ¡Quiero ser tuya con el alma toda...! ¡El lucero del alba es el lucero que alumbrará temblando nuestra boda!"

Las rosas del jardín saben el secreto y cuchichean. En el bosquecillo de naranjos suspiran los olvidados azahares...

Al apuntar el día, la amada huyó del amado. Tal corría, que dejó en la arena del jardín, por no detenerse, la ruborizada

---

[1] Se publicó en *El Partido Liberal* el 31 de diciembre de 1893, firmado "El Duque Job".
Aparece en *Prosa selecta*, México 1948.

zapatilla color de rosa... ¡la zapatilla que durante dos minutos nada más oprimió el pie breve de la ninfa!

Desde entonces está vacía... esperando siempre. El amante se la llevó como reliquia; pero de él huyó el amor, como antes había huido la gentil enamorada. Yo, que entiendo el idioma en que se expresa el escarpín de raso, sé que dice:

—Soy el que tú besaste con ternura. Soy el que espera en vano que lo llenes tú con un recuerdo. Sé que mi dueña te esperó muchas noches, muchos meses, muchos años, y que ahora está tendida sobre el desnudo mármol de la tumba, como yo sobre el mármol de la chimenea. ¡Ni ella ni yo tendremos Año Nuevo! Para ti anudaba mi señora sus cabellos rubios, mirándose en el espejo de Venecia. No podía venir a ti, porque su planta descalza, punzada por los cardos del camino, habría manchado de sangre tus alfombras. Te esperó. Le habías prometido darle la vida y le diste unas horas. Con ansia aguardó que tú me ataras a su pie. Y ha muerto. Y no se atreve la infeliz a entrar al cielo, porque se avergüenza de tener el pie desnudo...

—Este otro botincito —prosiguió Papá Enero—, este roto de suela claveteada, es el de un niño que nunca tuvo juguetes porque su padre era muy rico y la madre era muy pobre. Anduvo mucho, lo agujerearon las piedras, lo cubrió el lodo, por todas partes le entraba el agua. El niño que lo llevaba era mendigo, pedía limosna para su mamá, y una vez pidió por amor de Dios a un desconocido que era su padre, y éste nada le dio porque era Noche Buena, soplaba aire muy frío, y no quiso desabotonarse su gabán... Una última noche de diciembre, el cielo echó más frío que nunca dentro de ese zapatito. Y esa vez fue la única en que el pobrecito pordiosero tuvo su regalo de Año Nuevo. Aquella noche se murió.

—Mira ahora, padre Santo, todos los botincitos que me esperan. ¿Cómo no he de quererlos si son tan pequeñuelos y graciosos? Hay entre ellos muchos que son pobres. Por ejemplo, la punta de aquél parece boca de negrito limpiabotas: por la rajadura que tiene ha de asomarse la carne de los dedos regordetes, como una encía muy colorada. Ese otro está cansado de tanto ir a la escuela, y sus resortes flojos dicen: ¡ya no vamos! El de más allá —¡glotonísimo!— se ha comido los tacones. Pero todos esperan algo, pues, aunque pobres, son dichosos, porque nadie es enteramente pobre ni enteramente desgraciado mientras tiene padres.

Los zapatitos de los niños ricos, ésos tan cucos y tan monos, nada me preocupan, no les hago falta. ¡A ésos les caen juguetes todo el año! Los que costaron mucho al pobre papá, por más que sean de los más baratos; los que se acaban muy pronto porque sólo duran medio año; los que conocen a los remendones, ésos son los que miro con cariño, los que llenaría de diamantes esta noche para que los padres compraran muchas canicas a sus hijos.

Sin embargo, también los otros, los de los ricos, me hunden en serias reflexiones. ¿Adónde irán esos pequeños pies que ahora están muy abrigados en las colchas? ¿De qué serán los zapatos que usen mañana?

Atiza el fuego de tu chimenea, mi viejo amigo San Silvestre: ¡me da frío pensar en los niños descalzos!

No sabes cómo quiero a los muchachos. Y cómo río al oír lo que me dicen. ¿Sabes lo que me pidió ese chicuelo que apenas sabe hablar? ¡Me pidió una hermanita! Cada año me hacen más encargos. ¡Y cada año estoy más viejo!

Lámpara: ya asoma la erizada cresta del gallo en el cucú. Alumbra a mi fantasía para que deje sobre el mármol su zapatito de cristal. Es el de Cenicienta la trabajadora, humilde y pobre. Toma tú tu año nuevo; toma otro poco de mi vida. ¿No me das toda la tuya? Aún brillas; aún oigo alegres risas en mi hogar; aún canta algo en lo íntimo de mi alma. No es hora de dormir. Velemos todavía.

HISTORIA DE UN PANTALÓN[1]

Pronto se verá —en audiencia secreta a lo que presumo— un proceso célebre. En él intervienen como actores principales un conocidísimo sastre y un extranjero elegante, muy inteligente, que residió no pocos años en México, volvió a Europa en 79 y ha regresado a esta capital. La audiencia será secreta, según pienso, porque el asunto es... escabroso. No se trata de faldas sino de... todo lo contrario... de un pantalón... Conste, Miss, que he pronunciado esa palabra en tono casi imperceptible: ¡*Shocking!*[2]

El sastre afirma que hace dieciocho años tuvo la honra de tomarle al extranjero medida de las piernas, de la cintura, del vientre, y de hacerle un precioso pantalón, al que acaso debió, en aquellos días, horas de grata expansión y hasta algunas conquistas amorosas. Añade el sastre que su cliente le quedó a deber seis pesos, los cuales, en el trascurso de los dieciocho años, no han podido menos de producir dos pesos más. En consecuencia, exige el pago de ocho duros. ¡Es consolador hallarse con un sastre que ha pasado la tercera parte de su honrosa existencia pensando en su ausente pantalón!

El extranjero se niega a pagar los ocho pesos demandados por razones que son también de peso. Paso a exponerlas; pero advierto, ante todo, que, en lo sucesivo, llamaré Adolfo al demandado para evitarme rodeos y circunloquios. Ese nombre es bonito y goza de excelente reputación en las familias cursis.

Adolfo no tiene la privilegiada memoria del constante sastre. Mientras que éste, en la calma del hogar, a la luz de la veladora color de rosa, pasaba las noches pensando en aquella prenda de su corazón que fue, a la vez, decorosa prenda de vestido; mientras ni la imagen de un saco ni la idea de un chaleco podían arrancarle a la muda contemplación que le absorbía, el voluble Adolfo olvidaba en la moderna Babilonia el fresco, ventilado pantalón y al autor de los días del pantalón.

---

[1] Publicado en *El Universal* del 19 de julio de 1894 como un artículo de la serie *Plato del día,* firmada "Recamier". Lleva el título *Casi veinte años después —Historia de un pantalón.*
No aparece en ninguna colección.
[2] Ortografía normal inglesa. Nájera escribe "schoking".

Triste es decirlo; pero ésa es la verdad: hay hombres que olvidan sus pantalones.

Disculpad, empero, el olvido de este nuevo Eneas. Se puede ser un viudo inconsolable y no contraer jamás segundas nupcias, porque "nunca segundas partes fueron buenas"; pero no se puede ser fiel eternamente a un pantalón. La sociedad y la naturaleza se oponen a ese voto de unión perpetua. Cuando el pantalón se va, inmediatamente hay que dar, no la mano, sino la pierna a otro. No podemos andar en calzoncillos —¡Oh, perdón, perdón, Miss...! ¡Oh, Shocking!... ¡Shocking!— Tenemos que cubrir las apariencias. Un caballero no es un *sans culotte*.

Ahora bien, ¡figuraos cuántos pantalones habrá cambiado Adolfo en dieciocho primaveras, y, sobre todo, en dieciocho inviernos! ¡Cuántos habrá olvidado en la precipitación de su carrera por el mundo! El honrado sastre observa la vida desde un punto de vista burgués, está por la indisolubilidad del matrimonio, sabe lo que son pantalones, pero no sabe lo que son pasiones.

Todo podía esperar Adolfo, menos que en las playas de la joven América le aguardara un pantalón con las piernas abiertas.

—¿Quién es —pregunta— este pantalón mío que no conozco?

Lo más grave es que no conoce tampoco al autor de esa prenda. Ignora por qué motivo no le cobraron los ocho pesos en litigios durante los tres años transcurridos desde que vino al mundo el pantalón hasta que él —Adolfo— salió de México. Y se amarra los pantalones y está resuelto a no pagar.

Yo le concedo la razón. Necesitaría emprender un trabajo laboriosísimo, un trabajo de benedictino, casi un trabajo antropométrico, para identificar el pantalón. Tendría que reconstruirlo, por medio de la anatomía comparada. Ese trabajo requiere una vida entera y la total pérdida del juicio.

Pagar, sin ese examen retrospectivo, es echarse atado de pies y manos en brazos de Inglaterra. Por algo existe la prescripción, por más que no la conozca el caballeroso juez que ha acogido la demanda: si Adolfo pagara ese pantalón histórico y monumental, mañana le cobrarían una levita, un chaleco, un pomo de mostaza, una subscripción a *La Orquesta;* todo cuanto quisieran o inventaran los ingleses morenos nacionalizados.

—No tenemos la culpa —alegarían— de que Adolfo sea flaco de memoria.

Y, si causara ejecutoria el caso, todos los ciudadanos mexicanos quedarían obligados a tener una memoria tan gruesa, tan resistente, tan voluminosa como las *Memorias* de D. Matías Romero, a quien envío muy atentamente mis... recuerdos.

Sociológicamente considerado, el hecho es consolador. Prueba, contra el común sentir, que el mexicano no es versátil, ni inconstante, ni olvidadizo; que hay serie en sus ideas y que persevera en sus propósitos. Ese hombre es sastre, ha consagrado una gran parte de su vida a un pantalón. Esto consuela.

Otra cosa demuestra la ocurrencia referida: el sastre vive mucho.

Horacio dice: "El hombre pasa; la obra queda". Pues bien, ha sucedido lo contrario: el pantalón pasó, y el sastre queda.

FRAGMENTOS DE NOVELA

UN DRAMA EN LA SOMBRA[1]

Prólogo

HAY DRAMAS terribles como la más pavorosa creación de la musa trágica; dolores secretos que superan a cuanto puede idear la fantasía; martirios horribles, que igual no tienen en los remordimientos de Edipo,[2] ni en los celos de Fedra,[3] ni en la desesperación de la infortunada Dido,[4] y que pasan desconocidos para el mundo envueltos en el sudario negro de la más profunda obscuridad. Sobre las tumbas olvidadas de los míseros protagonistas de aquellos dramas, no se mira la aureola de celebridad que circunda los sepulcros de Heloísa y Abelardo,[5] de Julieta y Romeo;[6] acaso por único recuerdo, por sola memoria, mírase al pie de aquellas tumbas un ramo de violetas marchitas, una corona de humilde siempreviva. ¿Quiénes fueron los que allí reposan? Sus nombres no son cantados por los poetas; no se perpetúan en la memoria de los amantes; ni legaron al mundo su triste y dolorosa historia. No son los nombres de ilustres poetas ni de esforzados paladines; no son tampoco célebres en los fastos de la historia: son los obscuros nombres de seres ignorados para el mundo, de seres que vivieron envueltos en los pliegues del misterio, que jamás fijaron en sí el ojo escrutador de la sociedad, y que sólo la desgracia numera en su martirologio.

Voy a revelaros algunos dolores de aquellos desconocidos seres; voy a presentaros la autopsia de un corazón, a sondear los profundos secretos de un espíritu, y a exponer ante vuestra vista el esqueleto de su historia.

Aplicándoles el microscopio social, estudiaremos a esos seres infinitamente pequeños, en los que jamás se fija la mirada del

---

[1] Apareció en *El Federalista* del 11 de marzo de 1877, firmado "Manuel Gutiérrez Nájera". Lleva al final la advertencia "Continuará", pero no hemos podido hallar la continuación. A juzgar por lo detallado de la introducción, pues no es otra cosa la entrega que tenemos aquí, el autor tenía en consideración una composición larga, tal vez una novela.
[2] Protagonista de tragedias de Sófocles y de Séneca.
[3] Protagonista de varias tragedias antiguas y modernas.
[4] Reina de Cartago en la *Eneida* de Virgilio; se suicidó por amor a Eneas.
[5] Participantes en un amorío trágico de la Edad Media.
[6] Protagonistas de la tragedia del mismo nombre de Shakespeare.

mundo, seres cuya vida no deja tras de sí rastro ninguno, cuyos tormentos jamás son conocidos. Contemplaremos esos dramas que pasan en la sombra; esas borrascas que con majestad grandiosa se desencadenan bajo un cráneo; esos dolores ocultos, esos martirios ignorados, mas no por eso menos bellos y sublimes.

Prestadme atento oído que voy ahora a referiros una de esas historias, uno de esos dramas, uno de esos martirios.

I

Ella

¿No la conocéis?

Es hermosa y pura como el sueño de un artista, tierna como la amante paloma, buena como los ángeles. Su esbelto talle tiene las suaves ondulaciones de la palmera; su rostro semeja pálida azucena; su cabeza parece modelada por Fidias o Praxiteles. Sus movimientos son cadencias rítmicas; su andar tiene no sé qué dulce y vaga armonía, y su voz es más melodiosa que el rumor del arroyuelo, más suave que el susurro de la brisa, más tierna que el arrullo de la tórtola; sus rojos labios parecen nido de besos; su cuello es ebúrneo y blanco como el del cisne, y sus ojos, grandes y lucientes como estrellas en el cielo de su rostro; tienen toda la luz del firmamento, toda la suave languidez de una noche de luna, todo el fuego de los amores. ¡Ojos divinos que si cariñosos miran, con su mirar acarician, y si resplandecen con la chispa del enojo, con su mirar vibran rayos! ¡Ojos celestes que brindan amantes todo un cielo de ventura, que encienden en el alma una hoguera inextinguible, que la virtud inspiran, que a Dios elevan nuestro espíritu!

Y si es tan bella la pálida niña de que os hablo; si tan hermoso es su rostro, tan dulce su mirada y tan tierna su sonrisa; su hermosura es tan sólo un pálido reflejo, un débil destello de la sublime belleza de su alma. Más blanca que su rostro es su conciencia; más puro que sus ojos su pensamiento. Jamás empaña su tranquila frente la sombra de bastardos pensamientos; siempre su mirada revela el cielo de su espíritu. ¿Habéis contemplado alguna vez la clara superficie de un cristalino lago? Pues aún más tranquilo que aquel terso espejo, aún más trasparente y puro es el corazón de la heroína de nuestra historia. En él sólo se abrigan sentimientos nobles y elevados; tan sólo late a impulsos de pasiones sublimes; nunca el odio, nunca la envidia, nunca rastreros sentimientos encuentran cabida en aquel purísimo santuario. Aquel corazón es un nido de palomas. Hay mujeres, como la hermosa niña de que os hablo, cuya existencia no se comprende, no puede comprenderse en la desenfrenada bacanal del mundo. Parece imposible que existan seres semejantes en medio de tanta bajeza, de maldad tanta; creeríase que la pesada atmósfera de la tierra, inficionada por el hálito de tanta pasión rastrera y repugnante, por el aliento de tantos seres que se hallan sumergidos en el seno de la más horrible prostitución, por los miasmas que exhala esta sociedad corrompida, esta sociedad cuyo cuerpo corroe el cáncer del vicio, esta sociedad que como vil ramera con prestados afeites y brillantes arreos pretende ahogar la fetidez que su cuerpo exhala; creeríase, digo, que esta atmósfera envenenada, formando impenetrable barrera que impidiese el paso a los celestes rayos de la bondad y de la belleza, sofocaría con su peso incontrastable todo lo bueno, todo lo noble, todo lo elevado. Y sin embargo —¡fenómeno extraño!— aquellos seres angelicales existen y han existido siempre, mal que pese a los que no creen en la virtud ni en la pureza; y una prueba de ello es ciertamente la heroína de la historia que refiero.

Ella es cándida y pura como el campo de la nieve; jamás sus alas se han manchado con el fango del mundo, jamás su mirada ha sondeado los tenebrosos senos de las pasiones. Diríase que reconcentrada en sí misma vive siempre en el cielo de su espíritu; diríase que si tocan sus pies el suelo de la tierra, orea sus cabellos el aura embalsamada de los celestes espacios. Idead los más generosos, los más nobles, los más puros sentimientos; y cuanto hayáis imaginado, por grande y sublime que sea, lo encontraréis sin duda alguna en el corazón de esa mujer.

Para sus padres es tierna y cariñosa como ninguna; por eso ellos la aman con amor infinito, por eso ellos la miran con orgullo, como azucena que ha crecido hermosa y lozana con el benéfico rocío de sus cuidados. Ella, si sus padres son felices, comparte con ellos su alegría; y si ve que inclinan las frentes a impulso de dolor secreto, si les mira tristes y abatidos, acércase a su lado, estrecha con amor sus manos, murmura a sus oídos palabras cariñosas, enjuga sus lágrimas con amantes besos; les estrecha entre sus brazos, les dice esas mil y mil frases bellísimas que parecen escapadas del fondo del alma, que resuenan en nuestros oídos como una melancólica armonía, esas frases que son la explosión sublime de la ternura, y que ella pronuncia con ese amoroso acento que parece una caricia, con esa suavidad de inflexión que sólo ella posee. Entonces con la luz de su mirada ahuyenta las sombras que obscurecen las frentes de sus padres, y con sus besos y caricias les devuelve la perdida alegría.

Para sus hermanos es buena y cariñosa siempre: ella es la confidente de sus amores, y el consuelo de sus penas; ella les da prudentes consejos, y les consagra tiernísimos cuidados. Para sus amigas es una hermana, un ángel.

Vedla también a la cabecera del lecho donde algún infeliz sufre y padece; con palabras tiernas le consuela, y presenta a sus ojos el hermoso panorama de la esperanza; como amorosa madre le vela cuidadosa, y con su mano delicada y blanca estrecha la tosca mano del enfermo, sin temer que los harapos del mendigo manchen la blancura nítida de su lujoso traje; acércase a su lado y le prodiga mil palabras cariñosas, que son para el infeliz como un suave bálsamo de consuelo, como un rayo celeste de esperanza. Todos los desgraciados la conocen, todos la aman, todos ruegan a Dios por ella. La triste madre que ve a sus hijos pidiéndole con lastimera voz un pedazo de pan para calmar su hambre, y que siente ya la desesperación, y que se halla tal vez al borde de un abismo, ocurre a ella, a nuestra hermosa niña, y al volver a su pobre casa brilla un rayo de felicidad sobre su frente, el consuelo ha descendido a su corazón, y con lágrimas de ternura estrecha a sus hijos entre sus brazos, y les besa una y mil veces, y aproxima a sus labios el salvador alimento. Entonces aquella mujer que pocos momentos antes en su horrible desesperación maldecía y blasfemaba, se arrodilla ante la santa imagen de María, y elevados al cielo los ojos, plegadas las manos sobre el pecho, implora a Dios por la felicidad de aquella que la ha salvado, y rezando en voz baja, llora.

Los ancianos vacilantes, las débiles mujeres, los niños desvalidos; todos los que sufren, todos los que lloran, todos los que padecen, conocen y aman a la heroína de nuestra historia. Ella es su esperanza, ella es su consuelo.

Sus padres ven en ella el báculo que ha de sostenerlos en su ancianidad; los artistas en ella miran la completa realización de sus ensueños, la encarnación verdadera de su ideal; sus hermanos y sus amigas la adoran; los poetas la consagran tiernas cantigas de amor; los desgraciados la llaman "¡Ángel!" y Dios desde el luminoso solio del firmamento la contempla con amorosa sonrisa y derrama sobre su cabeza el celeste rocío de la ventura.

¿Y esa mujer tan hermosa y pura, tan amante y buena, siente en su corazón la hoguera inextinguible del amor? ¿Reserva acaso los tesoros infinitos de su ternura para el elegido de su alma, para el hombre a quien consagre su amor y su existencia?

¡Oh, sí! Ella que es la encarnación de la bondad y la belleza; ella, que supera a cuanto puede imaginar el artista, no puede cerrar su corazón a ese sentimiento sublime que es aliento y vida de los espíritus elevados, a ese rayo desprendido del Eterno Amor que convierte en Océano de luz el caos sombrío de la existencia a esa revelación del cielo en la tierra, a ese himno gigantesco de la naturaleza, al amor sagrado del espíritu. Tal vez aún no ha encontrado el ideal que sueña, tal vez por alcanzarle combate y lucha; empero la sed infinita del amor debe atormentar su pecho, el amor inconsciente debe residir en su alma.

Concentrad en vuestra fantasía, como en un inmenso foco, todo los rayos de la belleza, todos los resplandores de la virtud, todos los destellos de la pureza; reunid allí todo cuanto de bello encierra el universo, las más hermosas flores y las estrellas más lucientes, el murmurio del arroyuelo y el susurro de la brisa, los trinos del ruiseñor y los gemidos de la tórtola, la luz melancólica de la pálida reina de las noches y el ígneo resplandor del astro del día, los más risueños paisajes, los cuadros más hermosos; haced también que a ese foco converjan los hilos luminosos que brotan de los sentimientos más sublimes; agrupad allí la dulce sonrisa que pliega los labios de la madre amorosa al contemplar en sus brazos adormido el fruto primero de sus amores; el celeste gozo que inunda la faz de la casta virgen al jurar amor en los altares al elegido de su alma; la mirada tierna que el amante clava en la hermosa desposada cuya faz tiene bellísimo rubor; la cándida mirada de los niños, la casta sonrisa de los ángeles: amontonad, en suma, en vuestra fantasía cuanto de bello puede concebir la mente; y después de que hayáis contemplado tanta hermosura, cuando aún estéis fascinados por tantos resplandores, yo presentaré ante vuestra vista la casta imagen del ángel celeste de que os hablo, y entonces veréis cómo, ante el fulgor que su faz despide, toda belleza se opaca, toda luz se obscurece; y entonces veréis cómo todo aquello que en vuestra imaginación amontonasteis era tan sólo un pálido reflejo, un destello débil de su hermosura, porque ella es el grandioso apoteosis de la bondad y la belleza.

Tal es la heroína de nuestra historia. ¿Queréis saber su nombre? La llamaremos Laura.

LA MANCHA DE LADY MACBETH[1]

I

No tuvo el cartero mucho trabajo en la mañana; y como fue mañana de Viernes Santo, el calor y la fe lo llevaron a la iglesia. ¿Quién abre su correspondencia en día sagrado? En la portería del palacio dejó los periódicos que habían llegado de México para el señor Gobernador; si bien como buen católico y piadoso, se quedó con el que tenía el *Camino del Gólgota* de Carpio y *La última* cena de don Juan Nicasio Gallego. Desde las siete se instaló en la Catedral frente a frente del monumento. Quería asistir a todos los Oficios y sobre todo a la Adoración de la Cruz. Seres sobrenaturales le parecían los canónigos con sus grandes caudas; y ser semidivino el arzobispo, tan alto, tan vigoroso, tan macizo, rodeado de familiares y seminaristas que bajaban los ojos, como si el esplendor de la mitra los deslumbrara. Y luego, aquellos cantores que salían del coro, también pausada y solemnemente, también con togas negras como los canónigos; aquellos grupos de infantes y monagos, entre los que estaba por más señas el hijo mayor del cartero; aquel olor a incienso y la cascada voz de la matraca... todo le interesaba y conmovía. Amén de esto, era intensísimo el calor —porque el clima de la ciudad de Morelia es muy caliente— y la relativa frescura de la nave convidaba a permanecer en ella. Parecía que el órgano, soplando, enfriaba algo la atmósfera; y eso que la aglomeración de los devotos, el resollar de tantas personas comprimidas y aprensadas, no eran nada propicios para que se gozara de agradable temperatura. No encontró el cartero banca en que sentarse; y estaba junto a la escalera del púlpito, al lado de un hombre de sarape colorado y sombrero de petate. No podía ya salir, sin riesgo de enredarse en las puntas y flecos de los rebozos y de

---

[1] *La mancha de Lady Macbeth* es un fragmento de novela que se publicó en la *Revista de Letras y Ciencias* en tres partes, en 1889, firmado "M. Gutiérrez Nájera". Como los números de la revista no llevan fechas exactas, no sabemos a punto fijo cuándo apareció cada una de las tres entregas. Por la indicación "Continuará", que aparece al final de la tercera entrega, sabemos que el autor se proponía terminar algún día la obra a todas luces incompleta; pero no se ha encontrado en ninguna parte la continuación.

Reimprimimos la versión de la *Revista de Letras* y *Ciencias,* única que se conoce.

pisar y estropear los pies, desnudos y encallecidos los más, de las mujeres pobres que casi llenaban la iglesia, arrodilladas unas, otras sentadas en cuclillas; ésta, con la canasta de la verdura; aquélla con el muchacho prietito y greñudo en brazos. Entre las masas de sarapes colorados, de rebozos azules, de camisas sucias, destacábanse algunas personas decentes y de suposición: el señor licenciado, con su levita cruzada, que él casi nunca se abrochaba, leyendo atentamente la Pasión en un devocionario forrado de terciopelo rojo; Doña Ramona con su vestido de gros negro, en cuyo corpiño resaltaba, caprichosamente enredada, angosta y larga cadena de oro; los hijos del Administrador de Rentas, chiquitines traviesos y en esa ocasión más inquietos que nunca porque les apretaban los botines nuevos; muchas personas conocidas, adineradas y devotas; y, cerca de la crujía, de pie junto a un caballero que vestía saco de merino blanco, una francesa de sombrero con plumas y con flores, que causaba extrañeza y hasta lástimas en los fieles, temerosos de que el Señor lanzara un rayo a aquellas plumas, en castigo de semejante desacato.

El cartero abrió su Lavalle, y al abrirlo dejó caer un pliego cerrado. Se apresuró a recogerlo y lo guardó en la bolsa de su chaqueta, junto al portamoneda en que llevaba cinco reales para comprarles fruta a sus muchachos. Así no se olvidaría de él, porque en honor de la verdad, tenía el propósito de llevarlo a su destino. Muchas otras cartas le dieron en el Correo por la mañana; pero tanto la religión, como la pereza y como el calor, le habían aconsejado que no profanara el día santo, ni se expusiera a enfermarse, corriendo calles, bajo aquel sol abrasador. Exceptuó la correspondencia del Gobernador y aquella carta para la Srita. Paz. ¡Era tan buena, tan caritativa, tan amable la Srita. Paz! Y sobre todo... ¡después de la desgracia que sufrió...! La carta era de México y acaso le llevaría buenas noticias. ¡Ojalá...!

El cartero, desde que la recibió, la puso aparte, y para no olvidarse de entregarla, tuvo la precaución de señalar con ella, en su Lavalle, el Oficio del día. Por desgracia, la Srita. Paz vivía muy lejos, en la Calzada de Guadalupe, y la Calzada de Guadalupe es en Morelia el fin de la ciudad por el rumbo de Oriente. Muy buenos eran los propósitos del cartero; pero la ceremonia religiosa acabó tarde, y el calor, a esa hora, era de veras sofocante. Además, casi llegaba hasta la nariz de aquel solícito empleado de la Administración de Correos, el tentador tufillo del robalo y del pescado blanco de Pátzcuaro que su mujer estaba aderezando para la vigilia de ese día; casi miraba con los ojos del alma, y como ve el sediento un manantial, la rolliza y guapota lonja de sandía, chorreando agua; los gajos de naranja y las ciruelas que rebosando salud, tan coloradas y tan frescas, retozaban en el plato, como los monaguillos al salir de vísperas. Sedujo el diablo al cartero, como el pintor mexicano Flores sedujo a Jesucristo, en el cuadro de la *Tentación,* que está en nuestra Academia Nacional de Bellas Artes: mostrándole manjares suculentos y frutas apetitosas.

—Luego que acabe de comer y con la fresca de la tarde —dijo para su coleto— llevaré la carta a su destino.

Pasó el mediodía; llegó la siesta; y ora fuera por aquel pícaro caldo de habas que tanto retarda y embaraza la digestión, u ora por razones menos sólidas, el cartero fue presa de invencible sueño e incurable modorra. Serían las cinco de la tarde cuando despertó, con vivísimos deseos de tomar un vaso de nieve. La verdad es que no tenía él la culpa de haberse dormido: su mujer y sus hijos se marcharon, desde las dos, a las Siete Palabras, y, después de éstas, fueron a *Las Monjas,* para rezarle un credo al Santo Entierro. ¡Nadie le recordó el cumplimiento de sus obligaciones! ¡Por fortuna, tiempo había!

Echó a andar, reflexionando, como hombre piadoso, en lo mucho que sufriría el Salvador expuesto al sol en la época más tórrida del año y en las horas más calurosas de la tarde.

Quizá estas devotas consideraciones, moviendo su ánimo, le obligaron a entrar, de paso, al templo de *Las Monjas.* Allí, en mitad de la iglesia, estaba el Santo Entierro dentro de su finísima urna de carey y cristales, circuido de grandes cirios y custodiado por cuatro hombres, vestidos con sotanas de lustrina negra, algo raídas y manchadas de cera, que eran los encargados, por especial y apetecido privilegio, de cargar la urna. ¡Hermosa imagen, en verdad! ¡Parecía, positivamente, un hombre muerto! La vida se había alejado de ese cuerpo; mas sin sacudimientos, sin descoyuntarlo, sin afear las facciones del rostro. De la sangre que había brotado de las heridas no quedaba ni rastro: la virgen María y la Magdalena y San Juan la restañaron y enjugaron. Entreabríanse aún los labios de Jesús, como si todavía después de muerto perdonara los últimos ultrajes.

El cartero se arrodilló, santiguóse repetidas veces, rezó entre dientes un *sudario,* se puso luego en pie y, abriéndose paso con los codos y los hombros, por entre la apiñada muchedumbre, pudo, al cabo, llegar a la cancela de la iglesia. Era hombre que tenía pocos amigos, porque con merma insignificante y harto disculpable, llevaba a su casa, cada quince días, íntegro el sueldo que ganaba en el Correo. No encontró, pues, amigos estorbosos que en el camino lo atajaran, y tomando por la espaciosa calle Real, siguió rumbo a la calzada. Con avidez miraba los tarros de hojalata que los neveros acercaban a las ventanas, para regalo de señoras y muchachos; pero en su escueto bolsillo no quedaba un centavo; por manera que hubo de renunciar a los helados de zapote, a la jugosa nieve de limón y demás tentaciones callejeras. En la calzada podía disfrutarse de algo de frescura. Las hojosas ramas de los grandes árboles que la cercan, conservaban aún gotas de rocío, para refrescar a los pájaros, a la oración de la tarde. Estaba casi a obscuras porque ya el sol se ponía tras de los cerros de Occidente, y en esa obscuridad habíanse refugiado las tenues y húmedas brisas que el calor no logró adormecer. Una que otra luciérnaga brillaba, como prófuga lucecilla de una lámpara de monja. En las bancas de piedra que forman valla a la calzada no había alma viviente. Sólo encontró el cartero en su camino a dos o tres sacerdotes, de sombrero alto y pesada capa negra, que volvían de San Diego; a un alemán que regresaba de la alameda de San Pedro, después de hacer su diario ejercicio; y a cuatro o cinco jóvenes que recatados tras el tronco de los árboles, aguardaban la hora favorable para hablar con sus novias por la ventana. Llegó a la puerta de una casa baja, dio las buenas tardes al mozo, que estaba removiendo y alistando el ocote con que había de iluminar el patio, y torciendo por el corredor, lleno de geranios, llamó tímidamente en la vidriera de la sala.

—Soy yo, Srita. Paz; traigo una carta.

La Srita. Paz, muy pálida, muy triste, toda vestida de negro, pero sonriendo, a pesar de su tristeza, con esa sonrisa que ya va a llorar y que contiene las lágrimas para no afligir a los demás, abrió la puerta.

—Mil gracias, Pedro. ¡Vaya! ¡Es de México! Precisamente aquí tenía otra carta para allá. Siéntese Ud. mientras voy a traerla.

El cartero se sentó en uno de los equipales de carrizo y cuero que había en el corredor. A poco rato volvió Paz.

—¿Se encarga Ud. de ponerme esta carta en el correo? Aquí está para el timbre.

—Con mucho gusto, señorita. ¿Y el señor?

—Todavía no está bueno, Pedro; muchas gracias.

—¡Válgame Dios! ¡Cómo ha de ser! Pues salúdelo Ud. en

nombre mío, y Ud., señorita, no se dé tanto a la pena que eso le hace daño.

Sonrió Paz dulcemente, dio la mano al cartero, y éste se alejó, después de saludarla con respeto, llevando en la bolsa de la chaqueta la carta de sobre blanco con orilla de luto, que acababa de recibir.

—Nana, el quinqué —gritó Paz a una criada que estaba sacando agua de la fuente, y entró a la sala.

Por la abierta ventana entraban las últimas y moribundas luces de la tarde, y a esa escasa claridad leyó Paz la carta, interrumpiéndose a ratos para entornar la puerta de la pieza próxima y espiar un instante, seguramente para cerciorarse de que su papá seguía dormido. La carta decía así:

México, Abril 15 de 187...

Srita. Paz Moreno.

Querida amiga:

Poquito porque es bendito. El lunes llegamos de la hacienda y hoy te escribo, aunque no tanto como quisiera, porque, como has de suponer, vivo ocupadísima. ¡Ay, Paz de mi alma, no tienes idea de lo atareada que estoy! Pero te quiero mucho, eres mi consentida, y para que no me mandes retobos, ni digas que me olvido de Uds. y que no consuelo a los tristes, te pongo estas letras. Ya no te hablo de tus penas: la última vez que te escribí, hace un mes, te dije cuánto, cuánto las sentía. Dios ha de querer que tu papá se reponga y siga mejor. Dale un abrazo muy apretado de mi parte y ponle la medallita que te acompaño: es de San Andrés Avelino.

Mi papá y mi hermano siguen bien y te mandan muchas memorias. También Luis me encarga que te salude. Ya sabes que le simpatizas mucho, desde aquel paseo que hicimos con ustedes a Cuincho, hace ya un año. Como te figurarás, viene todas las noches: ayer le dije que me proponía escribirte hoy, y me hizo encargo especial de que te dijera muchas cosas de su parte.

¡Qué días tan fastidiados pasé en la hacienda! Los sábados en la tarde llegaba Luis por el ferrocarril para volverse el lunes en la mañana, de modo que el domingo era el único día que pasaba contenta, en lo que cabe. Pero los demás días de la semana, ¡qué fastidio! ¡Hija, hasta aprendí a jugar a la *brisca* con el cura del pueblo para entretenerme por la noche! No me salía el coraje de que, por culpa de la maldita modista que no acabó el vestido de novia, hubiera tenido que aguardar toda la cuaresma e ir a encerrarme a esa espantosa hacienda, que es mi pesadilla. Ya le dije al cura de allí que está muy mal dispuesto eso de que se cierren las velaciones. Por fortuna ya van a abrirse; dentro de diez días, comenzando a contar por el de mañana, me caso en Santa Teresa, y están listos los trajes... ¡Si vieras qué lindos están! ¡Un dineral ha gastado Luis...! Hasta mortificada estoy por eso. Pero ¡qué cosas, güera, qué cosas! En parte me alegro por la orgullosa de Elena que estaba tan ufana cuando se casó y pensaba que ni la tierra la merecía. Mis donas son mucho mejores. Sólo el aderezo costó quince mil pesos. En encajes hay un platal.

También papá ha gastado mucho. Si mamá viviera ella habría arreglado, con menos gasto, lo de mi ropa. Las modistas nos han robado; pero todo está de mucho gusto. En fin, Paz, yo no descanso, ya recibiendo las cosas que me traen, ya probándome los vestidos, ya haciendo las visitas de dar parte. ¡Es muy pesado esto de conocer a todo México!

Luis me ha puesto un cupé. Yo no lo he visto, por supuesto, pero dicen que está muy elegante. A mí me halagaba más la idea de tener una *victoria* nueva, a más del *trois quarts* que tenía Luis; pero él se ha empeñado en que los cupés son propios de recién casados. Dice que así estaremos siempre juntitos, hasta en la calle. Me resigno, pues; tanto más cuanto que siempre dispondré del landó de papá.

Nos casa el señor obispo de... El matrimonio civil será muy serio; pero siempre es preciso que invitemos a muchas personas. La comida será en casa. Como el comedor es tan grande y la casa toda tan amplia, se presta mucho para banquetes; y luego, así estaremos en familia, libres de los curiosos y extraños.

Una de las cosas que más me alborotan es pensar que voy a lucir mis trajes y mis alhajas en la ópera; porque la temporada empieza en Pascua y ya tenemos palco. Dicen que no es de buen tono ir al teatro en los primeros días... así... tan recién casados; y aunque yo no doy con el motivo de esto, me conformo por el qué dirán.

También Luis, como es muy natural, está contentísimo, pero se queja de que no le hago caso, de que no estoy con él muy cariñosa y de que todo se me vuelve hablar de la modista, de los trapos, de los preparativos, etc. No comprende que cuando uno va a casarse se le viene el mundo encima y no tiene cabeza para nada.

Haz un poder para venir a verme pronto. El viaje le hará bien a tu papá, y procura hacerlo antes de que se pongan mal los caminos. Me entristece saber que no asistirás tú a mi matrimonio, y, más que todo, considerarte afligida, llorosa... Cuídate, para cuidar a tu hermanito, y recibe muchos besos de tu amiga que mucho piensa en ti.

Enriqueta.

La noche había cerrado casi por completo. Sólo brillaban dispersos rayos de luz pálida, como soldados que, de prisa por ser tarde, vuelven al cuartel. Dobló Paz la hoja, y sobre la página blanca cintiló una gota de luz. ¿Sería una luciérnaga? No; era una lágrima.

II

La carta del blanco sobre con orillas de luto decía así:

Mi buena Enriqueta:
Acaso cuando recibas estas líneas estarás ya casada. ¡Que Dios te haga tan feliz como deseo! Casi estuve resuelta a no escribirte. Mi carta de luto, triste, hará entre las felicitaciones de tus amigas y los ramos de flores y los obsequios de boda, el mismo papel que una pordiosera vergonzante, de tápalo negro y raído, en el concurso aristocrático que asista a tu matrimonio. Pero tú, mi querida locuela, eres caritativa: bien sabido me tengo que en tu casa hay una escalera lujosa por la que se sube al corredor de mármol, lleno de azaleas y camelias; y que también hay otra de viejos escalones de madera, junto a la fuente del segundo patio, y que por ella van los desvalidos, los pobres de tu Conferencia, las viudas y las huérfanas a quienes tú socorres, ya con un traje de baile que no quieres volver a usar, ya con zapatos bajos casi nuevos; hoy con guantes, mañana con listones o con flores, y cuando todo está nuevo en el guardarropa, cuando nada que dar tienes, con el dinero que tu papá te puso en el buró por la mañana para que en la semana lo gastaras. Deja que por la escalera de palo suba mi carta, y hazme la caridad de recibirla. Piensa que soy casi viuda... y huérfana...; ¡eso sí que soy de veras! ¿No dicen que el dar su parte a los pobres en los banquetes de bodas trae la dicha? Pues yo quiero ser el hada vieja y jorobadita que te la lleve. ¿Qué más pobres que los que tenemos frío en el alma y hambre, mucha hambre de cariño?

Si no fuera porque sabes que estoy tan triste, te reirías de mí, como te reías a carcajada suelta en el colegio, llamándome *romántica*. Acaso por ser tan distintos nuestros caracteres nos queremos tanto. ¿Te acuerdas de los buenos tiempos en que vivíamos casi juntas?... Como ya te me vas, como te casas, como desde hoy tienes un ser a quien consagrar la vida por completo siento deseos irresistibles de hablar contigo, detenerte, y recordarte toda nuestra amistad: me parece que vas a hacer un viaje largo y que he venido a despedirme y que te estoy apuntando los últimos encargos. Deja a la pobre *romántica* que se desahogue, mientras papá despierta y voy a hacerle compañía. Imagínate que estamos en la misma banca, como cuando, abrazadas, hojeábamos el último número de *La Moda*. ¿Te acuerdas? Entre las dos teníamos la suscripción: tú veías los figurines, yo leía las novelas; los patrones y las estampas de colores eran para ti; para mí el texto, cuando ya no te servía. ¡Cómo me regañabas por mi afán de adquirir libros! ¡Y si vieras! Estoy muy enmendada: hace ya tiempo que no leo novelas. ¡Cuando una está haciendo la suya le parecen muy poco interesantes las de las demás! Los versos de los poetas que leí sí me entretienen y consuelan. Parece que a la hora del dolor llegan esos amigos invisibles, como a la hora fija de una cita, y que nos dicen cariñosamente: —¡te lo teníamos dicho! ¡había de suceder!... pero... ¡no llores!—

¡No te rías, Enriqueta; estoy muy triste!

Tú siempre has sido dichosa. Es cierto que murió tu mamá dejándote muy niña, pero tan niña eras, que no te acuerdas de ella. Es para ti una Santa desconocida que te quiere mucho y que te está cuidando desde el cielo. Pero yo, Enriqueta, yo sí la conocí. ¡Qué hermosa era! Me parecía una de esas reinas, una de esas grandes damas cuyos retratos vienen en *La Ilustración*. La edad no alteró nunca sus facciones: era, como le dijo algún revistero de salones, "la más bella caída de la tarde". Y luego, ¡cómo adoraba a papá! ¡Cómo me adoraba a mí, a mí sobre todo... permíteme, en secreto, esta jactancia!

Recuerdo hasta los más insignificantes pormenores de nuestra vida; el acento francés, parisiense puro, de mamá, que ella no pudo corregir por más que hizo, durante los veinte años que vivió en México; su afición a la lectura, heredada por mí; la avidez con que recorría los periódicos franceses que por cada correo le llegaban; hasta su antipatía y horror al teatro, inexplicable en ella, tan entusiasta enamorada del arte. Lo que más me entretenía, particularmente en las noches, mientras papá se iba a Lonja, era que ella me refiriese los episodios de sus primeros años, sus viajes en Europa, su vida en París... ¡Cuánto sabía, cuánto había visto y con qué gracia y qué primor narraba! Ya recordarás que mi ilusión dorada, mi sueño más acariciado, mi deseo más vehemente, era ir a Europa.

—Mamá, ya no me cuentes cosas —le decía yo a veces— ¿por qué no vamos a París? Papá es rico; te da gusto en todo; te ha ofrecido mil veces ese viaje: di, ¿por qué no lo hacemos?

Pero mamá no quiso nunca consentir. No has de haber olvidado que cuando el gobierno nombró a mi padre para que fuera a Francia con una comisión importantísima, mamá se opuso tanto y con tal fuerza, que lo obligó a renunciar. ¡Pobrecita! ¡Acaso esa repugnancia sería un presentimiento! Además, yo me la explico fácilmente. Sus padres habían muerto años atrás; no tenía ella parientes en su tierra, de la que salió a los veintiún años con su tío, el que murió de la fiebre amarilla; así es que no quería, sin duda, ver de nuevo los lugares en que había llorado amargamente sus primeros años de orfandad.

¡Pobre madre mía! Tú, Enriqueta, me acompañaste en los días de congoja y desesperación que sufrí por su viaje intempestivo. ¡Todo, todo me lo habían ocultado! Aquella noche inolvidable me enviaron a cenar a tu casa; y luego tu papá mandó pedir licencia al mío para que fuéramos juntas al teatro. Cuando volví, mi padre estaba despierto y esperándome, más pálido y desencajado que nunca. Yo sabía que sus negocios iban mal; pero era imposible que aflicciones de dinero lo hubieran puesto en tal estado. Sin verme, sin besarme, me dijo con acento extraño y seco:

—Vé a la pieza de tu mamá: te necesita.

Corrí, pensando hallarla enferma, muerta... ¡yo no sé cómo!

¡Entonces supe todo, mi Enriqueta! Nosotros punto menos que arruinados... La única salvación de nuestra fortuna consistía en que nos dieran esperas nuestros acreedores de Burdeos. Mas para ello precisaba que mamá hiciera el viaje... Mi padre no podía ir... Era indispensable que se quedara al frente de la casa... Una carta o un apoderado extraño habrían sido insuficientes... Lo necesario era apiadar a aquellos acreedores, arrancarles por amistad o compasión el aplazamiento de sus créditos... Luego, creo que mamá era algo pariente de ellos... ¡En fin, que era inevitable!... ¿Llevarme? ¡Imposible! ¡Ya no teníamos casi nada! ¿Y quién cuidaría a mi padre en su aislamiento? ¿Quién lo consolaría en sus tristezas y en sus penas?... Seis meses de separación... ¡Si no, la quiebra... la miseria!...

¡Ay! ¡Yo no sé cómo me dijeron ni cómo oí aquellas palabras! Te las repito, te hablo de esa desgarradora escena porque esto me alivia y desahoga, y porque tú me acompañaste a llorar; pero entonces el llanto me sofocaba y no pude explicarte los detalles de aquella suprema y última entrevista.

Me habría sido menos dolorosa aquella despedida, si hubiera visto a mamá resignada y llena de esperanza. Pero seguramente el pensamiento de que iba a fracasar en sus propósitos, y la certidumbre de nuestra próxima ruina, a más de la pena de dejarme, le quitaban todo valor, toda entereza.

A los cinco días iba a salir de México... ¿Cómo había de resignarme, si jamás me había separado de ella? Y sin embargo, para darle aliento, aunque llorando y abrazada convulsivamente a ella, como el náufrago a una tabla, tuve fuerza, tuve palabras, tuve voz, para decirla que no se afligiera, que confiara en Dios, que yo la esperaría rezando de día y de noche...; yo no sé qué... pero muchos besos, muchas lágrimas... mucha alma que se iba en cada grito!

Papá no entró. ¡Tal vez el pobre no habría podido resistir! ¿Y mi hermano? Por lo pronto no me acordé de él; pero después supe que, por orden de mi padre, se había quedado a dormir en el colegio. Él era el *consentido* de mamá, y no quisieron hacerlo sufrir. ¡El consentido!... ¡Y entonces, porque lo era, me encelaba, y ahora, porque lo fue, lo quiero más!

Yo insistía en no separarme aquella noche de mamá; pero ella con súplicas, instancias y cariños, me obligó a que la dejara, prometiéndome que me despertaría temprano al día siguiente, para estar más tiempo conmigo en los tristes cinco días que nos quedaban. Aquella noche necesitaba hablar a solas con papá...

¡Cinco días nada más!... ¡Qué pobre... pero qué pobre me sentía!

Pasé la noche en espantosa agitación, sin dormir casi. A ratos me levantaba e iba descalza a espiar por el agujero de la cerradura, porque habían cerrado con llave la puerta de mi recámara. Siempre en el escritorio sonaban los pasos de mi padre y su tos seca; y lejos, más lejos, pero cerca, más cerca de mis oídos y mi alma, el llanto y los sollozos de la pobrecita madre mía! ¿Por qué no entraba a verla, a consolarla? Aquella noche hasta cólera sentí contra mi padre. ¡Y era, ¡ay! que el pobre tampoco tenía fuerzas para entrar! Pero, ¿por qué me había encerrado a mí, que era más valerosa y que ansiaba besar a mi mamá?

Toda mi cólera, sin embargo, desapareció en un solo instante, cuando vi por el agujero de la llave a mi papá, que descolorido como un muerto, con la cabeza hundida entre las manos, lloraba y lloraba, dejando caer sus lágrimas en un montón de papeles rotos que tenía en la mesa. ¡Cuánto la amaba! Cuánto nos quería! ¡Por salvarnos, por vernos ricas y dichosas, se resignaba a separarse de la compañera de su alma! ¡Con qué presteza y con qué gusto le habría gritado: "Papá, ábreme; quiero abrazarte; quiero besar a mamá; quiero que no lloren... seremos pobres; yo no necesito nada, nada; trabajaré como cualquier costurera; pero que nadie se vaya, que todos estemos juntos siempre, siempre". ¡Eso le habría gritado y con el alma! Pero... ¿y mi hermano? ¿y el honor de papá, comprometido en sus negocios?

¡Era forzoso el viaje, Virgen Santa! Y en tal momento, al ver a mi papá tan afligido, no sé qué habría contestado si me hubieran dado a elegir entre quedarme a acompañarlo o irme con mamá.

¿Quién era más desgraciado? ¿Quién sufría más? ¿A quién amaba más mi corazón?

No sé a qué hora ni cómo; pero al cabo me dormí. Y soñando, sólo miraba unos cinco días muy chiquititos, que no se querían parar, y que corrían, y que muy pronto se perdían de vista!...

¡Y que me engañaban, Enriqueta, me engañaban! ¡Cuando al día siguiente desperté, ya no tenía madre en mi casa, y ya pronto no la tendría en todo el mundo! ¡Todo había sido engaño, engaño piadoso, pero al fin engaño!

¡Qué espantosa mañana!... Mi taza de café sola en la mesa del comedor... los corredores sin mi madre, sin su voz... la cama todavía deshecha, todavía dibujando la forma de su cuerpo... hasta la veladora encendida aún, porque nadie se había acordado de apagarla... y sobre el canapé, la bata de mamá... la bata que se ponía para ir a despertarme... y el llavero en el buró... las pantuflas al pie del silloncito... ¡todo esperándola, y todo solo como yo!

¡No, Enriqueta, yo no te puedo pintar mi angustia, eso sí no!

Después —ya sabes— a los pocos días me trajo mi papá a Morelia. Dijo que eso convenía a sus negocios y que era bueno para las economías a que debíamos sujetarnos. Aquí pasábamos con mamá una buena parte del verano, mientras mi padre iba a la hacienda. Tú algunas veces nos acompañaste. ¡Cuán diverso ahora! La tristeza no estaba en la casa; pero vino conmigo, y era, primero como tristeza de crepúsculo, que todavía tiene algo de luz, y es hoy como tristeza de sepulcro de noche fría, y lluviosa, y sin estrellas. Mis amigas me veían con lástima cariñosa, como pensando: "Ya está huérfana; ya es pobre!" ¡y todavía ni era pobre ni era huérfana, pero parece que lo adivinaban! Las cartas de mamá tardaban mucho en llegar... ¡cartas benditas que yo sólo puedo leer porque las sé de memoria, pero que ya ningún otro podrá leer, porque mis lágrimas han borrado sus caracteres! ¡Y qué amorosas y qué tristes eran esas cartas! ¡Diríase que las escribía desde otro mundo, pero no desde aquel en donde estaba, sino desde el eterno en donde está ahora! Yo nunca vi las que a mi padre le escribió. Tal vez porque en ellas le daba malas noticias de sus asuntos mercantiles, nos las ocultaba. Pero ¿por qué? ¿No debíamos saber todo? Una viva curiosidad me obligaba a buscar y rebuscar aquellas cartas, pero siempre fueron inútiles mis pesquisas. Hice lo que jamás había hecho: robar a papá sus llaves, mientras dormía; pero ni en los cajones de su bufete, ni en los del ropero, estaban esas cartas de mamá.

Parecía que mi padre tenía empeño en no hablarnos de ella, seguramente para no avivar nuestra tristeza, para no despertar recuerdos dolorosos. Y sin embargo, ¡yo habría tenido tanto gusto, tanto alivio en conversar con él de nuestra amada ausente! El temor de entristecerlo a él y de agravar su pena era lo que me detenía. ¡Lo veía tan decaído, tan cabizbajo, tan enfermo!... ¡Ya no era el mismo que antes, no! ¡Parecía un viudo!

No lloraba; pero era peor: tenía adentro muchas lágrimas, como las grutas tienen sus estalactitas. Él tan franco, tan expansivo, en mejores tiempos con nosotros, nada nos decía. ¡Ya tú verás cuál era mi suplicio! Sentir ahinco, sed de hablar de mi mamá, de pronunciar su nombre, como si la llamara desde mi recámara; de que me preguntaran por ella, para responder que estaba sana y que muy pronto volvería; de oír contar sus gracias y sus triunfos; de hacer memoria con los míos de todas sus bondades y ternezas... ¡y verme condenada al frío silencio por no afligir a mi papá! ¡Y tener que repasar sus cartas a hurtadillas, o esconderme para platicar de ella con mi hermano! ¡Y hablar en esas pláticas muy quedo, como se habla en una visita de pésame!... Yo quería ver, oír a mamá en mi padre... ¡y nunca la veía ni la escuchaba! Yo pensaba en los peligros que se corren en el mar, en los ferrocarriles, en las grandes ciudades atestadas de gente mala. Mi padre, que ha viajado, podía haberme dado ánimo refiriéndome sus antiguas excursiones; podía haberme señalado el punto probable en que mamá estaría a la hora en que habláramos; pero no despegaba los labios, siempre triste, abstraído, taciturno, como siguiendo con el pensamiento y con la mirada vaga un buque que se perdía en el horizonte. A ratos me imaginaba que papá nos quería menos a nosotros, que ya no amaba tanto a mi mamá... ¡Y era que presentía nuestra desgracia, que se la daba el corazón! Mi consuelo era escribirle a ella *mucho, mucho,* pero la verdad es que lo hacía hasta con cierto sobresalto, como temerosa de que papá me regañara. Muy largas eran mis cartas, y papá me tenía prevenido que no las mandara con el mozo a la oficina de correos, porque podían perderse, y que se las entregara siempre a él para que las pusiera con las suyas. Esto me quitaba alguna libertad, porque tenía que dárselas abiertas y, con el miedo de que las leyera, no me atrevía a hablar en ellas de la tristeza y del caimiento de papá, de su enfermedad del pulmón que iba agravándose; en fin, de todo lo que yo habría querido decir, entre abrazos y besos, a mi mamá, a mi buena mamá, pero a ella sola.

Me extrañaba también que en sus contestaciones se refería en términos muy generales a mis cartas, y esto me daba algún coraje, como cuando la persona con quien uno conversa está distraída y parece que no oye ni hace caso. Sólo a una carta me contestó muy bien y largo, a la penúltima que le escribí dirigiéndosela a Burdeos, y quejándome en ella de las que parecían frialdades y esquiveces de mamá. Esa carta sí se la escamoteé a mi padre para que no viera mis disparates ni supiera lo triste que estaba, y yo misma la llevé al correo al salir de misa.

Dos meses después, a los cuatro de ausencia, cuando ya me halagaba la esperanza de que iba nuestra separación a concluir, llegó la noticia fatal... ¡Aquí sí no me pidas que te pinte lo que pasó por mí!... El guardián de San Diego fue quien me lo dijo... Papá me preparó avisándome que sabía por carta del corresponsal que mamá estaba algo mala... Me puse como loca... Lloré tanto, que hasta temo no tener ya más lágrimas para los nuevos dolores que me mande Dios... El padre vino en la tarde... Luego que lo vi entrar comprendí todo... ¡Ya estaba sola, sola en este mundo! ¡Con mi papá... con mi hermano... sí... pero siempre estaba sola!

¡No me preguntes... déjame llorar...! ¡Dios mío... Dios mío!...

Ya te lo habrán escrito... ¡una aneurisma... en Burdeos...! ¡Virgen María, qué desgraciada soy...!

¡Fórmate idea de mi situación! Primero lloré, grité... ahora ya no puedo. Necesito esconderme para llorar, como antes me escondía para escribir a mi pobre mamacita. ¿No es lo mismo? ¿No hablo así con ella? ¿Te acuerdas con cuánta ansia esperaba antes en la noche la hora en que estuvieran todos ya dormidos, para encender la vela y leer un libro? Pues ahora la aguardo con más ansia; pero ya no escondo los cabos de vela en el buró, ya no oculto el libro entre los dos colchones; espero a que se duerman los de casa para apagar la luz, para quedarme a obscuras, y, mordiendo la almohada, lloro, y lloro! Antes la obscuridad me daba miedo: ¡ahora me parece mi mamá...!

¿Cómo he de llorar delante de mi padre...? El pobrecito se ha agravado... está malo, Enriqueta... ¡muy malo, mi Enriqueta!... ¡Yo no sé lo que va a suceder...! ¡Yo no sé lo que será de nosotros! ¡y tengo el corazón muy oprimido! ¡y ahora siento que quiero más a mi papá...! ¡y quisiera morirme!

¡Nada tengo! ¡Ni la tumba de mi madre para llorar en ella! Tú vas al sepulcro de la tuya, lo adornas con flores, lo pones muy bonito cada año, el día de su santo, riegas sus macetas, sacudes el polvo de su lápida... pero ¿yo? Tenía esperanzas de que trajeran aquí su... su... cuerpo. Papá me lo ofreció y sólo aguardaba a arreglar sus negocios para que fuéramos a traerlo, o en último caso, para hacer que de allá nos lo mandaran. Pero los negocios van peor cada día y esto no es lo más malo, porque yo, a fuerza de economías, quedándome hasta sin comer, si es necesario, reuniría con el tiempo la cantidad que se requiere. Lo más malo es que mi papá está muy abatido, mucho; muy enfermo, y toda emoción le daña, y yo por no afligirlo más no puedo hablarle ya de mi mamá.

Hoy, que es Jueves Santo, le ofrecí a Dios el sacrificio de renunciar a mi esperanza, a mi deseo de traer el cadáver de mi mamacita, con tal de que salvara a mi papá. Vine después aquí a llorar, a escribirte mientras papá duerme. Estaré sola todo el día, porque las pocas amigas que tengo se irán a pasear o a las iglesias. Te escribo junto a la ventana, oyendo a lo lejos el monótono son del tamborcito y de la *chirimía* que tocan unos indios en San Diego. De cuando en cuando pasa un padre de ancha capa negra por la calzada... Me simpatizan ahora estos padres, porque me figuro que también están de luto por mamá. Además, ellos como que le llevan recados míos, como que la ayudan y dan gusto, cuando les mando decir alguna misa, con lo que ahorro del gasto...

¡Perdóname, Enriqueta, ya no te afligiré más...! ¡Pero siento mucho consuelo al escribirte! ¡Me parece que en esta hoja se van a dar un beso nuestras lágrimas y siento fresco en el alma!

¡Sé feliz, amiga, hermana mía! ¡Que Dios te dé tantas dichas como penas me ha enviado! ¡Que tus hijas te quieran tanto como yo amo a mi madre idolatrada!

Te mando una estampita de la Virgen de la Salud de Pátzcuaro, para que en ella escribas, unidos, tu nombre y el de Luis y a los dos los ampare desde el cielo. Ya sabes que siempre he sido tu hermana mayor, la más seria, la regañona cariñosa. Por eso te digo que ames mucho a tu marido, que le sacrifiques los paseos, las diversiones, los vestidos, las joyas. ¡Ya se acabaron los mimos y las locuras! Ya eres una persona grande. Sé muy señora de tu casa. "Deja tu hogar con una lágrima y entra al nuevo con una sonrisa", como decía aquel verso que leímos.

Y toma muchos besos y acuérdate, siempre, siempre, de la pobre

Paz.

III

Un año después de escritas las anteriores cartas Paz no tenía ya padre y Enriqueta tenía un hijo. ¡Allá quedó el padre de Paz, en el cementerio de San Juan de Morelia! Sus últimos días fueron muy amargos. Los acreedores lo asediaron, y como había descuidado sus negocios por falta de fuerza o de estímulo, o de vida, le fue preciso presentarse en quiebra. Murió el pobre creyendo que aún dejaba, después de pagar todos sus créditos, dos casitas bien saneadas con cuya renta podían vivir modestamente sus dos hijos. Pero el remate de sus bienes fue desastroso y todo hubo de perderse. Paz quedó en la calle; Pedro tenía apenas once años —diez menos que su hermana— y sus únicos parientes eran un tío que estaba de cura en Tequisquiapan y dos primos tan desvalidos como ellos. Por fortuna, Paz era animosa y no se acobardó. Cosía y bordaba lindamente; sabía tocar el piano, hablar francés, algo de inglés, y desde luego creyó fácil ganar la vida a fuerza de trabajo. Su único deseo era educar a Pedro: sentíase madre; sentía como si en ella reviviese aquella que se había ido para no volver y a la que amaba con todas las fuerzas de su alma. "¿Qué es" pensaba "sacrificarme por mi hermano? Es darle gusto a mi mamá, es hacer lo que ella hubiera hecho; es ser mamá y papá al mismo tiempo!" Y no desconfiaba de la suerte porque a sus años y con su bondad, no se desconfía de la justicia, no se desconfía de Dios.

Enriqueta fue la que se opuso, con muy buen juicio, a que su amiga diera lecciones. Había venido Paz a México para vender los muebles que le quedaban y para instalarse definitivamente en esta ciudad. Como era natural, Enriqueta la hospedó en su casa. Enfermó a poco y por cierto que Paz fue una bendición del cielo para ella, porque la curaba, cuidaba al recién nacido, corría con todos los trabajos de la casa, hacía, en suma, lo que habría hecho la madre de su amiga, si hubiera vivido. Por eso, por cariño y por algo de egoísmo, se opusieron los dos esposos a que Paz se marchara a vivir sola en la vivienda de alguna casa de vecindad.

—Mira —le decía Enriqueta— tú eres muy hábil y muy talentosa, como te decíamos en el colegio; puedes dar lecciones de todo lo que quieras y cobrarlas a peso de oro; pero eres muy muchacha y te expones a que hablen mal de ti, y aun a otros peligros. Yo, que soy casada, tengo más mundo que tú y te prohibo que hagas eso. Nosotras nos hemos tratado siempre como hermanas; lo mío es tuyo. ¿Qué necesidad tienes de trabajar para vivir? Con los mil pesos que te produjo la venta de esos famosos cuadros, que te costaron, al venderlos, tantas lágrimas, tienes para los gastos de tu hermano y para los pequeños gastos tuyos, por algunos meses. Y después, Dios dirá. Puede ser que te ganen el pleito con la casa de Arreztieta, y ya entonces tendrás un pasar bastante bueno. Luis conoce a un joven abogado, muy inteligente, muy simpático y muy bueno, que se hará cargo del negocio sin cobrarte nada. Además, mi señora, ¿quién nos dice que no se casará Ud., y muy bien, en un abrir y cerrar de ojos? Y sobre todo ¿para qué necesitas ganar dinero tú si lo tengo yo? Te adelantaré todas las cantidades que quieras y cuando ganes el pleito me las pagas. Nada: a Pedro, al colegio... de interno si te parece, para que estudie más aprisa y los malos amigos no lo pierdan, y tú, con nosotros. Ya ves que Luis te quiere mucho. ¡Si no fueras mi hermana hasta me encelaría! Todo se le vuelve hablar de lo hacendosa que eres, y de lo bien que atendiste la casa mientras estuve en cama, y se encanta cuando te oye tocar el piano, y quiere que lo enseñes a pintar acuarelas... y Paz por aquí, y Paz por allá... y Paz por todas partes. Nos haces un favor positivo con quedarte. Y sobre todo, esto no está a discusión: ¡que no te dejo y que no te dejo! ¡Yo mando! ¡Bonita me pondría papá si consintiera en que te fueras a la calle! Pero, ¿estás loca, mujer? ¡Tú, con esa cara y con ese cuerpo, sola en una periquera de casa de vecindad, y corriendo de casa en casa con tus libros debajo del brazo, como una protestante...! ¡Ni por pienso! Cuando Pedro sea ya un hombre, será distinto el caso y podrás irte a vivir con él. Pero, cuando Pedro sea ya un hombre, tú tendrás dos o tres hombrecitos tuyos, como el mío. Por ahora, yo hago contigo veces de mamá. Te dispondremos tu habitación aparte, para que no te mortifiques. Las piezas que dan para el segundo patio están para ti que ni mandadas hacer. ¡Hoy mismo me ocupo en arreglártelas...! ¡Chist! ¡Punto en boca, no me digas nada! ¡Lo dicho, dicho!

Por su parte, Luis insistía mucho, ahincada y cariñosamente, en que Paz se quedara con ellos, tanto por natural y legítimo afecto a la desvalida huérfana, cuanto por interés propio, puesto que la presencia de aquella nueva persona en la familia, a más de serle grata, lo dejaba en mayor libertad que antes para salir y pasear, seguro de que Enriqueta quedaba acompañada. Fue indispensable, pues, que se plegara Paz a las amables exigencias de sus amigos, y que, en espera de mejores días, mientras el pleito se ganaba o Dios acudía a salvarla de su precaria situación con inesperado socorro, se resignara a vivir como al arrimo de Enriqueta, si bien retribuyéndola con logro, en solicitud y cuidados, su hospedaje afectuoso. Por lo pronto no quiso ella consentir en que su hermano entrara de interno a algún colegio. "Ya verían... ¡Más tarde!" Le servía tan de consuelo verlo a su lado... ¡hablar con él de sus llorados padres...! Que pasara todo el día en el colegio... eso estaba en razón y era debido. ¡Mas que la noche los juntara para revivir, conversando, días pasados, para unir sus cabezas junto a la blanca veladora y mirar el retrato bien amado!

La habitación de Paz, su nido, como Enriqueta lo llamaba, quedó en verdad muy linda. Una salita, que era un juguete, con tres espejos que casi cubrían todas las paredes, por ser éstas muy chicas; un piano de nogal que estaba antes en el comedor de Enriqueta y que habían sustituido meses atrás, con otro mejor: frente al balcón que daba para el segundo patio, angosta columna sustentando un biselado portarramos de cristal; en los ángulos dos jarrones de porcelana; seis sillas, cuatro pequeños sillones, un sofá, buena alfombra de tripe, y en el balcón y en las dos puertas elegantes colgaduras, del mismo color del ajuar, de rojo obscuro. Cuando los domingos colocaba Paz flores sueltas en el portarramos y en las jarras, daba gusto entrar a aquella salita, no rica, pero simpática y coqueta. Seguía luego el cuarto de Pedro, sin más muebles que un catre de tijera, un ropero algo usado, una mesa de escribir, un buró, dos sillones forrados de cretona y un aguamanil de latón pintado de blanco y salpicado de florecitas azules. En seguida estaba la recámara de Paz, semejante en lo cerrada y llena de chucherías, a una cajita de dulces comprada el día de año nuevo. Tenía también balcón para el segundo patio, y estaba frontera a la sala en que Luis había puesto su billar. Primorosa era la cama de madera, fina, angosta, baja y con sus colchas y su pabellón albeando siempre; y muy elegantes y coquetos los silloncitos, el enano canapé, el reclinatorio, la lámpara azul que pendía del techo, el tocador, de igual manera que la cama, y en cuya palangana sólo cabían manos de hada como las manos de Paz; el estante giratorio, lleno de libros, siempre muy bien cuidados y con pastas bonitas; la mesa de escribir, que casi se cubría con un pliego de carta, con el tintero de cristal y con la pluma de oro; los dos grabados, que representaban, uno al rubio y risueño querubín que llama a la vidriera de una ventana gótica, para dejar en la cuna al niño que trae del cielo; y otro al ángel de cabello negro, que entra de noche a la alcoba, y se lleva en brazos, para que ya no sufra, para que vea a Dios, a la blanca y enferma criatura. Junto al lecho, había un pequeño Cristo de relieve, en alabastro; y abajo de la imagen una breve taza de agua bendita. ¿Cómo pudo caber tanto en tan reducido espacio? ¡Cosas y artes de mujer!

Seguía aún a esta pieza otro cuartucho que Paz destinó para comedor. El ajuar era misérrimo; una mesa de madera corriente, cuatro sillas desvencijadas, un viejo aparador, y en el aparador poquísimos trastos. Enriqueta se había opuesto a que Paz tuviera comedor en su departamento, para obligarla así a que comiera con ella, a que no se aislara, a que hiciese verdaderamente vida de familia. Pero Paz, accediendo a estos justos y cariñosos deseos, quiso sin embargo arreglar mal que mal alguna pieza en la que pudiera almorzar y comer con su hermano cuando por cualesquiera circunstancias, por enfermedad, por tristeza, por despego de la sociedad, o por falta de traje conveniente, no quisiera sentarse a la mesa de su amiga.

—Esa pieza —decía Enriqueta— verás tú cómo la arreglas. Lo que es yo no te he de ayudar, y mientras más fea quede, mejor para mí.

Era visible el cariño con que trataban a los dos hermanos

en aquella casa. Ellos se lo merecían; mas por raras y también por merecidas, eran de agradecerse tales muestras de afecto. Pedro pasaba el día entero en el colegio. Pasado un año, cuando él tuviera doce, entraría a la Preparatoria. Esto ufanaba mucho a Paz, y más que todo, porque no habiendo internado en esa escuela verían Enriqueta y Luis que le era imposible darles gusto, atendiendo a su consejo.

Habitualmente, Paz se desayunaba con su hermano, pretextando que necesitaba levantarse a buena hora para mandar a Pedro a su colegio, y que le hacía daño retardar el desayuno. La verdad es que huía, en cuantas ocasiones le era fácil, de hacer vida íntima con los dos esposos. Ayudaba a Enriqueta en cuanto podía, ya peinándola en el tocador, porque era una maestra en ese arte; ya quedándose a cuidar a la criatura cuando la mamá iba de compras o a visitas. La acompañaba a misa algunas veces; pero su empeño era esquivar las ocasiones de interrumpir a marido y mujer en sus pláticas, de estorbarles, de proceder con excesiva confianza, de presentarse con Enriqueta en público. Por fortuna su reciente luto y su incurable y justísima tristeza, eran buenos pretextos para prolongar ese retiro. Vivía como con miedo, como encogida, como temiendo siempre que le cobrara alguien quién sabe qué. Le daban mucho cariño, pero... la frase misma lo dice: se lo daban.

Por mucho que sea el afecto que en ella encontremos, es muy triste vivir en casa extraña. A cada instante se pregunta uno: ¿estorbaré...? acaso ahora no; pero... ¿y mañana? Y como que se hace uno pequeñito para que no lo vean, para no hacer ruido y para que lo dejen arrebujado en su rincón. Se sienten vagos deseos de decir a cada paso y en voz baja, con tono suplicante: "Muchas gracias, muchas gracias; ¡todo está muy bueno, todos Uds. son muy buenos! Si cometo una falta, ¡perdonadla, no será por mi culpa! Díganme lo que he de hacer para pagar todo esto. Y si estorbo, si mortifico, ¡habladme con franqueza!"

Disfrutamos del cariño que benévolamente nos otorgan, como se disfruta de un objeto prestado, con miedo de romperlo. Y se está continuamente con sobresalto, con zozobra, con susto; pensando si desagradará tal o cual acción nuestra. Antes se decía del amigo: *¡Me quiere mucho!* Después, cuando nos favorece, decimos: *¡Me trata muy bien!* ¡Qué diferencia!

Y esta misma humillación que nosotros mismos nos imponemos; este vago temor que nos obliga a andar quedo y encorvados, como huyendo de un acreedor desconocido, contribuye a rebajar en los otros el concepto de nuestra propia dignidad. El favorecido es el que convence al protector de que le está haciendo gran merced. Primero creía el protector que daba; después el mismo agraciado lo convence de que ha prestado, y de que si no cobra es porque no quiere, porque es bueno. El favor que antes se hacía con gusto al amigo, se hace después y con mayor solicitud acaso, pero tristemente, como pensando: ¿Será una orden...? ¿Me tratará como a su criado...?

En la mujer es más penosa y dura esta condición. El hombre se va a la calle, olvida un poco, se cree libre mientras está fuera de la casa. Además, el hombre siempre cree que va a pagar, que va a obtener un buen empleo, que pronto va a salir de su aflictivo estado. En la mujer el roce con los otros, con sus protectores, con la servidumbre, con las amigas desdeñosas, es constante. Ella a cada momento tiene que servir, y poco a poco se convierte en criada. La quieren mucho, ¡pero es tan útil y es tan buena! "Si no te molesta, anda a ver si el niño está dormido". "Tú, que bordas tan primorosamente, hazme un cojincito para Adela". "¡Anda, péiname! ¡qué informal es esta peinadora, hoy no ha venido!" "Voy al cajón, ¿tú no querrás venir, verdad? ¡Jesús, qué monja!" "Cuida entretanto a Carlos, y da tus vueltas por el cuarto de costura".

Todas éstas son gotas de tristeza que van cayendo en el corazón hasta que lo llenan. Y si ni la hermana, ni la cuñada, puestas por el destino en semejante condición, se libran de sufrir esas ligeras, mas continuas humillaciones, ¿cómo había la amiga pobre de librarse?

Por eso Paz, con ser tan humilde y resignada como era, no encontraba contento sino allá en su piececita azul y blanca, sola, esperando a Pedro, que salía en las noches, y haciendo creer a los demás que ya estaba dormida.

MONÓLOGO DE MAGDA[1]

(Fragmento de una novela)

ESCENARIO Moral.—*Magda es una mujer perdida, de París. Magda está enamorada. Su amante —no, su dueño momentáneo— es un viejo rico que viaja con ella haciéndola pasar por hija suya. Y Magda se enamora de Raúl, que la cree inocente y la cree pura. La escena pasa en América.*
 ¿Se aprovechará Magda del engaño para ser esposa de Raúl? ¿Le dirá la verdad entregándose a él? He aquí el problema.
 La conciencia o, más bien, el amor de ella, le dice al oído: "¡No lo engañes!" Y ella, oyendo el consejo, prepara su viaje y da a Raúl la última cita, que es la primera que tendrán a solas. Pero el amor también —el otro amor— dice a Magda: "Sé feliz".
 Raúl va a llegar. El momento se aproxima. ¿Qué hará Magda? Éste es el problema. Y éste es el capítulo.

Para amar verdaderamente sólo faltaba a Magda una cosa más: el sufrimiento. Ya sufría; esto es, amaba. Sufrir es elevarse; por eso Dios ha puesto su eterna bienaventuranza al término de una vía dolorosa. Para llegar a conocer los grandes goces del amor, necesitan las almas sentir la ruda iniciación de la amargura. Todos sus amoríos pasados habían tenido ese carácter frívolo y pecaminoso de los bastidores: encuentros fortuitos de dos naturalezas y de dos caprichos, choques de ambiciones, cambios de necesidades. Del amor, Magda no conocía más que la escala descendente; las noches de carnaval, las bujías pálidas, las flores pisoteadas y las ojeras violáceas del insomnio. Era para ella como un antiguo caserón, de cuyas piezas no conocía más que la bodega y la cocina. Había bajado al subterráneo, obscuro y húmedo, todo lleno de barricas polvosas y botellas sucias. Pero el salón de honor, colgado de damascos y de brocados, con su tallada sillería de ancho respaldo, sus lienzos de Velázquez y su redonda mesa de ébano; el parque, poblado de mariposas y de pájaros, con sus graciosas jaulas de oro en donde abrían su cola de iris los faisanes y traveseaban aves escarlatas; la alcoba señorial, tendida de

---

[1] Imprimimos la que parece ser única versión de este escrito: se publicó en *El Universal* en 1º de septiembre de 1890, firmada "Manuel Gutiérrez Nájera".

terciopelo azul y blanco, le eran desconocidos. De ese gran ser, mitad demonio, mitad ángel, no había visto más que las risas que condenan y no las lágrimas que salvan.

Entraba, pues, a un mundo enteramente nuevo, con sorpresas de viajero y gritos de chicuela. ¿Por qué no había observado más temprano esa faz luminosa de la vida? Para verla, necesitó apartarse de los grandes círculos, de las atmósferas viciadas, oír más de cerca la voz de la naturaleza, hacerse pequeñuela, como las almas para entrar al cielo. Amor es una revelación del infinito: por eso vive en el silencio bucólico del campo y en la quietud de las tranquilas heredades. Los ermitaños, para ver mejor a Dios, buscan abrigo en la grieta desierta de algún monte, lejos de los hombres.

Para que el alma nueva no se fatigue pronto de la tierra y se acostumbre suavemente a la dura faena de la vida, Dios ha puesto piadoso junto a cada cuna la proyección de un ángel, el alma de la madre. Así los niños se creen más próximos al cielo y menos cerca de la tierra. Después la madre es la suprema iniciadora de las grandes cosas. Como la ciencia es necesaria, quiso el cielo poner, junto a la vida que comienza, la vida que se acaba; junto a quien todo ignora, quien lo sabe todo. La madre enseña a deletrear en el espíritu. ¡Qué más! Jesús, con ser hijo de Dios, necesitó el cariño de una madre y no quiso ser huérfano.

Quitad al niño algún sentido desde el primer minuto de su vida; pues le habéis quitado todo un orden de ideas en el entendimiento. Quitadle el santo amparo de la madre; pues le habéis quitado todo un linaje de virtudes en el corazón.

Lo alcanzará después, acaso; pero la iniciación habrá sido más larga, sin remedio. Magda, que de la madre sólo había visto el mal ejemplo, estaba ante el amor y la virtud como el rapaz que hojea algún libro sin haber estudiado el alfabeto. Eran para ella como la noción de los colores para un ciego de nacimiento.

En todo espíritu, aun en el más gastado, puede encontrarse una virginidad. Cada alma es como un libro, que no tiene todas las páginas abiertas. Esa virginidad, en la Lucrecia de la leyenda florentina,[2] es el amor de madre. El corazón es a manera de una casa que tiene muchos locatarios: todos suben por la misma escalera y transitan por los mismos corredores. Algunos se conocen; otros se saludan; muchos no se han visto nunca. Éste, que vive

---

[2] Se refiere al parecer a la protagonista del drama *Lucrèce Borgia* de Víctor Hugo (1833).

enfermo y paralítico, pasa los meses y los años amarrado a un gran sitial de cuero. Aquél, que acaba de nacer, duerme en la cuna. Que estalle algún incendio, que peligren las vidas de aquellos pobres seres, perdidos en una gran colmena humana, y todos salen: arrastrándose el viejo; el niño en brazos; pero todos salen. Los sentimientos viven así en el corazón: algunos atrofiados, recién nacidos otros. Cuando llega el minuto supremo de la crisis, todos aparecen: algunos duermen como si estuvieran muertos; pesa sobre ellos una enorme lápida; pero, a guisa de epitafio, en ese mármol fúnebre hay una inscripción que dice: ¡Resucitará! ¡*Resurrexit!*

En el alma de Magdalena había una virginidad: la del amor. Sus alas de mariposa habían perdido con el contacto de los hombres el polvillo dorado, las moléculas rojas y los átomos azules: pero eran alas todavía, y toda ala puede llevar al cielo. Magda miraba dentro de su corazón nuevas figuras que no había visto nunca. Era su amor un amor imperfecto, pero amor al fin. Los niños no vienen al mundo hablando y discurriendo. Era un amor recién nacido que, asomando los rizos rubios, las pupilas azul-cielo y la pálida frente de camelia, decía en voz baja: "¡Aquí estoy!"

"¡Aquí estoy!..." decía el amor; pero ¿Magda podría abrirle? No; ya estaba resuelta a alejarse; a despedirse de Raúl; y para eso lo esperaba aquella noche.

¿Cuál iba a ser su vida? Raúl estaba al lado de una madre, esto es, cerca de Dios; Raúl estaba en paz con su conciencia; Raúl era honrado y era bueno. ¡Pero ella!... ¿Quién querría enjugar sus lágrimas? Necesitaba huir de sus amigas, como se huye de la casa que va a desplomarse. Nada le quedaba de su vida anterior, más que el remordimiento. Volvía a nacer; pero imaginad la horrible condición del niño que, nacido apenas, queda huérfano. Pues tan grande era la desdicha de Magda. Era el niño sin madre, sin nodriza, sin fuerzas para andar y sin palabras. Con más, la soledad en que iba a vivir no era la soledad del eremita que ve a Dios, ni la del amante que piensa en su amor. Era la soledad de Robinsón en la isla;[3] la soledad del ser humano, entre las fieras, la tempestad y el mar. Iba a estar sola, sin ayuda, sin socorro, en lucha abierta con los tigres y los leones y las hienas. Luchar con las pasiones es peor que luchar con las fieras. Luchar con el pasado no es combatir, como

[3] Alusión a la famosa novela *Robinson Crusoe*, de Daniel Defoe, publicada en 1719.

Jacob, con el ángel:[4] es luchar con el demonio. La arrojaban al Circo desvestida, sin armas, expuesta al hambre y la furia de los tigres; pero el amor la sostenía, como sostuvo la fe a los mártires cristianos. Comparad, pues, la soledad de Raúl con la soledad de Magda; aquélla era el sueño y ésta la pesadilla; aquélla la quietud y ésta el combate.

Magda estaba en más triste condición que el niño huérfano a quien todos abandonan. El niño no piensa, ni ama, ni ase con sus manitas la vida que se le escapa. Está solo en la cuna, o en el quicio de una puerta, o en la obscuridad de una atarjea. El frío amorata y desgarra sus delgadas carnes; la lluvia le moja; el hambre atenacea su estómago; pero, a poco, el hambre, el cierzo, el agua, no le causan dolor ninguno; quédase insensible, agoniza solo, como una vela que se extingue; y la muerte, esa madre de todos los huérfanos, le lleva al cielo en brazos, y hace de su carne alas de mariposa y pétalos de flores. Magda era el niño abandonado; pero en la cuna, los pálidos vampiros le mordían la nuca chupando su roja sangre; los genios malos le clavaban sus patas de alfiler en las pupilas; en el quicio de la puerta, era su carne pasto de los perros que la arrancaban a pedazos con sus dientes, y de los buitres que descendían adrede de las torres para clavar en ella su corvo pico; en la atarjea, sufría la muerte hedionda y espantosa del que se ahoga en una charca inmunda y siente cómo empieza a devorarle la repugnante muchedumbre de las ratas. La soledad de Raúl era la soledad del cadáver; la soledad de Magda era la soledad del enterrado vivo.

"Sin embargo" pensaba "acaso no esté sola. Tal vez tenga un padre. Pero ¿quién es? ¿En dónde está? Si yo le conociera me echaría a sus pies pidiéndole socorro. Los padres deben amar a sus hijas. Mas ¡si también me desechara...! Las mujeres como yo no tienen derecho a tener padre. No soy una hija: soy una vergüenza. Pero ¿quién es el culpable? ¿Por qué me abandonó? ¿Por qué me dejó sola? Si me desecha, si me arroja, si me afrenta, yo le diré: '¡Vete, ya no te busco, no te quiero, me das asco!' ¡Miento! ¡Miento! No puedo hablarle así. Es mi padre. Pero ¿quién es? ¿En dónde está? Será probablemente un gran señor; sólo los grandes señores se avergüenzan de tener hijos y los desamparan. Él sabe seguramente en dónde estoy. ¿Por qué no viene? ¡Si hubiera muerto...! ¡Ah, yo no quiero que haya muerto! Quiero encontrarle, quiero que me ayude. Pero ¿qué digo? Si vive no me ama; y necesito de su amor: si vive, se esconde

[4] Véase la nota 3 de *Los amores del cometa*.

como los criminales, y no quiero que mi padre sea un criminal. ¡Mejor que ya no exista! ¡Sí, eso es, mi padre ha muerto! Así a lo menos puedo amarle.

"Pero entonces ¿quién va a ayudarme y socorrerme? ¿Dios? No le conozco. Está muy lejos y muy alto. Ahora que el dolor visita mi alma, comprendo que necesito de Él. Y creo. Pero mi fe no tiene alas; mi esperanza está enferma. ¿Por qué no me enseñaron a creer? Dios existe; debe existir porque, si no, yo estaría sola, sola contra todos. ¿Adónde está? ¿Por qué no me habla? Tal vez tampoco me quiera. Si es así, no es Dios. Los padres perdonan. He cometido muchas faltas, pero también las cometía María Magdalena. Tengo muchas manchas, pero el amor las quita. ¡Santa Virgen, yo quiero creer en Dios! Tú sabes bien que no soy tan mala. Te he rezado muchas veces. Yo creo en ti porque mi madre creía. Tú eres muy buena. Dile a Dios que me oiga. Si no me escuchas, voy a quedar sola en el mundo, sola contra todos. Para mí entonces el cielo estará lleno de demonios, y la tierra de fieras. Quiero que salves mi alma, pero también necesito el amor de Raúl. Es necesario. De ese modo seré buena. Por eso te lo pido. Qué, ¿no puedo ser buena? Dios está en la cruz con los brazos abiertos. ¿No es verdad que ése es Dios? Pues mira cómo nunca los cierra. Habla por mí. No me conoce; pero yo quiero conocerle y amarle. Ya verás como soy buena. ¡Santa Virgen, escúchame! Yo sí que muchas veces te he olvidado. Pero soy huérfana y tú eres mi madre. Ahora te busco: ya no te dejaré jamás. Salva mi alma; pero ya sabes que para salvarla es necesario el amor de Raúl".

¡Pobre Magda! Mil voces, airadas unas, blandas otras, llegaban tumultuosamente a sus oídos. ¿De qué bocas partían? ¿De qué antros brotaban, o de qué cielos descendían? Los ángeles y los demonios dialogaban con su espíritu. ¿Quién tenía razón? Dijérase que hasta las cosas inanimadas, adquiriendo una vida milagrosa, le hablan en voz alta. Su imaginación, en ese instante, era como una linterna mágica que se hubiera vuelto loca. Pasaban las ideas por su cerebro, como salen los espectadores de un teatro que se incendia. Era una pluma dentro de un remolino.

Magda escuchó una voz que le decía:

—¿Por qué tiemblas y titubeas? Cierra tu corazón para que el amor no huya: cierra la jaula para que el pájaro no vuele. Amar es ser joven, es ser rico, es ser honrado. Todas las culpas de tu pasado se redimen, como se borra la mancha original en el alma del niño que recibe las aguas del bautismo. Deja que te rodee la luz por todas partes: Dios te mira.

—¡Mientes! No des oídos a esa voz, porque te engaña. Raúl no te ama a ti: Raúl ama a otra. De haber visto las manchas de tu alma y las ignominias de tu cuerpo, te habría arrojado como arroja un lacayo al perro hambriento que ensucia con sus pies llenos de lodo los mármoles pulidos, los hules y las alfombras de un palacio. ¡Embustera! ¡Ladrona! Esa pasión de que alardeas no es para ti. Puedes acariciarla en tu caverna llena de tinieblas; pero si sales a la calle, te la quitan. Huye del sol que es el supremo delator. Raúl no te ama a ti: Raúl no puede amarte y ama a otra. ¿Eres virgen? ¿Eres honesta? Pues honesta y virgen es la mujer que ama Raúl. ¡Anda, ve, vil ramera! ¡Anda! No te descubran y te ahorquen. ¡Has robado hasta el nombre con que te habla!

—Pero ¿qué sabe amor si no sabe perdonar? ¿Te ama? Pues entonces sus labios borrarán todas las manchas de tu cuerpo, como la esponja absorbe el agua contenida en una taza. Quedarás limpia como los pies del Salvador cuando los enjugó con sus cabellos Magdalena.[5] Si no sabe perdonar, no sabe querer ni entiende cosa alguna del amor. Entonces, no le hables, porque es sordo; no le preguntes nada, porque es mudo. Pero si te ama, ve a sus brazos confiada, y dile: Estoy enferma, muy enferma; en el camino de la vida me perdí; los hombres me pisaron, como el vendimiador pisa la uva, dejándola sin jugo. He sido muy liviana, pero te amo; merezco que tus criados me arrojen, como sucio harapo, pero te amo; nada bueno hay en mí, como no hay nada luminoso en noche de tormenta; pero te amo y amor me comunica su virtud, como el alba disipa las tinieblas. ¿Que te he mentido? Sí, pero lo he robado por tu amor. Estoy enferma: cúrame. Me ahogo: tiéndeme la mano. Levantarme hasta donde estás o perderte conmigo: ¡eso es amar!

—¡Loca! ¡Loca! Eres como el ladrón que hurta una alhaja y luego quiere que su dueño se la dé. Valida de artimañas y de astucias, le robaste un amor que no era para ti. Tú le dijiste: "Soy la que buscabas: soy hermosa, soy joven y soy casta. Ninguno respiró jamás el perfume suave de mis cabellos: soy como el arca santa que ninguno toca. Tú eres el sacerdote. Soy como la estrella que aman todos, que todos ven y que ninguno alcanza: yo tenderé una escala de oro para que subas hasta mí. Puedo ver a la Virgen y adornar su peana con los blancos azahares de mi

---

[5] Véase *San Lucas*, capítulo 7, versículos 37 y 38.

guirnalda. Dame tu amor: verás qué bien está en mi corazón. Aquí es el cielo". Y después, cuando loco y engañado puso en ti su pasión, vas y le dices: "Te engañé, porque de otra suerte no me habrías amado. Soy liviana, soy torpe, nada honesto hay en mí. Los hombres me señalan con el dedo. Las mujeres se apartan de mi lado. Pero ¿qué importa? Ya me amas y eso basta". "¡Pero vil, miserable!" te responderá. "Tú ni a mi compasión tienes derecho. Yo iba al cielo y pregunté las señas del camino al diablo. Tuve un hijo —¡mi amor!—, me lo quitaron diciendo que iba al templo, y cuando fui en su busca, le hallé ebrio, porque estaba en la taberna. Me estafaste el amor: has prostituido lo más noble que había en mi alma. Tal vez dijiste para ti: puesto que estoy ahogándome en el lodo, agarraré la mano del primer hombre caritativo que me acuda, para hundirlo en mis antros de betún. ¡Embustera! ¡Ladrona! Si lo que buscas es dinero, toma: ¡he aquí mi bolsa!"

—Todo eso te diría si no te amase. Pero te ama; y si amor no sabe ver en los espíritus, ¿qué sabe? Él verá el fondo mismo de tu alma, como se ve, si alumbra el sol, la moneda que un pródigo arrojó a las aguas del lago. Te verá tal como eres... ¿Mala? No. Tú no fuiste de grado al abismo: te arrojaron. ¿Cuál es tu delito? No tenías pan; no tenías abrigo; no te enseñaron a trabajar; no te enseñaron a creer. Caíste como cae la piedra que se arroja desde un tejado, como cae todo lo que no tiene alas. Raúl verá que le has mentido en todo, menos al decirle que le amas. Bien sé que no saliste intacta de la furia de los leones, como el Daniel de la Biblia;[6] pero ¿es culpa tuya? Alienta, vive; Raúl tiene de amarte a pesar suyo. Los planetas giran alrededor del sol, aunque no quieran. Podéis huir del mundo, que lo mancha todo con su contacto; vivir el uno para el otro. ¿No es ése el ideal? Para vosotros el mundo empieza y acaba en vuestros corazones. ¿Qué importa lo demás? Escogeréis el retiro más hondo y más secreto. Los diamantes habitan las entrañas de la tierra. ¿Qué necesidad hay de la luz? A los amantes y a los luceros les estorba. Un poquito de sombra y mucho de amor: con esto basta. Nadie tiene derecho a prohibirte la dicha. La felicidad es como el aire: para todos. Respírala; detenla. Tienes en la mano el ave de ricas plumas, y quieres abrirla para que se vuele. ¡Tonta! ¡Tonta! El ave vuela al bosque, y el amor al olvido. Sé prudente: el amor te visita: no le cierres la puerta porque ya no vuelve. Tu sacrificio será inútil. Como él te ama, será desgraciado lejos de

---

[6] Véase *Daniel,* capítulo 6, versículos 16 a 22.

ti. ¿Cómo te quieres ir llevándote su corazón? Ése sí es robo. Si es necesario, para que vosotros seáis felices, prolongar el engaño, hazlo sin escrúpulo. Cuando se sueñan cosas bellas, mejor es seguir durmiendo que despertar. No le despiertes. Todo al fin es mentira, y superchería y engaño. ¡Engáñale! No quieras que luzca el alba antes de tiempo. Cuando llegue la verdad, esa otra luz, ya habréis amado mucho, esto es, ya podréis morir. Si desdeñas un goce porque no es eterno, mátate, porque la vida al fin se acaba. Todo placer viene seguido de un dolor; y sin embargo, todos gozamos el placer sin cuidarnos del dolor. No te alegres entonces en la primavera, porque acaba, y las hojas se vuelven amarillas, y se truecan en témpanos las ondas, y enmudecen las aves y el invierno llega. No bendigas la nube que fecunda el surco abierto, porque trae el rayo. No te alegres al escuchar la risa de los niños, porque el niño es un cadáver de mañana. ¡Tonta! ¡Tonta! ¡Tú no sabes mentir! ¡No sabes ser dichosa!

—Desoye la voz de la tentación que te seduce y te promete un reino que no existe; ¿qué sabes tú de amor, ni qué sabe ella? Si supieras de amor, sabrías sacrificarte. Antes morir que hacer eternamente desgraciado al ser que te ama. Tú tienes la cobardía del corazón. Conoces tu infamia y quieres compartirla, impíamente, con el que más te quiere. Él te da besos, y le das mordidas. ¡Pero, infame, si no hay en el mundo manos bastantes para abofetearte! De un hombre honrado que ahora tiene el respeto de todos los demás, quieres hacer un ente despreciable, una mejilla que recibirá cien bofetadas. Está limpio: tú quieres ensuciarlo. Quieres hacerlo igual a ti, lleno de lodo. Si no te hubieras interpuesto en su camino, él habría hallado una mujer honesta, digna de su hogar. La habría hecho su esposa; y él, tranquilo, respetado por todos, no tendría nada que temer del cielo ni de los hombres. Pero tú, ¡miserable! le llamas como las sirenas de la fábula llamaban a Ulises;[7] quieres que se ahogue contigo; ¡y dices que le amas! Por el placer de un minuto, le pides vida y honra. Cobras caro. No te contentas con robarle el corazón: le robas la honra. Y honra que no es suya únicamente, porque es también la de su anciana madre que va a morir de pena y de congoja; porque es también la honra de esa niña, que llamas amiga sacrílegamente, y que vendes por un puñado de placeres, como Judas a Cristo por un puñado de monedas.[8] ¿A eso llamas amor? ¡Desventurada! El amor significa sacrificio y tú eres egoís-

---

[7] Véase la *Odisea*, canto 12.

[8] Véase, entre otros pasajes, *San Marcos*, capítulo 14, versículos 10 y 11.

ta. Quieres satisfacer tu pasión, y no te espanta la desgracia del que te ama. ¡Infame!

¿A qué voz atender? Ya era la hora de la cita, ya Raúl iba a llegar...

Las maletas y los baúles estaban cerrados ya en un rincón del cuarto. Parecían ataúdes y eran, con efecto, ataúdes de recuerdos. La alcoba estaba triste y desmantelada. Sobre la mesa había un retrato de Magda y un bucle de su cabello rubio, atado con un listón color de cielo.

Era la media noche, la hora de las citas. Magda había tenido muchas y, sin embargo, aquélla era la única: sonaron pasos en el corredor, giró el picaporte y Raúl, pálido como un espectro, entró a la alcoba. Nada se dijeron. El canapé estaba cubierto de líos, maletas y cartones. Para estar juntos se sentaron en el catre, que era pequeño, angosto, virginal, y estaba cubierto de ropas blancas como el cuerpo de una novia. No se hablaban; las palabras son como el sonido: marchan más despacio que el pensamiento, esto es, más despacio que la luz. Se miraban, y, para verse mejor, juntaban ojos con ojos y labios con labios. Hubiérase creído que se estaban mirando con los poros.

En el silencio y la penumbra de la alcoba, solos, sentados en el pobre catre que se mecía al menor movimiento de los cuerpos, bajo la doble influencia de la noche y del amor, permanecían tristes y mudos con el azoramiento del abismo. La mujer perdida inspiraba ideas buenas; pero la noche aconseja mal, y nadie puede prever el desenlace de esas reñidísimas batallas que empeñan los ángeles con los demonios en el aire. La mujer amada es diosa vista desde lejos; pero es mujer vista desde cerca; la sombra y el silencio son los grandes tentadores.

¿Por qué temblaba Magda? ¡Cosa rara! Hay capitanes que entran sin miedo a las batallas más feroces, y que tiemblan en una escaramuza. Magda tenía miedo, el miedo de una virgen que lo sabe todo. Cierta flojedad, parecida a la que produce la embriaguez, embargaba sus miembros y su alma. La voluntad se iba de ella, a manera del ave que se escapa de su jaula. ¿Se dejaba arrastrar por la corriente? ¿Resistía a la indómita fuerza de las olas? Bien vistas las cosas, era aquélla tal vez la última noche en que se estaban juntos. Perderla, era insensato; era dar un diamante por un vidrio colorado, una flor por una estrella. La flor es el bien real: la estrella está muy alta, no se alcanza: ¡es la quimera, el sueño! Ella, además, había perdido sus derechos al pudor. No había sabido resistir a aquellos que le inspiraban repugnancia, y quería resistir al amor. Siendo Thaïs[9] con todos, quería ser Lucrecia[10] con el único. Magda, ante Raúl, era el león ante un domador.

Lo único que podía salvarla, o perderla, era el respeto de Raúl. El amor de ese soñador era místico, pues olía a incienso. Era un amor que vivía en el cielo. Sin embargo, Luzbel[11] cayó de allá, con ser un ángel. Mientras más alta es la montaña, menos debe uno asomarse al parapeto para ver el abismo. También al paraíso llegan las serpientes. El viejo abad Antonio[12] venció la tentación; pero el abad Antonio no amaba.

Raúl luchaba con el respeto y el deseo. Era un marino dentro de un barco que se incendia. El respeto había echado raíces hondas en su alma; pero el viento huracanado desarraiga las encinas, y la pasión, los escrúpulos. Se había habituado a amar contemplativamente, siguiéndola con los ojos, como los pastores de Caldea miraban las estrellas. Mas he aquí que de improviso el ídolo se trueca en criatura; el mármol se hace carne, y los brazos, inmóviles antes, estrechan blandamente contra el seno. La pasión ciega como el relámpago. Hay momentos en que el espíritu se va, dejando el cuerpo en desamparo. Una vez colocado en la pendiente es preciso caer, si Dios no obra un milagro. Y Raúl ya bajaba, como una de esas avalanchas que se desprenden de las cimas nevadas. Estaba ebrio de ella.

Todavía en Magda la pasión no avasallaba todo, puesto que aún tenía espacio para pensar. Iba en el potro desbocado que conduce al abismo; pero reflexionaba si debía entregarse a la merced del bruto indómito o saltar de la silla con grave riesgo de estrellarse. Ya hemos dicho qué pensamientos eran los suyos. El ser nuevo luchaba en ella con el ser viejo. Sin embargo, a cada paso amenguaba la resistencia y la voluntad se adormecía. Bien miradas las cosas, esa derrota podía ser una victoria. Raúl, después, no podía abandonarla sin ruindad. Se dividía la vergüenza en dos partes, y en el aturdimiento del pecado, Raúl, que era inexperto, no podría darse cuenta del engaño. Y en seguida, la cadena que los ataba constreñiría más sus férreos eslabones.

[9] Cortesana griega, querida de Alejandro Magno y de Tolomeo Lago, rey de Egipto.

[10] Dama romana que se quitó la vida después de haber sido ultrajada por Sexto Tarquino, hijo de Tarquino el Soberbio. Se ha conservado su nombre como sinónimo de la virtud en la mujer.

[11] Véase la nota 3 del cuento *Juan el organista*, en este volumen.

[12] Célebre anacoreta de la Tebaida (251-356). Su resistencia a muchas tentaciones ha sido tópico de varias leyendas.

Para un disoluto, triunfar de la mujer es apurar la copa y arrojarla después al vuelo, con desprecio; para un soñador, poseer es ser poseído.

¡Bah! No más rodeos ni más escrúpulos. La triple complicidad del silencio, la noche y el amor les ayuda poderosamente. Y además, era aquella la última noche. Al día siguiente, se irían los dos por rumbos encontrados, con la esperanza de amarse y el temor de verse. ¿Quién puede escrutar los misterios insondables del destino? Juzgando con arreglo a la razón, les sería punto menos que imposible realizar sus ilusiones. Magda iba a emprender una lucha insensata: el combate de uno contra mil. La derrota era probable y el triunfo posible, porque, si Dios ayuda, son posibles los milagros. Pero, evidentemente, esa eventualidad era remota. Es la que esperan los sentenciados a muerte, cuando marchan camino del cadalso. Para Isaac, fue el ángel que detuvo en los aires la cuchilla esgrimida por Jacob.[13] Para Wellington, fue Blücher.[14]

¿Y si, como era natural, no aparecía el milagro? ¿Si el esfuerzo y la voluntad de Magda se estrellaban en el granito de la realidad, como las olas se desbaratan y deshacen al chocar con los peñascos? Entonces el sacrificio sería estéril. Pues lo cuerdo es aprovechar todo momento y detener la dicha que se escapa.

De pronto, interrumpió el silencio un golpe seco. Era el amante.

—Magda, abre.

El corazón de la infeliz mujer saltó como la corza que ve un tigre. ¡Ah! Ella le diría, ella le confesaría todo a Raúl... ¡Pero él... ese hombre!... ¡no! ¡qué infamia! ¡qué vergüenza!

—¡Escóndete... aprisa...aquí... debajo del sofá... mi padre llama!

Y con los baúles, con las maletas, con las cajas, tapó casi el canapé; como si quisiera enterrar vivo, emparedar a Raúl y que no pudieran llegar a él ni un rayo de luz ni un monosílabo. Y abrió la puerta. Cuando la luz roja de la vela alumbró su semblante, parecía un cadáver. No lo era aún; pero acaso iba a serlo muy en breve. Provot quiso hablar. Magda, cogiéndole con fuerza extraordinaria por el brazo, y sellando sus labios con la mano izquierda, le llevó a la ventana. Le iba arrastrando paso a paso,

---

[13] Véase *Génesis,* capítulo 22. Nájera debió decir "Abraham" en vez de "Jacob".
[14] Gebhard Leberecht von Blücher, general prusiano que socorrió a Wellington en Waterloo y decidió así el resultado dudoso de la batalla.

para no hacer ruido. En un momento, con la destreza de un gimnasta, saltó al angosto pretil de la ventana. Provot no volvía de su asombro. Ella, señalando imperiosamente el canapé y luego el vacío, dijo, más bien con la mirada que con la palabra:

—¡Allí está! ¡Si hablas, me mato!

En los ladrillos tambaleantes del pretil apenas cabían sus plantas. Estaba de pie sobre un teclado y suspendida en el vacío. El viento de la noche agitaba las crenchas rubias de su pelo, su cuerpo tornaba en el espacio curvas trágicas. El menor movimiento podía darla muerte. Provot no se atrevía a tender la mano. No obstante, ese drama podía estar preparado de antemano. Provot quiso obligarla a que bajase con ambas manos; intentó agarrarla por el talle. Pero ya no era tiempo. Magda, encorvándose como una rama que se troncha, se dejó caer. ¡Ah! Provot la había cogido por uno de los pliegues de la bata. Pero el lino de aquella bata se rompía. Provot se encaramó sobre el pretil de la ventana, sacando medio cuerpo afuera. ¡No gritaba; no podía! Toda su fuerza estaba concentrada en las dos manos que parecían garfios de hierro. Y la bata se desgarraba y se rompía. Magda se balanceaba en el espacio, dislocando los brazos de Provot, cuyos huesos tronaban. El abismo la iba sorbiendo. De aquel cuerpo, suspenso en el vacío, nada más se miraba un cuello blanco, torcido horriblemente; y una gran mata de cabellos rubios, flotando en las tinieblas de la noche, como sobre las ondas de un mar negro.

Magda contaba con la muerte, pero no con la agonía. Ese diablo furioso que la apretaba con sus uñas queriendo disputarla al infierno, era el vampiro pegado al cuerpo de su víctima. Por fin, la bata se rompió; pero Provot había logrado asir un brazo. Como el marino que saca de las olas a su hermano, así, bregando, jadeante, consiguió levantarla, y cogerla después por la cintura. Un pequeño esfuerzo más y todo concluía. Pudo tomarla, al fin, entre sus brazos; descansó parte del cuerpo en el pretil, y luego, tirando de él con fuerza rabiosa, como quien tira de una cuerda para levantar un peso enorme, así, rozándola con las grietas de la pared, desgarrándole el traje y la carne misma, la sacó del abismo.

Todo esto, que he narrado en muchas líneas, ocurrió en un instante. El instante en que se nace y el instante en que se muere.

Ya estaba en salvo. Esto es, ya estaba perdida; porque Provot, implacable, ya iba a hablar. Bajo el angosto canapé, Raúl se movió, queriendo apartar los baúles y las enormes cajas que le impedían el paso, sofocándolo. Magda volvió en derredor la vista agonizante. Sobre uno de los baúles ya cerrados estaba la cuchilla con que horas antes habían cortado las correas para liarlos. Magda tomó el cuchillo y lo puso de punta sobre el corazón. Provot, a pocos pasos de distancia, comenzó a hablar.

—Oí voces en tu cuarto y vine pensando que estabas mala. ¿Por qué estás vestida? ¿Te dormiste sin desvestirte? ¿Quieres que te acompañe? No; pues entonces enciende luz y hasta mañana. Yo vendré a espiar por el agujero de la llave, a ver si duermes en sosiego. Hasta mañana.

El pobre viejo apenas podía hablar. Como un ebrio se dirigió a la puerta y salió por el angosto corredor, apoyándose con ambas manos en el muro. Había olvidado la palmatoria y la bujía. Magda mató la luz para que su novio no observara la lividez de su semblante, ni la sangre que salía de sus heridas y los desgarrones de su traje. Después, haciendo un último esfuerzo y ayudada de Raúl, que también empujaba por detrás, arrimó los baúles y las cajas. ¿Habría escuchado algún rumor de aquella lucha? Imposible. La espantosa tragedia fue muy rápida, y como las tragedias verdaderas, se verificó en silencio. Raúl se levantó sin atreverse a hablar, temiendo que Provot estuviera cerca de la alcoba. Así llegaron a la puerta.

—¡Ni una palabra! Todavía está cerca: ¡Vete! ¡vete!

Y luego que los pasos recatados de Raúl sonaron en el desierto corredor, Magda, cerrando la puerta con doble llave, desfallecida y casi muerta, se dejó caer sobre la cama. La sangre brotaba de los rasguños y desgarros que las piedras le habían hecho. Pero en aquel momento Magda no sufría ningún dolor físico. No lloraba tampoco. Sentía su cuerpo suspendido encima del abismo. Y las tinieblas que iban a tragarla con sus bocas de monstruo, también le hablaban y le decían: "¡Hasta mañana!"

ADAPTACIONES E IMITACIONES

LA VENGANZA DE MILADY[1]

Catulo M. lo refiere, y Catulo M. es un hombre a quien es cuerdo creer bajo su palabra: Milady no tiene nada de inglesa, fuera de sus caballos, de su *groom* y de su marido. Milady estima en mucho sus caballos y su *groom*, pero, en cambio, estima en muy poco a su marido.

Cuando una mujer ha engañado a su esposo una o dos veces con uno o dos estúpidos que valían menos que él, la costumbre le hace tan necesario, tan indispensable contar con un amante, como necesarios e indispensables para mi bella prima, cuando está tejiendo, el gancho y la pelota de hilo blanco. Para estas mujeres, y desde el punto en que minotaurizaron a sus respectivos compañeros, es absolutamente indispensable tener siempre por tela la vida de un hombre, para bordar en ella sus dibujos fantásticos y poseer su corazón, que pueda servir de alfiletero para clavar sin tregua y sin descanso las delicadas agujas de sus caprichos, de sus desvíos y de sus celos. Bien es verdad que, por mudanza o por tedio suelen a menudo desembarazarse del amor y del amante, de igual suerte que mi preciosa prima, cansada de trabajar junto a la lámpara, suele deshacer el dibujo que había ya comenzado, lo cual no impide que, al siguiente día, sentada en el pretil de la ventana, vuelva a sorprenderla el pri-

---

[1] Se publicó el 19 de octubre de 1879 en *El Republicano*, titulado *A humo de pajas* y firmado "Rabagás", y el 22 de enero de 1881 en *El Cronista de México*, *Memorias de un vago* y "M. Can-Can". Según nuestra costumbre, publicamos la última de las dos versiones.

Como indica el autor al principio, este cuento es adaptación de otro de Catulle Mendès: *La vengeance de Milady*, que se publicó en la colección *Les folies amoureuses*, en 1877.

La versión de 1881 lleva la siguiente nota preliminar:

Bajo un sobre, cuidadosamente cerrado con lacre azul, he recibido: la siguiente historia escrita en mal francés; la siguiente esquela escrita en castellano.

Mr. M. Can-Can:

Alguien ha dicho que se ocupa Ud. actualmente en escribir el libreto de una ópera francesa dedicado a Mlle. Paola Marié. Envío a Ud. los datos de una aventura escandalosa acontecida en México, para que Ud. aproveche, si es posible, el elemento bufo que se halla en sus droláticas escenas. Su afectísimo X. de F.

Postdata.—Aplaudo la decisión tomada por Ud. de escribir en francés. ¡Ya era tiempo!

mer lucero de la noche, con la aguja de madera entre los dedos, o contemplando más que nunca atenta, los arabescos caprichosos del tejido. Por lo demás, como se teje sin pensar en el tejido, se puede tener un amante sin pensar en el amor. Estas distracciones de cabeza en nada preocupan el corazón. La mujer que en un día triste y lluvioso, o al volver fatigada de algún baile, despide al amante de su alcoba y de su vida, en esa misma noche, en ese mismo día, reparará la brecha abierta en sus costumbres, llenando con otro amante el hueco vacío y tibio aún de su otomana, a menos que prefiera ver deslizarse el tedio por su alma, como se arrastra y trepa la leve lagartija por las paredes y las hendiduras de una casa ruinosa y deshabitada. Y es en vano que intente sujetar la brida de ese caballo de tiro que llamamos la costumbre, porque a pesar de sus tenaces resistencias, débil para luchar con los ímpetus vigorosos del corcel que conduce, caerá muy pronto en tierra y entonces ¡ay! en vez de tener un amante, tendrá dos!

Pero tan convencida está Milady de la ineficacia de su resistencia, que jamás ha pensado en emplearla. Es una mujer cuyo corazón tiene buen juicio. No pudiendo vencer las tendencias naturales, se somete, de buen grado a su dominio. Como quiera que es rica y de altísima prosapia, la opinión de lo que se llama el mundo no la preocupa en lo más mínimo. ¿Y su marido? Tiene Ud. harta razón, lectora; hablemos del marido. Milord viaja en primavera, duerme en estío, caza en otoño y juega en el invierno. ¿Y que más? Nada más, lectora, nada más.

El miedo que Milady tiene a ese vacío que se forma en torno de la mujer que no ama, o mejor, que no es amada, es tal y tan grande que, tan sólo de pensarlo, un rudo calosfrío serpea por todo su cuerpo, desde la planta de su pequeño piececito hasta las rosas de sus bellísimas mejillas. Un interregno de este género la aterra, y para evitarlo, en caso urgente sería capaz hasta de infringir la ley sálica. ¡Tanto es así su miedo al aislamiento! Cuando Milady piensa en esto y en sus treinta y dos años ya cumplidos, se entristece pensando que está muerto aquel amor, aquejado únicamente de la gota; y con un dolor que madruga demasiado, suele llevar duelo por un vivo; de manera que, cuando su amante la consuela de estas penas soñadas, poniéndole su boca en las mejillas, suele beber dos o tres lágrimas que, impacientes por salir, brotan y corren sin esperar la razón oportuna para el caso.

En la mañana que da comienzo a esta historia, Milady, blanca y rubia como una neblina dorada por el sol, se esperezaba aún mórbidamente entre nubes de sedas y de encajes, cuando la doncella, entrando de puntillas, y después de haber corrido nada más un poco las cortinas del balcón, entregó una esquela perfumada a su señora. Milady rompió muy lentamente el sobre, se frotó los párpados con exquisita gracia, y leyó, no sin sorpresa, lo siguiente:

> Julieta:
>
> Dentro de dos horas, ni un minuto más, ni un minuto menos, hará cinco semanas cabales de aquel día en que puse mis toscos labios en la tersa cabritilla de vuestro guante —un guante aristocrático, de medio color, delicioso, como sólo puede llevarlo vuestra mano.
>
> Dentro de dos horas hará también un mes de aquella mañana en que pude besar por primera vez vuestros dedos desnudos —unos dedos pequeños, afilados, teñidos de un matiz blanco-rosa, que sólo puede compararse con el color de vuestros guantes.
>
> Una semana entera necesitó Ud. para quitarse los guantes, ¡semana llena de temores, de incertidumbres, de coqueterías!
>
> Pasados esos ocho días, especie de plazo que se usa entre gentes que saben vivir, pero que no saben amar, el encanto fue poco a poco disipándose, y cesamos de gustarnos el día en que definitivamente nos gustamos.
>
> Pronto, Julieta, llegaremos a aborrecernos. Ud. no se morderá los labios para referir a la señora de H. o a la señora de X. cosas que pueden comprometer mi porvenir. Yo, por mi parte, puede ser que calumnie sus cabellos o sus dientes, lo que de seguro dañaría a Ud. en alto grado. Sobre todo, si por acaso llega a oídos de Carlos, de Ricardo o de Gustavo. Por favor, Milady, cortemos este desenlace ridículo poniendo punto en nuestros amores —temerosos de que, poniendo coma, venga después una palabra de odio. Adiós.
>
> *Alfredo Z.*

Concluida la lectura, Julia guardó la carta murmurando: ¡impertinente! Sacó perezosamente un pie de entre las ropas de su lecho, luego el otro, y envolvió sus talones sonrosados en las pantuflas de satín azul que Marieta le presentaba.

—¡Es verdad! —dijo a media voz— está locamente enamorado de esa bailarina! ¡Necio!

Dio un paso adelante y continuó diciendo:

—En fin, Alfredo no ha tenido mal gusto. ¡Esa bailarina no

es fea! Tiene el pelo negro. María, mi chocolate. ¿Cuál sería el mejor medio de vengarse?

Y Milady, semivestida por un peinador de Malinas, sonreía, no sin malicia, viéndose deliciosamente retratada en la soberbia luna de Venecia que tenía frente por frente.

¿Qué hacía entretanto Alfredo? Almorzaba con apetito desordenado juntamente con la Srita. Clara, la bailarina consabida, contemplando con placer los ojos picarescos de que, momentos antes, hablaba su ex-amada.

Alfredo tiene veintiséis años y cinco mil libras de renta. Fuma legítimos habanos y monta caballos árabes *pur sang*. Le visten los mejores sastres de Londres. Difícil es, pues, el explicarse cómo Alfredo ha caído en las redes de la Srita. Clara. Verdad es que Clara tiene un cuerpo adorable, ágil, nervudo, como el de un gato cuando se revuelca retozando; verdad es que su cutis es blanco con reflejos de plata dorada, como un tarro de leche expuesto a los rayos del sol; verdad es que sus párpados napolitanos parecen tallados en la cáscara delicada de un durazno; verdad es que sus labios son carnosos y parecen siempre recién mordidos —tan colorados así están—; pero, al fin y al cabo, muchos la han admirado sin amarla, no tiene una celebridad de bastidores; en las tablas es una medianía; en las cenas, una mujer vulgar; habla poco, come poco, tiene —como diría Henri Heine— el vino triste.

El hecho es, sin embargo, que Alfredo está positivamente enamorado. Va con ella al teatro, sin cuidarse de tomar un palco intercolumnio; la lleva en su carruaje cuando va de paseo; la ha regalado un delicioso *hotel* con sus vidrios de colores y sus balcones ligeros, en cuyos adornos se entrelazan el laurel de Bengala y el cactus de la China. Clara, también, está locamente enamorada de su Alfredo. Ha sentado plaza de mujer honrada; ya no visita a ciertas y determinadas amigas, y, ridícula o no, de tal suerte la satisface el cariño de su amante, que nada ambiciona, ni quiere, ni desea en la tierra. Aquella misma mañana, Clara, en premio del rompimiento con Milady, se había resuelto a no tutear a su peluquero.

Pero las dichas del mundo son como el heno, a la mañana verde, seco a la tarde. En la noche del día siguiente, Alfredo halló un bastón en el *boudoir* de Clara, y ese bastón no era el suyo. ¡Un bastón! ¡Imaginen ustedes lo que significa un bastón en semejante sitio! Clara juró que no significaba nada; pero Alfredo, y con razón, estuvo pensativo y cabizbajo.

Algunos días después notó Alfredo que Clara usaba un brazalete que él no le había dado. Era un joya de valor inestimable. Por más señas, tenía un camafeo rodeado de perlas, con dos ángeles cubiertos por sus alas.

—¿Quién te dio ese brazalete?

—Es falso —contestó Clara ruborizándose.

Aquella noche Alfredo durmió mal.

Otra vez, en un ángulo de la chimenea, Alfredo halló una carta. Hubiérase dicho que una mano invisible, interesada en revelarle la infidelidad de Clara, ponía a su alcance las pruebas del delito. La carta llevaba la fecha de aquel día, y encerraba estas cuatro palabras: "¿Estarás sola al anochecer?" La letra era fina, delgada, aristocrática. Por desgracia, la firma era ilegible. Lo primero en que Alfredo pensó fue en estrangular a Clara; lo segundo en ahorcarse él; lo tercero en esperar la noche y sorprender a los culpables. Al despedirse de Clara la dijo sonriendo:

—No me esperes ahora, vendré tarde.

Alfredo fue a su casa y pasó largas horas afilando la hoja de un estilete de primera clase y poniendo en orden un revólver, directamente enviado para él de Nueva York.

Advertiré de paso que Alfredo tiene un temperamento sanguíneo; y que, a haber escrito dramas, habría echado el pie atrás a Echegaray.

A las diez de la noche salió camino de la casa en donde vivía Clara.

Un coupé estaba esperando en la puerta. Despertar al cochero que, envuelto hasta las cejas en un carrik, dormía en el pescante, hubiera sido inconducente. ¡Caso extraño! Alfredo habría jurado que aquella roja punta de nariz que asomaba por entre el abrigo del cochero, le era conocida. En alguna parte la había visto; pero ¿en dónde? Una sola ventana de la casa estaba iluminada; precisamente la de la pieza que da para el jardín. Allí estaban las hamacas para pasar las siestas del mes de julio. Alfredo tenía la llave de la puerta falsa del jardín. Abrió sin hacer ruido, se acercó a las ventanas... ¡maldición! ¡estaban echadas las persianas! No pudiendo observar por aquel lado, se encaminó a las habitaciones de la servidumbre. Abrió la puerta nada más lo suficiente para que su cuerpo pasase, atravesó la cocina, el comedor, llegó por fin a la pieza contigua a la sala sospechosa, y acechó. Contenía el aliento, apenas respiraba. Una luz traidora se escapaba por las hendiduras de la puerta.

Primero, nada, nada oía. Después escuchó como el ruido de

un traje de seda que se cae al suelo. Luego dos voces que hablaban quedo, quedo.

¡Risas! Al punto reconoció la voz de Clara. La otra voz no le era tampoco desconocida... ¡Traidor! ¿Sería alguno de sus amigos? Quiso escuchar más para saberlo todo. Por fin, estas confusas palabras llegaron a sus oídos:

—¡Clara! ¡Clara mía!

Alfredo no pudo contenerse por más tiempo. Cogió violentamente el picaporte... la puerta estaba cerrada con cerrojo. Sonó un grande estrépito en la sala. ¡Sillas caídas, ventanas que se abren! Alfredo, que era muy robusto, logró por fin derribar la puerta.

Al entrar vio que una de las ventanas, con vista al jardín, se cerraba violentamente, como impulsada por afuera. Sobre una silla vio un sombrero de hombre, y junto al sombrero un bastón... ¡el mismo que había encontrado algunos días antes! Clara, espantada, se cubría el rostro con las manos.

Alfredo saltó en seguimiento de su rival; pero éste le llevaba la delantera, y cerró la puerta del jardín, soltando una estrepitosa carcajada. De un salto, salvó Alfredo la distancia que hay entre la verja y la calle.

A la luz de los faroles pudo distinguir la fisonomía de su rival, que, en aquel instante, montaba ya en su coche. Era un joven muy rubio, muy pálido.

—¡Pára! —gritó Alfredo; pero el coupé había partido.

¿Qué haría? Alfredo, desesperado, corrió frenéticamente hacia el coche. A vuelta de inauditos esfuerzos, logró agarrarse por detrás de la tablita. Aquella situación era ridícula. Los caballos iban a galope. De rato en rato una risa mal sofocada sonaba dentro del coupé. Al oírla, nuestro celoso rechinaba los dientes. Pero era necesario aguardar a que el carruaje se parase.

El coupé acababa de voltear la esquina de una calle muy conocida para Alfredo, y el coche iba más despacio. Alfredo estaba atónito; pero ¿por qué no había de vivir el amante de Clara en la misma calle en que vivía Julieta? El coche se detuvo frente al número 31. Alfredo se apresuró a dejar su incómodo puesto, y se lanzó furioso contra su rival, que bajaba entonces del carruaje. Pero éste, sin inmutarse, le recibió diciendo:

—Buenas noches, Alfredo.

—¡Milady! ¡Julieta! ¡Usted!

EL PERRO DEL ULANO[1]

De un curioso y ameno libro que, con el título de *La historia natural en acción,* acaba de publicar en París el marqués de Cherville,[2] extractamos el siguiente episodio:

Recordando que durante la última guerra[3] los ulanos se apoderaban de cuantos perros encontraban al paso, aumentando con ellos la colección que llevaban de su país, cuenta el marqués que tuvo alojado en su casa a un capitán al cual acompañaba un magnífico mastín.

Su nombre, añade, os chocará como a mí, porque generalmente en Francia sólo suele aplicarse a las perras; su amo le llamaba *Diana.*

En vano traté de demostrarle el error que padecía.

—*Tiana* es la *tiosa* de la caza, —decía—; mi perro es el *tios.*

Y contemplando al animalito con entusiasmo, añadió:

—¡Oh! *¡suplime, suplime mi Tiana!*

El perro y yo llegamos a ser buenos amigos gracias a mi generosidad.

Tres semanas después de partir los ulanos de mi casa, me vi, como individuo de la Cruz Roja, obligado a recorrer un campo de batalla, donde yacían muchos muertos y heridos. De pronto me llamó la atención el ladrido de un perro. Me acerqué a él y reconocí a mi antiguo huésped, aunque muy flaco y derrengado.

Con sus patas había removido la tierra logrando desenterrar la cabeza de su pobre amo, que había sido una de las víctimas del combate, y el animal lanzaba unos gemidos que revelaban su dolor.

Me acerqué a él, y su cola me anunció que también me había reconocido.

Le acaricié, até una cuerda a su collar, y después de vencer su resistencia, logré que me siguiera.

Dos horas después caminábamos con dirección a Chartres,

---

[1] Se publicó en *El Republicano* del 18 de enero de 1880, como parte de un artículo titulado *Bric-à-brac (Indiscreción dominguera)* y firmado "Mr. Can-Can". Le damos un título apropiado al asunto.
No ha sido recogido.

[2] Gaspar Jorge Pescow, Marqués de Cherville (1821-1898), literato francés. Su *Historia naturelle en action* se publicó en 1873.

[3] La franco-prusiana (1870-1871).

Diana, mi criado y yo. Por desgracia el coche que llevábamos no había sido construido para contener perros del calibre de una ternera de tres años, y nos vimos obligados a plantarle de patitas en el camino.

El animal comenzó a trotar detrás del carruaje; pero no podía seguir el paso del caballo, y le perdí de vista. Mandé parar, aguardé diez minutos, y no viéndole, resolví continuar la marcha.

Al cabo de algún tiempo me sacó de mis meditaciones la voz del criado.

—Señor, —me dijo—, el perro, mire Ud. el perro.

En efecto, era Diana, pero venía con equipaje; traía en la boca un magnífico pato que sin duda alguna había escamoteado en un caserío delante del cual habíamos pasado poco antes.

Me apoderé de su presa, y en la primera aldea entregué el pato con orden de que se lo devolvieran a su dueño.

Mientras que daba a un campesino las instrucciones necesarias para que realizara mi deseo, sentí algo que se frotaba en mis piernas: miré, y era Diana que en un dos por tres se había apoderado de un par de borceguíes casi nuevos, y que me miraba como esperando una caricia por el regalo que me ofrecía.

Entonces comprendí por qué su antiguo amo le había calificado de sublime, y me expliqué la afición de los ulanos a los perros; los animalitos, animados de su espíritu, contribuían a desvalijar a los enemigos proporcionando a sus dueños alimentos, vestidos, cuanto podían necesitar.

Diana podía ser mal cazador, pero era un tomador de primera.

Como mi objeto al recogerle no había sido destinarle a la rapiña, le até a la zaga del carruaje, seguimos el viaje y al anochecer llegamos a una aldea en cuya posada debíamos pasar la noche.

El caballo fue conducido a la cuadra donde ya había una vaca, y al perro se le colocó entre los dos animales, atándole para que no hiciera de las suyas.

Yo estaba muy cansado, cené y me dormí.

A media noche me despertó un ruido extraño en medio del cual me pareció distinguir los aullidos de un perro, pero como el ruido cesó de pronto, di media vuelta y volví a coger el sueño.

Por la mañana cuando salí de mi cuarto, noté que mi presencia produjo cierta perturbación al posadero, a los mozos y hasta a mi mismo criado.

Entré en la cuadra, no vi a Diana, y al preguntar por el

perro, el posadero me hizo una seña y me llevó sigilosamente a su cuarto.

—Lamento mucho lo que ha pasado, —me dijo—, pero no ha sido culpa mía. Además, para indemnizar a Ud. por la pérdida del perro, estoy dispuesto a dar a Ud. una buena parte de la vaca.

—¿Una parte de la vaca? —exclamé yo sorprendido y asombrado.

—Sí, señor. Verá Ud. lo que ha pasado; yo se lo contaré. Anoche, a cosa de las once llegó a la posada un prusiano sin fusil, que por lo visto había salido en busca de provisiones, y llevaba una vaca a su campamento de Mogent. El pobre diablo se había perdido, no sabía cómo llegar y ya ve Ud., no era cosa de despreciar la ocasión que se nos presentaba de quitar de en medio a un enemigo. ¡El deber... el patriotismo!

—¡Bien! ¿Y la vaca? —añadí yo, no pudiendo ocultar la indignación que produjo en mi alma aquel acto de cobardía.

—Pues nada... ocurrió que cuando uno de los mozos echó un nudo corredizo al cuello del ulano que dormía en la cuadra para estrangularlo, el maldito perro de Ud. dio un salto, rompió la cuerda, y para defender al tunante del prusiano, cayó sobre mi mozo y se agarró a su cuello de tal modo, que si tardamos un momento, lo estrangula a su vez.

Como ladraba, y las patrullas enemigas pasaban sin cesar delante de la puerta de la posada, no tuvimos más remedio que coger la horquilla, y a fuerza de golpes y pinchazos, le matamos. ¡Qué habíamos de hacer! Entre un perro y los que estábamos en la posada, que corríamos peligro de ser fusilados si se descubría el ajo, no había que vacilar. Cualquiera habría hecho lo propio; pero no se apure Ud., la vaca que traía el prusiano se quedó por acá, y yo le daré a Ud., como es justo y legal, un buen pedazo de ella, que lo menos, lo menos, valdrá cien escudos.

—Muchas gracias, guárdela Ud. entera —le dije con el corazón oprimido: ese perro no era mío; pero va Ud. a ayudarme a cavarle una fosa, porque merece ser honrado, por lo menos, como los que mueren defendiendo su bandera.

Hasta aquí el relato, que es una página más en honra de un pobre irracional, que puede dar ejemplo a muchos racionales.

JUANA[1]

Un parisiense que se llama "Fígaro",[2] y que tiene un *esprit* particular, me contaba ayer, mientras yo cenaba tranquilamente, esta historieta:

Todas las comadres del pueblo habían salido a sus puertas y la veían pasar con menosprecio; las muchachas la rodeaban, avanzando hacia ella con embadurnados rostros, en que se pintaba la curiosidad, y los perros iban y venían olfateando sus vestidos y dejando escapar al mismo tiempo un gruñido amenazador.

Los hombres indiferentes decían:

—Mira, es la Juana.

El sol poniente teñía el cielo de un hermoso color purpúreo, y la brisa, haciendo balancear los ramilletes de las lilas y los manzanos en flor, pasaba tibia y perfumada.

Ella —la Juana, como la llamaban—, tenía apenas 20 años. Era pálida, y sus cabellos, mal peinados caían en largos mechones sobre su espalda; la miseria había enflaquecido sus mejillas, y la vergüenza que cubría su semblante la obligaba a inclinar la frente.

Un pequeño querubín, de ojos brillantes, de rosados pómulos y rubio cabello, se agarraba a su vestido y corría mirando alrededor, y sonriendo al notar los gruñidos y gestos que le hacían los pilletes del villorrio.

¡Era muy triste contemplar aquellos dos seres, en medio de la bulliciosa aldea y del alegre campo que la rodeaba!

La pobre mujer atravesó el pueblo, parándose delante de la última casa. El niño, viéndola franquear la puerta, corrió alegre y sonriente, como un pájaro a quien se le abre la jaula, hacia el tropel de pequeñuelos que los habían seguido. Éstos retrocedieron en un principio, pero el pequeño querubín avanzaba siempre palmoteando y con la franca risa de la inocencia en sus labios; bien pronto la más cordial intimidad se estableció

---

[1] Apareció en *El Republicano* del 22 de febrero de 1880 como parte de un artículo que se titulaba *Bric-à-Brac* e iba firmado "Mr. Can-Can". Le damos un título apropiado al asunto.

[2] Al parecer Nájera quiere decir que leyó la historia en el periódico parisiense *Le Figaro*.

entre ellos, y unidos se entregaron a los alegres juegos de la infancia, en la ancha plazuela que se extendía delante de la puerta.

La mujer penetró en la casa.

Un viejo salió a su encuentro, pero al verla retrocedió gritando:

—¿Qué buscas aquí?

Juana se había apoyado en el quicio de la puerta para no caer.

—¡Largo... largo de aquí, mendiga! —continuó aquel hombre—: ¡sal de mi casa!

—¡Padre!... —murmuró Juana con un gemido.

—¡Largo, he dicho!

La pobre mujer avanzó hacia el interior, y apoyándose sobre una mesa, con el cuerpo encorvado, la cabeza baja, ocultaba con una mano sus ojos inundados en lágrimas, decidida a dejarse arrojar de allí antes que retroceder.

—¡Padre! ¡padre!

—¡Cómo! ¿Una pordiosera así puede ser mi hija? ¡Mi hija! Yo tuve una, es verdad, que mi pobre difunta adoraba. Era una buena y hermosa hija, por la cual hubiéramos dado nuestra existencia. Antes del amanecer, lloviese o nevase, íbamos a trabajar la tierra para que nuestra hija fuese una señora; nos privábamos de todo para ahorrar y poder colocarla en un gran colegio, porque ya que nuestra hija era hermosa, la queríamos también instruida, honrada como su padre, pura como su madre.

No economizábamos nada, nada, ni salud ni dinero, para formarle un dote que le proporcionara el marido que deseábamos para ella. ¡Y cuando ya iba a realizarse nuestro sueño, ella, la... la infame huyó con un aventurero, siendo el ludibrio del país, inspirando risa y desprecio a los mismos que poco antes se hubieran matado por ella!

Hubo un instante de silencio, turbado solamente por los ahogados sollozos de Juana y los alegres gritos del niño que jugaba en la calle.

—A fuerza de llorar y de consumir horas y horas en medio del camino para ver si su hija volvía, la pobre vieja, la infeliz madre enfermó... Tuvo que guardar cama, y al fin, la hemos enterrado. Pero, antes de morir, quiso que le llevase el bonito gorro que había bordado para la primera comunión de su hija.

—¡Padre! ¡padre! ¡perdón!

—Durante este tiempo, ella, la desgraciada... ¡qué vida! los parisienses que venían al pueblo, me decían:
—Ayer vi a vuestra hija en el Bosque...[3]
—¡Yo no tengo ninguna hija!
—¿Cómo que no?... ¿Vuestra Juana?
—Al primero que me hable de esa hija le rompo el cráneo con mi azadón.
—Desde entonces ya no me he atrevido a salir de aquí... Me parecía que todo el que pasaba por mi lado se reía... Tampoco me he atrevido a ir a París, temiendo que la primer mujerzuela que me detuviese en la esquina de una calle fuese mi hija... ¡Mi hija! ¡Vamos!... ¡Fuera de aquí, mendiga!... ¡Y pronto!... ¡Pronto!...
—¡Padre!... ¡Perdón!... ¡Perdón!
—¡Quieres irte!
El viejo agarró a Juana por un brazo para echarla a la calle, pero ella, aferrándose a los muebles, resistió cuanto pudo.
—¡Piedad!... ¡Piedad!
El viejo agarró a Juana por un brazo para echarla a la calle, pero ella, aferrándose a los muebles, resistió cuanto pudo.
—¡Piedad!... ¡Piedad!
—¡Quieres irte!
Y la lucha continuó.
Con el rostro encendido, bañado en sudor, con los cabellos sobre los ojos, el pequeñuelo penetró presurosamente en la estancia al oír los gritos de su madre...
Con su diminuta mano separó a un lado y otro de su frente su cabellera rubia, y encarándose audazmente con el viejo exclamó:
—¿Por qué haces llorar a mamá, cuando dicen ahí afuera que eres mi abuelo?
El viejo abandonó a Juana y con los ojos muy abiertos miró al niño, mudo, inmóvil, no dándose cuenta de aquel nuevo sentimiento que experimentaba. Quiso hablar y sólo pudo balbucear algunas palabras. Las lágrimas acudieron a sus ojos, y para ocultarlas abrió los brazos, estrechando contra su pecho, en un solo grupo, a la madre y al niño.

---

[3] El autor querrá decir el Bois de Boulogne, parque de París.

LAS FRESAS[1]

Una mañana —dice Emilio Zola— al abrir mi balcón, una ráfaga de aire fresco me azotó la cara. En la noche pasada había caído una furiosa lluvia. El cielo parecía como nuevo —¡tan terso era su azul!— y como si hubieran lavado hasta sus más ocultos ángulos. Los techos, los árboles, cuyas ramas distinguía yo desde mi ventana, estaban empapados todavía, y el horizonte sonreía a lo lejos bajo el sol color de oro. Un agradable olor a tierra húmeda subía hasta mí de los jardines próximos.

—Ninon —exclamé regocijado—, toma el sombrero y la sombrilla. ¡Vámonos al campo!

Ninon batió las palmas de contento. Concluyó su peinado en diez minutos —acción meritoria en una coqueta de veinte años— y a las nueve de la mañana estábamos en el campo.

¡Cuán discreto era aquel bosque y cuántos enamorados habrían paseado en él sus amores! Las avenidas, durante la semana, eran verdaderos desiertos por donde podía pasearse, rodeando con el brazo la cintura de la compañera, buscándose los ojos, sin más peligro que el de ser vistos por las golondrinas.

Las avenidas se prolongan a través de los árboles espesos; la tierra está cubierta de un tapiz de yerba fina, sobre el cual los rayos del sol, traspasando las hojas, derraman pajitas de oro.

En las avenidas estrechas, en las calles sombrías, se ve uno precisado a estrechar cariñosamente el cuerpo de la compañera. Ninon soltó mi brazo corriendo como una cabritilla para cortar las flores que encontraba en el camino y que luego ponía en sus trenzas negras. Después volvió a mi lado cansada y cariñosa.

---

[1] Impreso por lo menos cuatro veces en periódicos mexicanos, todas ellas como parte de un artículo más largo: en *El Republicano* del 11 de abril de 1880, bajo el título de *Bric-à-Brac* y firmado "M. Can-Can"; en *El Cronista de México* del 26 de marzo de 1881: *Memorias de un vago* y "M. Can-Can"; en *El Noticioso* del 13 de junio de 1881: *Zig-Zag* y "Fritz"; y en *La Libertad* del 11 de marzo de 1883: *La vida en México* y "El Duque Job".

No ha sido recogido.

Las cuatro versiones se diferencian entre sí en muchos detalles de fraseología y puntuación que no afectan, sin embargo, lo esencial del sentido. Publicamos la de 1883, con cambio de título.

Como dice el autor al principio, este cuentecito es adaptación de otro de Émile Zola: *Les Fraises*, uno de los *Nouveaux Contes à Ninon*, publicados en 1874. Las tres primeras versiones de Nájera siguen el texto francés más de cerca que la de 1883.

Siempre el bosque se extendía ante nuestros ojos como un mar sin fin de olas de verdura; aquel silencio, que estremecía de repente nuestros gritos, aquella sombra viva que caía de los árboles gigantes, se nos subían, por así decirlo, a la cabeza, nos embriagaban con la savia ardiente de la primavera. En el misterio de los bosques el hombre se vuelve niño.

—¡Fresas! ¡fresas! —exclamó Ninon saltando un foso con la prontitud de una gacela.

¿Fresas? ¡Ay! no: inmensos fresales, toda una alfombra de fresales que se extendía a nuestras plantas con sus anchas hojas, tristes como una cuna vacía. Ninon ya no pensaba en los gusanos, a los que tenía un temor horrible. Paseaba atrevidamente la mano por entre la yerba, levantando cada hoja, sin encontrar ninguna fresa.

—Alguien las vio primero que nosotros, dijo con una mueca de tristeza. Pero busquemos bien; alguna hemos de encontrar, te lo aseguro.

Y fuimos a buscar las fresas. Con el cuerpo inclinado, doblando un poco el cuello, fijos los ojos en la tierra, fuimos avanzando poquito a poco, con prudencia, sin aventurar una sola palabra de miedo o alegría, temerosos de que las fresas se volaran. Habíamos olvidado el bosque, las largas avenidas, el silencio y la sombra. En las fresas, en las fresas nada más pensábamos. A cada paso levantábamos del suelo alguna hoja, que, como las otras, tampoco tenía nada. Anduvimos así más de una legua, encorvados, errando a diestra y siniestra. ¡Nada! ¡Ni la más pequeña fresa! Y sin embargo, a nuestras plantas estaban los fresales con sus hojas de un verde sombrío. Ninon frunció los labios y sus ojos se humedecieron.

Habíamos, por fin, llegado a un ancho claro, sobre el que lanzaba el sol sus rayos rectamente, con un calor pesado.

Ninon quiso descansar, decidida a no seguir buscando fresas. De repente lanzó un grito agudo. Corrí luego espantado, temiendo hallarla herida. Pero ¡ay! de rodillas en el suelo mostrábame entre sus dedos una fresa, pequeña como un chícharo, y madura por un lado solamente.

—Tómala —me dijo quedo, con su voz cariñosa.

—No, le respondí, —tú la encontraste, tú la debes coger.

—No, tómala tú.

Me defendí tanto y tan bien, que Ninon se vio obligada a declararse dueña de la fresa. Pero después vino otra grande controversia: ¿cuál de los dos debía comer aquella fresa que, con ser

tan humilde y tan pequeña, nos había costado una hora de pesquisas? Ninon quería a toda costa que la comiese yo. Yo resistí obstinadamente. —Capitulemos —dijimos ambos— y capitulamos. La fresa debía ser partida en dos partes. Ninon colocó entonces la diminuta fresa entre sus labios, y sonriendo dijo:
—¡Vamos! ¡toma ahora tu parte!
Yo mordí la fresa. ¡Ignoro a quién tocó mayor parte!

LA ÚLTIMA HADA[1]

¿Por qué no existen ya las hadas? Éramos más felices, ciertamente, cuando reinaban ellas. Los deseos tenían una probabilidad más de realizarse. Se creía en los palacios de pórfido, en las losas de diamante, en las paredes de cornalina. La tierra se abría al solo golpe de una varita, para tragar a los perversos, y por el cielo cruzaban carros blancos, tirados por palomas y por mariposas.

El Príncipe encantado corría sobre las nubes, para acorrer a la reina cautiva, y un caballero, más hermoso que el día, coronaba con flores de azahar a la pastora de su corazón. Si hemos de creer los viejos cronicones, la lucha emprendida desde antes de la creación del mundo entre las hadas buenas y las malas, habíalas diezmado considerablemente. Las hadas perversas, que sobrevivieron, dotaron a la humanidad con todos los vicios y defectos, patrimonio suyo. Parece también que al vaciar el fondo de su saco, tuvieron cuidado de sacudirlo, para que nada se perdiese. Vagaron entonces sin concierto, y se perdieron en un planeta helado, del que es imposible salir. El Príncipe de los genios que fue a acabar sus días en aquel mismo planeta, se encerró con ellas, para esperar el fin del mundo, en ese desierto horrible y sin salida.

Una hada buena —era la última— pudo escapar a la sentencia que pesaba sobre sus hermanas y se refugió en una aldea pequeña, llamada Lichtengarten, donde vivía una huérfana de hermosura prodigiosa. La hada quiso educarla, dándole, si era posible, su poder y su varita. La joven se llamaba Pensamiento y parecía dotada de todas las virtudes. Era extremadamente sensible, la menor contrariedad henchía de lágrimas sus ojos, y era bastante el accidente más pequeño para hacer que perdiera el

---

[1] Se imprimió tres veces en periódicos de México: en *El Nacional* del 23 de septiembre de 1880, con el título de *Cosas del mundo* y firmado "M. Gutiérrez Nájera"; en *La Libertad* del 6 de agosto de 1882: *Crónicas color de rosa* y "El Duque Job"; y en *El Partido Liberal* del 22 de enero de 1888: *Humoradas dominicales* y "El Duque Job". En los tres casos forma parte de un artículo largo.

Las versiones de 1880 y 1882 son idénticas y relativamente largas; la de 1888 parece representar una forma algo distinta de la leyenda (al parecer alemana). Ninguna de las tres ha sido recogida en libro.

Reproducimos aquí la forma primitiva de 1880 y 1882.

sueño y el reposo. Pensamiento acababa de cumplir diez y seis años, y ésa era la edad ya señalada de antemano para el comienzo de sus pruebas.

—Madre —dijo a la hada— ¿por qué Rosa Té, Violeta y Margarita se alegran cuando bailan con los jóvenes, y sonríen cuando, a media voz, hablan con ellos?

—Espera seis meses y te lo diré —dijo la hada.

Seis meses después, Pensamiento vio tristes y llorosas a sus compañeras. Era que sus novios las habían abandonado para unirse a otras mujeres.

—¿Todos los hombres son mentirosos como éstos? —dijo Pensamiento.

—Ya había pensado, contestó la hada, que alguna vez habías de preguntármelo. Toma este espejo. En él verás a todos los que te hablen de amor, tales como serán pasado un año. Ahora ya eres libre; puedes bailar con los mozos de la aldea, y tener conversaciones a media voz con ellos.

Al día siguiente fue domingo. Pensamiento bailó sobre el césped humedecido, con un joven oficial, gallardo y alto. "¡Te amo!" decía el oficial hablándole al oído. Pero Pensamiento vio en el espejo terso y claro a su novio de un minuto, ocupado en limpiar la hoja de su espada y en hacer caricias a su corcel de guerra. ¡Ya la había olvidado!

—¡Gracias! —murmuró entonces y corrió a la aldea.

—Mira —le dijo el hada, contestando a las mil preguntas tenaces que le hacía—: ¿ves el rayo del sol que se desliza por entre las hojas y que alumbra un rincón de la cabaña? ¿No te parece que la tosca mesa de encino está incrustada de diamantes, que la silla está sembrada de lentejuelas y que las blancas cortinas arrojan al tejado una larga espiral de polvo de oro? Pues aguardemos a que se esconda el sol, y átomos de oro, lentejuelas y diamantes se irán desvaneciendo poco a poco, y la cabaña te parecerá más triste, más obscura, más sombría. Como hace sol en el día, hace también amor en la juventud, ese otro día: el amor ilumina cuanto toca, pero apenas pasa, hay más sombra en el corazón que ha iluminado, más soledad en el corazón donde ha vivido.

Pensamiento inclinó su cabeza pensativa.

Un joven de sedoso traje le habló después en el camino.

—Tus pies son pequeños y no han sido hechos para andar sobre las piedras; tu cutis es tan blanco que el aire de los campos lo lastima; si quieres escucharme tendrás una caliente alcoba, cubierta de tapices, un carruaje con grandes almohadones, y una turba de damas que te sirvan.

Pensamiento vio en su espejo los alguaciles que venían y se llevaban los muebles del enamorado.

Muchas veces hizo Pensamiento la terrible prueba, y muchas veces el frío de la realidad secó sus ilusiones. Mayo volvió, y Pensamiento, de codos en la ventana, veía a sus compañeras volver cantando de la fuente. Ya Pensamiento no bailaba; ya Pensamiento no reía. Cierta mañana, la tórtola que guardaba Pensamiento en una jaula de oro, voló al bosque. Pocas horas después, un cazador con su cuerno al lado y su escopeta al hombro, tocó la puerta de la cabaña.

—¿Qué deseáis, buen cazador?

—Volveros esta tórtola, fugitiva de la jaula, que apresé en el bosque.

—¿Y qué queréis en premio del hallazgo?

El cazador tomó la mano de la niña y la cubrió de besos. Sus labios, rojos como las primeras fresas, quemaban la mano de la pobre Pensamiento. Quiso mirar su espejo, pero ya era tarde, y rompiéndolo entonces contra el dintel de la puerta, dijo:

—¡Anda, ve, mal amigo! mal amigo que no has sabido decir nunca una mentira...

Ésta es la historia que mi vieja nodriza me contaba en las veladas largas del invierno, mientras el aire se retorcía en los altos árboles y las castañas saltaban en la lumbre.

LAS MISAS DE NAVIDAD[1]

He salido a flanear un rato por las calles, y en todas partes, el fresco olor a lama, el bullicio y ruido de las plazas y la eterna alharaca de los pitos, han atado mis pensamientos a la Noche Buena. Es imposible que hablemos de otra cosa. Las barracas esparcidas miserablemente en la Plaza Principal han estado esta tarde más animadas que nunca. Los vendedores ambulantes no han podido fijarse un solo instante. A cada paso tropiezo con acémilas humanas, cargadas de pesados canastones, por cuyas orillas asoman los tendidos brazos de una rama de cedro, o las hebras canas del heno. A trechos, rompiendo la monotonía de aquella masa humana vestida de guiñapos, asoma una coraza aristocrática y un sombrero a la Devonshire. Cogido de la mano de su hermana, va un niño de tres años, mirando con ojos desmesuradamente abiertos cada cosa, y lanzando gritos de alegría, como notas perladas, cuyo revoltoso compás lleva con las carnosas manos impacientes. La luz de las hogueras y de los hachones, llameando velozmente, comunica a las fisonomías ese reflejo purpúreo que ilumina las pinturas venecianas. Ahí distingo el cuerpo esbelto y elegante de la señorita C..., la reina de la delgadez aristocrática, cubierto por un vestido seda perla con grandes rayas negras. Lleva un niño de la mano, y encorvando su cuerpo graciosamente, espera que el vendedor de tostada cara y gruesas manos llene el cesto que sostiene en sus brazos un lacayo. Es la Diana de Juan Goujon[2] en el mercado.

Una muchedumbre desarrapada circula trabajosamente por la plaza. Los gritos de los mercachifles, que pregonan sus objetos,

---

[1] Apareció dos veces en periódicos: en *El Nacional* del 24 de diciembre de 1880, bajo el título de *Cosas del mundo (Las misas de Navidad)* y firmado "M. Gutiérrez Nájera", y en *La Libertad* del 24 de diciembre de 1882: *Crónica de Noche Buena* y "El Duque Job". Se incluyó entre los *Cuentos frágiles*, 1883.

Las discrepancias entre las tres versiones se limitan a unas pequeñas diferencias de fraseología. Siguiendo nuestro criterio usual, imprimimos la última versión revisada por el autor, que es la de 1883.

Nájera mismo indica que empezando con las palabras "Dos cabritos trufados", sigue "una leyenda que Alphonse Daudet ha recogido..." En efecto, esta parte del escrito es una adaptación de *Les trois messes basses: Conte de Noël,* de dicho autor.

[2] Jean Goujon (1515-1560), célebre pintor francés, uno de los decoradores del Louvre.

aturden el oído, junto con el destemplado quejar de algunos pitos, semejante a crujido agrio y rasposo de una falda de seda al desgarrarse. Las velas cloróticas que alumbran las barracas esparcen una luz amarillenta, que contrasta con el rojo radical de los hachones. De cuando en cuando se aproxima un coche, llega, se detiene, salta el lacayo del pescante, se abre la portezuela, cae el estribo, y un pie perfectamente aprisionado en un botín irreprochable toca el suelo. Tras de la polla que ha saltado primero del carruaje, y cuyo rostro estamos habituados a mirar en el palco ambulante del paseo y en el *trois quarts*[3] inmóvil del teatro, descienden los pequeñuelos hermanitos y la mamá que se adelanta paso a paso. A una distancia respetuosa, y colgada del brazo una canasta enorme, viene el lacayo con su librea color de hoja marchita.

Igual animación reina en las calles. Los cajones permanecen abiertos y con los aparadores iluminados hasta muy entrada la noche. Apenas es posible transitar por las aceras. Algunas amas, a quienes la noche ha sorprendido, trotan, temiendo llegar muy tarde, por el embanquetado, tirando de la mano al niño perezoso que se resiste a empeñar una carrera. Junto al cristal de cada aparador se agrupan los curiosos transeúntes, y observan con fijeza, ya las velas microscópicas de esperma, que han agotado todos los colores del iris, ya los juguetes caprichosos y *droláticos,*[4] ya las cajas y obsequios de año nuevo.

El aire frío que azota nuestros rostros parece como que va diciendo a mis oídos: "¡Anda, necio! La noche va a ser helada; el aire congelado empaña los cristales; tienta las hojas del rosal, están ya húmedas como los labios del niño cuando suelta el ubérrimo seno de la madre; cada cual se refugia en su casita, donde hay ojos azules y cabelleras rubias junto al fuego: ésta es la fiesta del hogar, la fiesta del abuelo, la fiesta de la esposa, la fiesta de los hijos; la cena patriarcal que reúne a todos bajo la tosca mesa de encino; es el gran símbolo de la familia creada por el Evangelio; ¿no oyes los gritos de alegría que se escapan por las junturas de esa persiana mal cerrada? ¿No ves las llamas inquietas de las velas, perdidas, como fuegos fatuos, en el ramaje obscuro del árbol de Noël? ¡Tristes de aquellos que corren las calles con su gabán abotonado, mirando por los resquicios de las puertas el fuego de un hogar que está de fiesta! ¡Tristes de aquéllos que no tienen un árbol de Noël!

---

[3] Véase la nota 2 de *Cuento triste.*
[4] Viene del francés *drolatique* (divertido).

La noche de Navidad es la noche de las resurrecciones y de los recuerdos. Los niños, al dormirse en sus cunas, quedan confiados en el espíritu misterioso que bajará durante el sueño para llenar de dulces y juguetes los botines nuevos que han dejado a propósito en la chimenea. El hada que visita estas botitas se llama en Italia el hada Befana. En Alemania, lejos de las grandes ciudades, en los pueblos de campesinos y burgueses, las muchachas se asoman al sonar las doce de la noche, al pozo, cuyas aguas turbias brillan como una pupila enferma, para buscar, trazada en su superficie, la imagen de sus novios. Las aldeanas que vuelven a sus casas, después de oír la misa de la media noche, descubren casi siempre entre la obscura fronda de los árboles, el cuerpo blanco y ágil de las willis,[5] que se entregan a un vals interminable. ¡La misa de la media noche! Yo sé de una leyenda que Alphonse Daudet ha recogido en una de sus obras, y que hace abrir desmesuradamente los ojos a los buenos campesinos que la escuchan con el cabello hirsuto.

Figuraos que estáis en una sacristía telarañuda, y que oís este diálogo:

—¿Dos cabritos trufados, Garrigú?

—Sí, reverendo padre, dos cabritos; dos cabritos llenísimos de trufas. Yo mismo he ayudado a rellenarlos. Su piel, fuertemente estirada, daba traquidos de angustia al entrar al horno.

—¡Garrigú... el sobrepelliz! ¡Dios mío! ¡Yo que deliro por las trufas! ¿Dos cabritos, eh? ¿Y qué más?

—Lo más apetitoso y exquisito. Desde en la mañana nos hemos ocupado solamente en desplumar faisanes, pavos y pichones. Una nube de plumas, danzando por el aire, nos rodeaba constantemente. En seguida vinieron las anguilas, las doradas carpas y las truchas.

—¿Truchas, eh? ¿y de qué tamaño?

—¡Inmensas, reverendo padre, enormes!

—¡Dios mío! ¡Si ya parece que las veo!... ¿Llenaste ya las vinajeras?

—Sí, reverendo padre, pero ese triste vino no puede compararse con el que apuraréis al acabar la misa, en el castillo. Si vierais en el comedor los tarros y garrafas que resplandecen, llenos hasta el borde de exquisito vino. ¡Y la vajilla de plata! ¡las fuentes cinceladas... y las flores, los candelabros!... ¡Nunca,

---

[5] Véase *El músico de la murga,* nota 3, en este volumen. Especie de vampiro.

nunca puede haberse saboreado mejor cena! El señor marqués ha invitado a todos los nobles que habitan en las cercanías; cuarenta, sin contar al tabelión, llegarán a la mesa. ¡Qué afortunado sois, mi reverendo padre! Sólo de haber sentido el humo de las trufas, su pícaro olor me sigue por doquiera...

—¡Vamos, vamos, hijo mío! ¡Dios nos preserve de la gula, y sobre todo en la noche de Navidad! Enciende los cirios y da el primer toque de misa. Ya falta poco para la media noche, y es preciso no atrasarse un solo instante.

Sostenían esta plática en una noche de Noël del año de gracia de mil seiscientos y tantos, el reverendo don Balaguer, antiguo prior de los Barnabitas, a la sazón capellán pensionado de los altos y poderosos señores de Trinquelag, y su ayudante Garrigú, o para decirlo mejor, el que don Balaguer tomaba por su ayudante Garrigú; pues como más tarde se verá, el diablo había tomado aquella noche la cara redonda y las facciones indecisas del joven sacristán para inducir al reverendo padre en tentación y hacerle cometer el feo pecado de la gula. Así, pues, ínterin el que se llamaba Garrigú, (¡hum! ¡hum!) repicaba sin tregua las campanas, despertando los modorros ecos del feudal castillo, el reverendo terminaba de revestir su casulla en la pequeña sacristía, ya algo inquieto por esas tentaciones gastronómicas, y repitiendo para sus adentros, mentalmente:

—¡Dos cabritos trufados! ¡Pavos! ¡Carpas! ¡Truchas!

Entretanto, el cierzo de la noche se quejaba afuera, desmoronando en el espacio la alegre música de las campanas. Poco a poco iban surgiendo de la sombra, en la árida pendiente de la montaña, vagas luces que se iban aproximando a la pesada fábrica feudal. Eran las familias de los campesinos que venían a la misa de gallo en el castillo. Reunidos en grupos de seis o siete, se encaramaban, cantando, por la ladera pedregosa, guiados por el padre que, linterna en mano, iba alumbrando su camino. Los niños, acurrucándose junto a las madres, se cobijaban con sus holgadas mantas pardas. A pesar de la hora y a pesar del frío, todo aquel pueblo iba regocijado y alegrísimo, seguro de que, una vez terminados los oficios, hallarían en la cocina del castillo la mesa que se servía todos los años. De cuando en cuando, interrumpiendo la penosa marcha, separábanse los grupos para dejar el paso libre a alguna carroza, que precedida de cuatro batidores, con antorcha en mano, hacía espejear sus diáfanos cristales heridos por la luna. Instantes después, un obediente mulo, que hacía repiquetear sus cascabeles, atravesó trotando junto a los aldeanos. A la luz de las linternas, circuidas de bruma, los campesinos reconocieron al señor alcalde.

—¡Buenas noches, señor alcalde!
—¡Buenas noches, buenas noches, hijos míos!

La noche estaba clara; el frío avivaba el resplandor movedizo de los astros; el cierzo raspaba duramente el cutis, y una tenue escarcha, resbalando por los vestidos sin mojarlos, sembraba como pequeñas cabezas de alfiler en las pesadas mantas de lana, y conservaba fielmente la tradición de Navidad, blanca de nieve. Arriba de la montaña aparecía el castillo como el término de aquella caminata, con su masa enorme de torres y piñones, con el campanario de su capilla gótica, incrustándose en el azul del cielo, y con la muchedumbre de impacientes luces, que pestañeaban, iban y venían agitándose en todas las ventanas, semejantes, sobre el fondo sombrío de aquella fábrica, a las chispas que corren y se alcanzan en las cenizas del papel quemado. Pasado el puente levadizo y la poterna, era preciso, para entrar a la capilla, atravesar el primer patio todo lleno de carrozas, lacayos y literas, y alumbrado por el fuego de las antorchas y el rojizo resplandor de la cocina. En aquel patio se oía constantemente el retintín del asador, el estrépito de las cacerolas, el choque de los cristales y la argentería. Todos estos preparativos de la cena y el vapor tibio que llegaba a sus olfatos, trascendiendo a carnes bien asadas y salsas de legumbres olorosas, hacían decir a los campesinos, como al señor capellán, como al alcalde:

—¡Qué bien vamos a cenar después de misa!

¡Drelindín... Drelindín!

Ya comienza la primera misa de la media noche. En la capilla del castillo, toda una catedral en miniatura, de arcos entrecruzados y raros enmaderamientos de nogal que suben por todo lo alto de los muros, se han desenrollado todos los tapices y encendido todos los cirios. ¡Cuántos devotos! ¡qué multitud de trajes! He aquí primero, arrellanados en la esculpida sillería del coro, al alto y poderoso señor de Trinquelag, con su vestido de tafetán salmón, acompañado de los nobles señores invitados. Un poco más adelante, arrodilladas en grandes reclinatorios revestidos de espeso terciopelo, oran devotamente la marquesa viuda, con su traje de brocado color de fuego, y la señora joven de Trinquelag, peinada con una torre altísima de encajes, a la última moda de la corte. Más abajo se levantan enlutados, con sus mejillas desprovistas de barba y sus pelucas inconmensurables, el alcalde Thomas Arnoton y el tabelión maese Ambroy; dos notas graves extraviadas entre las sedas deslumbrantes y el damasco espolinado. En seguida se destacan los mayordomos, los pajes, los picadores, los intendentes, doña Barba con su manojo de llaves, colgadas en la cintura por medio de un anillo de bruñida plata. Y hasta el fondo, en las bancas para el pueblo, los sirvientes, los campesinos, los pecheros, escoltados todavía por una multitud de marmitones, que en el extremo de la capilla, junto a la puerta de alto cancel, que a cada rato abren y cierran, vienen a oír algún versículo de los oficios y a traer no sé qué vago olor de cena a aquella iglesia revestida de fiesta, y cuya atmósfera caldean las llamas rojas de los cirios.

¿Será la presencia de esos mandiles blancos causa de las involuntarias distracciones del oficiante? Lo cierto es que la pícara campanilla, movida por el sacristán con una precipitación diabólica, parece que va diciendo con voz aguda: "¡Vamos! ¡Vamos! Mientras más pronto reces, más pronto nos sentaremos a la mesa".

Y el hecho es que cada vez que suena —¡pícara campana!— el capellán se olvida de la misa para ya no pensar más que en la cena. Y se imagina el incesante movimiento que debe haber en la cocina, los hornos en donde flamea y choca el fuego de una fragua, el humo que dejan escapar las tapaderas entreabiertas, y a través de ese humo mira dos cabritos magníficos, con trufas.

O bien mira pasar hileras de vistosos pajecillos, llevando con prudencia platones circuidos de un humo tentador, entra con ellos al salón ya apercibido para la fiesta y —¡oh delicia!— he aquí la inmensa mesa, toda resplandeciente, ya cargada con los pavos vestidos de sus plumas, los faisanes abriendo sus moradas alas, las botellas color de rubíes, las pirámides de frutos destacándose entre las ramas verdes, y por último, esos pescados prodigiosos de que tanto había hablado Garrigú (¡Garrigú! ¡Garrigú...! ¡hum...!) extendidos sobre un lecho de hinojo, con sus escamas, nacaradas todavía, como si hubieran salido recientemente de las ondas, y con un ramillete de hierbas olorosas en su nariz de monstruo. Y era tan viva la visión de todas estas maravillas, que don Balaguer pensó por un instante que aquellos platos suculentos estaban ya servidos sobre el mantel bordado del altar, y dos o tres veces, en vez del *Dominus vobiscum,* dijo el *Benedicite*. Pero dejando a un lado estas ligeras equivocaciones, el pobre padre oficiaba conforme a sus deberes, sin saltar una línea ni omitir una genuflexión. Todo fue así hasta la conclusión de la primera misa.

—¡Y va una! —dijo por fin el capellán con un suspiro de alivio. Incontinenti, sin perder un minuto, hizo una seña al sacristán, o mejor dicho, al que creía que era su sacristán, para que llamase a la segunda misa.

¡Drelindín! ¡Drelindín!

Y he aquí que empieza la segunda misa y con ella el pecado de don Balaguer. "¡Más aprisa, más aprisa, más aprisa!" dice con voz tipluda y agria la campana diabólica de Garrigú, y en esta vez, el oficiante se abandona al dominio de la gula, devora las páginas del misal, con la avidez de su apetito sobreexcitado. Frenéticamente se hinca, se levanta, esboza la figura de la cruz, apresura todos sus gestos, todos sus movimientos para acabar más pronto. Apenas golpea su pecho en el *Confiteor,* cuando extiende los brazos en el Evangelio. Entre él y el sacristán se empeña una diabólica carrera. Versículos y respuestas se precipitan, se atropellan. Las palabras pronunciadas a medias, sin abrir la boca, porque esto hubiera exigido un despilfarro inútil de tiempo, terminan en sílabas incomprensibles.

Como vendimiadores apremiados, que magullan la uva en los barriles, ambos estropean el latín de la misa, despidiendo astillas desquebrajadas del idioma. Y durante este vértigo espantoso, la infernal campanilla, repicando siempre, espolea al desgraciado capellán, como esos cascabeles que se cuelgan a los caballos de posta para hacerlos trotar cosquilleándolos. ¡Imaginaos en qué breves momentos terminaría la misa!

—¡Y ya van dos! —murmuró el reverendo, jadeante. Pero sin dejarse tiempo de respirar, con el rostro encendido, escurriendo sudor de la espantada frente, baja temblando las gradas del altar y...

¡Drelindín! ¡Drelindín!

He aquí que empieza la tercera misa.

Unos minutos más, y el comedor se descubre, por fin, ante sus ojos. Pero ¡ay! a medida que la cena se aproxima, el infeliz don Balaguer se siente más y más movido por la impaciencia loca de la gula. Las carpas doradas, los cabritos asados están ahí; ya los toca, ya los palpa... Los platones humean, los vinos embalsaman, y sacudiendo su cascabel aguijoneante, la campanilla dice sin descanso: —¡aprisa! ¡aprisa! ¡más aprisa!

¿Pero cómo podría ir más aprisa? Sus labios apenas se mueven; ya no pronuncia las palabras. De tentación en tentación, comenzó por saltar un versículo y ahora salta dos. La Epístola es demasiado larga y no la acaba. Tartamudea las primeras palabras del Evangelio. Suprime el Padre Nuestro y saluda de lejos el Prefacio. Y así, con brincos y con saltos, se precipita en la falta espoleado por Garrigú "¡*Vade retro, Satanás!*" que le secunda con prodigiosa perspicacia, levantándole la casulla, volteando las hojas del misal dos a dos y cuatro a cuatro, derramando las vinajeras y repicando endemoniadamente más y más aprisa.

¡Era de verse la cara espantadísima de los asistentes! Obligados a seguir, guiados por la mímica del padre, aquella misa, de la que no entendían una palabra, poníanse éstos de pie cuando los demás se arrodillaban, y en todas las fases de aquel oficio nunca visto la muchedumbre se revolvía en las bancas con diversas actitudes. La estrella de Navidad, que iba avanzando por el cielo, camino del pequeño establo, palideció de espanto y de terror.

—¡El padre reza demasiado aprisa! —dice sin detenerse la marquesa sacudiendo su cofia limpia y blanca. El alcalde, con los anteojos de acero cabalgando en su nariz, busca inútilmente en su devocionario el pasaje que reza el sacerdote. Pero, en rigor de la verdad, aquellas buenas gentes, a quien la esperanza de la cena aguijonea, no se enfadan por la precipitación de la misa, y cuando don Balaguer, con la cara resplandeciente, se vuelve al auditorio y exclama con todas sus fuerzas: *Ite, missa est,* el coro a una voz dice: *Deo gratias,* con acento tan limpio, tan alegre, que parece mezclado y confundido con los primeros brindis de la cena.

Cinco minutos después, aquella muchedumbre de señores entraba a la gran sala y tomaba asiento en torno de la mesa, presidida por el capellán. El castillo, iluminado de arriba a abajo, se poblaba de cantos y carcajadas y rumores, y el venerable don Balaguer hundió su tenedor en una ala de capón, ahogando sus remordimientos con el vino del Papa y el sano jugo de las carnes. Tanto comió y tanto bebió el asendereado padre, que por la noche murió de una tremenda apoplejía, sin tiempo para arrepentirse, y en la mañana llegó al cielo, repercutiendo aún los cantos de la fiesta.

—¡Retírate, mal cristiano! —le dijeron—. Tu falta es sobrado grande para borrar toda una vida de virtud. Pecaste diciendo indignamente la misa de la Navidad. ¡Pues bien, en pago, no podrás penetrar al Paraíso sino después de rezar trescientas misas de Navidad, en presencia de todos aquellos que contigo pecaron por tu falta!

He aquí la verdadera leyenda de don Balaguer, tal como la relatan en el país de los olivos. Ahora, el castillo de Trinquelag no existe ya, pero la capilla se conserva aún, erguida y recta, entre el ramillete de encinas verdes que coronan el monte. El viento golpea y bate la puerta desunida; la hierba estorba el suelo; hay nidos en los rincones del altar y en las aberturas de las ventanas cuyos vidrios han desaparecido desde hace mucho tiempo. Sin embargo, cuentan que todos los años, en la Noche Buena, una luz sobrenatural vaga por las ruinas; y que, yendo camino de la iglesia, los campesinos contemplan aquel espectro de capilla, iluminado por cirios invisibles, que arden a la intemperie, entre los ventarrones y la nieve. Sonreíd, si os place; pero un vendimiador de la comarca afirma que una noche de Navidad, hallándose en el monte, perdido en la vecindad de las ruinas, vio... eriza los cabellos lo que vio. Hasta las once, nada. Todo estaba silencioso, inmóvil y apagado. Pero al sonar la media noche, una campana, olvidada tal vez en el campanario derruido, una campana vieja, ya caduca, que parecía sonar a quince leguas de distancia, tocó a misa. Después, por la pendiente del camino, el infeliz trasnochador vio sombras indecisas agitándose y linternas opacas que subían. Ya cerca de las ruinas, voces salidas de gargantas invisibles, murmuraban:

—Buenas noches, señor alcalde.
—Buenas noches, buenas noches, hijos míos.

Cuando la tropa de fantasmas penetró al interior de la capilla, el pobre vendimiador, que es bravo mozo, se aproximó de puntillas a la puerta, y viendo a través de los maderos rotos, presenció un raro espectáculo. Todos los fantasmas que había visto pasar, estaban alineados en derredor del coro y en la ruinosa nave, como si hubiese bancas y sillones todavía. Y había entre ellos grandes damas vestidas de brocado, con sus cofias de encaje; caballeros repletos de bordados, y labradores de chaquetas floreadas, tales como debieron usarse en la época remota de nuestros abuelos; todos con aspecto decrépito, amarillo, polviento y fatigado. A cada rato, las lechuzas, huéspedes de la capilla, despertadas por la luz, hacían su ronda en torno de los cirios, cuya flama subía vaga y erguida como si ardiese dentro de una gasa. Y era cosa de ver un personaje, en cuya nariz acaballetada cabalgaban unos anteojos de acero, moviendo a cada instante su peluca negra, sobre la que se había parado una lechuza, batiendo en silencio sus enormes alas.

Allá en el fondo, un viejo de cortísima estatura, puesto de hinojos en la mitad del coro, meneaba una campana sin badajo que ya no producía sonido alguno, en tanto que de pie, junto al altar, revestido de una casulla cuyos dorados estaban ya verdosos, parecía decir misa un sacerdote cuya voz no producía rumor ninguno. ¡Era don Balaguer diciendo su tercera misa!

BALZAC Y EL DIOS PROTEO[1]

Durante el viaje a Grecia y al Asia Menor que allá por los años de 1836 hizo en compañía de Laurent Jean y el barón Taylor el gran novelista Honorato de Balzac, detúvose algunos días en la isla de Scarpento, una de las Sporandas, que es la antigua Cárpathas situada entre Rodhas y Creta. Allí vivió a orillas del mar con sus amigos, en la cabaña de un viejo pescador llamado Xabras. Cierta mañana, mientras sus dos compañeros se ocupaban en sus pesquisas e inquisiciones arqueológicas, Balzac, que estaba solitario en la cabaña de su huésped, dormía tendido a la bartola en un jergón. En realidad, el novelista no dormía. Sumido en sus abstrusas reflexiones, pensaba en la increíble cantidad de dioses que había encontrado en su viaje. Subiendo la pendiente del Parnaso, había admirado a Diana y a sus ninfas, correteando como colegialas entre los pinos marítimos que sombrean el monte Imeno. Pero lo que más le maravillaba era que Laurent Jean y el barón Taylor, testigos presenciales de aquellas apariciones milagrosas, no habían parado en ellas mientes.

Interin el futuro autor de *La comedia humana* estropeaba sus pensamientos, Xabras, empapado por el agua del mar, entró a la casa, y creyendo que Balzac dormía como un patriarca, a media voz se puso a conversar con su hija Chryseis. El viejo pescador estaba como loco. Imaginaos que acababa de presenciar una serie inaudita de prodigios, bastante a desquiciar un juicio menos voluble y más firme que el suyo. Mientras sentado en su pequeño bote componía las redes, vio primero salir del agua, a pocas brazas de distancia, una lamprea; en seguida, y sin que el pez hubiera caminado ni las olas se hubieran removido, Xabras miró en lugar de la lamprea una rana gigante con su vientre blanco; luego, un zorro marino de reflejos azulados; des-

---

[1] Apareció en *El Cronista de México* el 28 de mayo de 1881, titulado *Memorias de un vago* y firmado "M. Can-Can". Usamos el título que parece pedir el asunto. Que sepamos, nunca ha sido recogido.

El autor, en las últimas frases de un párrafo preliminar, atribuye la historia a Teodoro de Banville:

En Francia, los amigos del recién casado acostumbran enviarle la víspera de la boda algún presente. Ese regalo es como el guante blanco que se arroja en la fosa recién abierta a donde va a dormir eternamente algún amigo. Yo, que soy amigo de casi todos los novios de la última hornada, les envío un cuento que refiere Teodoro de Banville.

pués, una dorada con su cuerpo de plata salpicado de azul; y por último, un scombro de espalda azulosa y argentada coraza, que, a su vez, se convirtió en enorme tiburón que azotó el agua con su cola cubierta por la espuma. La versatilidad de esa lamprea no podía menos de asombrar a Xabras. Chryseis, menos crédula y algo volteriana, se limitó a reír estrepitosamente, atribuyendo aquellas maravillas a los efectos del vinillo resinoso que apuraba Xabras.

Balzac, que oía con atención creciente aquel relato, no fue del mismo parecer. Hacía memoria del cuarto libro de las *Geórgicas* en donde se refieren los metamorfoseos del mar de Cárpathos. ¿Sería aquel pez el dios Proteo? Balzac, obedeciendo los consejos sabios de la diosa Cirene, pidió su desayuno, y cuando el sol ardía en mitad de su camino, tostando las raras hierbas del camino, vistióse un ancho pantalón de marinero, y armado con un gran ruedo de correas, se dirigió a la mar, curioso y solo. El agua no presentaba indicio alguno del milagro; pero, en lontananza, Balzac apercibió una cueva enorme en donde las olas se precipitaban espumando. Sin más examen, Balzac se avecinó a la gruta misteriosa.

El dios estaba de pie, en su forma primitiva, contando las inmensas focas de su rebaño. Balzac, sin pestañear, arrojó el lazo y lió fuertemente al dios marino. El viejo zorro, viéndose perdido, recurrió a sus trasformaciones de teatro. Como un divino histrión fue revistiendo sucesivamente las formas del jabalí, del tigre y la leona; su cuerpo de dragón se cubría de escamas; su cabeza de llamas fue tomando el color de la rosa, del carmín y el escarbunclo; luego, toda esa aparatosa vestimenta se convirtió de súbito en un arroyo rápido y travieso; pero en vano, porque mientras el dios mudaba formas y se descoyuntaba en sus trasformaciones de comedia, Balzac, sin arredrarse, apretaba las cuerdas con más fuerza, tanto, que las venas de sus brazos desnudos se levantaban restiradas como gruesos cables, e inflábanse encarnados sus mofletes como los hinchados carrillos de la Fama. En vano corría el sudor copiosamente por la frente rabelesiana de Honorato; en vano sus cabellos cortos e hirsutos se mojaban; en vano el dios cumplía divinamente su oficio de juglar o saltimbanqui; Balzac, sin arredrarse, restiraba el lazo, y tal lo restiraba, que el viejo dios, cansado de mutaciones y de cambios, sintiendo cómo se encajaban en su vientre las pesadas correas del novelista, volvió a su antigua forma, como un actor después de la tragedia, y dijo:

—¿Qué me quieres?

—Bien lo sabes, puesto que lees en los espíritus.

—Atiéndeme, —y en llegando a este punto, el viejo rechinó su dentadura postiza, y clavó con enojo sus miradas glaucas en el rostro sarcástico del novelista—. Atiéndeme. ¿Quieres, Balzac, conocer a las mujeres? Sabe primero que la mujer es una, que el enigma no existe y que el múltiple ser que te imaginas es más fácil de comprender que los arrullos de la tórtola en el bosque y la carrera del venado en la montaña. No hay más que una mujer: ora sea reina y se siente severa y orgullosa en su trono labrado de marfil, u ora sea la pobre pescadora cuyos brazos bruñe la luz ardiente del estío, y cuya negra cabellera suelta seca el viento soplando por la playa. No hay más que una mujer, y esa mujer quiere la misma cosa: ¡quiere todo! Quiere que su amante la ame con la bravura indómita del fauno que arrebata a una ninfa de los bosques, y que al propio tiempo sepa, gentil y delicado, dirigirle los más puros y castos madrigales. La hija de los reyes, que parece nutrirse con perfumes y que bebe la brisa de los campos, necesita alimentos tan sólidos como la aldeana que va a vender sus peces al mercado. ¿Piensas que agradarás a la mendiga que despedaza sus pies desnudos en la roca, sin decirle, en lenguaje claro para ella, que es más brillante que las flores y más hermosa que los astros? Te equivocas. La mujer quiere ser dominada y vencida como los abismos que beben los torrentes de los cielos, y cantada en la lira como las Energías divinas. Quiere adornarse con objetos brillantes, ya sean collares de oro o de chrysólithos, flores del campo o plumas de las aves. La sola condición que exige es que ese adorno excite la envidia de sus compañeras.

—¿Y el dinero?

—Nada es más sencillo, dijo el dios. Cuando hayas dado a la mujer tantos trajes y joyas y tocados, que se hayan menester mil años para verlos, grandes cofres de esmalte para encerrar ese tesoro y un palacio inmenso para guardar los cofres; cuando le tengas dado, por añadidura, dinero suficiente para comprar un guardarropa cuatro veces mayor, y su cuerpo, pulido como el mármol, no tenga nada que envidiar al de una diosa, entonces la mujer habrá necesidad de algún adorno que tiene de comprar a pesar tuyo; de manera que debes arreglarte de tal modo que tu mujer, sin manejos secretos, sin ardides, cuente con un dinero cuyo origen tú mismo, siendo su marido, desconozcas.

—¡Diablo!

—Y no imagines engañar uno solo de sus deseos, de sus instintos; porque la mujer es obstinada como el océano tumultuoso que azota y desmorona los peñascos, y raciocina tanto o menos que la flecha despedida con fuerza por el arco, al dirigirse rápida a su blanco y al encajarse en él estremeciéndose.

—Pero ¿hay mujeres fieles?

—¡Insensato! ¡Lo son todas!

Y en esto Proteo lanzó una fuerte carcajada que hizo huir a las águilas medrosas y sacudió las peñas de la gruta.

—Pero ¿fieles a qué? —dijo el poeta.

—Fieles a su deseo, como la loba, como la leona, como la alondra, como la mariposa, como todas las criaturas de la tierra. Sé hermoso, fuerte, vigoroso, desarraiga una roca, doma potros salvajes, toca la flauta de Pan y la dorada lira de Apolo; sé prudente en la paz, bravo en la guerra; que todas las mujeres te deseen y sólo mires a la tuya; dale cuanto te pida, es decir, todo, y si te ama te será siempre fiel, yo te lo juro; a menos que su instinto descubra en tu linaje el de esos hombres que no han nacido para ser amados.

—Pero ¿y sus ardides?

—Calla, no sigas en tus pueriles curiosidades. Los ardides de la mujer son engañosos y la mujer astuta no ha existido nunca. Sus palabras no engañarían al humilde guijarro de la playa, o al tronco desecado de los bosques. Lo que cautiva al hombre y le convence, es la pureza de las líneas y la frescura de los labios, la morbidez del brazo y el colorido de la espalda. Lo que persuade al hombre es la hermosura. Lo que persuade a la mujer es la suprema fuerza. Para ellas sólo existe una ocasión en que el hombre aparece bello y grande. ¡El momento solemne en que el guerrero divide en dos el cuerpo del contrario!

Balzac entonces deslió el cuerpo del dios, y con tres mil capítulos en la cabeza, y cuatrocientos planes de novela en la imaginación, abandonó la cueva. Una carcajada homérica le hizo volver la cara:

—¡Pobre loco! —exclamó el dios, que se alejaba sobre el mar sentado en una foca. —¿Ya piensas conocer a las mujeres? Ten por sabido que las novelas son quiméricas, que no tienes derecho para escribir ningún poema tan largo como la *Ilíada,* y que los hombres negarán la existencia de tus heroínas, como han negado la verdad de Zeus tempestuoso, y de Hera, la venerable que camina calzada con sandalias de oro puro!

EL ALQUILER DE UNA CASA[1]

(Imitación)

Personajes

El propietario: hombre gordo, de buen color, bajo de cuerpo y algo retozón de carácter.
El inquilino: joven, flaco, muy capaz de hacer versos.
La señora: matrona en buenas carnes, aunque un poquito triquinosa.
Siete u ocho niños, personajes mudos.

Acto único

El propietario.—¿Es Ud., caballero, quien desea arrendar el piso alto de la casa?
El aspirante a locatario.—Un servidor de Ud.
—¡Ah! ¡Ah! ¡Pancracia! ¡Niños! Aquí está ya el señor que va a tomar la casa. *(La familia se agrupa en torno del extranjero y lo examina, dando señales de curiosidad, mezclada con una brizna de conmiseración.)* Ahora, hijos míos, ya le habéis visto bien; dejadme, pues interrogarlo a solas.
—¿Interrogarme?
—Decid al portero que cierre bien la puerta y que no deje entrar a nadie. Caballero, tome Ud. asiento.

---

[1] Se publicó en *El Noticioso* del 18 de julio de 1881, con el título de *Variedades (Bric-à-Brac)* y la firma "Gil Blas". En la introducción de esta versión se explica la palabra "imitación", que ocurre en una forma subsecuente de la composición. Dice "Gil Blas":
"El... día 14 he combatido sin misericordia con un viejo propietario que alquila el piso superior de su casa, cuyo entresuelo ocupa. Ese bellaco ha traído a la memoria ciertas droláticas escenas que Monselet tuvo con su propietario".
Se refiere al parecer al literato francés Charles Monselet (1825-1888), pero no hemos podido hallar, entre los escritos de éste, composición que se parezca marcadamente a la presente. Otra fuente posible es *El alquiler de un cuarto,* de Mesonero Romanos.
Al incluir el presente escrito entre sus *Cuentos frágiles,* 1883, con el título de *Tragedias de actualidad—El alquiler de una casa,* Nájera omitió la introducción de 1881, pero añadió la descripción de los personajes y las palabras "Imitación" y "Acto único". Las *Obras* de 1898 y las *Cuaresmas del Duque Job,* México 1946, reimprimen la versión de 1883 omitiendo la palabra "Imitación". Publicamos el texto de 1883 simplificando el título.

—Yo no quisiera molestar... si está Ud. ocupado...
—De ninguna manera, de ninguna manera; tome Ud. asiento.
—Puedo volver...
—De ningún modo. Es cuestión de brevísimos momentos. *(Mirándole)*. La cara no es tan mala... buenos ojos, voz bien timbrada...
—Me había dicho el portero...
—¡Perdón! ¡Perdón! ¡Vamos por partes! ¿Cómo se llama Ud.?
—Carlos Saldaña.
—¿De Saldaña?
—No, no señor, Saldaña a secas.
—¡Malo, malo! el *de* habría dado alguna distinción al apellido. Si arrienda Ud. mi casa, es necesario que agregue esa partícula a su nombre.
—¡Pero, señor!
—Nada, nada: eso se hace todos los días y en todas partes; Ud. no querrá negarme ese servicio. Eso da crédito a una casa... Continuemos.
—Tengo treinta años, soy soltero.
—¿Soltero!... ¿Todo lo que se llama soltero? Yo no soy rigorista ni maníaco: recuerdo aún mis mocedades; no me disgustaría encontrar lindos palmitos en la escalera; el ruido de la seda me trae a la memoria días mejores... Pero, ¡salvemos las conveniencias, sobre todo!
—Pero, señor mío...
—Sí, sé lo que va Ud. a contestarme: que esto no me atañe, que nadie me da vela en ese entierro; pero, mire Ud. por ejemplo, me disgustaría espantosamente que la novia de Ud. fuera morena...
—Repito que...
—Estése Ud. tranquilo; será una debilidad, yo lo confieso, ¡pero a mí me revientan las morenas! No puedo soportarlas. Dejemos, pues, sentado que, si la casa le conviene, se obligará Ud. por escrito a que todas sus amigas sean muy rubias. ¿Tiene Ud. profesión?
—Ninguna.
—Lo celebro. Es la mejor garantía de que los inquilinos no harán ruido.
—Me dedico a cuidar mis intereses...
—Perfectamente, ya hablaremos de eso: le voy a presentar con mi abogado.
—Gracias. Tengo el mío.

—No importa, cambiará Ud. en cuanto se mude a casa. Yo he prometido solemnemente a mi abogado darle la clientela de mis inquilinos. Y ¿qué tal de salud?

—Yo, bien, ¿y Ud.?

—No, no digo eso: lo que pregunto es cuál es su temperamento. ¿Es Ud. linfático, sanguíneo, nervioso?

—Linfático... me parece que linfático.

—¡Pues desnúdese Ud.!

—¿Qué...?

—Por un instante. Es una formalidad indispensable. No quiero que mis inquilinos sean enfermos.

—Pero...

—¡Vamos! La otra manga. ¡Malo! ¡malo! No parecía Ud. tan flaco. ¿Sabe Ud. cuánto pesa?

—No.

—El cuello es corto... ¡Dios mío!, esas venas; ¡mucho cuidado con la apoplejía!

—¿No acabaremos?

—Será preciso que Ud. se comprometa formalmente a tomar una purga al principio de cada estación. Yo indicaré a Ud. la botica en que debe comprarla.

—¿Puedo ponerme la levita?

—Espere Ud. un momento. ¿No hace Ud. ejercicio?

—Doy once vueltas a la Alameda por las tardes.

—Eso es poco. De hoy en adelante vivirá Ud. en el campo tres meses cada año. Eso conviene para la buena ventilación de las viviendas y para que se conserve en buen estado la escalera. Nosotros siempre viajamos en otoño.

—Conque habíamos dicho que treinta y cinco pesos...

—¿Qué?

—Confieso a Ud. que la renta me parece un poquito exagerada...

—Pero hombre, ¡qué renta, ni qué ocho cuartos! ¡Todo se andará! ¡Vamos por partes!

—Pero...

—¿Si pensará Ud. que alquilarme una casa es lo mismo que comprarse un pantalón? Pasa Ud. por la calle, mira Ud. la cédula, sube, se sienta junto a mí, y apenas han pasado tres minutos cuando me pide las llaves. ¡Me gusta la franqueza! ¿Por qué no me pide Ud. mi bata y mis pantuflas?

—Yo ignoraba...

—Se tratan por lo común estos asuntos con una ligereza imperdonable.

—Volviendo, pues, a nuestro asunto, diré a Ud. que no subiré ni un real de treinta pesos.

—¡Caballero, ni una palabra más, o envío a Ud. mis padrinos! ¡Pues no faltaba más! ¿Conoce Ud. acaso las condiciones del arrendamiento?

—No, pero yo estoy pronto a subscribirlas siempre que sean justas y racionales.

—Oiga Ud.:

Art. 1º—El inquilino se acostará y levantará a la misma hora que su propietario, para no turbar el reposo de este último que ocupa precisamente el entresuelo.

Art. 2º—El inquilino vestirá invariablemente trajes claros para no contristar el ánimo del propietario, si por una casualidad lo encuentra en la escalera.

Art. 3º—El inquilino se asomará al balcón dos veces cuando menos, en el día, frotándose las manos satisfecho, con el fin de acreditar el buen orden y excelente servicio de la casa.

—¿Y cuando llueva?

—Se asomará con un paraguas... Continúo: El inquilino no entrará nunca en la casa sin fijarse con cierta complacencia en los detalles de la arquitectura, ni tendrá embarazo alguno en hacer patente de viva voz, el entusiasmo que le produce la fachada. Mientras más gente reúna será mejor.

Art. 4º—El inquilino invitará a comer al dueño todos los días 15, cuidando, por supuesto, de no llevarlo a ningún figón o fonda de segunda clase.

Aumento al Art. 4º—Estas comidas mensuales tienen por objeto el estrechar las amistades entre inquilino y propietario. No está prohibido al inquilino el ir acompañado de su novia.

Art. 5º—El inquilino saludará muy cortésmente a su portero, que es primo, por afinidad, del propietario.

Art. 6º—Los artistas y los literatos que vengan a visitar al inquilino, subirán por la escalera de la servidumbre.

—¿Ya no hay más, señor?

—Quedan algunos artículos suplementarios que haré conocer a Ud. en su debido tiempo.

—Pues bien, todo es muy justo y muy sensato...

—Se me olvidaba... ¿No es Ud. masón?

—No.

—Pues lo siento. Mi mujer tiene vivísimos deseos de conocer esos secretos.

—Si Ud. quiere, haré que me presenten en alguna logia.

—Lo estimaré muchísimo.

—Conque quedamos en que treinta pesos...

—Dispense Ud....

—¿Todavía más?

—Había olvidado preguntarle, ¿por qué dejó su antiguo domicilio?

—¡Yo, por nada! Porque arrojé por el balcón al propietario.

LAS DESVENTURAS DE MR. CHUCKER[1]

¿Es conveniente transformar el departamento de un vagón en gabinete de tocador?

Es cuestión esta que en ciertos países del continente pronto quedaría resuelta por la negativa, sobre todo cuando los conductores marcan los boletos mientras el tren está en marcha. Pero en Inglaterra, un viajero que quiere cambiar de traje en un departamento de 1ª clase puede estar seguro de no ser molestado; al menos es lo que pensaba el buen Mr. Barnaby Chucker[2] al bajar de un *hansom*[3] en Paddington[4] y al atravesar la plataforma del camino de hierro, con su saco en la mano y cargado además con una manta de viaje que contenía un traje completo.

Mr. Chucker había recibido una invitación para comer en Windsor[5] en casa de unos amigos que por su posición gozaban de gran influencia; pero como era hombre muy ocupado, no había tenido tiempo para vestirse, ni en su escritorio en la *City*[6] ni en su casa, en West End.[7]

Al subir al vagón dejó deslizar un *shilling* en la mano del conductor, diciéndole:

—Hágame Ud. el favor de dejarme solo en el departamento; quisiera vestirme.

—Muy bien, señor —dijo el conductor, y el tren se puso en marcha.

Mr. Chucker abrió su petaca, sacó una camisa limpia, así como todo lo que necesita un hombre que quiere acicalarse. Es

---

[1] Se publicó en *El Cronista de México* del 17 de diciembre de 1881 como un artículo de la serie *Memorias de un vago*, de "M. Can-Can". Le damos un título que servirá para diferenciarlo de otros artículos de la serie.
No ha sido recogido hasta la fecha.
"M. Can-Can" no atribuye el cuento a otro autor, como hace Nájera en otros casos de adaptación o imitación. Sin embargo, parece seguro que lo adaptó de algún escritor inglés. Ningún otro podría conocer tan exactamente la ciudad de Londres y sus alrededores.

[2] Corregimos la usanza de Nájera, que emplea en todo el cuento "M." en vez de "Mr."

[3] Especie de coche de punto de dos ruedas, tirado por un caballo.

[4] Barrio importante de Londres.

[5] Ciudad de Berkshire, a 21 millas al oeste de Londres.

[6] Antigua parte comercial de Londres, donde se encuentran todavía las principales casas de comercio.

[7] Barrio aristocrático de Londres, donde habita la gente adinerada.

preciso no suponer que se puso a la obra sin repugnancia. Mr. Chucker era un hombre muy susceptible bajo el punto de vista de las conveniencias. No le agradaba nada extemporáneo, ni aquello que estaba fuera de lugar. Si hubiera sorprendido a uno de sus amigos mudándose pantalón en un departamento de ferrocarril, no se hubiera formado muy favorable opinión de él y le hubiera supuesto costumbres desordenadas. Y así se juzgaba a sí mismo con sencilla severidad por no haber arreglado mejor su tiempo. "¡Si sobreviniese un accidente, se decía, al quitarse la levita y el chaleco, qué pensarían de mí viéndome a medio vestir en un tren!"

Esta reflexión lo hizo ruborizar; era un hombre tímido, de una edad ya madura, de grandes orejas coloradas, de fisonomía achatada y rubicunda; el esfuerzo que hizo para quitarse las botas esparció sobre su semblante un tinte carmesí tanto más fuerte cuanto que provenía a la vez de un movimiento físico y de una conciencia turbada.

Mr. Barnaby Chucker tenía un aire muy lastimoso; después de haberse sacado las botas se puso en facha de quitarse el pantalón. Hubiera sido en verdad un momento muy crítico si hubiera acontecido algún accidente. "¡Dios mío, Dios mío!" murmuró Mr. Chucker, cuya preocupación crecía. "¡Oh! se detiene el tren". En efecto, iba a detenerse, como podía preverlo Mr. Chucker, tanto más cuanto que no era un tren expreso; pero los cargos que se había hecho mentalmente lo habían de tal modo absorbido, que no había notado que la máquina iba aflojando. Estaba allí medio vestido en medio de trajes esparcidos y no tuvo tiempo de vestirse antes de la completa parada del tren. Llegaban a la estación de Ealing;[8] se preguntaba qué era mejor, si quedarse en mangas de camisa o sin pantalón. Prefirió ponerse su levita que abotonó hasta la barba y cubrió la parte inferior de su persona con su manta de viaje. Hecho esto, amontonó cuanto pudo dentro de su petaca, de un puntapié metió las botas debajo de la banquita y procuró formarse un continente digno.

El tren se había detenido del todo, la puerta del departamento en que se hallaba nuestro héroe se abrió y un conductor gritó:

—Señor, señora, aquí tienen Uds. lugar.

—Eh, conductor —gritó Mr. Chucker inclinándose muy turbado—: me dijo Ud. que yo solo vendría en este departamento.

---

[8] Barrio en la parte occidental de Londres.

Desgraciadamente para nuestro púdico amigo, el conductor a quien había dado un *shilling* no era aquel que debía subir al tren. Estos pequeños errores son deplorables y son a menudo causa de acontecimientos deplorables. El conductor respondió con enfado: —No puedo dar a Ud. un departamento para Ud. solo, a menos que pague Ud. todos los asientos. Es contra los reglamentos. Hágame Ud. el favor de subir, señora.

Una señora de salud muy delicada en apariencia subió al vagón seguida de un señor. Mr. Barnaby Chucker se sintió desfallecer, y antes que hubiese podido informar al conductor que consentía en pagar todo el departamento más bien que ser molestado, el tren se volvió a poner en marcha. Mr. Barnaby Chucker se puso entonces a reflexionar cómo haría para cambiar de coche en Slough[9] puesto que no podía, visto su traje, bajar a la estación. El tren en el que viajaba no iba directamente a Windsor: iba a Birmingham, y Mr. Chucker debía cambiar de vagón en Slough si quería comer con sus amigos por la tarde.

¡Ay! un tropiezo más grande que el de cambiar de vagón surgió al infortunado; en efecto, apenas se volvió a poner el tren en marcha, cuando la señora que acababa de subir se puso a lanzar gemidos, a tiritar y a quejarse del frío. Su marido procuró calmarla, pero en vano, pues realmente sufría. El pobre hombre miraba de vez en cuando a Mr. Chucker con aire desesperado; por fin le dijo:

—Suplico a Ud. que me perdone, señor, la libertad que me tomo; pero ¿sería Ud. tan bueno que prestase su abrigo a mi señora? Partimos a toda prisa y olvidamos traer uno. El día no está demasiado frío, creo que nos hará Ud. este servicio hasta Slough, en donde compraré uno.

—¡Eh! —refunfuñó Mr. Chucker estupefacto; esta petición lo había alarmado de tal modo, que no hallaba palabra que responder.

—¿Querría Ud. tener la bondad de prestarme su abrigo de viaje? —repitió el señor un poco sorprendido.

—¡Ohoo! —gruñó Mr. Chucker con voz de oso. En ese momento justamente le había venido la idea de que el medio más seguro de salir de esa situación difícil era fingir la locura. Un francés no hubiera hecho más que aproximarse al otro y contarle el caso riendo. Pero los ingleses son gentes muy meticulosas. Y Mr. Chucker jamás se hubiera atrevido a confesar a un extraño

---

[9] Municipio a 18 millas al oeste de Londres.

que estaba sin pantalón. Repitió "¡oh!" dos o tres veces y su estratagema tuvo un éxito completo, pues sus compañeros quedaron convencidos que viajaban con un loco.

La señora comenzó a gritar, sus nervios estaban de tal manera abatidos, que no se hallaba en estado de sufrir semejante choque, y Mr. Chucker se hacía más alarmante por la fijeza de su mirada; el señor se armó de su paraguas para proteger a su mujer. Mr. Chucker, comprendiendo el espíritu de su papel, cogió el suyo y se puso a blandirlo en el aire. Los viajeros tenían actitudes de amenaza y de defensa, cuando el tren aflojó su marcha y llegó a Hanwell.[10]

En el acto saltó el señor del otro lado de la línea para no pasar por delante de Mr. Chucker, y ayudó a su esposa a bajar. Los gritos de ésta habían cesado, pero había sucedido a ellos una crisis nerviosa acompañada de estremecimientos.

Mr. Chucker se creía ya tranquilo, el tren iba a ponerse otra vez en marcha y podría a sus anchas terminar su *toilette;* para asegurarse más de que estaba solo, bajó las cortinillas de su departamento.

¡Ay! no debía salir de esa situación tan pronto como lo pensaba. Se había ya obrado un movimiento en el muelle. El marido cuya esposa se desvanecía, explicando al jefe de estación lo que le había sucedido, algunos empleados y vigilantes lo escuchaban y circuló el ruido de que había un loco en el tren.

Algunos viajeros sacaron la cabeza por la portezuela para protestar en alta voz. ¿Cómo podrían hacerlos viajar con un demente que podía cometer algún acto de locura, poner fuego al tren o arrojarse por la portezuela o armar una boruca atronadora?

El jefe de estación se vio obligado a calmar esos gritos y esas reclamaciones: en consecuencia, fue derecho al departamento del maníaco. Mr. Chucker, que nada sospechaba, quedó bruscamente sorprendido cuando se abrió la puerta y oyó una voz gruesa que decía:

—¿Y bien, señor, qué le pasa a Ud.?

—Nada, na... da me pasa —tartamudeó Mr. Chucker. —¿Qué podría pasarme?

Y diciendo esto se componía el abrigo, con el aire confuso de un hombre cogido *in fraganti* en una falta.

—¿Le sería a Ud. indiferente salir, señor?

---

[10] Estación entre Ealing y Slough.

—¿Para qué, señor? Mi boleto es para Windsor.

—Cambie Ud. de tren aquí para Windsor, señor —dijo uno de los guardianes, convencido de que tenía que habérselas con un hombre de carácter difícil.

—¡Y bien, amigo! puesto que quiere Ud. que así sea, le diré que no tengo pantalón —confesó Mr. Chucker bajando la voz.

—¡Sin pantalón! —exclamó el jefe de la estación estupefacto. Y la multitud, que al vuelo había sorprendido estas últimas palabras, repetía:

—¡Sin pantalón!

—Lo había arrojado por la portezuela, —dijo uno de los guardas.

—Tal vez no lo tendría cuando subió al vagón, —dijo uno de los que abrían las portezuelas.

—¿Tenía Ud. pantalones cuando subió? —preguntó otro.

—Ciertamente que tenía yo uno; llevo conmigo ahora dos pares. Permítanme Uds. que pueda ponerme uno —añadió Mr. Chucker intimidado y cuyo corazón se sublevaba a la vista de toda esa gente que lo miraba.

Pero al hablar así, un individuo grosero, cogiendo una extremidad de su manta de viaje, lo atrajo a sí imprimiéndole un movimiento seco, dejando al pobre Mr. Chucker expuesto, a medio vestir, a los ojos de todo el mundo...

Un grito de alegría, mezclado de temor, recorrió la multitud, en la que se hallaban señoras que juzgaron prudente alejarse.

—Salga Ud. de aquí, —rugió el jefe de estación, rojo de indignación.

Y cogió del puño a Mr. Chucker.

—¡Bien! pero... pero... déjeme Ud. ves... tir... me... an... tes... de salir —suplicó la víctima que sentía que no solamente esa multitud lo tiraba de los brazos, sino de las piernas también.

Opuso una débil resistencia que por cierto no mejoró su posición, pues esa resistencia fue atribuida a un acceso de locura y envalentonó a sus agresores, atreviéndose éstos a sacarlo del vagón con los pies por delante. Fue precipitado como una masa y llevado al muelle, aullando, forcejeando y pateando, con gran aturdimiento y diversión de las personas presentes.

—¡Oh! —exclamaron algunas muchachas sonrojándose a su paso.

—¡Pobre hombre! —dijeron algunas personas de más edad.

—¡Eh! ¡eh! que venga la policía —gritaron en coro los guardas.

Diez minutos después, cuando Mr. Chuker, conducido con una fuerte escolta al gabinete del jefe de la estación, se puso por fin su pantalón, trató de hacerse oír y explicar cómo habían sobrevenido todos esos trastornos.

—Bien, muy bien; pero ¿por qué no lo dijo Ud. antes? —gritó el jefe de la estación.

—Porque no querían Uds. oírme —aulló Mr. Chucker.

—¡Y bien! de todos modos, perdió Ud. su tren y su comida —dijo el jefe de estación—. Esto servirá a Ud. de lección.

—¿Lección de qué? —vociferó Mr. Chucker exasperado.

—¡De lección... sí! ¡pardiez! de lección. No hay que quitarse el pantalón antes de haberse puesto otro, y esto por decencia, señor —respondió el jefe de la estación con aire severo, formulando un axioma que sonaba bien tal vez, pero que tenía el defecto de muchos otros emitidos en el mundo: el de ser impracticable.

LA CAPERUCITA COLOR DE ROSA[1]

(Imitación)

I

Hubo una vez una jovencita en un pueblo, tan bonita que daba gusto verla. La belleza de la mozuela traía locas a la madre y a la abuela; la abuela desempeñaba el destino de ama de llaves en el castillo de Saint-Loup.

La muchacha no era más ni menos sencilla que sus compañeras; lo que sucedía era que desde un viaje que hizo a París con su abuela se había aprovechado tanto, que imitando el *chic* de las parisienses, pasaba por la más graciosa e interesante de su pueblo.

¿Qué pasó con este viaje a la capital del mundo civilizado? Nada digno de referirse. La abuela lo había emprendido para ir a recoger un legado de algunos centenares de escudos, que se disiparon como el humo en la compra de golosinas y adornos para uso de la nietecita, que había querido ensayar sus dientes de pequeñuela en el gran arte de engullir herencias.

II

A los trece años, nuestra heroína ya no era una niña; tenía el talle fino y bien formado, el seno blanco, los ojos grandes y negros, y las manos blancas y pequeñitas.

Era coqueta,

Maliciosa,

[1] Este cuento, bajo el título de *La Caperucita color de rosa (Imitación)* y firmado "M. Gutiérrez Nájera", apareció en *El Nacional* del 7 de enero de 1882. Se publicó por segunda vez, con numerosos cambios de fraseología, en *La Libertad* del 17 de agosto de 1884, bajo el título de *Crónicas de mil colores (La Caperucita color de rosa)* y la firma de "El Duque Job". Esta segunda versión, titulada *Crónica de mil colores,* que aquí reproducimos, es la recogida en las *Obras,* 1898. Preferimos sin embargo el título de la versión primitiva de 1882, con el paréntesis " (Imitación)".

No sólo el paréntesis que acabamos de mencionar, sino también las palabras "El autor de quien tomo esta leyenda...", en la "Moraleja" de la versión de 1884, parecen probar que Nájera ha adaptado aquí un cuento ajeno. No hemos podido identificar el autor, pero debe de ser francés, a juzgar por los nombres de personas y lugares y las alusiones a la historia de Francia.

Provocativa,
Voluntariosa,
Vanidosa,
Glotona,
Caprichosa,
Curiosa,
E hipócrita.

Reunía, en suma, todas las cualidades que son necesarias a una joven hecha ya y derecha.

En el estío, para precaverse del aire que raja el cutis, y del sol que lo quema, tenía la costumbre de usar un pequeño paño de sol, de lana.

En invierno usaba el mismo paño de sol, comprendiendo con su naciente coquetería que le estaba muy bien.

A la costumbre de usar ese tocado un poco extravagante debía el sobrenombre con que era conocida, más bien que a su semejanza con la Caperucita encarnada, que el malvado lobo se encontró tan confiada como tierna y suculenta.

III

Un día, su madre, que había hecho cocer galletas, le dijo:

—Ve a ver al castillo cómo está tu abuelita, pues me han asegurado que está enferma, y le entregas de mi parte esta galleta y este botecito de mantequilla.

La jovencita, que no deseaba, ni tenía otra ilusión que la de correr a través de los campos y sembrados, tomó el botecito de mantequilla en la mano derecha, puso la galleta bajo su brazo izquierdo, y se lanzó al campo ligera como una mariposa que ensaya sus nacientes alas.

Tenía quince años, edad dichosa en que el alma se entrega al amor como la flor a los rayos del sol, y no sabía conjugar el verbo *amar* tal como nos lo enseñan los gramáticos.

Pero en cambio tenía en los dedos de la mano, sin haberlo aprendido, el arte tan complicado de la teneduría de libros por partida doble, según los métodos antiguos y modernos.

El Debe y el Haber no tenían dificultades ocultas para ella.

¡Capital!
¡Interés!
¡En Caja!

eran las solas palabras que contenía su diccionario.

Ínterin que sus pequeñas compañeras decían: '¡Yo te amo!"

a todo lo que respira, al pájaro que pasa y al enamorado que se detiene, ella decía:

—Si, como lo espero, a los veinte años he puesto en caja un millón, los intereses capitalizados me darán bien pronto dos; y cuando tenga tres, pensaré en que soy joven.

Ved el secreto de esta anomalía:

Las buenas hadas que presidieron el nacimiento de nuestra heroína habían llevado el colmo de sus favores hasta privarla de ese órgano de lujo, que se llama corazón y que es la causa primitiva de todos los males y todas las penas humanas.

IV

En una de sus correrías, la Caperucita color de rosa se encontró una mañana al hijo único del viejo barón de Saint-Loup, en compañía de su preceptor.

Las miradas de ambos jóvenes se cruzaron como un doble fuego de artillería.

La aldeanita no bajó la vista ante este encuentro. Por el contrario, miró fijamente al caballero Avenant de Saint-Loup y le sonrió enseñando sus hermosos dientes:

—¡Buenos días, monseñor!

El joven se ruborizó como hubiera debido hacerlo la aldeanita, y balbució un:

—¡Buenos días, señorita! —apenas perceptible.

El caballero Avenant tenía veinte años ya cumplidos, una figura simpática, ojos azules como el azul del cielo y cabellos rubios como los de Apolo; pero su inteligencia no correspondía a las cualidades antes dichas; era un poco simplón, por no decir una palabra algo más dura a propósito de tan amable caballero.

—¡He aquí un guapo mozo! —díjose a sí misma la Caperucita color de rosa, después del primer encuentro—. Pronto lo engulliré y haré que me ame hasta el delirio, o más bien haré que se case conmigo, lo que viene a ser lo mismo.

—Yo lo tengo guardado aquí y acá —añadió ella tocándose la frente y el lugar en que los demás tienen el corazón—; día vendrá en que llegue a ser la mujer del hijo de mi señor.

A pesar de la revolución que cree torpemente haber abolido para siempre los títulos y señoríos, el hombre que habita el castillo o la mejor casa de campo de una aldea es siempre el señor a los ojos de los paisanos, que se creerían deshonrados si no pudieran dar este nombre a alguien, aunque fuese este alguien un pillo enriquecido en el presidio o un boticario retirado.

V

Dos montañas no se encuentran, dice la sabiduría de las naciones, pero dos jóvenes sí se encuentran; sobre todo, cuando no tienen más deseo que el de encontrarse.

La Caperucita color de rosa siguió encontrándose varias veces, en el camino, a Avenant, por casualidad algo prevista y arreglada de antemano.

El jovencito se ruborizaba aún, pero se ruborizaba menos; pronto dejó de ruborizarse; llegó a articular palabras casi ininteligibles, después frases muy claras. En fin, un día, día tres veces dichoso, se atrevió a tomar la mano de la aldeanita y llevarla con galantería a sus labios.

Desde ese momento las citas se sucedieron sin interrupción, y la astuta muchachuela, queriendo precipitar el desenlace que había soñado, preparó su red con maquiavelismo digno del difunto Lovelace,[2] que jamás ha existido.

VI

Partió, pues, para el castillo con su galleta y su botecito de mantequilla.

Ínterin consideró que su madre podía verla, siguió el camino real con paso menudito, tal como una persona razonable debe andar sobre el piso cuidado por el señor prefecto; pero al primer recodo del camino cambió bruscamente el rumbo y a todo correr tomó por una vereda que conducía directamente al parque del castillo de Saint-Loup, lugar en donde estaba segura de encontrar al caballero Avenant. Había apenas comenzado su loca carrera, cuando de repente se encontró frente a frente con el viejo de Saint-Loup, que volvía de caza.

—¿A dónde vais tan de prisa, hermosa niña? —le dijo tomándole las dos manos.

—Voy al castillo, señor barón, voy a entregar esta galleta y este botecito de mantequilla a mi abuelita —respondió la Caperucita color de rosa, bajando los ojos con mucha humildad y candidez.

—Si vas al castillo iremos juntos, pequeñuela —e incontinente trató de darle un beso.

[2] Uno de los principales personajes de la novela *Clarissa Harlowe*, del novelista inglés Samuel Richardson (1689-1761).

—Imposible —dijo la aldeanita, salvándose con la ligereza de una cervatilla espantada—, yo no voy por el mismo camino que el señor barón.

—¿Qué importa eso? tu camino será el mío.

—¿De veras? pues el mío no será el vuestro; mi madre me ha recomendado mucho que evite la compañía de los hombres, y sobre todo la de los lobos.

—Cruel niña, según eso, tú no quieres amarme.

—¿Que no os amo, señor barón? todo lo contrario, os estimo y os venero.

—¿Quién diablos te pide tu veneración? —exclamó el barón enojado— ¿acaso soy yo un vejancón de ciento y siete años? ¡Ah! si quisieras escucharme un rato... nada más que un rato, yo haría por agradarte.

—¿De veras?

—¡A fe de gentil hombre! Haz la prueba inmediatamente.

—Pues bien, llevad mi galleta y mi botecito al castillo. Depositadlo en el despacho, de donde yo lo tomaré y os quedaré reconocida.

—Te los llevaré y más tarde te diré cómo entiendo yo el reconocimiento. ¿Cuándo te volveré yo a ver, mascarita?

—Probablemente mañana temprano... porque ya es bastante tarde, y tendré que quedarme en el castillo con mi abuelita. Hasta otra vista, señor barón —y volvió a emprender su carrera.

—¡Ah! si tú quisieras, si tú quisieras... gentil Caperucita color de rosa —díjole de nuevo el viejo barón de Saint-Loup, corriendo y cojeando tras de ella.

—Sí, sí, está bueno, ya conozco vuestro refrán, me lo habéis dicho más de una vez.

—Te amaré mucho.

La aldeanita seguía corriendo.

—Te haré rica.

La aldeanita seguía corriendo.

—Te haré feliz.

La aldeanita seguía corriendo.

—Te haré baronesa de Saint-Loup.

La aldeanita se detuvo de repente.

—"¡Baronesa!" ¿ha dicho baronesa? se preguntaba a sí misma, haciéndose toda oídos para volverlo a oír, pero inútilmente, porque el pobre señor de Saint-Loup, no pudiendo más con la carrera, cayó rodando sobre el césped.

—¡Bah! ¡Bah! —se dijo ella— pues, ¡no soy buena tonta

de preocuparme con las declaraciones de este viejo loco! ¡Casándome con su hijo llegaré también a ser baronesa, y mi marido será joven, hermoso y tonto, tres grandes cualidades para un marido! Vete, vete, viejo feo, no has de ser tú quien se engulla a la chicuela; la chicuela, por el contrario, será quien se engulla a tu lobezno, que en verdad es guapo mozo.

VII

Al cabo de un cuarto de hora de carrera la aldeanita llegó y se entró furtivamente en el parque del castillo de Saint-Loup.

—¿Qué sucede? —díjole al joven Avenant, a quien encontró sentado sobre un banco de granito musgoso, con semblante triste y abatido. —¿Qué os ha acontecido, mi hermoso caballero?

—La más grande de las desgracias.

—Os comprendo: habéis hablado de nuestro casamiento al barón y ha rehusado dar su consentimiento.

—Es la verdad.

—Me lo esperaba. Pero es igual. Avenant, habéis dado una prueba de valor, y estoy contenta de vos; en prueba de ello, venidme a besar en ambas mejillas como recompensa.

El joven obedeció con los ojos bajos.

—Ahora, sentaos a mi lado, y hablemos seriamente, pero antes de todo dadme vuestro pañuelo, para que enjugue el sudor que corre por vuestra frente. ¡Pobre niño! ¡Aún no os acostumbráis a las luchas de la vida! Mirad cómo vuestras hermosos ojos están rojos. Habéis llorado, y vuestros rubios cabellos están pegados a las sienes, como si hubierais tomado un baño. Ángel querido, no tembléis así: ¿acaso no estoy cerca de vos para defender nuestra felicidad? —añadió ella tomando un tonito protector y volviéndose a poner el paño de sol, que se había quitado para que Avenant pudiese con más facilidad besarla.

—Ahora volveos al castillo, y arreglad vuestras maletas de viaje.

—¿Para qué? —dijo Avenant, mirando a la Caperucita color de rosa, con aire sorprendido.

—¿Cómo para qué? ¿No habéis, pues, comprendido, inocente niño, que como consecuencia de vuestra necia confesión el señor barón va a mandar espiaros?

—¡Es muy posible!

—Y ya no nos volveremos a ver.

—¡Cielos!

—Y que si nos sorprende juntos, os encerrará en vuestro cuarto.
—¡Es muy probable!
—Y vuestra Caperucita color de rosa morirá de pesar, lejos de su amado.
—¡Jesús María!
—Tranquilizaos —le dijo ella riendo a carcajadas—, ya he encontrado remedio a nuestros males. Esta tarde os robo; es decir vos me robáis y partimos para París; allá encontraremos dinero en el bolsillo de los agiotistas, de personas de quienes diremos mucho malo después de que nos hayan servido; yo sé perfectamente cómo se hace todo esto. Vos firmaréis libranzas con fechas imaginarias, pagaderas al año. Vamos, miedosillo, consolaos y sonreidme, que os vea vuestros lindos dientes más blancos que la leche de mi hermosa vaca negra.
—¿Pero cómo pagaré dentro de un año?
—¿Es menester decíroslo? ¿No seréis mayor de edad dentro de seis meses?
—Sí.
—Pues bien, venderéis vuestros sembrados.
—Son de mi papá...
—O vuestras hermosas granjas.
—Son también de mi papá.
—O vuestros lindos bosques.
—Son también de papá.
—O vuestro gran castillo.
—Es de papá.
—Según eso, ¿todo es de vuestro papá? —dijo la Caperucita color de rosa, levantándose súbitamente.
—Sí. Mi madre era pobre, toda nuestra fortuna pertenece a papá; pero mis dientes, mis cabellos, mis ojos y mi sonrisa que tanto amáis me pertenecen.
—Esto sólo me faltaba —reflexionó la joven—. Fracasó mi negocio.
—Sin embargo, tranquilizaos —dijo Avenant, que con todo y su inocencia había notado el desconsuelo de su amada—; he encontrado un medio infalible de conciliarlo todo, y de que al fin y al cabo me conceda mi padre la razón.
—Veamos ese medio —dijo la pequeñuela, creyendo por un instante que Avenant era menos imbécil de lo que se había imaginado.
—Partiremos juntos e inmediatamente como lo deseáis: nos amaremos con ternura, trabajaremos para poder vivir. Nos casa-

remos cuando las leyes quieran permitírnoslo, y cuando ya tengamos media docena de chiquitos, ellos irán a arrojarse a los pies de su abuelito, que nos perdonará, tan pronto como sepa lo mucho que hemos sufrido.

—¿Ése es vuestro proyecto? Y ¿creéis, señor, que sea yo una muchacha capaz de desviar a un joven de sus deberes? Os equivocáis, adiós —y volvióle la espalda al pobre Avenant, que se quedó lelo y aturdido con tan inesperada fuga.

E iba diciendo la Caperucita color de rosa:
—El barón es viejo y feo, pero rico y me adora. Pues... en lugar del lobezno engulliréme al lobo. Es más duro, es cierto, pero al fin tengo buenos dientes...

La joven apresuró el paso, porque la noche comenzaba ya a sombrear la tierra; no se distinguía más que una que otra luz en el castillo, y los grandes álamos movidos por el viento, parecía que saludaban a su paso a la futura propietaria del dominio.

VIII

Después de poner en punta sus huesos de setenta y dos años, el barón exclamó:

—Por el blasón de mis padres que me ahorquen, ni más ni menos como a un villano, si no estoy yo perdidamente enamorado de esa deliciosa Caperucita color de rosa, y si se la dejo al bonachón de mi hijo que aún no está en edad de poder apreciar bocado tan sabroso. ¡Y qué! yo que tengo algo de Richelieu[3] en el ojo derecho y algo de Lauzun[4] en la nariz izquierda, ¿no lograré al cabo triunfar de una aldeanita? ¡Eso lo veremos, por la sangre azul que circula en mis venas! Las revoluciones habrán podido abolir los privilegios; ¡pero no bastardear las razas! Yo soy lo que eran mis abuelos; valgo lo que mis antepasados. Mi tatarabuelo "Messire le Loup" se engulló a Caperucita. Yo engulliré a la mía. La de mi tatarabuelo era encarnada, la mía será color de rosa; que al fin el color no importa nada. De lo que se trata es de hacer una jugarreta, una jugarreta a mi manera, una jugarreta a estilo de la "regencia".[5]

[3] Armand Jean du Plessis Richelieu (1585-1642), célebre ministro de Luis XIII de Francia.
[4] Antonino, duque de Lauzun (1632-1723), personaje brillante en la corte de Luis XIV de Francia.
[5] En Francia, la palabra "regencia" se aplica específicamente al gobierno de Felipe de Orleáns, durante la menor edad de Luis XV (1715-1723).

Y el barón se puso a escarbar los recuerdos de su juventud.

—A fe mía —díjose, después de haber reflexionado maduramente— que las viejas astucias son siempre las mejores, por la sencilla razón de que ya han servido muchas veces. Esta noche me introduciré en la habitación de mi ama de llaves, alejaré con cualquier pretexto a la anciana, y cuando la Ceperucita llegue, ¡veremos!

IX

Entretanto que el viejo barón, absorto en sus ideas anacreónticas[3] volvía al castillo, ligero como un joven de quince años, la Caperucita color de rosa tocaba a la puerta de su abuela.

¡Toc, toc!

—¿Quién es?

—Soy vuestra nieta.

La buena abuela, que estaba acostada porque se hallaba enferma, le grita desde la cama:

—Tira del cordoncillo de la tranca y la puerta se abrirá.

La joven tiró del cordoncillo y la puerta se abrió.

Al entrar se echó en brazos de su abuela, se la comió a besos, y le contó yo no sé qué enredo.

Lo único que sí puedo decir es que la anciana se vistió a toda prisa, siguió a su nieta sin vacilar hasta detrás del palacio, donde fue encerrada con tres vueltas de llave, por la cruel niña, sin tener piedad de su edad venerable, ni respeto a su sagrado título de abuela.

—Si no se me ha olvidado la historia de la Caperucita encarnada de quien desciendo directamente —iba reflexionando la aldeanita mientras llegaba al cuarto de su abuela, cuarto que hacía veces también de comedor y sala—, el lobo vendrá a querer engañar a la anciana, y se encontrará ya todo arreglado. ¿Le disgustará? No lo creo. Entretanto, arreglemos la mesa; se goza mejor de la conversación cenando.

Apenas había puesto el mantel sobre la mesa vieja y coja, cuando tocaron a la puerta.

¡Toc, toc!

—¿Quién es?

El barón de Saint-Loup, que quería entrar por astucia a un lugar al que podía presentarse como señor y dueño, respondió:

[6] Las poesías del poeta griego Anacreonte (560 a 478 a. de J. C.) celebran el placer y la buena mesa.

—Vuestra nietecita me encargó que os entregase una galleta y un botecito de mantequilla que os envía su mamá.

La Caperucita color de rosa le respondió engruesando la voz:
—Tirad del cordoncillo de la tranca y la puerta se abrirá.

El viejo barón tiró del cordoncillo y la puerta se abrió.

La joven, al verlo entrar, lanzó una larga y sonora carcajada.

—Sentaos, señor barón, y cenemos mientras viene mi abuelita, que fue al bosque vecino para ver si las crías de cabras marchan bien.

El barón se sentó.

Y la cena fue alegre.

Y la muchacha no se engulló al lobo, la primera noche; pero fina como el ámbar, no le permitió tampoco engullir nada.

Sin embargo, no llegó su severidad hasta el grado de desesperarlo; le concedió un poquito, muy poquito, lo bastante para hacerse desear más.

X

Al día siguiente, el viejo barón instaló a la Caperucita en una linda casa situada a dos tiros de arcabuz del castillo, en donde vive como una princesa de *Las mil y una noches*.

Se ha engullido ya las granjas, los bosques y los prados; aún no se engulle la baronía, pero llegará a conseguirlo, por medio de este paso lento y seguro que de nadie es conocido, más que de la mujer y la tortuga.

El barón la acaricia desde la mano hasta el codo, pero cuando le acontece querer pasar de ese punto, ella le repele con la punta de su abanico, diciéndole con graciosa sonrisa:
—¡Deseo ser baronesa de Saint-Loup!

Veinte veces por hora y cien por día, el barón oye resonar a su oído, como un toque fúnebre, estas eternas palabras.
—¡Deseo ser baronesa de Saint-Loup!

Al fin llega el día en que, más enamorado y repelido que nunca, cae el barón a sus pies y exclama:
—Dentro de ocho días seréis baronesa de Saint-Loup.

XI

Las más hábiles costureras de París fueron llamadas para arreglar los vestidos de la señorita que bien pronto será señora.

Todo el pueblo entra en movimiento.

Sólo el caballero Avenant falta a la fiesta.

La astuta aldeanita, juzgando que un día u otro ese joven podría servir de obstáculo a su ambición, ha logrado que su padre lo envíe a viajar para ver mundo y completar su educación. A estas horas, se encuentra en Palestina, lugar en que sus abuelos se cubrieron de gloria, allá por el año de 1160.

XII

El día señalado para que se efectuasen estas felices bodas, desde el amanecer, la futura baronesa ya vestida, con corsé y de guantes, está lista para la ceremonia y envía a avisar al Sr. Alcalde y al Sr. Cura.

A mediodía vienen a anunciarle que todos están dispuestos y que sólo al novio esperan.

Corre ella al cuarto del barón, toca y nadie le contesta. Entra... nada. —Le llama... nada. —Corre más muerta que viva, hacia el lecho del barón, descorre violentamente las cortinas... ¡y ve! —al viejo señor de Saint-Loup que dejó de existir súbitamente.

—Vaya, vaya —murmura en voz baja sin pestañear siquiera—; ¡esto es lo que se llama nadar, nadar y a la orilla ahogar; ¡felizmente me queda por engullir al muchachuelo!— E incontinente, en el mismo cuarto del difunto, escribe la siguiente carta:

"Mi querido Avenant:

Venid, vuestro querido padre ha muerto, y vuestra Caperucita color de rosa, que os ama con ternura, os espera para conduciros al altar".

XIII

Avenant regresa por la posta; llega con bigotes grandes y engomados, más fuerte que cuando partió a la Palestina, pero ni siquiera con la mitad de la astucia de una joven de diez y seis años.

—Querido Avenant —le dice ella al verlo, arrojándose a su cuello— ¡cómo os he llorado! pero ya que estáis aquí olvidemos todo.

—¡Ah! Caperucita color de rosa, ¡qué voz tan dulce!
—Es para que te agrade, hermoso mío.
—¡Qué brazos tan hermosos son los tuyos!
—Es para abrazarte mejor.

—¡Qué grandes son tus ojos!
—Es para verte mejor, cielito mío.
—¡Qué blancos y menudos son tus dientes...!
—Es para morderte mejor, hermoso mío.

Y tanto lo mordió y con tan buenos modos que al fin llegó a ser baronesa de Saint-Loup.

MORALEJA

El autor de quien tomo esta leyenda agrega para concluir:

¡Si no os habéis burlado de mi cuento, queridos y honrados lectores, debéis convenir conmigo en que los tiempos, las jóvenes y los hombres han cambiado mucho! Hoy ya no es un lobo quien se engulle a la chicuela; la chicuela es quien engulle al lobo.

LA INUNDACIÓN

Casi cuantas noticias llegan del interior de la República se refieren a inundaciones y estragos causados por el exceso de las lluvias. La niña que oye el ruido de la lluvia, mientras borda unas pantuflas para el padre; el pensador que escribe en el silencio de su gabinete; el trasnochado paseante a quien la lluvia empapa hasta los huesos, piensan a veces en las pobres víctimas a quienes ha dejado sin casa y sin hogar la ira despiadada de las nubes.

¿Qué es una tromba? El abismo de arriba que nos sorbe; el vampiro negro que muerde la nuca de una aldea y chupa hasta la postrera gota de su sangre. Aquí, en las calles, en los sitios públicos, en las casas tan sólidas y firmes, la tromba inspira poco o ningún miedo. Las nubes son para nosotros la cortina de sol que pone el cielo para templar la atmósfera del mundo. En ocasiones nos enfadan y molestan, y suelen hacernos travesuras de mal género: rociarnos la cara con sus jeringas invisibles; escupirnos, como esos charlatanes que al hablar se aproximan a nosotros y nos mojan el rostro de saliva; sobre todo, las nubes nos

[1] Se publicó dos veces en la prensa mexicana: en *La Libertad* del 5 de octubre de 1884, bajo el título de *Crónicas de mil colores* y la firma de "El Duque Job"; y en *El Partido Liberal* del 10 de julio de 1887, con título de *Humoradas dominicales* y firmado, como el anterior, "El Duque Job".

La versión de 1887 se diferencia bastante de la precedente. En vez de hablar, como ésta, de "la terrible catástrofe de Pachuca", reciente aún en octubre de 1884, se hace mención en el primer párrafo de "inundaciones y estragos causados por el exceso de las lluvias" en el "interior de la República". Dos o tres párrafos más adelante se omite una página poco más o menos, del texto de 1884, y en todo el texto se revelan variantes de fraseología y puntuación.

Ha sido recopilado al menos dos veces: en las *Obras* de 1898 y en la *Selección de buenos autores, antiguos y modernos* México (Cultura), 1916. En ambas colecciones se usa el texto de *El Partido Liberal* de 1887, con omisión del último párrafo, en que el autor suplica a sus lectores que ayuden a las víctimas de las inundaciones.

Reimprimimos el texto de 1898 y 1916, pero preferimos substituir los antiguos títulos por otro más distintivo.

El profesor Boyd G. Carter de la Universidad de Nebraska ha demostrado recientemente, en su valioso libro *En torno a Gutiérrez Nájera*, que este cuento es una adaptación de un escrito de Emilio Zola: "Hiver", última parte de "Les quatre journées de Jean Gourdon", en *Nouveaux contes à Ninon*, 1874. En el cuento de Zola se trata de un desbordamiento del Durance, río del sur de Francia muy sujeto a inundaciones.

obligan a comprar paraguas y, lo que es peor todavía, a salir con él. Pero, en resumen, las nubes son atentas, serviciales; las maldecimos cuando impiden un paseo, cuando interrumpen una visita, cuando nos manchan un sombrero nuevo; mas no tenemos frases elocuentes para alabar la prontitud y eficacia con que suavizan la temperatura, riegan las calles y ahogan las calenturas perniciosas. La prueba es que cuando la estación de lluvias se retarda, todos vemos con odio el azul transparente de los cielos, parecido en lo claro y brillante a la pupila de una mujer sin corazón. Queremos que las lágrimas lo empañen, y desde la enhiesta espiga que el sol quema hasta la niña rubia que se muere de calor, cuanto vive en la naturaleza es una inmensa aspiración al agua. Para sentir el hondo miedo que producen las nubes, es necesario haberlas contemplado desde el puente de un barco o desde el campanario de la aldea acurrucada al pie de la montaña. Recuerdo haber oído de los labios vulgares de un labriego el relato de una terrible inundación.

La mañana de aquel terrible día —contaba con acento dolorido— fue húmeda y brumosa. A lo lejos se oía el resuello colosal del río. Desde las ocho comenzó a llover: una lluvia que parecía brincar en los tejados, como si fuera de cabezas de alfiler, nos tenía confinados en la casa. Yo vivía en el molino con mi esposa, mi padre y mis dos hijos. Mi padre, enfermo y en edad muy avanzada, no podía trabajar, y apenas, en los días de primavera, daba unos pasos en el campo. Lo demás del año lo pasaba tendido en un sitial que por las tardes acercaba a la ventana. Por fortuna, yo estaba fuerte aún, sano, robusto y a fuerza de trabajar en el molino que tenía en arrendamiento, ganaba lo bastante para el sustento y el vestido de los míos. El primogénito comenzaba a ayudarme en el trabajo, como que tenía ya más de doce años. María, la pequeñuela, con ser tan chica como era, servía de mucho a la mamá en las haciendas y faenas de la casa. Y como no me espanta la labor, por penosa que sea, y como amaba locamente a mi familia, bien puedo asegurar que era feliz.

La mañana de que hablo no salió ninguno de la casa. Era ésta de tablones de madera, pero bien ajustados y pulidos para que el aire no lograse entrar. Por miedo de que los niños enfermasen —porque daña y enferma la humedad— la hicimos alta. Recuerdo aún con cuánto gozo la veía, cuando, al volver de mis constantes excursiones a los pueblos cercanos, donde vendía a buen precio las harinas, divisaba el esbelto cono de su techo, las paredes pintadas de encarnado y la airosa escalera puesta al frente.

Pero... con mis recuerdos y memorias prolongo la narración y la distraigo de su objeto! Como decía, esa triste mañana no salimos. Fue necesario prender luz para almorzar, porque la bruma era muy densa y apenas nos veíamos los semblantes. Santiago —mi hijo— y yo pasamos largas horas en escribir, a la luz escasa de un mechero, las cuentas del molino, que, por ser día de fiesta, abandonamos. Apenas nos sentamos en la mesa cuando el agua arreció. No era entonces ya la lluvia helada y menudita que chisporroteaba en el tejado. Caían chorros del cielo, y a la vez parecía que el aire espeso se iba trocando en una lámina de plomo. Margarita —mi esposa— estaba triste y asustada. Rogando a Dios que conjurase la tormenta, prendió el cirio bendito que el cura le regaló el día de Pascua. De cuando en cuando, sus amados labios se entreabrían rezando el *Magníficat*. Mi padre, por enfermo, no comió: dormía en la pieza contigua sin que los rezos ni el chubasco le inquietasen. María —mi querubín de negros ojos— no quiso separarse ni un momento del lado de la madre. La víspera había comprado una muñeca en la feria del pueblo, y la arrullaba suavemente entre sus brazos.

Al caer la tarde, la lluvia era verdaderamente torrencial.

Santiago se atrevió a salir fuera de la casa para medir el peligro cara a cara. Al volver, me dijo algunas palabras en voz baja.

El río empezaba a desbordarse. Con efecto, a poco rato, el agua que inundaba la campiña subía dos gradas en la escalera de la casa. Era preciso huir; mas, ¿de qué modo? El pueblo estaba lejos, y además no podíamos marchar a la intemperie, llevando en hombros a mi anciano padre. Más cuerdo era esperar, confiando en Dios. De codos en el pretil de la ventana, sintiendo el frío penetrante de la lluvia, pasé una hora. María estaba dormida en su camita, abrazando la muñeca. El río, como un titán colérico, se revolvía en su cauce, sacando afuera un medio brazo, medio cuerpo, y rugiendo como una fiera encadenada. El clamor sordo del abismo llegaba a mis oídos como un toque de muerte. La niebla nos había ocultado en la mañana la crecida del río; pero en aquel instante era imposible ya cerrar los ojos a la inminencia del peligro. Relinchaban los caballos en las caballerizas y los bueyes mugían en el establo. Vislumbres movedizos de acero indicaban la marcha de la inundación. Margarita, azorada, lanzó un grito.

—No te asustes —la dije—; el agua ya no puede subir más.

—No hay peligro ninguno, madre mía —agregaba Santiago—; la casa es sólida y resistirá.

Pero, entre tanto, crecía el clamor inmenso de las aguas y aumentaba el espanto de las bestias en los corrales y caballerizas.

De repente, un estruendo formidable sacudió la campiña. El agua corría con la violencia de una fiera que rompe los barrotes de su jaula.

Oímos el crujir de la madera desquebrajada, y caballos y bueyes, derribando las puertas, echaron a correr por la llanura. El grueso de las aguas en el río arrastraba cuerpos de animales y troncos descuajados y peñascos.

Ya era preciso huir; pero ¿por dónde? La inundación subía y era imposible atravesar el llano a pie. Y subía más minuto por minuto, siendo ya como un mar que se incorpora. Entonces, con martillos y tenazas, rompimos los tablones de madera.

Mi padre, mi mujer, mi hija María, todos pedían misericordia, pero sus gritos se ahogaban en el tumulto de las aguas. A fuerza de trabajos, espoleados por el instinto de la conservación, logramos improvisar en corto espacio, una imperfecta balsa de madera.

Mi padre entró primero, luego mi esposa con María en los brazos, en seguida Santiago y al último yo. Y la balsa pequeña y mal unida comenzó a caminar sobre las aguas. Y sin decir una palabra sola, nos acercamos los unos a los otros, como si así quisiéramos impedir que la muerte nos separase. Yo contemplaba el río y decía en mi interior:

—¡Infame! ¡Infame!

En sus riberas, fértiles y amenas, hablé por primera vez con Margarita. Entonces sus rumores cadenciosos acompañaban mis conversaciones. ¡Pero, en aquel minuto de pavor, era el vil asesino que se erguía para hundirme en el pecho un puñal!

Aumentaba la fuerza de las aguas. A cada instante creíamos ver la luz de un bote o lo hoguera encendida en la azotea de alguna casa. ¿Nos acercábamos al pueblo o nos alejábamos de él? ¡Imposible saberlo! La obscuridad era absoluta. Y así pasamos cuatro o cinco horas, esperando el socorro que no venía por parte alguna. Poco a poco el río se iba apoderando de nosotros. La corriente de las aguas nos arrastraba a él, sin que hubiera camino de evitarlo. ¡Y de improviso un recio tronco chocó con nuestra balsa y todos nos hundimos en el agua...!

El mismo choque me arrojó fuera del río a los terrenos inundados. Allí pude nadar con mi hija en hombros. Pero ¿y mi padre? ¿y Margarita? ¿y Santiago? ¡Todos arrebatados por la avenida! ¡Todos perdidos sin remedio! ¡Infame! ¡Infame! No sé cuántas horas duró mi brega con el abismo. Amaneció. Gentes del pueblo me recogieron con mi hija en un bote de pescadores. Estábamos a salvo; pero ¡ay! mi padre, mi mujer y mi Santiago dormían bajo el sudario de las aguas. Mi casa y mi molino desplomados sepultaron con ellos mi fortuna. Sólo María salvó de aquel desastre la muñeca que el día anterior había comprado.

ÍNDICE GENERAL

Estudio preliminar, por Francisco González Guerrero VII
Prólogo XLVII

CUENTOS COMPLETOS

Un quid pro quo	3
Mi inglés	9
Al amor de la lumbre	15
Pia di Tolomei	20
Los matrimonios al uso	26
Juan Lanas	32
Después del 5 de mayo	38
Carta de un suicida	41
El desertor del cementerio	45
Los tres monólogos del marido	52
Historia de una corista	57
La familia Estrada	61
El baño de Julia	70
Stora y las medias parisienses	81
Alberto y Luciana	85
Los amores de Pepita	89
Las tres conquistas de Carmen	92
La sospecha infundada	96
Elisa la *ecuyère*	101
La balada de Año Nuevo	108
La primera comunión	113
La hija del aire	119
Don Inocencio Lanas	123
El vago	128
En la calle	131
Una venganza	135
La mañana de San Juan	141
La pasión de Pasionaria	146
Cuento triste	151
La novela del tranvía	154
Los amores del cometa	161
Berta y Manón	166
En el Hipódromo	171
La odisea de Madame Théo	179
Historia de un dominó	187
Memorias de un paraguas	189
El sueño de Magda	198

Madame Venus	203
Dame de coeur	207
El amigo	213
Historia de un peso falso	215
Rip-Rip el aparecido	225
Aquél era otro López	231
El vestido blanco	242
Un 14 de julio	247
Rataplán	252
El músico de la murga	254
Juan el organista	261

OTRAS NARRACIONES

Felipe Vértiz	279
Una escena de Noche Buena	281
Dos y uno	283
Mi vecina	285
En secreto	287
Las extravagancias de Luna	293
Un matrimonio en París	295
La fiesta de la Virgen	297
En horas de calor	301
¡Abuelita, ya no hay Corpus!	304
Una cita	307
El viejo Invierno	308
Un episodio de viaje	314
Los tigres de Chiapas	316
La moneda de níquel	321
La carta que no se dio	328
La cucaracha	331
El diputado	339
Noche lluviosa	348
La que nunca volverá	353
Días nublados	356
Historia de un peso bueno	360
Cinco años de prisión	363
Las botitas de Año Nuevo	366
Historia de un pantalón	369

FRAGMENTOS DE NOVELA

Un drama en la sombra	375
La mancha de Lady Macbeth	380
Monólogo de Magda	399

ADAPTACIONES E IMITACIONES

La venganza de Milady	415
El perro del ulano	421
Juana	424
Las fresas	427
La última hada	430
Las misas de Navidad	433
Balzac y el dios Proteo	443
El alquiler de una casa	447
Las desventuras de Mr. Chucker	452
La caperucita color de rosa	458
La inundación	470

Este libro se acabó de imprimir el día 22 de julio de 1958 en los talleres de la IMPRENTA NUEVO MUNDO, S. A., Alemania 8 al 14, Churubusco, D. F. Se imprimieron 4,000 ejemplares y en su composición se utilizaron tipos Baskerville de 1 y: 11, 9:10 y 8:9 pts. La edición estuvo al cuidado de *Carlos Villegas*.